Panik Atakta

**David D. Burns (M.D.)**

# Panik Atakta

## İlaçsız, Yeni Anksiyete Terapisi ile Hayatınız Değişebilir

Türkçesi

**Remzi Güneş, Miray Şaşıoğlu, Ayşe Nur Çelik**

**psikonet**

**Panik Atakta**
İlaçsız, yeni anksiyete terapisi ile hayatınız değişebilir

**When Panic Attacks**
The New, Drug-Free Anxiety Theraphy that can Change Your Life



**Çevirenler:** Remzi Güneş (Klinik Psikolog), Miray Şaşıoğlu (Klinik Psikolog), Ayşe Nur Çelik (Psikolog)
**Editörler:** Nihan Azizlerli, Dr. H. Alp Karaosmanoğlu
**Yayına hazırlayan:** Cem Çobanlı

**1. Basım:** Mayıs 2016
**8. Basım:** Mart 2019
ISBN: 978-605-85471-0-0

**Baskı ve Cilt:**
Dörtel Matbaacılık San. ve Tic. Ltd. Şti.
Zafer Mah. 147. Sk., 9-13A Esenyurt - İstanbul
Tel.: (0212) 565 11 66
Sertifika No: 40970

Psikonet Yayıncılık ve Eğitim A.Ş.
Meşrutiyet Mahallesi Vali Konağı Caddesi
Çam Apt. No: 161/8 Şişli/İstanbul
Tel.: (0212) 231 84 43
Faks: (0212) 231 22 77
info@psikonet.com
www.psikonet.com

---

# İçindekiler

# Yazarın Notu

Bu kitaptaki fikirler ve tekniklerin nitelikli bir ruh sağlığı profesyoneli ile yürütülen danışmanlık veya tedavi yerine geçmesi amaçlanmamıştır. Bu kitaptaki adlar ve kişilerin kimlikleri, hayatta veya hayatta olmayan bir kişiye benzerliğinin önüne geçmek amacıyla, rastlantısal şekilde, önemli ölçüde değiştirilmiştir. Çoğu vaka, aynı sorundan muzdarip pek çok hastanın şikayetlerinin bir bileşimidir. Bunu hasta gizliliğini korumak adına yaptım. Bununla birlikte, birlikte ortaya koyduğumuz işin ruhunu korumaya çalıştım. Umarım bu hikayeler size gerçekle uyumlu gelir ve kişisel deneyiminizle örtüşür.

## YAZAR HAKKINDA

**David D. Burns** (M.D.), Stanford Üniversitesi Tıp Fakültesi Psikiyatri ve Davranış Bilimleri Bölümü'nde yarı zamanlı Klinik Profesör olarak çalışmaktadır. Aynı zamanda Harvard Tıp Okulu'nda da misafir öğretim üyeliği yapmaktadır. Dr. Burns, depresyon ve anksiyetenin ilaçsız tedavisinde psikoterapinin en yaygın olarak kullanılan ve en fazla araştırma yapılan alanı olan Bilişsel Davranışçı Terapi'nin gelişimine öncülük etmiştir.

Dr. Burns, birçok araştırma, öğretim ve medya ödülü kazanmıştır. Ancak en çok tanındığı alan, aralarında Türkiye'de Psikonet Yayınları'ndan çıkan *'İyi Hissetmek'*'in de bulunduğu başarılı kendine yardım kitapları olmuştur. *'İyi Hissetmek'* sadece Birleşik Devletler'de 5 milyonun üzerinde satmış, ülkemizde de yoğun ilgi görmüş ve 23. baskıya ulaşmıştır. Amerikalı ruh sağlığı uzmanları arasında yapılan bir ulusal anketin sonuçlarına göre, depresyonun tedavisinde *'İyi Hissetmek'*, 1000 kendine yardım kitabı arasında en yüksek puanı alan kitap olmuştur. Bunun yanında, Amerikalı ve Kanadalı ruh sağlığı uzmanları diğer kendine yardım kitaplarına kıyasla *İyi Hissetmek*'i daha fazla reçetelerine eklemektedirler.

Son yıllarda 50 binin üzerinde ruh sağlığı uzmanı, David Burns'ün Amerika ve Kanada'daki eğitim programlarına katılmıştır. *Reader's Digest, Psychology Today* gibi birçok dergide çalışmalarına dair 100'ün üzerinde makale yayımlanmıştır. Dr. Burns medya alanında da, Oprah Winfrey, Mike Wallace, Charlie Rose, Maury Povich ve Phil Donahue gibi pek çok radyo ve televizyon programcısının konuğu olmuştur.

# Teşekkür

Kızım, Signe Burns'e bu kitabın ortaya çıkışındaki büyük katkılarından ötürü teşekkür ederim. Onun zekice düzeltmeleri ve ruhu olmasa, bu kitap kesinlikle çok daha farklı olurdu. Kitap üzerinde bir yılı aşkın süre boyunca birlikte çalıştık. Bu süreç keyifli fakat yer yer de zorlayıcı oldu, çünkü Signe her zaman geri-bildirimlerinde insafsızca dürüst oldu. Bunun yanında çok eğlendik, bol bol kontrolsüzce kikirdedik, özellikle beynimizin bir pelteye döndüğü gün sonlarında.

Aynı zamanda bana bu kitabı yazma ve yeni yayınevi Morgan Road Books ile çalışma şansı verdiği için Amy Hertz'e teşekkür ediyorum. On yıldan fazla süredir Standford'da akademik araştırmalar ve klinik öğretim ile iç içeyim ve kaygı ile depresyon tedavisinde hem meslektaşlarım hem de halk ile paylaşmak istediğim birçok yeni gelişme var. Morgan Road Yayınevi'nin editörü ve ortağı Marc Haeringer'e, bu kitabın ortaya çıkışındaki müthiş düzeltmeleri ve işbirliği için özel olarak teşekkür ederim.

Aynı zamanda yaratıcılıkları ve yenilikçilikleri ile bu kitaptaki yöntemlerin geliştirilmesi ve geçerli duruma gelmesi için sundukları katkı için yetenekli meslektaşlarımı anmak isterim. Tabii ki, Dr. Albert Ellis ve Dr. Aaron Beck en eski öncülerden, ama bu gerçekten de tam bir takım çalışması. Dünyanın dört bir yanından binlerce yetenekli klinisyen ve araştırmacı hep birlikte çalışıp Bilişsel Terapinin haritada yerini almasına katkıda bulunmuştur.

Son olarak, son yıllarda Standford Üniversitesi Tıp Fakültesi'nde çarşamba günleri gerçekleşen psikoterapi seminerlerine katılan psikiyatri hastalarına teşekkür etmek istiyorum. Bu benim için dinamik bir kişisel ve profesyonel deneyim oldu; orada öğretim görevlisi olsam da, aynı zamanda da bir öğrenciydim. Her birinizden her hafta inanılmaz şeyler öğrendim. Gayretiniz, sevecenliğiniz ve azminiz benim için paha biçilemez bir hediyeydi!

David D. Burns

# Giriş

Kendine yardım kitapları gerçekten birilerine yardımcı oluyor mu? Son onbeş yıldır, bu soruyu yanıtlamak için Alabama Tıp Merkezi'nden Dr. Forrest Scogin ve arkadaşları bir dizi yenilikçi deney geliştirmiştir. Araştırmacılar majör depresyon atakları için tedavi arayan 60 hastayı seçkisiz olarak iki farklı gruba atamıştır. İki hasta grubuna da psikiyatristi görmek için 4 hafta beklemeleri gerektiği söylenmiştir. Bu süre içinde, ilk grupta yer alan her hastaya, *İyi Hissetmek: Yeni Duygudurum Tedavisi* * adlı kitabım verilmiş ve bekleme süresince bu kitabı okumaları için hastalar cesaretlendirilmiştir. İkinci gruptaki hastalara ise kitap verilmemiştir. Araştırma asistanı her hafta hastaları aramış ve depresyondaki değişimleri kaydetmek için yaygın olarak kullanılan iki test uygulamıştır.

Araştırmacılar çalışmanın sonuçları karşısında şaşırdılar. Dört haftalık bekleme sürecinin sonunda, herhangi bir ilaç tedavisi veya psikoterapi almadıkları halde *İyi Hissetmek*'i okuyan hastaların 3'te 2'si önemli ölçüde gelişme gösterdi ya da iyileşti. Hatta o kadar gelişme gösterdiler ki ek bir tedaviye gereksinim duymadılar.

Buna karşılık, *İyi Hissetmek*'i okumayan diğer gruptaki hastalar herhangi bir gelişme göstermedi. Daha sonra araştırmacılar bu

* *İyi Hissetmek: Yeni Duygudurum Tedavisi*, Dr. David D. Burns (M.D.), Psikonet Yayınları, 23. basım, İstanbul 2016.

gruba da *İyi Hissetmek* kitabı verdiler ve ikinci 4 haftalık bekleme sürecinde okumalarını istediler. Bu hastaların da 3'te 2'si iyileşti ve ek bir tedaviye gereksinim duymadı. Dahası, *İyi Hissetmek*'e olumlu yanıt veren hastaların depresyonunda tekrarlamaya rastlanmadı, hastaların kazanımları 3 yıla kadar devam etti.

Bunlar yanıltıcı çalışmalar değil, en iyi psikoloji ve tıp dergilerinde yayımlanmış, uzman değerlendirmesinden geçmiş bilimsel çalışmalardır. Araştırmacılar, ilaç ve psikoterapiden daha hızlı sonuç verdiği için *İyi Hissetmek* "okuma terapisi"nin depresyondan yakınan birçok hasta için tedavide ilk müdahale olması gerektiği sonucuna varmışlardır. Ek olarak, bu inanılmaz ölçüde hesaplıdır ve psikiyatrik ilaçların kilo alımı, uykusuzluk, cinsel güçlükler veya bağımlılık gibi yaygın yan etkilerinden de tamamen uzak bir yöntemdir.

*İyi Hissetmek*'te tarif edilen terapi Bilişsel Davranışçı Terapi (BDT) olarak geçmektedir, çünkü bu yaklaşım ile depresyona neden olan olumsuz düşünceler veya bilişleri, aynı zamanda da sizi esir eden kendine zarar verici davranış örüntülerini değiştirmeyi öğrenirsiniz. Dr. Scogin'in çığır açan çalışmaları açıkça gösteriyor ki, birçok kişi için BDT –ilaç ve hatta bir terapistin rehberliği olmaksızın– çok etkili bir kendine yardım formatı olabilir.

Yayımlanan onlarca araştırma BDT'nin terapistler tarafından uygulandığı takdirde de etkili olduğunu doğrulamıştır. Kısa vadede en az en iyi anti-depresan tedavisi kadar iyi olduğu ve uzun vadede daha etkili olduğu ortaya konulmuştur. Örneğin, Pennsylvania ve Vanderbilt Üniversitesi kliniklerinde ayakta tedavi gören orta ila şiddetli düzeyde depresyon yaşayan 240 hasta üzerinde yürütülen bir araştırmada, kişiler seçkisiz olarak BDT, Paroxetine (Paxil), veya plasebo tedavi gruplarına atanmıştır. Böylece bu yöntemlerin kısa ve uzun vadedeki etkilerini karşılaştırmak mümkün olmuştur. Sonuçlar geçtiğimiz yıllarda *'Archives of General Psychiatry'* adlı en iyi psikiyatri dergilerinden birinde iki ayrı makalede yayımlanmıştır. Bulgular, bir kez daha, BDT'nin kısa vadede en az anti-depresan kadar etkili olduğunu, uzun vadede ise daha etkili olduğunu göstermektedir.

Dr. Robert DeRubeis, Pennsylvania Üniversitesi Psikoloji Bölüm Başkanı, hastalara sorun ve duygularını yönetebilecekleri araçlar sağlıyor olmasından ötürü BDT'nin daha kalıcı etkileri olduğunu açıklamıştır. "Orta ve şiddetli depresyondan yakınan insanlar için öncelikli tedavi tercihi haplar değil BDT olmalıdır" diye özetlemiştir. Ve şöyle söylemiştir: *"Depresyondaki insanlar genellikle ilaçlar tarafından basitçe çözülemeyecek sorunlar altında ezilmişlerdir... Bilişsel terapi başarılı olur çünkü insanlara başa çıkmalarına yardımcı olacak becerileri öğretir."*

BDT'nin aynı zamanda anksiyete tedavisinde de etkili olduğu görülmüştür. Dünya çapında yaptıkları literatür taramasında, Toronto'daki York Üniversitesi'nden Dr. Henry Westra, Halifax'taki Dalhousie Üniversitesi'nden Dr. Sherry Stewart şu sonuçlara ulaşmışlardır:

- BDT anksiyetenin her türünün tedavisinde altın standardıdır.
- BDT diğer psikoterapiler veya ilaç tedavisine kıyasla daha etkilidir. Ayrıca, ilaçsız BDT tedavisinin ilaçla BDT tedavisine göre daha etkili olduğu görülmektedir.

Benim klinik deneyimim bu bulgularla tutarlıdır. Ancak burada bir soru geliyor akıllara: BDT'nin okuma terapisi (bibliyoterapi) anksiyete üzerinde etkili mi? Utangaçlıktan, kronik endişeden, panik ataklardan, fobilerden, topluluk önünde konuşma anksiyetesi, sınav kaygısı ya da travma sonrası kaygı bozukluğundan ya da takıntılı zorlantı (obsesif kompülsif) bozukluğundan yakınıyorsanız, bu kitaptan yarar görür müsünüz? Bazı cesaretlendirici çalışmalar bu sorunun yanıtının evet olabileceğini gösteriyor. Londra Üniversitesi Psikiyatri Enstitüsü'nden Dr. Isaac Marks, birçok bireyin –yüzyüze terapi ve ilaç tedavisi olmadan– BDT tekniklerinin kullanımının anksiyete bozukluklarının üstesinden gelebildiğine işaret ediyor. Ben de bu kitabın anksiyeteli bireyler için etkinliğinin, tıpkı *İyi Hissetmek*'in depresif bireylerde etkinliği gibi, kanıtlanacağı konusunda umutluyum. Bununla birlikte, hiçbir kitap, teknik ya da ilaç herkes için çalışmaz. Bazı insanların bu kitaptaki yöntemlerin yanısıra şefkatli ve becerikli bir terapistin yardımına ihtiyacı olur. Bunda utanılacak hiçbir şey yoktur. Peki ne zaman bir ruh sağlığı uzmanından yardım almalısınız? Bu konuda kesin bir kural yoktur ancak aşağıdaki maddeler size yardımcı olabilir:

- **Sorun ne kadar ciddi?** Eğer kendinizi tükenmiş ve umutsuz hissediyorsanız, yüzyüze terapi yardımcı olabilir.
- **İntihar eğiliminiz var mı?** Eğer hayatınıza son verme isteğiniz varsa, sadece tek başınıza kendine yardım kitaplarına güvenmemelisiniz. Acil durumlarda yüzyüze müdahaleler şarttır. Eğer bir terapistiniz varsa, hemen onu arayın ve kendinizi nasıl hissettiğinizi paylaşın. Eğer terapistiniz yoksa, acil destek hattını arayın veya en yakın hastanenin acil servisine gidin. Yaşamınız, üzerinde Rus ruleti oynanmayacak kadar çok kıymetli.
- **Cinayet eğiliminiz var mı?** Kendinizi çok öfkeli hissediyorsanız ve diğer insanlara zarar verme ya da öldürme dürtünüz varsa, acil müdahale şarttır. Bu dürtülerle kumar oynamayın!
- **Ne çeşit bir sorununuz var?** Bazı sorunları tedavi etmek diğerlerinden daha zordur, bazen ilaç tedavisi gerekir. Örneğin, aşırı uçlarda, kontrolsüz iniş çıkışlarla seyreden bipolar bozukluğunuz (manik depresif) varsa, lityum gibi mizaç dengeleyici ilaçlar gerekli olur.

- **Ne kadar süredir yakınıyorsunuz?** Bu kitaptaki araçlarla üç ya da dört haftadır çalışıyorsanız fakat belirtileriniz iyileşmeye başlamadıysa profesyonel bir danışmanlık yararlı olacaktır. Bu, öğrenmeye çalıştığınız her şey için geçerlidir. Eğer teniste servis atamıyorsanız, bunu tek başınıza düzeltmekte sıkıntı yaşayabilirsiniz çünkü neyi yanlış yaptığınızı göremezsiniz. Ama iyi bir koç hızlıca sorunu teşhis eder ve nasıl düzeltileceğini gösterir.

Depresyon ve anksiyeteden yakınan pek çok insanın şimdi hızlı ve verimli şekilde ilaçsız tedavi ediliyor olması ve tamamen iyileşme oranının yüksek olması çok iyi bir haber diye düşünüyorum. İster bir terapist görüyor olun, ister psikiyatrik ilaç tedavisi alıyor olun ya da korkularınızı tek başınıza yenmeye çalışıyor olun; bu kitaptaki yöntemler sizin için yaşamsal öneme sahip olabilir. Amaç sadece belirtilerinizi ortadan kaldırmak değil, nasıl düşünüp nasıl hissettiğinizde kapsamlı bir dönüşüme gitmektir.

I

# Temeller

# 1 Düşünüyorum, öyleyse korkuyorum

Herkes kaygılı, endişeli, gergin, korkmuş, sinirli veya paniklemiş hissetmenin neye benzediğini deneyimlerinden bilir. Genellikle kaygı sadece can sıkıcıdır, ama bazen sizi bir nevi felce uğratır ve yaşamınızda gerçekten yapmak istediğiniz şeyleri yapmaktan sizi alıkoyar. Ancak sizin için harika haberlerim var: Kendinizi nasıl hissettiğinizi değiştirebilirsiniz!

Depresyon ve kronik endişe, utangaçlık, topluluk önünde konuşma kaygısı, sınav kaygısı, fobiler ve panik atak gibi olası her tür kaygı için yeni ve ilaçsız güçlü tedaviler geliştirilmiştir. Tedavinin amacı kısmî bir ilerleme değil, tam bir iyileşmedir. Sabahları korkulardan arınmış ve günü karşılamak için hevesli bir şekilde kendinize yaşamanın ne harika bir şey olduğunu söyleyerek uyanabilmenizi istiyorum.

Kaygı birçok farklı şekilde görünür olur. Aşağıdaki örüntülerden hangisinde kendinizi görüyorsunuz bir bakın.

- **Kronik Endişe.** Sürekli olarak aileniz, sağlığınız, kariyeriniz ya da mâli durumunuz ile ilgili endişelenirsiniz. Mideniz bulanır ve sanki kötü bir şey olacakmış gibidir. Ama siz sorunun tam olarak ne olduğunu anlayamazsınız.
- **Korkular ve Fobiler.** İğneden, kan görmekten, yükseklikten, asansörden, araba kullanmaktan, uçmaktan, sudan, örümcek-

ten, yılandan, köpekten, fırtınadan, köprülerden ya da kapalı bir alanda mahsur kalmaktan korkuyor olabilirsiniz.

- **Performans Kaygısı.** Ne zaman bir sınava girseniz ya da başka insanların önünde bir iş yapsanız ya da bir yarışmaya katılsanız donar kalırsınız.
- **Topluluk Önünde Konuşma Kaygısı.** Ne zaman bir grup önünde konuşacak olsanız gerilirsiniz, çünkü kendinize "Titreyeceğim ve herkes ne kadar gergin olduğumu anlayacak. Kafamdaki her şey uçup gidecek ve kendimi tam bir aptal durumuna düşüreceğim. Herkes bana acıyarak bakacak ve benim tam bir nevrotik olduğumu düşünecekler" dersiniz.
- **Utangaçlık.** Sosyal ortamlarda kendinizi gergin hisseder ve sürekli kendinizi izlersiniz, çünkü kendinize şöyle söylersiniz: "Herkes çok çekici ve rahat görünüyor. Ama benim söyleyebilecek ilginç bir şeyim yok. Ne kadar utandığımı ve kendimi beceriksiz hissettiğimi görüyorlar. Benim tuhaf biri ya da ezik olduğumu düşünüyor olmalılar. Böyle hisseden tek kişi benim. Bende yanlış olan şey ne?"
- **Panik Atak.** Birden ortaya çıkan, şimşek çakması gibi beklenmedik şekilde sizi vuran ani, dehşete düşüren panik ataklar deneyimlersiniz. Her atak sırasında, başınız döner, kalbiniz hızla çarpar ve parmaklarınız uyuşur. O sırada kendinize şunları söylüyor olabilirsiniz: "Kesin kalp krizi geçiriyorum. Bayılır ya da ölürsem ne olacak? Nefes alamıyorum. Ya boğulursam?" Var gücünüzle yaşama tutunmaya çalışırsınız. Çok geçmeden, panik hissi sizi şaşkın, korkmuş ve utanç içinde bırakarak geldiği gibi gizemli bir şekilde kaybolur. Size tam olarak ne olduğunu ve ne zaman tekrar olacağını merak edersiniz.

- **Agorafobi.** Yalnız başınıza evden çıkmaya korkarsınız, çünkü korkunç bir şey olacak diye düşünürsünüz – belki panik atak geçireceksiniz ve size hiç kimse yardım etmeyecek. Açık alanlardan, köprülerden, kalabalıktan, markette kuyrukta beklemekten ya da toplu taşıma araçlarını kullanmaktan korkabilirsiniz.
- **Takıntı ve Zorlantılar.** Kafanızdan atamadığınız takıntılı düşünceler ve korkularınızı kontrol altına alabilmek için geliştirdiğiniz mantık dışı ritüeller için duyduğunuz zorlantılı istek tarafından kapana kısılmışsınızdır. Mikrop korkusu sizi yer bitirir ve ellerinizi tüm gün tekrar tekrar yıkamak için karşı konulmaz bir istek duyarsınız. Ya da yatağa yattıktan sonra defalarca uyanıp ocağı kapatıp kapatmadığınızı kontrole gidersiniz.
- **Travma Sonrası Stres Bozukluğu.** Aylar ya da yıllar önce yaşadığınız, tecavüz, taciz, işkence ya da cinayet gibi korkunç bir olaya dair anıların ve geçmişten gelen sahnelerin (flash-back) pençesine düşmeniz sözkonusudur.
- **Dış Görünüşünüzle İlgili Endişeler (Vücut Dismorfik Bozukluğu).** Arkadaşlarınız ya da aileniz her ne kadar gayet iyi göründüğünüz konusunda size güvence verse de, görünüşünüzde bir acayiplik ya da anormallik olduğu hissi ile kendinizi tüketirsiniz. Burnunuzun şekilsiz olduğunu, saçınızın seyrek olduğunu veya vücut biçiminizin düzgün olmadığını düşünebilirsiniz. Zamanınızın büyük bir bölümünü estetik cerrahlara danışmakla ya da var olan kusuru düzeltmeye çalışmak için aynalara bakarak geçiriyor olabilirsiniz. Çünkü herkesin sizin ne kadar berbat göründüğünüzü fark ettiğine tamamen inanmışsınızdır.
- **Sağlığınızla İlgili Endişeler (Hipokondriazis).** Ağrı, acı, yorgunluk, sersemlik ya da başka yakınmalar ile doktor doktor gezersiniz. Doktorlar hiçbir sağlık sorununuzun olmadığı konusunda size güvence verse de, siz korkunç bir hastalığınız olduğu ko-

nusunda eminsinizdir. Birkaç gün rahatlamış hissetseniz de, kısa süre içinde yine sağlığınızla ilgili takıntılı düşünmeye başlarsınız.

Bu korkulardan herhangi biri tarafından kapana kısıldıysanız, size bir sorum var: Eğer onların üstesinden nasıl gelebileceğinizi size gösterecek olsam, bunun sizin için değeri ne olur? Bir dakikalığına yarın bir konuşma yapacağınızı ya da önemli bir sınava gireceğinizi ve karnınızda o düğümlenme olmadan, kendine güvenli ve rahat bir şekilde yatağa gidebildiğinizi hayal edin.

Eğer kendinizi yalnız hissediyor ve utangaçlıkla mücadele ediyorsanız, kendinizi gevşemiş hissetmenin ve herhangi bir kişiyle herhangi bir yerde keyifli bir sohbete dahil olabilmenin, diğer insanlar arasında spontan olabilmenin sizin için değeri ne olur? Ve eğer fobiler, panik ataklar ya da takıntı ve zorlantılardan muzdaripseniz, bu korkuları nasıl yeneceğinizi size gösterebilsem, bunun sizin için değeri ne olur?

Bu amaçlar size olanaksız gibi görünebilir, özellikle de kaygı ve depresyonla yıllardır mücadele ediyorsanız. Ancak ben inanıyorum ki, tüm bunları ilaçlar ya da uzun süren terapiler olmadan yenebilirsiniz. Bu, duymaya alışkın olduğunuz bir mesaj olmayabilir. Doktorunuza giderseniz, size beyninizde var olan kimyasal bir dengesizlikten bahsedebilir ve bunu düzeltmek için bir ilaç almanız gerektiğini söyleyebilir. Ne var ki, yapılan son araştırmalar, yıllardır klinik deneyimimin bana öğrettiği şeyi doğrulamaktadır: Korkularınızı ilaçlar olmadan yenebilirsiniz. Tek ihtiyacınız olan biraz cesaret, sağduyu ve bu kitaptaki teknikler...

Kaygının nedenleri ile ilgili birçok kuram vardır, ama biz bunların dördüne odaklanacağız.

- **Bilişsel Model** olumsuz düşüncelerin kaygıya neden olduğu fikrine dayanır. "Biliş", basitçe düşünce yerine kullanılan süslü bir kelimedir. Ne zaman kaygılansanız ve korksanız, bu, kendinize korkunç bir şeyler olacağını söylediğiniz içindir. Örneğin, uçma korkunuz varsa ve uçak türbülansa girerse paniğe kapılırsınız, çünkü "uçak düşmek üzere" diye düşünürsünüz. Sonrasında uçak yere çarpıp bir ateş topuna dönüşürken yolcuların çığlıklarını hayal edersiniz. Korkunuz türbülanstan değil, kendinize verdiğiniz olumsuz mesajlardan kaynaklanır. Nasıl düşündüğünüzü değiştirirseniz, nasıl hissettiğinizi de değiştirebilirsiniz.
- **Maruz Bırakma Modeli** kaygının nedeninin kaçınma olduğu fikrine dayanır. Başka bir deyişle, kaygılanırsınız çünkü korktuğunuz şeyden kaçınırsınız. Yüksekten korkuyorsanız, muhtemelen merdivenlerden, yüksek dağların patikalarından ya da cam asansörlerden kaçınırsınız. Utangaç hissediyorsanız, muhtemelen insanlardan kaçınırsınız. Bu kurama göre, koşmayı bırakıp, en çok korktuğunuz canavarla yüzleştiğiniz an, korkularınızı yenersiniz. Bu, bir zorbaya "En iyi vuruşunu yap. Daha fazla senden kaçmayacağım" demeye benzer.
- **Gizli Kalmış Duygu Modeli** kaygının nedeninin kibarlık olduğu fikrine dayanır. Kaygıya yatkın kişiler, neredeyse her zaman çatışmadan ve öfke gibi olumsuz duygulardan korkan ve bu nedenle de insanları memnun eden kişilerdir. Canınız sıkkın olduğunda, sorunlarınızı halının altına süpürürsünüz, çünkü hiç kimsenin canını sıkmak istemezsiniz. Bunu o kadar hızlı ve otomatik bir biçimde yaparsınız ki, yaptığınızın farkında bile olmazsınız. Sonra, olumsuz duygularınız kaygı, endişe, korku ya da panik gibi çarpıtılmış biçimde yüzeye çıkar. Gizli kalmış duygularınızla yüzleştiğinizde ve sizi rahatsız eden sorunu çözdüğünüzde, genellikle kaygınız da ortadan kaybolur.

- **Biyolojik Model** kaygı ve depresyonun beyindeki kimyasal bir dengesizlikten kaynaklandığı ve bunu düzeltmek için ilaç alınması gerektiği fikrine dayanır. Genellikle iki tip ilaç tedavisi önerilir: Xanax, Ativan ve Valium gibi minör sakinleştiriciler ve Prozac, Paxil ve Zoloft gibi anti-depresanlar. Doktorunuz kaygı ve depresyonun tek gerçek ve etkili tedavisinin ilaç ile mümkün olduğunu söyleyebilir ve ömrünüzün geri kalanında, tıpkı diyabetten muzdarip kişilere kanlarındaki şekerin düzenlenmesi için insülin iğnesi yapılmasındaki gibi, bu ilaçları kullanmaya devam etmeniz gerektiğini söyleyebilirler.

O halde kaygının nedenleri ve tedavisi ile ilgili birbirinden oldukça farklı dört kuramımız var. Peki hangi kuram doğru? Bilişsel Model'e göre, düşünce biçiminizi değiştirmelisiniz. Maruz Bırakma Modeli'ne göre, kaçmayı bırakıp korkularınızla yüzleşmelisiniz. Gizli Kalmış Duygu Modeli'ne göre, duygularınızı ifade etmelisiniz. Biyolojik Model'e göre ise ilaç almalısınız.

Bu dört kuramın her birinin ayrı savunucuları var. Ben ilk üç kuramın doğru olduğuna inanıyorum ve tedavi ettiğim her kaygılı kişide bilişsel, maruz bırakma ve gizli kalmış duygu modeli tekniklerini kullanıyorum. Biyolojik model çok daha tartışmalı. Kariyerime tam zamanlı bir psikofarmakolog olarak başlamama ve tüm hastalarımı ilaçla tedavi etmeme rağmen, kaygı ve depresyon için şiddetle yeni ve ilaçsız tedavi yöntemlerini tercih ediyorum. Deneyimlerime göre, bu yöntemler çok daha etkili, daha hızlı işe yarıyorlar ve aynı zamanda uzun vadede de daha üstünler. Çünkü size hayatınızın geri kalanında acı veren mod atlamalarınızın üstesinden gelmek için ihtiyacınız olan araçları sağlıyorlar.

Bununla birlikte, bu bir "ya o/ya diğeri" gibi bir durum değildir. Eğer siz ve doktorunuz ilaçların gerekli olduğuna inanıyorsanız ya da şiddetle anti-depresan tedavisi görmeyi tercih ediyorsanız, ilaç artı psikoterapi gibi bir kombinasyondan yararlanabilirsiniz. Ancak ilaçtan yarar görmeyen ve aynı zamanda ilaç tedavisini kesinlikle reddeden milyonlarca insan için, bu yeni ilaçsız yöntemlerin geliştirilmesi kuşkusuz ki çok iyi bir haberdir. Şimdi bu yöntemlerin nasıl işlediğine bir bakalım.

## BİLİŞSEL MODEL

Bilişsel model üç basit fikir üzerine inşa edilmiştir:

1. *Düşündüğün* şekilde *hissedersin.*
2. Kaygılıyken, kendini kandırırsın. Kaygı, çarpıtılmış, mantıksız düşüncelerin sonucudur.
3. Nasıl düşündüğünü değiştirdiğinde, nasıl hissettiğini de değiştirebilirsin.

Fransız filozof Descartes, "Düşünüyorum, öyleyse varım" demiştir. Bu kitaptaki teknikler de bundan hafifçe farklı bir fikre dayanmaktadır: "*Düşünüyorum*, öyleyse *korkuyorum.*" "Bu, yalnızca bir başka aptal kendine yardım kitabı. Ne kandırmaca!" diye düşünebilirsiniz. Eğer öyleyse, muhtemelen hayal kırıklığına uğramış, kendinizi ümitleri boşa çıkmış veya rahatsız olmuş hissediyorsunuz.

Ya da şöyle düşünüyor olabilirsiniz: "Bu kitap kesinlikle bana yardımcı olamaz. Sorunlarım çok daha ciddi." Eğer öyleyse, kendinizi cesareti kırılmış ya da ümitsiz hissediyorsunuz. Ya da şöyle düşünebilirsiniz: "Hey, bu ilginç görünüyor ve çok anlamlı. Belki bana yardımcı olabilir." Öyleyse, kendinizi muhtemelen heyecanlı ve meraklı hissediyorsunuz.

Hepsinde durum tamamen birbirinin aynıdır. Her okuyucu aynı metni okumaktadır. Ne okuduğunuzla ilgili hislerinizse, sayfadaki sözcüklere değil, tamamıyla nasıl düşünüyor olduğunuza bağlıdır.

Hepimiz sürekli olarak ne olduğunu yorumlarız, ancak bunu yaptığımızın farkında olmayız. Çünkü bu otomatiktir. Düşünceler zihnimizden akar gider, fakat kuvvetli olumlu ya da olumsuz duygu yaratma güçlerine sahiptirler.

Bilişsel Terapi farklı düşünce ya da bilişleri, belirli bir duygu yarattığı fikri üzerine temellenmiştir. Pennsylvania Üniversitesi Tıp Fakültesi'nden Dr. Aaron Beck bunu "bilişsel özgünlük" [:*cognitive specificity*] kuramı olarak tanımlamıştır. Örneğin, kendinizi üzgün ve depresif hissediyorsanız, büyük olasılıkla kendinize, sevdiğiniz birini ya da özsaygınız için önemli bir şeyi kaybettiğinizi söylüyorsunuzdur. Eğer suçlu ya da utanmış hissediyorsanız, kendinize kötü olduğunuzu veya kendi kişisel değerlerinizi ihlal ettiğinizi söylüyorsunuzdur. Umutsuz hissediyorsanız, kendinize hiçbir şeyin asla değişmeyeceğini söylüyorsunuzdur. Ve eğer kızgın hissediyorsanız, kendinize söylediğiniz, birilerinin size adaletsiz davrandığı ya da sizi kullanmaya çalıştığıdır. Kendinize aynı zamanda diğer kişinin benmerkezci işe yaramazın teki olduğunu söylüyor olabilirsiniz.

Peki ya kaygı, endişe, panik ya da korku? Ne tür düşünceler böyle duygulara yol açar? Okumaya devam etmeden önce fikirlerinizi aşağıya yazın. Bir kitap okurken yazılı egzersizler yapmaya alışkın olmayabilirsiniz. Ancak benim sizinle fikirlerimi paylaşmanın ötesinde bir amacım var. Size yaşamınızı değiştirecek yeni beceriler kazandırmak istiyorum. Eğer ne tür düşüncelerin kaygı veya korkuya yol açtığını bilmiyorsanız, sadece bir tahminde bulunun. Yanlış olsanız bile, bu egzersiz beyin devrelerinin ateşlenmesini sağlayacaktır. Bir tahminde bulunduğunuzda, okumaya devam edin ve ben de düşüncelerimi sizlerle paylaşacağım.

..............................................................................................

..............................................................................................

..............................................................................................

..............................................................................................

..............................................................................................

## Yanıt

Kaygılı, endişeli, paniğe kapılmış veya korkmuş hissettiğiniz zaman, kendinize tehlikede olduğunuzu ve başınıza korkunç bir şeyin gelmek üzere olduğunu söylersiniz. Örneğin, panik atak geçiriyorken, kendinize kontrolünüzü kaybetmenin veya çıldırmanın eşiğinde olduğunuzu söylüyor olabilirsiniz. Araba sürme korkunuz varsa, büyük olasılıkla donup kalacağınıza, arabanın kontrolünü kaybedeceğinize ve korkunç bir kazaya neden olacağınıza inanıyorsunuzdur.

Bir kez kaygılı hissetmeye başladığınızda, olumsuz düşünce ve duygularınız birbirini bir kısırdöngü içinde pekiştirmeye başlar. Feci düşünceler kaygı ve korku duyguları yaratırlar ve bu duygular da daha fazla olumsuz düşünceyi tetikler. Kendinize şöyle dersiniz: "Eğer kendimi korkmuş hissediyorsam, gerçekten tehlikede olmalıyım. Başka türlü, bu kadar dehşete düşmezdim."

Endişeli ya da gergin hissettiğiniz zaman, kendinize zihninizden geçen düşünceleri sorarsanız, duygularınızı tetikleyen korkutucu mesajları göreceksiniz. Düşünceler tamamen gerçekçi görünebilir, ama öyle değildirler. Kaygılı olduğunuzda kendinize söyledikleriniz kısaca yanlıştır.

Nevrotik kaygı ile sağlıklı korku arasındaki en büyük farklardan biri işte budur. İkisi de tamamen sizin düşünceleriniz sonucu ortaya çıkar, fakat sağlıklı korkuyu tetikleyen düşünceler çarpıtılmış değildir. Sağlıklı korku geçerli bir tehlike algısından doğar. Ancak, sağlıklı korku tedavi gerektirmez. Gerçek bir tehlikedeyseniz, sağlıklı bir korku sizi hayatta tutar. Tersine nevrotik kaygı, gerçek tehdit ile ilgili olmadığından, yararlı bir işlev göstermez. Bu duygulara yol açan düşünceler her zaman çarpıtılmış ve mantıkdışı olacaktır.

29. sayfada yer alan bilişsel çarpıtmalar listesi kaygı, depresyon ya da öfkeyi tetikleyen on çarpıtmayı içermektedir. Aralarında bazı çakışmalar olduğunu fark edeceksiniz. Bu çarpıtmaların bazılarına, kendinizi özellikle kaygılı, endişeli, utanmış ya da paniğe kapılmış hissettiğinizde sık rastlanır. Bunlar aşağıda sıralanmıştır:

**Falcılık.** Kendinize korkunç bir şeyin olmak üzere olduğunu söylersiniz. Örneğin, yükseklik korkunuz varsa ve bir merdivenin tepesindeyseniz, büyük olasılıkla kendinize söylediğiniz şu olacaktır: "Bu gerçekten çok tehlikeli. Düşebilirim." Eğer çekingenseniz ve partide biriyle konuşuyorsanız, kendinize şöyle diyebilirsiniz: "Biliyorum, şimdi saçma bir şey söyleyeceğim ve aptal gibi görüneceğim."

**Zihin Okuma.** Ortada inandırıcı hiçbir kanıt olmamasına rağmen, diğer insanların sizi yargıladığını, küçümsediğini varsayarsınız. Başka bir okuldan Berkeley'e transfer olan öğrenci Carrie, okulda çalışmak üzere kayıt yaptırdığı esnada, okula kaydıyla ilgili bir sorun olduğunu öğrenir. Kaygılanır çünkü kendisine şunları söylemiştir: "Kesin beni burada istemiyorlar. Buraya ait değilim." Ama sorun kısa zamanda çözümlendi. O günün ardından Carrie, süpervizörünün asistanlı görevini değiştirdiğini ve birinci sınıflar yerine ikinci sınıflara ders anlatacağını öğrendi. Kendini incinmiş ve güvensiz hissetti, çünkü kendine şunları söyledi: "Büyük olasılıkla benim, düşündüğü kadar iyi olmadığımı gördü, bu yüzden de bana daha alt düzey bir asistanlık verdi."

## Bilişsel Çarpıtmalar Listesi

1. **Ya hep ya hiç tarzı düşünme.** Olaylara, keskin ve siyah beyaz kategorilere ayırarak bakarsınız. Eğer sizinki tam bir başarı öyküsü değilse, işe yaramazsınızdır.
2. **Aşırı genelleme.** Tek bir olumsuz olayı asla sonu gelmeyecek bir yenilgi örüntüsü olarak görürsünüz, "Her zaman aynı şey oluyor", "Asla düzeltemeyeceğim".
3. **Zihinsel filtreleme.** Bu suya damlayan ve suya rengini veren bir damla mürekkebe benzer. Yaptığınız bir hata gibi olumsuz bir ayrıntı üzerinde durur, yaptığınız tüm diğer şeyleri görmezden gelirsiniz.
4. **Olumluyu yok saymak.** Başarılarınız ve olumlu niteliklerinizi hesaba katmamakta ısrar edersiniz.
5. **Keyfî çıkarsama.** Gerçekler tarafından desteklenmeyen sonuçlar çıkarırsınız. Bu çarpıtmanın iki türü vardır:
    - **Zihin okuma:** İnsanların korkunç şekilde yargılayıcı olduğu ve size tepeden baktığını düşünürsünüz.
    - **Falcılık.** Kendinize yakında korkunç bir şey olacağını söylersiniz: "Haftaya sınavda kesin başarısız olacağım."
6. **Büyütme ve küçültme.** Olayları abartır ya da önemlerini küçümsersiniz. Bu, aynı zamanda "dürbün etkisi" olarak tanımlanır. Dürbünün bir tarafından baktığınız zaman, bütün eksiklikleriniz Everest Dağı kadar büyükmüş gibi görünür. Diğer tarafından baktığınızda ise, tüm güçlü yanlarınız olumlu nitelikleriniz neredeyse bir hiçe indirgenir.
7. **Duygusal çıkarsama.** Nasıl hissettiğinizden hareketle durumları açıklarsınız. Örneğin "Kaygılı hissediyorum, öyleyse gerçekten tehlikede olmalıyım."Ya da "Umutsuz hissediyorum, öyleyse gerçekten durumum umutsuz."
8. **-meli -malı cümleleri.** Kendinizi ve diğer insanları "-meli, -malı, zorunda, gerekli" gibi ifadeler kullanarak eleştirirsiniz. Örneğin, "Böyle utanmamalı ve gergin hissetmemeliyim. Bende yanlış olan ne?"
9. **Etiketleme.** Tek bir hata ya da eksikliğinizi tüm kimliğinize genellersiniz. "Hata yaptım" demek yerine, kendinizi "umutsuz vaka" olarak etiketlersiniz. Bu aşırı genellemenin uç bir görüntüsüdür.
10. **Suçlama.** Sorunun nedenini saptamak yerine, suçlamayı seçersiniz. Suçlamanın iki temel örüntüsü vardır:
    - Kendini suçlama. Kendinizi sorumlu olmadığınız bir şey için suçlarsınız, ya da hata yaptığınızda kendinizi acımasızca cezalandırırsınız.
    - Başkasını suçlama. Diğerlerini suçlar ve sorundaki kendi rolünüzü inkâr edersiniz.

**Aşırı Büyütme.** Durumdaki tehlikeyi abartırsınız. Adamın biri tıraş olurken kendini keserse kaygılanır çünkü kendine şunları söyler: "Ah hayır! Gerçekten çok fazla kanıyor! Ya bende lösemi varsa?" Bu korku-yu zihninden atamaz ve doktorunun onu hemen muayene etmesi için ısrarcı olur. Tabii ki, tüm laboratuvar testleri normal çıkar.

**Duygusal Çıkarsama.** Kendinizi nasıl hissettiğinize göre durumu açıklarsınız. Kendinize şunları söylersiniz: "Korkuyorum, o halde gerçekten tehlikede olmalıyım" veya "Çıldırmak üzereyim gibime geliyor, o zaman gerçekten de çıldırmanın eşiğinde olmalıyım."

**-meli -malı Cümleleri.** Kendinize, asla kaygılanmamalı, utanmama-lı ya da güvensiz hissetmemeliyim, çünkü normal insanlar böyle hissetmezler dersiniz.

**Etiketleme.** Kendinizi "aptal", "nevrotik" veya "kaybeden" olarak etiketlersiniz.

**Kendini Suçlama.** Kaygılanmanız dahil olmak üzere, en ufak bir hata ya da eksikliğiniz için, kendinizi yerden yere vurursunuz.

Bu çarpıtmaların herhangi birini yaptığınızı fark ediyor musunuz? Size tanıdık geliyorlarsa, bu iyi bir haber, çünkü nasıl düşündüğünüzü değiştirerek nasıl hissettiğinizi değiştirebilirsiniz. Çarpıtılmış düşüncelerinizin maskesini düşürdüğünüzde, korkularınız da kaybolacak.

Uzun ve başarılı kariyerinin sonlarına yaklaşırken bana terapiye gelen kaygılı bir avukatı tedavi etmiştim. Jeffrey, Los Angeles'taki en başarılı avukatlardandı. Aslına bakarsanız, tüm kariyeri boyunca yalnızca bir davayı kaybetmişti. Bu muazzam kariyerine rağmen, Jeffrey hayatında gerçek mutluluğu hiç bulamadı. Sürekli olarak endişe içindeydi ve asla gevşeyemiyordu. Başına bela olan olumsuz düşüncelerinden biri: "Ya bir davayı kaybedersem? Bu bir felaket olur!"

Jeffrey haftanın yedi günü, uyanık olduğu her dakika kompülsif bir biçimde çalışmayı bırakacağından çok korkuyordu. Bu uğurda tatile çıkmaktan bile vazgeçti. Zira her dakika çalışıyor ve kendini gevşetme ve eğlendirmeyi başaramıyordu. Jeffrey'nin tüm hayatı iş ve endişenin sürekli birbirini takip ettiği bir koşu bandını andırıyordu. Bir dakikalık bile olsa, içsel huzur ve mutluluğun tadını çıkaramadan mezara gireceğinden korkuyordu.

Jeffrey sayısız ilaç kullandı ve 35 sene psikanalize devam etti, ancak hiçbiri ısrarcı güvensizlik hisleriyle başetmesinde işe yaramadı. Sorunun bir parçası, anladığı kadarıyla, o beş yaşındayken küçük kız kardeşinin ensefalit sonucu ölmesi idi. Jeffrey'nin psikanalistlerinden biri ona yetersizlik hislerinin büyük olasılıkla kardeşinin ölümü ile ilgili hissettiği suçluluk duygusundan kaynaklandığını söyledi. Analist, ailesinin kardeşine verdiği ilgiye içerlediği ve çoğu zaman onun ölmüş olmasını dilediği için, Jeffrey'nin kardeşinin ölümüyle ilgili olarak kendini suçladığını öne sürüyordu. Tabii ki Jeffrey'nin kardeşinin ölümü ile hiçbir ilgisi yoktu, ama onu kıskandığını hatırlıyordu.

Maalesef bu içgörü Jeffrey'de bir rahatlamaya neden olmaz. İçten içe, Jeffrey hâlâ "kötü" bir insan olduğunu hisseder ve analisti de bu sorunun nasıl üstesinden geleceğine dair bir şey söylemez. Hislerinin mantıksız olduğunu bilse de, kirli ve utanç verici bir insan olduğu, gerçekte kim olduğunu keşfettikleri anda insanların onu reddedecekleri fikrini üstünden atamaz. Böylece hayatını duygularının üstünü örtmeye ve herkesi etkilemeye adar. Çok çalışıp Hukuk Fakültesi'nin en iyi öğrencisi olmuştur, sonra da seçkin bir avukat olarak kariyerine devam etmiştir.

Jeffrey'nin duruşma salonundaki lakabı "Kaplan"dır. Bu şekilde ün yapmıştır. Çevresel atık davalarında büyük işletmeleri tek elle yenmiş ve dize getirmiştir. Başkaları için çok korkulan bir rakiptir. Ama kendisi bunun dışında kalan neredeyse her durumda beceriksiz ve güvensiz hisseder. Sekreteri, karısı ve kızları ona sürekli patronluk taslar. Jeffrey eğer onların taleplerini yerine getirmezse, kendisini reddedeceklerinden endişelenir.

Jeffrey'e "Eğer olursa" tekniğini uygulamamızı önerdim. Bu teknik korkularınızı tetikleyen inanç ve fantezileri tanımlamada size yardımcı olur. Jeffrey'nin şu düşüncesiyle işe başladık: "Herhangi bir davayı kaybedersem bu bir felaket olur." Diyalogumuz şöyle devam etti:

**David:** Jeffrey, varsayalım ki bir davayı kaybettin? Sonra ne olur? En çok neden korkuyorsun?

**Jeffrey:** Sonra bu haber yayılır ve insanlar benimle ilgili bu bilgiyi öğrenirler.

**David:** Ve eğer insanlar bunu öğrenirse ne olur? Olabilecek en kötü şey nedir?

**Jeffrey:** İnsanlar düşündükleri kadar iyi olmadığımı anlarlar ve bana dava vermeyi keserler.

**David:** Tamam, tut ki insanlar sana dava vermeyi kestiler. Sonra ne olur?

**Jeffrey:** İflas ederim.

**David:** Tabii ki kimse iflas etmeyi istemez. Ama merak ediyorum, iflas etmenin senin için anlamı ne? Eğer iflas edersen sonra ne olur? Seni en çok korkutan şey nedir?

**Jeffrey:** Eşim ve kızlarım beni artık sevmezler.

**David:** Ve sonra ne olur?

**Jeffrey:** Sonra beni terk ederler. Beş parasız ve yalnız kalırım.

**David:** Ve sonra ne olur? En derinde yatan korkun nedir? Gözünün önüne ne geliyor?

**Jeffrey:** Los Angeles sokaklarında yaşayan evsiz bir adam olarak öleceğim.

Jeffrey kendisini kaldırımlarda bozukluk dilenirken hayal ediyordu. Buna karşılık davalarda alt ettiği avukatlar 2000 dolarlık takım elbiseleri içinde aynı sokaklarda yürüyor olacaklardı. Ona küçümseyerek bakacaklar ve şöyle söyleyeceklerdi: "Şu harika Jeffrey değil mi? Şimdi zavallı halde baksanıza! Tam bir umutsuz vaka!"

Entelektüel olarak, Jeffrey bu korkuların mantıksız olduğunu biliyordu, fakat duygusal olarak tehlikenin gerçek olduğunu hissediyordu. İnsanların gerçekten ona acıyarak bakacaklarına ve başarısız olursa onu terk edeceklerine inanıyordu.

Sayfa 34'te, 23 Yaygın Özyıkıcı İnanç (YÖİ) bulacaksınız. Bunlar bizi kaygıya, depresyona ve başkalarıyla ilişkilerimizde çatışmaya karşı kırılgan kılan tutum ve inançlardır. Listeyi gözden geçirin ve Jeffrey'nin yaygın özyıkıcı düşüncelerini tanımlayabilecek misiniz bir bakın. "Herhangi bir davayı kaybedersem bu bir felaket olur." düşüncesi ile başladığını ve evsiz, yalnız ve çaresiz olacağı inancı ile sona erdiğini hatırlayın. Bu fantezi size Jeffrey'nin Özyıkıcı İnançlar'ı hakkında nasıl ipuçları veriyor? Fikirlerinizi buraya yazın.

1. ..........................................................................

2. ..........................................................................

3. ..........................................................................

4. ..........................................................................

## Yaygın Özyıkıcı İnançlar (YÖİ)

### Başarı

1. **Performans Mükemmeliyetçiliği.** Asla başarısız olmamalı ya da hata yapmamalıyım.
2. **Algılanan Mükemmeliyetçilik.** Eğer kusurlu ya da zayıf olursam insanlar beni sevmez ya da kabul etmez.
3. **Başarı Bağımlılığı.** Benim insan olarak değerim başarılarıma, zekâma, yeteneğime, statüme, gelirime ya da görünüşüme bağlıdır.

### Sevgi

4. **Onay Bağımlılığı.** Değerli olmak için herkesin beni onaylaması gerekir.
5. **Sevgi Bağımlılığı.** Sevilmeden mutlu ya da tatmin olmuş olamam. Eğer sevilmezsem, hayat yaşamaya değer olmaz.
6. **Reddedilme Korkusu.** Eğer beni reddersen, bu bende yanlış bir şeyler olduğunu kanıtlar. Eğer yalnız kalırsam, sefil ve değersiz olmaya mahkum olurum.

### Boyun Eğme

7. **Diğer İnsanları Mutlu Etme.** Bunu yaparken kendi hayatımı mahvetsem bile her zaman seni mutlu etmeye çalışmalıyım.
8. **Çatışma Fobisi.** Birbirini seven insanlar asla kavga etmemeli ya da tartışmaya girmemelidir.
9. **Kendini Suçlama.** İlişkimizdeki sorunlar tamamen benim kabahatim.

### Talepkârlık

10. **Başkasını Suçlama.** İlişkideki sorunlar tamamen karşıdaki insanların kabahati.
11. **Hak Görme.** Bana her zaman senden beklediğim gibi davranmalısın.
12. **Doğruluk.** Ben doğruyum sen yanlışsın.

### Depresyon

13. **Umutsuzluk.** Benim sorunlarım çözülecek cinsten değil. Asla gerçekten mutlu ve tatmin olmuş olamayacağım.
14. **Değersizlik/Aşağılık.** Ben değersiz, kusurlu ve diğer insanlara göre aşağıyım.

### Anksiyete

15. **Duygusal Mükemmeliyetçilik.** Her zaman mutlu, özgüvenli ve kontrollü olmalıyım.
16. **Öfke Fobisi.** Öfke tehlikelidir ve ne olursa olsun kaçınılması gereken bir şeydir.
17. **Duygu Fobisi.** Asla mutsuz, kaygılı, yetersiz, kıskanç veya zayıf hissetmemeliyim. Duygularımı halının altına süpürmeliyim ki kimseyi üzmeyeyim.
18. **Algılanan Narsizm.** Değer verdiğim insanlar talepkâr, çıkarcı ve güçlü.
19. **Çalı Yangını Yanılgısı.** İnsanlar tamamen benzer şekilde düşünen palyaçolardır. Eğer bir insan beni küçümserse bunu kısa sürede herkes öğrenir ve herkes beni küçümsemeye başlar.
20. **Spot Işığı Yanılgısı.** İnsanlarla konuşmak, parlak bir spot ışığının altında konuşmak gibidir. Eğer onları etkileyip zeki, esprili veya ilginç biri olduğumu düşündüremezsem beni sevmezler.
21. **Sihirli Düşünme.** Eğer yeterince endişelenirsem sonunda her şey iyi olacaktır.

### Diğer

22. **Engellenmeye Düşük Tahammül.** Hiçbir zaman engellenmemeliyim. Hayat her zaman kolay olmalı.
23. **Süperadam/Süperkadın.** Her zaman güçlü olmalı, asla güçsüz olmamalıyım.

## Yanıt

Aşağıda Jeffrey ile birlikte belirlediğimiz onun Özyıkıcı İnançlarını bulacaksınız:

- **Performans Mükemmeliyetçiliği.** Jeffrey asla başarısız olmaması ve asla hata yapmaması gerektiğine inanıyor.
- **Algılanan Mükemmeliyetçilik.** Diğer insanların onu tıpkı kendisi gibi acımasızca yargılayacağına inanıyor. Ve herkesi başarıları etkilemesi gerektiğini, aksi takdirde onu reddeceklerini düşünüyor. İnsanların onu hataları olan ve kırılgan bir insan olarak sevip kabul edebileceklerine inanmıyor.
- **Başarı Bağımlılığı.** Jeffrey özdeğerini başarıları üzerine temellendiriyor. Büyük başarılar elde etmesi gerektiğine inanıyor, eğer büyük bir başarı değilse çok da iyi değildir.
- **Onay Bağımlılığı.** Özsaygısı herkesin onayını almak üzerine temellenir.
- **Reddedilme Korkusu.** Jeffrey tek bir kişi onu reddettiğinde bile, yoksunluk ve sefalet içindeki bir hayata mahkum olacağına inanır.
- **Başkalarını Memnun Etme.** Jeffrey kendi ihtiyaçları ve duyguları pahasına, her zaman iş arkadaşları ve ailesinin taleplerini yerine getirmesi gerektiğine inanır.
- **Değersizlik/Aşağı Hissetme.** Jeffrey doğuştan kusurlu ve eksik olduğuna ikna olmuş görünmektedir. Böylece her zaman bunun üstünü örtmeye ve gerçekte olduğundan çok daha iyi görünmeye çalışır.
- **Algılanan Narsizm.** Jeffrey önem verdiği tüm insanların aşırı derecede manipulatif ve talepkâr olduğuna inanır.
- **Çalı Yangını Yanılgısı.** Jeffrey tüm insanları aynı şekilde düşünen

ve davranan klonlar olarak görme eğilimindedir. Eğer tek bir kişi ona tepeden baktıysa, bunun yayılacağına ve kısa zamanda herkesin ona aşağılayacağına ve terk edeceğine tamamen ikna olmuştur.

- **Süperman.** Jeffrey her zaman kazanıp hiç kaybetmemesi gerektiğine inanır.

Tüm başarılarına rağmen, Jeffrey'nin kendi hakkında pek iyi düşünmediğini görebilirsiniz. İçeride kötü ve sevilmez bir insan olduğunu düşünür. Aynı zamanda ailesi ve iş arkadaşlarıyla ilgili de pek iyi şeyler düşündüğü söylenemez. Dünyası, onun hayal ettiği şekliyle, en küçük hatasında ona sırtını dönecek olan, yargılayıcı ve talepkâr insanlarla doludur. Bu kadar kaygılı olması gayet anlaşılır!

İlerledikçe, size "Eğer olursa" tekniği de dahil olmak üzere, kendi özyıkıcı düşüncelerinizi belirlemek için, çeşitli yöntemleri nasıl kullanacağınızı göstereceğim. Sayfa 34'teki listeyi gözden geçirdiğinizde, içlerinden bazılarını odaklanmak isteyebilirsiniz. İçinizde bir yere dokunuyor gibi görünen inançları işaretleyin. Bu içgörüler çok heyecan verici olsa da, amacımız bundan daha iddialı. Biz içsel düzeyde gerçek bir değişim peşindeyiz. Jeffrey'e yıllardır içinde olduğu bu tuzaktan kurtulması ve böylece sürekli ıskaladığı neşe ve özgüveni sonunda deneyimleyebilmesi için nasıl yardımcı olabiliriz?

Benimle çalışırken, Jeffrey mahkemede bir dava kaybetmişti. Bu tüm kariyeri boyunca kaybettiği ikinci davaydı. Bir arkadaşın hatırına almayı kabul ettiği küçük bir davaydı ve savunduğu adam gerçekten suçluydu. Buna rağmen, Jeffrey utanç ve kaygı hissetti ve kimsenin davayı kaybettiğini öğrenmesini istemedi.

Bu bizim için altın bir fırsattı. Jeffrey'e bir başarısızlık yaşadığında herkesin ona sırtını döneceği düşüncesini sınamak için bir deney yapmaya gönüllü olup olmadığını sordum. O sırada Kaliforniya Barolar Derneği'nin başkanıydı. Bir sonraki baro derneği toplantısına kartını götürmesini ve ceketinin cebinde taşımasını önerdim. Daha sonra on yüksek mevkili arkadaşına yakınlarda bir dava kaybettiğini söyleyecekti. Her konuşmadan sonra, karta avukatın tepkisinin olumlu, olumsuz ya da nötr mü olduğunu gösteren bir işaret koyacaktı. Böylece iş arkadaşlarının Jeffrey'nin kusursuz olmadığını fark ettiklerinde onu küçümseyip küçümsemediklerini görmüş olacaktı.

Jeffrey bunu yapmakta aşırı derecede isteksizdi. Bu fikir bile onu çok kaygılandırdı. Ancak sonunda onay verdi çünkü uzun yıllardır bunun sıkıntısını çekiyordu ve kendini her şeyi deneyecek kadar umutsuz durumda hissediyordu.

Jeffrey deneyinin sonuçları ile şoke oldu. On avukata bir dava kaybettiğini söylemek konusunda kendini zorladı. Bir sonraki hafta onu gördüğümde, on kişinin beşinin neredeyse ne dediğini duymamış gibi olduğunu söyledi. Onun yerine, büyük bir coşku ile kendilerinden konuşmaya devam etmişler.

Bu bir rahatlama idi! Jeffrey kendisinin listedeki 6. bilişsel çarpıtmayı uyguladığını keşfettiğini söyledi, Büyütme ve Küçültme. Başka insanların gözündeki kendi önemini büyüttüğünü ve diğer avukatların narsistik ve kendi odaklı olma eğilimlerini küçülttüğünü fark etti. Gerçekte ne kadar önemsiz olduğunu fark etmenin çok özgürleştirici olduğunu söyledi.

Diğer beş avukatın tepkisi ise onu daha da şaşırttı. Beklediği gibi, ona sırtlarını dönmediler, aksine ona kalplerini açtılar. Jeffrey'nin bile zaman zaman dava kaybediyor olduğunu duymanın yüreklerine su serptiğini söylediler. Son zamanlarda kaybettikleri davalardan söz ettiler ve evliliklerindeki sorunlardan ve çocuklarıyla yaşadıkları zorluklardan bahsettiler. Jeffrey, iş arkadaşlarına ilk kez kendisini bu kadar yakın hissettiğini söyledi. İlk kez sonunda diğer insanlara verecek bir şeyleri olduğunu hissettiğini söyledi.

Jeffrey, gerçeğin onun her zaman inandığı şeyin tam tersi olduğunu keşfetti. Zayıflık ve incinebilirliğini her zaman gizli tutmaya çalıştı, çünkü bunun utanç verici olduğunu düşünüyordu. Ancak tüm varlığına, gücüne ve başarısına rağmen, Jeffrey insanlara gerçekten yakın olamadı ve içsel bir huzur ve mutluluğu yaşayamadı. Diğer taraftan, insanî ve incinebilir tarafı onun en harika niteliğine dönüştü.

Bunu "Kabul Paradoksu" olarak adlandırıyorum. Bu bir bilişsel terapi tekniği olmasına rağmen, aynı zamanda çoğu ruhanî geleneğin de merkezinde oturur. Örneğin Aziz Paul, Kilise'nin erken dönem önde gelenlerindendi. Bir sıkıntıdan muzdaripti. İncil âlimleri onun zayıflığının ne olduğunu bilmiyorlardı. Bazıları bipolar bozukluğu (manik-depresif) olabileceğini, cinsel konfüzyon ya da kekemelik yaşıyor olabileceğini öne sürüyordu. Aziz Paul, umutsuzluk içinde, sıkıntısının geçmesi için Tanrı'ya yalvardı. Ancak Tanrı onun dualarına cevap vermedi. Sonunda Kutsal Ruh Aziz Paul'ün yanına geldi ve dedi ki: "Benim lütfum senin için yararlı olandır. Çünkü gücün ancak senin zayıflığında tam olarak açığa çıkar."

Jeffrey her zaman bu öyküyü duyduğunu, bu öyküyle büyüdüğünü ancak hiçbir zaman anlam vermediğini söyledi. Zayıflığın gücümüz olduğu fikrinin ona her zaman absürt göründüğünü ve buna hiçbir zaman inanmadığını söyledi. Ama şimdi, aniden, metnin gerçekten ne anlama geldiğini kavradı. Şimdi "zayıflığının" gerçekten en büyük gücü, "gücünün" ise en büyük zayıflığı olduğunu görüyordu. Şimdiye kadar sergilemeye çalıştığı güç –jilet gibi kıyafetler, inanılmaz mahkeme zaferleri– ona hiçbir zaman gerçek zihin dinginliğini getirmemişti. Oysa zayıflığı –her zaman saklamaya çalıştığı kaygıları, kendinden şüphesi– ilk kez diğer insanlarla temas kurmasına olanak sağlamıştı.

O seanstan önce, Jeffrey ile hiç bu kadar rahat hissetmemiştim. Onu takdir ediyordum, fakat onun tarafından bir şekilde tehdit edildiğimi de hissediyordum. Pahalı takımlar giyiyordu ve her seansa resmî bir selamlama ile başlıyordu. Her seansta kılı kırk yaran notlar alıyor ve seans bitimlerinde ayrıntılı bir özet yapıyordu. Bir sonraki seansa, benim değerlendirmem ve onaylamam için titizlikle bilgisayara geçirmiş ve düzenlemiş olduğu notlarını getiriyordu. Resmî dokümanlar gibi görünüyorlardı. Bazen beni dava etmeyi planlayıp planlamadığını merak ederdim! Ama bu dönüşümü yaşadığından beri, aniden ayakları yere inmiş bir insan gibi görünmeye başladı. Ve ben de kendimi ona daha yakın hissederken buldum.

Bilişsel Terapi ile ilgili sevdiğim şeylerden biri de, sizin ruhanî inançlarınızı tamamlamasıdır. Dini inancınız ne olursa olsun, iyileşme anında, ruhanî köklerinizi aniden daha derinlemesine görmeye başlarsınız. Bu, dindar olmasanız ve Tanrı'ya inanmasanız bile böyledir. Hepimizin baskı, kaygı kaynağı veya özgürlük ve neşe kaynağı olan değer ve inançları vardır.

Jeffrey'nin dönüşümünü, kolaylıkla Budist bakış açısından değerlendirebilirsiniz. Budizm, çektiğimiz acının gerçeklikten değil gerçeklikle ilgili vardığımız yargılardan kaynaklandığını öğretir. Budistler, başarı ya da başarısızlık, güç ya da zayıflık diye bir şey olmadığını söylerler. Bunlar sadece deneyimlerimizi yargılamak için kullandığımız etiketlerdir ve bu etiketler yanıltıcı ve incitici olabilir. Etiketleme, listede de 9. Bilişsel çarpıtma olarak karşımıza çıkar ve depresyona, kaygıya ve öfkeye yol açabilir.

Budist öğretiler başta mantık dışı gibi görülebilir. Budistlerin neden bahsettiğini anlamak zor olabilir. Başarı başarıdır ve başarısızlık da başarısızlıktır. Güç güçtür ve zayıflık zayıflıktır. Bundan daha açık ne olabilir? Ancak belirgin bir kişisel dönüşüm yaşadığınızda, aniden olayları daha derin bir seviyede kavrarsınız. Jeffrey bir dava kaybetti. Bu deneyim, daha önce inandığı gibi, gerçekten bir başarısızlık mıydı? Ya da hep ıskaladığı içsel huzur ve neşeye giden bir yol muydu?

## MARUZ BIRAKMA MODELİ

Jeffrey'nin belirgin iyileşmesi Bilişsel Modeli tarif ediyor: Nasıl *düşündüğünüzü* değiştirirseniz, nasıl *hissettiğinizi* değiştirebilirsiniz. Maruz bırakma modeli daha farklı işler. Kaygılı olduğunuzda, korktuğunuz her ne ise ondan devamlı kaçınırsınız. Ancak en korktuğunuz canavarla yüzleştiğinizde, korkularınızı alt edebilirsiniz.

Elbette, Jeffrey'nin ani iyileşmesinin maruz bırakmadan kaynaklandığını iddia edebilirsiniz. Sonunda kendini açtığında ve meslektaşlarına kaybettiği davadan bahsettiğinde, her zaman korktuğu canavarla yüzleşti ve onun dişlerinin olmadığını keşfetti.

Korkularınızla yüzleşmenizin birçok farklı yolu var. Ben büyürken, kan görmekten korkardım. Bu durum, tıp okuyana kadar pek bir sorun oluşturmadı. Ama ikinci yılımda insanların kollarından kan almam gerektiğinde, bu korku yeniden üzerime çöktü ve onunla ilgili hiçbir şey yapmak istemedim! Fakülteden bir yıl süreyle ayrıldım.

Okuldan uzak olduğum bir yıl boyunca, seçeneklerim hakkında düşündüm ve gerçekten hekim olmak istediğime karar verdim. Ve er ya da geç sıkıntıya katlanıp kan korkumun üstesinden gelmek zorunda olduğumu fark ettim. Stajıma başlamadan önce, Kaliforniya Oakland'da Highland Hastanesi'nin acil servisinde bir ay gönüllü olarak çalışmaya karar verdim. Burası ayda yaklaşık 8 bin kişiden ziyaret alan bir genel travma merkezi idi. Acile gelen hemen hemen herkes oldukça kötü durumdaydı, bu nedenle kan korkumu yenmek için biçilmiş kaftan olduğunu düşündüm.

Acilden içeri ilk kez adım attığım an, o kadar kaygılıydım ki sanki tavana doğru yükseliyordum. Ne beklemem gerektiği hakkında hiçbir fikrim yoktu. Ama çok kötü değildi. Deliryum krizine girmiş iki alkolik ve enfeksiyon ve kırıkla gelen birçok hasta vardı. Kanlı ve travmatik hiçbir şey yoktu.

Ama çok geçmeden yaklaşan sirenlerin sesini duydum ve aniden bir korku hissettim. Sirenin sesi arttıkça, kaygım yükseldi ve başım dönmeye başladı. Aniden birkaç polis ve ambulans görevlisinin, acil servise doğru inerken koridorlarda çılgınca bağırdığını duydum ve olabildiğince hızlı bir şekilde sedye üzerindeki kanlı bedeni ittiklerini gördüm. Genel travma odasına yöneldiler ve bir düzine kadar doktor ve hemşire içeri koşarak, hastanın hayatını kurtarmak için gözükara bir mücadeleye giriştiler. İki kol ve bacağına iğneler yapıp olabildiğince hızla sıvı enjekte ettiler. Kan basıncını sabitleyen sıvıları enjekte ettiler ki, hızla düşmekte olan kan basıncını dengeleyebilsinler.

Ben koridordan izliyordum ve hemşirelerden birine neler olduğunu sordum. Kadın, adamın şehir merkezinde bomba patlatmayı planlayan bir bombacı olduğunu söyledi, fakat bombası, yaparken kendi ellerinde patlamıştı. Güçbela hayatta kalmıştı. Yüzü, göğsü ve kolları yanmıştı, belinin üst kısmında kalan deri kayıptı. Çok zorlanarak orada durup ona baktım. Sonra kadın beni kolumdan çekerek "Yardım etmelisin" dedi.

Sadece tıp öğrencisi olduğumu, bu tarz bir deneyimim olmadığını ve ne yapacağımı bilmediğimi söyledim. Elime bir diş fırçası tuşturdu ve "bununla meşgul ol" dedi.

"Bu adam ölümün eşiğinde ve sen benden dişlerini fırçalamamı mı istiyorsun?" dedim.

Kadın, "Hayır! Dokusundaki siyah lekeleri görmüyor musun? Bu barut tozu. Bunları dokudan uzaklaştırmalısın. Aksi takdirde bu onu zehirleyecek" dedi.

Bu korkunç bir görevdi, çünkü bütün göğsü olduğu gibi yara içindeydi. Kanlı bir et parçası... Ellerim kanlı dokuya temas ederken, kendimi diş fırçası ile tozları temizlemeye zorladım. O zamanlar, rutin olarak eldiven takılan zamanlar değildi, bu yüzden de dehşete düşmüştüm. Ama durmadım çünkü adamın hayatı tam sınırdaydı, bu yüzden zor olsa da yapmaya devam ettim. Bilincinin yerinde olmamasına ve hiçbir şey hissetmiyor oluşuna memnundum. On dakika süren yoğun bir panik ve sersemlik hissinden sonra, garip bir şey oldu. Kaygım azalmaya başladı ve aniden kayboldu. Bir anda, kan fobimi yenmiştim.

Farkında olmadan "taşırma" olarak bilinen tekniği kullanmıştım. Korktuğunuz şeyden kaçmak yerine, bilinçli olarak kendinizi ona maruz bırakmak ve kendinizi adeta kaygıya boğmak. Burada kaygıyla savaşmaz, onu kontrol etmeye çalışmazsınız, sadece ona teslim olursunuz. Sonunda kaygı kendini imha eder ve tedavi olursunuz.

Sonrasında, acil serviste çalışmaya bayıldım! Kan beni az da olsa korkutmuyordu. Doktorlar ve hemşirelerden oluşan bir ekibin bunca karmaşık, ölüm tehlikesi içeren acil durumları tutku ve uzmanlık ile ele almaları bana hep bir mucizeymiş gibi göründü. O ekibin bir parçası olduğuma, yapacağım bir katkı olduğuna ve gerçek bir hekim olmayı aktif olarak öğreniyor olduğuma inanmak benim için zordu. Psikiyatriye bu kadar gönül vermemiş olsaydım, kariyerime cerrahi veya acil servis hekimliğinde devam etmek isteyebilirdim.

### Gizli Kalmış Duygu Modeli

Gizli kalmış duygu modeli, bilişsel modelden ve maruz bırakma modelinden farklıdır. Tüm kaygının kaynağının "incelik" olduğu fikrine dayanır. Aslında ben de bazen kaygının bir "incelik hastalığı" olduğunu düşünüyorum. Bana kaygılı yüz kişi gösterin, size onların karşılaştığınız en ince kişiler olduğunu göstereyim.

Terapistlere yönelik kaygı üzerine çalıştaylar düzenlediğimde, genellikle onlara incelik ve kaygı teorime dair ufak bir araştırma yapmak istediğimi ve onlara iki soru soracağımı söylerim. İlk olarak, kaçının hayatlarının bir döneminde bir çeşit kaygı ile mücadele ettiğini sorarım. Neredeyse bütün eller havaya kalkar. Onlardan ben ikinci soruyu sorarken de ellerini havada tutmalarını isterim: "Kaçınız kendisini temelde ince biri olarak tanımlar?" Tüm eller havada kalmaya devam eder ve insanlar gülüşmeye başlar. Sonra derim ki, "Ne kastettiğimi anlıyor musunuz? İncelik ile kaygı arasında yüzde 100 korelasyon var!"

Elbette ki bu, sadece eğlenceli bir gösteri, gerçek bir araştırma değil, ama kaygıyla ilgili çok temel bir şeyi ortaya koyuyor. Kaygılı olduğunuz zaman, farkında olmadan hemen hemen her zaman sizi sıkıntıya sokan sorundan kaçarsınız. Sorunu, bilinçli farkındalığınızın dışına atarsınız, çünkü ince olmak istersiniz ve gemiyi batırmak ya da kimseyi kırmak istemezsiniz. Aniden kendinizi kaygılı hissedersiniz ve nedeninden emin olamazsınız. Fobiler geliştirir veya panik atak geçirir ya da aileniz, maddi durumunuz veya sağlığınıza ilişkin takıntılı duruma gelmeye başlarsınız. Her tür kaygı gelişebilir, ama dinamik neredeyse her zaman aynıdır: Bir şey hakkında gerginsinizdir ve bunu kabul etmek istemezsiniz.

Saklı sorun genellikle geçmişte gömülü değildir, şimdi ve burada oldukça açıktır. Patronunuzdan rahatsız olabilirsiniz veya bir arkadaş ya da aile üyesine kızmış olabilirsiniz. Gizli çatışma ya da duyguyu bilinçli farkındalık düzeyine getirdiğinizde, aniden niçin kaygıdan, korkudan ya da panikten bu kadar sıkıntı çektiğinizi anlarsınız. Gizldiğiniz duygularınızı ifade ettiğinizde, genellikle kaygı ortadan kaybolur.

Philadelphia'daki bir üniversite hastanesinde yapılan bir bilişsel terapi grubu sırasında, sabah acil servisten yataklı üniteye alınan

Brent adında kaygılı bir hastayla çalıştım. Yataklı üniteye alındı çünkü öfkeden aklını yitireceğine tam anlamıyla inanmıştı. Brent şimdiye kadar hiçbir psikiyatrik tedavi görmemiş ya da geçmişte herhangi bir duygusal sorunla mücadele etmemişti. Mutlu bir evliliği vardı ve bir devlet lisesinde biyoloji öğretmenliği yapıyordu. Bana işini sevdiğini, haftada neredeyse 60 saatini ders verme ve derse hazırlanmaya harcadığını söyledi. Bununla birlikte, gururla öğrencilerin onu beş yıldır her yıl üst üste "Yılın Öğretmeni" seçtiğini söyledi.

Brent ve eşi bir aile olmayı dünyadaki her şeyden çok istiyorlardı. Yıllardır bunun için uğraşıyorlardı, ama eşi bir türlü hamile kalamıyordu. Eşi, neredeyse kırk yaşındaydı ve yılların hızla akıp geçmesinden endişe ediyorlardı. Sonunda, çaresizlikle, doktorların yardım edeceğini umarak hastanedeki tüp bebek kliniğine gittiler.

Yılbaşı için arabayla eşinin annesinin evine doğru giderken, eşi Brent için özel bir yeni yıl armağanı olduğunu söyledi. Sabah doktor aramıştı ve ona hamile olduğunu söylemişti. Brent paniğe kapıldı ve arabanın kontrolünü kaybedeceğini düşündü, bu yüzden arabayı kenara çekti ve araba kullanmak için kendini çok güçsüz hissettiğini söyledi. Eşi Brent için endişelendi ve yolun geri kalanında arabayı kullanabileceğini söyledi. Bir süre sonra, Brent kendini toparladı, ama yine de aşırı derecede kaygılı hissediyordu.

Yeni yıldan iki gün sonra, Brent kaygı ve panik dalgaları ile boğuşuyordu. Bir fast-food restoranına gitti ve özel mega burgerlerden sipariş etti. Burgerin içinde fasulye istemediğini söyledi ve bunu, siparişi verirken "Fasulyesiz lütfen!" diye özellikle iki kez belirtti, çünkü fasulyeden nefret ediyordu. Bankonun arkasındaki adamın İngilizcesi çok kötüydü, ama anlamış görünüyordu. Brent, burgerini eline aldığında, kasada başka bir adam vardı ve tekrar "Fasulyesiz değil mi?" diye sordu. Kasiyer durakladı ve diğer adamla

İspanyolca konuşmaya başladı. Sonra, fasulye meselesini anladığını ve burgeri tam onun istediği şekilde yapmış olduğunu söyledi. Brent ona içinde özel mega burgerinin olduğu paketi uzatan adama parayı ödedi.

Brent eve gittiğinde, büyük bir merakla mutfak masasına oturdu. Ama paketi açtığında, büyük bir dev fasulye burgeri ile karşılaştı. Öfkeden deliye döndü ve elindeki bıçağı burgere saplamaya başladı. Onu paramparça etti ve mutfak masası ve duvarlara fırlattı.

Brent televizyondaki *'Cold Case Files'* gibi dedektif programlarının büyük bir takipçisiydi ve kan sıçratma örüntülerinin nasıl analiz edildiğini iyi biliyordu. Burgerin içindekilerin tüm duvara sıçramış olduğunu gördüğünde, "Aman Tanrım" diye düşündü, "Bu, tam bir kan sıçramasına benziyor," "Ya cinayetin eşiğindeki bir seri katilsem ve insanların ölümüne yol açarsam! Belki de baba olmaya uygun değilimdir! Patlamanın eşiğindeyim."

Bu korkular tüm öğleden sonra Brent'i meşgul etti. O gece düşünceleri atıp tuttu ve bir katil olmayı takıntı haline getirdi, dolayısıyla uyumakta çok zorlandı. Ertesi gün gazetelerdeki başlığı bile hayal etti: "Yerel burger kesicisi çılgınca öldürmeye devam ediyor! Büyük insan katli sırada!"

Ertesi gün Brent eşine çıldırdığını ve deli gömleği ile acilen akıl hastanesine yatırılması gerektiğini söyledi. Kadın, eşini Stanford acil servisine götürdü. Brent daha sonra hastanenin kapalı psikiyatri ünitesine geçecekti.

Brent'in şiddet veya agresyon öyküsü yoktu ve nazik biri gibi görünüyordu. Her zaman bir çocuğu olmasını istediğini, bu hayalinin sonunda gerçek olduğunu, şimdi niye aklından böyle tuhaf ve korkunç düşünceler geçtiğini anlayamadığını söyledi. Niçin bunlar oluyordu?

Şimdi biraz dedektiflik yapalım ve Brent'in korkularını anlayabilecek miyiz, bir bakalım. Karşımızda kendini aniden büyük bir öfke nöbeti ile mutfak bıçağı ile bir burgeri paramparça ederken bulmuş; adanmış, çalışkan bir lise öğretmeni ve sevgi dolu bir koca var. Eşine çıldırmak üzere olduğunu söylüyor. Brent'i rahatsız eden bir şey mi var? Gizli bir sorun, halının altına süpürülen bir duygu mu var?

Bununla ilgili herhangi bir teoriniz olmayabilir, ve tabii ki bize bunun yanıtını verebilecek tek kişi Brent'in kendisi. Hiçbir fikriniz olmasa da, uçuk bir tahminde bulunun. Lütfen bir şeyler yazmadan okumaya devam etmeyin. Fikirlerinizi aşağıdaki boşluğa not edin.

.................................................................................

.................................................................................

.................................................................................

.................................................................................

## Yanıt

Eğer aklınıza bir şey gelmediyse, alın size bir ipucu: Brent'in kaygısının zamanlamasını bir düşünün. Paniklemeye başladığı sırada ne oluyordu? Eşi, az önce ona hamile olduğunu söylemişti. Brent'in baba olmak ile ilgili duygularının birbirine karışmış olması mümkün mü? Eğer böyle ise, niye? Sonuçta, çocukları çok sevdiğini söylüyor ve açıkça öğrencilerine adanmış durumda.

Yine dedektif şapkamızı takmak durumundayız. Brent aynı zamanda olabildiği en iyi öğretmen olabilmek için haftada 60 saat çalıştığını söylemişti. Çocuğun bezini değiştirmek ve babalıkla ilgili diğer bütün yeni sorumlulukları almak konusunda kendini bozguna uğramış gibi hissediyor olabilir mi? Ya da diğer bir deyişle, birbiriyle çelişen duygular içinde olabilir mi? Bir taraftan, her zaman bir çocuğu olsun istemişti, ama şimdi durumun gerçekliği ile yüzleşince, çekinceleri ortaya çıkmıştı. Kafası karışmış gibiydi ve bu durumla nasıl başa çıkacağından emin değildi. Saat sabah üçte bebeğin altını kim değiştirecekti?

Brent'e bunlardan herhangi birinin kulağına anlamlı gelip gelmediğini sordum, onu kitap gibi okuduğumu söyledi. Kafası karışmış hissettiğini kabul etti, çünkü bebek geldiğinde her şeyi nasıl idare edeceğini bilemiyordu. Fakat, bu duyguları eşine hiçbir zaman ifade etmedi çünkü baba olmakla ilgili olumsuz duyguları ve kuşkuları olmasının normal olmadığını düşündü. Bir babanın çocuklarını sevmesi ve asla onun şimdi hissettiği gibi hissetmemesi gerektiğini düşündüğünü söyledi. Aynı zamanda eşinin, onun kafasının karışık olduğunu öğrenince mahvolacağından korktu, onu üzmeyi hiç istemiyordu.

Konuşmayı, Brent yerine onun fantezilerinin yaptığını görebilirsiniz. Fantezileri şu mesajı sesli ve açık bir biçimde yansıtıyordu: "Baba olmak için uygun olduğumdan emin değilim, ve bebek gelince her şeyi nasıl idare edeceğime yönelik en ufak bir fikrim yok. Aslında, baba olmak fikri beni çılgına çeviriyor!"

Brent'in panik duygusu baba olmak istemediği veya çocuğuna zarar verebileceği anlamına mı geliyor? Hiç de değil. Brent karısını seviyor ve çaresizce çocuk istiyor. Sadece duygularını içinden çıkarmaya ihtiyacı var.

Kuşku hissetmesinin tamamen normal olduğunu bilmesini istedim, böylece grubun diğer üyelerine döndüm ve kaçının çocuğu olduğunu sordum. Neredeyse herkes elini kaldırdı. Sonra sordum: "Kaçınız kendinizi çocuklarınız karşısında zaman zaman kendinizi engellenmiş veya kızgın hissettiniz?" Tüm eller havaya kalktı. Sonra dedim ki: "Kaçınız bazen o kadar çılgına döndünüz ki, kendinizi onları bir kaşık suda boğacak gibi hissettiniz?" Bütün eller yine havaya kalktı ve herkes kıkırdamaya başladı.

Brent'e her ebeveynin zaman zaman böyle şeyler hissettiğini, eğer eşiyle yüzleştikleri yeni zorlukları ve birbirini seven bir ekip olarak bu zorluklarla nasıl mücadele edeceklerini konuşmaya başlarlarsa, bunun birbirlerine karşı çok daha yakın hissetmeleri ile sonuçlanacağını söyledim. Brent'in yüzü aydınlandı, sonunda rahatladığını söyledi. Ancak bunları duyan eşinin mahvolacağı konusunda hâlâ endişeliydi.

Ona söyleyene kadar eşinin bunu bilemeyeceğini ve eşinin de zaman zaman kuşkularının olmamasının şaşırtıcı olacağını söyledim. Eşinin büyük olasılıkla onun düşündüğü kadar kırılgan olmadığını, birbirleriyle daha açık konuşmanın ilişkilerini daha anlamlı ve ödüllendirici kılacağını ekledim. Eşinin Bilişsel Terapi grubundan sonra, bir klinik odaklı sosyal hizmetler uzmanı ile aile terapi seanslarına devam ettiğine işaret ettim. Belki Brent de bunu bir denemek isteyebilir. Brent kendini açma konusunda gergin olduğunu söylemesine rağmen, kendisini nasıl hissettiğini ona söylemeye karar vermişti.

Sonuca baktığımızda, eşi Brent'in duygularını öğrenmekten çok da rahatsız olmamıştı. Onun bir süredir gergin olduğunu hissettiğini ve sonunda açılmış olmasının onu rahatlattığını söylemişti. Brent birden hamilelik ile ilgili heyecanlı hissetmeye başladı, kaygısı tamamen yok olmuştu. O öğleden sonra içini boşaltmıştı ve hastanede bir gece daha geçirmedi.

Böylece şimdi kaygıyı alt etmek için üç güçlü yol öğrenmiş oldunuz. Bilişsel teknikler kaygılı ve depresif hissetmenize yol açan olumsuz düşünce ve tutumların yalanını ortaya çıkarmakta size yardım eder. Maruz bırakma teknikleri kaçındığınız canavarla yüzleşmenizde size yardımcı olur. Ve gizli kalmış duygu tekniği görmezden geldiğiniz ve halının altına süpürdüğünüz herhangi gizli bir çatışma veya duyguyu görmenize yardım eder.

Peki siz hangi yöntemi kullanmalısınız? Üç yaklaşım da birbirinden değerli, ve ben tedavi ettiğim her danışanımda bu yöntemlerin üçünü birden kullanıyorum. Depresyon ve kaygıdan yakınan bireylerle çalışırken bir şey öğrendiysem o da şudur: Hepimiz farklıyız. Bir kişi için hangi yöntemin işe yarayacağını asla tahmin edemezsiniz, ve herkeste işe yarayacak tek bir tekniğin varlığından söz edilemez. Her zaman için deneme ve hata payı vardır, ama ısrar ederseniz, her zaman için işinize yarayan bir teknik bulursunuz.

# 2 Kaygılı mısınız? depresif mi?

Çoğu zaman, olumsuz duygular net bir paket halinde gelmezler. Aslında kaygı ve depresyon genellikle el ele gider. Ne var ki bu duygular birbirlerinden çok farklıdır. Kaygı, tehlike algısının sonucunda ortaya çıkar. Kendinize çok kötü bir şeyin olmak üzere olduğunu söylemeden kaygılı hissedemezsiniz. Örneğin, yükseklik korkunuz varsa ve sarp kayalıklı dik bir yamaçta keçi yolunda yürüyorsanız, büyük olasılıkla paniklersiniz, çünkü her an kayıp düşeceğinizi düşünürsünüz.

Aksine, depresif hissettiğinizde, trajedi halihazırda olmuş gibi hissedersiniz. Yamaçtan çoktan düşmüş ve vadinin bitiminde her yeriniz iyileşmeyecek kırıklar içinde yatıyor gibisinizdir. Hüzünlü, moralsiz ve çökkünsünüzdür. Kendinize değersiz olduğunuzu, kusurlu olduğunuzu veya olmanız gerekenin çok uzağında olduğunuzu söylersiniz. Hayata ve diğer insanlara karşı ilginizi kaybetmişsinizdir. Bir zamanlar sizi eğlendiren aktiviteler gözünüze tatsız görünür. Sizi artık hiçbir şey heyecanlandırmamaktadır. Kendinizi mahvolmuş hissedersiniz. Hayat size büyük uzun bir oyalanma gibi görünür. En kötü tarafı ise umutsuzluktur. Hiçbir şey asla değişmeyecekmiş gibi hissedersiniz ve sonsuza kadar mutsuz olacağınıza inanırsınız.

Depresifseniz, kendinizi neredeyse kesinlikle kaygılı hissedersiniz. Kaygıyla mücadele ediyorsanız da, aynı zamanda depresif de hissedebilirsiniz. Bu niye oluyor? Bilim insanları, depresyon ve kaygının birlikte görülmesinin nedenini kesin olarak bilemeseler de, dört rakip teoriden bahsediyorlar. İlk teoriye göre, birçok insan farklı duyguları birbirinden ayırt edemiyorlar. Tek bildikleri, rahatsızlık hissettikleri. Benzetmek gerekirse, çölde yaşayan insanların kar için tek bir kelimeleri vardır, çünkü görme olasılıkları çok çok düşüktür. Öte yandan, Eskimolar'ın kar için kullandıkları birçok sözcük vardır, çünkü sürekli olarak onunla karşı karşıya kalırlar ve karşılaştıkları farklı çeşitteki kar'ı tanımlamak için daha incelikli bir dile ihtiyaçları vardır.

İkinci teoriye göre, depresyon kaygıya neden olur. Örneğin, depresifseniz, kusurlu, aşağıda, anlamsız hissetmekle ilgili kaygılanırsınız. Depresyonun işiniz veya kişisel hayatınıza engel olacağından, hayattaki amaçlarınızı hiçbir zaman gerçekleştiremeyeceğinizden ve kendinizi asla bir daha mutlu hissedemeyeceğinizden korkarsınız.

Üçüncü teoriye göre, kaygı depresyona yol açar. Kaygı, utangaçlık, endişe, fobiler ve panik atakların işinizi ve kişisel hayatınızı engellediğine kuşku yoktur, hele de kaygı şiddetlendikçe. Bu moral bozucu ve üzücü olabilir. Bazı insanlar yıllar, hatta on yıllar boyunca, ilaç tedavisi ve psikoterapiye rağmen kaygıdan şikayet ederler. Sonuç olarak, moralleri bozulur ve kendilerini depresif hissetmeye başlarlar çünkü hiçbir şey işe yaramamaktadır. Aynı zamanda utanç kaygıya eşlik eden merkezî bir özelliktir. Diğer insanların size tepeden bakacaklarını veya içeride gerçekten nasıl hissettiğinizi bilseler sizi tuhaf bulacaklarını düşünerek, güvensizlik veya panik belirtilerinizi gizlemeye çalışabilirsiniz. Yalıtılmışlık duyguları ve kusurluluk kolayca depresyonu tetikleyebilir, çünkü diğerleri ile sıcak ve açık bir şekilde temas kurmayı çok zor duruma getirir.

Kaygı ve depresyonla ilgili son teori ise "Ortak Neden" Teorisidir. Bu teoriye göre kaygı ve depresyon, kendi özgül nedenlerine ek olarak, en az bir ortak neden paylaşırlar. Diğer bir deyişle, beyinde kaygı ve depresyon gibi farklı duyguları aynı anda tetikleyen bir şeyler oluyor olabilir. Bu teori bana anlamlı geliyor. Çoğu danışanım depresyon, suçluluk, umutsuzluk, kaygı, öfke ve çaresizlik gibi pek çok olumsuz duyguyu bir arada yaşıyor.

Şimdi sizin, kendinizi nasıl hissettiğinizi bulalım. Aşağıda yer alan "Kısa Duygudurum Anketi"nin dört bölümünü doldurun. Anket bir ya da iki dakikanızı alacaktır. Dört bölümün dördünü de tamamladığınızda, her bölümün başında yer alan puanlama cetvelinden sonuçlarınızı yorumlayabilirsiniz. Bu kitabı okuduğunuz ve alıştırmaları yaptığınız süre boyunca ilerlemenizi takip etmek için Kısa Duygudurum Anketi'ni istediğiniz sıklıkta kendinize uygulayabilirsiniz. Çoğu danışanım en az haftada bir kez uyguluyor.

## KISA DUYGUDURUM ANKETİ

| **Yönergeler.** Sağ taraftaki sütunlardan birine bugünün tarihini yazın. Tarihin hemen altındaki kutulara, son zamanlarda kendinizi nasıl hissettiğinizi temel alarak, her madde için puanınızı yazın. En alttaki kutuya toplam puanınızı yazın. **Lütfen bütün maddeleri doldurun.** | **Bugünün tarihini yazın** | | | | | | | |
|---|---|---|---|---|---|---|---|---|
| Her bir maddeyi şöyle puanlayın: 0=Hiç 1=Biraz 2=Orta 3=Çok 4=Aşırı | | | | | | | | |

**Kaygılı Duygular**

| | | | | | | | | |
|---|---|---|---|---|---|---|---|---|
| 1. Kaygılı | | | | | | | | |
| 2. Sinirli | | | | | | | | |
| 3. Endişeli | | | | | | | | |
| 4. Korkmuş ya da evhamlı | | | | | | | | |
| 5. Gergin ya da sinirli | | | | | | | | |
| **Bugünün toplamı** ⟶ | | | | | | | | |

**Kaygılı Fiziksel Belirtiler**

| | | | | | | | | |
|---|---|---|---|---|---|---|---|---|
| 1. Kalbin teklemesi, hızlanması ya da çarpıntı yapması | | | | | | | | |
| 2. Terleme, ürperme ya da kızarma | | | | | | | | |
| 3. Titreme ya da sarsılma | | | | | | | | |
| 4. Nefes daralması, nefes almakta zorlanma | | | | | | | | |
| 5. Boğulacakmış gibi hissetme | | | | | | | | |
| 6. Göğüste ağrı ya da daralma | | | | | | | | |
| 7. Karında kelebekler, mide bulantısı ya da huzursuz bir mide | | | | | | | | |
| 8. Baş dönmesi, sersemlik hali, denge yitimi | | | | | | | | |
| 9. Kendini ya da dünyayı gerçek değilmiş gibi hissetmek | | | | | | | | |
| 10. Uyuşma ve karıncalanma | | | | | | | | |
| **Bugünün toplamı →** | | | | | | | | |

**Depresyon**

| | | | | | | | | |
|---|---|---|---|---|---|---|---|---|
| 1. Mutsuz ya da morali bozuk | | | | | | | | |
| 2. Cesareti kırılmış ya da umutsuz | | | | | | | | |
| 3. Düşük özsaygı | | | | | | | | |
| 4. Değersiz ya da yetersiz | | | | | | | | |
| 5. Yaşamda keyif ya da tatmin kaybı | | | | | | | | |
| **Bugünün toplamı →** | | | | | | | | |

**İntihar isteği**

| | | | | | | | | |
|---|---|---|---|---|---|---|---|---|
| 1. Herhangi bir intihar düşünceniz var mı? | | | | | | | | |
| 2. Hayatınıza son vermek ister miydiniz? | | | | | | | | |
| **Bugünün toplamı →** | | | | | | | | |



Kısa duygudurum anketi basit görünebilir, ama hislerinizdeki ufak değişimleri saptamaya yarayan geçerli ve güvenilir bir araçtır. Bu test sosyete dergilerinde gördüğünüzden türden bir test değildir.

Araştırmalarda kullanılan birçok ölçekten daha dakik olduğu da yapılan araştırmalarla gösterilmiştir.

Kısa Duygudurum Anketi'ni 8 kereye kadar aynı sayfa üzerinde doldurabilirsiniz. Aşağıdaki örnekteki kadın, Haziranın 1'i ve 8'inde 16 skoru ile, iki haftadır şiddetli düzeyde kaygılıydı. Skoru sonraki hafta 10'a düştü, bu önemli bir ilerlemenin göstergesiydi. 22 Haziran haftası skoru 6'ya düştü, sonraki haftanın skoru ise sadece 3'tü. 5 Temmuz'daki 1 skoru ise hemen hemen hiç kaygı hissetmediği anlamına geliyordu. İzleyen hafta, kaygısı nüksetti ve skoru tekrar 11'e çıktı. Buna sık rastlanır. Daha sonra ona daha önce yardımcı olmuş olan teknikleri kullandı ve 19 Temmuz'da kaygı skoru 0'a düştü.

KISA DUYGUDURUM ANKETİ

| **Yönergeler.** Sağ taraftaki sütunlardan birine bugünün tarihini yazın. Tarihin hemen altındaki kutulara, son zamanlarda kendinizi nasıl hissettiğinizi temel alarak, her madde için puanınızı yazın. En alttaki kutuya toplam puanınızı yazın. **Lütfen bütün maddeleri doldurun.** | **Bugünün tarihini yazın** | | | | | | | |
|---|---|---|---|---|---|---|---|---|
| | 1 Haziran | 8 Haziran | 15 Haziran | 22 Haziran | 29 Haziran | 5 Temmuz | 12 Temmuz | 19 Temmuz |
| Her bir maddeyi şöyle puanlayın: 0=Hiç 1=Biraz 2=Orta 3=Çok 4=Aşırı | | | | | | | | |
| **Kaygılı Duygular** | | | | | | | | |
| 1. Kaygılı | 3 | 3 | 2 | 1 | 1 | 0 | 2 | 0 |
| 2. Sinirli | 2 | 2 | 2 | 2 | 1 | 0 | 1 | 0 |
| 3. Endişeli | 4 | 4 | 3 | 1 | 0 | 0 | 3 | 0 |
| 4. Korkmuş ya da evhamlı | 4 | 3 | 2 | 1 | 0 | 0 | 3 | 0 |
| 5. Gergin ya da sinirli | 3 | 4 | 1 | 1 | 1 | 1 | 2 | 0 |
| **Bugünün toplamı** → | 16 | 16 | 10 | 6 | 3 | 1 | 11 | 0 |



**Kaygılı Duygular test sonucunuzu nasıl yorumlayacaksınız?** Bu ölçek kaygının duygusal belirtilerini ölçer. Skor ne kadar yüksekse, kaygınız da o kadar fazladır.

### PUANLAMA CETVELİ: 5 MADDELİ KAYGILI DUYGULAR TESTİ

| | Skor | Anlam |
|---|---|---|
| Normal Değerler | 0-1 | **Birkaç ya da sıfır kaygı belirtisi.** Bu olabilecek en iyi skordur. Şu anda kaygı ya da endişe ile ilgili sıkıntılı görünmüyorsunuz. |
| | 2-4 | **Sınırda kaygı.** Yalnızca birkaç kaygı belirtiniz olmasına rağmen, bu kitaptaki araçlar size yardımcı olabilir. |
| Klinik Değerler (Terapi gerekebilir) | 5-8 | **Hafif kaygı.** Bu skor pek yüksek değildir, ama kaygı yine de önemli ölçüde sıkıntı ve rahatsızlığa yol açabilir. |
| | 9-12 | **Orta düzeyde kaygı.** Maddelerden en az ikisine orta ya da daha yüksek bir puan vermişsinizdir. Bu sıkıntıya yol açmak için kesinlikle yeterli düzeyde bir kaygıdır ve ilerleme sağlamak için birçok yol vardır. |
| | 13-16 | **Şiddetli kaygı.** Bu skor güçlü kaygılı duygulara işaret eder. Sözün kısası, çok rahatsız hissedersiniz. Ama iyi haber, biraz cesaret ve sıkı çalışma ile iyileşme çok olumlu seyreder. |
| | 17-20 | **Aşırı kaygı.** Çok yoğun kaygı duyguları ile boğuşursunuz ve büyük olasılıkla çok acı çekersiniz. Bu kitaptaki araçlar ve yanında profesyonel bir terapi, oldukça yararlı olacaktır. |

Bu testteki sonuçlarınız hızlı bir şekilde değişebilir. Bir gün kendinizi tamamen endişeli ve stres altında hissedersiniz, diğer gün kendinizden emin ve gevşemiş... Bu testi tekrar tekrar yaparsanız, skorlarınızın zamandan zamana değiştiğini göreceksiniz. Bunun yanında, kaygı içinde bulunduğunuz duruma çok fazla bağlıdır. Çekingenseniz fakat insanlardan kaçınıyorsanız, büyük olasılıkla çok fazla kaygı hissetmeyeceksiniz.

Kaygınızın şiddeti ve iyileşme seyri aynı şey değildir. Aşırı derecede kaygılı olan birçok danışanım hızlıca iyileştiler. Buna karşılık hafif kaygı, üstesinden gelinmesi için dikkatli bir sabır ve süreklilik gerektirir. Kaygı korkutucu olabilir, ama tehlikeli değildir ve skorunuz ne olursa olsun iyileşmenin seyri aydınlıktır.

Araştırmalar gösteriyor ki, kaygılı çoğu danışan bu kitaptaki

PUANLAMA CETVELİ: 10 MADDELİ FİZİKSEL KAYGI BELİRTİSİ TESTİ

| Skor | Anlam |
|---|---|
| 0-2 | Çok az veya sıfır fiziksel kaygı belirtisi |
| 3-6 | Birkaç kaygı belirtisi |
| 7-10 | Hafif düzeyde fiziksel kaygı belirtisi |
| 11-20 | Orta düzeyde fiziksel kaygı belirtisi |
| 21-30 | Şiddetli fiziksel kaygı belirtisi |
| 31-40 | Aşırı fiziksel kaygı belirtisi |

araçları kullanarak kendi başlarına sorunlarının üstesinden gelebilirler. Bununla birlikte, eğer kendinizi sıkışmış ve aşırı yüklenmiş hissediyorsanız veya kaygınız yoğunsa, profesyonel terapi yardımcı olabilir. Her zaman kendi başınıza halletmeniz gerektiği yönünde bir kural yoktur!

**Kaygılı Fiziksel Belirtiler Skorunuzu Nasıl Yorumlayacaksınız?** Bu ölçek kaygının fiziksel belirtilerini ölçer. Skor ne kadar yüksekse, hissettiğiniz fiziksel belirtiler de o kadar fazladır. Yüksek skorlar tehlikeli midir? Ciddi ruhsal sorunlarınız olduğunu ve iyiye gidemeyeceğinizi mi gösterir?

Kesinlikle değil. Kaygının fiziksel belirtileri yaygındır ve kaygının belirli türleri bu belirtilerle daha fazla ilişkili olma eğilimindedir. Örneğin panik atak sırasında, kendinizi sersemlemiş hissedebilirsiniz veya nefesiniz daralabilir veya göğsünüzde sıkışma yaşayabilirsiniz. Panik atak geçiren kişilerin çoğu bu tarz belirtileri "Çok" ya da "aşırı düzeyde" deneyimler. Buna karşılık, panik atağın tedavisinde güçlü yeni teknikler vardır ve çoğu danışan birkaç ya da tek bir terapi seansı ile iyileşir.

Kaygının fiziksel belirtileri Kaygılı Duygular testindeki belirtiler kadar özgül değildir. Örneğin, kendinizi çok kızgın hissettiğinizde de, büyük olasılıkla kas gerginliği hissedersiniz ve nefes alış verişiniz hızlanır, çarpıntınız olur. Ancak bu belirtiler kaygıdan çok öfkeye işaret eder. Benzer şekilde, üşüttüğünüzde de mideniz rahatsızlanabilir.

Bazı insanlar kaygılı fiziksel belirtileri tıbbi sorunlarla karıştırırlar. Örneğin, panik atak yaşayan danışanlar genellikle gösterdikleri belirtilerin tıbbi bir nedeni olduğuna inanırlar. Panik atakları sırasında tipik olarak, ölmek, çıldırmak ya da kalp krizi geçirmek gibi korkunç bir felaketin eşiğinde olduklarına inanırlar. Ama doktora gittiklerinde, tıbbi olarak hiçbir sorun olmadığını öğrenirler.

Aynı zamanda hipokondriasis'ten (sağlık kaygısı) yakınan kişiler de baş ağrısı, karın ağrısı, yorgunluk ya da bir çürük gibi olumsuz fiziksel belirtileri, kanser gibi ciddi bir hastalıkları olduğu şeklinde yorumlarlar. Bir teşhis için doktor doktor gezerler çünkü tıbbi bir hastalığın değil, duygusal sıkıntının belirtilerinin neden olduğunu fark edemezler.

**Depresyon Testi skorunu nasıl yorumlayacaksınız?** Bu ölçek mutsuzluk, umutsuzluk, aşağılık duygusu, değersizlik hisleri ve hayattan alınan keyif ve tatminin azalması gibi depresyonun temel belirtilerini ölçer. Yüksek skorlar depresyonun ciddileşmesine işaret eder.

Bu testteki skorunuz 2 veya üstünde ise, suçluluk duygusu, uykuda güçlük, yorgunluk ve iş, hobi, spor ya da arkadaşlar ve aileyle vakit geçirmek gibi daha önce yapmayı sevdiğiniz şeyleri yapmada ket vurucu bir motivasyon kaybı gibi depresyonun diğer yaygın belirtilerini de yaşıyor olabilirsiniz.

### PUANLAMA CETVELİ: 5 MADDELİ DEPRESYON TESTİ

| | Skor | Anlam |
|---|---|---|
| Normal Değerler | 0-1 | **Birkaç ya da sıfır depresyon belirtisi.** Bu olabilecek en iyi skordur. Depresyon o sırada sizin için bir sorun gibi görünmemektedir. Eğer depresyona girdiyseniz bu, sonunda ulaşmayı amaçladığınız skordur. Bu biraz zaman alabilir, ama kararlı olursanız, bunu gerçekleştirebilirsiniz. |
| | 2-4 | **Sınırda depresyon.** Az sayıda depresyon belirtiniz vardır büyük olasılıkla sadece bir zihinsel düzenlemeye ihtiyacınız var. Bu skor genellikle normal iniş ve çıkışlara işaret eder. Yine de, bu aralıkta yer alan skor, düşük ateşinizin olması gibidir. Ateş yüksek değildir, ancak sahip olmak istediğiniz düzeyde enerji ve motivasyona da sahip değilsinizdir. Dahası, sınırda depresyonun devam etmesine izin verirseniz, genellikle daha kötüye gider. Bu kitap öncelikli olarak kaygıya odaklanıyor olsa da, birçok teknik aynı zamanda depresyon için de faydalı olabilir. |
| Klinik Değerler (Terapi gerekebilir) | 5-8 | **Hafif depresyon.** Bazı hafif veya bir grup daha güçlü depresyon belirtileriniz vardır. Bu ölçüde bir depresyon hafif olarak nitelenmesine rağmen, özsaygınızı ve günlük hayattan aldığınız keyfi düşürmek için yeterlidir. |
| | 9-12 | **Orta düzey depresyon.** Bu depresyon için önemli bir seviyedir. Çoğu kişinin skoru aylar hatta yıllar boyunca bu aralıkta olabilir. İyileşme seyri çok olumlu olsa da, işin üzücü olan yanı depresyonda olan kişilerin bunu fark etmemeleri ya da buna inanmamalarıdır. Gerçekten de kusurlu ya da aşağı olduklarını hissederler ve gerçek bir mutluluk ve tatmin yaşamamanın kendileri için sözkonusu olmadığını düşünürler. Bu zihin yapısına teslim olmayacağınızı umarım. Zira bu, size kendini gerçekleştiren kehanet olarak geri dönecektir. Bir kez teslim olursanız, hiçbir şey değişmez. Sonrasında da olayların gerçekten umutsuz olduğu sonucuna varırsınız. Ben depresyondan yakınan herkesin iyileşebileceği ve yeniden keyif ve özsaygı hissedebileceğine eminim. |
| | 13-16 | **Şiddetli depresyon.** Bu aralıkta yer alan bireyler genellikle kendilerini çok moralsiz, çökkün, değersiz hissederler. Kendilerine hiçbir şey ödüllendirici veya tatmin edici görünmez. Bu derecede bir acıyı diğerlerinin anlayabilmesi çok güçtür. Arkadaşlarınıza ve ailenize nasıl hissettiğinizi söylediğinizde, size neşelenmenizi ve olaylara iyi tarafından bakmanızı söyleyebilirler. Tabii ki böylesi yüzeysel bir tavsiye verme tutumu işleri daha da kötüye götürür, çünkü ciddiye alınmamış ve reddedilmiş hissedersiniz. Aslında şiddetli depresyonun iyileşme seyri, şu an hiç öyle görünmüyor olsa da, mükemmeldir. |

| | Skor | Anlam |
|---|---|---|
| Klinik Değerler (Terapi gerekebilir) | 17-20 | **Aşırı depresyon.** Bu derecede depresyon neredeyse akıl almaz bir acıya işaret eder, ancak hâlâ ilerleme ve iyileşme seyri hâlâ çok pozitiftir. Kendine yardım teknikleri çok yararlı olmasına rağmen, profesyonel bir tedaviye ihtiyaç olabilir. Bu durum ormanda kaybolmaya benzer. Korkarsınız, çünkü hava kararıyor ve soğuyordur ama siz evin yolunu nasıl bulacağınızı bilemiyorsunuzdur. Genellikle sevdiğiniz ve güvendiğiniz iyi bir rehber, sizi güvende olacağınız yere götürecek yolu gösterir. |

Depresyon acı çekmenin en kötü biçimlerinden biridir, çünkü özsaygınızı tamamen çalar. Ek olarak, umutsuzluk duyguları hissettiğiniz acının sonsuza kadar devam edeceği ilüzyonunu yaratır. Genellikle depresyonun dünyanın en eski ve en acımasız tehdidi olduğunu söylerim, çünkü açıkça gerçek olmayan şeylere inanmak için kendinizi kandırırsınız. Kendinize iyi olmadığınızı, şimdi olduğunuzdan daha iyi olmanız gerektiğini, asla gerçek bir mutluluk, tatmin, üretkenlik ya da yakınlık yaşayamayacağınızı söylersiniz. Dahası, kendinizde ve hayatınızdaki korkunç gerçeği gördüğünüze tamamen ikna olursunuz.

Ancak gelişmenin seyri fazlasıyla yüz güldürücüdür. Aslında depresyonun iyileşmesi insanevladının deneyimleyebileceği en neşe verici süreçlerden biri olabilir. Danışanlarımın çoğu bunu yeniden doğmak olarak nitelendirmiş ve hayatlarındaki en mutlu dönem olduğunu söylemişlerdir.

**İntihar İsteği test skorunu nasıl yorumlayacaksınız?** İntihar isteği genellikle umutsuzluk duyguları sonucunda ortaya çıkar. Depresif olduğunuz zaman, var olan durumların asla değişmeyeceğine yönelik çok yoğun bir inanç geliştirirsiniz. Sonrasında da acınızdan kurtulmak için tek çare oymuş gibi intihara yönelirsiniz.

Aslında umutsuzluk duyguları asla geçerli değildir. Hiçbir değerlerinin olmadığına ve asla iyileşmeyeceklerine tamamen ikna

PUANLAMA CETVELİ: 2 MADDELİ İNTİHAR İSTEĞİ TESTİ

| | Anlam |
|---|---|
| Madde 1 | Eğer depresif ya da çökkün hissediyorsanız, bu maddedeki yüksek puanlar sıra dışı olmaz. Depresyondaki çoğu kişinin zaman zaman intihar düşünceleri olur. Bu düşünceler, eğer bunu nasıl hayata geçireceğinize dair planlarınız yoksa, genellikle tehlikeli değildir. Ancak, eğer intihar fantezileriniz ve dürtünüz varsa veya depresyon ve çökkünlük bir ya da iki haftadan daha uzun zamandır sürüyorsa, bir ruh sağlığı uzmanına danışmanız akıllıca olur. Yaşamınız değerlidir ve onunla Rus ruleti oynamak istemezsiniz. |
| Madde 2 | Bu madde intihar isteğini araştırır. 1 ya da daha yüksek bir skor tehlikelidir ve kesinlikle profesyonel tedavi gerekir. Eğer hayatınıza son verme yönünde herhangi bir arzunuz varsa, derhal acil tedavi arayın. |

olmuş ciddi depresif kişilerle binlerce terapi seansı yaptım. Bazıları onlarca yılı depresyonda geçirmiş, işe yaramasa da her çeşit ilacı kullanmıştı. Ve sonunda iyileşip, yeniden neşe ve özsaygı hissedebildiler. Bunun, sizin için de geçerli olduğuna inanıyorum.

Kaygı veya Depresyon testinde skorunuz klinik aralıkta ise bu ne anlama gelir? Bu rahatsızlandığınız ve profesyonel destek aramanız gerektiği anlamına mı gelir? Öyle değil. Bu aralıktaki birçok insan sadece bu kitaptaki teknikleri kullanarak kendi kendilerine gelişme göstermiş hatta tamamen iyileşmiştir. Ancak bazı insanların profesyonel rehberliğe ihtiyacı olacaktır. Eğer bu sorunların üstesinden gelmek konusunda mücade ediyor fakat başarısız oluyorsanız, ya da kaygı ve depresyon yaşamınızda sorunlara yol açıyorsa, o zaman bir ruh sağlığı uzmanından danışmanlık almalısınız. Ek olarak, eğer intihar düşünceleri ya da duyguları deneyimliyorsanız, hemen bu alanda uzman bir ruh sağlığı danışmanına başvurmalı ve tedavi olmalısınız.

Peki ya paranın diğer yüzü? Skorlarınız minimum düzeyde, örneğin Kaygılı Duygular veya Depresyon testinde 2-4 aralığında olduğunu, varsayalım. Bu, yardıma ihtiyacınız olmadığı ya da bu kitaptaki tekniklerden yararlanamayacağınız anlamına mı gelir? Hayır gelmez. Kişisel olarak, böyle bir durumda ben "o" skorunu hedeflerdim. "o" skoru nasıl hissettiğiniz konusunda belirgin bir fark yaratacaktır.

Aynı zamanda, her zaman mutlu olmanın mümkün olduğunu düşünmüyorum ve bunun arzulanacak bir şey olduğundan da emin değilim. Hayat stresli olabilir ve hepimiz zaman zaman kendimizden kuşkuya düşüp endişelendiğimiz karadeliklere düşeriz. Burada önemli olan, bu acı verici duygudurum atlamaları ile başa çıkabilmek için araçlarınızın olduğunu bilmenizdir. Böylece onlardan korkmaz veya onların tuzağına düşmezsiniz.

# 3 Anksiyete bozukluğunuz var mı?

Anksiyete çeşitli şekillerde ortaya çıkar. Kimimiz kronik olarak evhamlıyızdır. Bazılarımızın ise panik atakları, obsesyonları, fobileri veya sağlıkla ilgili endişeleri vardır. Bazı insanlar ise son derece utangaçtır ve seyirci önündeyken donakalırlar. 64. sayfadaki tabloda en yaygın anksiyete türleri ve bunlara verilen popüler ve tanısal etiketler bulunmaktadır. Tanısal etiketler Amerikan Psikiyatri Birliği'nin *Ruhsal Bozuklukların Tanısal ve İstatistiksel El Kitabı*'nın 4. basımından, diğer deyişle *DSM-IV*'ten gelmektedir.* Örneğin utangaçlığa sosyal anksiyete bozukluğu, kronik endişelenmeye ise yaygın anksiyete bozukluğu tanısı konulur. Şimdi, bu etiketlerin ne anlama geldiğinden, aynı zamanda da ne anlama gelmediğinden bahsedelim.

Varsayalım ki son zamanlarda endişelenmektesiniz. Yalnızca evhamlı biri misiniz? Yoksa yaygın anksiyete bozukluğu (YAB) adı verilen bozukluğunuz mu var? Ya da diyelim ki sosyal ortamlarda zorlu anlar yaşıyorsunuz çünkü kendinizi tuhaf hissediyorsunuz ve içinize kapanıyorsunuz. Utangaç mısınız? Yoksa sosyal anksiyete bozukluğunuz mu var? Utangaçlığın bitip sosyal anksiyete bozukluğunun başladığı yer neresidir? Tabloda bulunan her tür anksiyete

---

* **Editörün Notu:** Bugün psikiyatri alanında dünyada ve Türkiye'de DSM-V kullanılmaktadır.

## ANKSİYETE PROFİLİNİZ

**Talimatlar:** Tabloda bulunan anksiyete türlerinden size uygun olanları işaretleyin

| Anksiyete Türü | Belirtiler | ✓ | Resmi Tanısal Etiket |
|---|---|---|---|
| Kronik Endişelenme | İşiniz, sağlığınız, aileniz ya da okulla ilgili devamlı endişelenirsiniz. | | Yaygın Anksiyete Bozukluğu (YAB) |
| Anksiyete Atakları | Birdenbire bayılacak, çıldıracak, ölecek ya da kontrolü kaybedecek gibi hissedersiniz. | | Panik Bozukluk (PB) |
| Agorafobi | Evden dışarıda ve yalnız olduğunuzda berbat bir şey olacağından korkarsınız. | | Agorafobi |
| Korkular ve Fobiler | Örümcek, kan, yükseklik, araba kullanma, uçma, küçük yerlerde sıkışıp kalma gibi belirli bir şeyden şiddetli bir korkunuz vardır. | | Özgül Fobi |
| Utangaçlık | Başka insanlarlayken genellikle gergin hissedersiniz veya içinize kapanırsınız. | | Sosyal Anksiyete Bozukluğu |
| Utangaç Mesane Sendromu | Umumi tuvalet kullanmak zorunda kaldığınızda rahatsız hissedersiniz. | | Bu sorunlar için kullanılan belirli bir tanısal etiket yoktur. Bunlar Sosyal Anksiyete Bozukluğu'nun biçimleri olarak kabul edilirler. |
| Sınav Anksiyetesi | Sınava girdiğinizde gergin hissedersiniz ve donakalırsınız. | | |
| Kalabalık Önünde Konuşma Anksiyetesi | Bir grup insanın önünde konuşma yapmak kaygılı hissetmenize neden olur. | | |
| Performans Anksiyetesi | İzleyici önünde performans sergilemek ya da yarışmaya girmek, kendinizi gergin ve kaygılı hissetmenize neden olur. | | |
| Obsesyonlar | Kontrolü kaybedip başkalarına zarar verme, işlemediğiniz bir suçu kendiniz işlemişsiniz gibi itirafta bulunmak ya da kirlenmek, mikrop kapmak gibi etkisinden kurtulamadığınız zorlayıcı düşünceleriniz vardır. | | Obsesif-Kompülsif Bozukluk (OKB) |

| Anksiyete Türü | Belirtiler | ✓ | Resmi Tanısal Etiket |
|---|---|---|---|
| 11. Kompülsiyon | Bir şeyler sayma, bir şeyleri sık sık yıkama, nesneleri belirli şekilde düzenleme veya kelimeleri sessizce söyleme gibi belirli ritüeller sergileme dürtüleriniz vardır. | | Obsesif-Kompülsif Bozukluk (OKB) |
| 12. Travma Sonrası Stres Bozukluğu | Cinsel istismar, ölüm, şiddet, işkence veya ciddi yaralanma gibi travmatik bir olayın üzüntü verici anıları size rahatsızlık verir. | | Travma Sonrası Stres Bozukluğu (TSSB) |
| 13. Sağlık Endişeleri | Doktorlar sağlığınızla ilgili hiçbir sıkıntı olmadığı güvencesini verse bile ciddi bir tıbbi probleminiz ya da hastalığınız olduğundan endişelenirsiniz. | | Hipokondriya |
| 14. Görünüşünüz ile İlgili Endişeler | Hiç kimse fark etmese bile görünüşünüzle ilgili anormal ya da tuhaf bir şey olduğuna inanırsınız. | | Beden Dismorfik Bozukluğu (BDB) |
| **Not:** Bazı insanlar anksiyeteye ve endişeye eğilimlidir. Eğer anksiyete türlerinden biri sizde bulunuyorsa, diğer birkaç tanesinin de bulunuyor olması, oldukça yüksek bir olasılıktır. | | | |

için benzer sorular sorabiliriz. Örneğin görünüşünüzle ilgili güvensiz misiniz? Bu endişeler hangi noktada beden dismorfik bozukluğu (BDB) adı verilen bozukluğa dönüşmektedir?

Doktorlar yaygın anksiyete bozukluğu, sosyal anksiyete bozukluğu, beden dismorfik bozukluğu gibi tanısal etiketleri kullanmayı tercih ederler, çünkü böylelikle hastalarının sorunları üzerinde daha net bir şekilde düşünüp bu sorunlar üzerinde fikir alışverişinde bulunurlar. Bunun yanısıra, bu tanısal etiketler uygulanabilecek en etkili tedavi türüyle ilgili ipuçları da verir. Örneğin, sizin panik atağınızı tedavi etmek için uyguladığım teknikler, utangaçlıkta, obsesif–kompülsif eğilimlerde veya depresyonda uyguladığım tekniklere göre farklılık gösterir.

Tanısal kategoriler araştırmalar açısından da yararlıdır çünkü bu sayede tedavileri net bir şekilde belirlenmiş hasta grupları üzerinde uygulayıp neyin işe yaradığını ve neyin işe yaramadığını test edebilirsiniz. Örneğin, utangaçlık için uyguladığım yeni tedavi yönteminin ne kadar etkili olduğunu gösteren bir çalışma yayımlasam, bağımsız diğer araştırmacılar da bu yöntemin kendi hastalarında da etkili olup olmadığını görmek adına bu çalışmayı tekrarlayabilirler. Eğer onlar da bu yöntemin etkili olduğuna ilişkin bulgular elde ederlerse, tedavinin deneysel olarak kanıtlandığı sonucuna varabiliriz. İnsan davranışı bilimi işte bu şekilde ilerler. Benim bu kitapta tarif ettiğim yöntemler çok sayıda araştırma ile test edilmiş ve hem kısa vadede hem de uzun vadede depresyon ve bütün anksiyete çeşitleri için oldukça etkili olduğu kanıtlanmıştır.

Fakat tanısal etiketlerle ilgili bazı sıkıntılar bulunmaktadır.

- Anksiyete ve endişe son derece yaygındır, bu yüzden kendimizi insanları gereksiz yere "patolojikleştirirken" buluyoruz.
- Eğer doktorunuz size bir ya da daha fazla anksiyete bozukluğunuz olduğunu söylerse kendinizi kusurlu hissedebilir ve bu durum karşısında utanabilirsiniz. Kaygılı insanların zaten çoğu kendilerini kusurlu ve utanmış hissetmektedir ve tanısal etiketler bu duyguların daha da şiddetlenmesine neden olur.
- Sizde "beyin hastalığı" ya da ruh hastalığı olduğu sonucuna atlayabilirsiniz. Aşağıda açıkladığım gibi bu, olasılıkla doğru değildir.
- Kendinizi kontrolünüzün ötesinde bir gücün kurbanıymış gibi hissedebilir ve iyileşmek için ilaçla tedavi edilmeniz gerektiği sonucuna varabilirsiniz. Çoğu durumda bu da doğru değildir.

DSM-IV'te bulunan anksiyete bozukluklarının tanı kriterlerini incelerseniz bu kriterlerin oldukça kafa karıştırıcı olduğunu fark edebilirsiniz. Örneğin YAB tanısı almanız için gerekenler şunlardır:

- Son altı ay içerisinde aşırı ölçüde endişelendiğiniz günler endişelenmediğiniz günlerden fazla olmalıdır.
- Endişelenmenizi kontrol altında zorluk yaşıyor olmanız gerekir.
- Endişelenme hayatınızda "önemli ölçüde strese" yol açmalıdır.
- Anksiyetenin, kas gerginliği gibi fiziksel belirtilerini de yaşıyor olmanız gerekir.

Buradaki kriterler, üzerlerinde eleştirel bir biçimde düşününceye kadar kulağa son derece makul gelmektedir. Örneğin, durumlar karşısında "aşırı" ölçüde endişelenmiyorsanız YAB tanısı alamazsınız. Peki endişenin ne kadarı "aşırı" olabilir ki? Sizin tahmininiz de benimki kadar doğrudur. Ve endişelenmenize YAB adını vermek için niçin en azından 6 ay gerekmektedir? Niçin 4 ay, 2 ay ya da 2 gün değil de 6 ay? Diyelim ki 5 ay 20 beş gündür endişeleniyorsunuz. Bu YAB'ınız olmadığı anlamına mı geliyor? Ve 6 ayın sonunda birdenbire YAB ortadan kayıp mı oluyor? Eğer öyleyse, o an'a kadar neyiniz vardı? Sonuçta en az 6 aydır devam eden endişelenme, 6 aydan fazla bir süredir devam eden endişelenmeden pek de farklı değildir.

YAB'ın diğer tanı kriterleri de en az bunun kadar gariptir. Endişelenmenizi kontrol altına almakta güçlük çektiğinizi nasıl belirleyeceksiniz? Bu, endişelenmenizi kontrol almakta her zaman mı zorlandığınız anlamına gelir? Yoksa bazen mi? Anksiyetesini kontrol altına almakta güçlük çekmeyen hiçbir kaygılı hastam olmadı. Sonuçta duygularını açıp kapayabilen robotlardan değiliz!

Son olarak endişelenme eğer hayatınızda "önemli ölçüde strese" yol açmıyorsa da YAB tanısı alamazsınız. Stresin ne kadarı "önemli ölçüde" olabilir? Peki devamlı olarak endişeleniyorsanız ve endişeleriniz strese neden olmuyorsa? Nihayetinde bazı insanlar kaygıdan hoşlanıyor gibi görünmektedirler. Örneğin, çocuklarınızla ilgili sürekli endişelenmenizin onları koruyacağına inanıyor olabilirsiniz ve bu, sizin iyi bir anne olma rolünüzün bir parçası olabilir. Bu YAB'ınız olmadığı anlamına mı gelir?

Tıp doktorları diğer hastalıkları böylesi öznel ve belirsiz kriterlerle değerlendirmiyorlar. Eğer acil servise yüksek ateş, öksürük ve nefes darlığı sıkıntısıyla geliyorsanız ve röntgen sonuçlarınız da zatürree olduğunuzu gösteriyorsa, derhal zatürreenizi tedaviye başlarım. "Ama siz bu belirtileri yalnızca iki gündür gösteriyorsunuz. Bu belirtileri en az bir hafta boyunca göstermediğiniz sürece size zatürree tanısı koyamam. Fakat önümüzdeki cuma gününe kadar sağ kalırsanız tekrar gelin ve zatürreenizi tedaviye başlayalım" gibi bir şey söylemem. Bunun mantıksız olduğu apaçık ortada durmaktadır. Bir gündür bulunuyor da olsa, bir saat ya da bir dakikadır bulunuyor da olsa zatürree zatürreedir.

Benim düşünceme göre DSM-IV kriterleri, "Alice Harikalar Diyarı" gibi mantıksızdır. Endişelenmenin altı ay sonra yaygın anksiyete bozukluğu adı verilen hastalığa dönüşeceğini varsayabilirsiniz çünkü DSM-IV'te belirlenen budur. Ancak kesme noktasının net olmadığını aklınızda bulundurun. YAB'ın gerçekliği ile zatürreenin gerçekliği birbirinden farklıdır. Endişelenme vardır, fakat YAB yoktur. Utangaçlık vardır, ama sosyal anksiyete bozukluğu yoktur.

Bu tanı kriterleri ilk olarak nasıl çıktı ki? Bu kriterlere, sağlam bilimsel temellere dayanarak karar verilmediğinin farkında olmayabilirsiniz. Aslında durum, psikiyatrist komitelerinin zaman zaman bir araya geldiklerinde tanısal kriterlerin son halleriyle ilgili oylama yapmalarından ibarettir. Bu şahıslar, sakallarını sıvazlayıp YAB hayata geçmeden önce kaç ay geçer diye düşünüp dururlar. Altı ayın nihai gerçek olarak düşünülmesi "doğru değildir" – bu periyot, yalnızca komitenin son görüşmesindeki oylamasında çıkan sonuçtur. Kafalarından başka bir sayı da atabilirlerdi ve bu sayı, şu an belirlenmiş olan sayı kadar geçerli ve mantıksız olurdu. Tıpkı kimi Ortaçağ filozoflarının, iğnenin üzerinde kaç tane meleğin dans edebileceği hakkında tartışması gibi.

Anksiyete bozuklarının kriterleri niye bu kadar belirsizdir? Çünkü psikiyatritlerin "anksiyete bozukluğu" olarak sınıflandırdığı duyguların çoğu aslında her birimizin zaman zaman hissettiği normal duygulardır. Devamlı değişen duygularımızı "bozukluklara" dönüştürmek ciddi kavramsal sorunlara neden olmaktadır. Aslında var olmayan, belirsiz kesme noktaları oluşturmak gerekmektedir. Sorunun ortaya çıktığı yer de tam olarak burasıdır. "Anksiyete bozuklukları", büyük oranda yalnızca bunları belirleyen psikiyatristlerin zihninde bulunan kurgusal oluşumlardır. Aslında bunlar gerçek beyin bozuklukları değildir.

Daha önce çoğu terapistin, hayatının belirli bölümlerinde utangaçlık, kalabalık önünde konuşma anksiyetesi, fobi veya obsesyon gibi anksiyete türlerinden bazılarını yaşadığından bahsetmiştim. Bu bireylerin çoğu kendilerini, değersizlik, çaresizlik duygularıyla boğuştuğu ya da kendilerinden kuşku duyduğu dönemlerden geçmiştir. Terapistler de herkes gibi insandır. Bu duygular da evrensel insan deneyimleridir. Yani bu durum, hepimizde "beyin hastalığı" olduğu anlamına mı geliyor!

Bazı insanların anksiyete ve kendinden kuşku duygularını, ortalama bir insana göre daha fazla deneyimlediği; bazı insanların ise anksiyeteyi oldukça nadir yaşadığı ve adeta mutlu, özgüvenli ve dışadönük bir insan olarak doğduğu da kuşkusuzdur. Bilim insanları niçin bazı insanların anksiyete eğilimli olduğunu bilmiyorlar, fakat genetik ve çevresel etkenlerin önemli rol oynadığı kuşkusuzdur. Eğer kaygılı olma eğiliminiz varsa, bu durum beyin hastalığınız ya da anksiyete bozukluğunuz olduğu anlamına gelmez. Bunlar, insan duygularının anlamlı bir şekilde kavranmasına yardımcı olmayan siyah-beyaz etiketlerdir.

Ne söylemekte olduğumla ilgili net olmak istiyorum çünkü pire için yorgan yakmaya niyetli değilim:

- Anksiyete ve depresyon gerçektir.
- Bu duygular acı verici olabilir ve bireyleri işlevsizleştirebilir.
- Anksiyete ve depresyonla boğuşan insanlar tedavi görme hakkına sahiptir.
- Bugün, yeni, etkili ve ilaçsız tedaviler bulunmaktadır ve hastalığın tamamen iyileşme yönündeki seyri olağanüstüdür.
- Bu duyguların "bozukluğa" ya da "beyin hastalıkları" etiketlerine dönüştürülmesi gereksiz olduğu gibi böyle bir durum arzu edilir bir şey değildir.

Elbette ki gerçek beyin bozuklukları da vardır. Şizofreni ve bipolar (manik-depresif) bozukluk gibi ciddi psikiyatrik sorunlar hiç kuşkusuz ki beyindeki biyolojik kusurlara bağlıdır. Fakat bu etiketler büyük oranda belirsizdir.

Yine de etiketler, zihinlerde büyük bir öneme sahiptir. Eğer doktorunuz zatürreeniz olduğunu söylüyorsa, gerçek bir patoloji içeren ve ilaç tedavisi gerektiren gerçek bir hastalığınız var demektir. Böyle bir durumda doktora inanırsınız. Zira doktor, konuyla ilgili sizde olmayan bilgi ve eğitime sahiptir. Fakat doktorunuz YAB'ınız, obsesif–kompülsif bozukluğunuz, travma sonrası stres bozukluğunuz veya sosyal anksiyete bozukluğunuz olduğunu söylüyorsa, aslında sizin de bildiğiniz bir şeyden –kaygılı hissetmekte olduğunuzdan– bahsettiğini anlayın.

Ne türde anksiyeteniz olduğunu ve bu anksiyetenin sizin için ne kadar şiddetli olduğunu öğrendiğinizde kolları sıvayıp çalışmaya başlayabiliriz demektir. Eğer bir sonraki adıma geçip, örneğin anksiyete bozukluğunuz olduğunu söylersek, o an'a kadar bizde bulunmayan bir bilgiye sahip olmuş oluruz. Fakat bunun yanısıra, anksiyetenin beyninizdeki kimyasal dengesizlikten kaynaklandığına ve hapların sizi iyileştireceğine dair bir izlenime de neden olmuş oluruz. Bu ayartıcı düşünceyi bir sonraki bölümde inceleyeceğiz.

# 4 Plasebo dünyası

*Anti-depresanlar ve anti-anksiyete ilaçlarıyla ilgili gerçekler*

Depresyon ve anksiyetenin beyindeki kimyasal dengesizlikler nedeniyle ortaya çıktığını ve uygun ilaçların bu dengesizliği düzenlediğini olasılıkla duymuşsunuzdur. Hatta arkadaşlarınızdan veya aile bireylerinizden, Paxil veya Prozac gibi ilaçların ruh hallerindeki çöküşlerinden çekip çıkardığına yemin edenler de olabilir. Fakat, depresyon ve anksiyetenin beyindeki kimyasal dengesizlikler nedeniyle ortaya çıkmadığını gösteren ikna edici çalışmalar bulunmaktadır ve yapılmış bazı çarpıcı çalışmalar anti-depresanların düşündüğümüzün yarısı kadar bile etkili olmadığını göstermektedir. Eğer bu konu ilginizi çektiyse, rahatsız edici gelebilecek bazı bilgileri sizle paylaşacağım.

Medyada bunun gibi bazı reklamlara rastlamış olabilirsiniz:

*İnsanlarla birlikteyken kendinizi utangaç mı hissediyorsunuz? Sosyal anksiyete bozukluğu yaşıyor olabilirsiniz. Araştırmacılar bu hastalığın beyindeki kimyasal dengesizliklerden kaynaklandığına inanıyorlar. Şanslısınız! X ilacı bu dengesizliği düzenleyebilmektedir. Hemen doktorunuzdan bu ilacı yazmasını isteyin!*

Bu mesajla birlikte beyindeki keyif merkezlerini uyaran sinapslar arasında mutlu bir şekilde yüzen serotonin molekülleri grafikleri görebilirsiniz. Buna bir de X ilacı sayesinde "sosyal anksiyete bozukluğunu" atlattıktan sonra birbirine deliler gibi âşık olan, sahilde elele keyifle koşan mutlu bir çiftin videosu eşlik edebilir. Bu reklamlar son derece ilgi çekici ve ayartıcı olabiliyorlar. İlacı hiç vakit kaybetmeden kullanmak isteyebiliyorsunuz. Hey, ben de güzel bir kadınla sahilde elele koşmak istiyorum!

Bu mesajların geçerliliği var mı? Anksiyete ve depresyon gerçekten de beyninizdeki kimyasal dengesizlikten mi kaynaklanıyor? Haplar gerçekten de en etkili tedavi yöntemi mi?

Genellikle sorunların biyolojik bir nedeni olduğunu, bu yüzden hapla tedavi edilmesi gerektiğini düşünüyoruz. Buna karşın, eğer sorunun psikolojik bir nedeni bulunuyorsa onu konuşma terapisiyle tedavi edebiliriz. Fakat bu şekilde düşünmek yanıltıcı olabilir. Bazen haplar gerçekten de belirli bir psikolojik sorun için en uygun tedavi yöntemi olabilir. Diyelim ki stres altında olduğunuz için başınız ağrıyor. Bir aspirin içiyorsunuz ve hemen iyileşiyorsunuz. Bir saat içerisinde baş ağrısı tamamen ortadan kayboluyor. Her ne kadar baş ağrınız psikolojik bir nedene bağlı olsa da onu hapla tedavi ediyorsunuz. Fakat bu, hapın beyninizdeki aspirin yetersizliğini düzenlediği anlamına gelmez. Aspirin sadece baş ağrısının üstesinden gelebilmenin en çabuk ve en kolay yoludur.

Öte yandan, bazen psikoterapi de biyolojik sorunların en iyi tedavisi olabilmektedir. Birçok araştırma, depresyonda ve çeşitli anksiyete türlerinde genetik etkenlerin rol oynadığını göstermektedir. Örneğin, bazı araştırmacılar kan fobisinin neredeyse tamamen genetik olduğunu kabul etmektedir. Kalıtsal olan her şey biyolojik olmalıdır, bu yüzden kan fobisinin en azından bir ölçüde biyolojik olması gerekir. Fakat kendi kan fobimi asistan doktorluğa ilk başladığım zamanlarda kan revan içinde bir hasta acil servise geldiğinde alt ettiğimi hatırlıyorsunuzdur. O durumda, biyolojik bir sorunu "Taşırma" adı verilen psikoterapi tekniğiyle tedavi etmiştim.

Dolayısıyla sorulması gereken asıl soru şudur: Depresyonun ve anksiyetenin üstesinden gelmenin en iyi yolu nedir? İlaç mı, psikoterapi mi yoksa ikisinin kombinasyonu mu?

Kimyasal dengesizlik teorisine göre anksiyete ve depresyonun en iyi tedavisi kesinlikle ilaçtır. Bu, uzun süredir var olan bir teoridir. Hatta kökeni modern tıbbın babası Hipokrat'a dayanır. Hipokrat, depresyona "melankoli" adını vermişti çünkü depresyonun safra kesesinden salgılanan siyah renkli bir tür zehirden kaynaklandığını düşünüyordu. Melanin siyah bir pigmenttir ve koli bu pigmentin safra kesesinden salgılandığını ifade eder. Bugün bilim insanları hâlâ depresyon ve anksiyeteye neden olan bir tür kimyasal dengesizlik aramaktadırlar, tabii bu dengesizliği safra kesesinde değil beyinde aramaktadırlar.

Beyindeki bazı sinir hücreleri arasında elektrik sinyalleri iletilmesini sağlayan kimyasallardan en çok ilgi gösterileni serotonindir. Birçok psikiyatrist depresyonun çok az miktarda serotoninden, mani'nin (aşırı coşku hissedilen ruh hali) ise çok fazla miktarda serotoninden kaynaklandığına inanmaktadırlar. Bu durumda beyindeki serotonin miktarını arttıran ilaçlar anti-depresan ve anti-anksiyete etkisi göstermelidir. Serotonini mutluluk molekülü olarak da düşünebilirsiniz.

Pennsylvania Üniversitesi Tıp Fakültesindeki psikiyatri uzmanlık eğitimimin ardından kimyasal dengesizlik teorisi üzerinde birçok yıl çalıştım. O sıralarda bazı psikofarmakoloji ders kitaplarının birkaç ünitesini yazdım, yurtiçi ve yurtdışındaki kongrelerde konuşmalar yaptım, yaptığım araştırmalar hakemli dergilerde yayımlandı. Serotonin ve metabolizma üzerine yaptığım çalışmaların ardından dünyanın en prestijli psikiyatrik araştırma ödüllerinden bir tanesi olan A.E. Bennett Ödülü'ne layık görüldüm.

70'li yıllarda meslektaşlarım ve ben, depresyonun beyindeki serotonin yetersizliğinden kaynaklandığı iddia edilen teoriyi test etmek için birçok deney yaptık. Bulgularımız teoriyle uyuşmuyordu. Örneğin, bir çalışmada ileri yaşlardaki depresif bireylere hemen beyne geçip serotonine dönüşen L-triptofan adlı amino-asit takviyesi verdik. Fakat ruh halleri iyiye gitmedi. Bu çalışma, önde gelen araştırma dergilerinden olan *Genel Psikiyatri Arşivi*'nde [Archives of General Psychiatry] yayımlandı. Bunun dışında dünyada serotonin üzerine yapılmış bütün bir literatürü taradım fakat serotonin yetersizliği ya da kimyasallardaki dengesizliklerin depresyon, anksiyete ya da diğer herhangi bir hastalığa neden olduğuna dair hiçbir bulguya rastlamadım. Bugüne kadar kimyasal dengesizlik teorisini destekleyen hiçbir çalışmaya rastlamadım.

80'li yılların sonlarında ortaya çıkan Prozac gibi anti-depresanlara SSRI [: *selective serotonin reuptake inhibitors* – seçici serotonin geri-alım inhibitörü] adı verildi çünkü bu ilaçların beyindeki serotonin sistemi üzerinde çok büyük bir etkisi vardı. Eğer serotonin yetersizliği teorisi geçerli olsaydı bu yeni ilaçların anti-depresan ve anti-anksiyete etkilerinin çok büyük olması gerekirdi. Bir başka ifadeyle, SSRI kullanan hastalar çabucak iyileşmeliydi çünkü bu ilaçlar beyindeki serotonin sistemi üzerinde etki gösteriyordu. Fakat durum böyle olmadı. Aslına bakacak olursak, en son yapılan bazı çalışmalar, anti-depresanların plasebo etkisi dışında herhangi gerçek anti-depresan etkileri olup olmadığına dair ciddi kuşkular uyandırdı.

Artık birçok sinirbilimci, depresyon ve anksiyetenin kimyasal dengesizlik teorisini geçerli olarak kabul etmiyor. Kimyasal dengeler ve dengesizlikler üzerine odaklanmak yerine çoğu sinirbilimci, beyindeki kıvrımlar üzerine çalışma yapıyor. Nihayetinde beyin, taşıt araçlarındaki frenler gibi hidrolik bir sistem değildir. Beyin, adeta düşünen ve hisseden bir süper bilgisayar gibi çok yönlü ve son derece karmaşık bir bilgi işleme sistemidir. Fakat beyin ile bilgisayar arasındaki fark, beynin her gün yeni sinir hücreleri yaratması ve bu hücreler arasında yeni elektrik bağlantıları kurmasıdır. Aslına bakarsanız, her sabah az da olsa farklı bir insan olarak uyanırsınız çünkü geçen yirmi dört saat içerisinde beyniniz değişmiştir.

Depresyon ve anksiyeteden muzdarip olan pek çok insan hâlâ ruh hali sorunlarının beyinlerindeki kimyasal dengesizlikten kaynaklandığına inanmaktadır, bu da anlaşılabilir bir durumdur. Doktorunuz öyle söylediği için ya da televizyonda öyle duyduğunuz için bunun doğru olduğuna inanıyor olabilirsiniz. Fakat doktorunuz beyninizde kimyasal dengesizlikler olduğunu söylüyorsa bilin ki teoriyi kesin gerçek olarak kabul etmektedir. Çoğu doktor çalışkan ve iyi niyetlidir ve hastaları için en iyisi neyse onu yapmaya çabalarlar. Fakat aynı zamanda, kimyasal dengesizlik teorisini tekrar tekrar duymuşlardır.

Bu teori, güçlü bilimsel kanıtlarla değil ilaç şirketlerinin pazarlama adımları sayesinde önem kazanmıştır. Anti-depresanların ve anti-anksiyete ilaçlarının satışından her yıl milyarlarca dolar kâr eden ilaç şirketleri, kimyasal dengesizlik teorisinin tanıtımını yapmak için büyük yatırımlar yapmaktadır. İlaç şirketleri bunun yanısıra, tıp fakültelerinde araştırmalar yapmak üzere Amerikan Psikiyatri Birliği'nin bütçesinden büyük bir pay almaktadır.

Elbette ki araştırmalar için para harcanması hiç de kötü bir şey değildir, fakat burada paranın satın aldığı şey itibardır ve ilaç şirketleri ilaçtan çok pazarlamaya odaklanmış durumdadır. Akademik çalışmaların tek amacı gerçeğe ulaşmak olmalıdır. İlaç şirketlerinin araştırmaları ise yalnızca yeni ilaçların satılmasıyla ilgilidir.

Bir hekim olarak, belgeleyemediğim sürece böyle bir iddiada bulunmamam gerekir. Eğer son zamanlarda kendinizi yorgun hissediyorsanız, sorunun demir eksikliğinden kaynaklandığından kuşkulanırım ve araştırmak için bazı kan tahlilleri yaptırırım. Eğer tahliller teşhisimi doğruluyorsa ilaç desteği yazarım ve kısa bir süre sonra da kendinizi daha zinde hissedersiniz. Fakat eğer size depresyonun ya da panik atakların beyindeki kimyasal dengesizlikten kaynaklandığını söylersem, size kanıtlanmayacak bir şey söylemiş olurum çünkü beyindeki kimyasal dengesizlikleri ölçen bir test bulunmamaktadır.

Bazı insanlar buna inanmakta güçlük çekmektedir çünkü kimyasal dengesizlik teorisinin birçok yerde tanıtımı yapılmaktadır ve bu teori çok popüler duruma gelmiştir. Örneğin, popüler sosyete dergilerinde veya televizyonda depresif veya kaygılı bireylerin beyin taramalarına rastlamış olabilirsiniz. Bu programdaki araştırmacılar muhtemelen depresif bireylerin beyin taramalarının depresyondan kurtulmuş ve kendini tekrar mutlu hisseden bireylerin beyin taramalarından farklı olduğuna dikkat çekmektedir. Bazı insanlar bu görüntülerin, beyindeki kimyasal dengesizliklerin anksiyete ve depresyonun nedeni olduğunu kanıtladığını düşünmektedir. Aslında böylesi bir düşünme şekli, depresyon, anksiyete ve hatta dikkat eksikliği hiperaktivite bozukluğu da dahil olmak üzere duygusal ve davranışsal pek çok sorunun beyin hastalıkları olduğunu ve ilaçlarla tedavi edilmesi gerektiğini "kanıtlamak" için kullanılmaktadır.

Araştırmacılar MRI (manyetik rezonans görüntüleme) ve SPECT/PET (tek foton/pozitron emisyon tomografisi) gibi yeni görüntüleme teknikleri ile ilgili, haklı olarak, oldukça heyecanlılar çünkü bu araçlar bize, canlı beyinin nasıl çalıştığını görme olanağı sağlamaktadır. Buradan sağlanan görüntüler, beyindeki kan akışı ve oksijen kullanımı örüntüsünü görmemizi sağlamaktadır. Bu görüntüler aracılığıyla, aktif iken beynin farklı bölgelerinin daha fazla kan ve oksijen kullandığı görülmektedir. Sonuç olarak, araştırmacılar bu sayede, beynin kullandığı kan akışı ve oksijen kullanımını değerlendirerek çeşitli davranışsal ve duygusal durumlarda beynin daha aktif olan bölgelerini dolaylı olarak değerlendirme fırsatı elde etmişlerdir.

Fakat beyindeki kan akışı örüntüleri ile bilinçli düşüncelerimiz ve duygularımız apayrı şeylerdir. Beyin görüntüleri neyin normal neyin anormal olduğuna dair bize herhangi bir bilgi vermemektedir ve bu görüntüler herhangi bir "kimyasal dengesizliği" görmemize yardımcı olmakta kullanılamaz. Ayrıca bu görüntüler bize, beyindeki herhangi bir neden-sonuç ilişkisi göstermemektedir. Bu görüntülerin tek gösterdiği, beynin canlı ve iyi olduğu, işini yapmaya devam ettiğidir. Eğer kendinizi üzgün hissediyorsanız beyninizde belirli bir örüntünün olduğu; eğer mutlu hissediyorsanız başka bir örüntünün olduğu görülür. Fakat bu resimler bize üzüntü, mutluluk ya da heyecanın beyin hastalıkları olduğunu iddia etme hakkı vermez ve beynin bu duyguları nasıl yarattığını da açıklamaz. Aslına bakarsanız şu anda beynin bilinci de depresyon, öfke ya da panik atak gibi anormal bilinç durumlarını da nasıl yarattığını bilmiyoruz.

Depresyona ve anksiyeteye neden olan ne olursa olsun asıl mesele onlarla nasıl savaşacağımızdır. Çoğu insan ilaç tedavisinin en etkili tedavi şekli olduğunu düşünür. Bu düşünce Amerikan Psikiyatri Birliği'nin savunduğu bir görüştür; doktorların çoğu ise bunu tartışılmaz bir doğru olarak kabul etmektedir.

1. Bölümde bahsedildiği üzere, anksiyete ve depresyon için genellikle iki tür ilaç önerilmektedir. Bunlar Xanax, Ativan ve Valium gibi hafif sakinleştiriciler ve Prozac, Paxil ve Zoloft gibi anti-depresanlardır. Hafif trankilizanlar'ın bir diğer adı benzodiazepin'dir ve bu ilaçların pek çok anti-anksiyete etkisi bulunur. Diyelim ki endişelenme ve uykuya dalamama sıkıntılarınız var. Bu durumda 0,25 mg Xanax alırsınız. Daha önce hiç benzodiazepin kullanmadıysanız kusursuz işe yarar. Neredeyse yatar yatmaz uyursunuz ve ertesi gün

rahatlamış ve yenilenmiş olarak uyanırsınız. Mucizevi bir ilaç gibidir.

Peki bu, Xanax'ın beyninizdeki kimyasal dengesizliği düzenlediğini mi gösterir? Hayır. Bu yalnızca Xanax'ın rahatlamanızı ve uykuya dalmanızı sağladığını gösterir. Bir miktar alkol de olasılıkla benzer bir etki gösterirdi, fakat alkol de beyindeki kimyasal dengesizliği düzenlemez!

Öte yandan, Xanax'ın maalesef olumsuz bir tarafı da bulunmaktadır. Bu ilacı ya da herhangi başka bir benzodiazepin'i düzenli olarak kullanmanız durumunda, bu ilaçlara üç hafta içerisinde fiziksel yönden bağımlı olma ihtimaliniz çok yüksektir. Böyle bir durumda ilacı bırakacak olursanız da şiddetli anksiyete ve uykusuzluk gibi çekilme belirtileri yaşarsınız. Bu ilaçları ne kadar uzun süre ve ne kadar yüksek miktarda kullanırsanız çekilme belirtileri de bir o kadar şiddetli ve uzun süreli olacaktır. Bunlar da zaten ilaca başvurma nedeninizdir. Bu durumda siz ve doktorunuz, iyileşmediğiniz ve ilacı almaya devam etmeniz gerektiği sonucuna varabilirsiniz. İnsanlar benzodiazepin'e işte böyle bağlanır. Bazı uzmanlar, Xanax'ın çekilme belirtilerinin eroinin çekilme belirtileri kadar şiddetli olduğunu söylemişlerdir. İşte bu yüzden anksiyete veya depresyon şikayeti olan bireylere neredeyse hiçbir zaman benzodiazepin yazmam.

Elbette ki her bir kuralın istisnası vardır ve bazen ilaçlar inanılmaz derecede yararlı olur. Örneğin, diyelim ki kolonoskopiye girdiniz ve doktorunuz bu süreçte rahatlamanıza yardımcı olması için size damar içi benzodiazepin kullanmanızı önerdi. Tereddüt bile etmeden alın! Mutluluğun doruklarında hissedeceksiniz ve kolonoskopiye kesinlikle bayılacaksınız. Hatta muhtemelen her hafta bir tane almak isteyeceksiniz! Fakat anksiyeteden, uykusuzluktan ya da depresyondan muzdaripseniz, benzodiazepinler kesinlikle uygun yol değildir.

Anksiyete ve depresyona karşı sıklıkla önerilen bir diğer ilaç türü de anti-depresanlardır. Herkes Prozac'ı duymuştur ve anti-depresanların benzodiazepinlere göre şöyle bir avantajı vardır: Bağımlılık yapmazlar. Fakat ne kadar etkililer? Yapılan son araştırmalar neler gösteriyor?

Bu soruyu yanıtlamadan önce plasebo etkisi adı verilen bir olgudan bahsetmemiz gerekecek. Bu etki, aktif bir içeriği olmayan şeker haplarının ortaya çıkardığı ilerlemedir. Şöyle bir senaryo hayal edin: Birkaç aydır değersiz hisseden ve hiçbir şeye heveslenmeyen biri psikiyatristten yardım istiyor. Doktor ona depresyona girdiğini ve depresyonun beyindeki kimyasal dengesizliklerden kaynaklandığını söylüyor. Ona moral veriyor ve bu dengesizliği düzenleyecek bir anti-depresan yazıyor.

Dört hafta sonra bu birey kendisini daha iyi hissettiğini bildiriyor. Uykuları düzenleniyor, ruh hali yükseliyor ve daha üretken bir biçimde hayata yeniden dahil oluyor. O ve psikiyatristi, kullandığı anti-depresanın bu dramatik değişimin nedeni olduğunu düşünüyor. Bu aklınıza yatıyor mu? Şöyle bir çıkarım yapabilir miyiz:

- Depresyonu beynindeki kimyasal dengesizlikten kaynaklanıyordu?
- Anti-depresan bu dengesizliği düzenledi?
- İlerleme anti-depresan sayesinde mi oldu?

Her ne kadar pek çok insan bu tip çıkarımlar yapsa da bu bireyin ilerlemesi, buna benzer çıkarımlar yapmamız için ikna edici bir kanıt niteliğinde değildir. Kesin olarak söyleyebileceğimiz tek şey önceden depresif olduğu ve artık kendisini daha iyi hissettiğidir. Bu gerçekten şahane bir durum, fakat yine de depresyona neden olanı da ilerlemeyi tetikleyeni de bilmiyoruz. İlerlemesi zamanın geçmesine, ruh halinin yükselmesine neden olan beklenmedik olaylara, daha etkin olmasına, ilaca ya da plasebo etkisine bağlı olabilir.

Plasebo etkisi niçin bu kadar önemlidir? Beklentilerimiz, düşünme, hissetme ve davranma şekillerimiz üzerinde güçlü bir etkiye sahiptir. Eğer bir şeyin işe yarayacağına ikna olmuş durumdaysanız, onun hiçbir gerçek etkisi olmasa bile işe yaraması yüksek bir olasılıktır. Diyelim ki siz ve ben bir ilaç şirketinin pazarlama bölümünde çalışıyoruz. Bir gün basın toplantısında "Placebin" adlı müthiş bir anti-depresan ürettiğimizi duyuruyoruz. Bu yeni ilacın güçlü anti-depresan etkilerini vurguluyoruz ve yan etkisinin yok denilecek kadar az olduğunu, toksik etkisinin ise bulunmadığını söylüyoruz. Hatta Placebin'in etkileri bizi o denli heyecanlandırıyor ki bu ilacı klinik araştırmalarımız için 1 milyon insana bedavaya vereceğimizi söylüyoruz. Placebin, medyada büyük yankı uyandırıyor ve firmamızın borsadaki değeri bir gecede 1 milyar dolar artıyor.

Elbette ki bu ilacın yalnızca plasebo olduğunu, hiçbir kimyasal içeriği olmadığını hiç kimseye söylemiyoruz. Placebin alan insanların sizce kaçta kaçı iyileşir?

Yapılan çeşitli araştırmalar, depresyondaki insanlara plasebo verildiğinde en az yüzde 30-40'lık kısmının iyileştiğini gösteriyor. Bu da birkaç hafta içinde depresyondaki insanların 300 bini ile 400 bininin iyileşeceği anlamına geliyor. Bu bireyler ilacın ne kadar yararlı olduğunu çevresindeki insanlara da iletecektir. Hatta bazıları Oprah'ın* programına katılıp Placebin'in beyinlerindeki kimyasal dengesizliği düzenlediğinden ve hayatlarının tamamen değiştiğinden yeminler ederek bahsedeceklerdir. Medyada bu yeni ilacın inanılmaz sonuçlar ortaya çıkardığına dair reklamlar dolaşacak, yüz binlerce insan bu ilacı almak için doktorlara hücum edecektir. Hatta bu denli güçlü "mutluluk haplarının" kullanılmasının etik olup

* Ed. notu: **Oprah Gail Winfrey** - Birleşik Devletler televizyon tarihinin en çok izlenen programlarından biri olan ve kendi adıyla anılan 'The Oprah Winfrey Show'un sunucusu.

olmadığına dair tartışmalı kitaplar basılacaktır.

Fakat Placebin, elbette ki hiç kimseye hiçbir şey yapmamış olacaktır. İnsanları iyileştiren ilacın etkisi değil bireylerin kendi beklentileri olacaktır. Bu insanlar, fark etmeseler bile, kendi kendilerini iyileştirmiş olacaklardır. Umut, var olan en güçlü anti-depresandır!

Plasebo etkisi, ilaç tedavisinin ve psikoterapinin nasıl ve niçin işe yaradığına ilişkin büyük kafa karışıklığına neden olmaktadır. Siz de depresyon veya anksiyetenin tedavisi için ilginç bir yöntem ortaya atabilirsiniz ve insanları da ikna ettiğiniz takdirde, yönteminiz aslında düpedüz şarlatanlıktan ibaret bile olsa bazı bireyler için etkili olabilir. Sonuç olarak ortaya attığınız yöntemin, gerçekten olmasa bile, anti-depresan veya anti-anksiyete etkileri olduğu sonucuna varabilirsiniz. Bu tip aldatmacalar binlerce yıldır ortaya atılmaktadır. Geçmiş zamanlarda, plasebo etkisinden yararlanarak insanlara "sihirli iksir" niyetine yılan yağı satan tüccarlar varmış. Ürünlerini sattıkları insanlardaki –artık her ne neden olduysa– hızlı iyileşmeyi kendi menfaatlerine çevirirlermiş.

Şu an "Ama tüm bu bilgiler akademik bilgiler, çünkü anti-depresanların işe yaradığını biliyoruz. Yapılan bilimsel çalışmalar bu bilgilerin doğru olduğunu kanıtlıyor ve "anti-depresanlar da Amerikan Gıda ve İlaç Kurumu tarafından onaylanan ilaçlar", diye düşünüyor olabilirsiniz. Aslına bakarsanız, durum düşündüğünüz kadar net değildir. Yapılan son çalışmalar piyasadaki anti-depresanların plasebo etkisinin ötesinde çok az bir etkisi olduğunu gösteriyor. Örneğin, Birleşik Devletler'deki Ulusal Ruh Sağlığı Enstitüsü'nün [National Institute of Mental Health] finanse ettiği ve birçok üniversitenin ortaklaşa çalıştığı araştırmada majör depresyonu olan 320 hasta üzerinde bir çalışma yapıldı. Bu hastalar üç gruba ayrıldı ve her bir gruptaki bireylere kantaron otu, sertralin (Zoloft) veya plasebo verildi. Araştırmacılar böylelikle kantaron otunun herhangi bir anti-depresan etkisinin olmadığını bulmayı, böylelikle de "gerçek" anti-depresanlarla inaktif plaseboyu karşılaştırmayı planladılar.

Zoloft da kantaron otu da büyük bir etki göstermedi. Plasebo alan hastaların yüzde 32'si iyileşirken Zoloft alan hastaların yalnızca yüzde 25'i, kantaron otu alan hastaların da yüzde 24'ü iyileşti. Bu araştırma, kantaron otunun plasebo etkisi dışında hiçbir anti-depresan etkisi olmadığını gözler önüne sermiş oldu. Bana kalırsa kantaron otunun bu kadar düşük etki göstermesinin nedeni medyada bununla ilgili çok sayıda haber yapılmasıydı çünkü ilaç endüstrisi insanların kantaron otu değil anti-depresan almalarını istiyordu. Fakat ilaç şirketleri, anti-depresan ilaçların kantaron otuna göre daha etkili olmadığının duyurulmasını istemediler. Ne Zoloft'un ne de kantaron otunun plasebo etkisinin ötesinde gerçek anti-depresan etkisi yoktu!

Bu çalışma, anti-depresanlarla ilgili yapılmış en iyi araştırmalardan bir tanesiydi ve ortaya çıkan sonuçlar anti-depresan adı verilen kimyasalların gerçekten güçlü ve belirgin anti-depresan etkilerinin bulunduğu fikriyle çelişiyordu. Bu sonuçlar gerçeğin saptırılmasından mı ibaretti? Dünyada bu konuda yapılmış araştırmalar ve ilaç şirketlerinin on yıllardır yapmakta oldukları çalışmaların Birleşik Devletler Gıda ve İlaç Kurumu'nda [Food and Drug Administration – FDA] bulunan verileri üzerine yapılan tarama çalışmasının sonucunda, Connecticut Üniversitesi'nden Dr. Irving Kirsch ve çalışma arkadaşları bu sonuçların atipik, yani alışılmışın dışında sonuçlar olduğu sonucuna vardılar. Kendi yaptıkları analizler, anti-depresanlar ile plasebolar arasındaki farklılığın oldukça az olduğunu ve anti-depresan ilaçların etkisi olduğunu düşündüğümüz etkinin en azından yüzde 75–80'inin plasebo etkisinden kaynaklandığını gösterdi.

86. sayfadaki tablolar sorunu gözler önüne sermektedir. Buradaki bilgiler ilaç şirketlerinin onaylanmak üzere FDA'ya gönderdiği verilerin şematik göstergeleridir. Bu çalışmalarda, orta ve şiddetli düzeyde depresyonu olan binlerce hasta seçkisiz olarak plasebo tedavisi veya anti-depresan tedavisi gruplarına atandı. Bu insanların Hamilton Depresyon Ölçeği'ne göre depresyon skorlarının ortalaması 25 idi. Hamilton Depresyon Ölçeği'nde puanın yüksek olması depresyonun da o kadar şiddetli olduğu anlamına gelmektedir. Dolayısıyla, iyileşmeden söz etmek için skorlarda 25 puanlık azalma olmalıdır. Anti-depresan alan hastaların depresyon puanlarda 10 puanlık, plasebo alan hastaların depresyon puanlarında ise 8 puanlık bir azalma olmuştur.

Bu sonuçlarda çarpıcı olan üç nokta bulunmaktadır. Birincisi, anti-depresanların da plasebonun da pek etkili olmadığıdır. İlaç firmalarının yaptığı çalışmaların çoğunda bu gibi sonuçlar çıktığını gözönünde bulundurursak bu bulgu gerçekten rahatsız edicidir.

İkincisi, ilaç grubu ile plasebo grubu arasındaki farkın yalnızca 2 puan olduğu görülmektedir. İyileşmeden söz etmek için 25 puanlık bir azalmaya ihtiyaç duyulduğunu gözönünde bulunduracak olursak ilacın neden olduğu 2 puanlık azalma gerçekten çok yetersizdir. Bazı araştırmacılar bu denli küçük bir etkinin anti-depresanın hastalara tedavi şekli olarak önerilmesi için, bu ilaçların yan etkileri, toksik etkileri ve ilaçlarda bulunan maddelerin neden olduğu diğer zararları da gözönünde bulundurulunca, yeterli olmadığını savunmuşlardır. Ben 2 puanlık ilerlemeye neden olan bir psikoterapi tekniğini en iyiler 100 listeme bile koymam! Çünkü hastaların ruh hallerinde büyük değişimlere neden olan düzinelerce teknik bulunmaktadır.

Son olarak, ilaç grubundaki bireylerde gözlenen 10 puanlık artışın 8'inin, yani yüzde 80'inin nedeni, ilacın kendi etkisine değil

## ANTİ-DEPRESANLAR–PLASEBOLAR: "EN İYİ" ARAŞTIRMALAR

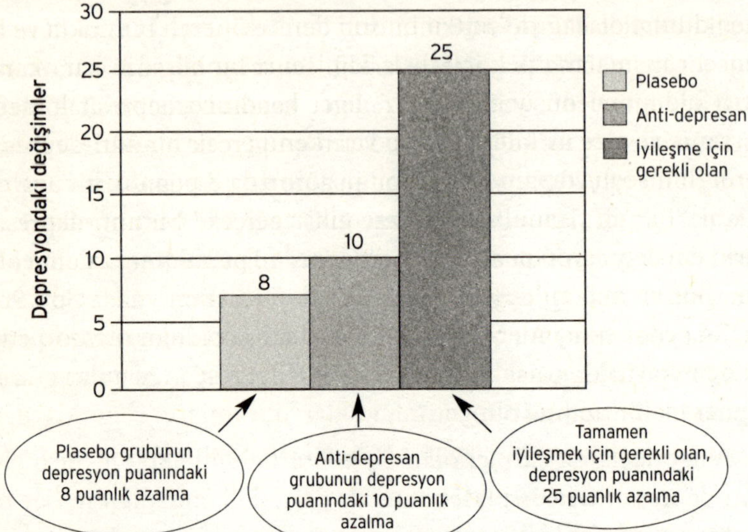


## ANTİ-DEPRESANLAR–PLASEBOLAR: TİPİK BİR ARAŞTIRMA

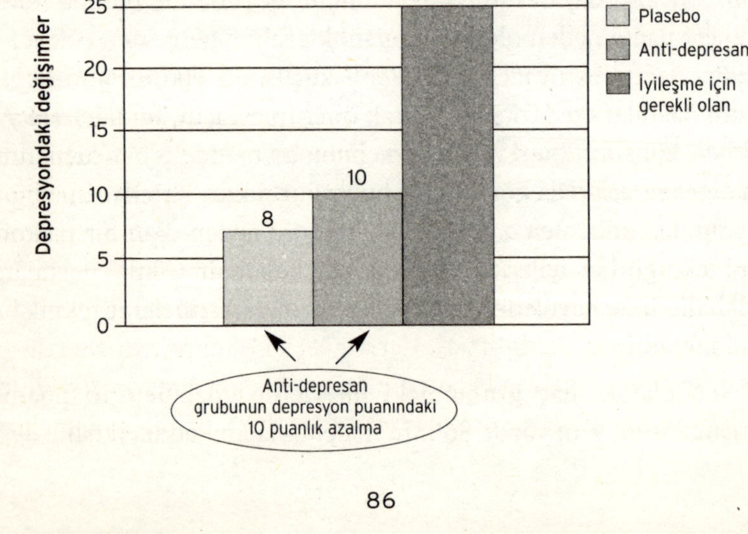

plasebo etkisine bağlıdır. Bunun ne anlama geldiğiyle ilgili tamamen dürüst olacağım, çünkü bu son derece önemli bir nokta ve bilimsel çalışmalarla pek içli dışlı değilseniz bu bilginin kafa karıştırıcı olduğunu düşünebilirsiniz. Eğer kendinizi depresif hissediyorsanız ve size aslında plasebo verirken gerçek bir anti-depresan verdiğimi söylüyorsam depresyon puanınızda 8 puanlık bir azalma olacak. Bunun yerine, size Prozac gibi "gerçek" bir anti-depresan verirsem depresyon puanınızda ortalama 10 puanlık bir azalma olacak. Bunun anlamı depresyonunuzdaki azalmanın yüzde 80'i Prozac'ın kendi etkisinden değil, bu ilacın sahip olduğu plasebo etkisinden kaynaklanmaktadır. Bir başka ifadeyle, insanların anti-depresana cevap verdiklerine inandıkları durumların çoğunda, depresyonlarındaki azalma ilacın kendi etkisinden değil plasebo etkisinden kaynaklanmıştır.

86. sayfada üstte bulunan grafiğin, ilaç firmalarının yaptığı en iyi çalışmalar olduğuna, bu çalışmaların bile pek de ümit verici olmadığına dikkatinizi çekmek isterim. Fakat ilaç firmaları bu bulguları, "beklendiği gibi çıkmadığı" gerekçesiyle gizlemektedirler. 86. sayfada altta yer alan grafikte pek çok çalışmada ortaya çıkan sonucun şematik halini görüyorsunuz. Gördüğünüz gibi bu çalışmalarda, anti-depresanlarla plasebo arasında hiçbir fark bulunmamaktadır.

Bu endüstride çalışmakta olan pek çok insan bu çalışmaların epey yaygın olduğunu, fakat bu sonuçların –apaçık nedenlerden ötürü– pek sık yayımlanmadığını söyleyecektir. İlaç firmaları, pazarlamakta oldukları bu ilaçlarla yapılan araştırmaların sonucunda ortaya çıkan bu olumsuz sonuçlardan haberdar olmanızı istememektedir. Sonuç olarak, ilaç firmaları neyin yayımlanıp neyin yayımlanmayacağı ile ilgili son derece seçici olduğu için literatürde yanlılık bulunmamaktadır. Bu durum anti-depresanların etkililiğiyle ilgili yanlış algılara neden olmaktadır; yayımlanan çalışmaların neredeyse tamamı ilaçların plaseboya göre üstün olduğunu göstermekledir.

İlaç firmaları kendi istedikleri sonuçların duyurulması adına hileye başvurmaktadır. Örneğin, ilaç firmalarının yaptığı çalışmaya katılan hastalara, anti-depresan kullananlar grubu ile plasebo kullananlar grubundan birine seçkisiz olarak atanacakları söylenir. Hangi grupta oldukları söylenmez ve karşılarındaki hastaların ruh halini değerlendiren doktorlar da bu gruplarda kimlerin bulunduğunu bilmezler. Bu araştırmalar "çift-kör çalışmaları" denir çünkü kimin hangi grupta olduğunu ne hastalar ne de doktorlar bilmektedir. Şimdiye kadar her şey yolunda gidiyor, değil mi? Yapılan çalışma bilimsel gibi görünüyor.

Fakat hastalara plasebonun tamamen etkisiz olduğu, eğer plasebo kullananlar grubuna atanırlarsa kesinlikle hiçbir etki ya da yan etki yaşamayacakları da söyleniyor. Buna karşın, eğer anti-depresan kullananlar grubuna denk gelirlerse karın ağrısı, ishal, gerginlik, uyku sorunları, cinsel istekte azalma gibi yan etkiler yaşayabilecekleri söyleniyor. Çalışma başlayınca da yan etkileri yaşayan kişiler anti-depresan kullanmakta oldukları sonucuna varıyorlar. Buna karşın, yan etki yaşamayan kişiler plasebo grubunda oldukları sonucuna varıyorlar. Yani bu çalışmaya katılan hastalara hangi grupta olduklarını düşündüklerini sorsanız yüzde 80 doğru tahminde bulunurlar. Benzer şekilde, süreci gözlemleyen araştırmacılara tahminlerini sorsanız, onların tahminlerinin de çoğu doğru çıkacaktır.

Bu durum, araştırmaların gerçekten çift-kör olmadığı anlamına geliyor çünkü hastalar da doktorlar da anti-depresan alanlarla plasebo alanları gayet iyi biliyor. Yan etki yaşayan hastalar yeni ve güçlü bir anti-depresan aldıkları sonucuna varıyorlar, umutlu ve iyimser oluyorlar. Sonuç olarak, depresyon skorlarında azalmalar ortaya çıkabiliyor. Buna karşın, yalnızca plasebo aldığını düşünen hastaların hevesi kırılıyor çünkü kendilerine "Of! Plasebo grubuna atanmışım. Plasebo bana yardımcı olamaz. Böyle şeyler hep beni buluyor!" diyorlar. Sonuç olarak, depresyon skorlarında azalma ortaya çıkmıyor. Bu durum, ortada gerçek bir fark bulunmadığı durumlarda bile, ilaç ve plasebo gruplarında yapay fakat istatistiksel olarak anlamlı sonuçlara neden olabiliyor.

Bu araştırmaların ciddi, fakat aslında kolayca çözülebilecek başka kusurları da bulunuyor. Örneğin, ilaç firmaları inaktif plasebolar yerine aktif plasebolar kullanabilirler. Eğer test ettikleri ilaç sedasyona, yani sakinleşmeye neden oluyorsa, Benadryl gibi bir anti-histamini plasebo olarak kullanabilirler çünkü bu ilaç kendinizi uykulu hissetmenize neden olur. Ya da test ettikleri ilaç Prozac gibi hareketlilik, gerginlik ve ishale neden olan bir ilaçsa, plasebo olarak kafein kullanabilirler. Bu sayede, hastalar hangi grupta olduklarını anlamakta zorlanırlar.

İlaç firmaları araştırma yöntemlerindeki kusurları niye çözmüyorlar? Böylesi bir durumda pazarlamanın ihtiyaçları ile bilimin ihtiyaçları arasında bir uyuşmazlık ortaya çıkardı. Eğer bir ilaç firması, kendi ürettikleri yeni ilacın plasebodan istatistiksel olarak üstün olduğunu gösteren iki çalışma yapabilirse, ilacı piyasaya sürmek üzere Amerikan Gıda ve İlaç Kurumu'nun onayını alabilmektedir. Bu durumda hisse senetlerinin değeri artar, bu yüzden bu çalışmaların "düzgün" sonuçlar vermesi için çok büyük bir finansal teşvik bulunmaktadır.

Anti-depresanlarla yapılan yeni çalışmalarda daha büyük bir sorun bulunmaktadır. Yeni anti-depresanların çocuklarda tamamlanan intihar teşebbüsleri oranlarında yükselmeye neden olduğu gerçeği yayımlanmış araştırmalarda yer almaktadır. FDA, bu ilaçların üzerinde, en tehlikeli ilaçların üzerine koyulan siyah uyarı kutucukları bulunmasını şart koştu. Fakat anti-depresan kullanımı ile yetişkinlerdeki intihar oranları arasında benzer bir ilişki olduğunu duymamış olabilirsiniz.

Galler Üniversitesi Tıp Fakültesi'nden Dr. David Healy, FDA'da bulunan, dünya çapındaki ilaç şirketlerinin yetişkinler üzerinde yaptığı ve hastaları Prozac gibi SSRI tipi anti-depresanlar kullananlar ile plasebo kullananlar olmak üzere ikiye ayırdığı araştırmalardan elde edilen bütün verileri Bilgiye Erişim Özgürlüğü Yasası'nı kullanarak inceledi. Healy, anti-depresan kullanan hastaların intihar oranlarının plasebo kullanan hastaların intihar oranlarından üç kat fazla olduğunu buldu. Eğer bu ilaçların herhangi gerçek anti-depresan etkileri bulunuyorsa, niçin hem çocukların hem de yetişkinlerin intihar oranlarında bu denli çarpıcı artışlar gözleniyor? Anti-depresanların kendini depresif hisseden hiç kimseye yazılmaması gerektiğini bile düşünebiliriz! (SSRI tipi anti-depresan kullanan hastalardaki artan intihar riski üzerine yazılmış olan tarama makalesini www.ohri.ca/newsroom/02172005.asp web sayfasından okuyabilirsiniz.)

Bu araştırmalarda, henüz gerçek bir anti-depresan bulunmadığı iddia ediliyor. Prozac ya da Paxil gibi kimyasallara anti-depresan adı veriliyor fakat bu kimyasalların anti-depresan etkileri, en uygun tabirle, hiç de iç açıcı görünmüyor. Pek çok insan bu araştırmaları kabul etmesi güç buluyor ve en başta inanamıyor. Hepimiz, "Prozac bende gerçekten işe yaradı. Benim hayatımı kurtardı" diyen birilerini tanıyoruz. Fakat plasebo kullanan insanların yüzde 30'u ile yüzde 40'ının da aynı şeyi söyleyeceğini de gözönünde bulundurun.

Benim yıllardır devam eden klinik deneyimim de yeni yapılan araştırmalarla örtüşüyor. Daha önce bahsettiğim gibi, bir süre Pennsylvania Üniversitesi Tıp Fakültesi'nde bulunan Duygudurum Bozuklukları Araştırma Birimi'nde çalıştım. Bu süre boyunca insanlara kutularca anti-depresan verdim. Hastalarımın bir kısmı ilacın epey yararını gördü, bir diğer kısmının gördüğü yarar oldukça azdı, fakat birçoğu hiç de yarar görmedi. Bu deneyimlerim, her yıl Amerikan Psikiyatri Birliği tarafından ilaç firmaları sponsorluğunda düzenlenen kongreler ve eğitim sempozyumlarında duyduklarımla çelişiyordu. Depresif ve kaygılı hastaların yüzde 80'inin antidepresanlarla başarıyla tedavi edilebileceğini duyuyordum ve kendi klinik deneyimlerimin bu bulgularla nasıl bu kadar farklılık gösterdiğini anlayamıyordum. İlaç yazma konusunda kötü iş çıkarmadığımı biliyordum. Dünyadaki en iyi psikofarmakoloji ekiplerinden bir tanesi bizdeydi.

Psikofamakoloji günlerimde bile ilaçla birlikte psikoterapi öneriyordum. Fakat Bilişsel Davranışçı Terapi'yi (BDT) ilk duyduğumda pek de etkilenmemiştim. Hastalarımın "Çaresizim! Asla iyileşemeyeceğim!" gibi olumsuz düşüncelerin bombardımanına uğradığını biliyordum fakat düşünme şekillerini değiştirerek iyileşebileceklerine inanmıyordum. Bana Dr. Norman Vincent Peale'nin *Olumlu Düşünmenin Gücü* [Power of Positive Thinking] kitabını anımsatıyordu. Depresyon ve anksiyete bu kadar basit bir yaklaşım için fazlasıyla ciddi ve şiddetli bir hastalık gibi görünüyordu.

Yine de bu yöntemleri zorlu hastalarımın bir kısmında denedim ve algım değişti. Kendisini umutsuz, değersiz ve çaresiz hisseden hastalarım iyileşmeye başladı. İlkten bu tekniklerin işe yaradığına inanmak zordu, fakat hastalarımın, olumsuz düşünceleri bir kenara atmayı öğrendikçe iyiye gittikleri gerçeğini gözardı edemedim. Bazen seans sırasında gözlerimin önünde iyileşiyorlardı. Yıllarca kendilerini çökkün ve umutsuz hisseden hastalarım sorunlarını atlatıyorlardı. Elli yıldan uzun bir süre boyunca depresif olan, üç kez intihara teşebbüs etmiş ve her birinde ölümden kıl payı dönmüş Fransız bir hastamın bir gün ofisime "Joie de vivre! Joie de vivre! (yaşama sevinci)" diye bağırarak girmesi hâlâ aklıma gelir. Bu deneyimler bende o kadar güçlü bir etkiye neden oldu ki beyin araştırmalarını bırakıp klinik çalışmalara yönelmeye karar verdim. Uzun bir iç değerlendirmenin ardından araştırma kariyerimi bıraktım ve tam zamanlı bir klinisyen olarak çalışmaya başladım.

Bugüne kadar depresif ve kaygılı hastalarla 35 bin psikoterapi seansı yaptım ve BDT ile ilgili hâlâ ilk öğrendiğim günkü kadar coşkuluyum. Fakat terapi bugün, ben ve çalışma arkadaşlarım, onu ilk geliştirmeye başladığımız 70'lerin ortasına göre çok daha güçlü ve inceliklerle dolu. Geçtiğimiz otuz yıl içerisinde BDT'nin depresyon ve anksiyetenin tedavisinde etkili olduğu, yapılan birçok araştırma ile kanıtlandı. Hatta, BDT bugün var olan terapi yöntemleri arasında, üzerinde en çok araştırma yapılmış olanı ve Birleşik Devletler'de en yaygın olarak kullanılanıdır.

Örneğin, bu kitabın giriş bölümünde size Dr. Henny A Westra ve Dr. Sherry H. Stewart'ın yaptıkları çalışmadan bahsetmiştim. Bu araştırmacılar, anksiyetenin tedavisinde ilaçların mı yoksa BDT'nin mi daha etkili olduğunu araştıran dünyadaki bütün çalışmaları incelediler ve ilaçların değil BDT'nin en işe yarayan yöntem olduğu sonucuna vardılar ve bütün anksiyete bozukluklarının tedavisinde kullanılabilecek 1 numaralı yöntem olarak önerdiler. Dünyadaki bütün çalışmaların incelendiği bir diğer şahane makalede, Dr. David Antonuccio ve çalışma arkadaşları BDT ile ilaçları depresyonun tedavisinde karşılaştırdılar. Vardıkları sonuç, hem çocuklarda, hem ergenlerde hem de yetişkinlerde ilaçların değil BDT'nin en iyi tercih olduğuydu. Yapılan son çalışmalar da BDT'nin duygudurum sorunlarında kestirme bir çözüm önermediğini, fakat uzun vadede anti-depresan ilaçlardan daha üstün olduğunu ortaya koydu.

Bu çalışmalar benim klinik deneyimimle tamamen örtüşüyor. Tedaviyi bitirmeden önce her hastama Nüks Önleme Eğitimi veriyorum ve tedavinin bitişinden sonra nüks şikayetiyle bana tekrar gelen hasta sayım iki elin parmaklarını geçmez. Bu hastalarımın çoğu nüksün kesilmesi için bir ya da iki seansa ihtiyaç duyarlar ve tekrar iyi hissetmeye başlarlar. İlaç tedavisi gören hastaların çoğu için depresyon ve anksiyetenin nükse yatkın bir yapısı olduğunu gözönünde bulunduracak olursak bu durumun son derece umut vaat edici olduğunu düşünüyorum.

BDT'yi kendi kendinize mi denemelisiniz? Yoksa birlikte çalışacağınız iyi bir terapist mi bulmalısınız? Giriş bölümünde Dr. Scogin ve çalışma arkadaşlarının Alabama Üniversitesi'ndeki tıp merkezinde yaptıkları çalışmadan bahsetmiştim. Bu araştırma kendini depresif ve kaygılı hisseden birçok insanın, ilaca veya psikoterapiye ihtiyaç duymaksızın, yalnızca benimki gibi bir kitabı okuyup kitapta bulunan alıştırmaları uygulayarak, BDT tekniklerini kendi kendilerine oldukça etkili bir biçimde kullanabildiğini açıkça ortaya koydu. Bu tip bir tedaviye "bibliyoterapi" adı verilir. Ben Dr. Scogin'in yaptığı bu çalışmanın çok önemli ve umut verici olduğunu düşünüyorum çünkü terapi ücretini karşılayamayacak ya da yaşadıkları yerin yakınlarında iyi bir terapist bulunmayan milyonlarca insan var. Fakat bu durum, herkesin bunu kendi kendine deneyebileceğini ya da denemesi gerektiği anlamına gelmiyor. Daha ciddi sorunları olan birçok insan ruh sağlığı uzmanının rehberliğine ve desteğine ihtiyaç duymaktadır. Bunda utanılacak hiçbir nokta bulunmuyor. Bazen biraz itina ve beceri gerektiren yönlendirme dünyalar kadar fark yaratabilir!

## Haplar mı Beceriler mi? Dr. Burns'ün Reçetesi

- Genetik ve çevresel etkenler düşünme, hissetme ve davranma şeklimiz üzerinde çok büyük rol oynar, ama depresyonun ve anksiyetenin beyindeki kimyasal dengesizlikten kaynaklandığına dair ikna edici bir kanıt bulunmamaktadır. Bilim insanları depresyon ve anksiyeteye neden olanın ne olduğunu henüz bilmiyorlar.
- İlaçların depresyon ve anksiyete tedavisindeki en etkili tedavi yöntemi olduğunu iddia etmek pek de akıllıca olmaz. Bu iddia Amerikan Psikiyatri Birliği tarafından ortaya atıldı ve ilaç endüstrisinin de etkisiyle medyada epey yer aldı, fakat yapılan son çalışmalar bu iddiayla örtüşmemektedir. Bu da anti-depresanların ve benzodiazepinlerin ne kadar güvenli ve etkili olduğuyla ilgili kuşkulara neden olmaktadır. Ayrıca, araştırmalar hem kısa vadede hem de uzun vadede ilaçların değil BDT'nin en etkili tedavi olduğunu göstermektedir.
- Her kuralın bir istisnası bulunur. Depresyon veya anksiyeteden muzdarip olan bazı insanlar için ilaçlar yardımcı olabilir, hatta hayat kurtarabilir, fakat en iyi etki için ilaç tedavisi BDT ile birleştirilmelidir.
- Şizofreni ve bipolar bozukluk gibi bazı şiddetli psikiyatrik bozukluklarda ilaç tedavisi gereklidir, fakat BDT'nin de yararı olabilir.
- Birçok insan bir terapiste ihtiyaç duymaksızın bu teknikleri kendi kendine uygulamayı öğrenebilir. Fakat özellikle de sorunlarınız şiddetliyse, iyi bir terapist iyileşme sürecinizi hızlandırabilir.
- İlaç tedavisinde de, psikoterapide de, iki tedavinin birleştirilmesinde de, bu teknikleri kendi kendinize uygularken de ilerleyip ilerlemediğinizi takip etmek için ruh halinizi 114-115. sayfalardaki Günlük Duygudurum Çizelgesi'ni kullanarak haftada en az bir kez değerlendirmelisiniz. Bütün terapilerin tek geçerli amacı iyileşmektir.
- Xanax, Valium ve Ativan gibi benzodiazepinlerden kaçının çünkü bu ilaçlar bağımlılık yapan ilaçlardır.
- Mümkünse birçok ilaç kullanmaktan kaçının. Tehlikeli ilaç etkileşimleri ortaya çıkabilir.
- Eğer anti-depresan alıyorsanız, intihar dürtünüzün olup olmadığına dikkat edin ve böyle bir dürtünüz olduğunda hemen yardım alın. (Elbette bu öneri anti-depresan kullanmayan insanlar için de geçerlidir.)
- İlaçlarla ilgili hiçbir kararı kendi kendinize vermeyin. Öncelikli olarak her zaman doktorunuza başvurun. İyi bir terapinin kilit noktası takım çalışması ve güvendir.

# 5 Hayatınızı nasıl değiştirebileceğinizi göstersem bunun değeri ne olurdu?

Anksiyete ve depresyon, dünya çapında en yaygın ruhsal sorunların başında gelmektedir ve insanların çok büyük acılar çekmesine neden olmaktadır. Bu bozukluklar özgüveninizin, üretkenliğinizin ve iç huzurunuzun kaybolmasına neden olabilir. Ayrıca, diğer insanlarla olan ilişkilerinizde çatışmalara yol açabilir. Fakat size iyi haberlerim var. İlaca ya da çok uzun süren türde terapiye ihtiyaç duymadan kendinizi nasıl hissettiğinizi *değiştirebilirsiniz*. Size korkularınızı yenmenizde ve depresyon duygularının üstesinden gelmenizde yardımcı olacak birçok güçlü teknik göstereceğim. Bu sonuçlara çoğunlukla düşündüğünüzden daha çabuk ulaşabilirsiniz.

Fakat her şeyin bir bedeli var. Bu teknikleri yalnızca okumak hiç de etkili olmayacaktır. Anlamak yararlıdır fakat yalnızca anlamak, anksiyete ve depresyonu tedavi etmeyecektir. Eğer hayatınızda bir değişim istiyorsanız bu araçlardan birkaçını seçip kullanmak zorunda olacaksınız. Net olarak yapmanız gereken üç şey vardır:

1. Anksiyete ve depresyonun gizli kalmış avantajlarından vazgeçmek zorunda kalabilirsiniz. Bu, belirli bir kaybı da içerebilir.
2. En çok korktuğunuz canavarla yüzleşmek zorunda kalacaksınız. Bu, cesaret ve kararlılık gerektirir.
3. Bazı yazılı alıştırmalar yapmak zorunda olacaksınız. Bunun için aktif olarak çaba göstermeniz gerekecektir.

Gerçekten değişimin mümkün olmadığına inanıyor olabilirsiniz, fakat bu mümkün olsa bile bu sonucu ister miydiniz? Nasıl yapılacağını göstersem hayatınızı şimdiden başlayarak değiştirmeye hevesli olur muydunuz?

Bir düşünce deneyi yaparak bunun yanıtını bulmaya çalışalım. Diyelim ki siz ve ben bir terapi seansındayız ve masamın üzerinde sihirli bir düğme var. Bu düğmeye basarsanız, bütün sorunlarınız, hem de hiçbir çaba göstermenize gerek kalmadan, ortadan kaybolacak ve bugünkü görüşmemizden kendinizi müthiş iyi hissederek ayrılacaksınız. Bu düğmeye basar mıydınız?

Bu sorunun apaçık aynıtı, "Evet, elbette ki o düğmeye basardım!" şeklindedir. Fakat çoğu insan bunun tam tersi bir tepki göstermektedirler. Düğmeye basmak istememektedirler. Çektikleri acılar ne kadar gerçek olursa olsun değişimle ilgili karışık duygulara sahip olduklarından mevcut duruma bağlı kalmaktadırlar. Bilindiği üzere, terapistler bu karmaşık durumu "direnç" olarak adlandırmaktadırlar. Bu bölümde, kendinizi sıkışmış hissetmenize neden olan gizli kalmış güçlerin yerini kesin olarak bulmayı öğreneceksiniz. Gizli kalmış bu güçleri günyüzüne çıkardığınızda ise bunların sizi mağlup etme gücü çoğu kez ortadan kalkacaktır.

Geçmişte, Washington'da bir restoranda çalışan Sam adlı genç bir adamı tedavi etmiştim. Bir gece, iki silahlı adam restorana dalıp kasadaki bütün parayı gaspetmişler. Paralarla birlikte kaçmadan önce Sam'i de restoranın dondurucusuna kilitlemişler. Ertesi sabah restoranın müdürü Sam'i soğuktan büzüşmüş, yarı ölü bir halde titrerken bulmuş.

Aylar sonra Sam tedavi için bana, travma sonrası stres bozukluğunun tipik belirtileriyle geldi. Fiziksel olarak iyileşmişti fakat yoğun anksiyete ve öfke duyguları hâlâ içini yiyip bitiriyordu. O korkunç anların canlı görüntüleri birden aklına geliyordu. Bu flashbackler Sam'in, kendisini paniklemiş, çaresiz ve savunmasız hissetmesine neden oluyordu. Ayrıca kendisine zarar veren bu insanlardan intikamını alma kurguları vardı.

Sam'in uykuda geçirdiği vaktin haricindeki her an'ı perişan bir halde geçiyordu ve Sam, eski hayatına dönmeyi aşırı derecede istiyordu. Sam'e, yaşadıklarının dehşet verici ve onur kırıcı şeyler olmasına rağmen tamamen iyileşme olasılığının yüksek olduğunu söyledim. Ona olumsuz duygularının, zihninden geçen canlı ve dehşet verici kurgularının neden olduğunu açıkladım ve düşünme, hissetme şeklini değiştirecek güçlü birçok teknik göstereceğimi söyledim. Biraz da şansın yardımı ve çok çalışma sayesinde anksiyete ve öfke tamamen ortadan kaybolabilirdi.

Sam'in bu mesajı duyunca çok heyecanlanacağını düşünmüştüm. Ancak o, bu tekniklerin asla işe yaramayacağını söyledi ve benimle kıran kırana bir mücadeleye başladı. Kendimi birden onun müttefiği değil de düşmanı gibi hissettim. Sam perişan bir haldeydi ve iyileşmeyi çılgınca istiyordu, fakat ben ona yardım etmeyi önerdiğimde benimle tartışmaya başladı.

Sam niye direnç gösteriyordu? Bunu bir süreliğine düşünün ve fikirlerinizi aşağıdaki boşluğa yazın. Alıştırmayı bitirmeden benim yanıtımı okumamak için o bölümün üzerini kapatabilirsiniz.

..........................................................................

..........................................................................

..........................................................................

..........................................................................

..........................................................................

## Yanıt

Bu durumun acı çekmesine neden olmasına rağmen, Sam'in anksiyete ve öfkenin kendisine yardımcı olduğunu düşünüp düşünmediğini merak ettim. Eğer durum buysa direnç göstermesinin nedeni anlaşılmış olurdu. Bunu öğrenmek için bir noktada takılıp kalmaya neden olan güçleri ortaya çıkarmayı sağlayan motivasyonel bir teknik olan Kâr-Zarar Analizini (KZA) denememizi önerdim. Bu teknikte sorun yaşamanıza neden olan belirli bir düşüncenin, duygunun ya da alışkanlığın bütün avantajlarını ve dezavantajlarını yazarsınız. Daha sonra, bunu değiştirmek isteyip istemediğinizi daha net görmek adına avantajlarla dezavantajları kıyaslarsınız.

Sam'e devamlı kaygılı ve öfkeli hissetmenin aklına gelen herhangi bir avantajı olup olmadığını sordum. 99. sayfada gördüğünüz gibi Sam bunun birkaç avantajını buldu. Birincisi, anksiyetenin onun tetikte olmasını sağladığına ve kendisini başka tehlikelerden koruduğuna inanıyordu. Bu inanç anksiyeteyle boğuşan insanlarda epey yaygındır. Ben buna "Sihirli Düşünme" adını veriyorum. Bu, ne kadar acı verici olursa olsun anksiyetenin sizi koruduğunu ya da bir şekilde size yardımcı olduğunu düşünmenize neden olan fikirdir.

Bunun yanısıra, öfkenin Sam için bazı gizli avantajları da bulunuyordu. Öfke, Sam'in güçlü olduğunu ve bir grup serserinin onu itip kakmasına ve sonra da hiçbir şey olmamış gibi yollarına devam etmesine izin vermeyeceğini gösteriyordu. İntikam kurguları, kendisinin gururlu ve özgüvenli olduğunu ve silahlı iki sadistin kendisini ezip geçemeyeceğini gösteriyordu.

Sam'in anksiyetesinin ve öfkesinin avantajları, tedaviye direnç göstermesinin nedenini ortaya koymuştu. Mantıksız, huysuz ya da inatçı değildi ve beni altetmeye çalıştığı da yoktu. Olaylara kendi açısından yaklaştığında kendini sorumlu, ahlaklı, erkeksi ve gerçekçi bir insan gibi hissediyordu.

### SAM'İN KÂR-ZARAR ANALİZİ

**Değiştirmek istediğiniz tutum, duygu veya alışkanlıkları listeleyin:**
Devamlı öfkeli hissetmek ve tekrar gasp edilmekle ilgili kaygılanmak.

| Avantajlar | Dezavantajlar |
|---|---|
| 1. Eğer sürekli tetikte olursam tekrar gaspedilme olasılığım düşecektir. | 1. Uykuda geçirdiğim vaktin haricinde her an kendimi perişan hissediyorum. |
| 2. Yaşadığım muhitte sık sık gasp olayları olduğu için anksiyetem gerçekçi görünüyor. | 2. Kaygılı insanların gaspedilme olasılığı muhtemelen mutlu ve özgüvenli insanların gaspedilme olasılığı kadardır. Aslına bakacak olursak kaygılıysan ve güvensiz görünüyorsan hedef olma olasılığın da yükselir. |
| 3. Öfkem güçlü biri olduğumu ve birkaç zavallının beni ezip geçemeyeceğini gösteriyor. | 3. Tekrar silahla gasp edilme düşük bir olasılık gibi görünüyor. |
| 4. Öfkeli olmak benim hakkım çünkü yaptıkları şey yanlıştı. | 4. Eğer tekrar gaspedilecek olursam da endişelenmenin bana hiçbir yararı dokunmayacak. |
| 5. Öfke duygularım değer yargılarımın güçlü olduğunu gösteriyor. | 5. Beni gaspeden silahlı adamlar öfkeli olduğumu bilmiyorlar ve nasıl hissettiğim kesinlikle umurlarında değil, bu yüzden ortada acı çeken tek bir insan var, o da benim. Aslında yaptığım tek şey kendimi cezalandırmak. |
| 6. Kurban olduğum için kendime acıyabilirim. | |
| 7. Eğer tetikte olursam beni gaspedenleri görürüm ve onları tutuklatırım. | |
| 8. Onlardan intikam aldığımı kurgulayabilirim. | |
| 30 | 70 |

Daha sonra Sam'e, kendisini sürekli kaygılı hissetmesinin aklına gelen herhangi bir dezavantajı olup olmadığını sordum. Bu şekilde hissetmesi nelere maloluyordu? Kâr-Zarar Analizi'nde gördüğünüz gibi Sam, günün her anında kendini perişan hissetmek gibi oldukça güçlü dezavantajlar buldu. Ayrıca, anksiyetenin kendisini tehlikeden koruduğu veya tekrar gaspa uğramak gibi pek de olası olmayan bir olaya karşı kendisine yardımcı olduğu fikrini sorguladı.

Sam'in öfkesinin de herhangi bir dezavantajı var mıydı? Sam, silahlı adamların kendisinin kızgın olduğunu bilmediği, bu yüzden devam eden öfkesi ve intikam kurgularıyla yalnızca kendisini cezalandırdığı gerçeğini fark etti. Heba olan onun hayatıydı, silahlı adamların değil.

Sam'den devamlı kaygılı ve öfkeli olmasının avantajlarını ve dezavantajlarını 100-puanlık bir ölçek üzerinde karşılaştırmasını istedim. Kârlar mı daha ağır basıyordu, yoksa zararlar mı? Bulduğu avantajlar her ne kadar sayıca fazla olsa da Sam, dezavantajların avantajlara göre daha ağır bastığını söyledi ve bu yüzden sağdaki kutucuğa 70, soldaki kutucuğa ise 30 yazdı. Bazen güçlü bir dezavantaj sayıca fazla olan avantajlara göre daha ağır basar; bu durumun tam tersi de geçerlidir.

Tehlikeli bir muhitte yaşadığı için ödev olarak Sam'e yakındaki bir polis karakoluna gidip gasptan kaçınabilmek için neler yapılabileceğini sormasını önermiştim. Karakoldaki polis memuru ona içinde saldırıya karşı alınabilecek sekiz güvenlik önlemi yazılı olan bir broşür vermişti. Sam "sürekli endişelenme"nin bu önlemlerden bir tanesi olmadığını gördüğünde şaşırmıştı. Ertesi hafta Sam'i gördüğümde tutumlarında gerçek bir değişim vardı. Direnci ortadan kaybolmuştu ve birlikte tekrar takım olarak çalışmaya başladık. Birkaç seans sonra Sam'in anksiyetesi ve öfkesi tamamen kaybolmuştu ve tedaviyi sonlandırmaya hazırdı.

Sam'in öyküsü direncin ne işe yaradığını göstermektedir. İyileşmek için göstermeniz gereken bir çaba olmasa bile belirli bir düzeyde iyileşmek istemiyor olabilirsiniz. Elbette ki kişiye ve soruna göre değişime karşı direnç gösterme nedenleri değişebilir. Örneğin, sınav kaygısından şikayetçiyseniz aklınızın birden bomboş kalacağından veya final sınavında donup kalacağınızdan endişeleniyor olabilirsiniz. Fakat aynı zamanda anksiyetenin gerçekten iyi iş çıkarmak için ödemeniz gereken bir bedel olduğuna da inanabilirsiniz. Sürekli endişelenmenin sizi çok çalışmak ve elinizden gelenin en iyisini yapmak için motive edeceğini düşünüyor olabilirsiniz. Bunlarda doğruluk payı yok değildir. Küçük bir miktar anksiyete motive edici olabilir, fakat bu tablo çabucak tersine dönebilir. Çok fazla anksiyete sizi felce uğratabilir. Ben yaptığım en iyi işleri endişeli ve kaygılıyken değil rahat ve güvenliyken yaptığımı fark ettim.

Bunun yanısıra, korkularınızın üstesinden gelmek istiyor olabilir fakat bunu yaptığınızda yapmanız gereken diğer şeyleri yapmak istemiyor olabilirsiniz. İyileşmenin bedeli çok fazlaymış gibi görünebilir. Kaygılı her bireyin iyileşmek için –hiç istemiyor bile olsa– yapması gereken bir şey vardır.

Bunun ne olduğunu hatırlıyor musunuz? Okumaya devam etmeden önce fikirlerinizi yazın.

..........................................................................................

..........................................................................................

..........................................................................................

..........................................................................................

..........................................................................................

## Yanıt

Doğru yanıtı tahmin etmiş olabilirsiniz. Anksiyetenin üstesinden gelmek istiyorsanız korkularınızla yüzleşmeli ve en çok korktuğunuz canavarla yüzleşmelisiniz. Örneğin, klostrofobiden şikayetçiyseniz, sizden anksiyeteyle dolup taşıncaya kadar kutu gibi küçük ve kapalı yerlerde durmanızı isteyebilirim. Bunu yapar mısınız?

Korktuğunuz şeye maruz kalmak elbette ki kullanacağımız araçlardan yalnızca bir tanesi. Size korkularınızı yenmek için kullanabileceğiniz tam 40 yol göstereceğim. Kullanacağımız bu tekniklerin çoğu korkutucu teknikler değil. Hatta bazıları çok da eğlenceli. Fakat maruz bırakma, tedavi planımızın önemli bir parçası olacak ve ilkten korkutucu görünecek. Cesaret ve kararlılığa ihtiyaç duyacaksınız.

Geçmişte, beş yıldan beri hiç kimseyle randevuya çıkmamış Trevor adlı 31 yaşında bir adamı tedavi etmiştim. Bu durum bana epey ilginç gelmişti çünkü Trevor uzun boylu ve yakışıklı, aynı zamanda da gayet samimi ve tatlı bir adamdı. Travor'ın çekiciliğini doğru değerlendirip değerlendirmediğimden emin olamadım, bu yüzden o yaz, kliniğimde bana yardımcı olan kızımın fikrini almaya karar verdim. Ona hiçbir danışanımla ilgili hiçbir şey anlatmayacağımı baştan hatırlatarak Trevor ile ilgili izlenimlerinin ne olduğunu sordum. Kızım, Trevor'ın hayranlık uyandıracak kadar çekici bir adam olduğunu söyledi. Hatta, GQ dergisi modellerine benzediğini söyledi.

Niçin bu denli yakışıklı ve tatlı bir adam randevuya çıkmakta sıkıntı yaşıyordu? Daha sonra Trevor'ın çok terlediğini ve terlediği zamanlarda koltuk altının terlemiş olduğunu gören kadınların kendisinden tiksineceğini düşünüp içine kapandığını öğrendim. Terlemekle ilgili o kadar endişeleniyordu ki özellikle de yaz aylarında tamamen eve kapanıyordu.

Trevor yalnızlıktan sıkıldığını ve sosyal hayatını geri kazanmak istediğini söyledi. Bunu nasıl yapabileceğini göstersem bunun kendisi için değerinin ne olacağını sordum. Bana umutsuz olduğunu ve bunu gerçekleştirmek için her şeyi yapacağını söyledi. Benim duymak istediğim de buydu. Trevor'a çifte seans yapmayı planladığımı, böylelikle yalnızca ofiste konuşmak yerine birlikte dışarı çıkıp Utanmaya Hücum Alıştırması yapabileceğimizi söyledim. Utanmaya Hücum Alıştırması yaparken, böyle bir durumda dünyanın sonunun gelmediğini görmek için topluluk içerisinde bilerek aptalca bir şey yapıldığını açıkladım. Trevor'u Utanmaya Hücum Alıştırmalarının korkutucu olduğu konusunda uyardım ve bu alıştırmaların korkularını yenmesine yardımcı olabileceğini söyledim.

Ertesi Salı günü çifte seans için Trevor saat 14'te gelmişti. O sıralar Ağustos ayındaydık ve Philadelphia çok nemli ve sıcaktı. Utanmaya Hücum Alıştırması yapmak adına hastaneden çıkarken laboratuvarın önünde durdum, plastik bir şırınga ödünç aldım ve içini suyla doldurdum. Dışarı çıktığımızda Trevor'a biraz ter çalışması yapmak için yakınlardaki bir mağazaya kadar koşacağımızı söyledim. Önce biraz gergin göründü ama bunu kabul etti ve yola koyulduk.

Birkaç dakika sonra mağazaya vardığımızda ikimiz de epey terliydik. Trevor'a çok daha terli görünmesi amacıyla koltuk altlarını şırıngayla ıslatmak istediğimi söyledim. Ayrıca yüzünü de biraz ıslatmak istediğimi, böylelikle terlerin yüzünden de boşalmakta olduğu izlenimi vereceğini söyledim. Bunları yaptık ve Trevor'dan mağazaya girip kasanın yanında, herkesin kendisini görebileceği bir yerde durmasını istedim. Sonra da sağ kolunu, koltuk altının ıslak olduğu belli olacak şekilde başının arkasına koymasını ve sol eliyle ıslak koltuk altını gösterip herkesin kendisini duyabileceği şekilde "Vay canına, bana bir baksanıza. Domuz gibi terliyorum!" demesini söyledim.

Trevor dehşete düşmüştü ve ondan böyle bir şey istediğime inanamıyordu. Bunu kesinlikle yapamayacağına ısrar etti çünkü ne kadar terli ve iğrenç olduğunu görmeleri halinde herkesin kendinden tiksineceğini söyledi. Ona, ne kadar korkutucu görünürse görünsün gerekeni yapmak adına söz verdiğini hatırlattım. Korkularını gerçekten yenip hayatında değişim yaratmak istiyorsa ödemesi gereken bedelin bu olduğunu söyledim.

Birkaç dakika boyunca Utanmaya Hücum Alıştırmasının yararları üzerinde tartıştık. Yapmalı mıydı yoksa yapmamalı mıydı? Trevor sonunda "Tamam, eğer bunun o kadar kolay olduğunu düşünüyorsan bunu önce senin yaptığını görmek isterim!" dedi.

"Tabii ki, niye olmasın?" dedim. Koltuk altımı ve yüzümü şırıngadaki suyla ıslattım ve yüzümden damlalar süzülürken mağazaya girdim. Kolumu başımın arkasına götürdüm, diğer elimle koltukaltımı işaret ettim ve yüksek sesle havanın ne kadar sıcak olduğunu ve ter içinde kaldığımı söyledim. Mağazadaki insanlar benimle pek ilgilenmeyip kendi işlerine baktılar. Adeta görünmez gibiydim.

Daha sonra kapının önünde kaldırımın kenarında oturan evsiz bir adamın ördek gibi vakladığını gördüm. İnsanlar onunla da ilgilenmiyorlardı!

Dışarıya çıktım ve Trevor'a sıranın onda olduğunu söyledim. Çok korkmuş görünüyordu, yutkundu ve yola koyuldu. İnsanlar Trevor'un terli koltuk altını görünce de tiksinmiş ya da şaşkınlığa uğramış görünmediler. Aradaki tek fark onun çok yakışıklı olması ve insanların onunla konuşmaya başlamasıydı. Mağazadaki insanlar sanki kırk yıllık dostlarını bulmuş gibiydiler! Trevor olup bitene inanmakta güçlük çekiyordu.

Daha sonra birkaç Utanmaya Hücum Alıştırması daha yapmak için etraftaki diğer mağazalara koştuk. İnsanlar koltuk altlarımızı görünce şaşırmışlardı ama hiç kimse reddedici bir tavır sergilememişti. Pek çok insan bizimle havanın ne kadar sıcak olduğuyla ilgili konuştu. Bu Trevor için farkındalık anıydı. Herkesten dostça tepkiler almış olmamız onu şaşkınlığa uğratmıştı.

Son olarak da kadın giyimi satan şık bir butiğe girdik. Oradayken genç bir kadının Trevor'u süzdüğünü fark ettim fakat Trevor onu görmemişti bile. Ona genç kadına yaklaşıp kolunu başının arkasına götürüp, diğer eliyle koltuk altını gösterip aynı ifadeyi tekrar etmesini söyledim.

Trevor direnç gösterdi ve genç kadını tiksindireceği için böyle bir şeyi yapamayacağını söyledi. Ona korkularından kurtulması için yapması gerekenin tam olarak da bu olduğunu açıkladım. Bu onun mezuniyet alıştırması olacaktı. Bunu da yaptıktan sonra başka Utanmaya Hücum Alıştırması yapmayacağımıza dair söz verdim.

Trevor gönülsüzce genç kadına yaklaştı, koltuk altını işaret ederek çok terli olduğunu söyledi. Genç kadın ise onun terlemiş olmasına ilişkin endişeleriyle ilgilenmedi fakat kendisiyle konuşuyor olmasından memnun olmuş göründü. Kısa bir süre içinde uzun uzadıya sohbet etmeye başladılar. Birkaç dakika sonra genç kadın, Trevor'la bir ara kahve içmeye gitmenin çok keyifli olacağını söyledi.

Trevor şaşkınlıktan küçük dilini yutmak üzereydi ve bunun şahane bir fikir olduğunu söyledi. Genç kadın "O halde telefon numaramı vereyim" deyip numarasını küçük bir kağıda yazdı. Bu kağıdı Trevor'un avucuna sıkıştırdı ve "En kısa sürede ara beni!" dedi. Trevor sevinçten havalara uçarak mağazadan dışarı çıktı. Söyleyecek söz bulamıyordu.

Niye Utanmaya Hücum Alıştırmaları bu kadar etkili olmuştu? Trevor olumsuz düşüncelerinin tamamıyla yanlış olduğunu keşfetmişti. Kendine söylediklerine inanmaya son verir vermez utangaçlığı tarihe karışmıştı.

Birçok uzman Maruz Bırakma Tekniklerinin her zaman bu şekilde çalıştığını düşünür. Aslında korkularınızı sona erdiren maruz bırakmanın kendisi değildir. Anksiyeteniz, çarpıtılmış düşüncelerinizi bir kenara attığınız anda kaybolur. Maalesef korkularınızla yüzleşmek hiç kolay değildir fakat bunu yaptığınız an yaşadığınız dehşet ortadan kalkacaktır.

Şu an'a kadar olumsuz duygularınızın gizli kalmış yararlarını ve korkularınızla yüzleşmeyi konuştuk. Fakat anksiyeteyi yenmek ve özgüveninizi arttırmak için yapmanız gereken bir şey daha bulunuyor. Yazılı alıştırmalardan bahsediyorum. Başarınızın anahtarı bunlardır. Bunları yaparsanız başarısızlığa uğramanız çok zorlaşacaktır. Bunları yapmazsanız da başarıya ulaşmanız zorlaşacaktır.

Sizden daha önce birkaç yazılı alıştırma yapmanızı istedim. Bunları yaptınız mı? Yoksa o kısmı boş bırakıp yalnızca okuyup geçtiniz mi? Eğer dişe dokunur sonuçlar elde etmek istiyorsanız bu alıştırmalar sizin için çok değerli olacaktır.

Sonraki bölümde Günlük Duygudurum Çizelgesi'ni, yani terapinin belkemiğini kullanmayı öğreneceksiniz. Günlük Duygudurum Çizelgesi, anksiyetenizi ve depresyonunuzu tetikleyen düşünceleri belirleyip bunları değiştirmenizde size yardımcı olacak. Fakat istikrarlı bir şekilde çaba göstermeniz gerekecek, bunu yalnızca zihninizde yapamazsınız. Yayınlanmış birçok çalışma, ayrıca benim kendi klinik gözlemlerim, bir gerçeğin altını çiziyor: Seanslar arasında kendine yardım çalışmalarını yapmayan depresif ve kaygılı bireylerin durumu genellikle iyiye gitmiyor. Hatta bazen daha da kötüleşiyor. Öte yandan kolları sıvayıp çok çalışan insanlar en hızlı ve en uzun süren gelişmeyi gösterenler oluyorlar. Ben sizin bu insanlardan olmanızı istiyorum.

Birçok insan yazılı alıştırmalara direnç gösteriyor. Kağıt-kalem almak istemiyorlar çünkü bunu gerekli görmüyorlar. Pasif bir zihniyete geçiyorlar, çok çalışmalarını gerektirmeyecek bir sihir istiyorlar. Fakat gerçek bir değişim çaba ve pratik yapmayı gerektiriyor.

Bir defasında, seans aralarında Günlük Duygudurum Çizelgesini doldurmayı devamlı "unutan" Eileen adlı, kendisini aşırı derecede mutsuz hisseden bir kadını tedavi etmiştim. Seansları sırasında kendisini hayal kırıklığına uğratan bütün insanlardan şikayet ediyordu, fakat üzerinde çalışmak üzere belirgin sorunlar belirleme konusunda isteksizdi. Bir gün Eileen "Belki de kaygılı ve depresif hissetmeyi seviyorumdur" dedi.

Eileen'e bir şeyler bulmak üzere olduğunu söyledim ve depresif ve kaygılı hissetmenin avantajları ile iyileşmenin bütün dezavantajlarını yazmamızı önerdim. Bu Sam'in yaptığı Kâr-Zarar Analizi'ne benziyordu, fakat daha çelişkili bir yaklaşımdı. Bu alıştırmada yaptığımız şey yalnızca Eileen'in sıkışmış hissedip iyileşmenin yararlarını görmezden gelmesine neden olan etkenleri incelemekti.

Eileen, kendisini perişan hissetmenin birçok avantajını buldu. Bunlardan bazıları şöyleydi:

- Kendimi üzgün hissederken eşimden epey ilgi görüyorum.
- Yemek pişirmek ya da ev işi yapmak zorunda kalmıyorum. Eşim bunları benim yerime yapıyor.
- Çıkıp iş aramak zorunda kalmıyorum, ki iş aramak beni çok korkutan bir şey.
- Kurban rolünü oynayıp kendime acıyabiliyorum.
- Başta özellikle babam ve erkek kardeşim olmak üzere beni yeterince sevmeyen bütün insanlardan yakınabiliyorum.
- Her zaman öfkeli olabiliyorum.
- Kendimi özel hissedebiliyorum.
- Dr. Burns'ü kızdırıp ona, beni kontrol edemeyeceğini veya bana ne yapıp ne yapmayacağımı söyleyemeyeceğini gösteriyorum.
- Alkol kullanımımı haklı nedenlere dayandırabiliyorum ve ne zaman istersem sakinleştirici içebiliyorum.

Eileen ayrıca iyileşmenin birçok avantajını da yazdı. Bunlardan bazıları şu şekildeydi:

- Seans aralarında ödev çalışmalarını yapmak için çok çalışmam gerekecek.
- Alkolü bırakmak, hatta AA (Adsız Alkolikler) toplantılarına katılmak zorunda kalacağım.
- Yemek pişirmek ve ev işi yapmak zorunda kalacağım.
- İş aramak zorunda kalabilirim.
- Dr. Burns ile görüşmek için bir neden kalmayacak.
- Kendimi özel hissedemeyeceğim. Herkes gibi sıradan olacağım.
- İnsanlarla ilişkilerimi geliştirmek zorunda kalacağım ve bu anksiyete uyandırıcı olacak.
- Ertelediğim her şeyi yapmak zorunda kalacağım.
- Bana hatalı davranan insanlardan yakınamayacağım.
- Kurban kimliğimi kaybedeceğim.

Eileen'e depresyonun net bir şekilde iyi bir şey olduğunu söyledim. Tam ücret ödeyen ve her hafta çift seans yaptığım bir danışan olduğunu da gözönünde bulunduracak olursak depresyonun onun için bu kadar çok avantajı; aynı zamanda iyileşmenin de bu kadar çok dezavantajı olduğunu görmenin beni çok rahatlattığını söyledim. Her ne kadar seans sırasında tartışıp kavga etsek de kendisinin kavga etmekten en çok hoşlandığım insanlardan bir tanesi olduğunu ve iyileşip bir daha gelmeyecek olursa onu gerçekten özleyeceğimi söyledim. Ayrıca ödev çalışmalarını "unutmaya" devam etmesini umduğumu, böylelikle yıllarca beraber çalışmaya devam edebileceğimizi de ekledim.

Ertesi hafta seansa geldiğinde Eileen, Günlük Duygudurum Çizelgesi ile her gün, günde en az yarım saat uğraştığını söyledi. Ayrıca alkolü de bırakmış, hatta iki AA toplantısına gitmişti. Kendini çok daha iyi hissettiğini ve kısa bir süre içinde terapiyi sonlandırmak istediğini söyledi. Eileen'in acısı her ne kadar gerçek olsa da yıllarca tedaviye direnmişti. Ödevlere direnmesi aslında terapinin işe yaramayacağı ve eski ve iyi bir dosta veda etmek zorunda kalmak ile ilgili korkularının bir yansıması gibiydi.

Pek çok insan Eileen gibidir. Bir ayağı sudaysa bir ayağı karadadır. Bir yandan hayatlarında bir değişime can atmaktadırlar, fakat aynı zamanda değişime direnç gösterirler. Değişime direnç gösterme nedenleri kişiden kişiye değişiklik gösterir. Gizli kalmış olan kâr ne olursa olsun hayatınızda değişim yaşamak istiyorsanız bundan vazgeçmek zorunda kalacaksınız.

Bu bölümdeki örneklerde görebildiğiniz gibi etkili tedavinin yalnızca divanda uzanıp duygularınızı ifade etmekten veya korkularınızın nereden geldiğini anlamaktan ibaret değildir. Etkili tedavi için yapılması gereken işbirliği içerisinde çalışmaktır. Şimdi sizden duymak istiyorum. Şu üç soruya ne cevap verirdiniz?

- Eğer bütün anksiyetenizi, depresyonunuzu ya da öfkenizi şu anda ortadan kaldırabilecek bir düğme olsaydı, bu düğmeye basar mıydınız?
- Başlangıçta son derece anksiyete uyandırıcı olsa da en çok korktuğunuz şeyle yüzleşmeye hevesli misiniz?
- Çok çalışmanızı gerektirse bile, bu kitabı okurken bazı yazılı alıştırmalar yapmaya hevesli misiniz?

Eğer bu üç soruya da evet diyebiliyorsanız, anksiyeteye nokta koymak artık size çok da uzak değil!

# 6 Günlük Duygudurum Çizelgesi

New York'taki bir atölye çalışması sırasında katılımcılardan, bir kişinin grup önünde kişisel bir sorun üzerinde çalışmak için gönüllü olmasını istedim. Marsha adlı bir terapist elini kaldırdı ve 26 yaşındaki kızı Leslie hakkında sürekli devam eden kaygılarıyla ilgili yardıma ihtiyacı olduğunu söyledi. Marsha kendini "Yahudi bir anne" olarak nitelemişti ve kompülsif endişelenmesinin kendini utandırdığını ve bazen de Leslie'yi kızdırdığını söyledi.

Marsha, Leslie'nin çocukluğundan beri kilolarıyla başının dertte olduğunu söyledi. Ergenlik yılları geldiğinde sorun daha da büyümüştü. Diyet işe yaramamıştı ve Leslie obez olmuştu. Son çare olarak, Leslie'nin midesine kelepçe takılmıştı ve bu çok iyi sonuç vermişti. Böylelikle otuz beş kilo vermişti ve kendini çok iyi hissetmişti. Yine de, Marsha'nın Leslie ile ilgili kaygıları vardı ve gün boyu aklından şöyle sorular geçiyordu: "Leslie ilaçlarını aldı mı acaba? Bol miktarda sıvı tüketti mi?" Bu gibi durumlarda o kadar geriliyordu ki günde birkaç kez Leslie'yi arayıp kontrol ediyordu.

Her ne kadar Marsha'nın obsesif endişelenmesi ve kompülsif telefon çağrıları müdahaleci davranışlar olsa da Leslie annesinin bu davranışlarına mizahi bir şekilde karşılık veriyor, tolerans gösteriyordu. Marsha kızıyla aralarında güçlü ve sevgi dolu bir ilişki olduğunu söyledi.

Marsha'nın duygularını anlamak pek de zor değil çünkü çocuğunu seven her ebeveyn zaman zaman endişelenir. Fakat Marsha'nın endişeleri aşırıydı çünkü Leslie sorumluluklarını bilen bir insandı ve kendini idare edebiliyordu. Marsha bu durumdan utanıyordu çünkü ruh sağlığı uzmanıydı ve her gün kaygılı ebeveynlerle çalışıyordu. Onlara birçok öneride bulunurken bu önerilerini uygulayamadığı için kendini dolandırıcı gibi hissediyordu. Bu yüzden kendine de kızgındı.

Marsha'dan Günlük Duygudurum Çizelgesi'ni doldurmasını istedim. Günlük Duygudurum Çizelgesi, düşünme şeklinizi değiştirirseniz hissetme şeklinizi de değiştirebileceğiniz fikrine dayanmaktadır. Bu çizelgenin boş formunu 114. ve 115. sayfalarda bulabilirsiniz. Beş adım bulunmaktadır:

1. Adım. **Durum.** Günlük Duygudurum Çizelgesi'nin en üst kısmın-da sizi üzen durumu tanımlayın. Kaygılı ya da üzgün hissettiğiniz herhangi bir an'ı seçebilirsiniz.

2. Adım. **Duygular.** O anda kendinizi nasıl hissettiğinizi tanımlayan kelimelerin altını çizin ya da yuvarlak içine alın ve her birini % 0 (hiç) ile % 100 (aşırı) arasında değerlendirin. Bu değerlendirmeleri "% Önce" sütununa yazın.

3. Adım. **Olumsuz Düşünceler.** Her bir duyguya eşlik eden olumsuz düşünceleri belirleyin. Kendinize şu tür sorular sorun: "Kendimi suçlu hissederken ne düşünüyorum? Aklımdan hangi düşünceler geçiyor?" ya da "Kaygılı ya da endişeli hissederken kendime ne diyorum?" Örneğin, depresif hissediyorsanız, kendinize değersiz ya da sevilemez olduğunuzu söylüyor olabilirsiniz. Her bir inanca ne kadar inandığınızı % 0 (hiç) ile % 100 (tamamen) arasında değerlendirin. Bu değerlendirmeleri "% Önce" sütununa yazın.

4. Adım. **Çarpıtmalar**. Ruh Hali Çizelgesi'nin bulunduğu ikinci sayfanın en altındaki Bilişsel Çarpıtmalar Listesi'ni kullanarak her bir olumsuz düşüncedeki çarpıtmaları belirleyin.

5. Adım. **Olumlu Düşünceler**. Her bir olumsuz düşünceye daha olumlu ve gerçekçi olan yeni bir düşünceyle meydan okuyun. Her bir olumlu düşünceye ne kadar inandığınızı %0 (hiç) ile % 100 (tamamen) arasında değerlendirin. Bu değerlendirmeleri "% Önce" sütununa yazın. Ve şimdi olumsuz düşünceye olan inancınızı tekrar değerlendirin ve yeni değerlendirmeleri "% Sonra" sütununa yazın.

İlk adım son derece önemlidir çünkü sorunlarınızın tamamı, kendinizi kaygılı ya da üzgün hissettiğiniz o anın içinde bulunmaktadır.

Düşünme ve hissetme şeklinizi nasıl değiştireceğinizi öğrendiğinizde, bütün sorunlarınızın çözümünü de anlayacaksınız.

Marsha'nın Günlük Duygudurum Çizelgesi 117. sayfada bulunmaktadır. Gördüğünüz gibi Marsha durumu "Atölye sırasında Leslie hakkında endişelenmek" şeklinde tanımladı. Marsha'dan duygularını tanımlayıp değerlendirmesini istedim. Günlük Duygudurum Çizelgesi'nde 10 duygu kategorisi bulunmaktadır. Birinci kategori "Üzgün, hüzünlü, depresif, morali bozuk, mutsuz" şeklindedir. Marsha "üzgün" kelimesini işaretledi ve bu duyguyu "% Önce" sütununda % 100 olarak değerlendirdi çünkü hissettiği duygu şiddetli bir üzüntüydü. Ayrıca kaygılı, suçlu, mahcup, yetersiz, beceriksiz, yalnız, utanmış, hevesi kırılmış, engellenmiş, sinirli ve bunalmış hissetmişti. En güçlü duygular "engellenmiş" ve "bunalmış" idi ve bunları % 200 olarak değerlendirmişti. Bu duygular standartların tamamen dışındaydı!

## Günlük Duygudurum Çizelgesi

Durum: ..........................................................................................................................................................

| Duygular | % Önce | % Sonra | Duygular | % Önce | % Sonra |
|---|---|---|---|---|---|
| Üzgün, hüzünlü, depresif, morali bozuk, mutsuz | | | Utanmış, budala, aşağılanmış, içine kapanmış | | |
| Kaygılı, endişeli, paniklemiş, gergin, korkmuş | | | Umutsuz, hevesi kırılmış, karamsar, çaresiz | | |
| Suçlu, vicdan azabı içinde, kötü niyetli, mahcup | | | Hayal kırıklığına uğramış, engellenmiş, yenik | | |
| Aşağı, değersiz, yetersiz, kusurlu, beceriksiz | | | Kızgın, öfkeli, incinmiş, sinirli, hiddetli | | |
| Yalnız, sevilmeyen, istenmeyen, reddedilmiş, terk edilmiş | | | Diğer (tanımlayın) | | |

| Olumsuz Düşünceler | % Önce | % Sonra | Çarpıtmalar | Olumlu Düşünceler | % İnanç |
|---|---|---|---|---|---|
| 1. | | | | 1. | |
| 2. | | | | 2. | |
| 3. | | | | 3. | |
| 4. | | | | 4. | |
| 5. | | | | 5. | |

| Olumsuz Düşünceler | % Önce | % Sonra | Çarpıtmalar | Olumlu Düşünceler | % İnanç |
|---|---|---|---|---|---|
| 6. | | | | 6. | |
| 7. | | | | 7. | |
| 8. | | | | 8. | |

## Bilişsel Çarpıtmalar Listesi

| | |
|---|---|
| **1. Ya hep ya hiç şeklinde düşünme.** Olup biten her şeyi mutlak, siyah-beyaz şeklinde görürsünüz. | **6. Aşırı büyütme ya da küçültme.** Olup biten her şeyi ya gözünüzde büyütür ya da azımsarsınız. |
| **2. Aşırı genelleme.** Olumsuz bir olayı asla bitmeyecek bir yenilgi olarak görürsünüz: "Bu her zaman oluyor!" | **7. Duygusal mantık yürütme.** Duygularınıza dayanarak mantık yürütürsünüz: "Aptal gibi hissediyorum, demek ki öyleyim." |
| **3. Zihinsel filtre.** Olumsuz şeyler üzerinde odaklanır, olumlu şeyleri yok sayarsınız. | **8. Zorunluluk ifadeleri.** Olmalı, olmamalı, olmak zorunda gibi ifadeler kullanırsınız. |
| **4. Olumluyu görmezden gelme.** Olumsuz şeylerin sayılmaya değer olmadığında ısrar edersiniz. | **9. Etiketleme.** "Hata yaptım" demek yerine "Ben bir pisliğim" ya da "Ben bir eziğim" dersiniz. |
| **5. Sonuca atlama.** Doğrulara dayanmayan sonuçlara atlarsınız.<br>• **Zihin okuma.** İnsanların size kötü bir şekilde davranacağını varsayarsınız.<br>• **Falcılık.** Olayların kötü sonuçlanacağını öngörürsünüz. | **10. Suçlama.** Sorunu çözmek yerine kusur bulursunuz.<br>• **Kendini suçlama.** Bütün sorumlunun siz olmadığınız durumlar için kendinizi suçlarsınız.<br>• **Başkasını suçlama.** Sorunun oluşmasındaki kendi etkinizi görmezden gelip başkalarını suçlarsınız. |

Daha sonra Marsha, Olumsuz Düşünceler sütununa şu üç düşünceyi yazdı:

1. Aptalca ve saçma sapan davranmamalı ve Leslie hakkında bu kadar çok endişelenmemeliyim.
2. Onu kendi haline bırakmalıyım. Nihayetinde ben bir psikologum, bu yüzden nevrotik olmamalıyım.
3. Fazla kontrolcü davranarak Leslie'nin bana olan saygısını kaybetmesine neden olup işleri berbat edebilirim.

114. sayfada gördüğünüz gibi "% Önce" sütunundaki değerlendirmeler, Marsha'nın ilk iki olumsuz düşünceye % 100, üçüncüye de % 50 oranında inandığını göstermektedir. Marsha'nın aslında iki sorunu bulunuyor. Önce endişeleniyor, sonra da endişelendiği için kendine yükleniyor.

Marsha'nın motive olduğunu biliyoruz çünkü meslektaşlarının önünde gönüllü olmayı kabul edecek kadar cesur davrandı. Fakat işler her zaman göründüğü kadar açık ve net olmuyor. Bitmek tükenmek bilmeyen endişeler ve kendini eleştirme ile karışık duygular mı yaşıyor? Marsha'nın değişime karşı neden direnç gösteriyor olabileceği aklınıza geliyor mu? Fikirlerinizi aşağı yazın. Hiçbir şey aklınıza gelmiyorsa bile sadece tahminde bulunun.

...........................................................................................

...........................................................................................

...........................................................................................

...........................................................................................

...........................................................................................

## Marsha'nın Duygudurum Çizelgesi

**Durum:** Atölye sırasında Leslie hakkında endişelenmek

| Duygular | % Önce | % Sonra | Duygular | % Önce | % Sonra |
|---|---|---|---|---|---|
| Üzgün, hüzünlü, depresif, morali bozuk, mutsuz | | | Utanmış, budala, aşağılanmış, içine kapanmış | | |
| Kaygılı, endişeli, paniklemiş, gergin, korkmuş | | | Umutsuz, hevesi kırılmış, karamsar, çaresiz | | |
| Suçlu, vicdan azabı içinde, kötü niyetli, mahcup | | | Hayal kırıklığına uğramış, engellenmiş, yenik | | |
| Aşağı, değersiz, yetersiz, kusurlu, beceriksiz | | | Kızgın, öfkeli, incinmiş, sinirli, hiddetli | | |
| Yalnız, sevilmeyen, istenmeyen, reddedilmiş, terk edilmiş | | | Diğer (tanımlayın) engellenmiş | | |

| Olumsuz Düşünceler | % Önce | % Sonra | Çarpıtmalar | Olumlu Düşünceler | % İnanç |
|---|---|---|---|---|---|
| 1. Aptalca ve saçma sapan davranmamalı ve Leslie hakkında bu kadar çok endişelenmemeliyim. | 100 | | | 1. | |
| 2. Onu kendi haline bırakmalıyım. Nihayetinde ben bir psikologum, bu yüzden nevrotik olmamalıyım. | 100 | | | 2. | |
| 3. Fazla kontrolcü davranarak Leslie'nin bana olan saygısını kaybetmesine neden olup işleri berbat edebilirim. | 100 | | | 3. | |
| 4. Bir çocuğu daha kaybetmek o kadar zor olur ki. | 100 | | | 4. | |
| 5. Elisa'nın ölümünden ben sorumluydum. Bencildim ve onu yüz üstü bıraktım. | 100 | | | 5. | |
| 6. Bari bu defa işleri berbat etmeyeyim! | 100 | | | 6. | |

## Yanıt

Marsha, anksiyeteyi ve kendini eleştirmeyi bırakamıyor olabilir çünkü:

- Endişelenmenin sevgi dolu bir anne rolünün bir parçası olduğunu hissediyor olabilir. Leslie'yi korumakta olduğunu hissediyor olabilir.
- Endişelenmeyi bırakırsa çok kötü bir şey olacağına dair batıl inancı olabilir.
- Suçlamanın ve kendini eleştirmenin sorunu çözmekte kendisine yardımcı olacağını düşünüyor olabilir.
- Devamlı endişelenmek, yalnızlık ya da evliliğindeki sorunlar gibi görmezden geldiği sorunlarla yüzleşmekten alıkoyuyor olabilir.

Elbette bunların her biri yalnızca tahminden ibaret ve Marsha'ya sormadan hiçbir şeyden emin olamayız. Bu yüzden ona, "Marsha, sana bugün anksiyetenin üstesinden nasıl gelineceğini göstereydim ve Leslie hakkında endişelenmeyi tamamen bırakabilseydin, bunu yapar mıydın?" diye sordum.

Marsha, ona bunu gösterirsem kesinlikle yapacağını söyledi. Bundan emin olmak adına soruyu biraz değiştirerek tekrar sordum. "Fakat bu tehlikeli olmaz mıydı? Nihayetinde Leslie gerçekten ilacını almazsa ya da bol miktarda sıvı tüketmezse sen ona hatırlatacaksın. Fakat endişelenmeyi bırakırsan onu aramayacaksın. Dahası, tüm bu endişelenme senin ne kadar ilgili ve sevgi dolu bir anne olduğunu gösteriyor."

Marsha ne demek istediğimi anladı, fakat Leslie'nin sorumluluklarının farkında olduğunu ve devamlı hatırlatılmaya ihtiyacı olmadığını söyledi. Sonra sustu ve başını öne eğdi. Kısık bir sesle, "Fakat bir çocuğu daha kaybetmek o kadar zor olur ki" dedi.

Marsha ağlamak üzereyken, beyindeki serebral ventriküllerin tıkanmasına bağlı olarak beynin şişmesine neden olan hidrosefali hastalığıyla doğan Elisa adlı başka bir kızı daha olduğunu söyledi. Elisa doğduktan kısa bir süre sonra bir beyin cerrahı ölüme neden olabilecek beyin şişmesini önlemek adına beynine şant koymuştu.

Bu soruna rağmen Elisa normal bir gelişim izlemişti. Parlak ve uyumlu bir çocuktu. Lisedeyken derslerine çok iyi çalışıp Cornell Üniversitesi Tıp Fakültesi'nden kabul almıştı. Bir gün Marsha, Elisa'yı görmek üzere Manhattan'dan Ithaca'ya gitmişti. Elisa annesini görünce çok heyecanlanmıştı ama baş ağrılarından ve mide bulantısından yakınmıştı. Marsha da kızına yakın zamanda şantı temizleyip temizlemediğini sordu çünkü herhangi bir tıkanıklık bu semptomlara neden olabilirdi.

Elisa, Marsha'ya şantta bir sorun olmadığını söylemişti. Marsha yaptığı uzun yolculuktan ötürü çok yorgundu, fakat Elisa'ya yemeğe çıkmak isteyip istemediğini sormuştu. Elisa ertesi gün çok önemli bir sınavı olduğunu ve çalışması gerektiğini söyleyince Marsha rahatlamıştı çünkü otele gitmeye can atıyordu.

Marsha tekrar sustu. Gözünde yaşlar biriktiğini görebiliyordum, fakat kendini tutuyordu. Odadan çıt çıkmıyordu. Marsha birden "Elisa o gece öldü!" dedi ve hüngür hüngür ağlamaya başladı.

Bir süre ağladıktan sonra Marsha'ya Elisa'nın ölümünden sonraki yas sürecinde sorun yaşayıp yaşamadığını sordum. O da başını evet anlamında salladı. Ona Elisa'nın ölümünden dolayı kendini suçlu hissedip hissetmediğini sordum. Tekrar başını salladı ve bencil olduğunu, eğer Elisa ile biraz daha kalsaydı onu kurtarabileceğini söyledi. Kendini, kızını yüzüstü bırakmış gibi hissettiğini ve aynı hatayı tekrar yapmadığından emin olmak istediğini söyledi.

Marsha'dan bu olumsuz düşünceleri de Günlük Duygudurum

Çizelgesi'ne yazmasını istedim. 117. sayfada gördüğünüz gibi bunların hepsine yüzde 100 inanıyordu.

Marsha'ya öncelikle hangi düşünceyle başlamak istediğini sordum. Beşinci sıradaki "Elisa'nın ölümünden ben sorumluydum. Bencildim ve onu yüzüstü bıraktım" şeklindeki düşünceyi seçti. Aşağıdaki listeden yararlanarak bu düşüncede hangi çarpıtmaların bulunduğunu belirleyin. Bu alıştırmayı yaparken 115. sayfadaki bilişsel çarpıtmaların tanımlarına göz atın. Olumsuz düşüncelerdeki çarpıtmaları bulmak bilimden çok sanattır, bu yüzden tamamen doğru olanı bulmak sizi endişelendirmesin.

| Çarpıtma | ✓ | Çarpıtma | ✓ |
|---|---|---|---|
| 1. Ya hep ya hiç şeklinde düşünme | | 6. Aşırı büyütme ya da küçültme | |
| 2. Aşırı genelleme | | 7. Duygusal mantık yürütme | |
| 3. Zihinsel filtre | | 8. Zorunluluk ifadeleri | |
| 4. Olumluyu görmezden gelme | | 9. Etiketleme | |
| 5. Sonuca atlama<br>• Zihin okuma<br>• Falcılık | | 10. Suçlama<br>• Kendini suçlama<br>• Başkasını suçlama | |

## Yanıt

Sanırım 10 çarpıtmanın 10'u da bulunuyor.

| Çarpıtma | ✓ | Açıklama |
|---|---|---|
| 1. Ya hep ya hiç şeklinde düşünme | ✓ | Marsha kendine, Elisa'nın ölümünün tamamen kendi hatası olduğunu söylüyor, fakat diğer etkenleri hesaba katmıyor. |
| 2. Aşırı Genelleme | ✓ | Marsha o geceki davranışını bütün karakterine genelliyor. Elisa'nın öldüğü gece çok yorgundu ve dinlenmek istemişti, bu yüzden kendini bencil bir insan olarak tanımlıyor. |
| 3. Zihinsel Filtre | ✓ | Tekrar tekrar yaptığı "hata" ve Elisa'yı uğrattığı "hüsran" üzerinde düşünüyor. |
| 4. Olumluyu Görmezden Gelme | ✓ | Marsha her iki kızı için de yıllardır yaptığı fedakârlıkları görmezden geliyor. |
| 5. Sonuca Atlama<br>• Zihin Okuma<br>• Falcılık | ✓ | Marsha ne olacağını öngörüp kızının hayatını kurtarması gerektiğini düşünüyor (Falcılık). Elbette ki Elisa'nın tehlikede olduğunu bilse duruma müdahale ederdi. Marsha ayrıca Elisa'yı yüzüstü bıraktığını söylüyor ama Elisa'nın yüzüstü bırakılmış gibi hissettiğini gösteren hiçbir şey yok (Zihin Okuma). |
| 6. Aşırı Büyütme ya da Küçültme | ✓ | Marsha bu durumdaki kendi önemini büyütüp Elisa'nın ondan bağımsız ve bu durumdan sorumlu olduğu gerçeğini azımsıyor. |
| 7. Duygusal Mantık Yürütme | ✓ | Marsha kendisini suçlu hissediyor, bu yüzden suçlu olduğunu varsayıyor. |
| 8. -meli, -malı İfadeleri | ✓ | Marsha kendine "O akşam bir şeyleri farklı yapmalıydım" diyor. |
| 9. Etiketleme | ✓ | Kendini "bencil" olarak etiketliyor. |
| 10. Suçlama<br>• Kendini Suçlama<br>• Başkasını Suçlama | ✓ | Marsha Elisa'nın ölümüyle ilgili olarak kendini suçluyor. |

117. sayfadaki Duygudurum Günlüğü'nde Marsha'nın fark ettiği çarpıtmaları görebilirsiniz. Çarpıtmaları yazarken ZF (Zihinsel Filtre), OGG (Olumluyu Görmezden Gelme) gibi kısaltmalar kullandı.

Olumsuz düşüncelerdeki çarpıtmaları belirlemek size ne kazandırır? Birincisi, düşüncenizin düşündüğünüz kadar gerçekçi olmadığını fark edersiniz. Marsha'nın bütün düşüncelerine olan inancını yüzde 100 olarak değerlendirdiğini hatırlayın. Peki, bu kadar çok çarpıtma içeren bir düşünce nasıl gerçekçi olabilir? İkincisi, çarpıtmalar düşünceyi bir kenara atabilme yolunu gösterir. Size anksiyete, panik ve depresyon duygularını bir kenara atabilmenize yardımcı olacak birçok teknik göstereceğim. Bir düşüncedeki çarpıtmaları tanımladığınızda, öncelikle hangi tekniği kullanmanız gerektiğiyle ilgili isabetli tahminler yapıyor olacaksınız.

Marsha'nın beşinci olumsuz düşüncesi açıkça Kendini Suçlama içerdiği için, öncelikle Çifte Standart Tekniği kullanmaya karar verdim. Bu teknik, çoğumuzun çifte standartları olduğu fikrine dayanmaktadır. Üzgün olduğumuzda kendimizi hırpalarız. Fakat aynı sorunla karşı karşıya olan başka bir arkadaşımızla konuşurken çok daha tarafsız ve şefkatli oluruz. Marsha'ya, kızı benzer şekilde ölmüş bir arkadaşıyla konuşuyor olsa ona ne söyleyeceğini sordum. Ona da "Kızının ölümünden sen sorumluydun. Bencildin ve onu yüzüstü bıraktın" mı derdi?

Marsha çok şaşırmıştı ve hiçbir arkadaşıyla asla böyle konuşmayacağını söyledi. Ona bunun yerine ne söyleyeceğini sordum. Marsha şöyle bir karşılık verdi: "Ona Tanrı olmadığını ve çocuklarına yardım etmek üzere her zaman yanında olamayacağını söylerdim. Ona, eğer kızı ondan yardım istemiş olsaydı tıpkı önceden olduğu gibi o zaman da onun yanında olacağını hatırlatırdım. Ona ayrıca kendisinin her zaman nazik ve yardımsever bir insan, fedakâr bir anne olduğunu ve kendini bencil olarak etiketlemesinin pek de gerçekçi olmadığını hatırlatırdım."

## MARSHA'NIN DUYGUDURUM ÇIZELGESI

**Durum:** Atölye sırasında Leslie hakkında endişelenmek

| Duygular | % Önce | % Sonra | Duygular | % Önce | % Sonra |
|---|---|---|---|---|---|
| Üzgün, hüzünlü, depresif, morali bozuk, mutsuz | 100 | | Utanmış, budala, aşağılanmış, içine kapanmış | 60 | |
| Kaygılı, endişeli, paniklemiş, gergin, korkmuş | 100 | | Umutsuz, hevesi kırılmış, karamsar, çaresiz | 90 | |
| Suçlu, vicdan azabı içinde, kötü niyetli, mahcup | 90 | | Hayal kırıklığına uğramış, engellenmiş, yenik | 200 | |
| Aşağı, değersiz, yetersiz, kusurlu, beceriksiz | 75 | | Kızgın, öfkeli, incinmiş, sinirli, hiddetli | 25 | |
| Yalnız, sevilmeyen, istenmeyen, reddedilmiş, terk edilmiş | 90 | | Diğer (tanımlayın) engellenmiş | 200 | |

| Olumsuz Düşünceler | % Önce | % Sonra | Çarpıtmalar | Olumlu Düşünceler | % İnanç |
|---|---|---|---|---|---|
| 1. Aptalca ve saçma sapan davranmamalı ve Leslie hakkında bu kadar çok endişelenmemeliyim. | 100 | | ZF, OGG, DMY, -Mİ, E, KS | 1. | |
| 2. Onu kendi haline bırakmalıyım. Nihayetinde ben bir psikologum, bu yüzden nevrotik olmamalıyım. | 100 | | -Mİ, E, KS | 2. | |
| 3. Fazla kontrolcü davranarak Leslie'nin bana olan saygısını kaybetmesine neden olup işleri berbat edebilirim. | 50 | | ZO, F, -Mİ, E | 3. | |
| 4. Bir çocuğu daha kaybetmek o kadar zor olur ki. | 100 | | F | 4. | |
| 5. Elisa'nın ölümünden ben sorumluydum. Bencildim ve onu yüz üstü bıraktım. | 100 | | S-B, AG, ZF, OGG, ZO, F, AB/AK, DMY, -Mİ, E, KS | 5. | |
| 6. Bari bu defa işleri berbat etmeyeyim! | 100 | | F, DMY, -Mİ, E, KS | 6. | |

## Marsha'nın Günlük Duygudurum Çizelgesi

**Durum:** Atölye sırasında Leslie hakkında endişelenmek

| Duygular | % Önce | % Sonra | Duygular | % Önce | % Sonra |
|---|---|---|---|---|---|
| Üzgün, hüzünlü, depresif, morali bozuk, mutsuz | 100 | 10 | Utanmış, budala, aşağılanmış, içine kapanmış | 60 | 0 |
| Kaygılı, endişeli, paniklemiş, gergin, korkmuş | 100 | 10 | Umutsuz, hevesi kırılmış, karamsar, çaresiz | 90 | 0 |
| Suçlu, vicdan azabı içinde, kötü niyetli, mahcup | 90 | 5 | Hayal kırıklığına uğramış, engellenmiş, yenik | 200 | 0 |
| Aşağı, değersiz, yetersiz, kusurlu, beceriksiz | 75 | 5 | Kızgın, öfkeli, incinmiş, sinirli, hiddetli | 25 | 0 |
| Yalnız, sevilmeyen, istenmeyen, reddedilmiş, terk edilmiş | 90 | 0 | Diğer (tanımlayın) engellenmiş | 200 | 0 |

| Olumsuz Düşünceler | % Önce | % Sonra | Çarpıtmalar | Olumlu Düşünceler | % İnanç |
|---|---|---|---|---|---|
| 1. Aptalca ve saçma sapan davranmamalı ve Leslie hakkında bu kadar çok endişelenmemeliyim. | 100 | 10 | ZF, OGG, DMY, -Mİ, E, KS | 1. Devamlı endişelenmem muhtemelen gerekli değil, ama aptalca veya saçma da değil. Bu, sevgi ve ilgi gösterme şeklim. | 100 |
| 2. Onu kendi haline bırakmalıyım. Nihayetinde ben bir psikologum, bu yüzden nevrotik olmamalıyım. | 100 | 10 | -Mİ, E, KS | 2. Psikologların da duyguları vardır. | 100 |
| 3. Fazla kontrolcü davranarak Leslie'nin bana olan saygısını kaybetmesine neden olup işleri berbat edebilirim. | 50 | 5 | ZO, F, -Mİ, E | 3. Endişelenmeyi sona erdirmeyi ve Leslie'yi bu kadar sık aramamayı arzu ederdim, fakat ona olan şefkatimi ve ilgimi gösterirsem bana olan saygısını yitirmeyecektir. | 100 |

| | | | | | |
|---|---|---|---|---|---|
| 4. Bir çocuğu daha kaybetmek o kadar zor olur ki. | 100 | 0 | F | 4. Bu son derece uzak bir ihtimal. Leslie için her şey yolunda. | 100 |
| 5. Elisa'nın ölümünden ben sorumluydum. Bencildim ve onu yüz üstü bıraktım.<br>6. Bari bu defa işleri berbat etmeyeyim! | 100<br>100 | 5<br>0 | S-B, AG, ZF, OGG, ZO, F, AB/AK, DMY, -Mİ, E, KS | 5. Eğer o gece Elisa'nın bana ihtiyacı olduğunu bilseydim, çocuğunu seven her anne gibi onun yanında olurdum. | 100 |
| | | | F, DMY, -Mİ, E, KS | 6. Bu son derece sert bir ifade, adeta buz üstünde yürüyor gibi hissetmeme neden oluyor. Zaten hiçbir şeyi "berbat etmiş" değilim ki. | 100 |

Marsha'ya arkadaşını avutmaya mı çalıştığını yoksa gerçekleri mi konuştuğunu sordum. Söylediklerinin tamamıyla gerçek olduğunu söyledi. Bu söylediklerini Günlük Duygudurum Çizelgesi'nin Olumlu Düşünceler sütunundaki beşinci olumsuz düşüncenin hizasına yazmasını söyledim. 123. sayfada gördüğünüz gibi "Eğer Elisa'nın bana ihtiyacı olduğunu bilseydim, çocuğunu seven her anne gibi onun yanında olurdum" yazdı. Marsha'ya bu inancına ne kadar inandığını sordum. O da "% Önce" sütununa % 100 yazdı çünkü olumlu düşünce ona tamamıyla doğru görünmüştü.

Olumlu düşüncenin olumsuz düşünceyle çeliştiğini gösterdim. Bir yanda, kendine bencil olduğunu söyleyip Elisa'nın ölümünden kendini sorumlu tutuyordu. Öte yanda ise kızının hayatını kurtarmak için hiçbir şey yapamayacağını söylüyordu. Birbirinin karşıtı olan şeylere aynı anda inanamazsınız, bu yüzden o da ya olumlu düşünceden ya da olumsuz düşünceden vazgeçmek durumundaydı.

Marsha olumsuz düşüncenin artık gerçekçi görünmediğini söyledi. Ondan bu düşünceye ne kadar inandığını % 0 ile % 100 arasında değerlendirerek belirtmesini istedim. Gördüğünüz gibi "% Önce" sütununda % 100 yazdığı yerin hizasında ve "% Sonra" sütununda bulunan kutuya, artık bu düşünceye inanmadığını belirtmek üzere % 5 yazdı.

Eğer bir olumlu düşünce sizde duygusal bir değişime neden oluyorsa şu iki şartı karşılıyor demektir:

- **Gerekli Koşul.** Olumlu düşünce % 100 ya da % 100'e yakın doğru olmalı, yoksa işe yaramaz. Mantığa bürümeler ve yarım gerçekler nasıl düşündüğünüzü ve nasıl hissettiğinizi değiştirmez.
- **Yeterli Koşul.** Olumlu düşünce aracılığıyla olumsuz düşünce bir kenara atılabilmeli. Unutmayın, düşünme şeklinizi değiştirirseniz hissetme şeklinizi de değiştirebilirsiniz.

Marsha'nın olumlu düşüncesi tamamıyla geçerliydi. Ayrıca olumsuz düşüncesini de bir kenara atmasına yardımcı oldu, böylelikle Elisa'nın ölümüne bencilliğinin neden olduğuna inanmıyordu. Bu da olumlu düşüncenin, duygusal değişim için geçerli ve yeterli koşulları sağladığını göstermektedir. Aslına bakarsanız Marsha, derin bir rahatlama hissetmişti ve artık kızının ölümünden suçluluk ya da utanç hissetmiyordu. Ona Elisa'nın ölümünden duyduğu suçluluk ile Leslie hakkında endişelenmesinin ilgili olup olmadığını sordum. Bir başka ifadeyle, Leslie hakkında devamlı endişelenmesi, ikinci kızını da aynı şekilde kaybetmediğinden emin olmasına mı yarıyordu?

Her ne kadar bu gerekçe size apaçık gibi görünse de Marsha'nın çok şaşırmasına neden olmuştu. Psikolog da olsa bu olasılık üzerinde hiç düşünmemişti. Bazen başkalarının sorunlarıyla ilgili derin bir kavrayışa sahip oluruz ama kendi sorunlarımız kör nokta haline gelir.

Marsha için bu içgörü, endişelenmesine farklı bir açıdan bakmasına neden oldu. Onu kompülsif bir nevroz olarak görmek yerine, kızlarına olan sevgisini gösterme yolu olarak kabul etti. Ona ayrıca suçluluk ve utancın Elisa'nın ölümünün yasını tutmasına ve sonra da rahatlamasına engel oluşturup oluşturmadığını sordum. Marsha başını evet anlamında salladı ve tekrar ağlamaya başladı.

Öfke ve suçluluk gibi çözülmemiş duygular bazen yas tutma sürecinin önüne geçer. Bu duygular ölmüş olan kişiye veda etmemizi zorlaştırır, bu yüzden zaman geçse de ölüm hep taze kalır. Ama Marsha artık suçluluk hissetmediği için yıllardır gizli kalmış olan üzüntü ve kayıp duygularını nihayet deneyimlemişti.

Ağladıktan sonra Marsha'nın ruh hali birden yükselmişti. Bu noktada Günlük Duygudurum Çizelgesi'ndeki diğer düşüncelere meydan okuyup okuyamayacağını sordum. 124-25. sayfalarda gördüğünüz gibi, hayatını zorlaştıran olumsuz düşünceleriyle çelişen ikna edici olumsuz düşünceler buldu. "% Önce" sütunundaki bütün sayılar % 100 idi. "% Sonra" sütununda gördüğünüz gibi olumsuz düşüncelerine olan inancı epey azaldı. Bu da olumlu düşüncelerin gerekli ve yeterli koşulları karşıladığını gösteriyordu.

Daha iyi hissedip hissetmediğini görmek adına Marsha'dan olumsuz düşüncesini % 0 (hiç) ile % 100 (aşırı) arasında bir sayı vererek tekrar değerlendirmesini istedim. Duygular bölümünde "% Sonra" sütununda gördüğünüz gibi, bütün olumsuz düşüncelerinde iyileşme vardı. Hâlâ biraz üzüntü ve bir parça anksiyete ve suçluluk vardı, fakat bu gayet normaldi. Nihayetinde, düşündüğü şey kızının ölümüydü.

Marsha'ya Elisa'nın ölümüne dair hissettiği duyguları Leslie ile paylaşıp paylaşmadığını sordum. Bunun daha önce aklına gelmediğini söyledi ve atölye biter bitmez Leslie ile bunun hakkında konuşacağını söyledi.

Marsha'nın yıllar süren endişeleri ve suçluluk duygularının sona ermesi yalnızca 45 dakika sürmüştü. Herkesin 45 dakika içerisinde rahatlama yaşayacağını ima etmiyorum! Fakat depresyon ve anksiyeteden muzdarip her insana, Marsha'ya edildiği kadar yardım edilebileceğine inanıyorum.

İyileşmesinde rol oynayan çeşitli noktalar vardı. Birincisi, Marsha kaygılı hissettiği belirli bir ana odaklandı. İkincisi, tam olarak nasıl hissettiğini belirledi ve endişe, suçluluk ve utanca neden olan olumsuz düşüncelerini Günlük Duygudurum Çizelgesi'ne kaydetti. Böyle yapması, her ikimizin de kendine neler söylediğini görmemizi sağlamış oldu. Her birimiz farklıyız ve olaylar hakkında her birimiz farklı türlü düşünürüz. Günlük Duygudurum Çizelgesi'yle ilgili şahane olan noktalardan bir tanesi, bizim kendi benzersiz düşüncelerimizi ve duygularımızı yansıtıyor olmasıdır.

Üçüncüsü, Marsha'nın Leslie hakkındaki korkularını tetikleyen gizli kalmış duyguları ortaya çıkardık. İlkten Elisa'nın ölümüyle ilgili suçluluk ve utanç duygularından dolayı Leslie hakkında endişelendiğini fark etmemişti. Suçluluk ve utanç duyguları yas sürecini engellediği için yaşadığı kayıpla uzlaşması mümkün değildi.

Dördüncüsü, Marsha korktuğu canavarla yüzleşmekte istekliydi. Anıları ve hisleriyle ilgili korkuları vardı çünkü bunlar onun için çok vericiydi. Fakat onları günyüzüne çıkarıp onlarla mücadele ettiğinde, iyileşme artık yalnızca birkaç dakika uzağındaydı.

Son olarak, olumsuz düşüncelerini bir kenara atınca kendine yas tutma fırsatı verdi. O an derin bir rahatlama yaşadı ve iyileşti. Hayatınızın bir anında aydınlanma yaşarsanız, kendiniz ve dünyayla ilgili algılarınızda belirgin bir değişme fark edeceksiniz.

Günlük Duygudurum Çizelgesi basit görünebilir ama nasıl düşündüğünüzü ve nasıl hissettiğinizi değiştiren, karmaşık bir araçtır. Kendi tedavinizin de köşe taşı olacaktır.

Şimdi de beş adımı gözden geçireceğiz ve size her bir adımda yapılan en yaygın hataları belirteceğim. Pekâlâ, neden Günlük Duygudurum Çizelgesi ile başlamıyoruz? Bu adımları gözden geçirirken 114–115. sayfalardaki boş formları kullanabilirsiniz. Bunu kağıt üzerinde yaptığınızdan emin olun. Bunu zihninizde yapmak işe yaramayacaktır çünkü olumsuz düşünceler durmaksızın birbirini kovalayacaktır. Kitabın üzerine de yazabilirsiniz çünkü 540. ve 541. sayfalarda bir Günlük Duygudurum Çizelgesi daha var. Kendi kullanımınız için istediğiniz sayıda kopya çıkartabilirsiniz.

## 1. Adım – Durum

Günlük Duygudurum Çizelgesi'nin en üstüne, kendinizi üzgün hissettiğiniz bir an'ı yazın. Tarif ettiğiniz sorundaki kişileri, yeri ve zamanı belirlediğinizden emin olun. Bu durum moralinizin bozuk olduğu, endişeli veya paniklemiş hissettiğiniz herhangi bir an olabilir. Kendinize sorabileceğiniz sorulardan bazıları şunlardır:

- Bu olay günün hangi saatinde olmuştu?
- Neredeydim?
- Ne oluyordu?

Bütün sorunlarınızın o kısa anda saklı olduğunu hatırlayın. Atölye sırasında Marsha'nın olumsuz düşüncelerini ve duygularını belirlediğimizde, bütün endişelerinin nedenini anlamıştık. Ve düşünme şekli ile hissettiği şeyleri değiştirdiğinde bütün hayatını değiştiren güçlü bir değişim yaşamıştı.

Birinci adımda yapılan en yaygın hatalardan biri sorunlar üzerinde yalnızca zihinden çalışmalardır. Söylediğim gibi, bu pek işe yaramayacaktır. Bütün olumsuz düşünceleriniz ve duygularınız bunaltıcı ve ikna edici görüneceği için yalnızca olduğunuz yere geri dönersiniz. Eğer olumsuz düşüncelerinizi ve duygularınızı kağıda yazarsanız işiniz çok daha kolaylaşacaktır. Bu durumda, her biriyle teker teker uğraşabilirsiniz.

Bu öneri sağduyulu bir ifade gibi görünüyor olabilir ama pek çok insan bunu görmezden geliyor. Birçok insan yalnızca hayatlarındaki sorunlardan bahsediyor. Kendimizi üzgün hissettiğimizde elbette hepimiz birilerinin bizi dinlemesine ihtiyaç duyarız. Fakat eğer hayatınızda bir değişim istiyorsanız, er ya da geç kendinizi üzgün hissettiğiniz belirli bir an'a odaklanmak zorunda kalacaksınız. Çektiğiniz bütün ruhsal acıların ilacı da yine o belirli anda saklıdır.

Bu, sizi dikkatle dinleyen terapistinizin karşısında devamlı konuştuğunuz ve terapistinizin de arada sırada başını sallayıp "Anlatmaya devam et" dediği geleneksel terapiden farklılaşan bir noktadır. Geleneksel terapinin anafikri, eski duygularınızdan yeterince uzun süre bahsedip geçmişinizi keşfetmeniz durumunda belirgin bir değişimin ortaya çıkacağıdır. Terapiyi konu eden *'Can Dostum'* [Good Will Hunting] ve *'Sıradan İnsanlar – Büyük Ceza'* [Ordinary People] gibi bütün filmlerde ve televizyon programlarında tarif edilen bu terapi modelidir. Bu filmleri ben de seviyorum ve bu filmlerin geleneksel terapinin esin vericiliğini gösterdiğini ben de kabul ediyorum. Fakat kendi deneyimimde, yapılandırılmamış konuşma terapisinin hiçbir şey değişmeksizin sürekli devam ettiğini gördüm. Sizin de ailenizden ya da arkadaşlarınızdan biri yıllardır terapiye gidiyorsa ne demek istediğimi anlıyorsunuzdur.

Eğer anksiyete, güvensizlik veya depresyon duygularından mustaripseniz, uykudan uyandığınızda "Yaşıyor olmak için ne kadar güzel bir gün!" diyebilmenizi isterim. Bu hedefe ulaşabilmek için bir Günlük Duygudurum Çizelgesi alıp kolları sıvamanız ve işe koyulmanız gerekecek.

## 2. Adım – Duygular

Sizi üzen olayı tanımladıktan sonra, nasıl hissettiğinizi tarif eden duyguların altını çizin ya da bu duyguları yuvarlak içine alın ve her bir duyguyu % 0 (hiç) ile % 100 (aşırı ölçüde) arasında değerlendirin. Yaptığınız bu değerlendirmeleri "% Önce" sütununa yazın. Günlük Duygudurum Çizelgesi'ni tamamladığınızda, Marsha'nın 124-25. sayfalarda yaptığı gibi duygularınızı tekrar değerlendirip "% Sonra" sütununa yazabilirsiniz.

Olumsuz duygularınızı belirleyip değerlendirmek önemlidir çünkü belirli duygular belirli olumsuz düşüncelerin bir sonucu olarak ortaya çıkar. Bunu yapmak 3. Adım'da olumsuz düşüncelerinizi belirlemenize yardımcı olacaktır. Günlük Duygudurum Çizelgesi'ndeki duygular şöyledir:

- **Anksiyete, gerginlik veya endişe.** Kendinize tehlike altında olduğunuzu ve çok kötü bir şeyin gerçekleşmek üzere olduğunu söylersiniz.
- **Panik.** Kendinize ölmek, boğulmak, bayılmak, kontrolü kaybetmek ya da çıldırmak üzere olduğunuzu söylersiniz.
- **Utanç.** Kendinize diğer insanların önünde aptal konumuna düştüğünüzü söylersiniz.
- **Utangaçlık.** Kendinize diğer insanların ne kadar gergin ve güvensiz olduğunu göreceklerini ve sizi küçümseyeceklerini söylersiniz.
- **Yalnızlık.** Kendinize sevilemez olduğunuzu ve sonsuza kadar yalnız kalacağınızı söylersiniz.
- **Depresyon.** Kendinize başarısızın teki olduğunuzu veya özgüveniniz için önemli olan bir şeyi kaybettiğinizi söylersiniz.
- **Umutsuzluk.** Kendinize sorunlarınızın asla çözülemeyeceğini ve sonsuza kadar acı çekeceğinizi söylersiniz.
- **Suçluluk.** Kendinize kötü bir insan olduğunuzu ve kendi değer yargılarınızı yıktığınızı söylersiniz.
- **Mahcubiyet.** Kendinize diğer insanların sizin ne kadar kötü, kusurlu veya yetersiz olarak göreceğini ve küçümseyeceklerini söylersiniz.
- **Aşağılık.** Kendinize diğer insanlar kadar ya da olmanız gerektiği kadar iyi olmadığınızı söylersiniz.
- **Engellenme.** Kendinize diğer insanların ya da olayların beklediğiniz gibi olması gerektiğini söylersiniz.

- **Öfke.** Kendinize, diğer insanların size haksızlık eden ve sizden yararlanmaya çalışan benmerkezci pislikler olduğunu söylers-iniz.
- **Kapana kısılmış.** Kendinize eşinizin, sevgilinizin, arkadaşlarınızın ya da ailenizin isteklerine razı olmanız gerektiğini söylersiniz.

## 3. Adım – Olumsuz Düşünceler

Kendinizi üzgün hissettiğiniz zamanlarda aklınızdan geçen olumsuz düşünceleri yazın. Kendinize şu tür sorular sorun: "Kendimi umutsuz ve hevesi kırılmış hissederken kendime ne söylüyorum? Paniklemiş hissederken kendime ne gibi mesajlar veriyorum?"

Bunları Duygudurum Çizelgesindeki Olumsuz Düşünceler sütununa yazın ve her birine ne kadar inandığınızı %0 (hiç) ile % 100 (tamamen) arasında değerlendirin. Değerlendirmelerinizi "% Önce" sütununa yazın. Olumsuz Düşünceler adımında şu öneriler işinize yarayabilir.

- Tamamlanmış cümleler kullanın. Olumsuz Düşünceler sütununa "Çıldırmak" yazmayın çünkü bu hiçbir anlama gelmiyor. Bunun yerine "Çıldırmanın eşiğindeyim" gibi bir şey yazabilirsiniz.
- Her bir olumsuz düşünceyi kısa tutun. Genellikle tek bir cümle yeterli olacaktır. Uzun ve karmaşık cümleler üzerinde çalışmak daha zordur.
- "Niye devamlı kaygılıyım?" ya da "Benim derdim ne?" gibi tonu olan sorulardan kaçının. Bunun nedeni soru cümlesi üzerine çalışamayacak olmanızdır. Öte yandan, bir soru cümlesini kolaylıkla "Devamlı kaygılı olmamalıyım" ya da "Bende bir sorun olmalı" gibi düz cümleye çevirebilirsiniz.

- Olumsuz Düşünceler sütununda duygularınızı tarif etmeyin. "Sınavımla ilgili endişeliyim" ya da "Şu an kendimi paniğe kapılmış hissediyorum" gibi ifadelerden kaçının. Duygularınızı Günlük Duygudurum Çizelgesi'ndeki Duygular bölümüne yazın. Eğer Olumsuz Düşünceler sütununda duygularınızı tarif ederseniz hayal kırıklığına uğrarsınız çünkü herhangi duygunun yanlış olduğunu kanıtlayamazsınız. Fakat olumsuz duygulara neden olan çarpıtılmış düşüncelerinizi bir kenara atabilirsiniz.
- Olumsuz düşüncenin olayın bir tarifi olmadığına dikkat edin. Örneğin, "Trisha beni reddetti ve çok mutsuz hissediyorum" gibi bir ifade, bir olayın (Trisha beni reddetti) ve bir duygunun (mutsuz) tarifi olduğu için Olumsuz Düşünceler sütununa ait değildir. Günlük Duygudurum Çizelgesi'nin en üstünde olayı tarif edin ve duygularınızı (yalnız, incinmiş, kızgın, aşağı, reddedilmiş, hevesi kırılmış, mutsuz) Duygular kısmına yazın. Olumsuz Düşünceler sütununda duygulara neden olan şu tür düşüncelere yer verebilirsiniz:

1. "Hepsi benim hatamdı." % 100
2. "Hiçbir kadın beni sevmeyecek." %100
3. "Sonsuza kadar yalnız kalacağım." %100

## 4. Adım – Çarpıtmalar

Her bir düşüncenin içindeki çarpıtmaları Çarpıtmalar sütununa yazın. 115. sayfada gördüğünüz gibi Günlük Duygudurum Çizelgesi'nin altındaki kutuda 10 çarpıtma yazılıdır, bu yüzden olumsuz düşüncelerinizi yazdıktan sonra listeye göz gezdirebilirsiniz. Muhtemelen her bir düşüncenin içinde birçok çarpıtma olduğunu fark edeceksiniz.

Günlük Duygudurum Çizelgesi'ndeki çarpıtmaları yazarken zaman kazanmak adına kısaltmalar kullanabileceğinizi unutmayın. Örneğin, Aşırı Büyütme yerine AB, Etiketleme yerine E, –meli, –malı ifadeleri yerine –Mİ ve Kendini Suçlama yerine KS yazabilirsiniz.

## 5. Adım – Olumlu Düşünceler

Olumsuz düşünceleri bir kenara atmak için daha olumlu ve gerçekçi düşünceler bulun. Kendinize "Bu sorunu daha olumlu ve daha gerçekçi bir şekilde düşünebilir miyim?" diye sorun. Duygusal değişim için gerekli olan koşulları hatırlayın:

- **Gerekli Koşul.** Olumlu düşünce % 100 doğru olmalı.
- **Yeterli Koşul.** Olumlu düşünce aracılığıyla olumsuz düşünce bir kenara atılabilmeli.

5. Adım biraz daha zor olacaktır. Eğer olumsuz düşünceyi bir kenara atabilmek kolay olsaydı bu kitaba ihtiyaç da duyulmazdı! Her bir düşünceye ne kadar inandığınızı "% Önce" sütununda belirttiğinizden emin olun ve bu olumsuz düşünceye ne kadar inandığınızı tekrar değerlendirin.

Eğer siz de yıllardır çalıştığım birçok insan gibiyseniz, ilk çabalarınız iki nedenden ötürü çok da etkili olmayacaktır. Ya olumlu düşünceleriniz % 100 doğru olmayacaktır, bu yüzden duygusal değişim için gerekli koşulları sağlamayacaktır; ya da olumsuz düşünceleri bir kenara atmayacaktır ve duygusal değişim için yeterli koşulları sağlamayacaktır. Bundan endişelenmeyin! Şu anda olması gereken şey tam olarak budur. Size kaygılı, endişeli, paniklemiş, yetersiz ya da depresif hissetmenize neden olan olumsuz düşünceleri bir kenara atmanıza yardımcı olacak birçok teknik göstereceğim. Ayrıca şimdi ve hayatınızın geri kalanında sizin işinize yarayacak teknikleri nasıl seçeceğinizi de göstereceğim.

II

# Bilişsel Model

# 7 Özyıkıcı inançlarınızı ortaya çıkarmak

Bilişsel Davranışçı Terapi, depresyon, anksiyete ve öfkenin şimdi ve buradaki çarpıtılmış olumsuz düşünceler sonucunda ortaya çıktığı fikrine dayanmaktadır. Bu teori neden belirli şekilde hissettiğimizi açıklamaktadır fakat bazı önemli sorulara değinmemektedir:

- Niçin bazı insanlar sancılı duygudurum değişikliklerine eğilimliyken bazıları her zaman doğal olarak mutlu ve kendine güvenlidir?
- Niçin farklı insanlar farklı sorunlara eğilimlidir? Örneğin, bazılarımız eleştirildiğimizde dağılırız, bazılarımızsa trafikte sorun yaşayınca küplere bineriz.
- Depresyon, anksiyete veya öfkenin zamanlamasını belirleyen nedir ve en başta bu sorunları tetikleyen nedir?

Özyıkıcı İnançlar (ÖYİ) burada devreye girer. Tutumlarınız ve kişisel değerleriniz psikolojik hassasiyetlerinizi belirler. ÖYİ'lerinizi belirlediğinizde ise niye üzüldüğünüzü ve gelecekte ne zaman üzülebileceğinizi kesin olarak bileceksiniz.

İki temel ÖYİ türü bulunmaktadır: Kişisel ÖYİ'ler ve Kişiler Arası ÖYİ'ler. Kişisel ÖYİ'ler, size değerli bir insan olmak için ne yapmanız ya da ne olmanız gerektiğini söyleyen özgüven denklikleridir. Temel formül "Mutlu ve tatmin olmuş olmak için X'e ihtiyacım var" şeklindedir. X mükemmellik, başarı, sevgi veya onay olabilir. Aşağıda bazı Kişisel ÖYİ örnekleri bulunmaktadır:

- **Mükemmeliyetçilik.** Her zaman mükemmel olmanız gerektiğine inanırsınız. Ne zaman başarısız olsanız ya da bir amaca ulaşamasanız kendinizi hırpalar ve kendinize olmanız gerektiği kadar iyi olamadığınızı söylersiniz.
- **Algılanan Mükemmeliyetçilik.** Başka insanların sizi sevmesi ve kabul etmesi için onları yetenekleriniz ve başarılarınızla etkilemeniz gerektiğini düşünürsünüz.
- **Başarı Bağımlılığı.** Özgüveninizi zekânıza, yeteneğinize, başarınıza veya üretkenliğinize dayandırırsınız.
- **Onay Bağımlılığı.** Değerli olmak için herkesin onayına ihtiyacınız olduğunu düşünürsünüz. Ne zaman biri sizi eleştirecek ya da onaylamayacak olsa savunmaya geçersiniz ve tehdit altında hissedersiniz.

Kişiler Arası Özyıkıcı İnançlar diğer insanlarla çatışmaya neden olur. Bunlar genellikle yakın ve samimi ilişkilerde ne olacağıyla ilgili beklentilerdir. Bu inançlar, sevilmek ve saygı görmek için ne yapmamız gerektiği ve diğer insanların bize nasıl davranacağı ile ilgili anlayışımızı belirler. Bu örneklerden bazıları şunlardır:

- **Suçlama.** Sizin masum olduğunuza ve ilişkinizdeki sorunlardan ötürü karşıdaki kişinin suçlu olduğuna inanırsınız.
- **Doğruluk.** Haklı olduğunuza ve karşınızdaki kişinin hatalı olduğuna ikna olmuşsunuzdur.
- **Hak Görme.** İnsanların onlardan beklediğiniz gibi düşünmeleri, hissetmeleri ve davranmaları gerektiğine inanırsınız.

- **Sevgi Bağımlılığı.** Gerçek mutluluğun size değer veren biri tarafından sevilmekle mümkün olduğuna inanırsınız. Reddedilirseniz ya da yalnız kalırsanız boşluk ve değersizlik duygularıyla lanetleneceğinizi düşünürsünüz.
- **Boyun Eğme.** Kendi hayatınızın berbat olmasına neden olsa da diğer bütün insanların ihtiyaçlarını ve beklentilerini karşılamak zorunda olduğunuza inanırsınız.
- **Algılanan Narsisizm.** Hayatınızdaki insanların benmerkezci, sömürücü ve kırılgan olduğuna inanırsınız. Hiçbir zaman açık ve spontan olamayacağınızı ya da aslında nasıl hissettiğinizi söyleyemeyeceğinizi hissedersiniz çünkü böyle yaparsanız reddedileceğinize inanırsınız.
- **Çatışma Fobisi.** Öfke, çatışma ve anlaşmazlıkların tehlikeli olduğuna ve ne olursa olsun bunlardan uzak durulması gerektiğine inanırsınız.

Çoğu insan olumsuz düşünce ile ÖYİ'yi birbirinden ayırmakta zorlanmaktadır. Aslında aralarındaki fark oldukça açıktır. ÖYİ'leriniz her zaman sizinledir, fakat olumsuz düşünceler yalnızca üzüldüğünüz zamanlarda ortaya çıkar.

Örneğin, diyelim ki Başarı Bağımlılığınız var. Bu, özgüveninizi üretkenliğiniz, statünüz, zekanız ya da başarılarınıza dayandırdığınız anlamına gelir. Çalışmalarınızda ya da kariyerinizde her şey yolunda giderken kendinizi gayet mutlu ve hoşnut hissedersiniz. Fakat başarısız olduğunuzda ya da belli bir amaca ulaşamadığınızda acı verici duygudurum değişimlerine karşı savunmasız kalırsınız. Bu noktada, zihniniz "Tam bir eziğim. Niye işleri böyle batırdım? Bu hatayı asla yapmamalıydım!" gibi olumsuz düşüncelerle dolup taşar.

Kendi hassasiyetleriniz farklılık gösterebilir. Örneğin, Sevgi Bağımlılığınız varsa size değer veren biriyle birlikte olduğunuz sürece kendinizi gayet mutlu ve hoşnut hissedersiniz. Fakat yalnız kalır, reddedilir ya da sevilmezseniz değersiz hissettiğiniz için şiddetli bir depresyona girebilirsiniz.

Özyıkıcı İnançlarınızı belirlemek, farkındalığınızı arttırma egzersizinden daha fazlasıdır. Bu inançları değiştirdiğinizde, gelecekte sancılı duygudurum değişimlerine daha az eğilimli olacaksınız. Artan yaratıcılığınızın, üretkenliğinizin, neşenizin ve kurduğunuz yakınlıkların keyfini süreceksiniz.

Kendi ÖYİ'lerinizi, Aşağı Ok Tekniğini kullanarak belirleyebilirsiniz. Duygudurum Çizelgenizden bir olumsuz düşünce seçin ve altına aşağı doğru bir ok çizin. Ok, şu tür bir soruyu temsil etmektedir:

"Eğer bu doğruysa, bu niçin benim için üzücü olsun? Bunun benim için anlamı nedir?"

Kendinize bu soruları sorarken aklınıza yeni bir olumsuz düşünce gelecektir. Bunu okun işaret ettiği yere yazın ve bu cümlenin de altına aşağı doğru bir ok çizin. Aynı soruyu kendinize bir kez daha sorun. Bu süreci birkaç kez tekrarlarsanız, olumsuz düşünceler zinciri oluşturacaksınız. Bu düşünceleri gözden geçirdiğinizde, ÖYİ'lerinizi kolaylıkla belirleyebilirsiniz.

Size bunun nasıl işe yaradığını göstereyim. Rasheed adlı genç bir adam pilot olmak için eğitimler alıyordu ve Federal Havacılık Dairesi'nin [Federal Aviation Administration–FAD] yaklaşmakta olan sınavı onu kaygılandırıyordu. Her ne kadar Rasheed sınıfının en iyi öğrencilerinden olsa da devamlı endişeli ve gergindi çünkü kendine devamlı "Ya sınavı geçemezsem?" diye soruyordu.

6. Bölümden anımsayabileceğiniz gibi, Günlük Duygudurum

Çizelgesi'nin Olumsuz Düşünceler sütununda yazılı olan "Ya öyle olursa" sorularını düz cümle haline getirmenin iyi bir fikir olduğunu hatırlıyorsunuzdur. Böylelikle olumsuz düşünceye meydan okumanız daha kolay olabilir. 144. sayfadaki Duygudurum Çizelgesi'nde Rasheed'in "Sınavı geçemeyebilirim" yazdığını görebilirsiniz.

Rasheed'den bu cümlenin altına bir ok çizmesini istedim ve "Rasheed, biliyoruz ki sen en iyi öğrencilerden birisin, bu yüzden testten muhtemelen iyi bir sonuç alacaksın. Fakat biz tam tersini farzedelim. Diyelim ki bundan altı ay sonra FAD'ın yapacağı sınavdan gerçekten geçemedin. Bunun senin için anlamı ne olur? Bu neden üzücü olur?"

Rasheed "Bu durumda arkadaşlarımın önünde kötü görünürüm" dedi.

Ondan bu düşünceyi yazmasını ve bunun da altına bir ok çizmesini istedim. Sonra da "Peki sonra? Diyelim ki sınavdan geçemedin ve arkadaşlarının önünde kötü göründün. Bunun senin için anlamı ne olur? Bu neden üzücü olur?"

"Sonra bana karşı saygıları kaybolur" diye yanıt verdi. Bunu da aşağı yazmasını istedim ve cümlenin altına bir ok daha çizmesini söyledim. Bunu birkaç kez daha tekrarladık ve sonunda şöyle bir düşünceyle karşı karşıya kaldık: "Bu, benim değersiz olduğum anlamına gelir."

Buna benzer bir düşünceyle karşılaştığınızda anlayın ki Aşağı Ok Tekniğini tamamlamış bulunuyorsunuz:

- Bu, benim değersiz olduğum anlamına gelir.
- Bu, hayatın yaşamaya değer olmadığı anlamına gelir.
- Bu durumda bir daha asla mutlu olamam.

## Rasheed'in Günlük Duygudurum Çizelgesi

**Durum:** Altı ay sonraki FAD sınavını düşünmek

| Duygular | % Önce | % Sonra | Duygular | % Önce | % Sonra |
|---|---|---|---|---|---|
| Üzgün, hüzünlü, depresif, morali bozuk, mutsuz | 50 | | Utanmış, budala, aşağılanmış, içine kapanmış | 0 | |
| Kaygılı, endişeli, paniklemiş, gergin, korkmuş | 85 | | Umutsuz, hevesi kırılmış, karamsar, çaresiz | 80 | |
| Suçlu, vicdan azabı içinde, kötü niyetli, mahcup | 25 | | Hayal kırıklığına uğramış, engellenmiş, yenik | 50 | |
| Aşağı, değersiz, yetersiz, kusurlu, beceriksiz | 90 | | Kızgın, öfkeli, incinmiş, sinirli, hiddetli | 0 | |
| Yalnız, sevilmeyen, istenmeyen, reddedilmiş, terk edilmiş | 80 | | Diğer (tanımlayın) | | |

| Olumsuz Düşünceler | % Önce | % Sonra | Çarpıtmalar | Olumlu Düşünceler | % İnanç |
|---|---|---|---|---|---|
| 1. Sınavdan geçemeyebilirim | 100 | | | 1. | |
| 2. | | | | 2. | |
| 3. | | | | 3. | |
| 4. | | | | 4. | |
| 5. | | | | 5. | |
| 6. | | | | 6. | |
| 7. | | | | 7. | |
| 8. | | | | 8. | |

Rasheed'in olumsuz düşünceler zincirinin tamamını 146. sayfada görebilirsiniz. Bu düşünceleri gözden geçirin ve Rasheed'in ÖYİ'lerinden birkaçını bulmaya çalışın. 149. sayfadaki 23 tane inanç içeren Yaygın Özyıkıcı İnançlar listesi size yardımcı olacaktır. Okumaya devam etmeden önce Rasheed'in ÖYİ'lerinden birkaç tanesini aşağı yazın.

1.............................................................................................

2.............................................................................................

3.............................................................................................

4.............................................................................................

## Yanıt

Rasheed'in ÖYİ'lerinden benim bulabildiklerim şöyleydi:

- Mükemmeliyetçilik
- Algılanan Mükemmeliyetçilik
- Onay Bağımlılığı
- Başarı Bağımlılığı
- Spot Işıkları Yanılgısı
- Çalı Yangını Yanılgısı

Bu inançlar performans anksiyetesi yaşayan insanlarda son derece yaygındır. Rasheed'in endişeleri de sınava girmek zorunda olmasından değil sınavla ilgili düşünme tarzından kaynaklanıyordu. Özgüvenini başarılarına ve herkesin onayını almaya dayandırıyor gibi görünüyordu. Çok mükemmeliyetçiydi ve sınıf arkadaşlarının da kendisi kadar yargılayıcı ve eleştirel olduklarını varsayıyordu. Parlak bir spot ışığı altında performans sergiler gibi hissediyordu, arka-

## Rasheed'in Aşağı Ok Tekniği

| Olumsuz Düşünceler | % Önce | % Sonra | Çarpıtmalar | Olumlu Düşünceler | % İnanç |
|---|---|---|---|---|---|
| 1. Sınavdan geçemeyebilirim. | 100 | | | 1. | |
| 2. Bu durumda arkadaşlarımın önünde kötü görünürüm. | 100 | | | 2. | |
| 3. Bana karşı saygıları kaybolur. | 100 | | | 3. | |
| 4. Bu, zamanımı ve paramı boşa harcadığım anlamına gelir. | 100 | | | 4. | |
| 5. Uğruna çaba harcadığım her şey mahvolur. | 100 | | | 5. | |
| 6. Bu, başarısız olduğum anlamına gelir. | 100 | | | 6. | |
| 7. Bu, benim değersiz olduğum anlamına gelir. | 100 | | | 7. | |

daşlarından sevgi görmek için onları etkilemesi gerekirdi. Ayrıca her birinin aynı durumda aynı tepkiyi verecek palyaçolar olduklarını, yani birinin onu küçümsemesi durumunda herkesin onu küçümseyeceğini düşünüyordu. Doğal olarak, bu tutumlar onu büyük baskı altına alıyordu.

Her ne kadar ÖYİ'ler her zaman içinde bir parça gerçeklik barındırsa da genellikle yanıltıcıdır.

Bir defa Rasheed sınıfın en iyi öğrencilerindendi, bu yüzden sınavı geçememesi uzak bir olasılıktı. FAD'nin sınavına giren öğrencilerden belli bir kısmının ilk girişlerinde sınavı geçemedikleri doğruydu, fakat sınava tekrar girme hakları bulunuyordu. Bu yüzden Rasheed'in felaketleştirici düşünceleri gerçekçi değildi. İlk girişinde sınavı geçemeyecek olursa kariyerinin kötüye gideceği ve hayatının mahvolacağı doğru değildi. Bunun yanısıra, Rasheed'in sınıf arkadaşları muhtemelen tahmin ettiğinden çok daha kabul edici insanlardı ve her biri Rasheed'inkinden çok kendi performansına kafa yoruyordu.

Birkaç arkadaşına, eğer sınavı geçemezse ve sınava tekrar girmek zorunda kalırsa onunla ilgili hayal kırıklığına uğrayıp uğramayacağını sormasını önerdim. Bunu sorduğunda arkadaşlarının da en az onun kadar endişeli olduklarını öğrendi ve her ne kadar kendine güveniyor gibi görünse de onlar gibi hissettiğini fark edince epey rahatladı. Sonunda, Rasheed sınavı geçmesine yetecek puandan daha fazlasını aldı.

Aşağı Ok Tekniği, öğrenmesi kolay bir tekniktir ve size kendi tutumlarınız ve inançlarınız ile ilgili çok değerli bilgiler verir. İşe her zaman Günlük Duygudurum Çizelgesi'nden bir olumsuz düşünce seçerek başlayın. Hangisini seçtiğiniz çok da önemli değil, o yüzden hangisi ilginizi çekiyorsa onu seçin. Bu düşüncenin altına aşağı doğru bir ok çizin ve kendinize "Eğer bu doğru olsaydı, bunun benim için anlamı ne olurdu? Bu neden benim için üzücü olurdu?" diye sorun. Aklınıza yeni bir düşünce gelecektir, bu düşünceyi okun işaret ettiği yere yazın.

Eğer bunu birkaç kez tekrarlarsanız, sonunda en olumsuz düşüncelere ulaşacaksınız. 149. sayfadaki Yaygın ÖYİ'ler listesini gözden geçirin. ÖYİ'leriniz genellikle gayet açık olacaktır. Bu alıştırma, sizi rahatsız eden ruh hali sorunlarına karşı niçin hassasiyetinizin olduğunu anlamanıza yardımcı olacaktır. Elbette ki içgörü kazanmak tek başına yeterli olmayacaktır. Bir sonraki bölümde size, nasıl daha ödüllendirici bir kişisel değer yargıları sistemi oluşturacağınızı göstereceğim.

## Yaygın Özyıkıcı İnançlar (YÖİ)

### Başarı

1. **Performans Mükemmeliyetçiliği.** Asla başarısız olmamalı ya da hata yapmamalıyım.
2. **Algılanan Mükemmeliyetçilik.** Eğer kusurlu ya da zayıf olursam insanlar beni sevmez ya da kabul etmez.
3. **Başarı Bağımlılığı.** Benim insan olarak değerim başarılarıma, zekâma, yeteneğime, statüme, gelirime ya da görünüşüme bağlıdır.

### Sevgi

4. **Onay Bağımlılığı.** Değerli olmak için herkesin beni onaylaması gerekir.
5. **Sevgi Bağımlılığı.** Sevilmeden mutlu ya da tatmin olmuş olamam. Eğer sevilmezsem, hayat yaşamaya değer olmaz.
6. **Reddedilme Korkusu.** Eğer beni reddersen, bu bende yanlış bir şeyler olduğunu kanıtlar. Eğer yalnız kalırsam, sefil ve değersiz olmaya mahkum olurum.

### Boyun Eğme

7. **Diğer İnsanları Mutlu Etme.** Bunu yaparken kendi hayatımı mahvetsem bile her zaman seni mutlu etmeye çalışmalıyım.
8. **Çatışma Fobisi.** Birbirini seven insanlar asla kavga etmemeli ya da tartışmaya girmemelidir.
9. **Kendini Suçlama.** İlişkimizdeki sorunlar tamamen benim kabahatim.

### Talepkârlık

10. **Başkasını Suçlama.** İlişkideki sorunlar tamamen karşıdaki insanların kabahati.
11. **Hak Görme.** Bana her zaman senden beklediğim gibi davranmalısın.
12. **Doğruluk.** Ben doğruyum sen yanlışsın.

### Depresyon

13. **Umutsuzluk.** Benim sorunlarım çözülecek cinsten değil. Asla gerçekten mutlu ve tatmin olmuş olamayacağım.
14. **Değersizlik/Aşağılık.** Ben değersiz, kusurlu ve diğer insanlara göre aşağıyım.

### Anksiyete

15. **Duygusal Mükemmeliyetçilik.** Her zaman mutlu, özgüvenli ve kontrollü olmalıyım.
16. **Öfke Fobisi.** Öfke tehlikelidir ve ne olursa olsun kaçınılması gereken bir şeydir.
17. **Duygu Fobisi.** Asla mutsuz, kaygılı, yetersiz, kıskanç veya zayıf hissetmemeliyim. Duygularımı halının altına süpürmeliyim ki kimseyi üzmeyeyim.
18. **Algılanan Narsizm.** Değer verdiğim insanlar talepkâr, çıkarcı ve güçlü.
19. **Çalı Yangını Yanılgısı.** İnsanlar tamamen benzer şekilde düşünen palyaçolardır. Eğer bir insan beni küçümserse bunu kısa sürede herkes öğrenir ve herkes beni küçümsemeye başlar.
20. **Spot Işığı Yanılgısı.** İnsanlarla konuşmak, parlak bir spot ışığının altında konuşmak gibidir. Eğer onları etkileyip zeki, esprili veya ilginç biri olduğumu düşündüremezsem beni sevmezler.
21. **Sihirli Düşünme.** Eğer yeterince endişelenirsem sonunda her şey iyi olacaktır.

### Diğer

22. **Engellenmeye Düşük Tahammül.** Hiçbir zaman engellenmemeliyim. Hayat her zaman kolay olmalı.
23. **Süperadam/Süperkadın.** Her zaman güçlü olmalı, asla güçsüz olmamalıyım.

# 8 Özyıkıcı İnanç nasıl değiştirilir?

Özyıkıcı İnanç (ÖYİ) nasıl değişikliğe uğratılır? Bunun üç adımı bulunmaktadır:

1. **Kâr-Zarar Analizi (KZA) yapın.** Bu her zaman birinci adımdır. Dezavantajların avantajlardan fazla olduğunu görmediğiniz sürece inancı değiştirmek için motive olmuş hissetmeyeceksiniz.
2. **İnancı gözden geçirin.** Avantajları koruyup dezavantajları ortadan kaldırabileceğiniz yeni bir inanç bulup bulamayacağınıza bir bakın.
3. **İnancı test edin.** ÖYİ'nin gerçekçi ya da geçerli olup olmadığını görmek için sık sık deneyler yapabilirsiniz. Zihinsel anlamayı duygusal değişime geçirdiğiniz yer işte burasıdır.

## 1. Adım – Kâr-Zarar Analizi

Gelin bu adımlar üzerinde birlikte çalışalım. 152. sayfadaki KZA listesinin en üstüne "Her zaman mükemmel olmaya çalışmalıyım" inancını yazdım. Kendinize şunları sorun: "Böyle düşünmenin herhangi bir avantajı aklınıza geliyor mu? Böyle düşünmenin yararları nedir?" Bunları Avantajlar sütununa yazın. Sonra kendinize böyle düşünmenin size nasıl zarar vereceğini sorun. Mükemmel olmaya çalışmanın dezavantajları nelerdir? Herhangi bir olumsuz yanı var mıdır? Buna inanmanın sizin için bedeli nedir? Mükemmeliyetçi olmanın zararlarını Dezavantajlar sütununa yazın.

## MÜKEMMELİYETÇİLİK KÂR-ZARAR ANALİZİ

**Değiştirmek istediğiniz tutum, duygu veya alışkanlıkları listeleyin:**
Her zaman mükemmel olmaya çalışmalıyım.

| Avantajlar | Dezavantajlar |
|---|---|
| | |

Mükemmel olmaya çalışmanın ya da özgüveninizi mükemmel olmaya dayandırmanın avantajlarını ve dezavantajlarını listelediğinizden emin olun. Mükemmel olmanın avantajlarını ve dezavantajlarını listelemeyin. Mükemmel olmanın muhtemelen hiçbir dezavantajı yoktur, fakat bu bir tercih değil!

KZA'yı tamamlayın. Mükemmel olmaya çalışmanın bütün avantajlarını ve dezavantajlarını yazın. Bitirdiğinizde bunları kıyaslayın ve bu kıyaslamaya bağlı olarak yaptığınız değerlendirmeyi alttaki iki kutuya toplamı 100 edecek iki sayı şeklinde yazın. Eğer avantajlar dezavantajlardan daha büyükse, soldaki kutudaki sayı daha büyük olacaktır. Eğer dezavantajlar avantajlardan daha büyükse, sağdaki kutudaki sayı daha büyük olacaktır. Güçlü bir avantajın bazen birçok dezavantajdan daha büyük olduğunu, aynı zamanda bunun tam tersinin de geçerli olduğunu hatırlayın. Bitirdiğinizde 154. sayfadaki tamamlanmış KZA'yı gözden geçirin.

154. sayfadaki KZA'yı tamamlayan kişi mükemmel olmaya çalışmanın dezavantajlarının avantajlardan daha büyük olduğuna karar verdi ve bu yüzden soldaki kutuya 35, sağdaki kutuya da 65 yazdı. Fakat sonuçlar herkes için farklı olacaktır. Eğer bir inancın avantajları daha büyükse, bu tutumun sizde işe yaradığı, bu yüzden bu inancı değiştirmek için hiçbir neden olmadığı anlamına gelir. Eğer dezavantajlar daha büyükse, bu tutumun sizde pek işe yaramadığı anlamına gelir. Böyle bir durumda da bu inancı gözden geçirmeyi deneyebilirsiniz.

### 2. Adım – İnancı Gözden Geçirin.

ÖYİ'lerin sizin için sağlıklı ve sağlıklı olmayan yanları olduğunu fark ettiğinizde, onları değiştirmek daha kolay duruma gelecektir. Kişisel değer yargılarınız tamamen irrasyonel ya da saçmaymış gibi hissetmenize ya da toptan bütün inançlarınızdan vazgeçmenize

## Mükemmeliyetçilik Kâr-Zarar Analizi

**Değiştirmek istediğiniz tutum, duygu veya alışkanlıkları listeleyin:**
Her zaman mükemmel olmaya çalışmalıyım.

| Avantajlar | Dezavantajlar |
|---|---|
| 1. Çok çalışacağım.<br>2. Büyük bir iş başardığımda kendimi müthiş hissedeceğim.<br>3. Vasatla yetinmeyeceğim ve ikinci sınıf bir kariyerim olmayacak.<br>4. Yüksek standartlarım özel ve aşırı ölçüde yetenekli bir insan olduğumu ve diğer insanlardan yukarılarda olduğumu gösterecek.<br>5. Mükemmeliyetçiliğim bana özgüvenimi ölçebileceğim kolay bir yol sağlıyor.<br>6. Çok çalışkan ve disiplinli olduğum için diğer insanlar bana hayran olacak. | 1. Mükemmeliyetçiliğim büyük strese ve kaygıya yol açıyor.<br>2. Başarısız olduğumda ya da hata yaptığımda, kendimi kahrolmuş hissedeceğim.<br>3. Başarısız olmaktan korkacağım için mükemmeliyetçiliğim yaratıcı olup risk almama engel olacak.<br>4. Eleştirilerden bir şey öğrenmem zor olacak çünkü kendimi tehdit altında hissedip savunmaya geçeceğim.<br>5. En iyi işimi rahatlamaya geçip kendimi çok zorlamadığım zamanlarda çıkaracağım.<br>6. Küçük ayrıntılarla uğraşırken büyük resmi kaçırabilirim.<br>7. Mükemmeliyetçi ve talepkâr olduğum sürece diğer insanlarla iyi geçinemiyorum.<br>8. İnsanlar, onları başarılarımla etkilemeye çalıştığımda değil onlarla ilgilendiğimi belli ettiğimde benden daha çok hoşlanıyor gibi görünüyorlar.<br>9. Her iş bunaltıcı görüneceğinden işleri devamlı erteleyebilirim.<br>10. Hiçbir şeyde gerçekten mükemmel olamayacağım için kendimi hiçbir zaman başarılı da hissetmeyeceğim. Geliştirilmesi gerekenler hep olacak. |
| 35 | 65 |

gerek yok. Bunun yerine, ÖYİ'nin olumsuz yanlarını bırakıp olumlu yanlarını korumanızı sağlayacak zihinsel bir akort yapabilirsiniz.

Mükemmel olmaya çalışmanın dezavantajlarının avantajlardan daha fazla olduğunu varsayalım. "Her zaman mükemmel olmaya çalışmalıyım" yerine kendinize ne diyebilirsiniz? Okumaya devam etmeden önce düşüncelerinizi yazın.

..................................................................................................

..................................................................................................

..................................................................................................

..................................................................................................

..................................................................................................

## Yanıt

Mükemmeliyetçilik de dahil olmak üzere her ÖYİ'yi gözden geçirmenin çeşitli yolları bulunur. Bu yollardan bir tanesi şöyle olabilir:

Harikulade bir iş yapmaya çalışmanın kötü bir yanı yok, fakat mükemmel olmaya çalışırsam kendimi stres, kaygı ve hayal kırıklığına sürükleyeceğim. Hata yaptığımda ya da bir amaca ulaşamadığımda utanmama ya da değersiz hissetmeme gerek yok. Her zaman geliştirilmesi gereken şeyler vardır. Hatalarımı öğrenme ve kişisel gelişim için fırsat olarak görebilirim.

Eğer böyle bir tutum edinirseniz, stres, gerginlik ve kendinizden kuşkulanma dışında kaybedeceğiniz hiçbir şey olmaz. Daha üretken ve yaratıcı olabilirsiniz çünkü kendinizi daha rahat hissedersiniz ve özgüveniniz her zaman sallantıda olmaz.

### 3. ADIM – İNANCINIZI SINAYIN

ÖYİ'yi gözden geçirmek zihinsel bir değişime götürür ve bel bağlayacağınız bir şeyinizin olmasına olanak verir. Ancak derinlerde bir yerde ÖYİ'nin doğru olduğuna inanabilirsiniz. Örneğin, mükemmeliyetçiliğinizin depresif ve kaygılı hissettirdiğini fark etseniz bile hâlâ mükemmel olmaya çalışmanız gerekiyormuş gibi hissedebilirsiniz. Ayrıca, amaçlarınıza ulaşamadığınızda kendinize yüklenmezseniz çok kötü bir şey olacağına inanabilirsiniz. 3. adım, içinizdeki o sesin değişmesini sağlar. ÖYİ'yi test edersiniz ve böylelikle bu inancın geçerli olup olmadığını görürsünüz.

*İyi Hissetmek* adlı kitabımda düşük özgüven ve yetersizlik hislerinden muzdarip, kronik kaygıları olan Nate adlı bir tıp fakültesi profesörünü tanımlamıştım. Bir gün Nate bana özgeçmişini getirdi. Ağzım açık kalmıştı. Basılmış araştırmaların, prestijli ödüllerin ve dünya çapındaki konferanslarda yapılan konuşmaların listesi altmış sayfadan fazla tutuyordu. Nate'e bunca başarıya rağmen özgüvenini nasıl düşük seviyede tutabildiğini sordum. O da bana ne zaman özgeçmişine baksa hevesinin kırıldığından, kendine diğer meslektaşlarının çalışmalarının kendininkilere kıyasla daha büyük ve daha önemli olduğunu söylediğinden bahsetti. Makalelerinin "hafif" kaldığını ve hiçbirinin laboratuvar çalışması olmadığını, her birinin teorik çalışmalardan ibaret olduğunu söyledi.

"Dr. Burns, ne kadar başarılı olursam olayım hiçbir zaman yeteri kadar iyiymiş gibi gelmiyor. Kendimi en yüksek dağların da en yükseğinin zirvesine tırmanmaya, tırmanmaya ve tırmanmaya çalışıyormuş gibi hissediyorum. Fakat zirveye ulaştığımda ise başarılı hissetmek yerine uzakta daha yüksek bir dağ olduğunu fark ediyorum ve tekrar tırmanmam gerektiği için içim parçalanıyor. Ödül nerede? Bunların karşılığını ne zaman göreceğim?" dedi.

Belli ki mükemmeliyetçilik, Nate'in ÖYİ'lerinden bir tanesiydi. Kendine "Bir şeyi mükemmel yapamazsam, onu yapmanın bir anlamı da olmaz" diyordu. Bu tutumun hayatını berbat ettiğini fark etse de ondan vazgeçmeye hevesli değildi. Mükemmeliyetçilik olmadan, sıradanlığa razı olmak zorunda kalacağını düşünüyordu.

Nate'e inancını test etmek için Keyif/Mükemmellik Dengesi'ni kullanmasını önerdim. 158. sayfada görebileceğiniz gibi ondan "Bir şeyi mükemmel yapamazsam, onu yapmanın bir anlamı da olmaz" düşüncesini sayfanın en üstüne yazmasını ve keyif, öğrenme, kişisel gelişim veya başarı sağlama potansiyeli olan etkinlikler belirleyip bunları da soldaki sütuna yazmasını istedim. Bu etkinliklerin yalnızca işle ilgili olmamasını söyledim ve çeşitli alanlardan etkinlikler belirlemesini teşvik ettim.

Her bir etkinliğin ne kadar tatmin edici olacağına dair % 0 (hiç tatmin edici değil) ile % 100 (son derece tatmin edici) arasında bir tahminde bulunmasını istedim. Bu tahminleri, etkinliği yapmadan önce yapıp sayfaya yazmasını vurguladım. Her bir aktiviteyi tamamladıktan sonra, aynı ölçeği kullanarak bu etkinliklerin ne kadar tatmin edici ve ödüllendirici olduğunu not edebilirdi.

Nate'den ayrıca her bir aktiviteyi ne kadar mükemmel yaptığını % 0 (olabilecek en kötü) ile % 100 (tamamen mükemmel) arasında değerlendirmesini istedim. Böylelikle şu soruların yanıtlarını görebilirdi:

- Yalnızca mükemmel yaptığı şeylerden keyif aldığı doğru muydu?
- Tatmin düzeyine dair yaptığı tahminler gerçek tatmin düzeyleriyle ne kadar yakındı?
- En çok tatmin eden ve en az tatmin eden etkinlikler hangileriydi?

## Nate'in Keyif/Mükemmellik Dengesi Sayfası

**İnanç:** Bir şeyi mükemmel yapamazsam, onu yapmanın bir anlamı da olmaz.

| Etkinlik | Tahmin Edilen Tatmin Düzeyi (%0-%100) | Gerçek Tatmin Düzeyi (%0-%100) | Mükemmellik (%0-%100) | Notlar |
|---|---|---|---|---|
| 1. Okula yeni başlayan tıp öğrencilerine giriş konuşması yapmak | 70 | 20 | 90 | Her zamanki gibi ayakta alkışlandım ama bu defa alkış 30 saniye sürdü. |
| 2. Banyodaki hortumu tamir etmek | 10 | 100 | 5 | Çok zamanımı aldı ve birçok hata yaptım ama yine de yaptım! |
| 3. Joe ile squash oynamak | 75 | 90 | 40 | Pek de iyi oynayamadık ama şahane vakit geçirdik. |
| 4. Koşuya çıkmak | 50 | 85 | 50 | Sıradan bir koşuydu ama en azından yaptım. |
| 5. Ailemle dışarıda dondurma yemek | 60 | 90 | 50 | Birlikte çok eğlendik. |
| 6. Araştırma makalesi için taslak hazırlamak | 50 | 50 | 75 | İyi bir taslak hazırladım ama yine de heyecan verici bir makale olacağa benzemiyor. |
| 7. Sally ile cumartesi günü ormanda yürüyüş yapmak | 50 | 100 | 25 | Şampiyon olabilecek yürüyüşçüler değiliz, ama müthiş vakit geçirdik. |

Sonraki hafta Nate, benimle paylaşmak istediği ilginç sonuçlarla geldi. Bu etkinliklerden bir tanesi, okula yeni başlayan tıp fakültesi öğrencilerine giriş konuşması yapmaktı. Bu konuşmayı her yıl Nate yapıyordu çünkü kendisi tıp fakültesindeki en karizmatik konuşmacı olarak kabul ediliyordu.

Nate, konuşmanın % 70 kadar keyifli olacağını tahmin etmişti fakat yaşadığı gerçek tatmin yalnızca % 20 idi. Bu şaşırtıcıydı çünkü alkışlanması otuz saniye sürmüştü ve konuşmasının mükemmellik seviyesini % 90 olarak değerlendirmişti.

Nate'e tatmin değerlendirmesinin niçin bu kadar düşük olduğunu sordum. O da her zaman alkışlandığını, bu yüzden de vakti gözönünde bulundurduğunu açıkladı. Geçen yıl, tıp öğrencileri onu konuşmasının sonunda bir dakikadan uzun bir süre ayağa kalkıp alkışlamışlardı. Bu yıl ise ayağa kalkıp alkışlamaları yalnızca yarım dakika sürmüştü. Nate hayal kırıklığına uğramış ve kendisini uçurumun kenarında hissetmişti.

O anda benim aklımdan "Hadi ama! Ben de hep konuşma yapıyorum ama hiç kimse beni ayakta alkışlamıyor. Ve bu adam ayakta alkışlanmasının yarım dakika sürmesinden yakınıyor!" gibi düşünceler geçiyordu.

Nate'in Keyif/Mükemmellik Dengesi sayfasındaki ikinci madde de en az diğeri kadar ilgi çekiciydi. Cumartesi öğleden sonra, banyodaki hortumun patladığını ve yerlerin ıslandığını fark etmişti. Nate de tesisatçı çağırmak yerine tamiri kendi kendine yapmaya karar vermişti. Tamir işiyle ilgili tatminin % 10 kadar olacağını tahmin etmişti çünkü bir şeyleri tamir etmekte hiç iyi değildi ve tesisat işleriyle daha önce hiç uğraşmamıştı.

Gerekli malzemeleri almak ve neyi nasıl yapacağına dair ipuçları almak için birkaç kez hırdavat dükkanına gitmesi gerekmişti, bu yüzden tamiri saat 22'ye kadar tamamlayamamıştı. Herhangi bir tesisatçının bunu halletmesinin beş dakika süreceğini açıklayarak yaptığı işin mükemmellik derecesini % 5 olarak belirlemişti. Fakat Nate için bu etkinliğin tatmin seviyesi % 100'dü. O kadar mutlu hissetmişti ki yıllardır bu kadar tatmin edici bir şey yapmadığını söyledi.

Ben de ona "Nate, bütün sorun yanlış meslek seçmendi. Tesisatçı olmalıydın!" dedim.

Nate'in deneyinin sonucu, mükemmel yapmadığı sürece hiçbir şey yapmaya değmez şeklindeki inancıyla uyuşmuyordu. Hayatta gözden kaçırdığı, çok iyi yürüyüşçü olmasalar bile eşiyle ormanda yürümek, çok iyi oyuncular olmasalar bile oğluyla squash oynamak ya da sıcak bir yaz akşamı ailesiyle birlikte dondurma yemek gibi birçok tatmin kaynağı olduğunu fark etti.

Bu deney Nate'in hem özgüven duyguları hem de kariyeri üzerinde çok önemli bir etkiye yol açmıştı. Bana, anksiyete ve değersizlik duygularının azaldığını ve artık işleri mükemmel yapmakla ilgili kaygılı olmadığı için üretkenliğinin de arttığını söyledi.

Sizin ÖYİ'leriniz Nate'inkilerden farklı olabilir, ama gözden geçirme ve test etme süreçleri benzer olacaktır. Bir ÖYİ'nin sizin için sorunlara neden olduğunu fark ettiğinizde, KZA doldurabilirsiniz. Eğer inancın dezavantajları avantajlarından daha büyükse, inancı değiştirmeyi deneyin ki bu inancın avantajlarını korurken dezavantajlarından kurtulun. Daha sonra bu inancın doğru olup olmadığını görmek için test yapabilirsiniz. Yaptığınız deneyin türü, test ettiğiniz inanca ve sıkıntıya girmenize neden olan duruma bağlı olacaktır. 1. Bölümde Algılanan Mükemmeliyetçiliğini test etmek için on meslektaşına davalarından birini kaybettiğini söyleyen Jeffrey adlı avukatla tanışmıştınız.

ÖYİ değiştirmek için kullanılan üç adımın uygulamasını yapalım. Aşağıdaki ÖYİ'lerden ilginizi çeken bir tanesini seçin.

- **Sevgi Bağımlılığı** (KZA 162. sayfadadır). Sevgi olmadan gerçekten mutlu ve tatmin olmuş olamam. Reddedilmiş biriysem ya da yalnızsam, kendimi değersiz ve sefil hissetmeye mecburum.
- **Algılanan Mükemmeliyetçilik** (KZA 164. sayfadadır). Kusurlu bir insan olduğumu görürlerse diğer insanlar beni sevmeyecek ve bana saygı göstermeyeceklerdir.
- **Hak Görme/Suçlama** (KZA 166. sayfadadır). İnsanlar, onların olmalarını beklediğim gibi olmalıdırlar.

Şimdi seçtiğiniz inançla ilgili, parantezler içinde sayfa numarası belirtilen KZA formlarından bir tanesini tamamlayın. Kendinize o inancın size nasıl yardımcı olduğunu ve size nasıl zarar verdiğini sorun. Aklınıza gelen bütün avantajları ve dezavantajları listeledikten sonra alttaki boşluklara, hangi listenin daha ikna edici göründüğünü belirtmek üzere toplamı 100 olacak iki sayı yerleştirin.

Yalnızca inancın avantajlarını ve dezavantajlarını listelemeyi unutmayın. Diyelim ki Sevgi Bağımlılığı üzerine çalışıyorsunuz. Bu durumda özgüveninizi ve mutluluk kapasitenizi sevilmeye dayandırmanın avantajlarını ve dezavantajlarını yazın. Sevilmenin avantajlarını ve dezavantajlarını listelemeyin. Bunun dezavantajı yoktur! En azından benim aklıma herhangi bir dezavantaj gelmiyor.

Fakat eğer özgüveninizi diğer insanların sevgisine dayandırırsanız, sizin için birçok olumlu ve olumsuz sonuç ortaya çıkacaktır. Olumlu tarafta, sevilirseniz mutlu ve değerli hissedecek olmanız vardır. Olumsuz tarafta ise, reddedilmenin kahredici olması ve ilgiye muhtaç tavrınızın diğer insanların sizden uzak durmasına neden olacak olması bulunur. Eminim ki avantajlara ve dezavantajlara daha fazlasını ekleyebilirsiniz. KZA'yı tamamladığınızda, seçtiğiniz inançla ilgili olan tamamlanmış KZA'yı gözden geçirin. Aşağıdaki boşluklara sayı yerleştirmedim çünkü değerlendirmeler son derece kişiseldir ve bunların "doğru" yanıtı bulunmaz. Bitirdiğinizde, sizin için soruna neden olan KZA'ların nasıl gözden geçirileceğini konuşacağız.

### Sevgi Bağımlılığı Kâr-Zarar Analizi

**Değişmesini istediğiniz tutum, duygu ya da alışkanlığı tanımlayın:**
Sevgi olmadan gerçekten mutlu ve tatmin olmuş olamam. Reddedilmiş biriysem ya da yalnızsam, kendimi değersiz ve sefil hissetmeye mecburum.

| Avantajlar | Dezavantajlar |
| --- | --- |
| | |

## Sevgi Bağımlılığı Kâr-Zarar Analizi

**Değiştirmek istediğiniz tutum, duygu veya alışkanlıkları listeleyin:**
Sevgi olmadan gerçekten mutlu ve tatmin olmuş olamam. Reddedilmiş biriysem ya da yalnızsam, kendimi değersiz ve sefil hissetmeye mecburum.

| Avantajlar | Dezavantajlar |
|---|---|
| 1. Sevildiğim zaman kendimi müthiş hissedeceğim. | 1. Yalnız kaldığımda kendimi depresif hissedeceğim. |
| 2. Eğer gerçek mutluluğun ve özgüvenin başka insanların sevgisine bağlı olduğuna inanırsam, kendi mutluluğum için sorumluluk kabul etmemiş olacağım. | 2. İlgiye muhtaç gibi görünebilir ve insanları kendimden uzaklaştırabilirim. |
| 3. Çoğu insan, sevilmediğin sürece mutlu veya tatmin olmuş olamayacağın fikrine katılıyor. Bu yüzden benim inancım da diğer insanlarınkiyle benzer olacak. | 3. Reddedilme kahredici olacak. |
| 4. Bu inanç doğru gibi görünüyor. Bu yüzden kendime karşı dürüst olduğumu hissedebilirim. | 4. Diğer insanlarla çatışmaya ya da anlaşmazlığa girmeye fazlasıyla duyarlı olacağım. Dinlemek yerine savunmaya geçeceğim çünkü tehdit altında hissedeceğim. Özgüvenim hep bıçak sırtında olacak. |
| 5. "Başkaları odaklı" bir insan olacağım ve insanların beni sevmesi için çok çalışacağım. | 5. Özgüvenin, bir partnere bağlanmış olmaya dayandırırsam, kendime yalnızca kendimin verebileceği bir şeyi başka birinin bana vermesini bekleyebilirim. |
| 6. Kendi mutsuzluğumdan ötürü başka insanları suçlayabilirim. | 6. Diğer insanlar ruh halimi ve özgüvenimi kontrol edecekler. |
| 7. Eğer biri beni reddederse kendimi kurban olarak görüp kendime acıyabilirim. | 7. Her zaman bir alt konumda kalan, başkalarını kovalayan insan olacağım. Bu da onlara güç verecektir ve bana olan saygılarını kaybedebilirler. |
| 8. Bu inanç insanlarla sosyalleşmek için beni motive edecek. | |
| 9. Aklımı başımdan alacak ve bütün rüyalarımı gerçeğe çevirecek bir prens (ya da prenses) kurgusu kulağa çok romantik ve heyecan verici geliyor! | |

## Algılanan Mükemmeliyetçilik Kâr-Zarar Analizi

**Değiştirmek istediğiniz tutum, duygu veya alışkanlıkları listeleyin:**
Kusurlu bir insan olduğumu görürlerse diğer insanlar beni sevmeyecek ve bana saygı göstermeyeceklerdir.

| Avantajlar | Dezavantajlar |
|---|---|
| | |

## Algılanan Mükemmeliyetçilik Kâr-Zarar Analizi

**Değiştirmek istediğiniz tutum, duygu veya alışkanlıkları listeleyin:**
Kusurlu bir insan olduğumu görürlerse diğer insanlar beni sevmeyecek ve bana saygı göstermeyeceklerdir.

| Avantajlar | Dezavantajlar |
|---|---|
| 1. Diğer insanları etkilemek için çok çalışacağım. | 1. Kendimi, sevilmek için mükemmel olmak zorundaymış gibi hissedeceğim. |
| 2. İnsanlar kazananları sever, bu yüzden iyi bir iş çıkardığımda insanlar bana saygı ve hayranlık duyacak. | 2. Diğer insanlara karşı açık olmayacağım. |
| 3. İnsanlarla duygularımı paylaşmak ya da aslında nasıl hissettiğimi söylemek zorunda kalmayacağım. | 3. Biri beni reddederse savunmaya geçebilirim çünkü doğru olanın her zaman ben olmam gerektiğini hissedeceğim. |
| 4. Reddedilme riskini almamış olacağım. | 4. İnsanlar gerçek beni tanımayacaklar. |
| 5. Zayıflıklarımı saklayabilir, dünyaya parlak bir imaj sergileyebilirim. | 5. Diğer insanlarlayken kaygılı olacağım. |
| 6. Kendimi kurban gibi hissedebilir ve diğer insanlara eleştirel oldukları ve beni olduğum gibi kabul etmedikleri için içten içe gönül koyabilirim. | 6. İnsanları belirli bir mesafede tutacağım. |
| 7. Her zaman sakin ve kontrol elimde gibi görünebilirim. | 7. İstediğim türde bir yakınlığa ulaşamayacağım. |
| 8. Dürüst olduğumu ve hayatla ilgili gerçeklerle yüzleşebildiğimi hissedebilirim çünkü başarısız olan birine karşı insanlar çok reddedici olabiliyorlar. | 8. Diğer insanlara doğru olmayan varsayımlara dayanarak hak ettikleri değeri vermeyebilirim. Aslında insanlar, düşündüğümden daha kabul edici olabilirler. |
| | 9. Her zaman mükemmel olmak çok fazla zaman ve enerji alıyor. Beni bezdiriyor. |
| | 10. İçimden geldiği gibi davrandığımda, kendimi çok fazla zorlamadığımda insanlar beni daha çok seviyor gibi görünüyor. |
| | 11. İnsanlar bana çok eleştirel ve reddedici gibi göründüğünden onlara gizliden gizliye kırılabilirim. |

## Hak Görme/Suçlama Kâr-Zarar Analizi

**Değiştirmek istediğiniz tutum, duygu veya alışkanlıkları listeleyin:**
İnsanlar, onların olmalarını beklediğim gibi olmalıdırlar.

| Avantajlar | Dezavantajlar |
|---|---|
| | |

## Hak Görme/Suçlama Kâr-Zarar Analizi

**Değiştirmek istediğiniz tutum, duygu veya alışkanlıkları listeleyin:**
İnsanlar, onların olmalarını beklediğim gibi olmalıdırlar.

| Avantajlar | Dezavantajlar |
|---|---|
| 1. Ahlaki yönden kendimi üstün hissedeceğim. | 1. Kendimi çoğunlukla öfkeli, gergin ve tükenmiş hissedeceğim. |
| 2. İnsanları belirli bir mesafede tutabilirim. Onlarla çok yakınlaşmak zorunda kalmam. | 2. Her zaman haklı olduğumu düşündüğüm için çatışmaları ve anlaşmazlıkları çözmek zor olacak. Bu da diğer insanı savunmaya geçirecek. |
| 3. Onlarla olan ilişkilerimdeki sorunlardan ötürü insanları suçlayabilirim. | 3. Diğer insanlara karşı olumsuz tavrımdan ve devamlı yakınmamdan ötürü arkadaşlarım benden soğuyabilirler. |
| 4. Sorundaki kendi rolümü incelemek zorunda kalmayacağım. | 4. Çoğunlukla tatsız, kindar bir ruh halinde olacağım. |
| 5. Bu inanç beni savunmasız hissetmekten koruyabilir. İşler istediğim gibi gitmediğinde kendimi incinmiş ya da hayal kırıklığına uğramış hissetmek yerine direkt öfkelenebilirim. | 5. Kendimi neşeli ve yaratıcı hissetmeyeceğim. |
| 6. Diğer insanların haksız ve benim haklı olduğuma ikna olmuş olacağım. | 6. Öfke yorucu ve bezdirici olabilir. |
| 7. İntikam senaryoları kurgulayabilir ve şiddet içerikli davranışlarımı haklılaştırabilirim. | 7. İnsanları suçlamaya başladığımda inatçı olacaklar ve sinirim bozulacak. Her şeyin benim hatam olduğuna ısrar edecekler. |
| 8. Öfke daha güçlü hissettiriyor ve heyecanlandırıyor. Kim olduğuma ve ne yapmaya çalıştığıma dair güven duygusu veriyor. | 8. Pek çok düşmanım olacak. |
| 9. Arkadaşlarıma diğer insanın pisliğin ve eziğin teki olduğunu anlatabiliyorum. | 9. Yüksek tansiyon ve kalp krizi gibi sağlık sorunları geliştirebilirim. |
| 10. Böylelikle kendimi savunabileceğim. Diğer insanların beni itip kakmasına izin vermeyeceğim. | 10. Aslına bakacak olursak, ne kadar kızarsam kızayım ne kadar talepkâr olursam olayım, dünya hiçbir zaman benim istediğim gibi olmayacak. |

KZA doldurmayı sevdiyseniz, diğerlerini denemeyi de isteyebilirsiniz. Bunlardan çok şey öğrenebilirsiniz. Bir inancın arkasında gizli kalmış ne kadar çok avantaj ve dezavantaj olduğunu görmek sizi şaşkınlığa uğratabilir.

Diyelim ki bir inancın dezavantajlarının avantajlarından daha fazla olduğunu fark ettiniz. Bu durumda, bu inancı gözden geçirerek dezavantajların ortadan kaybolmasını sağlayabilirsiniz. Buna benzer bir Sevgi Bağımlılığı inancını gözden geçirip geçiremeyeceğinize bir bakın: "Sevgi olmadan gerçekten mutlu ve tatmin olmuş olamam. Reddedilmiş biriysem ya da yalnızsam, kendimi değersiz ve sefil hissetmeye mecburum." Fikirlerinizi aşağıya yazınız.

..............................................................................................

..............................................................................................

..............................................................................................

..............................................................................................

## Yanıt

Bu inancı gözden geçirmenin bir yolu şöyle olabilir:

> Kendimi mutlu veya değerli hissetmek için başka birine güvenmek pek de akıllıca olmaz çünkü reddedildiğim durumda dünyam başıma yıkılabilir. Dahası, ilgiye muhtaç tavrım insanların benden uzaklaşmasına neden olur ve ilişkilerimi sabote eder. Sevdiğim biriyle birlikte olmak müthiş bir şey, ama kendi kendime yaptığım şeyler de benim için son derece ödüllendirici olabilir.

İşinize yarayabilecek bir başka yaklaşım da şudur:

> Muhtaç olmadan da sevgi dolu bir ilişki isteyebilirim. Başka birinin sevgisi beni asla değerli yapmaz ve başka birinin beni reddetmesi de beni asla değersiz de yapmaz. Eğer birileri bana

kırılırsa, onların nasıl hissettiklerini anlamaya çalışabilir ve onları rahatsız eden ya da inciten bir şey yapıp yapmadığımı sorabilirim. Eğer bunları konuşabilirsek, birbirimize karşı kendimizi daha da yakın hissedebiliriz. Eğer sorun üzerinde konuşmaya yanaşmayıp beni reddederlerse bu benim için hayal kırıklığı olur, fakat bu, dünyanın sonu demek olmaz ya da kesinlikle değersiz olduğum anlamına gelmez. Aslında böylesi bir tutum, onların kendi yansımasıdır.

Bir ÖYİ'yi gözden geçirirken yaratıcılığınızı ve bireyselliğinizi işin içine katabileceğiniz pek çok yol vardır. Eğer inancı akıllıca ele alırsanız, pastanızın tamamını afiyetle yiyebilirsiniz. Hiçbir inancınızdan ya da değer yargınızdan vazgeçmek zorunda kalmazsınız. Hatta, şartların zorlaştığı durumlarda içinizi kemirmeyecek; yeni, güçlü ve gerçekçi bir değer yargısı sistemi oluşturabilirsiniz.

İnancınızı gözden geçirdiğinizde, içinizdeki sesin de değişmesini isteyeceksiniz. "Sevgi olmadan gerçekten mutlu ve tatmin olmuş olamam. Reddedilmiş biriysem ya da yalnızsam, kendimi değersiz ve sefil hissetmeye mecburum" şeklinde bir inancı sınamak üzere nasıl bir deney yapabilirsiniz? Fikirlerinizi aşağıya yazınız.

.................................................................................................

.................................................................................................

.................................................................................................

.................................................................................................

## Yanıt

Hem kendi kendinize hem de başkalarıyla birlikte yapabileceğiniz çeşitli etkinlikler planlayıp, bunların ne kadar ödüllendirici ve tatmin edici olduğunu karşılaştırabilirsiniz. Deneyi yaparken 171. sayfadaki Keyif Tahmini Sayfası'nı kullanabilirsiniz. Test edeceğimiz inancı sayfanın üzerine yazdım. Soldaki sütunda, keyif, öğrenme ve kişisel gelişim sağlama potansiyeli olan çeşitli etkinlikler belirleyin. Koşuya çıkmak ya da masanızı düzenlemek gibi kendi kendinize yapabileceğiniz etkinliklerle birlikte, film izlemek ya da arkadaşınızla yürüyüş yapmak gibi başka insanlarla yapabileceğiniz etkinlikler de belirlediğinizden emin olun. Eşlik Edenler sütununa o etkinliği kiminle yapmak istediğinizi belirtin. Eğer o etkinliği kendi kendinize yapmayı planlıyorsanız sütuna "kendi kendime" yazın. "Yalnız" yazmayın çünkü aslında hiçbir zaman yalnız değilsiniz. Kendiniz her zaman sizinle.

Tahmin Edilen Tatmin sütununa her bir aktivitenin ne kadar tatmin edici ve ödüllendirici olacağına dair tahmininizi % o'dan (hiç tatmin edici değil) % 100'e (son derece tatmin edici) kadar olan ölçeği kullanarak değerlendirin. Bu sütunu etkinliğe başlamadan önce doldurduğunuzdan emin olun. Her bir etkinliği tamamladıktan sonra da tamamladığınız etkinliklerin ne kadar tatmin edici olduğunu aynı ölçeği kullanarak Gerçek Tatmin sütununa yazın.

Veriye bakınca tahmin ettiğiniz tatmin seviyesini yaşadığınız gerçek tatminle karşılaştırabilirsiniz. Sıklıkla, pek çok etkinliğin tahmin ettiğinizden daha ödüllendirici ve tatmin edici olduğunu fark edeceksiniz. Böylesi bir keşif sizi daha da motive edebilir. Ayrıca kendi kendinize yaptığınız etkinlikler ile başkalarıyla yaptığınız etkinliklerin getirdiği tatmin düzeyini karşılaştırabilirsiniz. En mutlu anlarınızdan bazılarını yalnızken yaşadığınızı fark edebilirsiniz.

Diğer insanlarla kurulan ilişkilerin önemini azımsamaya çalışıyor değilim. Fakat Keyif Tahmini Sayfası, mutluluk kapasitenizin diğer insanlara bağlı olmak zorunda olmadığını göstermeye yardımcı olacaktır. Bu da özgüveninizi diğer insanlara dayandırma tuzağına düşmemenizi ve çelişkili görünse de diğer insanlarla daha tatmin edici ilişkiler kurmanızı sağlayacaktır.

## Keyif Tahmini Sayfası

**İnanç:** Kendimi, aşk olmaksızın tamamen mutlu veya isteğim olmuş gibi hissetmiyorum.
Eğer reddedilirsem veya yalnızsam, kendimi değersiz ve üzgün hissederim.

| **Etkinlik**<br>Keyif, öğrenme veya kişisel gelişim potansiyeli olan aktivitelerin programını yapın. | **Eşlik eden**<br>Yalnız yaptığınız etkinlikler için "kendim" ifadesini kullanın. | **Tahmin EdilenTatmin Düzeyi (% 0-% 100)**<br>Her etkinlikten **önce** kaydedin. | **Gerçek Tatmin Düzeyi (% 0-% 100)**<br>Her etkinlikten **sonra** kaydedin. |
|---|---|---|---|
| | | | |
| | | | |
| | | | |
| | | | |
| | | | |
| | | | |
| | | | |

# 9 Ya Olursa Tekniği

Aşağı ok tekniği, sizi başkalarıyla ilişkilerinizde sorunlar yaşamaya, kaygıya ve depresyona yatkın duruma getiren baltalayıcı inançlarınızı belirlemenize yardımcı olur. Ya olursa tekniği, kaygınızı tetikleyen korkutucu imgeyi ortaya çıkarmanıza yardım eder. Bu beklentiyle yüzleştiğinizde, korkularınızdan bütünüyle kurtulabilirsiniz.

Kristin, 9 ve 11 yaşlarındaki iki oğluyla Philadelphia'da yaşayan, boşanmış bir kadındı. Seçkin bir aileden gelmekteydi ve hayır faaliyetlerinde aktif olarak yer alıyordu. Ancak, senelerdir agorafobi hastalığından muzdaripti ve çocukları ya da güvendiği bir arkadaşı yanında olmadan evden ayrılamıyordu.

Kristin'in bu kadar korktuğu şeyin ne olduğunu bulabilmek için, ondan bir günlük duygudurum çizelgesi doldurmasını istedim. Marketten içeri kendi başına girme düşüncesi, günlük duygudurum çizelgesindeki sıkıntı veren olaydı. Kendisini depresif, kaygılı, suçlu, utanmış, kusurlu, yalnız, mahcup, hayal kırıklığına uğramış ve engellenmiş hissediyordu. Kendisine şöyle söylüyordu: "Eğer markete yalnız girersem korkunç bir şey olabilir."

Ya olursa tekniğini kullanarak bu korkuyu incelemeye karar verdim. Bu, aşağı ok tekniğine çok benzemekle beraber, özel olarak kaygıya yöneliktir. Günlük duygudurum çizelgesindeki bir olumsuz düşüncenin altına aşağı ok çizilir ve kişi kendine şöyle sorular sorar: "Ya bu gerçek olsaydı? Olabilecek en kötü şey ne? En çok korktuğum şey ne?" Aklınızda yeni bir imge oluşacaktır. Bunu okun altına yazın ve onun da altına başka bir ok çizin. Aynı türden soruları kendinize sormaya devam edin. "Ya bu gerçekleşseydi? En çok neden korkuyorum?" Eğer bunu bir kaç kez tekrar ederseniz, sizi korkularınızı tetikleyen çekirdek imgeye ulaştıracaktır.

Kristin'den olumsuz düşüncesinin altına bir aşağı ok çizmesini istedim ve ona şunu söyledim: "Diyelim ki marketten içeri kendi başına girmeye karar verdin. Olabilecek en kötü şey ne? En çok neden korkuyorsun?"

Kristin şunu söyledi: "Farkında olmaksızın mendilimi kaldırımda düşürmüş olabilirim." 176. sayfada görebileceğiniz gibi, ondan bu düşünceyi okun hemen altına kaydetmesini ve altına başka bir ok yerleştirmesini istedim. Konuşmamız şu şekilde gelişti:

**David:** Farzedelim ki bu gerçekleşti. Mendilini markete giderken yolda düşürdün. O zaman ne olurdu? En çok neyden korkarsın?

**Kristin:** Şey, mendilimi kaybettiğim noktada korkunç bir suç işlenebilir. Orada birileri öldürülebilir.

**David:** Peki, devam et ve bunu okun altına yaz ve altına başka bir ok daha çiz. Şimdi, varsayalım ki bu gerçekten oldu. Mendilini kaldırımda düşürdün ve tam o noktada bir cinayet işlendi. Ya sonra? En çok neyden korkarsın?

**Kristin:** Polis suç yerinde benim mendilimi bulabilir ve izini sürerek bana ulaşabilir. Örneğin DNA örneklemesi kullanabilirler.

**David:** Güzel. Bunu yaz ve altına bir ok daha yerleştir. Şimdi, varsayalım ki polis mendilini gerçekten buldu. Ya sonra?

**Kristin:** Şey, katilin ben olduğum sonucuna varabilir ve beni tutuklayabilirler. Yalnız olduğum için suç işlendiğinde başka bir yerde olduğumu kanıtlayamam.

**David:** Tamam, diyelim ki polis seni tutukladı, sorgulama için içeri aldı ve senin kanıtın yok. Bu olsa ne olurdu? En çok neyden korkarsın?

**Kristin:** Beni yargılar ve cinayetten suçlu bulabilirlerdi.

**David:** Ya sonra?

**Kristin:** Sonra beni hayatımın sonuna dek hapishaneye kapatırlardı.

**David:** Hiç kuşkusuz, kimse hayatının geri kalanını demir parmaklıklar arkasında geçirmek istemez. Fakat bu senin için ne anlama gelirdi? Hapishaneyle ilgili sana bu kadar korkunç gelen şey nedir?

Kristin şunları söyledi: "Oğullarım yalnız, anneleri olmadan büyümek zorunda kalırlardı. Onların yanında olamazdım." Ağlamaya başladı, bir çağrışıma yol açtık gibi görünüyordu.

Epeyce ağladıktan sonra kendisinden, bana bu korkudan biraz daha bahsetmesini istedim. Elbette hiçbir anne hapishanede mahsur kalmak ve çocuklarından ayrı olmak istemezdi, ancak bu son derece olasılık dışı bir senaryoydu. Kristin oğulları için niçin bu kadar endişeliydi?

Kristin, 11 yaşındaki oğlu olan Tom'un okulda sorun yarattığını belirtti. Ayrıca, birkaç komşu, polise geceleri birilerinin camını kırdığına dair şikayette bulunmuştu. Bir kaç gün sonra, polis Tom'u komşuların pencerelerine taş atarken yakalamış ve onu eğer davranışlarını düzeltmezse kendisini çocuk hapishanesine göndermekle tehdit etmişti. Kristin ayrıca okuldan Tom'un derslerinde başarısız olduğuna ve kavgalara karıştığına dair bildirimler alıyordu. Tom'a kızgındı ancak ona kurallar koymak istemiyordu. Onu sevgi ve

## KRİSTİN'İN YA OLURSA TEKNİĞİ

| Olumsuz Düşünceler | % Önce | % Sonra | Çarpıtmalar | Olumlu Düşünceler | % İnanç |
|---|---|---|---|---|---|
| 1. Marketten içeri yalnız girersem korkunç bir şeyler olabilir. ↓ | 100 | | | | |
| 2. Farkında olmadan mendilimi kaldırımda düşürebilirim. ↓ | 100 | | | | |
| 3. Mendilimi kaybettiğim noktada cinayet gibi korkunç bir suç işlenebilir. ↓ | 100 | | | | |
| 4. Polis mendili ve izini sürerek bana ulaşabilir. | 100 | | | | |
| 5. Cinayeti benim işlediğimi düşünebilir ve beni tutuklayabilirler. ↓ | 100 | | | | |
| 6. Sonra cinayetten suçlu bulunur ve hayatımın geri kalanını hapishanede geçirmek zorunda kalırdım. ↓ | 100 | | | | |
| 7. Sonra çocuklarım yalnız ve annesiz büyümek zorunda kalırlardı. | 100 | | | | |

mantıkla disipline etmek istiyordu ama bu stratejiler etkili olmamıştı. Bir yandan, eski kocasına çocukları şımarttığı, onun disipline etme çabalarına destek olmadığı için kızgındı. Ancak, çok nazik bir insan olduğu ve sorun yaratmak istemediği için bu duygularını belli etmiyordu.

Kristin'in korkularının arkasında gizlenmiş bazı gizli kalmış duygular var gibiydi. Hayalinde, işlemediği bir suçtan mahkum olmaktaydı. Ancak içinde, gerçekte Tom'un bir suçluya dönüşüyor olmasından korkmaktaydı. Kızgındı, ancak kendini suçlu hissetmekteydi çünkü bunun tamamen kendi hatası olduğuna inanmaktaydı, bu nedenle hayalinde hapse düşen kendisiydi. Böylece aynı zamanda, kendisini annesiz büyümek zorunda bırakmak yoluyla Tom'u cezalandırmaktaydı. Psikanalistler bunu "mazoşist çözüm" olarak adlandırırlar. Bir başka deyişle, kendini daha fazla cezalandırıyorsan, başkalarını da cezalandırabilirsin.

Kristin öfke duygularını örtbas ettiğinde onlar yeniden yüzeye çıkmakta, korkulu fanteziler olarak kılık değiştirmekteydiler. Öfkenizi görmezden gelmeye çalışabilirsiniz, ancak öfke dolaylı yoldan mutlaka kendini gösterir. Kaygı neredeyse her zaman için, içinizdeki asıl duygunun sembolik ifadesidir.

Kristin ile Tom'u sıkı ama sevecen bir şekilde nasıl disipline edebileceğini konuştuk. Bu beceriyi edinmek için hevesliydi çünkü kibarlığının bir şeyler yaptırmaya yaramadığının farkındaydı. Ayrıca, tartışmaya son vermeleri ve takım olarak çalışmaya başlayabilmeleri için, ona eski kocası ile nasıl daha ustalıkla iletişim kurabileceğini açıkladım. Kristin'in kişilerarası becerileri ve özgüveni önemli ölçüde artmıştı. Öğretmeni, Kristin'e Tom'un not ve davranışlarında belirgin bir gelişme olduğunu belirten bir not yazmıştı ve birkaç ay sonra Tom sınıf başkanı seçilmişti.

Yüzeyin altında büyümekte olan bazı sorunları çözümlemiş olsak da, Kristin hâlâ evden yalnız başına çıkmaktan korkuyordu. Bu korkuyla eninde sonunda yüzleşecekti. Onu, bir cumartesi sabahı evden tek başına çıkması ve kendi evinden birkaç blok ötedeki parkta bulunan bir bankta oturması için cesaretlendirdim. Ona, bir saat ya da daha fazla sürecek olsa bile, kaygısı geçinceye veya önemli ölçüde azalıncaya kadar bankta oturmasını söyledim. Yanında bir not defteri götürmesini ve birkaç dakikada bir, % 0 (kaygı yok) ile % 100 (tamamen panik) aralığında bir skalada kaygısının şiddetini not edebileceğini söyledim. Aklına gelen korkutucu düşünce ve hayalleri de kaydedebilecekti. Bu tekniğe "kendini gözlem" adı verilmektedir.

Kristin, ödevin kulağa ürkütücü geldiğini söyledi ancak bunu denemeyi kabul etti çünkü agorafobisini yenmek konusunda kararlıydı. Ona eğer kaygısı onu zorlamaya başlarsa tüm ilgisini gerektiren bir şeye yoğun konsantre olarak dikkatini dağıtabileceğini söyledim. Kristin, ihtiyaç duyması olasılığına karşı yanında Rubik Küpü'nü de götüreceğini söyledi.

Büyük gün sonunda gelmişti. Kristin kendisini zorlayarak parka yürüyüp bir banka oturdu. Kaygısı % 90'a çıkmıştı ve tutuklanıp hapse gönderilme imgelerine boğulmuştu. Ancak yaklaşık 20 dakika boyunca orada oturdu ve kendisini kaygıya tahammül etmek için zorladı.

Aniden 10 metre ötede bir polis fark etti. Kaygısı hızla % 100'e yükseldi ve eve koşmak için neredeyse karşı konulamaz bir istek duydu. Ancak ne kadar kaygılanırsa kaygılansın oradan ayrılmamak adına verdiği sözü hatırladı ve böylece gözlerini ayaklarına dikerek kendisini görünmez kılmaya çalıştı. Polis memurunu göz ucuyla görebiliyordu ve çaresizce gitmesini ummuştu.

Bunun yerine adam dönüp kendisine doğru yürümeye başladı. Tam bir dehşetti! Rubik Küpü'nü çıkardı ve parmakları arasında çevirmeye başladı. Ancak adam gitgide daha çok yaklaşmaktaydı. Birdenbire önünde kaldırımda iki siyah ayakkabı gördü ve polisin aşağı doğru kendisine bakarak beklemekte olduğunu fark etti.

Oyunun bittiğini fark etmişti. Rubik Küpü'nü kucağına koydu, yukarı baktı ve adamın kelepçeleri takabilmesi için kollarını önüne uzattı. Ancak yukarı baktığında gördü ki bu memur, o küçük bir kız olduğu zamandan beri tanıdığı eski İrlandalı polis O'Reilly idi. Adam nazikçe gülümsedi ve "Günaydın, Kristin! Ne güzel bir gün. İyileşiyor olduğunu görmek harika!" dedi.

Kristin'in korkuları hızla yok oldu. Memur O'Reilly ile coşkuyla birkaç dakika sohbet etti ve sonraki birkaç saatini Philadelphia şehir merkezinde dolaşarak, alışveriş yaparak ve senelerdir yapamadığı ne var ne yoksa yaparak geçirdi. O süre boyunca hiç bir kaygı belirtisinin olmadığını söyledi. Agorafobisi asla geri gelmedi.

Kristin'in iyileşmesine katkısı olan beş teknik vardı: İlk olarak, Ya Olursa Tekniği'ni kullanarak korkularının kökünde yatan imgeyi ortaya çıkardık. Aynı zamanda, korkularını kamçılayan hüsran ve öfkeyi açığa çıkardık. Bu gizli kalmış duygular tekniğiydi. Son olarak, bir çeşit yoğun maruz bırakma olan taşırma tekniğini, kendini gözlem ve dikkati dağıtma ile birleştirdik ki en çok korktuğu canavarla yüzleşebilsin.

Ya Olursa Tekniği, korkularınızı tetikleyen hayali ortaya çıkarmanızda size yardım edecektir, ancak tek başına içgörü yeterli olmayacaktır. En nihayetinde, tıpkı Kristin'in yaptığı gibi, korkunuzla yüzleşmeniz gerekir. Kullandığınız maruz kalma biçimi korkularınızın doğasına bağlı olacaktır. 3. Kısım'da birçok Yenilikçi Maruz Bırakma Tekniği'nden bahsedeceğiz.

# 10 Şefkate dayalı teknikler

Birçoğumuz işleri çifte standart ile yürütürüz. Kendimizi üzgün hissettiğimizde, kendimizi acımasızca eleştirir ve paramparça ederiz. Ama aynı sorun hakkında yakın bir arkadaşımızla konuşuyor olsak, çok daha nazik ve objektif oluruz. Çifte standart tekniğini uyguladığınız zaman, çifte standartlarınızı bırakmaya karar verir ve kendiniz de dahil olmak üzere bütün insanlara, doğruluk ve şefkate dayanan tek bir standart ile davranırsınız.

Bu, şu şekilde gerçekleşiyor: Kaygılı ya da depresif olduğunuz zaman, zihniniz siz ve hayatınızla ilgili olumsuz düşüncelerle dolup taşar. Kendinize işe yaramaz olduğunuzu, her şeyi batırdığınızı ve asla değişen bir şeyin olmayacağını söyleyebilirsiniz. Kendinize sorun: "Benzer sorunu olan yakın bir arkadaşımla nasıl konuşurdum? Ona böyle acımasız şeyler söyler miydim? Hayırsa, niye söylemezdim?"

Bir arkadaşınızla böyle konuşmayacağınız sonucuna varabilirsiniz, çünkü bu zalimce olurdu ve her şeyden önce bu düşünceler gerçeği yansıtmıyor. Eğer öyleyse, kendinize arkadaşınıza ne söyleyeceğinizi sorun. Sonra, kendinizle aynı şekilde şefkatle konuşmak için istekli olup olmadığınıza bakın.

Bir kaç yıl önce, Florida'da küçük bir psikoterapist grubu için üç günlük yoğunlaştırılmış atölye çalışması düzenledim. Atölye, psikoterapi eğitiminin beraberinde kişisel iyileşmeye de odaklanmaktaydı. "Hekim, kendini iyileştir" benzeri bir teması vardı.

Walter adında bir evlilik ve aile terapisti, birkaç aydır kaygı ve depresyon ile boğuştuğunu anlattı. Zira, sekiz yıldır birlikte yaşadığı adam Paul yeni bir sevgili bulup kendisini terk etmişti. Walter, Paul'un doğumgününü kutlamak için o ve yeni sevgilisinin Hawaii'ye gidecek olduğunu öğrendiğinde tamamen yıkıldığını hissetmişti. O kadar utanmıştı ki ailesine Paul ile ayrıldıklarını söylememişti bile. Elini göğsüne koyup şöyle dedi: "Tam şurada, gerçek bir ağırlık hissediyorum. Bütün yaşantıyla ilgili sadece bir boşluk ve yalnızlık hissi var. Benim oldukça yerli yerinde ve tahmin edilebilir bir hayatım vardı. Birdenbire, buna artık sahip değilim ve kendimi çok yalnız hissediyorum. Çok genel ve kesin geliyor. Bu acı sonsuza dek, zamanın sonuna kadar devam edecek gibi hissediyorum."

Walter'a sempati duymuştum. Onu bu kadar acı içinde görmek zordu çünkü çok nazik ve uysal birine benziyordu. Elbette, derinden önemsediğiniz bir insanı kaybettiğiniz zaman bir kayıp hissi duymanız doğaldır. Ancak reddedilmenin acısının çoğu, düşüncelerimizden kaynaklanır, reddedilmenin kendisinden değil. Ve bazen bu düşünceler fazlasıyla çarpık ve yaralayıcıdır.

Walter'a, Paul'la ayrılmalarına ilişkin nasıl düşünüp hissettiğini sordum. Kendisine ne söylüyordu? Dedi ki: "Kendimi inanılmaz derecede suçlu ve utanmış hissediyorum ve öyle görünüyor ki bu benim hatam. Belki yeterince becerikli, çekici ya da dinamik değildim. Belki duygusal olarak onun yanında değildim. Elime yüzüme bulaştırmış olmalıyım, yoksa Paul beni terk etmezdi diye hissediyorum. Bazen kendimi tam bir sahtekâr gibi hissediyorum. İşte buradayım, bir evlilik ve aile terapistiyim, ve kendi ilişkim bile yürümedi. Kendimi bir zavallı gibi, gerçekten, gerçekten koca bir zavallı gibi hissediyorum."

Walter üzgün, kaygılı, suçlu, değersiz, yalnız, mahcup, umutsuz, sıkışmış ve öfkeli hissediyordu. Bu hislerin çoğu yoğundu. Günlük duygudurum çizelgesine bu beş olumsuz düşünceyi kaydetmişti:

1. Bir daha asla bir romantik ilişki içinde olmayacağım.
2. Ben birlikte yaşanması ve birlikte bir ilişki içinde olunması imkansız bir kişi olmalıyım.
3. Bende yanlış bir şeyler olmalı.
4. Tamamen çuvalladım ve hayatımı klozete atıp üzerine sifonu çektim.
5. Sonunda yaşlı, şişman, saçları ağarmış ve yalnız bir eşcinsel adama döneceğim.

Bu düşüncelerin tamamına şiddetle inanıyordu. Walter'ın olumsuz düşüncelerinde bulabildiğiniz tüm çarpıtmaları tik kullanarak işaretleyin. Bilişsel çarpıtmaların tanımları için 115. sayfaya başvurabilirsiniz.

| Çarpıtma | ✓ | Çarpıtma | ✓ |
|---|---|---|---|
| 1. Ya hep ya hiç şeklinde düşünme | | 6. Aşırı büyütme ya da küçültme | |
| 2. Aşırı genelleme | | 7. Duygusal mantık yürütme | |
| 3. Zihinsel filtre | | 8. Zorunluluk ifadeleri | |
| 4. Olumluyu görmezden gelme | | 9. Etiketleme | |
| 5. Keyfî çıkarsama<br>• Zihin okuma<br>• Falcılık | | 10. Suçlama<br>• Kendini suçlama<br>• Başkasını suçlama | |

## Yanıt

Sayfa 185'de görebileceğiniz gibi, Walter ve ben düşüncelerinde 10 çarpıtmanın tamamını bulduk.

Walter'ın acısının çoğunun, reddedilmeyle ilgili mantığa uygun olmayan şekilde düşünmesinden kaynaklandığını görebilirsiniz. Walter'ın kendisine Paul'den daha acımasızca davrandığını bile söyleyebilirsiniz. Çifte Standart tekniğinin yardımcı olabileceğini düşündüm çünkü Walter sıcak ve şefkatli bir kişi gibi görünüyordu. Ona sekiz yıldır birlikte yaşadığı kişi tarafından reddedilen bir yakın arkadaşı olsa ona ne diyeceğini sordum. Dedim ki, "Ona kendisinde yanlış bir şeyler olduğunu, birlikte yaşanması mümkün olmayan bir insan olduğunu ve hayatını klozete atıp sifonu çektiğini söyler miydin?"

Walter şaşkın görünüyordu ve arkadaşına böyle bir şeyi asla demeyeceğini söyledi. Aynı durumdaki bir arkadaşına ne söyleyeceğini göstermesi için, bir rol oynama egzersizi denememizi önerdim. Walter'a Kirk adında yakın bir arkadaşı olduğunu farzetmesini söyledim. Kirk, Walter'ın neredeyse bir klonuydu. O da bir evlilik ve aile terapisti, Walter ile aynı yaşta ve bütün güçlü ve zayıf yanları Walter'ınkilerle aynı. Ayrıca Kirk, sekiz yıl birlikte yaşamanın ardından sevgilisi Jake ile yeni ayrılmıştı. Walter'a Kirk rolünü oynayacağımı ve onun da kendisini oynayacağını söyledim. Diyalogumuz şöyle geçti:

**Kirk** (David canlandırıyor): Walter, bir dakika konuşabilir miyiz?

**Walter**: Ne oldu?

**Kirk**: Haberin var mı bilmiyorum, ama Jake ve ben bir ay kadar önce ayrıldık. Henüz öğrendim ki yeni sevgilisiyle doğumgününü kutlamak için Hawaii'ye gidiyormuş. Yıkıma uğradım.

## WALTER'IN ÇARPITMALARI

| Çarpıtma | ✓ | Açıklama |
|---|---|---|
| 1. Ya hep ya hiç şeklinde düşünme | ✓ | Walter bir şeyler üzerine siyah ve beyaz uçlarda düşünüyor. Kendine ilişkinin tamamıyla fiyasko olduğunu ve ayrılığın tek sorumlusunun kendisi olduğunu söylüyor. |
| 2. Aşırı Genelleme | ✓ | Walter reddedilmeyi bütün benliğine genelliyor ve kendisine değersiz, sevilmez ve işe yaramaz olduğunu söylüyor. Bu kadar utanmasının ve umutsuz hissetmesinin nedeni bu. |
| 3. Zihinsel Filtre | ✓ | Walter eksikliklerinin tümüne odaklanıyor ve birçok olumlu özelliklerini filtreliyor. |
| 4. Olumluyu Görmezden Gelme | ✓ | Walter mütevazı davranıyor ve kendisinin sıcak, sadık ve sevecen bir kişi olduğu gerçeğini gözardı ediyor. |
| 5. Keyfî Çıkarsama<br>• Zihin Okuma<br>• Falcılık | ✓ | Walter kendisine bir daha asla romantik bir ilişkisinin olmayacağı ve sonunda şişman, yalnız ve tek başına kalmış bir insana döneceğini söylerken Falcılık ile meşgul olmaktadır. |
| 6. Aşırı Büyütme ya da Küçültme | ✓ | Sorun içinde kendi rolünü büyütüyor ve Paul'unkini küçültüyor. Ayrılıktaki rolünü gözden geçirmesi takdire değer olsa da tangonun iki kişilik olduğunu hesaba katmıyor. |
| 7. Duygusal Mantık Yürütme | ✓ | Kendini suçlu hissediyor, bu nedenle ayrılıktan kendisinin sorumlu olduğunu varsayıyor. Değersiz hissediyor, dolayısıyla kendisinin gerçekten bir ezik olduğu sonucuna varıyor. Umutsuz hissediyor, bu yüzden kendisine kaderinin sonsuza kadar yalnız kalmak olduğunu söylüyor. |
| 8. -meli, -malı İfadeleri | ✓ | Walter kendisine hiçbir kusurunun ya da eksiğinin olmaması gerektiğini söylüyor. Ayrıca, eğer o seven ve sadık bir partner olursa bütün ilişkilerin sonsuza dek sürmesi gerektiğine inanıyor gibi görünüyor. |
| 9. Etiketleme | ✓ | Kendinin bir sahtekâr ve ezik olduğunu düşünüyor. |
| 10. Suçlama<br>• Kendini Suçlama<br>• Başkasını Suçlama | ✓ | Yanlış yaptığı spesifik bir şey anımsayamamasına rağmen, ilişkinin başarısızlığından tamamen kendisini suçluyor. |

**Walter:** Bunu duyduğuma üzüldüm. Kendini korkunç hissediyor olmalısın.

**Kirk:** Evet korkunç hissediyorum. Hayatımı tümüyle batırdığımı düşünüyorum. Bende yanlış bir şeyler var gibi hissediyorum ve öyle görünüyor ki bir daha asla romantik ilişki içinde olmayacağım. Dediklerim anlamlı geliyor mu?

**Walter:** Jake seni terk ettiğinde bunun büyük bir darbe olduğunu hayal edebiliyorum, ancak söylediklerini anlayabildiğimden pek emin değilim. Sende yanlış bir şeyler olduğu ya da bir daha asla romantik ilişkiye girmeyeceğin sonucuna nasıl vardın?

**Kirk:** Bu benim yanlışımmış gibi hissediyorum çünkü kendimi çok değersiz, suçlu ve utanmış hissediyorum. İşe yaramazmışım gibi ve bende yanlış bir şeyler varmış gibi hissediyorum.

**Walter:** Bana kendine bir hayli çok yükleniyorsun gibi geliyor. Jake'i üzecek bir şey mi yaptın? Neyi yanlış yaptığını düşünüyorsun?

**Kirk:** Aslında hiçbir şey düşünemiyorum. Sadece yeterince iyi olmadığım için beni terk etmiş olmalı diye hissediyorum. Yoksa niye beni terk etmiş olsun ki?

**Walter:** Jake'in gitmiş olması kötü, seni kalpten anlıyorum. Bunun ne kadar yıkıcı hissettirebileceğini biliyorum. Ancak insanlar ilişkilerini türlü türlü nedenlerle bitiriyorlar. Belki sıkılmıştı. Belki öfkeliydi. Belki tezcanlıydı. Belki azgındı ve tanıştığı heyecan verici birisi tarafından cezbedilmişti. Uzun bir olasılıklar listesi var. Ve ikinizin arasında birtakım anlaşmazlıklar vardıysa da, bunu çözmeyi denemeden çekip giden oydu, sen değil.

**Kirk:** Bu doğru olabilir, ama gerçek şu ki, her ne nedenle olursa olsun o beni terk etti ve ben bir daha asla romantik ilişkim olmayacağını hissediyorum. Hayatımın, sonuna yaklaştığını ve yaşamımın geri kalanı boyunca yalnızlık, utanç ve ıstıraptan başka gerçekleşmesini bekleyeceğim bir şeyin olmadığını hissediyorum.

**Walter:** Başka bir romantik ilişkinin bir daha asla olmayacağı sonucuna nasıl vardın? Bu, biraz uç geliyor. Geçmişte hiçbir romantik ilişkinin içinde bulundun mu?

**Kirk:** Eh, evet, geçen sekiz yıldır ilişki içindeydim. Ve ondan önce de romantik ilişkilerim olmuştu.

**Walter:** Yani öyle görünüyor ki sekiz yıl süren biri de dahil olmak üzere birçok romantik ilişki içinde oldun. Doğru mu?

**Kirk:** Evet, doğru.

**Walter:** Öyleyse merak ettim, gelecekte asla bir ilişki içinde olmayacağını savunmak anlamlı mı? Söylediklerin bana pek akla yatkın gelmiyor.

**Kirk:** Yani şu an kendimi berbat hissediyor olsam da, geçmişte birçok romantik ilişki içinde olduğuma göre gelecekte muhtemelen yine bir romantik ilişki içine gireceğimi mi söylüyorsun?

**Walter:** Kesinlikle öyle!

**Kirk:** Bunu sadece beni iyi hissettirmek için mi yoksa doğru olduğu için mi söylüyorsun?

**Walter:** Bunu gerçek olduğu için söylüyorum. Hayatında birçok romantik ilişki içinde bulundun, dolayısıyla gelecekte başka bir romantik ilişkinin olması son derece olası görünüyor.

**David** (tekrar kendisi olarak): Söylediğine gerçekten katılıyorum Walter. Aynısı senin için de geçerli olabilir miydi? Ne de olsa arkadaşın Kirk tıpkı senin gibi.

**Walter:** Ya! Ne demek istediğini anlıyorum. Sanırım bu benim için de geçerli olmak zorunda.

Rol yaptığımız sırada Walter'ın, "bir daha asla romantik ilişki içinde olmayacağım" şeklindeki olumsuz düşüncesinin pek gerçekçi olmadığını oldukça ikna edici şekilde savunmaya başladığına dikkat ediniz. Çifte standart tekniği onun için açıkça işe yaramış gibi görünüyordu, ancak bundan emin olmak istedim. Walter'a günlük duygudurum çizelgesindeki ilk olumsuz düşüncenin yanlışlığını gösterecek olumlu bir düşünce önerip öneremeyeceğini sordum. Önerdiği olumlu düşünceyi aşağıda görebilirsiniz. Bu düşünce Walter'a gerçekçi geldi, bu yüzden "İnanç yüzdesi" sütununa % 95 verdi. Bu, duygusal değişim için yeterli koşulu sağladığı anlamına geliyordu. Ek olarak, Walter'ın olumsuz düşünceye olan inancı % 95'ten % 15'e düşmüştü. Bu da, ayrıca olumlu düşüncenin duygusal değişim için yeterli koşulu sağladığı anlamına geliyordu.

| Olumsuz Düşünceler | % Önce | % Sonra | Çarpıtmalar | Olumlu Düşünceler | % İnanç |
|---|---|---|---|---|---|
| 1. Bir daha asla romantik bir ilişkim olmayacak. | 95 | 15 | | 1. Bunun için gerçek bir kanıt yok. Geçmişte birçok romantik ilişkim oldu. Bir daha asla romantik bir ilişkim olmayacakmış gibi hissediyorum çünkü şu anda çok kırgınım. Ama bu hisler sonunda yok olacak ve ben tıpkı önceden hep yaptığım gibi, başkalarıyla ilişki kurmaya yeniden başlayacağım. | 95 |

Bu ani değişim niçin oldu? Rol yaparken, Walter reddedilme hakkında çok daha gerçekçi ve şefkatli bir şekilde düşünebilmişti çünkü kendisini, reddedilen yakın bir arkadaşla konuşuyor gibi hissediyordu. Ama elbette, gerçekte kendisiyle konuşmaktaydı.

Walter'ın beyninin özeleştirel tarafıyla olan savaşı gerçekten kazandığından emin olmak istedim, bu nedenle çifte standart rol çalışmasıyla devam ettim. Bu kez, Walter'ın ikinci olumsuz düşüncesi "Ben birlikte yaşanması ve birlikte bir ilişki içinde olunması olanaksız bir kişi olmalıyım"a odaklandım. Olabildiğince ikna edici savunma yaptım, çünkü tekrar başarılı olabilecek miydi görmek istiyordum. Bir kez daha, Walter'ın arkadaşı Kirk rolünü oynuyorum:

**Kirk** (David canlandırıyor): Walter, sana sözünü etmediğim bir nokta daha var. Anlamadığın şey şu ki ben birlikte yaşaması ve birlikte bir ilişki içinde olması olanaksız birisiyim. Kendimi böyle kötü hissetmemin ve hayatımın geri kalanında yalnız kalacak olmamın gerçek nedeni bu.

**Walter**: Vay canına, bunu söylediğini duymak beni şaşırttı, çünkü seni uzun zamandır tanıyorum ve seninle ilgili kesinlikle öyle hissetmemiştim. Oysa sen her zaman sıcak ve açık bir kişi ve sadık bir arkadaş olmuşsundur. Nasıl oldu da birlikte bir ilişki içinde olunması imkansız bir kişi olduğun sonucuna vardın?

**Kirk**: İşte, Jake ile olan ilişkim bitti. Bu birlikte ilişki içinde olunması imkansız biri olduğumu kanıtlamıyor mu?

**Walter**: Açık söylemek gerekirse, söylediğin şey pek mantıklı gelmiyor. Her şeyden önce, Jake de ilişkinin içindeydi. Tango iki kişiliktir. İkinci olarak da, onunla sekiz yıl boyunca makul derecede başarılı bir ilişki içindeydin. Öyleyse nasıl birlikte yaşaması olanaksız birisi olduğunu iddia edebilirsin?

**Kirk**: Doğru anladığımdan emin olayım. Sekiz yıl boyunca makul derecede başarılı bir ilişki içinde olduğumu, bu yüzden birlikte yaşaması ve birlikte ilişki içinde olunması imkansız bir kişi olduğumu söylemenin sana pek mantıklı gelmediğini söylüyorsun?

**Walter**: Anladın. Çok açık!

Bu noktada, Walter'ın yüzü sanki o an beyninde bir ampul yanmışçasına aydınlandı ve ikimiz de gülmeye başladık. Olumsuz düşünceleri birden ona anlamsız geldi ve anında duygudurumu değişti. Ondan günlük duygudurum çizelgesinde ikinci olumsuz düşüncenin tam karşısına bir olumlu düşünce yazmasını istedim. 192-93. sayfalarda görebileceğiniz gibi, "Sekiz yıl boyunca Paul ile oldukça başarılı bir ilişki içindeydim" yazmıştı. Bu düşüncenin yanında "İnanç Yüzdesi" sütununa % 100 yazdı. Bu noktada, artık ikinci olumsuz düşünceye hiç inanmıyordu.

Walter'ın geri kalan olumsuz düşüncelerinin yanlışlığını nasıl gösterdiğini görebilirsiniz. Üçüncü olumsuz düşüncesi olan "bende yanlış bir şeyler olmalı"ya yanıtları ilgi çekici. Üç olumlu düşünce buldu ve hepsine inancı % 100'dü. İlk olumlu düşünce "Paul'un davranışı benim insan olarak değerimin ölçüsü olmak zorunda değil" idi. Bu düşünce yalnızca bir miktar yardımcı olmuştu ve Walter'ın olumsuz düşünceye olan inancı sadece % 50'ye düşmüştü. Sonra şunu yazdı: "Bu biraz uç nokta ve haksızca geliyor. Ayrılıkta Paul'ün de katkısı vardı." Bu noktada, Walter'ın olumsuz düşünceye olan inancı % 30'a düştü. Kesin sonuç üçüncü yanıtıyla geldi. Şöyle yazmıştı: "Bende yanlış olan bir hayli şey var, ve ben bunu kabul ediyorum. Ancak sunabileceğim birçok şey de var." Bu olumlu düşünce olumsuz düşünceyi kırdı, böylece ona olan inancı % 0'a kadar düştü.

Olumsuz düşüncelerinizden biri üzerinde çalıştığınızda, aynı örüntüyü görebilirsiniz. Ona bir açıdan saldırabilirsiniz ve bu biraz yardımcı olur ancak yine de olumsuz düşünceye tutunmaktasınızdır. Sonra ona başka bir açıdan saldırırsınız ve olumsuz düşünceye olan inancınız biraz daha düşecektir. Sonra tamamen farklı bir açıdan gelirsiniz ve birdenbire olumsuz düşünceye inanmayı bütünüyle bırakırsınız.

Elbette, amaç sadece nasıl düşündüğünüzü değil, nasıl hissettiğinizi de değiştirmek. Bütün olumsuz düşüncelerinin yanlışlığını göstermesinden sonra Walter'a şimdi nasıl hissettiğini sordum. Daha az üzgün hissediyor muydu? 192-93. sayfalarda olumsuz hislerindeki değişikliği "% Sonra" sütununda görebilirsiniz. Üzüntü hisleri % 80'den % 20'ye kadar düştü. Bunun normal olduğunu düşündüm. Walter'ın biraz üzüntü hissetmeye hakkı vardı çünkü henüz bir kayıp yaşamıştı. Suçluluk, utanç ve kaygı hisleri % 10'a kadar düşmüş ve umutsuzluk hisleri % 5'e inmişti. Yalnızlık, mahcubiyet, sıkışmışlık ve kızgınlık hisleri tamamen yok olmuştu.

İnsanlar Walter'ınki gibi hızlı ve hareketli değişimleri duyduklarında neredeyse her zaman kendilerini biraz kuşkucu hissediyor ve soruyorlar: "Devam edecek mi? Sadece bir saman alevi miydi?" Aslında, eski zaman psikanalistleri hızlı iyileşmeyi desteklemediler. Bunu geçici bir "sağlığa kaçış" olarak görüp önemsemediler ve hastalarının sorunlarından kaçtığını düşündüler.

Benim görüşüm farklı. Hızlı iyileşmeyi candan destekliyorum. Bana kalırsa, ne kadar hızlı o kadar iyi! Acı çekmenden ne zaman kurtulmak istiyorsun? Bundan bir ay sonra mı? Beş yıl sonra mı? Yoksa bugün mü?

Çifte standart tekniği Walter için etkili olmuştu çünkü o nazik, şefkatli birisiydi. Bir açıdan, onu bu kadar mutsuz eden olumsuz düşünceleri nasıl bozguna uğratacağını zaten biliyordu. Ben sadece onu kendi zihninin sevgi dolu tarafıyla temasa geçirdim. Eğer çifte standart tekniği işe yaramamış olsaydı, başka teknikler denerdim.

Rol yapma, çifte standart tekniğini daha canlı hale getirir, ancak elzem değildir. Bu tekniği kendi kendinize de bu kolaylıkla uygulayabilirsiniz. Kendinize yalnızca şunu sorun: "Benzer soruna sahip yakın bir arkadaşıma ne derdim?" Eğer ki bir arkadaşla konuşurken daha şefkatli ve nesnel olduğunuzu keşfederseniz, kendinize karşı

## WALTER'IN GÜNLÜK DUYGUDURUM ÇİZELGESİ

**Durum:** Paul yeni sevgilisiyle Hawaii'ye doğumgününü kutlamaya gitti.

| Duygular | % Önce | % Sonra | Duygular | % Önce | % Sonra |
|---|---|---|---|---|---|
| Üzgün, hüzünlü, depresif, morali bozuk, mutsuz | | | Utanmış, budala, aşağılanmış, içine kapanmış | | |
| Kaygılı, endişeli, paniklemiş, gergin, korkmuş | | | Umutsuz, hevesi kırılmış, karamsar, çaresiz | | |
| Suçlu, vicdan azabı içinde, kötü niyetli, mahcup | | | Hayal kırıklığına uğramış, engellenmiş, yenik | | |
| Aşağı, değersiz, yetersiz, kusurlu, beceriksiz | | | Kızgın, öfkeli, incinmiş, sinirli, hiddetli | | |
| Yalnız, sevilmeyen, istenmeyen, reddedilmiş, terk edilmiş | | | Diğer (tanımlayın) | | |

| Olumsuz Düşünceler | % Önce | % Sonra | Çarpıtmalar | Olumlu Düşünceler | % İnanç |
|---|---|---|---|---|---|
| 1. Bir daha asla romantik bir ilişkim olmayacak | 95 | 15 | AG, ZF, OYS, ZO, F, B, DÇ, Zİ, KS | 1. Bunun için gerçek bir kanıt yok. Geçmişte birçok romantik ilişkim oldu. Bir daha asla romantik bir ilişkim olmayacakmış gibi hissediyorum çünkü şu anda çok kırgınım. Ama bu hisler sonunda yok olacak ve ben tıpkı önceden hep yaptığım gibi, başkalarıyla ilişki kurmaya yeniden başlayacağım. | 95 |
| 2. Birlikte yaşanması ve birlikte bir ilişki içinde olunması imkansız bir kişi olmalıyım. | 95 | 0 | YHYH, AG, ZF, OYS, B/K, DÇ, Zİ, E, KS | 2. Paul ile 8 yıl için, makul derecede başarılı olan bir ilişki içindeydim. | 100 |

| | | | | | |
|---|---|---|---|---|---|
| 3. Bende yanlış bir şeyler olmalı. | 100 | 50<br>30<br>0 | YHYH, AG, ZF, OYS, ZF, B/K, DÇ, Zİ, E, KS | 3. Paul'un davranışı benim insan olarak değerimin ölçüsü olmak zorunda değil.<br>Bu biraz uç ve haksızca geliyor. Ayrılıkta Paul'un da katkısı vardı.<br>Bende yanlış olan bir hayli şey var, ve ben bunu kabul ediyorum. Ancak sunabileceğim birçok şey de var. | 100<br>100<br>100 |
| 4. Tamamen çuvalladım ve hayatımı klozete atıp üzerine sifonu çektim. | 100 | 10 | YHYH, AG, ZF, OYS, B/K, DÇ, Zİ, KS | 4. Öğrenmeye ve hata yapmaya hakkım var. Yüz yaşıma geldiğimde, belki bütün yanıtları bilebilirim! | 100 |
| 5. Sonunda yaşlı, şişman, saçları ağarmış ve yalnız bir eşcinsel adama döneceğim. | 100 | 5 | F, DÇ, E | 5. Şu anda zor bir zamandan geçiyorum ve biraz desteği hak ediyorum. Saçlarım zaten beyazlamaya başladı, ve yaşlanmamı durduramam ama düşüncenin geri kalanı çokça saçmalık! | 100 |

da böyle konuşmak isteyip istemeyeceğinizi kendinize sorun. Walter'la olan diyaloguma benzer bir diyalog yazabilirsiniz bile.

Herkes için etkili tek bir teknik yoktur, ve çifte standart tekniği de buna dahildir. Eğer çifte standardınız yoksa, bu teknik olasılıkla işe yaramayacaktır. Bazı insanlar başkalarına karşı tam olarak kendilerine olduğu gibi kötü davranırlar. Aynı zamanda yüksek standartlarınız ve acımasız özeleştirilerinizin size yardımcı olduğunu düşünüyorsanız da bu teknik işe yaramayabilir. Bazı mükemmeliyetçi kişiler bana çifte standarda sahip olmak istediklerini çünkü başkalarından beklediklerinden çok daha fazlasını kendilerinden beklediklerini söylemiştirler. Başaramadıklarında ya da hata yaptıklarında kendilerini hırpalarlarsa, bunun onları daha çok çalışmaya ve daha fazlasına ulaşmaya motive edeceğini düşünüyorlar.

Eğer özeleştirel bir düşünme şekli sizin için işe yarıyorsa, bunu değiştirmek için bir neden yoktur. Ama deneyimlerime göre, kendini ayıplama, suçluluk, yetersizlik hisleri genellikle pek motive edici değildir ve bana hatalarımdan öğrenmemde yardımcı olmazlar. Utanç ve suçluluk hisleri sadece başarısızlıklarımı örtbas etmek istememe neden olurlar çünkü onlarla yüzleşmeye katlanamam. Aslında en iyi çalışmamı mutlu hissederken, rahatlamışken ve kendimi kabul ettiğimde sergilerim.

# 11 Gerçeğe dayalı teknikler

Kopernik'ten önce insanlar, Dünya'nın, evrenin merkezi olduğuna inanıyorlardı. Güneş'in, Dünya'nın yörüngesi etrafında döndüğünden eminlerdi ve bu inanç için güçlü kanıtları vardı. Ne de olsa Güneş her sabah doğudan yükseliyor ve her akşam batıdan batıyordu.

Bu fikri Kopernik ve Galileo değiştirdi. İnsanların yanlış fikre sahip olduğunu ve gerçekte Dünya'nın, Güneş'in yörüngesinde döndüğünü ileri sürdüler. Algıdaki değişim en nihayetinde modern gökbilimin gelişmesine öncülük etti ve evrene ilişkin anlayışımızı dönüştürdü.

Kaygı, endişe ve panik de gerçekçi olmayan inanışlardan kaynaklanır. Tamamıyla geçerli hissettirseler de, bu hisleri yaratan düşünceler her zaman çarpık ve mantığa aykırıdır. Gerçeğe dayalı teknikleri kullandığınızda, tıpkı bir bilim insanı gibi olumsuz düşüncelerinizin kanıtlarını sorgular ya da deneyler yaparak gerçekliklerini sınarsınız. Olumsuz düşüncelerinizin geçerli olmadığının keşfi akıl almaz derecede heyecan verici olabilir çünkü kendiniz ve dünya hakkında yeni kökten bir anlayış geliştireceksinizdir.

Bu bölümde, sizi kaygılı ve depresif yapan düşüncelerinizin yanlışlığını ortaya çıkarmanıza yardım edebilecek dört teknik öğreneceksiniz: Kanıt inceleme, deneysel teknik, araştırma yöntemi ve yeniden atıfta bulunma. Bu tekniklerin arkasındaki fikir şu ki, "Gerçek sizi özgürleştirecektir." Bu anlayış bilişsel terapinin köşe taşıdır.

## KANIT İNCELEME

Olumsuz düşüncelerinizin doğru olduğunu varsaymak yerine kendinize şunu sorun, "Bu iddianın kanıtı nedir? Gerçekler neyi gösteriyor?" Emily adında bir müzisyen, uçmaktan korkuyordu çünkü yolcuların uçuş sırasında panik yapacağına ve kendisinin koridorda ayaklar altında ezileceğine inanıyordu. Korkularının saçma göründüğünün farkındaydı ama bunun gerçekten olabileceğine ikna olmuştu.

Emily'e bu düşünce için bir kanıtı olup olmadığını sordum. Geçtiğimiz yıl içinde ne kadar uçakta ezilme vakası duymuştu? Bir tane bile hatırlayamadı. Peki ya bütün bir havacılık tarihi boyunca? Bir kez daha, hiçbir uçakta ezilme vakası hatırlayamadığını itiraf etti.

Elbette, insanlar ölümüne ezilebilirler. Bu nadirdir ancak olanaksız değildir. Örneğin, profesyonel futbol oyunlarında ve rock konserlerinde hayranlar kontrolden çıktığında insanlar ölmüştür. Ama ezilmeler hava yolculuğunun en yaygın tehlikelerinden biri değildir! Dahası, her gün üç milyondan fazla insan uçağa binmektedir. Bunu düşündüğünde, Emily bir uçakta ölümüne ezilme olasılığının yok denilebilecek kadar az olduğunu kabul etmek zorunda kaldı. Bu gerçeği aslında hiç hesaba katmamıştı.

Farzedin ki uçuş korkunuz, uçağın şiddetli türbülansa girip düşeceği inancından kaynaklanıyor. Kanıt İncelemeyi bu inanca meydan okumada nasıl kullanırdınız? Okumaya devam etmeden önce fikirlerinizi aşağıya yazın.

.....................................................................................................

.....................................................................................................

.....................................................................................................

.....................................................................................................

.....................................................................................................

## Yanıt

İnternette biraz araştırma yapıp kontrol edebilirsiniz. Uçmak ne kadar tehlikelidir? Uçaklar ne sıklıkta kaza yaparlar? İstatistikler neyi gösteriyor?

Federal Havacılık Kurulu'nun [Federal Aviation Administration–FAA] web sayfasına göz atarsanız, uçak kazasında ölme riskinin fazlasıyla düşük olduğunu göreceksiniz. Sözgelimi, kayda değer bir kazada ölme riski altına girmek için 22 bin yıl boyunca her gün uçak yolculuğu yapmanız gerekmektedir. 2004 yılı boyunca Birleşik Devletler'de bir kişi bile bir ticari uçuşta ölmemiş, ancak 40 binden fazla insan otomobil kazalarında hayatını kaybetmiştir. O yıl 15 milyondan fazla ticari hava aracı uçuşu olduğu gerçeğini gözönünde bulundurduğumuzda bu, hayret vericidir. Gerçekler gösteriyor ki ticari hava yolculuğu sürüşten, dinlenme amaçlı tekneden ve hatta bisiklet sürmekten bile çok daha güvenli!

Kanıt İnceleme, olumsuz düşünceniz keyfi çıkarsama denilen çarpıtmayı içeriyorsa özellikle yararlı olabilmektedir. Hatırlayacaksınızdır ki, bu çarpıtmanın iki biçimi vardır: Falcılık ve Zihin Okuma. Falcılıkta, gerçekler tarafından desteklenmediği halde korkutucu öngörülerde bulunursunuz. Örneğin, eğer uçmaktan korkuyorsanız, kendinize uçmanın oldukça tehlikeli olduğunu ve kaza olasılığının yüksek olduğunu söyleyebilirsiniz. Zihin Okumada başkalarının nasıl hissettiğiyle ilgili sağlam bir temele dayanmayan varsayımlarda bulunursunuz. Örneğin, eğer utangaçsanız, başkalarının asla güvensiz hissetmediğini ve eğer sizin kendinizi ne kadar gergin hissettiğinizi bilseler sizi küçük göreceklerini ve tuhaf olduğunuzu düşüneceklerini zannedebilirsiniz.

Kanıt İnceleme ayrıca duygusal çıkarsama için de yardımcı olabilir. Üzgün olduğunuzda, bir şeyi o kadar güçlü hissedersiniz ki o şeyin doğru olması gerektiğini düşünebilirsiniz. Kaygılı olduğunuzda kendinize şunu söyleyebilirsiniz: "Korkmuş hissediyorum, öyleyse gerçekten tehlikede olmalıyım." Depresif olduğunuzda kendinize şunu söyleyebilirsiniz: "Zavallı gibi hissediyorum, demek ki gerçekten de öyleyim." Ya da, "Ümitsiz hissediyorum, öyleyse gerçekten ümitsiz olmalıyım." Duygusal Çıkarsama oldukça yanıltıcı olabilir çünkü duygularınız düşüncelerinizden doğar, gerçeklerden değil. Eğer düşünceleriniz çarpıtılmış ise, duygularınız en az lunaparklardaki eğlence evi aynalarında gördüğünüz çarpık görüntüler kadar yanıltıcı olacaktır.

Duygularınız sizi aldatabilir. Hiç Las Vegas'ta kumar oynadınız mı? Çeyrekliğinizi kollu makineye attığınız gibi kendinize şunu söylemiş olabilirsiniz: "Bu benim şanslı çeyrekliğim. Milyon dolarlık ikramiyeyi kazanacağımı biliyorum. Bunu iliklerime kadar hissedebiliyorum!" Sonra kolu çektiniz ve büyük bir beklentiyle numaraların dönüşünü izlediniz. Ne oldu? Milyon dolarlık ikramiyeyi kazandınız mı? Duygularınız her zaman gerçeği yansıtmaz derken demek istediğim bu.

## Deneysel Teknik

Deneysel Tekniği kullandığınızda, tıpkı bir bilim insanının geçerli olup olmadığını öğrenmek için bir teoriyi test ettiği gibi, olumsuz bir düşüncenin ya da kendini baltalayan inanışın gerçekliğini test etmek için gerçek bir deney yaparsınız. Deneysel teknik kaygının tedavisi için geliştirilmiş en güçlü tekniktir. Birçok örneği zaten gördünüz. Bölüm 5'te, Trevor'ın utancın üstüne gitme alıştırması kullanarak kadınların onun terli koltuk altlarından tiksineceğine dair inancını test ettiğini gördünüz. Bu deneyler cesaret gerektiriyordu, ancak kâr payı muazzamdı.

Kanıt İnceleme ile Deneysel Teknik arasında ince bir ayrım vardır. Kanıt İncelemeyi kullandığınızda, zaten sizde hazır bulunan veriyi incelersiniz. Bu daha çok kütüphane araştırması yapmak gibidir. Deneysel tekniği kullandığınızda, olumsuz düşüncelerinizi daha canlı ve hareketli bir tarzda test edersiniz.

Bu iki yaklaşım arasındaki farkı örnekle açıklayacağım. Kim adında bir ilkokul öğretmeninin sürüş fobisi vardı, özellikle de köprü geçerken. Köprüyü geçmek istediği herhangi bir zaman için kocası ve arkadaşlarına bu kadar bağımlı olmak zorunda olmaktan hoşlanmıyordu. Ayrıca, fobisinden utanıyordu ve zayıf ya da kusurlu olduğunu hissediyordu. Kim'in olumsuz düşüncelerini 200. sayfada günlük duygudurum çizelgesinde görebilirsiniz.

Duygusal Çıkarsama Kim'in düşüncelerindeki çarpıklıklardan birisidir. Kendisi duygularından sonuç çıkarmaktadır. İlk olumsuz düşüncesinde görebileceğiniz gibi, eğer duygularına göre köprüden geçerse, elleri kaygıdan o kadar çok terleyecek ve kayganlaşacaktır ki direksiyonu tutamayacaktır. Ayrıca ayaklarının gaza veya fren pedalına basamayacak kadar sertleşeceğini hissetmekte, böylece de bunun gerçekten olacağı sonucunu çıkarmaktadır. Köprüler tehlikeliymiş ve her an yıkılabilirmiş gibi hissetmekte, sonuç olarak da bunun doğru olması gerektiğini kabul etmektedir.

## KİM'İN GÜNLÜK DUYGUDURUM ÇİZELGESİ

**Sıkıntı veren durum:** Arabayla köprüden geçmeyi düşünmek.

| Duygular | % Önce | % Sonra | Duygular | % Önce | % Sonra |
|---|---|---|---|---|---|
| Üzgün, hüzünlü, depresif, morali bozuk, mutsuz | 100 | | Utanmış, budala, aşağılanmış, içine kapanmış | 60 | |
| Kaygılı, endişeli, paniklemiş, gergin, korkmuş | 100 | | Umutsuz, hevesi kırılmış, karamsar, çaresiz | 90 | |
| Suçlu, vicdan azabı içinde, kötü niyetli, mahcup | 90 | | Sıkışmış, çıkmazda, engellenmiş, yenilmiş | 200 | |
| Aşağı, değersiz, yetersiz, kusurlu, beceriksiz | 75 | | Öfkeli, kızgın, içerlemiş, sinirli, rahatsız olmuş, üzüntülü, hiddetli | 25 | |
| Yalnız, sevilmeyen, istenmeyen, reddedilmiş, terk edilmiş | 90 | | Diğer (tanımlayın) Kapana kısılmış | 200 | |

| Olumsuz Düşünceler | % Önce | % Sonra | Çarpıtmalar | Olumlu Düşünceler | % İnanç |
|---|---|---|---|---|---|
| 1. Ellerim direksiyonu tutabilmek için fazlasıyla ıslak ve zayıf. | 100 | | | | |
| 2. Ayaklarımı jöle gibi hissediyorum. O kadar sertleşmişler ki frene ya da gaz pedalına basamayacağım. | 100 | | | | |
| 3. Odaklanamayacak ya da konsantre olamayacak kadar başım dönüyor. | 100 | | | | |
| 4. Masum insanları öldüreceğim. | 100 | | | | |
| 5. Köprü benden bile daha dengesiz ve muhtemelen yıkılacak. | 100 | | | | |
| 6. Benim neyim var? Şimdiye kadar bunun üstesinden gelmiş olmam gerekirdi! | 100 | | | | |

Kim, Kanıt İncelemeyi düşüncelerine meydan okumakta nasıl kullanabilir? Gerçekler neyi göstermekte? Lütfen okumaya devam etmeden önce buraya düşüncelerinizi yazın.

...........................................................................................

...........................................................................................

...........................................................................................

...........................................................................................

## Yanıt

Kim kendisine şu tür sorular sorabilirdi:

- Kaygılı olduğumda ellerimden Niagara Şelalesi gibi su boşalır mı? Sıklıkla, ellerim çok kayganlaştığı için bardak gibi şeyleri düşürür müyüm? Araba kullanırken hiç ellerimin ne kadar zorlasam da direksiyonu döndüremeyeceğim kadar ıslanıp ve kayganlaştığı oldu mu? Direksiyon neden yapılmıştır? Bu plastik gibi, gerçekten kaygan bir şey mi?
- Ayaklarımın onları kontrol edemeyeceğim kadar sertleştiği olur mu? Yürümeye çalıştığımda sıklıkla yere mi yığılırım? Hiç ne kadar uğraşsam da frene asılamadığım ya da gaza basamadığım oldu mu?
- Hiç direksiyonu döndüremediğim ya da frene basamadığım için arabanın kontrolünü kaybedip masum insanları öldürdüğüm oldu mu? Şimdiye kadar kaç kişi öldürdüm?
- Geçtiğim yıl içinde kendi bölgemde kaç köprü yıkılması haberi okudum? Peki ya geçtiğimiz yüz yılda Birleşik Devletler'in tümünde?* Köprülerin üzerinden her gün kaç araba geçer? Üze-

* **Yazarın notu:** Birçok insan, 7 Kasım 1940'taki, ünlü Tacoma Narrows Köprüsü felaketinin acıklı görüntülerini bilir. Rüzgarın etkili olduğu ritmik titreşimler ve kötü tasarım sonucu köprü dağılıp parçalanmıştı. Ancak günümüzde, bu tür nedenlerle köprü yıkılmaları son derece nadirdir.

rinden geçtikleri köprünün aniden yıkılmasından dolayı ölen kaç akrabam ya da arkadaşım var?

Bu tür bir inceleme Kim'in herhangi gerçek bir tehlikeyi oldukça büyüttüğünü görmesine yardımcı olabilir, ancak olumsuz düşüncelerine yine de inanabilir çünkü kendisine şunu söyleyecektir: "Düşüncelerimin tamamıyla gerçekçi olmadığını görebiliyorum, ama hâlâ köprü yıkılabilirmiş gibi hissediyorum." Bu durumda, daha güçlü bir tekniğe ihtiyacımız olabilir. Deneysel teknik burada devreye girer. Kim'in olumsuz düşüncelerini sınamak için yapabileceği bir deney düşünebiliyor musunuz? Lütfen okumaya devam etmeden önce düşüncelerinizi buraya yazın:

................................................................................................

................................................................................................

................................................................................................

................................................................................................

................................................................................................

## Yanıt

Kim düşüncelerini test etmek için birçok deney yaptı. Örneğin:

- Arabasına bir kova su ile gitti ve arabası garaj önündeki yolda park halindeyken onu yolcu koltuğunun üzerine koydu. Ellerini kovanın içine batırdı, sonra çevirebilip çeviremediğini görmek amacıyla direksiyonu tuttu. Elleri sırılsıklam ıslak olduğu halde onu gayet iyi döndürebildiğini görmekten ötürü şaşkındı.
- Arabada kağıt havlu bulundurarak, ne kadar ıslaklık emeceğini görmek için zaman zaman onu elinde tutuyordu. Ellerinin hiç de nemli ya da terli görünmediğini keşfetmek onu şaşırtmıştı. Oldukça kaygılı olduğunda bile elleri tamamen kuru kalmıştı.

- Kaygılı olduğunda arabayı kontrol edip edemeyeceğini görmek amacıyla birkaç kez şerit değiştirdi. Şerit değiştirmekte bir sorununun olmadığı sonucuna vardı.
- Bacaklarının gaz ve fren pedalını kullanmak için çok sert ve zayıf olduğu düşüncesini, hızı saatte beş mil artırarak ve sonra beş mil azaltarak test etti. Bu da yine kolay olmuştu.
- Köprülerin kırılgan ve yıkılma tehlikesinde olduğu inancını Golden Gate Köprüsü'nün bir kısmını geçerek ve yukarı aşağı zıplayarak test etti. Köprünün dengesini bozup bozamayacağını görmek için yapabildiği kadar sert bir şekilde ayaklarının üzerinde tepindi ve kirişleri sarstı. Kim köprünün heybeti ve sağlamlığı karşısında şaşkındı.
- Son test olarak, köprüyü arabayla boydan boya geçti ve hâlâ kusursuzca sabit olduğunu keşfetmekten ötürü şaşkındı. Üstelik kimseyi öldürmemiş veya arabanın kontrolünü kaybetmemişti de!

Kim bu deneylerin başlangıçta korkutucu olduğunu ancak kısa süre içinde eğlenceli ve gülünç görünmeye başladığını belirtti. Olumsuz düşüncelerinin apaçık bir şekilde yanlış olduğunu ve başından beri kendisini kandırdığını görebiliyordu. Ayrıca kaçmayı bırakmış, en çok korktuğu canavarla yüzleşmiş ve onun dişsiz olduğunu görmüştü!

Deneysel teknik basit bir formül değildir. Biraz özen göstermeyi gerektirir, çünkü herkesin korkusu kendine özgüdür. Yaptığınız deneyler sizin olumsuz düşüncelerinize özel olarak uyarlanmak zorunda olacaktır.

Deneysel teknik, depresyon ve kaygıya yardımcı olabilir ancak panik ataklarda gerçekten çok başarılıdır. Bölüm 1'de, panik atağın aniden gelen ve birkaç dakika içinde zirvesine ulaşan çok yoğun dehşetli zaman dilimi olduğunu öğrenmiştiniz. Sonra neredeyse aynı hızla, sizi afallamış, küçük düşmüş ve hislerin yeniden gelebileceğinden korkmuş bir şekilde bırakarak yok olur.

Bir panik atak esnasında kendinize şunları söyleyebilirsiniz:

- "Panik atak geçiriyorum."
- "Ölmek üzereyim."
- "Düzgün nefes alamıyorum. Boğulacağım."
- "Bayılmak üzereyim."
- "Kontrolümü kaybedip delireceğim."

Çoğu insan panik atak sırasında birçok fiziksel kaygı semptomları deneyimler. Şunları yaşayabilirsiniz:

- Kalbin küt küt atması ya da hızlanması
- Göğüste ağrı ya da sıkışıklık
- Nefes darlığı
- Baş dönmesi ya da sersemlik
- Parmakların uyuşması ya da karıncalanması
- Boğazınızda bir yumru
- Boğulma hissi
- Sıcak basması ya da soğuk terlemeler
- Titreme
- Kasılmış, gergin kaslar
- Siz ya da dünya gerçek dışıymış gibi hissetme
- Bulantı, midenizde kelebeklerin olduğu veya bağırsaklarınızın kontrolünü kaybetmek üzereymişsiniz hissi.

Eğer panik atak deneyiminiz olduysa, neden bahsettiğimi tam olarak biliyorsunuz. Panik ataktan muzdarip olan birçok kişi başlangıçta bir kalp rahatsızlığı ya da beyin tümörü gibi bir tıbbi rahatsızlıkları olduğundan emindirler. Ancak hiçbir zaman semptomlarını açıklayan bir tıbbi rahatsızlık var gibi görünmez. Her atakta soluğu acil servise alabilirler ve sonunda birisi panik atak olan doğru teşhisi koyana kadar sayısız doktora görünebilirler.

Panik atak zararsız fiziksel semptomların yanlış yorumlanmasından kaynaklanır. Birçoğumuz ara sıra baş dönmesi, göğüste gerginlik, karıncalanan parmaklar gibi belirtiler fark ederiz, ancak onlara çok dikkat etmeyiz ve kısa süre içinde yok olurlar. Ama panik atağa yatkınlığı olan kişiler bu hisleri takıntı haline getirirler ve kendilerine korkunç bir şeyin gerçekleşmek üzere olduğunu söylerler. Bu düşünceler panik atağı tetikler.

Örneğin; eğer başınızın döndüğünü hissediyorsanız, kendinize felç ya da sinir krizi geçirmek üzere olduğunuzu söyleyebilirsiniz. Eğer göğsünüzde gerginlik hissediyorsanız, ağır bir kalp krizi geçirmek üzere olduğunuzu düşünebilirsiniz. Ama gerçekte felç, sinir krizi ya da kalp krizi geçirmek üzere değilsinizdir. Panik atak zihnin oynadığı bir oyundan kaynaklanmaktadır. Deneysel tekniğin bu kadar etkili olabilmesinin nedeni budur. Ancak onu kullanmak biraz cesaret gerektirecektir.

Terri on yıldan fazla depresyon ve panik atak yaşamış, mutlu bir evliliği olan bir kadındı. Panik atakları her zaman bir baş dönmesi, göğüs ağrısı ya da parmaklarında karıncalanma fark ettiğinde gelişiyordu. Sonra kendisine boğulmakta olduğunu ve ağır bir kalp krizi geçirerek öleceğini söylerdi ve bu düşünceler şiddetli panik hislerini tetiklerdi. Haftada birkaç kez tam gelişmiş panik atak geçirirdi ve yoğun acı çekmekteydi. Depresyon ve kaygı testlerindeki skorları standartların ötesindeydi.

Terri bir doktordan diğerine gitti, buna birçok kalp cerrahı da dahildi, ancak kalbi ve akciğerleri daima tamamıyla normal çıkıyordu. Her doktor Terri'ye oldukça sağlıklı olduğuna dair güvence verdi. Ancak verdikleri güvence sadece birkaç gün sonraki diğer atağa kadar dayanıyordu ve sonra kendisine şunu söylüyordu: "Belki de bu sefer gerçekten bir kalp krizi!"

Nihayet doktorlardan biri Terri'ye panik bozukluk teşhisi koydu ve onu bir psikiyatriste yönlendirdi. Terri o zamandan beri sayısız psikiyatriste göründü, kendisine her türlü ilacı yazdılar ancak hiçbir şeyin yardımı dokunmadı. O ve kocasının dört çocukları vardı ve beşinciyi istiyorlardı, ama Terri'nin psikiyatristi doğum özrüne neden olabileceklerinden ötürü onun öncelikle yazdığı bütün ilaçlardan uzaklaşması gerektiğini söyledi. Terri, kendisine yardımlarının dokunmadığını bildiği halde, ilaçları kesmekten çok korkuyordu. Birkaç gün sonra yerel kitapçısında, kitabım *İyi Hissetmek*'i ve kapağındaki ifadeyi fark etti: "*Etkinliği Klinik Olarak Kanıtlanmış, İlaçsız Depresyon Tedavisi.*" "Belki bu doktor bana yardımcı olabilir" diye düşündü ve randevu almak için ofisimi aradı.

Sayfa 207'de Terri'nin günlük duygudurum çizelgelerinden birini görebilirsiniz. İlk üç olumsuz düşünce panik hislerini tetiklemekteydi. Kendisine nefes alamadığını ve bayılıp ölmek üzere olduğunu söylüyordu. Sonraki üç olumsuz düşünce utanç, depresyon ve aşağılık duygularına götürmekteydi. Terri kendisine bu sorunlara sahip olmaması gerektiğini ve bunları öğrenen herhangi bir kimsenin kendisini küçük göreceğini ve onun kaçık ya da nankör olduğunu düşüneceğini söylüyordu. Zira eşinin meslek hayatı sorunsuzdu, çocukları iyilerdi ve hayatında depresyon ve kaygısından başka ciddi bir sorun yoktu.

## TERRİ'NİN GÜNLÜK DUYGUDURUM ÇİZELGESİ

**Sıkıntı veren durum:** Parmaklarımın uyuştuğunu ve başımın döndüğünü fark etmem.

| Duygular | % Önce | % Sonra | Duygular | % Önce | % Sonra |
|---|---|---|---|---|---|
| Üzgün, hüzünlü, depresif, morali bozuk, mutsuz | 100 | | Utanmış, budala, aşağılanmış, içine kapanmış | 100 | |
| Kaygılı, endişeli, paniklemiş, gergin, korkmuş | 100 | | Umutsuz, hevesi kırılmış, karamsar, çaresiz | 100 | |
| Suçlu, vicdan azabı içinde, kötü niyetli, mahcup | 100 | | Sıkışmış, çıkmazda, engellenmiş, yenilmiş | 100 | |
| Aşağı, değersiz, yetersiz, kusurlu, beceriksiz | 100 | | Öfkeli, kızgın, içerlemiş, sinirli, rahatsız olmuş, üzüntülü, hiddetli | 0 | |
| Yalnız, sevilmeyen, istenmeyen, reddedilmiş, terk edilmiş | 0 | | Diğer (tanımlayın) | | |

| Olumsuz Düşünceler | % Önce | % Sonra | Çarpıtmalar | Olumlu Düşünceler | % İnanç |
|---|---|---|---|---|---|
| 1. Düzgün nefes alamıyorum. | 100 | | | | |
| 2. Ayağa kalkarsam bayılacağım. | 100 | | | | |
| 3. Ölmek üzereyim. | 100 | | | | |
| 4. Bende yanlış bir şeyler olmalı. | 100 | | | | |
| 5. Bu kadar kaygılı olmamam gerekir çünkü hayatımda yanlış bir şey yok. | 100 | | | | |
| 6. Eğer birileri benim depresyonum ve panik atağımı duyarsa beni küçük görürler ve akıl hastası olduğumu düşünürler. | 100 | | | | |

Terri ve ben işe yaramayan birçok teknik denedik, ancak eskisi gibi kaygılı ve depresifti. Beşinci terapi seansımız esnasında, ona panik atağı tetiklememe izin verip veremeyeceğini sordum, böylelikle olumsuz düşüncelerindeki yanlışlığı deneysel teknik kullanarak nasıl ortaya çıkaracağını gösterebilecektim. Ona bu yöntemin şimdiye kadar denediklerimizden çok daha güçlü olduğunu açıkladım ve bence artık ağır topları ortaya çıkarmanın zamanı gelmişti.

Terri bu fikrin kulağa harika geldiğini söylemiş olsa da, sonraki iki senansa gelmedi. Her hafta arayıp terapiyi bırakmadığını ve benimle çalışmayı gerçekten sevdiğini ancak ofiste panik atağının tetiklenmesi fikrinin korkunç geldiğini söyleyip daha az korkutucu bir yöntem deneyip deneyemeyeceğimizi öğrenmek istiyordu.

Terriye en nihayetinde patronun kendisi olduğunu ve onun isteğinin dışında bir şey yapmaya asla zorlamayacağımı çünkü onun bana olan güveninin başarıya ulaşmamız için kesinlikle gerekli olduğunu söyledim.

Ona kullanabileceğimiz birçok başka teknik olduğunu, ancak eğer tedavi edilmek istiyorsa eninde sonunda çok korktuğu canavarla yüzleşmesi gerektiğini açıkladım. Zaten her hafta birçok panik atak yaşadığına dikkat çektim. Benim gözetimim altında bir tane daha yaşamasına değebilirdi ve sorununa temelli olarak son verebilirdik. Ofisimin, acil servisin hemen yanında olduğunu, dolayısıyla eğer ihtiyacı olursa taş atımlık mesafede yardım bulunduğunu hatırlattım.

Terri bunu düşüneceğine söz verdi. Birkaç gün sonra beni aradı ve çok korktuğunu ancak denemeye karar verdiğini söyledi. Birlikte çalışabilmek için bir hayli zamanımız olsun diye çifte seans planladım.

Seansın başında, birkaç dakika için olabildiğince derin ve hızlı nefes almasını sağlayarak bir panik atak tetikledim. Buna "hiperventilasyon" denilmektedir. Kandaki oksijenin artmasına yol açar ve sersemlik ve parmaklarda uyuşma gibi fiziksel duyumlar yaratır. Panik atağa yatkınlığınız varsa bir anda kendinizi ölümün eşiğindeymiş gibi hissedebilirsiniz.

Etkiyi şiddetlendirmek için, Terri'ye panik atak sırasında sıklıkla gelen türden düşüncelere odaklanmasını söyledim. Dedim ki: "Göğsünde başlayan gerginlik hissini, parmaklarının uyuşmasını, yeterince derin nefes alamıyormuşsun hissini fark et. Nefesini ciğerlerine yeterince dolduramadığın için parmaklarının ve dudaklarının maviye döndüğünü hayal et. Nefes borun tıkanıyor ve ambulans çağırmak zorunda kalıyoruz. Ambulansın üzerinde mavi ışığın dönüp durduğunu görebiliyor musun? Sağlık ekibinin seni sedyeye bindirdiğini ve maskeyle oksijen verdiklerini, ama panikledikleri çünkü maskenin çalışmadığını hayal et. Kalp atışlarının güçsüzleştiğini ve kararsızlaştığını ve ağır bir kalp krizinin eşiğinde olduğunu düşün."

Hakikaten, bu sözler kuvvetli bir panik atağı tetikledi. Terri hıçkırarak ağlamaya başladı ve göğsünün ağrıdığını, kendini ölmek üzereymiş gibi hissettiğini söyleyiverdi.

Ona, "Neden ölürdün? Kanında oksijen eksikliğinden mi?" diye sordum.

"Evet, başım dönüyor ve parmaklarım uyuşuyor. Yeterince derin nefes alamıyorum. Göğsüm çok ağrıyor. Bu berbat hissettiriyor ve her zaman oluyor!" dedi.

Terri'ye % 0'dan % 100'e uzanan bir skalada, yeterince derin nefes alamadığına ve ölmek üzere olduğuna ne kadar inandığını sordum. Hiç düşünmeden "% 100" dedi. Sonra dedim ki, "Terri, eğer şu anda gerçekten nefes alamıyor ve bir kalp krizi geçiriyor olsaydın, yapamayacağın şey ne olurdu?"

Terri o kadar telaşlıydı ki, sorumu zar zor anlamıştı. Hıçkırarak ağlamaya ve durmak için yalvarmaya başladı. O kadar dehşete boğulmuş görünüyordu ki, bir şefkat duygusuyla durasım gelmişti. Ancak bunun büyük bir hata olacağını hissettim, çünkü gerçekten tehlikede olduğuna dair mantık dışı düşüncesini pekiştirecekti. Şu sonuca varabilirdi: "Doktorum bile ölmek üzere olduğumu düşünüyor. Bu gerçekten de tehlikeli bir durum olmalı."

Dahası, Terri boğulmak ya da ölmek üzere değildi. Onun kendini kandırdığını fark etmesini nasıl sağlayabilirdim? Yeterince derin nefes alamadığına ya da kalp krizinden öleceğine dair inancını sınayacak bir deney düşünebiliyor musunuz? Okumaya devam etmeden önce fikirlerinizi buraya yazın.

......................................................................................................

......................................................................................................

......................................................................................................

......................................................................................................

......................................................................................................

## Yanıt

Dedim ki, "Terri, şu anda kalp krizinden ölüyor ve boğuluyor olsaydın, gayret harcayarak zor bir egzersizi yapabilir miydin?" Bunun olanaksız olacağını çünkü ciğerlerine hiç oksijen alamayacağını söyledi. Ayağa kalkmayı bile denese, "bayılacağını ya da bir şey olacağını" söyledi ve bana durmak için yalvardı. Söylediğine göre göğsü o derece ağrıyordu ki ölmek üzereymiş gibi hissediyordu.

Dedim ki, "bunun senin için çok korkutucu olduğunu görebiliyorum, ama senden pes etmemeni istiyorum. Şimdi senden ayağa kalkmanı istiyorum ki, bayılmak üzere olup olmadığını görelim. Sonra yerinde koşmak gibi bazı zor egzersizler deneyebilirsin, böylelikle düzgün nefes alamıyor olup olmadığını ya da ölmek üzere olup olmadığını öğrenebiliriz."

Bunun riskli bir öneri olduğunu düşünmüş olabilirsiniz. Ya Terri ayağa kalmaya çalışırken gerçekten bayılsaydı? Ancak hatırlayınız, depresyon ve kaygı çarpık düşüncelerden kaynaklanır. Terri kendisine bayılmak ya da ölmek üzere olduğunu söylerken güçlü bir şekilde kendisini kandırmaktadır. Bayılmanın tıbbi perspektiften nedenini bilir misiniz? Bayılma kalp hızı yavaşladığında ve kan basıncı düştüğünde gerçekleşir. Sonuç olarak, kalp beyne yeterince kan ve oksijen pompalayamaz. Bayılma bir savunma mekanizmasıdır. Kişi bir kez yerde düz yattığında, kalp beyne kanı çok daha kolay pompalayabilir çünkü kanı yukarıya doğru pompalamak zorunda değildir. Kısa süre içinde beyne tekrar yeterince kan ve oksijen akar ve kişi uyanır.

Terri'nin bayılma tehlikesi var mıydı? Kalbi yavaşlamış mıydı? Kan basıncı düşmüş müydü? Kanında çok az oksijen mi vardı?

Aslında bakarsanız, Terri'nin kalbi hızlı atmaktadır ve kan basıncı düşmemiş, yükselmiştir. Dahası, o kadar hızlı nefes almaktadır ki kanı oksijenle doludur. Terri istese de bayılamaz! Kalbi çok hızlı atsa da, bayılması fizyolojik olarak olanaksızdır.*

Terri yavaşça ayağa kalktı ve bayılmadı. Onu yavaşça yerinde koşması için cesaretlendirdim, böylelikle kalp krizi geçiriyor olduğu düşüncesini test edebilecekti. Komik hissettiğini söyleyip, oldukça yavaş koşmaya başladı. Ona eğer bu kötü durumuna kesin olarak son verebileceksek, bunun komik bir şeyler yapmaya değeceğini söyledim. Semptomları üzerine düşünmeye devam etti ve

* **Yazarın notu:** Zaman zaman, kaygılı kişiler bayılırlar. Örneğin, kan veya iğne fobisi olan kişiler bayılabilirler çünkü iğne ya da kanlı bir şey gördüklerinde kalpleri aniden yavaşlar ve kan basınçları geçici olarak düşer. Ancak onlar bayılmaktan korkmamaktadır, onlar iğne ve kandan korkarlar. Bu tamamen farklı bir sorundur.

"Parmaklarım uyuşuyor. Kendimi tuhaf hissediyorum! Yeterince derin nefes alamıyormuşum gibi hissediyorum" dedi.

"Sadece devam et. Biraz daha hızlı koşabilir misin?" dedim.

Terri hızlandı ve daha enerjik koşmaya başladı. Birkaç dakika sonra durdu ve devam etmek için çok yorgun olduğunu ve hâlâ derin nefes almakta sıkıntı yaşadığını söyledi.

"Yine de bir kaç zıplama hareketine ne dersin?" dedim.

Terri istemeyerek de olsa zıplama hareketlerini yapmaya başladı. Çok geçmeden nefesi açıldı ve hareketleri keyifle yapmaya başladı. Bir dakika daha sonra, "gerçekten kalp krizi geçiriyor olsaydım bunu yapabilir miydim merak ediyorum" diye sordu.

"İyi bir nokta! Hastanelerin acil servislerinde gördüğün şey bu mu? Ağır kalp krizi geçiren, sedyelerinin yanında zıplama hareketleri yapan hastalar?"

Terri bir anda kıkırdamaya başladı, bunun üzerine ben "zıplama hareketlerine devam et. Eminim her an fenalaşıp düşeceksin!" dedim. O zaman o kadar çok kahkaha attı ki iki büklüm oldu. Ona kalp krizinden ölmek üzere olduğuna şu anda ne kadar inandığını sordum.

"Çok daha az. Doğrusu, şimdi kendimi çok daha iyi hissediyorum!" diye haykırdı.

Bu, on yıllık sıkıntıdan sonra yaşadığı ilk rahatlamaydı. Terri'nin izniyle, o bölümün video kaydını tüm ülkede düzenlediğim atölye çalışmalarında gösterdim. Bölümün başında Terri'nin panik içinde hıçkırarak ağlamasını görüyorsunuz. Altı dakika sonra kıkırdıyor ve depresyon ve kaygı hislerinden tamamen arınmış durumda.

Terri'nin duygudurumundaki bu belirgin dönüşümü sağlayan neydi? Niçin kendini bir anda çok daha iyi hissetti? Panik ve depresyon hisleri niye ortadan kayboldu?

Terri "gerçekten kalp krizi geçiriyor olsaydım bunu yapabilir miydim merak ediyorum" diye sorduğu andan itibaren kendisini daha iyi hissetmişti. Bir anda fark etti ki olumsuz düşüncelerinin geçerli olması olanaksızdı ve panik ve çaresizlik hisleri ortadan kayboldu. Bilişsel Terapinin altında yatan fikir budur: Nasıl düşündüğünü değiştirdiğinde, nasıl hissettiğini de değiştirebilirsin.

Bazı insanlar bunu yanlış anlıyorlar ve aerobik egzersizinin istenilen sonucu sağladığı ve koşu yapmanın kaygı ve depresyon için iyi bir tedavi olduğu sonucuna varıyorlar, ancak bu konuyu tamamen yanlış anlamak olur. Egzersizin kesinlikle fiziksel ve duygusal yararları vardır, ama Terri'nin iyileşmesindeki asıl kilit nokta deneysel teknikti.

İnsanlar ilk düzeldiklerinde bunu dışsal bir şeye atfedebilirler, belki havadaki değişikliğe, biriyle randevunun olmasına veya yeni bir iş bulmaya. İyileşmenin kullandıkları tekniklerin doğrudan bir sonucu olduğunu her zaman görmezler. Bu bir sorundur, çünkü eğer size yardım edenin ne olduğunu ve bunun nedenlerini bilmiyorsanız, nüksetmelere açık olursunuz. Bir sonraki kaygılı ve depresif hissettiğiniz zamanda bir o kadar çaresiz ve şaşkın hissedersiniz. Bunun tersi olarak, depresyon ve kaygınızın üstesinden tam olarak neden ve nasıl geldiğinizi biliyorsanız, gelecekte ne zaman kendinizi üzgün hissetseniz aynı yöntemi kullanabilirsiniz. Böylelikle, artık asla kaygı ve depresyondan korkmak zorunda olmazsınız.

Terri, eğer seanslar arasında evde panik atak geçirirse ne yapması gerektiğini sordu. Ona tekrar zıplama hareketlerini yapması gerektiğini söyledim. "Ama ya araba kullanırken panik atak geçirirsem?"

Dedim ki, "Yalnızca yolun kenarına çek, böylece çıkıp zıplama hareketlerini yapabilirsin." Terri bunu yapmasının mümkün olmadığı çünkü komşularının onu görüp tam bir kaçık olduğunu düşünecekleri konusunda ısrar etti. Gayri ihtiyari sandalyemden zıpladım, ofis kapısını açtım ve bekleme odasına yürüdüm. Terri odanın büyük kısmını göremiyordu ancak orta kısımda durduğumu görebiliyordu. Zıplama hareketleri yapmaya başladım ve çılgın tavırlarla bunu sürdürürken "Ben deliyim! Ben bir kaçığım! Zıplama hareketleri yapıyorum! Heeey!" diye bağırıyordum.

Sonra ofise geri geldim, kapıyı kapattım ve oturdum. Terri dönüp çok ciddi bir tonda sordum, "Terri, bunun hakkında ne düşünüyorsun?"

Şaşkına dönmüş bir şekilde baktı ve şunu söyledi: "Dr. Burns, siz kendinizi hastalarınızın karşısında böyle komik duruma düşürmeye cesaret edebiliyorsanız, bu bana bu şeyi yenmek için yapmak gereken şeyi yapmam için cesaret verdi!" Göremediği şey şuydu ki o sırada bekleme odası tamamen boştu!

Bu seans 1988'de gerçekleşti. Onu, geçtiğimiz yaz [2005], video kaydını atölye çalışmalarımda göstermeye devam etmemin sorun olup olmayacağını sormak için aramıştım. Birleşik Devletler'deki bütün kaygılı insanların o video kaydını görme şansına erişmesini umduğunu söyledi. Kendisini hâlâ harika hissediyordu ve o seanstan sonra yalnızca bir kez panik atak yaşamıştı. Zıplama hareketlerini yaptığında hızla yok olmuştu. Beşinci çocuğu olduktan sonra yazmaya giriştiğini ve ilk romanının henüz basıldığını gururla söyledi.

Birçok terapist Terri'nin zor bir vaka olacağı sonucuna varmış olabilir. Hiçbir türde ilaca yanıt vermemişti ve aldığı birçok psikoterapi etki göstermemişti. Hal böyleyken, onda işe yarayan tekniği bulduğumuzda yalnızca birkaç seans içinde iyileşmişti. Doğrusu, eminim ki on yıl önce ilk panik atağını geçirdiğinde birileri Terri'ye deneysel tekniği nasıl kullanabileceğini öğretmiş olsaydı hemen iyileşirdi ve panik ataklara bu kadar uzun süre katlanmak zorunda kalmazdı.

Şimdi deneysel tekniğin nasıl çalıştığını anladığınıza göre, sizden terapist olmanızı isteyeceğim. June adlı 71 yaşında bir kadın agorafobi ve panik atak tedavisi için Philadelphia'daki kliniğime geldi. June bu sorunlarla 17 yaşından beri mücadele etmekte, 53 yıldır düzensiz aralıklarla ilaç ve psikoterapi tedavisi almaktaydı. Daha önceden agorafobinin, panik atak geçirme ve yardım alamama korkusundan ötürü yalnız başına evden uzakta olmaktan çekinmek olduğunu öğrenmiştiniz. Agorafobisi olan bazı insanlar zamanla eve bağımlı olurlar çünkü güvenilir bir arkadaş olmadan evden ayrılmaktan korkarlar.

June seanslara New York'tan geliyordu ve kocasının orada bir eczanesi vardı. Yakın bir arkadaşı her zaman kendisiyle birlikte gelirdi. June'un renkli bir kişiliği ve öne çıkan bir karakteri vardı. Resmî kıyafetlerle bezenmiş ve taklit mücevherler giyinmiş olarak gelirdi. Kendisinin gerçek bir sosyal kişilik olduğunu söylemişti. O insanları, insanlar onu severdi. Partilerde her zaman ilgi odağıydı, neredeyse bir stand-up komedyeni gibiydi. Herkesi gülmekten kırıp geçirirdi. Ama yalnız olmaya dayanamıyordu çünkü aklını kaçırıp delirmekten korkuyordu. Hiçbir zaman deliye dönmüş olmasa da sıklıkla kendisini aklını kaybetmenin eşiğinde hissediyordu.

June gerçekten aklını kaçırma tehlikesi altında mıydı? Panik atağı olan insanlar aslında akıllarını kaçırmazlar. Yalnızca akıllarını kaçırmaktan endişe ederler. Akıllarını kaçırmaktan endişe etmeyenler şizofreniden muzdarip kişiler gibi gerçekten psikotik olan insanlardırlar. Akıllarının gayet başlarında olduğundan ve FBI'ın onlara komplo düzenlediğinden ya da bilinmeyen elektronik cihazlarla gizlice onları dinlediğinden emindirler. Başka bir deyişle, onlar diğer herkesin akıllarını kaçırdığını düşünürler. Bu yüzden biliriz ki June aklını kaçırma tehlikesi altında değildir çünkü daima bundan endişe duymaktadır.

Ancak June korkularının tamamen gerçekçi olduğuna inanmaktadır. Gerçekten aklını kaybedip delirmek üzere olup olmadığını görmesi için nasıl bir deney yapabilir? Okumaya devam etmeden önce fikirlerinizi buraya yazın.

.....................................................................................

.....................................................................................

.....................................................................................

.....................................................................................

.....................................................................................

## Yanıt

June'a eğer tam orada ofisimde aklını yitirip delirse ne olacağını sordum. Bu nasıl görünürdü? Muhtemelen sırtüstü dönmüş bir kaplumbağa gibi yerde yatıyor olacağını, kol ve bacaklarının havada çılgınca sallanıyor olacağını söyledi. Şuursuzca konuşuyor, çığlık atıyor ve abuk sabuk saçmalıyor olacaktı. Sonra ayağa kalkar ve bağırarak şarkı söyleyip semazen gibi kendi çevresinde dönerdi. Kafasını duvara vurup avazı çıktığı kadar bağırırdı.

Dedim ki: "June, 53 yıldır bundan korkuyorsun. Hadi korkularının gerçek olup olmadığını anlayalım. Bunu denemeni istiyorum." Şaşırmış görünüyordu, ne demek istediğimi sordu.

Dedim ki: "June, on sekiz yaşından beri her an patlayabileceğini düşündün ama bunu hiç kontrol etmedin. Senden şimdi kendini deliye döndürmeni istiyorum. Az önce tarif ettiğin şeylerin tamamını yapabilirsin. Yerde sırt üstü yatabilir ve bağırıp abuk sabuk saçmalayabilirsin. Bakalım güçlü bir eforla kendini deliye döndürebiliyor musun. Böylelikle korkularının gerçekçi olup olmadığını kesin olarak anlayabiliriz."

June, "Asla olmaz, José!" dedi.

Birkaç dakika bu konuyu tartıştık. Onu zorladım çünkü dirençli olduğunu ve bana güvendiğini biliyordum. Sonunda şöyle dedi: "Doktor, görüyorum ki bu tartışmayı kazanacak değilim, bu yüzden işe koyulup denemeye karar verdim, ancak bir şartla."

"Tamam, şartın nedir?" dedim.

"Önce sen!" dedi.

Halıda sırt üstü yatıp kollarımı ve bacaklarımı havada sallamaya başladım ve abuk sabuk bağırıyordum. Sonra ayağa kalkıp bir semazen gibi etrafımda döndüm, şarkı söylüyor, bağırıyor, dönerek kalçalarımı sallıyor ve abuk sabuk saçmalıyordum. Ofis duvarına kafamı çarpıp "Ben bir psikopatım! Aklımı kaçırıyorum! Cowabunga!" diye bağırdım.

Ara sıra June'un ne tepki verdiğini görmek için göz ucuyla bakıyordum. Gösterinin tadını çıkarıyor gibi görünüyordu.

Birkaç dakika sonra sandalyeme geri oturdum ve "sıra sende!" dedim.

June sandalyesinden kalktı, temkinli bir şekilde halıda sırt üstü yattı ve özenle kıyafetini düzeltti. Sonra hafifçe sağ kolu ve ayağını, sonra da sol ayağı ve kolunu uzattı ve uysalca "ooo, ooo" dedi.

Dedim ki, "June, bu yeterli değil. Bu psikoz olimpiyatları! Bütün marifetini göstermen gerek. Varını yoğunu ortaya koymalısın. Altın madalya için mücadele et. Yapabilirsin, biliyorum!"

O noktada, June uyum sağlamıştı. Yerde yuvarlanmaya başladı, kollarını çılgınca sağa sola sallıyor, çığlık atıyor, şuursuzca konuşuyordu. Sonra ayağa kalktı, ofiste döndü ve kafasını duvara vurup avazı çıktığı kadar bağırmaya başladı.

Sesi düşündüğümden çok daha yüksekti. Aslında, gürleyen bir opera sanatçısı gibi duyuluyordu. Ofisimin ses geçirmez olmadığı aklıma gelmişti ve meslektaşlarımın ve hastalarımın ofisimden gelen bütün bu çığlıklar ve feryatlar için ne düşüneceğini merak etmiştim.

June bunu birkaç dakika sürdürdü, sonra nihayet nefesi kesilip sandalyesine oturdu. "June, şimdi kendini nasıl hissediyorsun?" diye sordum.

"Dr. Burns, geçtiğimiz 53 yıl boyunca her an aklımı kaçırabileceğimi düşünerek, akıl sağlığıma sıkıca tutunmak için mücadele ediyordum. Az önce keşfettim ki ne kadar uğraşsam da, aklımı yitiremem! Aslına bakarsanız, hiçbir zaman şu an hissettiğim kadar kontrolün elimde olduğunu hissetmemiştim!"

June'dan kaygı ve depresyon testlerini yeniden çözmesini istedim. Puanları sıfırdı, ki bu da semptomlarının tamamıyla ortadan kalktığını gösteriyordu. Aslında, bu onun yarım yüzyıldan fazla süreden sonra hissettiği ilk gerçek rahatlamaydı. Bu bizim dördüncü terapi seansımızdı. June'u bundan sonra iki kez daha gördüm, ancak korkuları geri gelmedi. Agorafobisinin tamamen gittiğini ve istediği her yere yalnız gidebildiğini belirtti. Böylelikle tedaviyi sonlandırdık. Onun gittiğini görmek beni üzmüştü, onunla çalışmak eğlenceliydi.

Terri ve June ile kullandığım yöntemler eğlenceli görünse de, bu kadınların ilk başta kendilerini ne kadar dehşet içinde hissettiklerini küçümsemek istemiyorum. Korkularınızı yatıştırmak hiçbir zaman kolay değildir, hele ki bu korkular size senelerce hatta on yıllarca işkence etmişse. Eğer Terri ve June'un yaptığı kadar uç noktada deneyler yapmak istemezseniz, olumsuz düşüncelerinizle daha az tehdit edici testler yapabilirsiniz. Diyelim bazen başınız dönüyorken panikliyorsunuz çünkü aklınızı yitirmek ya da delirmek üzere olduğunuzu düşünüyorsunuz. Ofisin içinde başınız dönene kadar kendinizi döndürerek panik atağı tetikleyebilirsiniz. Ancak, tam bir panik atağı zorlamak yerine, panik içinde olma yüzdeniz sadece % 50 iken durmaya karar verebilirsiniz. Sonra 100'den geriye sesli olarak yedişer saymak gibi bir şey deneyebilirsiniz. "100, 93, 86, 79, 72," der ve devam edersiniz. Bu, kendinizi panik halinde hissettiğiniz sırada zorlayıcı görünebilir ancak muhtemelen keşfedeceksiniz ki, yapabilirsiniz.

Sonra birisinin telefon numarasını istemek için arama yapıp onu yazabilirsiniz. Ayrıca kitaptan bir cümle okuyabilir ve onu sesli olarak özetlemeye çalışabilirsiniz. Aklınızı kaybedip deliriyor gibi hissetseniz de, bu şeyleri aynı her zaman yaptığınız kadar iyi yapabildiğinizi keşfedeceksiniz. Bu, aklınızı kaçırmak üzereymiş gibi hissetseniz de hâlâ normal olarak iş görebildiğinizi size gösterecektir. Elbette, bu deneyler sadece aklınızı kaybetmek üzereymiş gibi hissettiğinizde işe yarayacaktır.

Bu tekniği ilk kez 1970'lerin sonlarında geliştirdim. Ancak popülerlik kazanması son zamanlarda oldu. Araştırmacılar panik atağı olan kişilerin yaklaşık yüzde 80'inin az önce bahsettiğim Aşamalı Maruz Bırakma tekniği ile beş, on terapi seansında düzeldiğini bildiriyorlar. Bu insanların ne kadar uzun süre bu sorunu çektiklerini ve kaç başarısız terapi sürdürdüklerini düşündüğünüzde bu etkileyicidir.

Ancak, Terri ve June ile kullandığım, "Yaklaşım Taşırma Tekniği" olarak adlandırılır. Zira kendinizi birdenbire, olabilecek en kötü kaygının seline bırakırsınız. Taşırma Tekniği, Aşamalı Maruz Bırakma'dan daha hızlı çalışır. Aslında, bazen bir seans işimizi görür. Ancak, Taşırma Tekniği daha fazla cesaret gerektirir. Taşırma Tekniği ve Aşamalı Maruz Bırakma'nın ikisi de etkilidirler, bu yüzden size daha çok hitap eden yaklaşımı seçebilirsiniz.

## ARAŞTIRMA YÖNTEMİ

Araştırmacılar sıklıkla insanların politika ya da tüketim malları hakkında ne düşündüğünü öğrenmek için anketler yürütürler. Aynı yaklaşımı kendi olumsuz düşünce ve tutumlarınızı sınamak için kullanabilirsiniz. Deborah adlı bir psikolog, topluluk içinde konuşma kaygısı yaşıyordu. Bu, özellikle sıkıntılıydı çünkü hayatını ruh sağlığı çalışanlarına seminerler vererek kazanıyordu. Korkularına rağmen işini düzgün yapıyor olsa da kendini bir sahtekâr gibi hissediyordu çünkü bir psikologun aklı başında olmalıdır diye düşünüyordu.

Ona bir sonraki sunumunun başında dinleyicilerin arasında kaç psikologun topluluk içinde konuşma kaygısı yaşadığını sormasını önerdim. Ellerin üçte ikisi havaya kalktığında şaşırmış ve rahatlamıştı.

Araştırma yöntemini ayrıca depresyon hislerini tetikleyen olumsuz düşüncelerinizi sınamak için de kullanabilirsiniz. Philadelphia'daki hastanemde bir yataklı hasta grubuna başlarken, Diane adında ağır depresif bir hasta intihar etmeye karar verdiğini bildirdi. Hızlı döngülü bipolar bozukluk için 15 yıldır tedavi gördüğünü, ilaç üstüne ilaç aldığını ama şimdiye dek hiçbir şeyin işe yaramadığını belirtti. Aslında çoğu zaman doktorları onu aynı anda beş farklı ilacın etkisi altında tutuyorlardı ancak yine de ani duygudurum değişiklikleriyle boğuşmaya devam ediyordu. Bu onun sekizinci kez hastaneye yatırılışıydı.

Hızlı döngülü bipolar bozukluk manik depresif hastalığın en ağır biçimlerinden biridir ve tedavi etmesi güç olabilir. Bu bozukluğa sahip hastalar her yıl birkaç kez depresyon ve mani nöbetlerinin bir içinde bir dışında dalgalanırlar. Bu hastalıkla mücadele ediyor olsa da Diane evliydi ve üç çocuğu vardı. Ayrıca, internet siteleri tasarımıyla ilgili yarı-zamanlı bir danışmanlık işi geliştirmişti ve hizmetlerine yoğun talep vardı.

Diane'a ne olursa olsun intihar etmeye kararlı mı, yoksa yardım almaya açık mı olduğunu sordum. Eğer bu mümkünse yardım almak için can attığını, intihar etmeye sadece en mantıklı şey bu gibi göründüğü için karar verdiğini söyledi.

Diane, kendisini yoğun şekilde depresif, kaygılı, utanmış, yetersiz, yalnız, aşağılanmış, ümitsiz, sıkışmış ve kızgın hissediyordu ve günlük duygudurum çizelgesine dört rahatsız edici olumsuz düşünce kaydetmişti:

1. Bu hastalık hayatımı mahvetti.
2. Ümitsizim. Asla düzelmeyeceğim.
3. Ailem ve doktorlarım için bir yüküm.
4. Ölsem ebeveynlerim, kocam, çocuklarım ve doktorlarım daha iyi olurlardı.

Diane'e önce hangi düşünce ile çalışmak istediğini sordum. Dördüncü düşünceyi seçti, "Ölsem ebeveynlerim, kocam, çocuklarım ve doktorlarım daha iyi olurlardı." İşe yaramayan birkaç teknik denedikten sonra, araştırma yöntemini denemeye karar verdim. Dedim ki, "Diane, ölsen ailen ve doktorlarının daha iyi olacağını iddia ediyorsun. Biliyorum acayip gelecek, ama onlara senin intihar etmeni isteyip istemediklerini sordun mu?" dedim.

Diane bu konuyu onlarla hiç konuşmadığını kabul etti, ama onlara bir yük olduğunun ve o olmadan daha iyi olacaklarının apaçık göründüğünü söyledi. O gün ilerleyen saatlerde kocasının sosyal hizmet uzmanı ile olacak aile seansına geleceğini ve ona sormaya değeceğini işaret ettim. Çünkü gerçeklere dayandırmadan keyfi çıkarsama yapıyor olabilirdi. Ailesi orada grupta olmadığına göre, en azından diğer hastalara ne düşündüklerini sorabileceğini söyledim. Canına kıysa ebeveynlerinin, çocuklarının ve kocasının daha iyi olacağını düşünüyorlar mıydı?

Diane, "gruptaki insanlar muhtemelen dürüst olmayacaklar" diye karşı çıktı. Birkaçına ne düşündüklerini sorabileceğimizi sonra da kendisi ve benim dürüst mü olduklarını yoksa duymak istediğini mi söylediklerini öğrenmek için onları çapraz sorguya çekebileceğimizi söyledim.

Diane yanımda oturan genç kadına döndü ve şöyle dedi: "Martha, sence intihar etsem ailem daha iyi olur muydu?"

Cevaplarken Martha'nın yüzünden yaşlar akıyordu: "Delirmiş olmalısın Diane. Neden bahsettiğini bilmiyorsun. Erkek kardeşim beş yıl önce intihar etti. Benimkinin hemen yanındaki yatak odasındaydı. Bir silah sesi duydum ve onu, yanında bir silah ve kafasından geçmiş bir mermi ile buldum."

Martha hıçkırarak ağlamaya başladı ve o ve ailesinin hâlâ nasıl yıkılmış hissediyor olduklarını anlattı. "Kardeşim bir yük müydü? Emin ol öyleydi. Birkaç yıldır depresyondaydı ve bazen asil bir başbelası olabiliyordu. Ondan kendisini öldürmesini ister miydik? Asla! Onu seviyorduk ve onun yaşamasını isterdik. Depresyonunun yükü ölümünün yüküne kıyasla hiçbir şeydi. Her gün onu düşünüyorum ve bu beni her zaman üzüyor. Asla bunu atlatacağımı düşünmüyorum. Ailen de seni seviyor ve eğer kendini öldürürsen bu onları mahveder. Kaybı asla atlatamazlar" dedi.

"Diane, sence Martha sana doğruyu mu söylüyor yoksa tümüyle yalan mı söylüyor?" diye sordum. Diane Martha'nın gerçeği söylüyor göründüğünü söyledi.

Erika adında bir hemşirenin de gözlerinde yaşlar olduğunu fark ettim. "Diane, niye Erika'ya sormuyorsun?" dedim.

Diane ona döndü ve "Sen ne düşünüyorsun? Sence intihar etmeli miyim? Ölmüş olsam ailem daha iyi durumda olur muydu?" dedi.

Erika ağlamaya başladı ve yirmi yıl önce oğlunun intihar ettiğini anlattı. Katlanılmaz yas hislerinin asla azalmadığını, her zaman onu düşündüğünü ve onu geri getirmek için her şeyi verebileceğini söyledi.

Diane grubun birçok diğer üyesine tek tek ne düşündüklerini sordu. Hepsi aynı şeyi söylediler. Birçoğunun intihar etmiş bir arkadaşı ya da aile üyesi vardı. Hepsi yoğun suçluluk, utanç ve kayıp duyguları ifade ettiler. Birçoğu Diane'e böyle açık olduğu için teşekkür etti ve Diane'ın kendi çaresizlik ve değersizlik hislerini konuşmalarını kolaylaştırdığını söylediler.

Diane'e "Ölsem annem babam, kocam, çocuklarım ve doktorlarım daha iyi olurlardı" olumsuz düşüncesine şimdi ne kadar inandığını sordum. Buna olan inancının yüzde 0'a düştüğünü söyledi. Aslında, buna en başta nasıl olup da inanmış olabileceği hakkında en ufak bir fikrinin olmaması oldukça mantık dışı görünmüştü. Diğer olumsuz düşüncelerine nasıl karşı gelebileceğini bilmek istedi, özellikle "Bu kahrolası hastalık hayatımı mahvetti" ve "Ailem ve doktorlarım için bir yüküm" düşüncelerine.

Diane'e, kafasının içindeki savaşan seslerin rolüne bürünebileceğimizi söyledim. Olumsuz düşüncelerini canlandırarak bana saldırıda bulunacaktı ve ben de onun olumlu düşüncelerini canlandıracaktım. Bu tekniğe "Seslerin Dışsallaştırılması" denir, bununla ilgili daha fazlasını 15. Bölümde öğreneceksiniz. Diyalog şöyle gelişti:

**Olumsuz Düşünceler** (Diane canlandırıyor): Gerçeklerle yüzleş Diane. Bu lanet olası hastalık hayatımı mahvetti.

**Olumlu Düşünceler** (David canlandırıyor): Bu ya hep ya hiç tarzı düşünme gibi görünüyor. Bu hastalığın asil bir başbelası olduğundan kuşku yok, ama ben ona rağmen çok şey başardım. İyi bir eş ve anne oldum, beni çok seven üç harika çocuk yetiştirdim. Web tasarım işimde, ruh halimdeki ani değişimlere rağmen başarılı oldum. Yaptıklarımla gurur duyuyorum.

**Olumsuz Düşünceler:** Peki, bu doğru olabilir, ama geçtiğimiz on beş yıl içinde sekiz kez hastaneye yatırıldın. Bu ebeveynine, kocana, çocuklarına ve doktorlarına yük olduğunu kanıtlıyor.

**Olumlu Düşünceler:** Biliyor musun, haklısın. Benim manik depresif rahatsızlığım var ve zaman zaman yük oluyorum. Ama biliyor musun? Bu hastalığa sahip olmayı ben seçmedim, dolayısıyla eğer Tanrı benden yük olmamı istediyse o zaman öyle olsun. Bunu kabul ederim. Ve ben olabileceğim en iyi küçük yük olacağım!

Bu yanıt Diane'ın yüzünde bir tebessüm oluşturdu ve bana şunu sordu: "Yük olmanın sorun olmadığını mı söylüyorsun?"

"Elbette!" dedim. "Eğer bu senin şu an için kaderinse, bunu kabul et. Bu kesinlikle senin hatan değil. Senin sorunun yük olman değil, senin sorunun sürekli kendini hırpalaman ve kendine yük olmaman gerektiğini söylemen. Gerçek şu ki, hepimiz zaman zaman yüküz. Bu insan olmanın bir parçası."

Diane beyninde bir ampul yandığını söyledi. Manik depresif hastalığının olduğunu kabul edebileceği fikrini ve zaman zaman yük olmaya izni olduğunu hiçbir zaman hesaba katmamıştı. Paradoksal olarak, Diane yük olabileceği fikrini kabul ettiği an itibariyle, artık bir yük olmaktan çıkmıştı!

Ben ayrıca, Diane'ın çektiği zorluğun gerçek nedeninin manik depresif hastalığı olmadığını düşünüyordum. Bu bozukluğun, doğası gereği biyolojik olduğu düşünülse de, Diane'ın güçlük çekmesi aslında çarpık olumsuz düşüncelerinden kaynaklanıyordu. Bir kez bu düşüncelerin yanlışlığını ortaya çıkardığında depresyonu ortadan kayboldu.

Araştırma yöntemi, olumsuz düşünceniz 'zihin okuma'yı içerdiği durumlar için de iyi bir yöntemdir. 'Zihin okuma'da başka insanların sizin hakkınızda ne düşündüğü ya da ne hissettiğiyle ilgili keyfî çıkarsama yaparsınız. Sonra kaygılı ve depresif olur ve kişinin sizden gerçekten rahatsız olduğunu kabul edersiniz. Elbette, bazen çatışma gerçekten vardır ve havayı yumuşatmak için diğer kişiyle bir şeyleri masaya yatırmanız gerekebilir. Ancak bazen sorun sadece kafanızdadır. Başkalarının nasıl düşündüğü ve hissettiğiyle ilgili tahminlerde bulunmak yerine, onlara sorup öğrenebilirsiniz. Bu teknik basit görünebilir, ama bazen önemli ölçüde yararlı olmaktadır.

## Yeniden Atıfta Bulunma

Kendini suçlama ve duygusal çıkarsama, bilişsel çarpıtmaların en yaygın ve eziyetlileridir. Depresif ve kaygılı olduğunuz zaman, gerçekten sorumlusu olmadığınız sorunlardan ötürü kendinizi suçlayabilirsiniz. Kendinize şunu söylersiniz: "Kendimi o kadar suçlu hissediyorum ki, gerçekten suçlu olmalıyım." Bazen sorun pek de sizin suçlu olmanız değildir, sorun kendinizi suçlamanızdır. Yeniden Atıfta Bulunma'yı kullandığınız zaman, soruna katkıda bulunan bütün etkenleri belirleyebilir ve böylece daha gerçekçi bir bakış açısı geliştirebilirsiniz. O zaman, bütün enerjinizi kendinizi yiyip bitirerek ve hırpalayarak harcamak yerine, sorunu çözmeye odaklanabilirsiniz.

Jason adında genç bir adam utangaçlıkla mücadele ediyordu. Çekici ve canayakın biri olmasına rağmen, ne zaman ilginç bir kadının yakınında olsa donup kalıyordu. Bir cumartesi sabahı süpermarkette sıradayken, gıda ürünlerini kasadan geçirmekte olan çekici bir kadın fark etti. Kendisine gülümsüyor gibi görünüyordu. Sıranın en önüne geldiği zaman onunla flört etmek harika olurdu diye düşündü. Fakat kendini o kadar beceriksiz hissetti ki kasada meyve sebzeleri için ödeme yaparken ona tek kelime etmedi hatta gözlerine bile bakmadı, yalnızca gergin bir şekilde boşluğa baktı. Marketten ayrıldığında kendini hüsran dolu ve küçük düşmüş hissediyordu. Sonradan bana söylediğine göre bu tür şeyler her zaman başına geliyordu.

Jason sırada beklerken şöyle düşündü: "Eğer onunla flört etmeye kalkarsam muhtemelen boşa çıkacağım. Bu benim nasıl bir zavallı olduğumu ortaya koyacaktır." Bu düşünce on bilişsel çarpıtmanın neredeyse tamamını içerir. Ancak tipik bir kendini suçlama örneğidir, çünkü Jason, eğer kadın onun flört etme girişimlerine olumlu yanıt vermezse, kendisini paramparça etmeye hazırdır. Jason yeniden atıfta bulunmayı bu düşüncesine karşı gelmek için nasıl kullanabilir?

Daha açık olmak gerekirse, Jason kendisine, flört etmeyi dener ve başarısız olursa bunun onun bir zavallı olduğunu göstereceğini söylüyor. Gıda ürünlerini kasadan geçiren bir kadının niye onunla flört eden bir müşteriye hevesle yanıt vermeyebileceğine dair aklınıza gelen başka nedenler var mı? Okumaya devam etmeden önce buraya birkaç olası neden sıralayın.

1. ..........................................................................................

2. ..........................................................................................

3. ..........................................................................................

4. ..........................................................................................

5 ..........................................................................................

## Yanıt

Birçok açıklama mümkün. Örneğin:

- Evli olabilir.
- Erkek arkadaşı olabilir.
- Eşcinsel olabilir.
- Keyifsiz olabilir.
- Müşteriler her zaman onunla flört etmeye çalışıyor ve o bunu can sıkıcı buluyor olabilir.
- Meyve sebzelerini kasadan geçirmek isteyen uzun bir sıra boyunca müşteri olabilir.
- Müşterilerle sosyalleşmek çalışma prensiplerine aykırı olabilir.
- Kendisini utangaç ya da güvensiz hissediyor olabilir.
- Jason onun tarzında biri olmayabilir. Belli bir görünüşteki erkekleri ya da daha yaşlı erkekleri tercih ediyor olabilir.
- Jason beceriksiz ve ilgi bekler halde görünüyor olabilir.

Ek olarak, Jason'ın flört etme becerisi son zamanlardakine uygun olmayabilir. Bu onun beceriksiz olduğu anlamına gelmez, sadece deneyimsiz olduğu ve daha çok pratiğe ihtiyacı olduğu anlamına gelir.

Yeniden Atıfta Bulunma'nın hedefi başarısızlıklara bahane bulmak değil, bir şeyleri daha akılcı bir perspektife yerleştirmektir. Clarisse adında bir kadın, birkaç haftadır çıktığı bir adamdan ayrıldığında kaygılı ve depresif olmuştu çünkü kendisine şunu söylüyordu: "Bu tamamen benim hatam. Her zaman böyle oluyor. Sonsuza dek yalnız kalacağım." Bir kız arkadaşıyla samimi bir sohbet sonrası Clarisse, sorun hakkında farklı düşünmeye başladı. Kendisine dedi ki, "Her şeye karşın bu benim hatam değildi. Paul tam bir ahmak! Daha iyilerini hak ediyorum!"

Bu, Yeniden Atıfta Bulunma'nın kötü kullanımıdır çünkü Clarisse kolayca "ben işe yaramazım" zihniyetinden "sen işe yaramazsın" zihniyetine geçiş yaptı. Kendisini suçlamak yerine, kendisinden ayrılan erkeği suçluyordu. Artık kaygılı ve suçlu hissetmek yerine kızgın ve dargın hissedecekti.

Kendisi ya da Paul'ü suçlamak yerine, Clarisse ilişkilerinin bitmesinin nedenlerini belirlemeyi deneyerek durumdan ders çıkarıp gelişme gösterebilir. Heyecan verici ama narsist erkekleri mi seçmektedir? Çok hızlı şekilde yapışkan duruma gelip ilgi bekleyerek erkekleri kendisinden mi kaçırmaktadır? Sadakatsiz midir? Paul onu eleştirdiğinde ya da ilişkilerindeki sorunlar hakkında konuşmaya çalıştığında dinlemekte zorlanıyor ya da savunmaya mı geçiyordu? Farklı değer ve ilgileri mi vardı? Sadece aralarındaki kimyanın uyuşmadığını mı kabul etmesi gerekli? Bu tür bir bilgi ileride daha sevgi dolu ilişkiler geliştirmesine yardımcı olabilir.

Bu bölümde, depresyon ve kaygınızı tetikleyebilecek düşünceleri altetmenize yardımcı olacak gerçeğe dayalı dört teknik hakkında bilgi edindiniz: Kanıt İnceleme, Deneysel Teknik, Araştırma Yöntemi ve Yeniden Atıfta Bulunma. Yalnızca bir gerçeğe dayalı teknik deneyip, işe yaramazsa başka bir kategoriye mi geçmek gerektiğini soran kişiler oldu. Şart değil. Örneğin, kanıt inceleme Terri'ye yardımcı olmadı. Boğulmak ya da kalp krizinden ölmek üzere olduğuna dair gerçek bir kanıt bulunmadığını kabul etmesine rağmen buna hâlâ son derece inanıyordu. Deneysel tekniği kullanıp zıplama hareketlerini yaptığında, birdenbire olumsuz düşüncelerinin tamamen saçma olduğunu fark etti. Kaygı ve depresyonu o noktada yok olmuştu. En önemli şey şu, ne kadar çok teknik denerseniz, sizde işe yarayanı o kadar çabuk bulursunuz!

# 12 Mantıksal ve semantik teknikler

Fark etmişsinizdir, kaygılı ve depresif olduğunuzda kendinizi uç ifadelerle eleştirme eğiliminde olursunuz. Kendinize bir zavallı olduğunuzu söyleyebilir ya da kendinizi bu kadar kaygılı ve güvensiz hissetmemeniz gerektiği konusunda diretebilirsiniz. Kullandığınız dile bakarsanız fark edersiniz ki neredeyse her zaman için kendi hakkınızda acımasız ve mantığa aykırı bir tutumla düşünüyorsunuz. Mantıksal ve semantik (anlamsal) teknikler bu olumsuz mesajları değiştirip kendinizle daha sevecen ve gerçekçi biçimde konuşmaya başlayabilmenizde çoğunlukla size yardımcı olabilir.

## Grinin Tonlarıyla Düşünmek

Ya hep ya hiç tarzı düşünme performans kaygısına neden olabilir, çünkü performansınızın harika olması gerektiğini düşünürsünüz, yoksa işe yaramaz olacaktır. Bu tür düşünce mantığa pek uygun değildir çünkü çoğu kez performansınız arada bir yerde olacaktır. Kendinizi siyah-beyaz kategoriler yerine gri tonlarda değerlendirmeye karar verirseniz baskının çoğunu azaltabilirsiniz.

Ben Bilişsel Terapi'yi yeni öğreniyorken, meslektaşım Dr. Aaron Beck ile birlikte, Davranışçı Terapinin Geliştirilmesi Derneği'nde [Association for the Advancement of Behavior Therapy] bir atölye çalışması düzenledik. Atölye iyiydi, ama umduğum kadar iyi gitmemiştı. Dr. Beck keyfimin kaçtığını fark etti ve sorunun ne olduğunu sordu. O dönemde ben hâlâ oldukça mükemmeliyetçiydim. Atölyemizin, ortalamanın altında gibi göründüğünü, bu yüzden kendimi cesareti kırılmış hissettiğimi söyledim.

Dedi ki, "Pekala, David, bunun için şans yıldızlarımıza teşekkür edebiliriz! Unutma ki, ortalama ortadaki noktadır. Tanım gereği sunumlarımızın yarısı ortalamanın altında, yarısı ortalamanın üzerinde olacak. Dolayısıyla bunu bitirmiş olmamız harika. Gelecek sefere gerçekten güzel bir tanesinin gerçekleşmesini dört gözle bekleyebiliriz!" Bu muazzam bir rahatlama olmuştu, çünkü her zaman mükemmel olmak zorunda olmadığım ve gelişme için her zaman boş yer olacağı kafama dank etmişti.

Geçen bölümde Jason adında, süpermarkette gıda ürünlerini kasadan geçiren çekici bir kadını fark ettiğinde utangaçlık duygularına kapılmış genç bir adamı okudunuz. Kendini o denli beceriksiz ve gergin hissetmişti ki, kadın ona gülümsüyor gibi görünse de, tek bir şey söylemeksizin veya gülümsemeksizin marketi terk etmişti. 231. sayfada Jason'ın günlük duygudurum çizelgesini görebilirsiniz. Sıkıntı veren olay "süpermarkette sırada beklemek" idi. Jason üzgün, kaygılı, suçlu, utanmış, yetersiz, yalnız, çekingen, cesareti

| Çarpıtma | ✓ | Çarpıtma | ✓ |
|---|---|---|---|
| 1. Ya hep ya hiç şeklinde düşünme | | 6. Aşırı büyütme ya da küçültme | |
| 2. Aşırı genelleme | | 7. Duygusal mantık yürütme | |
| 3. Zihinsel filtre | | 8. Zorunluluk ifadeleri | |
| 4. Olumluyu görmezden gelme | | 9. Etiketleme | |
| 5. Keyfî çıkarsama<br>• Zihin okuma<br>• Falcılık | | 10. Suçlama<br>• Kendini suçlama<br>• Başkasını suçlama | |

kırılmış, sıkışmış ve kendine kızgın hissediyordu. Eğer önceden utanmış hissetmişseniz, muhtemelen bu duygularla özdeşleşebilirsiniz. "Önce %" sütunundaki yüksek puanlamalar bütün bu duyguların oldukça yoğun olduğunu gösteriyordu.

Jason sıradayken aklından geçen düşünceleri kaydetti. Hepsi ona tamamen doğru görünüyordu, dolayısıyla her birine olan inancını % 100 olarak değerlendirdi. Düşüncelerinde bulabildiğiniz bütün çarpıtmalara işaret koyun. Gerekirse sayfa 115'te yer alan tanımlara başvurabilirsiniz.

Bakalım Jason'a yardım edebilecek miyiz? İlk olumsuz düşüncesi: "Söyleyecek ilginç bir şeyim yok." Bu düşünce birçok çarpıtma içerir, ama klasik bir ya hep ya hiç tarzı düşünme biçimi örneğidir. Jason kendisine iki uç neticeden birinin olacağını söylemektedir: Ya son derece akıllıca bir şey söyleyecek ve onun ayağını yerden kesecektir, ya da kendini tamamen komik duruma düşürecektir.

Bu düşünme biçimi işini oldukça zorlaştırmaktadır. Öncelikle, çok deneyimli değildir, dolayısıyla onun ayağını yerden kesmeyeceği kesindir. Ve eğer onunla flört etmeye çalışırsa, sıradaki bütün diğer insanların onun bir ahmak olduğunu düşüneceğinden emindir. Yani ne olursa olsun, büyük bir bedel ödenecektir. Ya hep ya hiç tarzı düşünmeyle kendisini kazanmanın olmadığı bir duruma sokmaktadır ve sıkışmış hissetmesi anlaşılır bir şeydir. İlk olumsuz düşüncesi "Söyleyecek ilginç bir şeyim yok"a 'gri tonlarda düşünme'yi kullanarak nasıl karşı gelebilir?

Unutmayın, bu tekniği kullanırken kendinizi ya da durumunuzu uçlarda, siyah-beyaz ifadelerle değerlendirmeyi bırakırsınız. Bunun yerine kendinizi ya da durumunuzu gri tonlarda değerlendirirsiniz % 0 (tamamen başarısız) ve % 100 (tamamen başarılı) arasında bir yerlerde. Jason, kasiyer kıza söyleyecek son derece ilginç bir şeyinin

## Jason'ın Günlük Duygudurum Çizelgesi

**Sıkıntı veren durum:** Süpermarkette sırada beklemek.

| Duygular | % Önce | % Sonra | Duygular | % Önce | % Sonra |
|---|---|---|---|---|---|
| Üzgün, hüzünlü, depresif, morali bozuk, mutsuz | 80 | | Utanmış, budala, aşağılanmış, içine kapanmış | 100 | |
| Kaygılı, endişeli, paniklemiş, gergin, korkmuş | 100 | | Umutsuz, hevesi kırılmış, karamsar, çaresiz | 90 | |
| Suçlu, vicdan azabı içinde, kötü niyetli, mahcup | 95 | | Hayal kırıklığına uğramış, engellenmiş, yenik | 90 | |
| Aşağı, değersiz, yetersiz, kusurlu, beceriksiz | 95 | | Kızgın, öfkeli, incinmiş, sinirli, hiddetli | 90 | |
| Yalnız, sevilmeyen, istenmeyen, reddedilmiş, terk edilmiş | 75 | | Diğer (tanımlayın) | | |

| Olumsuz Düşünceler | % Önce | % Sonra | Çarpıtmalar | Olumlu Düşünceler | % İnanç |
|---|---|---|---|---|---|
| 1. Söyleyecek ilginç bir şeyim yok. | 100 | | | | |
| 2. Gerçekten güzel görünen kızlarda hiç bir zaman başarılı olamam. | 100 | | | | |
| 3. Onunla iyi bir sohbet yakalasam bile, şu anda bir ilişkiyle uğraşacak vaktim yok. | 100 | | | | |
| 4. En iyisi ağzımı kapalı tutmak, çünkü salakça bir şey söyleyip onu kızdırabilirim. | 100 | | | | |
| | | | | | |

| | | | | | |
|---|---|---|---|---|---|
| 5. Eğer onunla flört etmeye çalışırsam insanlar benim bencil bir pislik olduğumu düşünecekler. | 100 | | | | |
| 6. Bu kadar parlak ve uygunsuz olmamam gerek. Eğer alçakgönüllü ve sessiz olursam insanlar beni daha çok severler. | 100 | | | | |
| 7. Kişiliksizim. | 100 | | | | |
| 8. Başarı ve görünüm gibi yüzeysel şeylerle bu kadar ilgilendiğime göre korkunç bir insan olmalıyım. | 100 | | | | |
| 9. Eğer onunla flört etmeyi deneseydim muhtemelen boşa çıkardım. | 100 | | | | |
| 10. Bu benim ne kadar ezik olduğumu gösterirdi. | 100 | | | | |

## Jason'ın Çarpıtmaları

| Çarpıtma | | Açıklama |
|---|---|---|
| 1. Ya hep ya hiç şeklinde düşünme | ✓ | Jason, durum hakkında siyah-beyaz uçlarda düşünmektedir. Sunacağı hiçbir şey olmadığını ve eğer onunla flört etmeye çalışırsa ya büyük bir başarı ya da tamamıyla fiyasko olacağını düşünmektedir. Ayrıca eğer onunla çıkarsa hayatının tamamlanacağına, ama kız ilgilenmezse bunun, onun tam bir ezik olduğu anlamına geleceğine inanmaktadır. Bu kadar baskı hissetmesi pek doğaldır! |
| 2. Aşırı Genelleme | ✓ | Jason, eğer birisi onun bir pislik olduğunu düşünüyorsa herkesin öyle düşüneceğini düşünür. Bu herhangi bir onaylanmama durumunu son derece tehditkâr duruma getirmektedir. |
| 3. Zihinsel Filtre | ✓ | Jason ne kadar kaygılı ve kendine odaklı olduğu konusunda fazlaca düşünmekte ve kendisine kişiliksiz olduğunu söylemektedir. |
| 4. Olumluyu Görmezden Gelme | ✓ | Jason, olumlu özelliklerini yok saymaktadır. Görece çekici ve akıllıdır ve çekici bulduğu birisiyle flört ettiğinde aptal görüneceğini ya da boşa çıkacağını düşünmek için hiçbir nedeni yoktur. Kızın ona gülümsüyor gibi göründüğü gerçeğini de yok saymaktadır. |
| 5. Keyfî Çıkarsama<br>• Zihin Okuma<br>• Falcılık | ✓ | Jason'ın, eğer onunla flört ederse geri çevrileceği ya da marketteki herkesin ona tepeden bakacağına dair bir kanıtı yoktur. Sebzeleri kasadan geçiren kıza gülümser ve selam verirse gerçekten şaşıracaklar mıdır? Duygularını bastırır ve bir rahip gibi davranırsa ona gizlice hayranlık mı duyacaklardır? |
| 6. Aşırı Büyütme ya da Küçültme | ✓ | Jason, kendi önemini büyütmektedir. Sırada bekleyen insanlar onun ne yaptığını gerçekten bu kadar önemserler mi? |
| 7. Duygusal Mantık Yürütme | ✓ | Kendisini geri çevrilecek gibi hissetmektedir ve bu yüzden de gerçekten geri çevrileceğine inanmaktadır. Kendisini bencil bir pislik gibi hissetmektedir ve bu yüzden de gerçekten bencil bir pislik olduğunu düşünmektedir. |
| 8. -meli, -malı İfadeleri | ✓ | Jason her zaman sessiz ve alçakgönüllü olması gerektiğine ve hiçbir zaman aptal görünmeyip geri çevrilmemesi gerektiğini inanmaktadır. |
| 9. Etiketleme | ✓ | Jason kendisini "bencil bir pislik" olarak etiketlemektedir. |
| 10. Suçlama<br>• Kendini Suçlama<br>• Başkasını Suçlama | ✓ | Jason eğer bu kız kendisini reddederse bunun kendisinde yanlış bir şeylerin olduğu anlamına geleceğini düşünmektedir. Gerçekte, kendisi oldukça çekici ve cazibeli olabilir ve kız yine de onunla ilgilenmeyebilir. |

olması gerekiyor gibi hissetmektedir. Elbette, bu düşünce bey-ninin durmasına neden oluyordu çünkü onu gerçekleştirmesi gere-ken büyük bir zorluk altına sokuyordu. Kendine verebileceği, hissettiği baskının bir kısmını dindirecek başka mesaj var mı? Oku-maya devam etmeden önce buraya fikirlerinizi yazınız:

..........................................................................................

..........................................................................................

..........................................................................................

..........................................................................................

..........................................................................................

## Yanıt

Jason kendisine şunu söyleyebileceğine karar verdi: "Muhtemelen son derece akıllıca ya da ilginç bir şey söylemem gerekmiyor. Sadece gülümseyerek ve merhaba diyerek başlayabilirim, ve bu harika bir ilk adım olur." 236. sayfada "İnanç Yüzdesi" sütununda görebileceğiniz gibi düşüncesine % 100 inanıyordu ve olumsuz düşüncesine olan inancı % 25'e düştü.

Duygusal değişim için gerek ve yeter koşulları hatırlıyor musunuz? Olumlu düşünce % 100 doğru olmalı (bu gerekli koşul) ve olumsuz düşüncenin yanlışlığını göstermeli (bu yeterli koşul). Jason bu olumlu düşüncenin, kendisine yüklediği baskıyı dindirdiğini çünkü bu kadar çok çaba göstermesinin gerekmeyeceğini söyledi.

| Olumsuz Düşünceler | % Önce | % Sonra | Çarpıtmalar | Olumlu Düşünceler | % İnanç |
|---|---|---|---|---|---|
| 1. Söyleyecek ilginç bir şeyim yok | 100 | 25 | YHYH, AG, ZF, OYS, ZO, K, DÇ, Zİ, KS | 1. Muhtemelen, öyle çok zekice veya enteresan bir şey söylememe gerek yok. Yalnızca gülümseyerek ve "merhaba" diyerek söze başlardım ve bu da harika bir ilk adım olurdu. | 100 |

## Sonuca Karşı Süreç

Performansınızı sürece –gösterdiğiniz çaba– dayalı olarak ya da sonuca dayalı olarak değerlendirebilirsiniz. İki ölçüm de önemlidir. Ancak, hazırlanmanız ve uğraşmanız sizin elinizdeyken, sonuç genellikle öyle değildir.

Örneğin, önemli bir sınav notunuz öğretmenin ne tür sorular sorduğuna, diğer öğrencilerin ne kadar iyi yaptığına ve öğretmenin çan eğrisini ne olarak belirlediğine bağlı olabilir. Öğretmeninizin sınavınızı değerlendirirken nasıl bir modda olduğu bile bir rol oynayabilir. Bu etkenlerin hiçbiri sizin kontrolünüz altında değildir.

Ancak tersine, harcadığınız çabayı kontrol edebilirsiniz. Örneğin, bütün derslere gidebilirsiniz, iyi notlar tutabilirsiniz, anlamadığınız herhangi bir şeyi öğretmene sorabilirsiniz. Ev ödevlerini dürüstlükle yapabilir ve sınava dikkatlice hazırlanabilirsiniz. Eğer bunları yaparsanız, uğraşlarınız için kendinize A+ verebilirsiniz ancak sonucun ne olduğuna bakmayıp işi oluruna bırakmak durumundasınız.

Jason sonuca karşı süreç tekniğini kullanarak, "Onunla flört etmeye kalkışsaydım muhtemelen başarısız olacaktım" olan 9. olumsuz düşüncesine nasıl karşı çıkabilir? Okumaya devam etmeden önce fikirlerinizi buraya yazın:

..................................................................................................

..................................................................................................

..................................................................................................

..................................................................................................

..................................................................................................

## Yanıt

Jason eylemlerinin kendi kontrolünde olduğunu ancak sonuçların öyle olmadığını kendisine hatırlatabilir. Eğer ona gülümser ve merhaba derse, nasıl tepki gelirse gelsin bu işinden kendisine A+ verebilir, çünkü uzun süre tutsak kaldığı hapishanenin dışına bu önemli ilk adımı atmış olacaktır.

Sonuca karşı süreç tekniği bana birçok durumda yardımcı olmuştur. Bir psikiyatrist olarak bazen kontrolümün dışında görünen zorlu ve stresli durumlarla karşı karşıya kalıyorum. Örneğin, bir defasında sınır kişilik bozukluğu tanısı almış Rachel adında ağır depresif genç bir kadını tedavi ediyordum. Bu depresyonun oldukça zor bir türüdür, birçok manipülasyon ve özyıkıcı davranış vardır. Rachel fırtınalıydı, dürtüseldi ve işbirliğinde bulunmuyordu. Birçok terapist tarafından tedavi görmüştü ve çokça sonuca ulaşmaya yaklaşmış intihar girişimi vardı.

Birlikte çalışmaya başlamamızdan kısa bir süre sonra, Rachel muhalif bir biçimde, seanstan hemen sonra intihar etmeye kalkıştığını açıkladı. İyileşme prognozunun olumlu olduğunu ve eğer tedaviye tutunursa oldukça gelişme gösterebileceğinden emin olduğumu belirttim. Ayrıca onu önemsediğimi ve onun intihar etmesini engellemenin benim yasal ve etik zorunluluğum olduğunu ona söyledim.

Rachel onu durduramayacağım konusunda ısrar etti. Birden

sandalyesinden zıpladı ve kapıya doğru fırladı. Kendimi onunla kapı arasında tutmayı başardım ve o bağırıp dışarı çıkmaya çalışma mücadelesi verirken onu engellemeye çalıştım. Bileklerinden birini yakaladım ve güvenliği arayıp yardım çağırmak için diğer elimle telefona uzandım.

Birkaç dakika sonra iki memur geldi ve olan biteni açıkladım. Rachel'a intihara kalkışıp kalkışmadığını sordular ve kalkıştığını söyledi. Onu gözaltına aldılar ve bana eğer tehditlerinden vazgeçmezse ailesini arayıp hastaneye yatıracaklarını söylediler. Görevliler, onu ofisimden dışarıya sürüklerlerken, açık saçık kelimelerle bağırıyor ve benim tüm dünyadaki en kötü ve aptal psikiyatrist olduğumu ve benden tiksindiğini çığlıklarla söylüyordu.

Kendimi suçlu hissediyordum ve son derece hayal kırıklığına uğramıştım. Onu muhtemelen bir daha asla görmeyeceğimi fark etmiştim. Bir fiyasko gibi hissetmiştim çünkü tedavimin sonucu pek etkileyici görünmüyordu. Yine de, gerçek performansımı değerlendirdiğimde, yaptığımda bir hata bulamamıştım. Kendime, pek istediğim gibi sonuçlanmamış da olsa, zor bir durumda iyi iş çıkardığımı söylemeye karar verdim. Kendime onun hayatını kurtarmış olabileceğimi hatırlattım.

Sonraki birkaç yılda zaman zaman Rachel'ı düşündüm. Bazen kendime derdim ki; "Evet, o gerçekten çuvalladığım danışanlarımdan bir tanesi." Sonra kendime sorardım: "Ne açıdan çuvalladın? Yanlış yaptığım, spesifik olarak, neydi? Farklı yapmış olmam gereken bir şey var mıydı?" Duruma nesnel olarak baktığımda, öyle görünüyordu ki doğru şeyi yapmıştım, sonucu çok cesaret kırıcı hissettirse de...

Beş yıl sonra, Ulusal Sağlık Enstitüsü'nden birisi aradı ve "Rachel Clark adında bir genç kadını tedavi etmiş miydiniz?" diye sordu.

Kalbim çarpmaya başlamıştı ve kaygıyla dolmuştum. "Eminim bir etik şikayetinde bulundu ya da mesleki hata davası açtı. Beni muhtemelen yaptığım kötü işten ötürü azarlamak için aradı" diye düşündüm. Birkaç yıl önce onunla çalıştığımı sıkılgan bir şekilde kabul ettim. "Ama sadece birkaç seans."

Karşımdaki kişi, hangi tedavi yöntemlerini kullandığımı sordu.

Henüz olumsuz düşüncelerine karşı gelmek için Bilişsel Terapi tekniklerini kullanmaya başladığımızı ama ona seanslar arasında psikoterapi ödevleri yapması gerekeceğini söylediğimde sinirlendiğini ve intihar etme tehditinde bulunduğunu açıkladım. Sonuç olarak, hastaneye yatırılması gerekti ve terapiyi tamamlamak için geri dönmedi. Sonra beni niye aradığını sordum.

Söylediği şey beni şaşırtmıştı. Ofisimden ayrıldığı akşam Rachel'ın ailesinin evinin yanında, Washington DC'de, hastaneye yatırıldığını belirtti. O zamandan beri, sekiz psikiyatrist tarafından tedavi edilmiş, ancak hiçbiri onunla bağlantı kuramamıştı. Bu nedenle Rachel kendisine yönlendirilmişti. Rachel, ona benim kendisiyle bağlantı kurabilen tek psikiyatrist olduğumu söylemişti. Bu yüzden o da ne yaptığımı öğrenmek için arıyordu!

Bunun ne olduğundan bugün hâlâ emin değilim. Belki istemeyerek de olsa onun iyiliği için olanı yapmış olduğumdan, belki de ümitsiz ve değersiz olduğu fikrini satın almadığımdandı. O gün gerçekten çileden çıktığını düşünüyorum, çünkü onu ilk kez sorumlu duruma getirmiştim. Düzelmesinin ancak takım çalışması sonucunda olacağı ve eğer benimle çalışmak istiyorsa seanslar arasında ödev yapmak durumunda olduğu konusunda açıktım. İşte o an köpürmüştü.

Eğer performansımı, tekmeler savurduğu ve açık saçık şeyler haykırdığı haliyle güvenlik tarafından ofisimden dışarıya sürüklenmek durumunda kaldığı gerçeği üzerinden değerlendirseydim, fena halde başarısızlığa uğradığım sonucuna varırdım. Ama o gün verdiğim mesajlar Rachel'ın duymaya ihtiyacı olanlardı ve muhtemelen tutumlarım hayatını kurtardı.

## SEMANTİK (ANLAMSAL) YÖNTEM

Anlamsal yöntemi kullandığınızda, sadece, üzgün hissettiğinizde kullandığınız duygusal olarak renkli ve acı veren kelimelerinizin yerine daha nazik ve yumuşak kelimeler koyarsınız. Fark etmiş olabilirsiniz, kaygılı ve depresif olduğunuzda kendinizi 'gerekiyor'larla, –meli –malı'larla ve 'zorundayım'larla hırpalarsınız. 'Olmalı' ifadelerini bazen kendinize ve bazen de diğer insanlara ya da genel olarak dünyaya yöneltirsiniz. Kendine yöneltilmiş 'olmalı' ifadeleri depresyon, kaygı, aşağılık, suçluluk ve utanç hislerine neden olurlar. Örneğin eğer utangaçlık ve güvensizlik hisleriyle mücadele ediyorsanız, mahcup ve aşağı hissedebilirsiniz çünkü kendinize, "Benim neyim var? Kendimi bu kadar gergin ve güvensiz hissetmemem gerekir" dersiniz. Eğer diyet yapmaya çalışıyorken hataya düşüp tıkındıysanız kendinize: "O yarım kilo dondurmayı yememem gerekirdi. İşte şişman bir domuzum! Kendimi kontrol edemiyorum" dersiniz. Değersizlik ve aşağılık duygularıyla mücadele ediyorsanız, diğer insanlar kadar ya da olmanız gerektiğini düşündüğünüz kadar iyi olmadığınızı kendinize söylersiniz.

Başkalarına yöneltilmiş, 'olmalı' ifadeleri alınma ve kızgınlık duygularına neden olurlar. Örneğin, bir arkadaşınız sizi azarlamışsa şöyle düşünebilirsiniz: "Tam bir ahmak! Bana böyle davranmaya hakkı yok!" Buna gizlenmiş olmalı ifadesi denir çünkü gerekiyor ima edilmektedir. Aslında söylediğiniz "O böyle olmamalı!"dır. Eğer otoyolda başka bir sürücü şeridinize daldığı zaman çileden çıkarsanız kendinize şunun gibi bir şey söyleyebilirsiniz: "Nasıl da agresif bir dangalak!" Bu da gizlenmiş 'olmalı' ifadesidir. Aslında söylediğiniz diğer sürücünün bu kadar pervasız ve agresif olmaması gerektiğidir. Bu ayrıca etiketlemenin de bir örneğidir çünkü onun bütün karakterini sürüş davranışı üzerinden değerlendirirsiniz. Olmalı ifadeleri ve etiketleme eleledirler. Anlamsal yöntem bu iki çarpıtma için de yardımcı olabilir.

Olmalı ifadelerini genel olarak dünyaya yönelttiğinizde, hüsran hissedeceksiniz. Örneğin, bir süredir hazırlandığınız maratonun iki gün öncesinde bileğinizi burkarsanız, hüsrana uğrayıp kendinize "bu haksızlık!" dersiniz. Bu bir gizli 'olmalı' ifadesidir çünkü işlerin her zaman istediğiniz gibi gitmesi gerektiğini ima ediyorsunuz. Bu ayrıca bir etiketleme örneğidir de. Bileğinizi burkmanız "talihsiz" oldu, ama "haksızlık" değil. Sonuç olarak , bileğinizi burktuğunuz sırada üzerine bastığınız taş gerçekten "haksızlık" yapıyor değildi! Siz onun üzerine bastığınız sırada o sadece orada yolun üzerinde duruyor, işine bakıyordu.

'Olmalı' ifadelerinden kurtulmak oldukça zor olabilir çünkü bağımlılık yapıcıdırlar ve size üstünlük hissettirirler. Ek olarak, işler sizin istediğiniz gibi gitmediğinde yeterince sesli karşı çıkarsanız iyi bir şey olacağını düşünebilirsiniz. Örneğin, amacınıza ulaşamadığınız her zaman kendinizi hırpalar ve yiyip bitirirseniz sonunda olağanüstü bir şeye ulaşacağınıza inanabilirsiniz.

Birçok ünlü psikiyatrist ve psikolog –Sigmund Freud da dahil olmak üzere– insanların kendilerini ve başkalarını hırpalama eğilimlerinin üstesinden gelmelerine yardımcı olmaya çalıştı. 1950'lerin feminist psikiyatristi Dr. Karen Horney, "Gerekliliğin Zorbalığı" hakkında yazdığında ün kazandı. New Yorklu ünlü psikolog Albert Ellis de birçok duygusal zorluğun olmalı'lardan ve kendimize ve başkalarına yüklediğimiz mutlak taleplerden kaynaklandığına inanır. Bu eğilime "–meli / –malıcılık" adını verir.

Anlamsal yöntemi kullandığınızda sadece, kendiniz ve sorunlarınız hakkında düşünürken dilinizi daha az renkli ve daha az duygusal yüklü olan bir dille değiştirirsiniz. Örneğin, kendinize "bu kadar utangaç olmamalıyım" demek yerine, "bu kadar utangaç olmasam daha tercih edilir olabilirdim" diyebilirsiniz. Kendinize "bu hatayı yapmamış olmalıydım" demek yerine "bu hatayı yapmamış olsam harika olurdu, ama ben insanım, dolayısıyla zaman zaman hata yapacağım. Belki durumdan ders çıkarabilirim" diyebilirsiniz. Gördüğünüz gibi bu teknik oldukça kolaydır. Kendinize "X'i yapmış olmalıydım" ya da "Y'yi yapmamış olmalıydım" demek yerine "X'i yapmış olsam daha uygun olurdu" ya da "Y'yi yapmamış olsam" gibi bir ifade koyarsınız. Bu anlamsal değişiklikler küçük görünebilir, ama kendinizi nasıl hissettiğinizle ilgili büyük etki yaratabilirler.

Gereklilik ifadeleri her zaman mantık dışı ya da özyıkıcı değillerdir. Aslında İngilizce'de üç doğru gereklilik kullanımı vardır: Ahlaki gereklilikler, yasal gereklilikler ve evrensel yasaların gereklilikleri. "Öldürmemelisin" demekte sorun yoktur. "Banka soymamalısın" demekte de sorun yoktur, çünkü bu yasal bir gerekliliktir. Ve "şimdi bu kalemi bırakırsam yere düşmeli" demekte de sorun yoktur, çünkü bu evrensel bir yasanın gerekliliğidir.

Duygusal stres yaratan, 'olmalı' ifadeleri genellikle bu kategorilerden birine uymazlar. Örneğin, kendinize "bu kadar utangaç olmamalıyım" dediğinizde bu bir ahlaki gereklilik midir? Utangaç olmak ahlaksızca değildir. Sadece rahat değildir. Bu bir yasal gereklilik midir? İnsanın kendini utangaç hissetmesi yasalara aykırı değildir. Bu evrenin yasalarının bir gerekliliği midir? Kendinizi utangaç hissettiğinizde, doğa yasalarına aykırı bir şey yapmazsınız. Dolayısıyla kendinize bu kadar utangaç olmamanız gerektiğini söylerken, kendinize bir sorun karşılığında iki sorun yaratırsınız. Şimdi hem utangaçlığınızla hem de kendinize bu şekilde utangaç olmamanız gerektiğini söyleyerek yarattığınız utanç ve aşağılık duygularıyla mücadele etmeniz gerekir.

"Olmalı" [: *should*] kelimesi Anglo-Sakson kökenli '*scolde*' [azarlamak] sözcüğünden gelmektedir. 'Olmalı' ifadelerini kullandığınızda gerçekten kendinizi ya da diğerlerini azarlamaktasınızdır. Semantik yöntemi kullandığınızda amaç, gerçekten olmalı ifadesinin yanlışlığını ortaya çıkarmak değil de, etkisini yumuşatmaktır.

Regina adlı bir kadın, düğününü planlarken kendini kaygılı hissediyordu çünkü kendisine: "Bunun mükemmel olması gerekiyor. Eğer bir şeyler yanlış giderse, herkes beni küçümseyecek" diyordu. Bu düşüncenin gizlenmiş gereklilik ifadesi içerdiğini fark etmiş olabilirsiniz. Bu düşünce onu muazzam bir baskı altına sokmuştu ve kendisi ile nişanlısı, düğün sırasında önyargılı bir izleyici kitlesi tarafından sürekli inceleme altında olacaklarmış gibi bir hisse kapılıyorlardı. Regina, bu düşüncesine anlamsal yöntemi kullanarak nasıl karşı çıkabilir? Okumaya devam etmeden önce buraya düşüncelerinizi yazın.

.................................................................................................

.................................................................................................

.................................................................................................

.................................................................................................

.................................................................................................

## Yanıt

Regina şu şekilde düşünmeye karar verdi:

> Mükemmel bir düğün nasıl olurdu bilmiyorum. Ama ben ve nişanlım gerçekten önemsediğimiz bir grup aile ve arkadaşla basit ve anlamlı bir tören planlayabilir ve bizim için kişisel

olarak anlam taşıyan yeminlerimizi edebiliriz. Önemli bir şeyin aksaması pek olası değil, ama eğer aksarsa da, bizi gerçekten önemseyen insanların katkı sağlayıp yardımda bulunacaklarından eminim.

Bu düşünce Regina'nın hissettiği baskıyı dindirdi. Düğünü onun için anlamlı olan değerlerin bir basın açıklaması için ve arkadaşlarıyla ve ailesiyle yakın hissetmesi için bir fırsat olarak yeniden çerçeveledi.

## İFADELERİ TANIMLAYALIM

Depresif ya da kaygılı olduğunuzda, kendinizi "aşağı", "aptal", bir "sahtekâr", ya da bir "fiyasko" olarak etiketleyebilirsiniz. Kendinize bu etiketlerin ne anlama geldiğini sorun. "Aşağı insan", "aptal", bir "sahtekâr", ya da bir "fiyasko" ile ne kastettiğinizi tanımlamaya çalışırsanız, genellikle şu dört etkenden birinin doğru olduğunu keşfedeceksiniz:

- Etiket bütün insanlar için geçerlidir.
- Etiket hiçbir insan için geçerli değildir.
- Etiket kendiliğinden anlamsızdır.
- Etiket sizin için geçerli değildir.

Örneğin, "aptal"ın tanımı nedir? Bu her zaman mı aptalca şeyler yapan bir kişidir yoksa bazı zamanlar mı? Ancak eğer "bazı zamanlar" derseniz, o zaman hepimiz aptalızdır, çünkü hepimiz bazı zamanlar aptalca şeyler yaparız. İfadeyi nasıl tanımlarsanız tanımlayın, tanımınız her zaman parçalanacaktır.

Bu, kulağa kelimelerle oyun oynamak gibi gelebilir ancak felsefi olarak çok önemli bir şeyi ortaya çıkarmaktadır. Aptalca davranışlar vardır ama "aptallar" yoktur. "Aptal" diye bir "şey" olmadığına göre, siz de aptal olamazsınız! Ama eğer kendinizi bir aptal olarak etiketlerseniz, endişeli, aşağı, utanmış hissedecek ve –her ne kadar böyle bir şey olmasa da– kendinizi bir aptal gibi hissedeceksiniz.

Hastalarımdan birçoğu, çekingenlik ve panik duygularının utanç verici, garip ya da anormal olduğuna inandıkları için, kendilerini "kaçık" ya da "deli" olarak etiketlemişlerdi. Elbette, kendinizi bu şekilde etiketlediğinizde oldukça ağır bir bedel ödersiniz. Ancak "kaçık"ın tanımı nedir? Böyle bir şey var mıdır?

Diyelim ki "kaçık"ı çıldırmış kişi olarak tanımladınız. O zaman şunu sorardım, "çıldırmış kişinin tanımı nedir?"

"Şizofreni gibi bir akıl hastalığı bulunan kiş" diyebilirdiniz.

O zaman şizofrenisi olan insanların fazlasıyla acı çektiklerine, ancak semptomlarının kaygı semptomlarından oldukça farkı olduğuna dikkat çekerdim. Örneğin, kafalarının dışından gelen sesler duyarlar ve tuhaf hezeyanlar görürler. Genellikle, çekingenlik ve kaygı hisleriyle boğuşan insanların şizofrenisi olmaz. Dahası, şizofrenisi olan birisini "kaçık" olarak etiketlemek bir hayli zalimce olurdu.

Diyelim ki "kaçık"ı farklı bir şekilde tanımladınız. "Pekala, gerçekten kastettiğim şu ki; kaçık, mantığa uymayan korkuları olan kişidir." Bu tanımlamada bir kaçamak nokta görebiliyor musunuz? Düşüncelerinizi buraya yazın.

..............................................................................................

..............................................................................................

..............................................................................................

..............................................................................................

..............................................................................................

Bu tanımı eleştirmek oldukça kolay. İnsanların yüzde kaçının hayatlarının bir noktasında mantığa uymayan korkuları olmuştur? Üzerinde düşündüğünüzde, kabul etmek zorunda kalacaksınız ki bu % 100'e oldukça yakındır. Örneğin, yüzmeyi öğrenirken kafanızı ilk kez suyun altına sokmanız gerektiğinde kaygılanmış olabilirsiniz. Ancak hemen fark ettiniz ki, nefesinizi tutabilirsiniz ve aslında suyun altında yüzmek eğlenceliymiş! Öyleyse, bu tanıma göre hepimiz "kaçık"ız!

Diyelim ki "kaçık"ı, diğer insanlardan daha fazla mantığa aykırı korkuları olan kişi olarak tanımladınız. O zaman kendinize şu soruyu sorabilirsiniz: "Bütün diğer insanlardan mı yoksa bazı diğer insanlardan mı daha fazla mantığa aykırı korkular?" Eğer derseniz ki "tüm diğer insanlardan", o zaman siz bir kaçık olamazsınız, çünkü dünyada her zaman sizden daha çok "aklını kaçırmış" birisi olacaktır. Ama eğer "bazı diğer insanlar" derseniz, o zaman hepimiz kaçığızdır çünkü her zaman bizden daha mantıklı ve daha az kaçırmış insanlar vardır.

Her gün, kendini bu tarz düşüncelerle etiketleyen hastalar görüyorum:

- Ben aşağıyım.
- Ben değersizim.
- Ben bir hayal kırıklığıyım.
- Ben ümitsiz bir vakayım.

"Ben bir hayal kırıklığıyım" düşüncesine bir bakalım. Diyelim ki "hayal kırıklığı"nı hiçbir konuda başarılı olamamış kişi olarak tanımladınız. Bu düşünceye karşı çıkıp çıkamayacağınıza bakalım. Bunun anlamsız olduğunu, veya her insana uyduğunu ya da hiçbir insana uymadığını göstermeye çalışın.

..........................................................................................

..........................................................................................

..........................................................................................

..........................................................................................

Eğer bir "hayal kırıklığı" hiçbir konuda başarılı olamamış kişiyse eğer, o zaman "hayal kırıklığı" diye bir şey yoktur çünkü hepimiz birçok konuda başarılı olduk. Konuşmayı, yazmayı, tuvalete gitmeyi vb. öğrendiğiniz.

Bu tanım işe yaramadığına göre, "hayal kırıklığı"nı ortalama bir insandan daha fazla başarısız olan kişi olarak tanımlamaya karar verebilirsiniz. Bu tanıma nasıl karşı çıkardınız?

..........................................................................................

..........................................................................................

..........................................................................................

..........................................................................................

Bu durumda, bizden 6 milyardan daha fazla olduğuna göre, 3 milyardan fazla insan "hayal kırıklığı"dır. Tanım gereği, ortalama tam orta noktadır.

Farzedin ki tekrar denediniz. Bu kez "hayal kırklığı"nı hiç sahiden olağanüstü bir şey başarmamış kişi olarak tanımladınız. Bu tanıma nasıl karşı çıkarsınız?

..........................................................................................

..........................................................................................

..........................................................................................

..........................................................................................

Bu tanıma göre, neredeyse hepimiz "hayal kırıklığı"yız. Neticede bütün insanların sadece küçük bir kısmı bir Einstein, bir Beethoven, bir Micheal Jordan ya da bir Bill Gates başarısının tadını çıkardılar. Ve dahası, eğer hepimiz "hayal kırıklığı" isek, o zaman hayal kırıklığı olmak o kadar da kötü bir şey olamaz! Hepimizin birçok eşlik edeni olacak demektir. Bu kavramı nasıl tanımlarsanız tanımlayın her zaman bozulacaktır.

İfadeleri Tanımlayalım'ın amacı sizin eksikliklerinizi ve başarısızlıklarınızı inkâr etmek değildir. Hepimizin başarısızlıklarla yüzleşmesi gerekir ve hepimizin üzerinde çalışması gereken gerçek kusurları vardır. Bu tekniğin amacı sadece sizi acı veren ve anlamsız etiketlerden kaynaklanan utançtan, cesaret kırıklığından ve paralize durumdan arındırmaktır.

## Spesifik Olun

Performans kaygısı başarısızlık korkusundan kaynaklanır. Kendinize şunu söylersiniz: "Ya mahvedersem? Bu korkunç olurdu! Buna dayanamam!" Kendinize eğer başaramazsanız, herkesin sizi küçümseyeceğini ve bunun sizin bir insan olarak hayal kırıklığı olduğunuz anlamına geleceğini söyleyebilirsiniz. Elbette, bu düşünce aşırı genellemeyi içerir çünkü performansınızdan kendinize genelleme yapmaktasınızdır. Aşırı genelleme kaygının yanısıra depresyona neden olabilir çünkü benlik saygınız ve gururunuz tehlikede gibi hissedersiniz. Açık olma tekniğini kullandığınızda, gerçeğe bağlı kalırsınız ve kendiniz hakkında evrensel yargılarda bulunmaktan kaçınırsınız. Kendiniz hakkında "hayal kırıklığı" diye düşünmek yerine açıkça güçlü ve zayıf olan yönlerinize odaklanabilirsiniz.

Jackson adında bir Kaliforniya Üniversitesi yüksek lisans öğrencisi, hayat boyu sürmüş kaygı ve depresyona yardım için bana geldi.

Jackson harika bir iş çıkarıyor ve sınıfında neredeyse en üst sırada yer alıyor olsa da her sabah bir çaresizlik haliyle uyanıyordu çünkü kendisine şunları söylüyordu:

- Hiçbir şeyi çözemiyorum!
- Çok aptal ve beceriksizim.
- Başarılarım olmadan, sadece ortalama olurdum. Benimle ilgili gerçekten özel olan hiçbir şey yok.
- Çok yakında, herkes benim kusurlu olduğumu anlayacak.

Jackson'ın sürekli kendini eleştirmesi, onu hayatın zevkinden ve hoşnutluğundan yoksun bırakıyordu. Ne kadar çok şey başarırsa başarsın, kendisine bunun yeterli olmadığını ve daha iyisini yapması gerektiğini söylüyordu. Gözetimimdeki bir seans sırasında, Jackson, sorunlarını şu şekilde tarif etmişti:

> "Her sabah bir mahkumiyet hissi ile uyanıyorum. Kendime hiçbir zaman dişe dokunur bir şey başaramayacağımı söylüyorum ve kendimi berbat, korkunç bir insan gibi hissediyorum. Akşama kadar, genellikle daha iyi oluyorum, ama sabahları bütün dünyam yıkılmak üzereymiş gibi görünüyor. O kadar kaygılanıyorum ki nefesim kesiliyor. Kendime saygımı her zaman için başarılarıma dayandırdım ve akademik çalışmalarımdan dolayı çok fazla övgü aldım. Ama hiçbir zaman içten gelen bir özsaygım varmış gibi hissetmedim. İşler gayet iyi gidiyorken bile kendime bundan pay çıkarıyor gibi görünmüyorum."

Jackson, yakın zamanda alanındaki üst düzey dergiye bir makale sundu ve makale basım için kabul aldı. Oysa bununla ilgili heyecanlı hissetmek yerine, paniklemişti. Makaleyi okuyan herkesin düşüncelerindeki bütün boşlukları fark edeceğinden ve onun nasıl bir sahtekâr olduğunu fark edeceğinden kesinlikle emindi.

Jackson bana kendisini bildi bileli güvensizlik duygularıyla mücadele ettiğini söylemişti. Kendisi küçük bir oğlan çocuğuyken annesiyle babası boşanmıştı. Jackson duygusal olarak kendisini kapatmış ve çalışmalarıyla o kadar meşgul olmaya başlamıştı ki arkadaşlarına olan ilgisini kaybetmiş ve mahalledeki diğer çocuklarla oynamayı kesmişti. Annesi onu bir danışmana göndermişti ancak bunun bir yararı dokunmamıştı.

Jackson hâlâ yoğun korku ve yetersizlik hisleri ile mücadele ettiğini ve süpervizörü ile her buluşması gerektiğinde bu hislerinin ateşlendiğini söyledi. Jackson'a kendisine ne söylediğini sordum. "Süpervizörüm, makale önerimdeki sorunların tamamını görecek ve olumsuz tepki verecekmiş gibi hissediyorum" dedi. Jackson'ın neden bu kadar korktuğunu bulmak istiyordum, bu yüzden Aşağı Ok Tekniği'ni kullanmaya karar verdim. Bu tekniği 7. Bölüm'de görmüştünüz. Ondan günlük duygudurum çizelgesine şu cümleyi yazmasını ve altına bir ok çizmesini istedim: "Süpervizörüm makale önerimdeki sorunların tamamını görecek ve olumsuz tepki verecek". Konuşmamız şu şekilde gelişti:

**David:** Jackson, farzedelim ki süpervizörünün çalışmanla ilgili bazı eleştirileri gerçekten var. Bu senin için ne anlama gelirdi? Bu seni niye üzerdi?

**Jackson:** Makale önerisi üzerinde gerçekten çok çalıştım, dolayısıyla en iyi çalışmamın işe yaramaz olduğu anlamına gelirdi.

**David:** Peki ya sonra? Diyelim ki en iyi çalışman, işe yaramaz bir çalışma oldu. Bu senin için ne anlama gelirdi?

**Jackson:** Bu bende yanlış bir şeyler olduğu anlamına gelirdi.

**David:** Peki o zaman ne olurdu? Farzedelim ki sende gerçekten yanlış bir şeyler var. Bu sorun olur muydu?

**Jackson:** Evet, bu benim kusurlu, beceriksiz bir insan olduğum anlamına gelirdi.

Gördüğünüz gibi Jackson'ın olumsuz düşünceleri bilişsel çarpıtmalarla doludur, ancak benim en çok gözüme çarpan ikisi aşırı genelleme ve etiketleme oldu. Jackson kendisine, çalışması son zamanlarınkine uygun değilse, bunun kendisinin kusurlu olduğu anlamına geleceğini söylüyordu. Tüm özgüvenini başarılarına dayandırdığını ve bir projenin bile kötü gitmesinin onun bir hayal kırıklığı olduğu anlamına geldiğini görebilirsiniz. Dahası, projesinin kötü gideceğine dair bir kanıtı bile yoktu. Şu zamana kadar çok iyi gitmekteydi.

Jackson'a, böyle kendini güvensiz hissettiren olumsuz düşünce ve tutumlarını değiştirmesi için nasıl yardımcı olabiliriz? Hatırlayınız, sıkıntılarımızın kaynağı gerçekler değil, bizim onlar üzerinde yaptığımız değerlendirmelerdir. Ayrıca, bu değerlendirmeler yanılsamadır. Örneğin, "başarı" ya da "başarısızlık" gibi şeyler yoktur. Bu kavramlar yalnızca kafamızda vardırlar.

İzleyen diyalogda, Jackson ve ben, onun en kötü korkularının sahiden de gerçekleştiği bir kabuslar dünyasına giriş yapacağız. Jackson cehennemde bir süpervizöre rastlayacak ve süpervizör ona, tam da Jackson'ın kendisine yaptığı eleştirilerle saldıracak. 'Cehennemdeki süpervizör', Jackson'ın aklındaki kendisini kaygılı ve güvensiz hissettiren tarafları temsil etmektedir. Ben süpervizör rolünü oynuyorum ve Jackson'ı, aynı onun kendisini eleştirdiği şekilde eleştireceğim. Jackson'a elinden gelenin en iyisini yaparak beni bozguna uğratmaya çalışmasını söyledim. Diyalogumuz şu şekilde gelişti:

**Cehennemdeki Süpervizör** (David canlandırıyor): Jackson, makale önerini değerlendirdim ve sana söylemeliyim ki hiç iyi olmamış.

**Jackson**: Dilediğiniz gibi düşünme hakkına sahipsiniz, ancak ben inanıyorum ki makale önerim övgüyü hak ediyor.

Bu yanıtla ilgili bir sorun var. Burada Jackson kendisini savunmaktadır. Kendinizi savunmaya geçtiğiniz zaman, bir savaş hali yaratırsınız. Zira eleştiren kişi tekrar size saldırma dürtüsü hissedecektir. Bu durumda eleştiren gerçekten de Jackson'ın kendi özeleştirilerinin yalnızca bir yansımasıdır, dolayısıyla kendisi ile bir savaşa düşmüş olacaktır. Dahası, savunması ikna edici değildir. 'Cehennemdeki süpervizör' bir uzman olduğu için Jackson'ın savunmacı yanıtının inanılırlığı olmayacaktır.

Rolleri değiştirmemizi önerdim. Böylelikle 'cehennemdeki süpervizör'e tamamen farklı bir yoldan yanıt vermek için modelleme yapabilecektim. Sonraki diyalogda, Spesifik Olun ve Kabullenme Paradoksu'nu kullanıyorum.

**Cehennemdeki Süpervizör** (Jackson canlandırıyor): Jackson, makale önerini değerlendirdim.

**Jackson** (David canlandırıyor): Ne düşündünüz?

**Cehennemdeki Süpervizör:** Maalesef ki, hiç iyi olmamış.

**Jackson:** Vay canına, bunu duymayı beklemiyordum çünkü üzerinde çok çalıştım ama geliştirilmesi gereken çok şey olduğuna eminim. Beğenmediğiniz şeylerin bazılarından bana bahsedebilir misiniz?

**Cehennemdeki Süpervizör:** Maalesef, yapamam. Makale önerin berbat ve nereden başlayacağımı bile bilemeyeceğim. Aslında, beni endişelendiren şey sadece önerin değil. Sensin. Fark ettim ki sen kusurlu ve yetersiz bir insansın.

**Jackson:** Vay canına, bu gerçekten ağır bir eleştiri. Söylediğiniz şeyi anladığımdan emin olmak istiyorum. Birçok hatam olduğunu biliyorum ama benim kusurlu ve eksik bir insan olduğumu söylerken neyi düşündüğünüzden emin değilim. Bana ayrıntıları açıklayabilir misiniz?

**Cehennemdeki Süpervizör:** Ayrıntısı yok. Sen her şeyde kusurlusun. Heceleyerek mi söylemem gerekiyor!

**Jackson:** Yapabilirseniz bana çok yardımcı olurdu.

**Cehennemdeki Süpervizör:** Sana zaten söyledim. Ayrıntısı yok! Sen beni dinlemiyor musun! Bir beynin yarısına bile sahip olsaydın ne demek istediğimi anlardın!

**Jackson:** Ahmak gibi görünüyorsam kusura bakmayın. Yani önerimle ya da hayatımla ilgili, sözünü edebileceğiniz herhangi belirli bir sorun olmadığını mı söylüyorsunuz?

**Cehennemdeki Süpervizör:** Hayır aptal! Sana zaten söyledim, o kadar çok kusurun var ki nereden başlayacağımı bile bilemem. Bu, New York'un kanalizasyon sistemini bir kaşıkla temizlemeye kalkışmak olur.

**Jackson:** Üf, kuşkusuz kulağa sıkıcı bir iş gibi geliyor, ama yine de itiraf etmeliyim ki aklında ne olduğuyla ilgili hâlâ net bir fikrim yok. Bana kızgınmışsın gibi duyuluyor, ve sesinde kesinlikle keskin bir ton var. Hâlâ söylediklerini anlamaya çalışıyorum çünkü sana ve uzmanlığına büyük saygım var. Önerimde yanlış sorulara mı odaklandım? Bu soruları yanıtlamaya çalışırken yanlış yöntemler mi önerdim? Kötü bir konu mu seçtim? Yazım anlaşılır mı değildi? Bir şeye dayanmam gerekiyor gibi hissediyorum.

**Cehennemdeki Süpervizör:** Sana zaten söyledim! Berbatsın. Fikirlerin berbat. Çalışman berbat. Yeterince anlaşılır! Güle güle!

Jackson ne söylerse söylesin, üstü kapalı, genellenmiş saldırılarıyla benim canımı sıkamadığını gördü. Gerçek ahmağın 'cehennemdeki süpervizör' olduğunu, kendisi olmadığını gördü. Böyle birisiyle etkileşimde bulunmak biraz rahatsız edici olabilir ama Jackson gördü ki yardıma ihtiyacı olan besbelli 'cehennemdeki süpervizör'dü.

Farzedelim ki 'cehennemdeki süpervizör' belirli bir eleştiride bulundu, "önerin fazlasıyla uzun" gibi. O zaman Jackson söyle söyleyebilirdi "Güzel tespit. Kısaltacağım. Kaç sayfa önerirdiniz?"

Jackson ve ben rol değişimi yaptık. Böylelikle cehennemdeki süpervizörü bozguna uğratabileceğinden emin olacaktık. Harika bir iş çıkardı, onu rahatsız etmeyi başaramamıştım. Seansın sonunda çok daha iyi hissediyordu.

Bu tekniği kullanmak için başka bir kişiye ihtiyacınız yok. Bir arkadaşla rol yapmak yerine hayali bir eleştirici kişiyle olan diyalogu yazıya dökmek de aynı derecede etkili olacaktır.

Bu tekniğin arkasındaki temel fikir insan olarak değeriniz hakkında üstü kapalı aşırı genellemelerden, belirli eksiklikler ve kusurlara geçmenizdir. Belirli bir eleştiri sizi asla depresif ya da kaygılı duruma getiremez, çünkü ya tamamıyla ya kısmen geçerli olacaktır, ya da hiç geçerli olmayacaktır. Eğer hiç geçerli değilse, özgüveniniz tehlikede gibi hissetmeniz için bir neden yoktur. Eğer kısmen ya da tamamen geçerliyse, değersiz ya da aşağı hissetmeniz için hâlâ bir neden yoktur. Basitçe eleştiriyi kabul edip ondan bir şeyler öğrenmeyi deneyebilirsiniz.

# 13 Niceliksel teknikler

Biofeedback'i duymuş muydunuz? Biofeedback'te, kalp atışı, kan basıncı, beyin dalgaları ya da kas gerginliği gibi, belli bir bedensel fonksiyonu devamlı olarak kaydetmekte olan bir elektronik aygıta kendinizi bağlarsınız. Sonuçlar bir televizyon monitöründe gösterilir. Biofeedback, çoğunlukla farkında olmadığınız fizyolojik aktiviteyi fark etmenizi sağlar ve bu aktiviteyi kontrol etmenizeolanak sağlar. Örneğin, kalp hızınızı nasıl yavaşlatacağınızı ya da kan basıncınızı nasıl düşüreceğinizi öğrenebilirsiniz. Ne yazık ki, henüz düşüncelerinizi gözlemlemenize yardımcı olacak kadar sofistike elektronik aygıtlara sahip değiliz, ancak "Kendini Gözlem" ve "Endişe Paydosları" adı verilen iki niceliksel teknikle de benzer sonuçlara ulaşabilirsiniz.

## KENDİNİ GÖZLEM

Kendini gözlem gayet kolay bir tekniktir. Tüm yapmanız gereken gün boyunca olumsuz düşüncelerinizi saymaktır. Kendini Gözlem'e bir zaman dilimi boyunca devam ederseniz, olumsuz düşüncelerinizde çoklukla belirgin bir azalma ve nasıl hissettiğinizle ilgili de dikkat çekici bir düzelme göreceksiniz.

Kendini Gözlem yapmanın bir kolay yolu, golf oyuncularının, skorlarını takip etmek amacıyla bileklerine taktıkları skor sayaçlarının benzerlerinden bir tane edinmektir. Bunlardan golf mağazaları ya da spor ürünleri mağazalarında bulabilir veya online olarak satın alabilirsiniz. Ucuzlar (10 dolar'dan az) ve kol saati gibi görünüyorlar. Aklınıza her olumsuz düşünce geldiğinde, sayacın kenarındaki düğmeye basın ve kadrandaki numara bir artacak. Günün sonunda o gün aklınıza gelen toplam düşünce sayısını kaydedebilir ve sayacı tekrar sıfırlayabilirsiniz. Çoklukla, rahatlamayı deneyimlemeniz için bunu birkaç hafta boyunca sürdürmeniz gerekir.

Eğer bir bilek sayacı bulamazsanız, cebinizde dizin kartı bulundurabilirsiniz. Aklınıza her olumsuz düşünce geldiğinde kartın üzerine bir işaret koyun. Günün sonunda işaretleri sayıp toplam sayıyı hesaplayın.

Bu teknik, José adında, gözünde uçuşan cisimler [: *floaters*] olduğunu fark edip bundan kaygılanmakta olan bir göz doktoruna yardımcı olmuştu. '*Floater*', görme alanı üzerinde yüzen ufak noktacıktır. Son derece normaldir ve çoğunlukla hiçbir anlam ifade etmez. Siz de ara sıra görüş alanınızda böyle uçuşan noktacıklar görmüş olabilirsiniz.

Fakat José, her 'floater' fark ettiğinde şöyle düşünüyordu: "Gözlerim kör oluyor olabilir." Bu düşünce onu o kadar geriyordu ki sırf her şey yolunda mı diye kontrol etmek için gözlerini muayene ediyordu. Elbette ki, görüşü her zaman sorunsuz çıkardı ve o da kendini geçici olarak rahatlamış hissederdi. Ama bir süre sonra başka bir uçuşan cisim fark ederdi ve canı sıkılırdı. Çok geçmeden yeniden gözünü muayene etmeye başlardı.

Nadir durumlarda, bu 'floater'lar, retina dejenerasyonunun belirtisi olabilir. Özellikle kişinin çocuk yaşta başlayan şeker hastalığı varsa. Bu durumlarda lazer ameliyatı yardımcı olabilmektedir. Ancak José şeker hastası değildi ve gözünü bu kadar sık muayene etmesi için bir neden yoktu.

Onun hastalık hastası olduğunu söyleyebilirsiniz ancak o hem hasta hem de doktordu! Obsesif kompülsif bozukluktan (OKB) muzdarip olduğunu da söyleyebilirsiniz, çünkü tekrarlayan "gözlerim kör oluyor olabilir" takıntılı düşüncesi ve tekrar tekrar görüşünü muayene etme kompülsif ritüeli vardı.

José işteyken gün içinde yirmi kez kadar bir sıklıkta görüşünü muayene ediyordu. Bazen her iki hasta arasına hızlı bir görüş muayenesi sığdırırdı. Hafta sonları kör olma korkusu onu o kadar tüketirdi ki bütün gün tekrar tekrar görüşünü muayene edecek kadar aşırıya kaçardı. Bu kulağa mantıksız geliyor olabilir, ancak OKB böyle işler. Bu bir bağımlılık gibidir. José aklını kaçırmış değildi. Seçkin bir hekim ve oldukça nazik, şefkatli bir insandı. Ancak kaygısı ve görüşünü muayene etme kompülsiyonu onu tüketiyordu. Tıpkı kirlenme korkusunun, bir milyarder olan Howard Hughes'ı tükettiği gibi.

José'nin günlük duygudurum çizelgesindeki sıkıntı veren olay basitçe "bir floater fark etmek" idi. Kendisini morali bozulmuş, kaygılı, paniklemiş, korkmuş, utanmış, aptal gibi, bıkmış ve öfkeli hissetmişti. Bu duyguları tetikleyen düşünceler "gözlerim kör oluyor olabilir" ve "kendimi güvenceye almak adına, görüşümü kontrol etsem iyi olur" idi. Bu iki olumsuz düşüncede hangi çarpıtmalar yer almaktadır? Yanıtlarınızı belirtmek için aşağıda tik işareti kullanın. Bilişsel çarpıtmaların tanımları için sayfa 115'e başvurabilirsiniz.

| Çarpıtma | ✓ | Çarpıtma | ✓ |
|---|---|---|---|
| 1. Ya hep ya hiç şeklinde düşünme | | 6. Aşırı büyütme ya da küçültme | |
| 2. Aşırı genelleme | | 7. Duygusal mantık yürütme | |
| 3. Zihinsel filtre | | 8. Zorunluluk ifadeleri | |
| 4. Olumluyu görmezden gelme | | 9. Etiketleme | |
| 5. Keyfî çıkarsama<br>• Zihin okuma<br>• Falcılık | | 10. Suçlama<br>• Kendini suçlama<br>• Başkasını suçlama | |

## Yanıt

Sayfa 259'da görebileceğiniz gibi José ve ben olumsuz düşünceleri "gözlerim kör oluyor olabilir" ve "kendimi güvenceye almak adına, görüşümü kontrol etsem iyi olur"da altı çarpıtma bulduk.

José'nin, obsesyon ve kompülsiyonlarının üstesinden gelmeye motive olup olmadığını anlamak istiyordum, bu yüzden ondan her 'floater' gördüğünde görüşünü muayene etmesinin avantaj ve dezavantajlarını listelemesini istedim. Gördüğünüz gibi birçok avantaj listeledi. Örneğin, eğer görüşünü muayene etmeyi sürdürürse, herhangi bir sorunu erkenden fark edip tedavi olabilirdi. Ancak bazı dezavantajlar da vardı, en önemlisi de kaygının hayatını mahvediyor olmasıydı.

José, 60'a 40 oranla dezavantajların avantajlara ağır bastığına karar verdi ve bazı belirgin avantajları olmasına rağmen gözlerini tetkik etmeyi bırakmak için istekli olduğunu söyledi. Böyle hissettiğinden kesin olarak emin olmak için şunları söyledim: "José, hadi burada masanın üzerinde bir düğme varmış gibi davranalım. O düğmeye basarsan, tüm kaygıların ve 'floater'lar hakkındaki endişelerin bir anda yok olur. Düğmeye basar mıydın?"

## José'nin Çarpıtmaları

| Çarpıtma | | Açıklama |
|---|---|---|
| 1. Ya hep ya hiç şeklinde düşünme | | Mevcut değil. |
| 2. Aşırı Genelleme | | Mevcut değil. |
| 3. Zihinsel Filtre | ✓ | José, tıbbi olarak anlamlı olmadıklarını bildiği halde 'floater'lar hakkında takıntılı olarak sürekli düşünmektedir. |
| 4. Olumluyu Görmezden Gelme | ✓ | Görüşünün kusursuz olduğu gerçeğini ve kuşkulanmak için bir gerekçe olmadığını yoksaymaktadır. |
| 5. Keyfî Çıkarsama<br>• Zihin Okuma<br>• Falcılık | ✓ | Öyle olmadığını bildiği halde, sürekli kör olmak üzere olduğundan endişe etmektedir (Falcılık). |
| 6. Aşırı Büyütme ya da Küçültme | ✓ | 'Floater'lerin önemini oldukça abartmaktadır ve kusursuz bir görüşü olduğu gerçeğini küçültmektedir. |
| 7. Duygusal Mantık Yürütme | ✓ | José, mantığı camdan dışarı atmakta kendisini nasıl hissettiği üzerinden akıl yürütmektedir. Kör olmak üzereymiş gibi hissetmekte, dolayısıyla gerçekten tehlikede olduğunu varsaymaktadır. |
| 8. -meli, -malı İfadeleri | ✓ | Bunun gerekli olmadığını entelektüel olarak bildiği halde, kendisine görüşünü kontrol etmesi gerektiğini söylemektedir. |
| 9. Etiketleme | | Mevcut değil. |
| 10. Suçlama<br>• Kendini Suçlama<br>• Başkasını Suçlama | | Mevcut değil. |

## José'nin Kâr Zarar Analizi

**Değiştirmek istediğiniz tutum, duygu veya alışkanlıkları listeleyin:**
Günde birçok kez görüşümü kontrol etmek.

| Avantajlar | Dezavantajlar |
|---|---|
| 1. Güven verici | 1. Gerçek bir sorunun olma ihtimali düşük |
| 2. Sorunu erkenden yakalayabilirim | 2. Sürekli kontrol etmek gerekli değil |
| 3. İhtiyacım olursa yardım alabilirim | 3. Kaygı hayatımı mahvediyor |
| 40 | 60 |

"Elbette doktor" diye yanıtladı.

Dedim ki, "Ama sonra, eğer bir 'floater' görürsen, görüşünü muayene etmeyeceksin, sonuç olarak ciddi bir göz sorununa yakalanabilir hatta kör olabilirsin. O düğmeye basmak istediğinden emin misin?"

José bir an için düşündü ve sonra düğmeye yine de basacağını çünkü gözlerinde hiçbir sorun olmadığını açıkladı. Ayrıca, eğer ciddi bir göz sorunu olsaydı –ki bu son derece olasılık dışıydı– bunun, örneğin bulanık görme gibi başka semptomları da olurdu, dolayısıyla her gün tekrar tekrar görüşünü muayene etmesinin hiçbir geçerli tıbbi gerekçesi yoktu. Belli ki, José bu sorunun üstesinden gelmek için ne gerekiyorsa yapmaya motiveydi.

Jose'ye, "ne kadar kaygılanırsa kaygılansın bütün bir ay boyunca görüşünü muayene etmemeyi kabul eder miydi?" diye sordum. Buna "tepki önleme" denir ve OKB'nin tedavisinde son derece önemlidir. Tepki önleme, kendinizi kaygınıza her zaman yaptığınız şekilde yanıt vermekten, örneğin kontrol etmekten, yıkamaktan, saymaktan, dua okumaktan, eşyaları simetrik duruma getirmekten, ya da diğer batıl davranışlarda bulunmaktan alıkoymanız demektir. José, her kaygılandığında görüşünü muayene etmeye bağımlıydı çünkü muayene etmek doğrudan rahatlama hissi sağlıyordu. Eğer sorunu aşmak istiyorsa bunu yapmayı bırakmak zorundaydı. Kompülsif bir alışkanlığı bıraktığınızda, kaygınız birkaç gün için neredeyse sürekli yükselecektir. Bu, bağımlıların bağımlı oldukları şeyi bıraktıklarında yoksunluğu devam ettirmek zorunda olmalarına çok benzer. Ama pes etmediğinizde kompülsif dürtüler çoklukla ortadan kalkmaktadır.

Diğer yandan kendini gözlemi önerdim. Önümüzdeki birkaç hafta için her "gözlerim kör oluyor olabilir" düşüncesi aklına geldiğinde bunu bir bilek sayacı ile saymasını tavsiye ettim. Böylelikle, bu düşüncenin aklına kaç kez geldiğinin kaydını tutabilecek ve korkularının zaman içinde azalıp azalmadığını görebilecekti.

Aşağıdaki, kendini gözlem çizelgesinde José'nin gösterdiği gelişmeyi görebilirsiniz. Yatay eksende günler, dikey eksende her gün aklına gelen takıntılı düşüncelerin sayısı gösterilmiştir. Jose 22 gün boyunca her gün görüşüyle ilgili düşüncelerini kaydetti. Görebileceğiniz gibi, ilk gün 60'dan fazla düşüncesi olmuştu. 3. gün, günde 90 düşünce ile zirvesine ulaşmıştı. 13. gün, düşünceleri 80'in altına düşmüştü ancak ertesi gün 98'e geri zıpladı. 17. gün, görüşü hakkındaki takıntılı düşünceleri 60'ın altına düşmüştü. 18. gün 40'ın altına düştü. 20. günde, görüşü hakkında sadece 5 düşüncesi olmuştu ve 22. güne geldiğinde görüşü hakkındaki düşünceleri tamamen yok olmuştu. José artık kör olacağına inanmıyordu ve görüşünü muayene etme dürtüsü kalmamıştı.

JOSÉ'NİN GÜNLÜK DUYGUDURUM ÇİZELGESİ

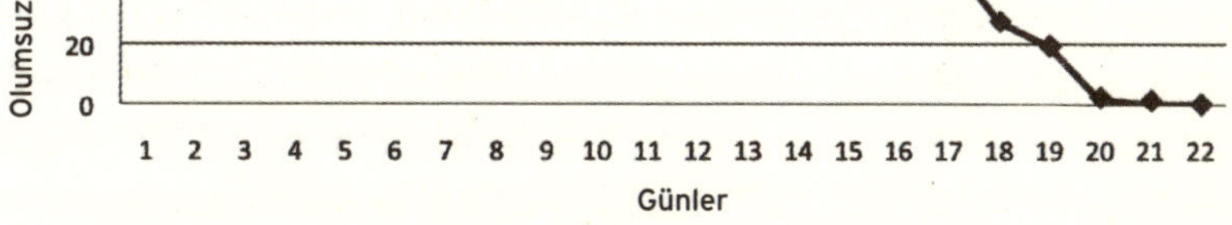


Her müdahalede olduğu gibi, kendini gözlem de yaklaşık 10'da 1 bir etkili olma şansına sahiptir. Eğer bu başarısız olsaydı, etkili olanı bulana dek birer birer başka teknikleri denerdim. Kendini gözlemi denemek isterseniz unutmayın, çoğunlukla can sıkıcı düşüncelerin azalması biraz zaman alır. Dolayısıyla en az üç hafta boyu pes etmemeyi planlamanız gerekir. Genel olarak olumsuz düşüncelerinizi, ya da spesifik tipte bir olumsuz düşünceyi sayabilirsiniz. İlk birkaç gün, siz onları fark etmekte giderek daha iyi oldukça, olumsuz düşüncelerinizin sayısı da yükselecektir. Çoğu kez zamanla azalır ya da kaybolurlar.

Bilim insanları kendini gözlemin nasıl işe yaradığını bilmiyorlar ama meditasyonun işe yaradığı gibi işe yarıyor olabilir. Meditasyon yaptığınızda, bir şeye odaklanırsınız. Örneğin yavaş ve derin nefes alıp veriyorken, havanın yavaşça burnunuzdan içeri girdiğini ve ağzınızdan dışarıya çıktığını hayal edersiniz. Başta bunu zor bulabilirsiniz çünkü aklınız kolaylıkla başka konulara kayar. İlerleyen saatlerde ne yapacağınız gibi, ya da canınızı sıkan bir şey gibi. Bu olduğunda, dikkat dağıtan düşünceyi yalnızca not eder ve tekrar nefesinize odaklanırsınız. Ne zaman dağılsa, dikkatinizi nazikçe geri getirirsiniz.

Aynı şekilde, kendini gözlemi kullandığınızda, her bir olumsuz düşünceyi yalnızca not edersiniz. Bilek sayacınızda ya da dizin kartınızda kaydettikten sonra onu bırakıverirsiniz ve aklınızda belirdiği anda ne yapıyorduysanız onu yapmaya devam edersiniz.

Kendini gözlem, bir felç geçirmesi sonrası depresif ve kaygılı duruma gelen Phil için de işe yaramıştı. Phil, en ufak uyaran karşısında zaptedilemeyen ağlama ya da gülme nöbetlerine tutuluyordu. Bir anlığına güneşin batışını, bir bebeği hatta bir çiçeği bile görmesi ani hıçkırmayla ağlama krizlerine yol açıyor, ve en yumuşak espri bile dizginlenemeyen gülme krizlerine neden oluyordu. Bu tür duygu patlamaları belli türde felçlerin sonrasında yaygın görülür ve beyin hasarından kaynaklanmaktadır.

Phil'in günlük duygudurum çizelgesindeki sıkıntı veren olay "arkadaşlarımla poker oynarken aniden ağlamak" idi. Poker, Phil'in hayatında en çok keyif aldığı şeylerden birisiydi, ancak öngörülemez duygu patlamalarından ötürü pek çok sorun yaşamaktaydı. Eli iyi geldiyse kontrol edilemez bir biçimde kıkırdamaya, kötü geldiyse de hıçkıra hıçkıra ağlamaya başlıyordu. Bu durum, blöf yapmayı onun için korkunç derecede zor duruma getiriyordu, dolayısıyla kendisini, anlaşılır olarak engellenmiş, utanmış, kaygılı ve yetersiz hissediyordu.

İlk olumsuz düşüncesi "kendimi kontrol edemiyorum" idi. Kendisini bir dereceye kadar kontrol edebildiğinden, bu düşüncedeki çarpıtmalardan bir tanesi ya hep ya hiç tarzı düşünmedir. Kendisini sadece istediği kadar iyi kontrol edememektedir. Phil'in ikinci olumsuz düşüncesi "bana acıyacaklar ve benimle artık poker oynamak istemeyecekler" idi. Bu düşünce, zihin okumanın tipik bir örneğidir, çünkü Phil arkadaşlarının nasıl düşünüp hissettiği konusunda varsayımlarda bulunmaktadır.

Phil'i, bir kronometre alıp onu cebinde taşıması konusunda teşvik ettim. Kahkahayı basmak ya da gözyaşlarına boğulmak üzere olduğunu hissettiği her an kronometreyi çalıştırabilecekti. Ardından gülmeye ya da ağlamaya başladığı sırada kronometrenin tuşuna tekrar basacak ve cebinde tuttuğu küçük not defterine kaç saniye geçtiğini yazacaktı.

Böylelikle, her duygu patlamasını ne kadar erteleyebildiğini izleyebilecekti. Tıpkı atletlerin yarışmaya hazırlanırken antrenmanlarında süre kaydı tuttukları gibi. Mesele şu ki; Phil duygularını tamamen kontrol edemese de, onları bir miktar kontrol edebiliyor olabilir. Pratik yaptığında duygu kontrolü gelişebilir. Bu plan Phil'e cazip geldi, çünkü yıllarca sporla çokça uğraşmıştı ve düzenli egzersiz ile forma girme fikrine aşinaydı. Bunun yanında pratik yaparak duygusal patlamalarına egemen olabilecek miydi diye merak ediyordu.

İlk gün, gülme ya da ağlamayı yalnızca birkaç saniye geciktirebilmişti ama haftanın sonuna geldiğinde sıradan bir biçimde 20 saniye kadar erteleyebiliyordu. İkinci haftanın sonuna geldiğinde, patlamalarını neredeyse 1 dakika geciktirebiliyordu. Üçüncü haftanın sonunda Phil patlamaları süresiz olarak geciktirebiliyordu.

İnsanlar sıkça şunu soruyor: Depresyon ve kaygı beyindeki kimyasal dengesizliklerden kaynaklanıyorsa bilişsel terapi nasıl işe yarıyor? Beyin kimyasını değiştirmek için ilaç almak gerekmez mi? Phil'in durumu bu soruya oldukça etkili bir yanıt sunmaktadır. Duygusal patlamaları, açık bir biçimde beyin hasarından kaynaklanmaktaydı, ama daha gösterişsiz olan bilişsel terapi tekniği depresyon ve kaygısından hızlı bir şekilde kurtulmasını sağladı. İlaca gerek kalmadı.

Yakın zamanda yapılmış beyin görüntüleme çalışmaları bilişsel terapinin gerçekten de, beyinde anti-depresanların yaptığı değişime çok yakın değişme sağladığını doğruladı. Ben duygusal sıkıntılarla başa çıkmak için her zaman ilaçlara bel bağlamayacak kadar silahımız olmasını heyecan verici buluyorum.

Kendini gözlemin güzelliği şurada ki bu kolay ve çoğunlukla tıkır tıkır işleyen bir yöntemdir. Ancak herkes için etkili değil ve daha sofistike tekniklere ihtiyaç duyulabilir.

## Endişe Paydosları

Endişe paydosları paradoksal bir tekniktir. Olumsuz düşüncelerinizle savaşmak yerine, onları akışına bırakır ve teslim olursunuz. Her gün, kendinizi kaygılı, depresif veya suçlu hissetmek için bir ya da daha fazla periyod planlarsınız. Bu sürelerde, kendinizi olumsuz düşünce bombardımanına tutarak olabildiğince üzersiniz. Geri kalan sürede hayatınızı pozitif ve üretken bir şekilde yaşamaya odaklanabilirsiniz.

Bu tekniği, endişe ve depresyonu tetikleyen düşüncelerin üstesinden gelmek için kullanabilirsiniz. Bir keresinde Mark adlı, kendisini sürekli olumsuz düşünce bombardımanına tutan depresif ve kaygılı bir hekimi tedavi etmiştim. Çok iyi bir hekim olmasına rağmen, hastanedeki kontroller sırasında hastaları muayene ederken aklından şöyle düşünceler geçiyordu:

- Ne kadar berbat bir doktorum.
- Kalbini düzgünce dinledim mi?
- Büyük olasılıkla önemli bir şeyleri atladım.
- Benim neyim var?
- Diğer doktorların hastalara karşı tutumları daha iyi. Ben yeterince sıcak ve cana yakın değilim.
- Meslektaşlarımın hepsi kendinden emin görünüyor.
- Niye bu kadar gergin ve güvensizim? Böyle olumsuz düşüncelerimin olmaması gerekir.
- Bütün hayatım karman çorman.

Mark'ın akranları ve hastaları onu kendini işine adamış ve oldukça iyi bir doktor olarak görüyorlardı, dolayısıyla onun bu düşünceleri pek gerçekçi değildi. Bununla beraber, kendisini böyle hırpalaması onun için verimli olmuyordu, çünkü suçluluk, kaygı ve değersizlik hisleri zihnini dağıtıyor ve hastalarına odaklanma yetisini engelliyordu. Ayrıca hastaları, şikayetlerinden bahsederken onları dinlemesini zorlaştırıyordu çünkü daimi özeleştiri yağmuru tarafından dikkati oldukça dağılıyordu.

Mark'ın, muayenelerini yaparken olumsuz düşüncelerini yazıya dökmesi kolay olmuyordu, bu nedenle küçük bir ses kayıt aygıtı satın aldı ve onu kontroller sırasında giyindiği beyaz laboratuvar önlüğünün cebinde bulundurdu. Odadan odaya yürürken ses kayıt aygıtını çıkarıp sakin bir sesle olumsuz düşüncelerini söyleyip kaydediyordu. Düşüncelerine karşı gelmeye kalkışmadı. Yalnızca onları dile getirdi, şunun gibi: "Ah, bu hastayla korkunç bir iş çıkarttım. Muhtemelen bir karaciğer sorunu vardı ve ben bunu gözden kaçırdım. Başka bir doktor olsa daha iyisini yapardı. Tıp öğrencisi bile daha iyisini yapardı. Bugün ayrıca üzgün görünüyordu ve söylemek istediklerini dinlemedim bile."

Hastalarıyla beraberken, kendi olumsuz düşüncelerindense onların endişeleri ve tıbbi sorunlarına odaklanmaya çalışıyordu çünkü biliyordu ki olumsuz düşüncelerini işi bittiği an söyleyip kaydedebilecekti. Kontroller bittiğinde, ofisine gidiyor, teybi başa sarıyor ve kendisini bütün özeleştirilerini dinlemeye zorluyordu. Başta bu üzüntü veriyordu, ama birkaç gün sonra olumsuz düşünceler kulağa gülünç gelmeye başlamıştı. Çok geçmeden o kadar aptalca gelmeye başlamışlardı ki Mark onlara artık hiç inanmıyordu. Kaygı ve depresyonunda azımsanamayacak derecede düşüş ve özgüven hislerine de artış yaşamıştı.

Endişelenmenin, bitirmeye çalıştığınız bir işe, örneğin ders çalışmaya engel olduğu zamanlarda Kaygı Paydosları denemeye değer. Düşüncelerinizle savaşmak yerine, onlara teslim olacağınız kısa zaman periyodları planlayabilirsiniz. Bu molalar sırasında şunları yapabilirsiniz:

- Olumsuz düşüncelerinizi, onlara itiraz etmeden, bir kağıt parçasının üzerine yazmak.
- Sessizce oturup kendinizi olumsuz düşünce bombardımanına tutmak.
- Olumsuz düşüncelerinizi sesli bir şekilde dile getirmek.
- Mark'ın yaptığı gibi onları bir ses kayıt aygıtına kaydetmek.

Endişe paydoslarının uzunluğu ve sıklığı size bağlı olacaktır. Eğer final sınavlarına çalışıyorsanız ve kendinizi odaklanamayacak kadar endişeli hissediyorsanız her 30 dakika için 1 dakikalık endişe paydosu planlama ihtiyacı duyabilirsiniz. Ya da her gün adet 5 dakikalık endişe tıkınmasının yeterli olduğunu fark edersiniz. Bu kesinlikle bir kişisel tercih meselesidir. Eğer endişe paydoslarınız size sıkıntı veriyor ya da yardımcı oluyor gibi görünmüyorsa devam etmeye zorlamayın. Sadece başka bir tekniğe geçin. Size endişe veren olumsuz düşünceleri bozguna uğratmanın birçok yolu vardır.

# 14 Mizaha dayalı teknikler

Tıp okulu için gönüllülük çalışmasının bir parçası olarak Stanford Üniversitesi Hastanesi'nin yatan hasta ünitesinde bilişsel terapi grupları yönetiyordum. Hastalar endişe, depresyon, yeme bozuklukları ve bağımlılıkların en ağır türlerinden yakınıyorlardı. Genellikle her grubun başlangıcında, ağlıyor ve çok yoğun umutsuzluk, değersizlik, panik ve sıkışmışlık hisleri açığa vuruyorlardı. Birçoğu yıllardır terapi almaktaydı ve kullandıkları birçok ilaç başarılı sonuç vermemişti. Günlük duygudurum çizelgesi kullanarak, bu kitapta kullanmayı öğrenmekte olduğunuz tekniklerin aynılarıyla, danışanların olumsuz, kendini eleştiren düşüncelerine karşı geldik. Danışanlar çoğunlukla gözlerimizin önünde kayda değer gelişme deneyimliyorlardı. Bazen de semptomları tamamen yok oluyordu. Çoğu zaman grupların sonuna doğru danışanlar ve ben, kendimizi dakikalarca kontrol edilemez şekilde kıkırdarken buluyorduk. Kariyerimin en neşeli ve unutulmaz deneyimlerinin bir kısmına danışanlarımla kahkaha atmak ve kıkırdamak da dahildi.

Aynısı, öğretmek için de geçerli. Atölye çalışmalarımda zamanımızın büyük bir bölümünü gülerek geçiririz. Ne zaman dinleyiciler ve ben çok gülsek bilirim ki çalışmamız harika gidiyor. Gülmek bize kelimelerin ancak üstü kapalı şekilde anlatabildiği bir şeyi öğretir. Güldüğünüz zaman, bir anda kendinizi bu derece ciddiye almayı bırakırsınız ve bu kadar süredir sizi tehdit eden korkularınızın ve kendinizden emin olamama hislerinizin anlamsızlığını görebilirsiniz. Gülmek hem kendinizi hem başkalarını kabul etme-nize dair bir mesaj taşır.

Aslına bakarsanız, çekinerek itiraf ediyorum ki bir defasında danışanım Marie ile bütün bir seans boyu kontrol edilemez şekilde kıkır kıkır gülmüştük. Duramıyorduk, korkunç derecede amatörce davranıyor olmaktan korkuyordum. Ama bu, bir Monty Python* filmi gibi, durumu daha da gülünç göstermişti ve ben gülmekten neredeyse yerlere yatıyordum.

Peki bu kadar komik olan neydi? Pekala, kötü kısmı burası. Marie seansın başında içeri girip oturduğunda, babasının henüz öldüğünü bildirmişti. Aman tanrım! Bir psikiyatrist ve danışanı, danışanın babasının ani ölümü üzerine niye gülerlerdi ki? Şimdi muhtemelen gerçekten de kafadan çatlak olduğumu düşünüyorsunuzdur. Aslında Marie'nin beşinki kez babası ölüyordu. Belli ki Marie'nin annesinin yaşlı zengin erkeklerle evlenmeye yatkınlığı vardı ve bu erkekler evliliklerinin bir ya da ikinci yılında ölüyorlardı. Böylece annesi gitgide daha zenginleşmiş, Marie de baba üstüne baba edinmişti. Ama hiçbirini sevmemiş, son üçünü ise çok az tanımıştı.

Elbette, gerçek babasını çok sevmişti, ama o kendisi henüz 14 yaşındayken ağır bir kalp krizinden ölmüştü. Şimdi 31 yaşındaydı ve son on yıl boyunca çok az tanıdıklarının oluşturduğu bir "baba" dizisi olmuştu. Yeni ölmüş olanı özellikle sevmiyordu. Bu nedenle vefat ettiğini öğrendiğinde kendini mutlu hissetmişti. Ama bu tümüyle uygunsuz görünüyordu ve ikimiz birden kıkırdamaya başlamıştık.

* **Ed. notu:** Monty Python - Britanyalı komedi grubu. İlk kez 1969'da BBC Televizyonu'na çıkan ve hiciv, kara komedi, gerçeküstücü komedi türünde perfomans sergileyen 6 kişilik grup, sonraki yıllarda 5 sinema filmi de çevirdi. Grup, 1969-1974 yıllarında *'Monty Python's Flying Circus'* adlı gösterileriyle Hollywood'da sahneye çıkmış ve tiyatroseverlerin büyük beğenisini kazanmıştı.

Başladık mı duramamıştık. Kendime şunu söyleyip duruyordum: "Tanrım, sen bir psikiyatristsin ve danışanının babasının ölümü üzerine gülüyorsun!" Bu düşünce daha da kıkırdamama neden olmuştu. Bu, küçükken insanın kilisede gülmesinin gelmesiyle çok benzer. Sessiz ve ciddi olman gerektiği fikri gülmeyi daha da komikleştiriyor. Ve Marie benim güldüğümü gördüğünde bu aramızda bir bağ oluşturdu ve onun kendi hislerini kabullenmesini daha da kolaylaştırdı.

Terapi seanslarında en unutulmaz kahkahalar spontane bir şekilde gelişse de, üç teknik mizahtan isteyerek yararlanmayı sağlamaktadır: Utanç duygusunun üstüne giden egzersizler, paradoksal büyütme ve gülünç imgeleme.

## Utanca Hücum Alıştırmaları

Sosyal kaygıdan yakınıyorsanız muhtemelen insanların önünde aptalca görünmeye dair yoğun bir korkunuz vardır. Utanç duygusunun üstüne gitme egzersizleri bu korkuya güçlü bir panzehir olabilirler. Utanç duygusunun üstüne gitme egzersizi yaptığınızda, toplum içinde bilerek aptalca bir şey yaparsınız. Genellikle fark edersiniz ki insanların çoğu size üstten bakmazlar ve aslında dünyanın sonu gelmez. Aslında çoğu kez durum herkesin oldukça eğlenmesiyle sonuçlanır. Bu içgörü, olağanüstü düzeyde özgürleştirici olabilmektedir. Ancak başta korkutucu olabilir.

Utanç duygusunun üstüne giden egzersiz örneğini görmüştünüz. Trevor'ı muhtemelen hatırlarsınız (*bkz.* s.102), terleme fobisi olan adam. Yerel mahalle bakkalına girip de koltuk altlarımızı işaret ederek ne kadar terli olduğumuzu ifşa ettiğimizde insanlardan gelen dostça yanıtlar hayatını değiştirmişti.

İnanıyorum ki utanç duygusunun üstüne giden egzersizler Dr. Albert Ellis tarafından keşfedilmiştir. Şimdi [2006] doksan yaşını geçmiş olsa da★ hâlâ güçlü durumda! Dr. Ellis her yıl, en yaratıcı ve ölçüsüz utanç duygusunun üstüne gitme egzersizi yapana bir ödül verir. Yakın zamanda bu yüksek şerefe Portland'dan bir psikolog sahip oldu. İşlek bir eczaneye giderek eczacıya yüksek sesle sormuştu: "Dört düzine prezervatif alabilir miyim lütfen?"

Eczacı başını sallamıştı. Sonra herkes bakmak için döndüğünde psikolog kendisini zorlayıp eşit derecede yüksek bir sesle şunu sordu: "Ufak, küçücük boydakilerden var mı?" Neyse ki, bir utanç duygusunun üstüne gitme egzersizinin işlevsel olabilmek için bu kadar uç olması gerekmiyor.

Utanç duygusunun üstüne gitme egzersizini ilk kez New York'taki Dr. Ellis Enstitüsü için sunduğum bir atölye çalışmasından sonra öğrenmiştim. Sunumumdan sonra birkaç meslektaşı ile Çin restoranında akşam yemeğine gitmiştik. Popüler bir restorandı ve oturabilmek için uzun bir sıra beklememiz gerekti. Sıra restoranın içinde kıvrılıyordu, yani zaten yemekte olan insanların yakınında duruyorduk.

Dr. Ellis'in iş arkadaşlarından bir tanesine utanç duygusunun üstüne gitme egzersizini duyduğumu ama tam olarak nasıl çalıştığını bilmediğimi söyledim. Kendini aptal konumuna düşürme korkusunun üstesinden gelmek için, bilerek toplum içinde aptalca bir şey yapıldığını açıkladı. Utanç duygusunun üstüne gitme egzersizini anlamanın tek yolunun kendinin bir deneme yapmak olduğunu söyledi ve Dr. Ellis'in enstitüsündeki tüm eğitim alanların, eğitimlerinin bir parçası olarak kendilerinin utanç duygusunun üstüne gitme egzersizi yapmaları gerektiğini açıkladı.

---

★ **Ed. notu:** Albert Ellis - ABD'li psikolog (1913-2007). 1955'te Akılcı Duygusal Davranışçı Terapi'yi (Rational Emotive Behavior Therapy - REBT) geliştiren Dr. Ellis'in kitaplarının bir bölümü Türkiye'de de yayımlandı.

Bana kendi yaptığı bir utanç duygusunun üstüne gitme egzersizi örneği verip veremeyeceğini sordum. Bana basitçe biz sırada beklerken bir deneme yapmanın daha da iyi olacağını söyledi; böylelikle nasıl çalıştığını tam anlamıyla bilebilecektim. Kendimi biraz tedirgin hissettim ve aklında ne olduğunu sordum. Masalardan birindeki insanlara doğru yürüyüp yiyeceklerini tadıp tadamayacağımı sormamı söyledi. Kulağa tamamıyla tuhaf geliyordu, bir panik dalgası kalbimi sarmıştı. Kendime kızmış ve utanç duygusunun üstüne gitme egzersizini sormamış olmayı istemiştim!

Ancak, birlikte olduğum gruptan muazzam bir sosyal baskı hissetmiştim. Hepsi konuşmaya girmişti ve her birinin utanç duygusunun üstüne gitme egzersizini yaptığını ve benim de bir tane yapmam gerektiğini söylüyorlardı. Hayır'ı yanıt olarak kabul etmeyeceklerini görebiliyordum, bu yüzden gönülsüzce altı kişinin yemek yemekte olduğu bir masaya doğru ilerledim. Masaları lezzetli görünen çeşitli yiyeceklerle kaplıydı. Yemeğin ne kadar harika göründüğü üzerine yorum yaptım ve tadının da görüntüsü kadar güzel olup olmadığını sordum. Olağanüstü olduğunu ve bu restorana yıllardır geldiklerini söylediler. Bana yiyeceklerden birini tatmamı kendileri önerirler diye umuyordum ama bu olmadı.

Gergince etrafa bakındım ve tüm meslektaşlarımın bana bakmakta olduğunu fark ettim. Kader anımdı! Zorlukla yutkundum, yiyeceklerden birini işaret ettim ve şöyle dedim: "Bunun kulağa inanılmaz derecede tuhaf geldiğini biliyorum ama yiyeceklerin tadını merak ediyorum. Sanırım tatmama izin vermezdiniz değil mi?"

Hiç rahatsız olmuş gibi görünmediler ve şunu söylediler: "Elbette! İşte, alın biraz." Bir baktım ki bana çatal uzatıyorlar ve yemeği tatmam için teşvik ediyorlardı. Tadına baktım ve şahane olduğunu söyledim. Sonra dediler ki, "Bunu da dene. Harikadır." Ve başka bir yiyecek daha tattım ve o da müthişti. Birdenbire enstitüdeki herkes masaya yaklaşmış ve kendilerinin de biraz tadıp tadamayacaklarını soruyorlardı. Masadaki insanlar hepimize büyük bir hevesle yemeklerinden birer miktar vermeye başlamışlardı. Çok geçmeden hepimiz, masadaki insanları tanımıyor olsak da, gülüyor ve harika vakit geçiriyorduk. Bu, New York seyahatimin önemli olaylarından birisi olmuştu.

Bu deneyim bana her zaman bu kadar katı olmaya ve kendimizi bu kadar ciddiye almaya gerek olmadığını öğretti. Çoğu insan iyi niyetli mizahı veya tuhaflığı takdir ediyor. İnsanlar sıkılıyorlar ve günlerine renk katacak şeyler arıyorlar. Eğer iyi niyetli bir şekilde biraz salakça davranırsanız çoğu insan bundan keyif alacaktır. Eğer doğuştan dışa dönükseniz, bu kavrayış size saçma ya da apaçık görünebilir ama eğer utangaçsanız, bu keşif şaşırtıcı olabilir.

O günden sonra birçok utanç duygusunun üstüne gitme egzersizi yaptım. Bir sonrakini birkaç hafta sonra ailemle Nevada'da Tahoe Nehri'nde tatildeyken denedim. Otelimizin zemin katta bir casino'su vardı ve odamız on dördüncü kattaydı. Bir kovboy şapkası, kovboy botları ve büyük turkuvaz bir bileklik ve koyu gözlükler taktım ve iki çocuğumla asansöre bindim. Onlara, babalarının kendilerine önemli bir şey öğretmek üzere olduğunu söyledim.

Asansör aşağı inmeye başladığında, kendimi her duruşta kat numarasını duyurmaya zorladım. Başta son derece zordu ve çocuklarım parlak kırmızı renge dönmüşlerdi. Elbise koluma asılmış şekilde "Babaaa" diyorlar ve durmam için yalvarıyorlar, utanmış görünüyorlardı.

Asansördeki insanlar kıkırdamaya başladılar ama ben kendimi bunu devam ettirmeye zorluyordum, her durakta gülme sesleri yükseliyordu. Zemin kata vardığımızda hepimiz gülerek harika vakit geçiriyorduk. Sonra kapılar açıldı ve insanlar casino'ya akıp slot makinelerinde oynamaya başladılar. Asansör deneyiminin muhtemelen bir miktar gülünç buldukları ve bunun günlerini biraz renklendirdiği kafama dank etmişti. Ama büyük resimde çok önemli bir şey değildi.

Eğer bir utancın üzerine gitme egzersizi denemeyi istiyorsanız, hayal gücününüz ve sağduyunuzdan başka sınırınız yoktur. Örneğin, otobüse ya da metroya bindiğinizde her durakta yüksek sesle sokağın adını söyleyebilirsiniz. Ya da otobüse binmek için bekleyen bir grup insana yaklaşıp şarkı söyleyerek onlara bir eğlence sunabilirsiniz. Eğer bu çok iddialı görünürse, yalnızca kalabalık bir sokaktan aşağı doğru yüksek sesle ve coşkuyla şarkı söyleyerek yürüyebilirsiniz.

Utancın üzerine gitme egzersizi yaparken amacınız asla saldırganca ya da duyarsız görünebilecek veya diğer insanları rahatsız edebilecek bir şey yapmak değildir. Trevor ve ben mahalle bakkalına gittik ve terli koltuk altlarımızı duyurduk. Bu zararsızdı ve herkes gülünç davranışımızdan hoşlanmış görünüyordu. Saygısızlık etmiyor ya da kimseden yararlanmıyorduk. Bununla birlikte utancın üzerine gitme egzersizimizi bir hastanede yapmamız uygunsuz kaçardı çünkü bu hastalar ve personel için üzücü olurdu. Bağlam her şeydir. Maksat sadece bir miktar taşkınlık yapmak ve biraz eğlenmek.

## Paradoksal Büyütme

Olumsuz düşüncelerinizi reddetmek yerine onlara ortak olabilir ve onları abartabilirsiniz. Onlarla tartışmaya çalışmayın. Bunun yerine, onları mümkün olduğunca aşırı duruma getirin. Örneğin eğer aşağı hissediyorsanız kendinize şöyle söyleyebilirsiniz: "Evet, bu doğru. Aslında, şu anda Kaliforniya'daki, hatta belki de Birleşik Devletler'deki en aşağı insan benim." Paradoksal olarak, bu tür bir saçma mesaj bazen tarafsızlık ve rahatlama sağlayabilmektedir.

Mandy adında genç bir kadın, bir Japon savaş sanatı olan aikidoda kahverengi kuşak sınavı için hazırlanmaktaydı. Olaydan önce haftalarca yoğun gerginlik hissetmişti çünkü kendisine şunu söyleyip duruyordu: "Gerçekten herkesin önünde çuvallayacağım." Rasyonel olarak bunun mümkün olmadığını biliyordu. Derste iyi çalışıyordu ve önceki bütün sınavlarında başarılı olmuştu. Buna rağmen, endişe etmeden ve kafasına takmadan duramıyordu. Bu Mandy için özellikle can sıkıcıydı çünkü aikidonun altında yatan felsefeye göre performansın en yüksek noktasına ulaşabilmek için gerginliği bırakmak ve akışa uyum sağlamak gerekmekteydi.

Paradoksal büyütmeyi önerdim. Rahatlamak için mücadele vermek yerine, ki bu geri tepebilirdi, Mandy tam tersini yapabilir ve her gün iki dakikasını kendisine şunu söyleyerek geçirebilirdi: "Batırmakla kalmayacağım, şüphesiz ki sınıfın da en kötüsü olacağım, ve belki bütün ülkenin. Muhtemelen koordinasyonumu kaybedeceğim ve kollarımı ve bacaklarımı beceriksiz ve aptalca bir şekilde sağa sola sallayacağım, bu sırada gerginlikten suratım pancar kırmızısına dönecek. Herkes beni horgörecek ve bana gülecekler. Hem tekniğimin berbat olduğunu hem de tam bir duygusal enkaz olduğumu görecekler. Tüm şehirde laf yayılacak ve çok geçmeden herkes yalnızca aikidoda değil genel olarak hayatta da ne kadar rezil olduğumu öğrenecek."

Paradoksal büyütmeyi birkaç kez uyguladıktan sonra Mandy'e korkuları anlamsız görünmeye başladı. Gururu bir kenara bırakıp bu deneyimi pratik yapıp hatalarından ders çıkarabileceği yeni bir fırsat olarak görmeye karar verdi. Sonradan sınavının eğlenceli geçtiğini ve öğretmenlerinden yüksek övgüler aldığını anlattı.

## Mİzahî Görselleştİrme

Kaygılı olduğunuzda genellikle korkutucu görüntüler zihninize hücum eder. Ya olursa tekniğini kullanarak çoğunlukla korkunuzun kökeninde yatan imgeyi meydana çıkarabilirsiniz. Örneğin eğer topluluk önünde konuşma korkunuz varsa, dinleyicileri siz düz ve yavan bir ses tonuyla konuşmanızı okuduğunuz esnada sıkılıp uyuya kalırken hayal edebilirsiniz. Ya da eğer köpeklerden korkuyorsanız, hırlayan ve sizi ısıran bir köpeğin korkutucu imgesine sahipsinizdir. Eğer sağlığınız hakkında takıntılı şekilde endişeleriniz varsa, ayağınızda yara olduğu için kanserden öldüğünüzü hayal edebilirsiniz.

Bu tür korkutucu imajlarla başa çıkmanın birçok yolu vardır, tıpkı olumsuz bir düşünceyle başa çıkmanın birçok yolu olduğu gibi. Mizahî görselleştirmeyi kullanırken komik, sizi kaygılandıran görüntü yerine komik, saçma bir görüntü koyarsınız.

Kör olacağına dair akıldışı korkusuyla sürekli görüşünü kontrol eden göz doktoru José'yi hatırlarsınız *(bkz. s.256)*. Kendini gözlem ve tepki önleme işe yaradıysa da, mizahî görselleştirme de dahil olmak üzere deneyebileceğimiz birçok başka teknik de mevcuttu. José korkularının anlamsızlığını vurgulayacak komik bir şey hayal edebilirdi.

Örneğin, José sonunda kör olduğunu ama göremiyor olmasına rağmen göz doktoru olarak çalışmaya devam etmek adına cesurca bir karar aldığını hayal edebilir. Olağanüstü işine dair haberler yayılmaya başlar ve çok geçmeden tamamen kör olmasına rağmen ameliyat yapmaya devam eden mucize doktor hakkında gazete ve dergi makaleleri çıkmaya başlar. '*David Letterman ile Gece Şovu*'na bile davet edilmiştir. Burada yerel televizyon izleyicilerine nasıl hastalarının gözlerini parmak uçlarıyla tedavi ettiğini ve karmaşık ameliyat prosedürlerini rehber köpeğinin yardımıyla gerçekleştirdiğini anlatır. Los Angeles otoyolunda güçlendirilmiş Porche'si ile aşırı hızda giderken, yanındaki rehber köpeğinin vitesi burnuyla ileri geri ittirdiği video klipler gösterirler. Eğer bu hayal José'nin mizah duygusuna temas ederse, kör olacağına dair takıntılı düşünmeye başladığı her seferde bunu hayal edebilir.

San Diego'da yenilikçi bir bilişsel psikolog ve hipnotizör olan Dr. Michael Yapko hastalarına olumsuz düşüncelerinin Elmer Fudd ya da Mickey Mouse gibi komik bir çizgi film sesinden geldiğini hayal etmelerini söyler. Kendilerini azarlayan sesi kendi seslerindense bu karakterlerin seslerinden dinlemelerini teşvik eder. Mizah etkisini güçlendirmek için onlara bazen eleştirel sese eşlik edecek daha saçma bir görsel imaj eklemelerini söyler. Örneğin hasta, sesin bir kalınbağırsaktan ya da koltukaltından geldiğini hayal edebilir.

Bu tekniğin amacı kendinizi eleştiren sesten canınızın yanması yerine onunla eğlenebilmeniz için ona olan tepkinizi değiştirmektir. Dr. Yapko iç olumsuz sesimizin ara sıra ortaya çıkması kaçınılmaz olsa da onun şekli ve bizim ondan etkilenmemiz aşılabilirdir. Endişelerimizi daha mizaha dayalı bir bağlama yerleştirmek, kendimizi fazla ciddiye aldığımızda yaşadığımız yoğun yetersizlik, suçluluk, kendinden kuşku duyma hislerine karşı doğal bir panzehir işlevi sunabilir.

Nadine adında utangaç bir kadın, apartmanına yeni taşınan çekici bekâr avukatı sıklıkla fark ediyordu. Onunla biraz flört etmeyi deneyip denemediğini sordum. Nadine çok istediğini ancak göz teması kurabilmek için bile kendini fazla gergin hissettiğini söyledi. Uygunsuz olacağı ve ilgi bekliyor gibi görüneceğinden, böylece onun isteğini kaçıracağından korkuyordu.

Onunla konuşurken gözlerinin direkt içine bakmasını ve mahkemede bir davayı külotlu olarak savunduğunu hayal etmesini istedim. Bu onun ruh halini yumuşatıp adamı daha az göz korkutucu gösterebilirdi. Bu fikir Nadine'in ilgisini uyandırmıştı ve Nadine hâlâ oldukça kaygılı olsa da denemeye karar verdi.

Ertesi sabah işe giderken Nadine onunla asansörde başbaşa kaldı. Riski göze alıp harekete geçmeye karar verdi. Gözlerinin içine baktı ve üzerindeki kravatın ne kadar zevkli olduğuna dair yorum yaptı. Aynı zamanda onu mahkeme salonunda külotuyla zıplaya zıplaya yürürken hayal ediyordu. Bu, gerginliği kırdı ve Nadine kıkırdamaya başladı.

Adam iltifatı için teşekkür etti ve neye güldüğünü sordu. Nadine bilmediğini, sadece onunla ilgili bir şeyin kendisini mutlu hissettirdiğini söyledi. Adam merakı uyanmış görünüyordu ve çok geçmeden neşeli bir sohbete başlamışlardı. Zemin katta asansörden inerlerken, bir süredir kendisiyle tanışmak istediğini itiraf etti ve bir kahve içmek için biraraya gelip birbirlerini daha iyi tanımalarını teklif etti. Buluşma ayarladılar ve Nadine işe büyük mutlulukla gitti.

Mizaha dayalı tekniklerin amacı korkularınızdaki anlamsızlığı görmenize yardımcı olmaktır. Bu teknikler etkili olduğunda sihir gibi ve iyileştirici olabilmektedir. Ancak, eğer kendinizi kızgın ya da üzgün hissediyorsanız sizi daha kötü hissettirecek istenmeyen etkiye neden olabilirler. Yardımcı olmuyorlarsa bu sorun değildir, yalnızca başka bir teknik deneyin.

# 15 Rol yapma ve manevi teknikler

Bu bölümde "Seslerin Dışsallaştırması" adı verilen bir rol yapma tekniğinin ve "Kabullenme Paradoksu" adı verilen bir manevi tekniğin üzerine duracağız. Hastalarım sıklıkla bunların bütün Bilişsel Terapi tekniklerinin içinde en iyileştirici ve akla durgunluk verenleri olduğunu söylerler. Bu teknikleri neredeyse her zaman birlikte kullanırım ancak öğretme maksadıyla onları ayrı ayrı tanıtacağım.

## Seslerin Dışsallaştırılması

Seslerin dışsallaştırılması iki kişiyi gerektirir. Diğer kişi bir arkadaş, aile üyesi ya da terapist olabilir. Eğer rol yapma fikri hoşunuza gitmiyorsa ya da birlikte rol yapacağınız kimse yoksa bu tekniği kendi kendinize, başka kimse olmadan yapabilirsiniz. Nasıl yapılacağını bölümün sonlarına doğru göstereceğim.

Farzedelim ki, günlük duygudurum çizelgesi üzerinde çalışıyorsunuz ve olumsuz düşünceler sütununa sıkıntı veren düşünceleri kaydettiniz. Bunlar depresyonu, kaygıyı ya da üzerinden gelmeye çalıştığınız herhangi bir olumsuz duyguyu tetikleyen düşünceler olabilir. Bunu etkili olarak yapabilmek için siz ve partnerinizin günlük duygudurum çizelgenize ihtiyacı olacak. Biriniz olumsuz düşüncelerinizi, biriniz olumlu düşüncelerinizi canlandıracaksınız. Diğer bir deyişle, beyninizin kendini eleştiren ve kendini seven tarafları bir savaşa girecekler.

Başladığınızda partneriniz zihninizdeki olumsuz sesi, siz de olumlu, kendini seven sesi canlandırabilirsiniz. Parteriniz günlük duygudurum çizelgenizdeki olumsuz düşüncelerle size saldıracak. Sizin göreviniz eleştiriyi yenmeye çalışmak. Tıkandığınız zaman rol değiştirmeyi deneyebilirsiniz.

Seslerin dışsallaştırılması oldukça zorlayıcı, hatta başta biraz göz korkutucu olabilir. Varsayalım ki haftaya işyerinde bir konuşma yapmanız gerekiyor ve siz kendinizi grubun önünde nasıl çuvallayacağınıza dair olumsuz düşünceler bombardımanına tutuyorsunuz. Seslerin dışsallaştırılmasının nasıl işe yarayabileceğine dair bir örnek şöyle:

**Olumsuz Düşünceler** (partneriniz canlandırıyor): Haftaya konuşmanı yaparken muhtemelen kafan karışacak ve tam bir geri zekalı gibi görüneceksin.

**Olumlu Düşünceler** (siz canlandırıyorsunuz): Aslına bakarsan bu hiçbir zaman olmadı. Sıklıkla bunun için endişelenirim ama işte konuşma yaparken hiç kafam karışmadı ve hiç tam bir geri zekalı gibi görünmedim. Yine de topluluk önünde konuşma becerilerim en fazla orta seviyede ve geliştirilecek çok şey var.

Olumsuz düşünceler rolündeki kişinin size saldıran başka bir kişi gibi duyulduğuna dikkat edin, ama gerçekte olan bu değil. Diğer kişi yalnızca sizin kendi zihninizin olumsuz tarafını canlandırmakta. İçinde olduğunuz kavga kendinizledir.

Ek olarak, olumsuz düşünceleri canlandıran kişi her zaman ikinci şahıs "sen" olarak konuşmalıdır. Buna karşın olumlu düşünceleri canlandıran kişi her zaman birinci şahıs "ben" olarak konuşmalıdır. Bu kural tekniğin başarısı için son derece önemlidir. Eğer bu kuralı unutursanız ve olumlu düşünceleri canlandıran kişi ikinci şahıs "sen"i kullanır ve olumsuz düşünceleri canlandıran kişi birinci kişi "ben"i kullanırsa teknik bozularak tavsiye vermeye dönüşecek ve berbat bir şekilde başarısız olacaktır.

Örneğin diyelim ki depresifsiniz ve kendinizi bir zavallı gibi hissediyorsunuz. Canlandırmayı yaptığınızda "ben böylesine zavallıyım" diyebilirsiniz. Bu bir hatadır çünkü birinci şahıs "ben" olarak konuşmaktasınızdır. Bu kez partnerinizin muhtemelen kafası karışacak ve şunun gibi bir şey söyleyecek: "Sen bir zavallı değilsin. Sen iyi bir insansın. Yalnızca seni seven insanları ve başardığın tüm o şeyleri düşün." Bu ciddi bir hatadır çünkü diğer kişi keyfinizi yerine getirmeye çalışan bir arkadaş ya da akraba gibi duyulmaktadır.

İnsanlar, kendini depresif ya da kaygılı hisseden kişilere genellikle bunu yaparlar. Bu rahatsız edici ve küçümseyicidir ve hiçbir zaman için etkili değildir. Bu hata olumsuz düşünceleri canlandıran kişinin birinci şahıs "ben"i kullanmasından kaynaklandı. Sonuç olarak olumlu düşünceleri canlandıran kişi ikinci şahıs "sen"i kullandı. Unutmayın: *Olumsuz düşünceleri canlandırırken her zaman "sen" demeli, olumlu düşünceleri canlandırırken her zaman "ben" demelisiniz.* Bu yoldan sapmamanızı sağlayacaktır.

Seslerin dışsallaştırılmasını kullanmak için en iyi zaman diğer teknikleri kullanarak günlük duygudurum çizelgenizdeki olumsuz düşüncelerin yanlışlığını kanıtladığınız zamandır. Sonra seslerin dışsallaştırılmasını, entelektüel düzeyde anlayışı en derin seviyede kalıcı değişim haline dönüştürmek için kullanabilirsiniz.

10. Bölüm'de sekiz yıllık sevgilisi Paul aniden kendisini terk edip başkasıyla görüşmeye başladığında kaygılı ve depresif duruma gelen evlilik ve aile terapisti Walter'la tanıştınız (*bkz. s. 182*). Walter kendine şunları söylüyordu:

1. Bir daha asla bir romantik ilişki içinde olmayacağım.
2. Ben birlikte yaşanması ve birlikte bir ilişki içinde olunması imkansız bir kişi olmalıyım.
3. Bende yanlış bir şeyler olmalı.
4. Tamamen çuvalladım ve hayatımı tuvalete atıp üzerine sifonu çektim.
5. Sonunda yaşlı, şişman, saçları ağarmış ve yalnız bir eşcinsel adama döneceğim.

Çifte standart tekniğini kullandığımızda Walter olumsuz düşüncelerinin yanlışlığını kanıtlayabilmişti ve yoğun utanç, kusurluluk ve ümitsizlik hisleri birden yok olmuştu. Bu, seslerin dışsallaştırılmasını kullanmak için mükemmel zamandır. Bu, Walter'a kazançlarını pekiştirmesinde ve kendini eleştiren düşüncelerinin ona eziyet etmek için gelecekte geri gelme olasılığını azaltmada yardımcı olacak.

İzleyen örnekte, Walter zihninin olumsuz tarafını ve ben olumlu, kendini seven tarafını canlandıracağız. Bu kulağa iki kişinin birbiriyle tartışması gibi gelse de hatırlayınız ki biz yalnızca Walter'ın beyninde kapışan iki sesi temsil ediyoruz.

**Olumsuz Düşünceler** (Walter canlandırıyor): Vay canına! Paul seni terk etti. Bu senin ne kadar sevilmez ve kusurlu olduğunu gösteriyor.

**Olumlu Düşünceler** (David canlandırıyor): Kabul etmiyorum. Hayatımda birçok romantik ilişki içinde bulundum ve gayet sevilen bir insan olduğuma inanıyorum.

**Olumsuz Düşünceler:** O kadar harikaysan Paul niçin seni terk etti?

**Olumlu Düşünceler:** Kesinlikle "o kadar harika" olduğumu iddia etmedim, katiyen. Fakat insanlar birçok nedenden dolayı birbirlerini bırakırlar. Paul'ün beni neden terk ettiğini tam olarak bilmiyorum. Belki bana kızgındı, belki sıkılmıştı ve tanıştığı birisinden etkilenmişti.

**Olumsuz Düşünceler:** Her neyse. Sonunda yaşlı, şişman, saçları ağarmış, yalnız bir eşcinsel adama dönecek olduğun gerçeği değişmiş değil.

**Olumlu Düşünceler:** Bunda gerçeklik payı elbette var. Yaşlanmamı ya da saçlarımın ağarmasını engelleyemem, şişmanlayabilirim de. Cinsel yönelimimin de değişeceğini düşünmüyorum. Ama 'yalnız' kısmının hesaba katıldığı kadarıyla, bundan kuşkuluyum. Şu anda kendimi yalnız hissediyorum, ama reddedildiğin zaman bu normaldir. Bu hisler geçecek.

**Olumsuz Düşünceler:** İstediğin kadar mantığa vurabilirsin ama gerçek şu ki, sen reddedildin. Niye kusurlu olduğun gerçeğini yalnızca kabul etmiyorsun? İşe yaramazsın.

**Olumlu Düşünceler:** Söylediğin şey benim için yeterince açık değil ve ondan bu sonucun çıkacağından emin değilim. Gerçekte, bu "kusurlu", "işe yaramaz" ifadelerinin ne anlama geldiğini bile bilmiyorum. Bazı belirli kusurlardan bahsediyorsan konuşacak bir şeylerimiz olabilir. İnan bana, bende onlardan bolca var!

**Olumsuz Düşünceler:** Elbette var. Aslında sen birlikte ilişki içinde olunması imkansız birisin.

**Olumlu Düşünceler:** Bu kulağa mantıklı gelmiyor. Arkadaşlarım bana sıcak ve açık olduğumu ve kolayca ilişki kurulabilen biri olduğumu söylerler. Dahası, henüz sekiz yıl boyunca gayet başarılı bir ilişki içindeydim. Dolayısıyla söylediklerin pek anlam ifade etmiyor.

Walter'a savaşı kimin kazandığını sordum. Olumlu düşüncelerin olumsuz düşünceleri açıkça mağlup ettiğini söyledi. Olumsuz düşüncelerin saldırgan ve komik geldiğini ve dayanağı olmadığını düşünmüştü.

Olumlu düşünceler rolünde olduğunuzda, olumsuz düşüncelerle savaşmak için bu kitapta bulduğunuz her tekniği kullanabilirsiniz. Örneğin, olumsuz düşünce "birlikte bir ilişki içinde olması imkansız birisisin" dediğinde, kanıt inceleme tekniğini kullandım. Bu düşünceye karşı çıkmak kolaydı çünkü açık biçimde yanlıştı. Kanıt Walter'ın birlikte ilişki içinde olması imkansız bir kişi olmadığını öneriyordu çünkü o henüz sekiz yıldır bir ilişki içindeydi.

Eğer diğer kişi olumsuz düşüncelerinizle size saldırırken gözünüz korkarsa ve mücadele edemezseniz, rol değişimi yapın. Böylelikle diğer kişi olumsuz düşüncelerinizi mağlup etmenin daha etkili bir yolunu size gösterebilir. Bütün olumsuz düşüncelerinizi kolaylıkla kırabilene kadar rol değişimine devam edin.

İnsanlar seslerin dışsallaştırılmasını ilk kez kullanırken genellikle şu dört hatadan birini yapabilirler:

**Hata 1.** Eğer olumsuz düşünceleri canlandıran kişi birinci şahıs "ben"i kullanırsa, olumlu düşünceleri canlandıran kişi ikinci şahıs "sen"i kullanmaya eğilimli olur. Bu tekniğin büyük çapta başarısız olmasına neden olur.

**Hata 2.** İnsanlar bazen kafaları karışıp bunun bir girişkenlik eğitimi olduğunu düşünürler. Baba, anne, eş ya da patron gibi hayatlarında olan eleştirel bir kişi ile bir mücadele içinde olduklarını düşünüyorlar. Bu hata da tekniğin başarısız olmasına neden olacaktır. Unutmayın ki olumsuz düşünceleri canlandıran kişi sadece zihninizin bir yansımasıdır. Kendinizle mücadele vermektesinizdir, başka bir kişiyle değil.

**Hata 3.** Olumsuz düşünceler rolünde olan kişi sizin zihninizin olumsuz tarafını canlandırdığını unutur ve size, size ait olmayan eleştiri ve kuşkularla saldırmaya başlar. Bu, zaman kaybı olur, çünkü kişinin söyledikleri size doğru gibi gelmez ve kendi olumsuz düşüncelerinize yanıt veriyor olmazsınız. Şöyle düşünürsünüz: "Neden bahsediyorsun? Benim böyle bir düşüncem yok ki!"

**Hata 4.** Alternatif olarak, diğer kişi sizinle ilgili kendi eleştirileriyle size saldırabilir. Örneğin, eşiniz bunu sizi acımasızca eleştirmek için bir fırsat olarak görebilir! Böylece savunmaya geçersiniz ve kendinizi tartışma içinde bulur, Dr. Burns bunun harika bir şekilde iyileştirici bir teknik olduğunu nasıl düşündü diye merak edersiniz.

Bu hatalardan kaçınmanın kolay bir yolu vardır. Birlikte rol oynama yapacağınız kişinin eline günlük duygudurum çizelgenizi verin. Onlara, olumsuz düşüncelerinizi sesli okuyarak size saldırıda bulunmalarını söyleyin. Onlara ikinci şahıs "sen"i kullanabileceklerini söyleyin, böylelikle başka bir kişi gibi duyulacaklardır. Olumlu düşünceler rolünde olduğunuzda her zaman birinci şahıs "ben"i kullandığınızdan emin olun.

Bazen ben "olumsuz düşünceler" kelimelerini bir kağıda, "olumlu düşünceler" kelimelerini başka bir kağıda yazarım. Rol yapmayı uygulayan iki kişi bu kağıtları karşılaşma süresince önlerinde tutabilirler. Bu kafa karışıklığını engellemeye yardımcı olur.

Bu önlemlere rağmen, başta bocalamak normaldir, bunun olacağını beklemelisiniz. Diyalog zihninizin iki tarafından çok, iki kişi arasındaki çatışmaya dönüşebilir. Bu olduğunda durun ve yeniden toplanın. Baştan başlayın. Bu tekniğin usulünü kavramak biraz pratik gerektirir, ama gösterilen çabaya değer çünkü seslerin dışsallaştırılması gereğince yapıldığında iyileştirici etkisi şaşırtıcı olabilmektedir.

Eğer birlikte rol oynama yapabileceğiniz kimse yoksa seslerin dışsallaştırılmasını kendi kendinize yapabilirsiniz. Yalnızca kağıda, tıpkı bu bölümde okuduklarınız gibi bir diyalog yazın. Elbette, iki rolü de canlandırıyor olacaksınız. Bu neredeyse başka birisiyle rol yapmak kadar etkilidir. Kitap boyunca göreceksiniz ki, birçok başka teknik de rol yapma formatının içinde etkili olabilmektedir.

## Kabullenme Paradoksu

Önceden depresyon ya da kaygıdan muzdarip olduysanız, bütün kusur ve eksiklikleriniz için nasıl da kendinizi paramparça ettiğinizi fark etmişsinizdir. Daha iyi hissedebilmeniz için önce beyninizdeki acımasız eleştiriciyi susturmak için bir yol bulmanız gerekir. Bunu nasıl yapacaksınız? İki temel yöntem vardır: Kendini Savunma Paradigması ve Kabullenme Paradoksu. Kendini Savunma Paradigması'nı kullanırken olumsuz düşüncelerinizle tartışır ve doğru olmadıkları konusunda ısrar edersiniz. Bu yöntem olumsuz düşüncelerinizin yanıltıcı ve çarpık olduğu ve gerçeğin sizi özgürleştireceği fikri üzerine kuruludur.

Kabullenme Paradoksu ters yönde işleyen bir manevi tekniktir. Olumsuz düşünceye karşı savunmaya geçmek yerine onun içinde bir doğru bulursunuz. Ona katılırsınız, ancak esprili bir anlayış, içsel huzur ve aydınlanma ile. Aslında zihninizdeki eleştiricinin elinden tutarsınız. Bu iki tür yanıt verme biçimini karıştırıp birleştirebilir ya da harmanlayabilirsiniz. Ancak olumsuz düşüncelerin beraberinde değersizlik, aşağılık, utanç hislerini ya da özgüven kaybını getirdiği zamanlarda, Kabullenme Paradoksu genellikle kendini savunma paradigmasından çok daha etkilidir.

Farzedelim ki güvensiz hissediyorsunuz ve kendinize kusurlu ve aşağı olduğunuzu söylüyorsunuz. Kendini Savunma Paradigması'nı kullanırsanız, kendinize tıpkı bir arkadaşın yapacağı gibi, gurur duyabileceğiniz birçok olumlu özelliklerinizin ve başarılarınızın olduğunu hatırlatırsınız. Birçok insan bu türden "olumlu düşünme"nin özgüven geliştirmenin anahtarı olduğunu düşünmektedir. Benim deneyimlerime göre bu neredeyse her zaman için işlevsizdir, çünkü 'evet, ama'ları ve kusur ve eksiklikleriniz hakkında takıntılı şekilde düşünmeyi sürdüreceksinizdir. Örneğin kendinize şunu söyleyebilirsiniz. "Elbette, birkaç değersiz olumlu özelliğim olabilir; ama bu gerçekten anlamlı, benim yapmayı hayal edebileceğim şeylerin çok ötesinde birçok şey başarmış bütün o insanlardan aşağı olduğum gerçeğini değiştirmiyor. "

Eğer Kabullenme Paradoksu'nu kullanmış olsanız, olumsuz düşünceye karşı şöyle konuşabilirdiniz: "Şu bir gerçek ki benim birçok kusurum var. Bu kuşku götürmez. Bunu kabul ediyorum. Bu eleştirinin iğnesini kaldırır ve tartışmayı sona erdirir."

Şimdi varsayın ki içinizdeki eleştirici, sizi hırpalamak için acımasızca uğraşıyor. Bu örnekte olduğu gibi, Kabullenme Paradoksu'nu kullanarak yalnızca ayak direyebilirsiniz.

**Olumsuz Düşünceler:** Sorun sadece kusur ve eksikliklerinin olması değil. Yüzleş bununla. Sen genel olarak defolusun. Kusurlu bir insansın.

**Olumlu Düşünceler:** Haklısın! Bunu anlamam seneler aldı, ama sen hemen anladın. Ve başka ne var biliyor musun? Kusurluluğum aslında en iyi özelliklerimden biri!

Böylece canavarın ağzından dişini söküyor ve kozmik şakayı yapıyoruz. "Kusurlu"ysanız ne olmuş? Size New York'ta bir kahve satmayı red mi edecekler? Arkadaşlarınız sizinle takılmayı mı bırakacaklar?

Kabullenme Paradoksu kendinizi savunmaya geçtiğinizde anlık bir savaş durumu yarattığınızı söyleyen Budist ilkesine dayanmaktadır. Kendinizi savunduğunuz anda, başka bir atağa davet çıkarmaktasınızdır. Elbette savaştığınız eleştiri beyninizin olumsuz tarafıdır, dolayısıyla kendinizi kendinizle bir savaş içinde bulursunuz. Bunun aksine, eleştirideki gerçekliği bulduğunuzda sizin üzerinizdeki gücünü kaybeder.

Hıristiyanlık da dahil olmak üzere birçok din, bütün insanların kusurlu ve eksikli olduğunu vurgulamıştır. Bu insan olmanın bir şartıdır. Navajo Yerlileri, ördükleri her kilimin bir defo ya da kusuru olması gerektiğine dair kurala sahiptirler, yoksa tanrılar öfkelenecek ve onları cezalandıracaktır. Ama kusurlu doğamıza rağmen keyif alabilmek ve aydınlanmak mümkündür. Kabullenme Paradoksu bu fikri duygusal gerçekliğe dönüştürebilmenin bir yoludur.

Önceleri, Kabullenme Paradoksu'nun niçin ve nasıl yararlı olabildiğini "görmek" zor olabilir. Kaygı ya da depresyondan yakınan birçok kişi kendilerini zaten kabullendiklerini düşünmektedir. Kendileriyle ilgili korkunç gerçekle yüzleştiklerine inanırlar ve kendilerini gerçekten umutsuz, değersiz zavallılarmış gibi hissederler.

Bu, sağlıksız kabullenmedir ve sağlıklı kabullenmeden tümüyle ayrıdır. 291. sayfadaki sağlıklıya karşı sağlıksız kabullenme çizelgesinde görebileceğiniz gibi sağlıksız kabullenme kendinden nefret, çaresizlik, paralize olma, ümitsizlik, izole olma, atrofi ve sinizm ile nitelenir. Bunun aksine sağlıklı kabullenme özgüven, keyif alma, üretkenlik, umut, samimiyet, gelişim ve kahkaha ile nitelenir. Sağlıklı kabullenme, hayatı kutlamak ve diğer insanlarla bağın olmasını içerir.

| Sağlıklı Kabullenme | Sağlıksız Kabullenme |
|---|---|
| Özgüven<br>Keyif alma<br>Üretkenlik<br>Umut<br>Samimiyet<br>Gelişim<br>Kahkaha | Kendinden nefret<br>Çaresizlik<br>Paralize olma<br>Ümitsizlik<br>İzole olma<br>Atrofi<br>Sinizm |

Aslına bakılırsa hepimiz kusurluyuz. "Kusurluluğunuz"u intihar için bir neden olarak da kutlama için bir neden olarak da görebilirsiniz. Onu keyifle de çaresizlikle de kabullenebilirsiniz. Özel olmanız gerektiği, "özgüvenli" olmanız gerektiği, ideal benliğinize uygun olarak yaşamanız ve nasıl olmanız gerektiğini düşündüğünüz şekle tamamen uymak zorunda olduğunuz fikrini bir kenara bıraktığınızda, özgürlüğü, keyif almayı ve aydınlanmayı deneyimleyeceksiniz.

Sağlıklı ve sağlıksız kabullenme arasındaki farkı kavramak önceleri epey güç olabilir, özellikle de sıkıntı yaşadığınız sırada. Bunu yazmak Büyük Kanyon'u [the Grand Canyon] ilk kez görmenin nasıl bir şey olduğunu tarif etmeye benzer.

Büyük Kanyon'u ilk kez üniversiteden bir arkadaşımla kamp gezisindeyken görmüştüm. Bir akşam kanyonun eşiğine gelmiştik ama karanlık olduğu için pek bir şey göremiyorduk. Arabamızın yanında, uyku tulumlarımızla çadırda kaldık. Gündüz uyandığımda fark ettim ki uyku tulumlarımızı kanyonun eşiğinden birkaç adım uzakta yere koymuştuk. Güneş yeni doğuyordu ve bakmak için döndüğümde Büyük Kanyon'u ilk kez görmüştüm. Vay canına! Soluğum kesilmişti. Yerde büyük bir çukur olduğunu duymuştum, ama böyle olduğu hakkında hiçbir fikrim yoktu!

Kabullenme Paradoksu'nu birdenbire kavradığınızdaki de aynı histir. Soluğunuz kesilir! Hayatta yeni bir çığır açan ve akıllara durgunluk veren bir deneyimdir. Ancak bu türden bir anlayış yalnızca seslerin dışsallaştırılması ya da korkulan fantezi tekniği gibi, rol yapma egzersizlerinin biri sırasında hayat bulabilir.

Farzedelim ki kendinizi değersiz hissediyorsunuz. Bu nedendir? Kendinizden kuşku duyduğunuz ve çaresizlik anlarında nasıl hissettiğinizi düşünün. Kendinize ne söylüyordunuz?

Kendinize olmak istediğiniz kadar akıllı, başarılı ya da çekici olmadığınızı söylüyor olabilirsiniz. Hayatta birçok hata yaptığınız için, çok iyi bir baba ya da anne olmadığınız için, ya da büyürken hayalini kurduğunuz şeyleri gerçekleştiremediğiniz için kendinizi hırpalıyor olabilirsiniz. Belki de utangaçlık ya da depresyon hisleriyle mücadele ettiğiniz için kusurlu hissediyorsunuz. Bakalım bu endişeleri kabullenme paradoksunu kullanarak bozguna uğratabilir miyiz.

Zihninizin olumsuz ve olumlu taraflarının bir mücadele içinde olduğunu hayal edin. Siz olumsuz düşünceleri canlandırabilirsiniz ve ben olumlu düşünceleri canlandıracağım. Mümkün olduğunca insafsız şekilde bana saldırın ve bütün kusur ve eksikliklerimi ifade edin. Beni rezil etmeye çalışın.

Hatırlayın, ben zihninizin olumlu, kendini seven tarafını canlandırıyorum, siz de olumsuz tarafını. Sizi Kabullenme Paradoksu ile yenmeye çalışacağım. Diyalogu okurken kendinize mücadeleyi kimin kazanmakta olduğunu kendinize sorun.

**Olumsuz Düşünceler** (siz canlandırıyorsunuz): Gerçekten çok da akıllı değilsin, değil mi?

**Olumlu Düşünceler** (David canlandırıyor): Aslına bakarsan, benden daha zeki olan birçok insan var. Doğrusu, milyonlarcası –

fizikçiler, matematikçiler, bilim insanları, müzisyenler ve yazarlar... Bunu kabul ediyorum.

**Olumsuz Düşünceler:** Haa, yani sadece salak, değersiz bir insan olduğun gerçeğini kabul ediyorsun?

**Olumlu Düşünceler:** Yani, eğer kastettiğin buysa hayatımda birçok hatalar yaptım. Ve benden çok daha zeki olan birçok insan var. Ama salak ve değersiz olduğumu söylediğin zaman bu kulağa oldukça suçlayıcı geliyor ve tam olarak ne demek istediğinden de emin değilim.

**Olumsuz Düşünceler:** Bunun nedeni olasılıkla keskin bir zekanın olmaması. Bu gerçekten oldukça açık. Bütün o parlak, yetenekli, çekici insanlar senden üstünler. Einstein ve Madonna gibi insanlar. Güzel olan insanlar onlar. Sen değersiz, ikinci sınıf bir insansın. Şimdi anlıyor musun? Bir şeyleri pek hızlı kavrayamadığını biliyorum.

**Olumlu Düşünceler:** Peki, haklısın, ben hâlâ bu "ikinci sınıf insan" kısmında ne demek istediğini pek anlamadım. Ne demek istediğini açıklayabilir misin? Madonna gibi bir sanatçı olmadığımı ve Einsten gibi bir dâhi olmadığımı kesinlikle biliyorum. Aslında, birçok türden benim sahip olmadığım müthiş yetenekleri olan sayısız insan var ve bunu heyecan verici buluyorum. Intel'de süper elektrik mühendisleri ve Ulusal Sağlık Enstitülerinde parlak araştırmacılar var. NBA ve NFL'de oynayan bütün o yetenekli sporcular var. Bende o tür yetenekler yok. Değersiz, ikinci sınıf bir insan olduğumu söylerken kastettiğin şey bu muydu? Veya bundan fazlasını mı kastetmiştin?

**Olumsuz Düşünceler:** Aslına bundan biraz daha fazlası var. Ama biliyorum ki bu senin için kavraması zor olabilir çünkü böylesine aptal bir pisliksin! Görüyorsun, toplumumuz beyni ve başarıları olan insanlara değer veriyor. Örneğin Nobel ödülü alan insanlara. Onlar özel, yetenekli, üstün insanlar. Ama sen onlarla kıyaslayınca bir taşralısın. Alelade bir piyade erisin.

**Olumlu Düşünceler:** Peki, bu benim için tamam. Kulağa garip gelebilir ama alelade bir piyade eri olmaktan keyif alıyorum.

**Olumsuz Düşünceler:** Ha yani itiraf ediyorsun? Yalnızca ikinci derece bir piyade eri olduğunu kabul ediyorsun?

**Olumlu Düşünceler:** Kesinlikle! Aslında, arkadaşlarımın birçoğu da piyade eridirler ve aylak aylak dolaşıp eğlenerek harika vakit geçiririz. Hey, eğer sen sadece Nobel ödülü kazananlarla takılıyorsan takılma noktasına gelmeniz pek sık olmayabilir ve arkadaş çevren pek dar kalabilir! Ama burada bir şey kaçırıyor olabilirim. Benimle ilgili kötü ve utanç verici bir şeyler olduğunu ve fırsatını kaçırdığım bazı harika deneyimler olduğunu ima ediyor gibisin, ama bunun ne olduğunu ya da senin neye atıfta bulunduğunu kestiremedim.

**Olumsuz Düşünceler:** Of, sen kesinlikle geç anlıyorsun. Sana hiç saygı hak etmediğini, gerçek bir keyif ya da özgüvene hakkın olmadığını anlatmaya çalışıyorum, çünkü sen berbatsın. Aklımdaki yüce standartlara uymuyorsun.

**Olumlu Düşünceler:** Nobel ödüllü ya da o düzeyde birinin standartlarına uymadığımdan eminim. Ve tonlarca kusurum ve sınırlarım olduğunu senelerdir biliyorum. Belirttiğin zayıflıklar buzdağının yalnızca görünen ucu!

**Olumsuz Düşünceler:** Kendinle nasıl yaşayabiliyorsun? Ne kadar kusurun olduğunu bilirken her gün aynada kendine bakmaya nasıl tahammül edebiliyorsun?

**Olumlu Düşünceler:** Ha, basit. Yalnızca gülümsüyor ve "Günaydın kusurlu adam! Sabırsızlıkla beklenecek harika bir günün var! Ve birlikte takılacak gerçekten zarif birçok insan" diyorum.

Bazı insanlar Kabullenme Paradoksu'nun ne kadar özgürleştirici olabileceğini hemen görürler, bazıları da başta kavrayamazlar. Bir adamın bana söylediği gibi, "hatalarımı ve eksikliklerimi kabul edecek değilim. Hata kabul edilmezdir. Sözkonusu olamaz!"

Kabullenme Paradoksu'nun amacı yetersizliklerinizi ya da kusurlarınızı saklamak veya inkâr etmek ya da vasat veya doyurucu olmayan bir hayat belirlemek değil; tam tersine kusurlarınızı günışığına çıkarmaktır ki onları utanç duygusu olmadan kabul edebilesiniz. Eğer değiştirebileceğiniz bir sorun varsa, onun üzerinde çalışabilirsiniz. Değiştiremeyeceğiniz bir şey varsa onu basitçe kabul edebilir ve hayatınıza devam edebilirsiniz.

# 16 Motivasyonel teknikler

Kanıt Bulma gibi Gerçeklik Temelli bir teknik kullanırken kendinize "Bu olumsuz düşünce gerçek mi?" diye sorarsınız. Gerçeklik Temelli Teknikler, "gerçeğin sizi özgürleştireceği" fikrine dayanır. Motivasyonel Teknikleri kullanırken ise kendinize "Bu olumsuz düşünce ya da duygu benim için avantajlı mı? Böyle bir zihin yapısının bana yararları neler? Zararları neler?" diye sorarsınız.

Her ne kadar anksiyete, depresyon ve öfke şiddetli acılara neden olsa da bu duygularda bizim için bağımlılık yaratabilecek bazı gizli ödüller vardır. Bir yandan rahatlamak isterken bir yandan da inat edip değişime karşı direnebilirsiniz. Anthony Mello adlı bir mistik, değişimi hasretle beklediğimizi, fakat tanıdık olana sarıldığımızı söyler. Kâr-Zarar Analizi (KZA), Paradoksal Kabullenme ve Şeytanın Avukatı Tekniği, tıkanma yaşamanıza neden olan gizli motivasyonları fark etmenize yardım edecektir. Bu motivasyonları günyüzüne çıkardığınızda bunların sizi sabote etme gücü çok azalacaktır.

## KÂR-ZARAR ANALİZİ

Bu teknik en iyi Motivasyonel Tekniklerden bir tanesidir. Aynı zamanda bu teknik, 1970'lerde geliştirdiğim ilk Bilişsel Davranışçı Terapi (BDT) tekniğiydi. Uygulaması çok kolay bir tekniktir ve son derece açıklayıcı ve yararlıdır. 8. Bölüm'de bu tekniği Özyıkıcı İnançları değerlendirmek için nasıl kullanabileceğinizi gördünüz. Kâr-Zarar Analizi'nin beş türü bulunur:

1. **Bilişsel KZA.** "Asla iyileşemeyeceğim." Ya da "Değersizim" gibi bir olumsuz düşüncenin avantajlarını ve dezavantajlarını değerlendirirsiniz.
2. **Tutum KZA.** "Her zaman mükemmel olmaya çalışmalıyım." Ya da "Değerli olmak için herkesin onayını almalıyım" gibi bir Özyıkıcı İnancın avantajlarını ve dezavantajlarını değerlendirirsiniz.
3. **Duygu KZA.** Anksiyete, öfke veya suçluluk gibi olumsuz bir duygunun avantajlarını ve dezavantajlarını değerlendirirsiniz.
4. **Davranış (ya da Alışkanlık) KZA.** Alkol ya da uyuşturucu kullanma, aşırı yeme, erteleme ya da evli bir adamla beraber olma gibi kötü bir alışkanlığın avantajlarını ve dezavantajlarını değerlendirirsiniz.
5. **İlişki KZA.** İlişkilerinizde sorun yaratan, evliliğinizdeki bütün sorunlardan ötürü eşinizi suçlamak gibi bir tutumun avantajlarını ve dezavantajlarını değerlendirirsiniz.

Bu KZA'lardan herhangi birini, Doğrudan ya da Paradoksal şekilde uygulayabilirsiniz, böylelikle elinizde on farklı KZA olur. Biz öncelikle Doğrudan KZA'yı gözden geçireceğiz, Paradoksal KZA'yı daha sonra göstereceğim.

Öncelikle 299. sayfadaki gibi boş bir KZA formunun en üstüne, değiştirmek istediğiniz düşünceyi, inancı, duyguyu ya da alışkanlığı yazın. Sonra da kendinize "Bu zihin yapısının benim için avantajları nelerdir? Bana nasıl yardımcı olacak? Peki ya bunun dezavantajları nelerdir? Bana nasıl zarar verecek?" diye sorun. Aklınıza gelen bütün avantajları ve dezavantajları iki sütuna yerleştirin. Listenizi tamamladıktan sonra kendinize avantajların mı dezavantajların mı daha ağır bastığını sorun ve bunları 100-puanlık bir ölçekte değerlendirin. Aşağıya, toplamı 100 olan iki sayı yazın. Yazdığınız sayılar nasıl hissettiğinize ilişkin değerlendirmenizi belirtmelidir.

Örneğin, eğer avantajlar dezavantajlardan biraz daha ağır basıyorsa soldaki daireye 55, sağdaki daireye de 45 yazabilirsiniz. Eğer dezavantajlar avantajlardan net bir şekilde daha fazla soldaki daireye 25, sağdaki daireye de 75 yazabilirsiniz. Eğer avantajlarla dezavantajlar birbirine tamamen denk ise her iki daireye de 50 yazabilirsiniz.

## KÂR ZARAR ANALİZİ

**Değiştirmek istediğiniz tutum, duygu veya alışkanlıkları tanımlayın:**

..............................................................................................................................

..............................................................................................................................

| Avantajlar | Dezavantajlar |
| --- | --- |
| | |

Gelin Bilişsel KZA'yı birlikte deneyelim. Daha önce, sınav anksiyetesi olan Johanna adlı bir psikologu tedavi etmiştim. Psikoloji eğitimi tamamlaması için geçmesi gereken lisans sınavına hazırlanmaya çalışıyordu, fakat anksiyeteden o kadar bunalmıştı ki bir türlü odaklanamıyordu. Johanna'ya sınava hazırlandığı sırada aklından ne tür düşünceler geçtiğini sordum. O da bana, "Kendime yanlış kaynaklara çalışacağımı ve sınavda çuvallayacağımı söylüyorum. Bütün soruları benim hiç hazırlanmadığım yerlerden soracaklarmış, hazırlandığım yerlerden hiç soru sormayacaklarmış gibi hissediyorum" dedi.

Johanna bu düşüncelerde Ya Hep Ya Hiç şeklinde düşünme, Olumluyu Görmezden Gelme, Falcılık ve Duygusal Mantık Yürütme gibi birçok çarpıtma olduğunu görebilmişti. Örneğin, bütün soruları onun hazırlanmadığı yerlerden sormaları, hazırlandığı yerlerden ise hiç soru sormamaları son derece uzak bir olasılıktı çünkü lisans sınavını hazırlayan kişiler, bütün psikoloji alanlarını gayet dengeli bir şekilde değerlendirecek bir sınav hazırlamaya çalışırlardı. Ayrıca, Johanna'nın sınavda çuvallayacağını tahmin etmek de bir o kadar mantıksızdı çünkü Johanna, doktora programındaki en iyi öğrencilerden biriydi ve hayatı boyunca hiçbir sınavda çuvallamamıştı.

Düşüncelerinin ne kadar çarpıtılmış olduğunu görse de Johanna, benim onu bu düşüncelere karşı konuşma yapması için yüreklendirmeme karşın benimle kıran kırana mücadeleye girmişti. Olumsuz düşüncelerinin gerçekçi olduğuna ısrar ediyor ve onu anlamadığımı söylüyordu.

Çok şaşırmıştım. Johanna bir yandan sınav anksiyetesi için yardımımı istiyordu. Fakat öte yanda da anksiyetesini, bir aslanın yavrularını koruduğu gibi koruyordu. Neler oluyordu? Benimle kavga etmeye mi çalışıyordu? Anksiyetenin onun için ödüllendirici olacağı herhangi bir yol aklınıza geliyor mu? Okumaya devam etmeden önce fikirlerinizi aşağıya yazın.

.....................................................................................................

.....................................................................................................

.....................................................................................................

.....................................................................................................

.....................................................................................................

## Yanıt

Olup bitenler bana, Johanna'nın anksiyetesini bırakmadığını çünkü anksiyetenin ona bir şekilde yardımcı olacağını düşündürdü, bu yüzden Kâr-Zarar Analizi yapmayı önerdim. Johanna'dan, lisans sınavı için endişelenmesinin avantajlarını ve dezavantajlarını yazmasını istedim. 302. sayfada gördüğünüz gibi, "Endişelenmek, bütün enerjimi ve dikkatimi çalışmaya yönlendirmemi sağlıyor, böylelikle gevşemiyorum ve çalışmayı unutmuyorum" şeklinde belirli avantajları vardı. Birden Johanna'nın benimle niçin kavga etmeye çalıştığını anladım. Değişime gönülsüz olmasında bir parça bilgelik vardı çünkü gerçekten de küçük bir miktar anksiyete gerçekten de elinizden gelenin en iyisini yapabilmek için sizi motive edebilir.

Fakat çok fazla anksiyete de size köstek olabilir. Aslına bakarsanız, listenin dezavantajlar sütunundaki ikinci madde dengeyi bozmuştu. Gördüğünüz gibi Johanna, "Devamlı endişelenmek beni felce uğratıyor. Geçtiğimiz bir ayda bir dakika bile verimli bir şekilde çalışamadım!" yazmıştı. Yalnızca bir dezavantaj bütün avantajlara göre daha ağır basabilir, bu yüzden Johanna alttaki dairelere 20 ve 80 yazdı.

## JOHANNA'NIN KÂR ZARAR ANALİZİ

**Değiştirmek istediğiniz tutum, duygu veya alışkanlıkları tanımlayın:**

Yaklaşmakta olan psikoloji lisans sınavımla ilgili endişelenmek.

| Avantajlar | Dezavantajlar |
|---|---|
| 1. Eğer çuvallarsam şaşkınlığa ya da hayal kırıklığına uğramam. | 1. Sınava kadar olan her gün berbat hissedeceğim. |
| 2. Endişelenmek, bütün enerjimi ve dikkatimi çalışmaya yönlendirmemi sağlıyor, böylelikle gevşemiyorum ve çalışmayı unutmuyorum. | 2. Devamlı endişelenmek beni felce uğratıyor. Geçtiğimiz bir ayda bir dakika bile verimli bir şekilde çalışamadım! |
| 3. Sınavın adaletsiz görünmesine öfkelenebilirim. | 3. Öfkemle yalnızca kendimi cezalandırıyor olacağım çünkü sınavı hazırlayan insanlar, kendimi nasıl hissettiğimi bilmiyorlar, bilselerdi bile umursamazlardı. |
| 4. Kendime acıyıp kurban rolünü oynayabilirim. | 4. Devamlı endişelenmek çok yorucu bir hal alıyor. |
| 5. Eşim beni neşelendirmeye çalışıp başarılı olacağımın güvencesini verecektir. | 5. Eşim beni neşelendirmeye çalıştığında kendimizi birbirimize öfkelenmiş bir halde buluyoruz çünkü onun söylediği hiçbir şeyi kabul etmiyorum. |
| 20 | 80 |

Ona, sınava hazırlanmak için ne kadar anksiyeteye ihtiyaç duyduğunu düşündüğünü sordum. % 0'dan (anksiyete yok) % 100'e (tam bir panik hali) kadar olan bir ölçekte anksiyetesini % 95 olarak değerlendirdi. Fakat ideal miktar neydi? % 50 yeterli olur muydu? Ya da % 25?

Johanna % 10 ya da % 15'in kendisine yeteceğini söyledi. Anksiyetesini bu düzeye indirmek için birlikte çalışabileceğimizi, fakat gereğinden fazla rahatlamaya başladığını hissedecek olursa ona olumlu düşüncelerinin yerine olumsuz düşünceleri koyabileceğimizi, böylelikle de tekrar anksiyete hissedebileceğini söyledim!

Johanna bu fikri çok sevdi ve anksiyeteye neden olan olumsuz düşüncelerine meydan okumak için motivasyonu arttı. Bu düşünceleri hemen bir kenara attı. Kendini daha rahat hissetti ve her gece sistematik olarak çalışmaya başladı. Aslına bakarsanız anksiyetesi birkaç gün içinde ortadan kayboldu ve her bir kaynağı gözden geçirmekten keyif almaya başladı. Verimli bir şekilde çalışmak için anksiyeteye ihtiyacı olmadığını keşfedince çok şaşırdı. Birkaç hafta sonra lisans sınavını, ülkedeki en yüksek puanlardan birini alarak geçti.

KZA, tıkanma hissettiğiniz zamanlarda değişim için pek çok kapı açabilir. Bu yöntem Sezar'ın hakkını Sezar'a vermenizi sağlar. Sıklıkla, değişmemek için birçok iyi neden olduğunu fark edersiniz. Bunları bilince taşıdığınızda genellikle üzerinizdeki etkileri de kaybolur.

## Paradoksal Kâr-Zarar Analizi

Paradoksal KZA, olumsuz düşünce, duygu ve alışkanlık kalıplarınız her ne kadar aşırı ölçüde acı verici olsa da bazen ödüllendirici olabildiği fikrine dayanmaktadır. Paradoksal KZA'yı uygularken değiştirmek istediğiniz düşüncenin, inancın, duygunun, davranışın veya alışkanlığın yalnızca avantajlarını yazarsınız. Dezavantajları yazmakla uğraşmayın. Sonra da kendinize şunu sorun: "Tüm bu avantajları gözönünde bulunduracak olursam, niye değişmek istemeliyim ki?"

Aşağıda Paradoksal KZA için iyi birer hedef olabilecek birçok olumsuz düşünce ve alışkanlık bulunuyor. İlginizi çeken bir düşünce ve bir alışkanlık seçin ve aklınıza gelen bütün avantajları 304. sayfadaki formu kullanarak yazın.

**Olumsuz Düşünceler**

- Ben aşağıyım.
- İlişkilerimdeki sorunlarda suçlanacak biri varsa o da karşımdakidir.

### Paradoksal Düşünce Kâr-Zarar Analizi

Seçtiğiniz düşünceyi yazın: Bu Düşünceye İnanmanın Avantajları

1. ..........................................................................................
2. ..........................................................................................
3. ..........................................................................................
4. ..........................................................................................
5. ..........................................................................................
6. ..........................................................................................

**Kötü Alışkanlıklar**

- Ne zaman istersem ve ne istersem yemek
- İstediğim zaman istediğim kadar alkol kullanmak
- Ertelemek

### Paradoksal Alışkanlık Kâr-Zarar Analizi

Seçtiğiniz alışkanlığı yazın: ..................................................

Bu Alışkanlığın Avantajları

1. ..........................................................................................
2. ..........................................................................................
3. ..........................................................................................
4. ..........................................................................................
5. ..........................................................................................
6. ..........................................................................................

Bitirdiğinizde benim cevaplarımı da gözden geçirebilirsiniz. Bu listeler çok da kapsamlı değiller ve siz benim aklıma gelmeyen daha fazla avantaj bulabilirsiniz.

## Paradoksal KZA Alıştırmalarına Yanıtlar

**Aşağı olduğuma inanmanın avantajları**

1. Bu düşünce hayattaki bütün başarısızlıklarımı açıklıyor.
2. Kendime acıyabiliyorum.
3. Bana kimlik duygusu veriyor.
4. Risk almak ve kaygılı hissettiğim şeyleri yapmak zorunda kalmıyorum.
5. Aşağı olan insanların çok da bir şey başarması beklenmediği için sıkı çalışmak zorunda kalmayacağım
6. Benden daha başarılı olan insanlara içten içe alınabilirim.
7. Bu düşünce doğru gibi görünüyor çünkü hiçbir özel yeteneğim yok ve bugüne kadar benzersiz ya da önemli hiçbir şey başarmadım.

**İlişkilerimdeki problemlerde suçlanacak biri varsa onun da karşımdaki kişi olduğuna inanmanın avantajları**

1. Her zaman öfkeli olabiliyorum.
2. Kendimi ahlaki yönden üstünmüş gibi hissedebilirim.
3. Öfke güç verici bir duygu, böylelikle enerjik, canlı ve coşku dolu hissedeceğim.
4. Böylesi daha kolay. Değişmek zorunda değilim.
5. Bu düşünce doğru gibi görünüyor çünkü diğer insanlar pislik gibi davranıyorlar.

6. Masum hissedebilirim. Kendimi suçlu hissetmek zorunda kalmayacağım.
7. Yaşadığım sorunlarda kendi rolümü değerlendirmenin sıkıntısını çekmek zorunda kalmayacağım.
8. Bu düşünce, insanlarla niçin iyi geçinemediğime dair iyi bir açıklama yapıyor.
9. Düşmanca davranıp kötü bir şey yapabilirim. Diğer insanları alaşağı edebilirim ya da tepkimi tepkisiz kalarak gösterebilirim.
10. Yumuşak davranıp diğer insandan dolaylı yoldan öç alabilirim.
12. Diğer kişinin dedikodusunu yapabilir, arkadaşlarımı diğer insanın ezik biri olduğuna dair ikna edebilirim.

**Aşırı yemenin avantajları**

1. Yemek yemek anında haz veriyor.
2. İstediğim zaman istediğim şeyi yemek bir tür özgürlük.
3. Kendimi üzgün hissettiğimde veya birine kızgın olduğumda kendimi yemek sayesinde rahatlatabilirim. Bu sayede, sorundan kaçınabilirim ve kendimi kaygılı hissetmem.
4. Kilolu olduğum için kendime acıyabilirim.
5. Fazla kilolu insanları küçümseyen insanlara içten içe alınabilirim.
6. Diyet yapmak çok büyük bir yoksunluk.
7. Spor yapmak çok fazla çaba ve disiplin gerektiriyor.

**Alkol kullanmanın avantajları**

1. Kafamın güzel olması duygusu iyi hissettiriyor.
2. Sosyal ortamlarda rahat olacağım ve kendimi tuhaf hissetmeyeceğim.

3. En sevdiğim alkolün tadına bayılıyorum.
4. Bütün duygusal sorunlarımı kendi özel "ilacım" sayesinde çözebilirim.
5. Eşimle tartışmak gibi kendimi üzgün hissetmeme neden olan şeylerle uğraşmaktan kaçınabilirim.
6. Ayıkken yapamayacağım saldırgan ya da cinsel davranışlarımı haklılaştırabilirim.
7. İçki içtiğim zaman bütün sorunlarımı unutabilirim.
8. Bağımsızlığımı sağlayabilirim ve ne yapmak istiyorsam onu yapmak için kendimi özgür hissederim. Diğer insanlar beni kontrol edemez.
9. Arkadaşlarım ve ben içki içmekten keyif alıyoruz.
10. Hoyrat olabiliyorum.
11. Hayat heyecanlı bir duruma geliyor.
12. İyi bir şey olduğunda kutlama yapmanın en iyi yolu alkol kullanmak.
13. Kendimi ödüllendirmem için güzel bir yol çünkü hayatım berbat bir halde. Buna hakkım var.
14. Eğer bırakırsam, tekrar AA toplantılarına gitmek, o sıkıcı insanlarla biraraya gelmek ve Tanrı'ya inanıyormuşum gibi davranmak zorunda kalacağım.

**Ertelemenin avantajları**

1. Daha keyifli olan başka bir şey yapabilirim.
2. Kaçındığım şeyler uzun vadede çok da önemli olmayan şeyler.
3. Başlamak gerçekten hiç hoş olmayabilir.
4. Ne yaparsam yapayım, yaptığım şey denizde bir damla kadar olacak.

5. Kendimi daha iyi hissettiğim bir zamana dek bekleyebilirim.
6. Ünlüler ya da soylu insanlar gibi özel insanlar, sıkıcı ve keyifsiz işlerle uğraşmak zorunda olmadığı için ben de kendimi özel hissedebilirim.
7. Ertelediğim şeylerden ötürü canımı sıkan insanlardan bu sayede öç alabilirim.
8. Ders çalışmak ya da makale yazmak gibi bir görevi yerine getiremediğim zaman iyi bir mazeretim olacak. Eğer kötü bir not alırsam, kendime "Zaten pek de çalışmamıştım. Eğer çalışmış olsaydım çok iyi bir iş çıkarırdım" diyebilirim.
9. Keyifsiz işleri erteleyerek sıkılmaktan ve kaygılanmaktan uzaklaşabilirim.

## Şeytanın Avukatı Tekniği

Şeytanın Avukatı Tekniği, kötü alışkanlıkların ve bağımlılıkların üstesinden gelmek için geliştirilmiş en iyi tekniklerden biridir. Bu teknik, ayartıcı olumlu düşüncelerin alışkanlıklara ve bağımlılıklara teslim olmamıza neden olduğu fikrine dayanmaktadır.

Örneğin, çarşıda alışveriş yaparken yakındaki kafelerden gelen ayartıcı kokuyu duyup kendinize "Vay canına, şu fırından yeni çıkmış, tereyağlı, tarçınlı çörek ne kadar da müthiş kokuyor. Eminim tadı da müthiştir! Mmmm. Gidip bir de yakından bakayım. Tadına bakmak için birazcık yiyebilirim. Küçücük bir parçadan bir şey olmaz. Ayrıca bunun telafisi olarak koşuya çıkabilirim ve salata yiyebilirim" dersiniz. Burada yazılanlar gibi düşünmeye başladığınızda kendinizi kaygan bir zeminde bulursunuz ve kendinizi durdurmak neredeyse tamamen olanaksız duruma gelir.

Bu düşüncelerin, anksiyete ve depresyona neden olan düşünceler kadar çarpıtılmış olduğuna dikkat edin. Fakat yalnızca bir farkla: Bu düşünceler olumlu yönde çarpıtılmıştır. Bu çarpıtmalardan bazıları şöyledir:

- **Ya Hep Ya Hiç şeklinde düşünme.** O tarçınlı çörekler, bugüne kadar yapılmış en inanılmaz ve en leziz yiyeceklermiş gibi konuşuyorsunuz. Gerçekten de hayal ettiğiniz kadar iyiler mi?
- **İnkâr.** Depresyondayken kendinizle ilgili bütün olumlu özellikleri azımsar ya da görmezden gelirsiniz ve eziğin teki olduğunuz sonucuna varırsınız. Bu çarpıtmaya "Olumluyu Görmezden Gelme" adı verilir. Cezbedilmiş bir haldeyken bunun tam tersini yapabilirsiniz. Sizin düşündüğünüzle tamamen uyumsuz olan veriyi inkâr eder ya da görmezden gelirsiniz. Buradaki durumda, kendinize küçücük bir parça yiyeceğinizi söylersiniz. Bu gerçekçi mi? Kendinize karşı dürüst davranıyor musunuz? Geçmişte kaç defa kendinize bunu söylediniz? Gerçekten de küçücük bir parça yedikten sonra durdunuz mu?
- **Falcılık.** Gerçekçi olmayan birçok öngörüde bulunuyor olabilirsiniz. Birincisi, kendinize o tarçınlı çöreği yediğinizde hayatınızın muhteşem olacağını söylüyorsunuz. Aslına bakarsanız, çöreklerin tadı fena değildir, fakat bazen ağır, fazla şekerli olabiliyorlar ve bir iki tane yediğinizde mideniz beton gibi olabiliyor. Bunun yanısıra, kendinize bu özel muameleyi yapmazsanız sonsuza dek hayal kırıklığı ve yoksunlukla mücadele etmek zorunda kalacağınızı söylüyor olabilirsiniz. Eğer kendinizi bırakmazsanız, yaşadığınız cezbedilme hali muhtemelen beş on dakika sonra kaybolacaktır ve tarçınlı çörekleri unutacaksınız. Son olarak da kendinize, çöreği yerseniz bol miktarda salata ve havuç yiyeceğinizi söylüyor olabilirsiniz. Bunu gerçekten yapacak mısınız?

Şeytanın Avukatı Tekniği bu tip ayartıcı düşüncelere karşı etkili bir yöntem olabilir. Bu yöntem, rol yapma çalışması içermektedir.

Birincisi, kendinizi alışkanlığa bırakmadan önce aklınızdan geçen düşünceleri listeleyin. Bu alışkanlık içki içme dürtüsü, aşırı yemek, ertelemek veya yanlış kişiyle beraber olmak olabilir. Daha sonra bu listeyi bir arkadaşınıza ya da ailenizden birine verip bu kişiden sizi ayartmaya çalışan şeytan rolünü oynamasını isteyin. Karşınızdaki kişi ikinci tekil kişi, yani "sen"i kullanarak bu ayartıcı düşünceleri size söylemelidir. Sizin göreviniz de şeytanı yenip yenemediğinize bakmaktır.

Örneğin, şeytan size, "Şu lezzetli çöreklerden bir tanesini gerçekten hak ediyorsun. Zor bir gün geçirdin. Mmmm. Ne kadar tatlı ve lezzetli olduğunu, ağzında bırakacağı o şahane tadı hayal et. Hadi al bir tane!" diyebilir.

Siz de "Hayır, kendimi çok şişman hissedeceğim ve tadı da muhtemelen o kadar da güzel değildir. İnce ve sağlıklı kalmayı da hak ediyorum ve kendimi bu dürtüye bırakmazsam çok daha iyi hissedeceğim" şeklinde karşılık verebilirsiniz.

Daha sonra arkadaşınız sizi ayartıp kendinizi bırakmanız için elinden gelen her şeyi yapar.

Şeytanı yenmek gerçekten inanılmaz derecede zor olabilir, özellikle de listedeki ayartıcı düşünceler dürüstçe kurulmuş cümlelerden oluşuyorsa. Nihayetinde, ayartıcı düşünceler uzun bir süreden beri galip gelmektedir. Eğer tıkanma yaşarsanız ve karşılık verebileceğiniz herhangi bir yol aklınıza gelmezse arkadaşınızla rolleri değiştirebilirsiniz. Böylelikle arkadaşınız daha etkili bir karşılık bulabilir.

Rol yapma çalışmasını yapacağınız bir arkadaşınız yoksa kendiniz de Şeytanın Avukatı diyalogu yazabilirsiniz. Bu durumda her iki rolü de –sizi ayartmaya çalışan şeytanı da şeytanla mücadele etmekte olan zihninizin diğer yanını da– kendiniz canlandırırsınız. Şeytan rolündeyken kendinizi ayartmak için elinizden geleni yaptığınızdan emin olun. Aksi takdirde bu teknik sizin için yüzeysel ve verimsiz duruma gelir. Deyim yerindeyse, şeytan yeterince dişli olmaz.

Bir örnek verelim. Diyelim ki muhasebe işlerinizi tamamlamayı erteleme dürtüsüyle boğuşuyorsunuz. Bir süredir ertelemekte olduğunuz için kendinizi kaygılı hissediyorsunuz ve epey de geride kaldınız. Şeytan ile aranızda şöyle bir diyalog geçebilir:

**Şeytan:** Şu anda bunu yapmak için herhangi bir neden olmadığını biliyorsun. Hele ki yapacak çok daha önemli işlerin varken.

**Kendiniz:** Haklısın. Şu anda yapmam gereken birçok şey var, fakat muhasebe işleri içimi kemiriyor. Eğer onun üzerinde biraz çalışabilirsem epey rahatlayacağım ve böylelikle başka bir işe de başlayabilirim.

**Şeytan:** Hayır, bu yalnızca anksiyeteni arttırır. Şu an doğru bir zaman değil.

**Kendiniz:** İlkten kaygılı hissettirebilir fakat başladığım zaman anksiyete zaten ortadan kaybolacaktır. Ayrıca hiçbir zaman "doğru" bir zaman olmayacak, bu yüzden şimdi başlasam iyi ederim.

**Şeytan:** Kendini daha hazır hissettiğin bir zaman, mesela yarın yapabilirsin.

**Kendiniz:** Evet daha sonra yapabilirim, fakat o zaman da muhtemelen kendimi hazır hissediyor olmam. Aslına bakacak olursak, kendimi muhtemelen hiçbir zaman hazır hissetmeyeceğim. Eğer hazır hissetmeyi bekleyecek olursam sonsuza kadar beklemiş olurum ve işi de tamamlayamam.

**Şeytan:** Tamam ama bunaltıcı ve stresli olacak. Şu anda yeterince vaktin yok. Yapılacak çok fazla iş var.

**Kendiniz:** Evet ilkten bunaltıcı ve stresli görünebilir, fakat işe koyulunca bu duygular muhtemelen ortadan kaybolacaktır. Ayrıca, yalnızca birkaç dakikalığına çalışmakla başlayabilirim. Bu iyi bir ilk adım olur.

**Şeytan:** Bu olsa olsa denizde bir damla olur anca. Yapman gereken iş saatler sürecek bir iş. Birkaç dakikalığına çalışmak zaman kaybından başka bir şey olmaz. Ayrıca, senin şimdi kahveye ihtiyacın var. Şu anda kahve içmek şahane olur, kahve sana enerji verir.

**Kendiniz:** Seni dinleyerek zaman kaybetmektense işe koyulmak muhtemelen çok daha şahane olur. İşe başladıktan on beş dakika sonra ödül olarak bir bardak kahve alabilirim. Sana karşı aşağılayıcı olmak istemem, ama sanırım seni daha fazla dinlemeyip hemen şimdi işe başlayacağım.

**Şeytan:** Pişman olacaksın! Kendini berbat hissedeceksin.

**Kendiniz:** Pişman olacağımı sanmam. Başlangıçta kafam karışabilir, kaygılı hissedebilirim çünkü uzun zamandır sana kulak verip işleri erteliyordum. Fakat bir başlayınca işler daha da kolaylaşacak. Ve seni de unutacağım. Hoşçakal!

Şeytanın Avukatı, Paradoksal Tekniklerden biridir çünkü kendinizi ayartmaya çalışırsınız. Kendinizi değişmek için ikna etmeye çaba göstermezsiniz. Yine de bu teknik, bir şekilde bireylerin değişim için kararlığını arttırmakta ve son derece faydalı olmaktadır.

Kötü alışkanlıkları ve bağımlılıkları bu yaklaşımı kullanarak tedavi eden tedavi programları yok denilecek kadar azdır. Bunun yerine, insanların değişmek istediği hatalı varsayımıyla hareket edilmektedir. Bu yüzden amaçlarınıza ulaşmanın sistematik yolunu gösterirler ve sizi bu yöntemin ya da diyetin sorunlarınızı çözeceğine inandırmaya çalışırlar. Bu programlar neredeyse her zaman başarısızlığa uğrar çünkü çok önemli bir nokta hesaba katılmaz. O da kötü alışkanlığı olan çoğu insanın değişmek istemediğidir. Alışkanlıklar ve bağımlılıklar ödüllendiricidir. Kafanızın güzel olması çok keyiflidir! Peki ya istediğin şeyi istediğin zaman yemekten daha güzel ne olabilir? Yüzyıllar önce böylesi ayrıcalıklı zevkler imparatorlara ve krallara özgüydü. Hem istediğin şeyi istediğin zaman yapmak da çok keyiflidir. Niye değişmeniz gereksin ki?

Değişmek için kendinize göstermelik bir söz verip alkolü bırakırsanız dünyanın ne kadar güzel olacağını söyleyebilirsiniz. Fakat stresli bir günün ardından buzdolabını açıp sizi bekleyen soğuk bir şişe birayı gördüğünüzde, zihninizdeki ses "Mmmm! Soğuk bir bira şu an çok iyi gelirdi. Tadını alır gibiyim. Bira içip televizyondaki maçı seyretmek o kadar rahatlatıcı olur ki. Bir biranın ne zararı olur ki? Zor bir gün geçirdim ve rahatlamaya ihtiyacım var. Hem alkolden tamamen uzak durmanın ne gibi bir amacı var ki?" diye konuşmaya başlayacaktır.

Benzer şekilde, eğer fazla kilolarınız varsa kendinize, birkaç kilo vermenin ne kadar muhteşem olacağını, böylelikle ince, seksi ve sağlıklı görünebileceğinizi söylüyorsunuzdur. Fakat işin doğrusu saçma diyetler yapmayı da günlük spor yapmayı da gerçekten istemiyorsunuzdur. Yemek, hayattaki en büyük hazlardan bir tanesidir. Niye bırakasınız ki? Nihayetinde diyet ve spor, yoksunluk ve disiplin gerektirmektedir. Bunu kim ister?

Eğer bu ayartıcı düşünceleri çürütemiyorsanız, herhangi bir tekniğin başarılı olma ihtimali sıfırdır. Nihayetinde, tiyatroya gitmek istiyorsanız önce bilet almanız gerekir. Fakat size iyi bir haberim var: Eğer bu düşünceleri altetmeyi öğrenirseniz, neredeyse her teknik ve her program işinize yarayabilir.

# 17 Erteleme karşıtı teknikler

Anksiyete, hayatınızda, erteleme de dahil olmak üzere birçok soruna neden olabilir. Makale yazmak, ders çalışmak ya da belge düzenlemek gibi işlerinizi, onları yapmayı her düşündüğünüzde kendinizi çok kaygılı ve şaşkına dönmüş hissettiğiniz için sonraya bırakabilirsiniz. Kendinize "Şu an uygun bir zaman değil. Kendimi daha hazır hissedinceye kadar bekleyeceğim" dersiniz. Fakat o hazır hissetme hali hiç gelmez ve ne kadar uzun süre ertelerseniz kendinizi o kadar kaygılı ve suçlu hissedersiniz.

Depresyon da ertelemeye neden olabilir. Kendinizi depresif hissettiğiniz zaman hayata dair ilginiz, enerjiniz ya da motivasyonunuz kalmaz. Her şey çok zormuş ve hiçbir şey memnuniyet vermeyecekmiş gibi görünür. Bu yüzden de yalnızca oturursunuz ve hiçbir şey yapmazsınız. Bu durum moralinizin daha da düşmesine ve kendinizi daha depresif hissetmenize neden olur. Bu da daha çok ertelemenize neden olur, böylelikle kendinizi bir kısırdöngünün içine kapılmış halde bulursunuz.

Önceki bölümde, ertelemenin üstesinden gelmeye yardımcı olacak iki teknik gördünüz; Paradoksal Kâr-Zarar Analizi ve Şeytanın Avukatı Tekniği. Bu bölümde, erteleme kısırdöngüsünü kırmanıza ve daha üretken ve yaratıcı olmanıza yardımcı olacak dört teknik daha göreceksiniz:

1- Keyif Tahmini Tekniği
2- Büyük İşler için Küçük Adımlar
3- Erteleme Karşıtı Sayfası
4- Sorun-Çözüm Tekniği

## KEYİF TAHMİNİ TEKNİĞİ

8. bölümde bahsedilen, bir şeyi mükemmel yapamazsa onu yapmış olmanın hiçbir değeri olmadığına inanan kaygılı profesör Nate'i hatırlıyorsunuzdur *(bkz. s. 156)*. Nate, Keyif Tahmini Sayfası'nı kullandığında, hayattaki en büyük ödüllerden bazılarının, kırılmış bir hortumu tamir etmek, ormanda yürüyüşe çıkmak veya oğluyla squash oynamak gibi yalnızca ortalama beceri düzeyinde olduğu işlerden geldiğini keşfettiğine çok şaşırdı. Bunun tersine, mükemmel yaptığı bazı işler stresliydi ve tatmin edici değildi.

317. sayfada Keyif Tahmini Sayfası'nın bir örneğini göreceksiniz. Aktivite sütununda, keyif, öğrenme veya kişisel gelişime katkı sağlama potansiyeli bulunan etkinlikler planlayabilirsiniz. Başkalarıyla sinemaya gitmek ya da bir arkadaşla yürüyüşe çıkmanın yanısıra koşuya çıkmak ya da masayı düzenlemek gibi kendi kendinize yapabileceğiniz bazı etkinliklere de yer verin. Eşlik edenler sütununda, her bir etkinliği kimlerle yapmayı planladığınızı belirtin. Eğer bir şeyi yalnız başınıza yapmayı planlıyorsanız, bu sütuna "kendi kendime" yazın. Böyle yapmak size hiçbir zaman yalnız olmadığınızı, kendinizin size her zaman eşlik ettiğini hatırlatacaktır.

Tahmin Edilen Tatmin sütununda, her bir etkinliğin sizin için ne kadar tatmin edici ve ödüllendirici olduğunu düşündüğünüzü % 0 (hiç değil) ile % 100(tamamen) aralığında bir ölçekle değerlendirin. Bu sütunu, etkinliği gerçekleştirmeden önce doldurduğunuza emin olun. Etkinlikleri tamamladığınızda, her birinin ne kadar tatmin

## KEYİF TAHMİNİ SAYFASI

İnanç: ..........................................................................................................................................

| Etkinlik | Eşlik eden | Tahmin Edilen Tatmin Seviyesi (%0-%100) | Gerçek Tatmin Seviyesi (%0-%100) |
|---|---|---|---|
| Keyif, öğrenme veya kişisel gelişim potansiyeli olan aktivitelerin programını yapın. | Yalnız yaptığınız etkinlikler için "kendim" ifadesini kullanın. | Her etkinlikten **önce** kaydedin. | Her etkinlikten **sonra** kaydedin. |
| | | | |
| | | | |
| | | | |
| | | | |
| | | | |
| | | | |

edici olduğunu Gerçek Tatmin sütununda, aynı ölçeği kullanarak belirtin.

Tabloya baktığınızda, birçok ilginç şey öğrenebilirsiniz. Öncelikle, tahmin ettiğiniz keyif düzeyi ile gerçek tatmin düzeyinizi karşılaştırabilirsiniz. Çoğu kez, birçok etkinliğin tahmin ettiğinizden çok daha ödüllendirici ve tatmin edici olduğunu keşfedeceksiniz. Bu keşfiniz, daha fazlasını yapmak için isteğinizi arttırabilir.

Birçok depresif insan, önceden kendilerine keyif veren şeyleri, kendilerine "Hiç de eğlenceli olmayacak ki. Bundan eğlenmeyeceğimi biliyorum" diyerek bir şeyler yapmaktan kaçınır. Bu yüzden yalnızca otururlar, çok az şeyle meşgul olurlar ve daha da depresif olurlar. Daha sonra, "Aman tanrım, hayat gerçekten hiç memnuniyet verici değil, tıpkı düşündüğüm gibi" diye düşünürler. Fakat bu Falcılığı da içermektedir. Bu bireyler gerçekçi olmayan tahminlerde bulunmaktadırlar ama bunu fark etmezler çünkü işlerin gerçekten düşündükleri gibi olup olmadığını kontrol bile etmezler.

Ayrıca, yalnız gerçekleştirdiğiniz etkinliklerden aldığınız keyif ile başkalarıyla gerçekleştirdiğiniz etkinliklerden aldığınız keyfi karşılaştırabilirsiniz. Birçok insan, en mutlu oldukları bazı zamanların, kendi başlarına bir şeyler yaptıkları zamanlar olduğunu keşfetmiştir. Bu, gerçek mutluluğun yalnızca başka insanlarla olunduğunda geleceği inancının doğru olmayabileceğini gösterebilir.

Raymond adlı bir yazar, ilk romanının taslağını tamamlamakta çok büyük zorluklar yaşıyordu. Saatlerce oturup bilgisayar ekranına bakıyor ve bir cümle bile yazamıyordu. Sorunun bir kısmı, Raymond'ın küçük kardeşinin neredeyse bir gecede film yıldızı olmuş olmasından kaynaklanıyordu. Raymond onunla gurur duyuyor, fakat erkek kardeşininki kadar gösterişli bir iş başarma baskısı da hissediyordu. Ailenin en büyük çocuğu olarak en başarılı olmanın, onun görevi olduğunu hissediyordu.

Ancak erkek kardeşinin başarısı, çıtayı olanaksız derecede yükseltmişti. Raymond ve kardeşi ne zaman birlikte vakit geçirseler, en seçkin restoranlarda yemek yiyorlar ve sürekli paparazziler ile kardeşinin imzasını isteyen büyük bir hayran kitlesi tarafından takip ediliyorlardı. Kardeşi, nerdeyse her haftasonu televizyon programlarında röportaj veriyordu.

Raymond devamlı bir roman yazarı olarak inanılmaz bir başarıya ulaşmanın hayallerini kuruyordu ve kendine "müthiş bir Amerikan romanı" yazana kadar hayatın asla doyurucu ve anlamlı olmayacağını söylüyordu. Olanaksız hedeflerinin yaratıcılığını engellediğinin ve performans kaygısına neden olduğunun farkındaydı, ama yalnızca "güzel insanların" erişebileceği mutluluk ve tatmin seviyesi olduğu fikrini bırakamıyordu. En az kardeşi kadar başarılı olamadığı sürece hiçbir gerçek mutluluğu tadamayacağına inanmıştı.

Raymond'a bu inancını Keyif Tahmini Sayfası'nın en üstüne yazmasını söyledim: "Müthiş bir Amerikan romanı yazana ya da onun kadar muhteşem bir iş başarana kadar hiçbir zaman gerçekten mutlu ve tatmin olmuş olmayacağım." Daha sonra Raymond, sonraki hafta için yapabileceği birkaç etkinlik planladı ve her birinin ne kadar tatmin edici olacağına dair tahmini yazdı.

Listesine koyduğu etkinliklerden biri, altı yaşındaki yeğenini doğumgününde hayvanat bahçesine götürmekti. Raymond onu çok seviyordu, bu yüzden de tatmin seviyesinin % 70 olacağını tahmin etti. Oraya gidince, gayet sıradan bir şey yapmış olmalarına rağmen muhteşem zaman geçirdiler, bu yüzden hayvanat bahçesi gezisinden aldığı keyife % 99 verdi. Bu durum, muhteşem bir iş başarana kadar asla mutlu ve tatmin olmuş olmayacağım şeklindeki inancıyla uyuşmuyordu. Raymond, aslında yapmaktan epey hoşlandığı "sıradan" etkinlikleri dikkate almadığını fark etti. Sonuç olarak, kendini zorlamaktan vazgeçti ve kendini daha iyi hissetmeye başladı. Çelişkili bir biçimde, bu durum yaratıcılığının geri dönmesine neden oldu ve kısa süre içinde romanı üzerinde çılgınca çalışmaya başladı.

Her ne kadar gayet basit olsa da Keyif Tahmini Tekniği'nin arkasında derin bir felsefe bulunmaktadır. Bazen "özel" olmamız gerektiğini düşünürüz ve muhteşem işler başarma ihtiyacına kafayı takarız. Eğer olamazsak, vasat ve tatmin edici olmayan hayatlar yaşayan değersiz, ikinci sınıf insanlar olacağımızdan korkabiliriz. Ya da sevilme ihtiyacı, herkesin takdirini toplama ihtiyacı gibi diğer tür "ihtiyaçlarımıza" odaklanıp kendimize bunlar olmazsa sonsuza dek mutsuz olacağımızı söyleyebiliriz.

En hatırlanmaya değer deneyimlerimiz genelde oldukça sıradandır ve günün her dakikası son derece ödüllendirici olma potansiyeline sahiptir. Keyif Tahmini Tekniği bu fikri duygusal bir gerçekliğe dönüştürmeye yarayan basit bir yoldur.

## Büyük İşler İçin Küçük Adımlar

Yapmanız gereken büyük bir projeniz olduğunda, çok fazla şeyi bir defada yapmaya çalışarak bunalabilirsiniz. Daha sonra da bırakabilir ve işin çok azını yapabilir ya da hiçbir şey yapmayabilirsiniz. Örneğin, dönem ödevi yapmanız gerektiği zaman, kendinize kütüphaneye gidip bir gün içerisinde konuyla ilgili yirmi kitaba göz gezdirmeniz gerektiğini söyleyebilirsiniz. Fakat bu iş o kadar bunaltıcı görünür ki kendinizi ödeviniz üzerinde çalışmak yerine arkadaşlarınızla takılırken bulabilirsiniz.

Bunun yerine karmaşık işleri, her biri birkaç dakikada tamamlanabilecek bir dizi küçük adıma bölebilirsiniz. Daha sonra her şeyi bir anda yapmayı denemek yerine her defasında bir adımı tamamlamaya odaklanabilirsiniz. Örneğin, dönem ödevine şöyle bir yaklaşım sergileyebilirsiniz:

1. adım: Bisikletle kütüphaneye kadar gitmek
2. adım: Bilgisayardan kaynak taraması yapmak
3. adım: Kaynak listesinin çıktısını almak
4. adım: İlk kaynağın yerini bulmak
5. adım: Ona göz atmak
6. adım: Küçük bir kağıda ana fikirlerin bulunduğu küçük bir özet yazmak

Bir kez başladığınızda, sizi daha da motive edecek başarı hissi yaşayabilirsiniz. Ben de kendimi yalnızca bir ya da iki parçayı yapmayı planlarken saatlerce çalışırken bulduğumu fark ettim.

Ertelemekte olduğunuz bir iş hakkında düşündüğünüz zaman, kendinize "Bu işin üstesinden gelecek gibi görünmüyorum" diyebilirsiniz. Bu ifade sizi, yapacağınız işlerden alıkoyan bir güç ya da görünmez bir engel bulunduğu anlamına gelir. Aslında söylemek istediğiniz şudur: "*Yapmak istemiyorum.*" "Yapamıyorum" ile "Yapmak istemiyorum" aynı şey değildir! Büyük İşler için Küçük Adımlar Tekniği bu farkı belirgin duruma getirecektir.

Bir defasında sabahları yataktan kalkmayı erteleyen Perry adlı depresif bir doktoru tedavi etmiştim. Her sabah kalkıp hastanede hasta görmeye gitmiyor, uyuyakalıyordu. Sonra da geç kalkıyor ve öğleden sonra hasta ziyaret ediyordu. Bu oldukça stresliydi çünkü Perry bir günde görmesi gerektiği kadar hasta göremiyordu ve yakalanmak üzereydi.

Perry, birden fazla çalar saat kurmak da dahil olmak üzere her yolu denediğini söyledi. Her bir saati yatağından biraz daha uzağa koyuyordu ve her birini belirli aralıklarda çalacak şekilde ayarlıyordu. Fakat bu işe yaramamıştı çünkü son saati de kapatıncaya kadar her defasında çalan saati kapatıp yatağa tekrar geri dönüyor, sonunda da derin bir uykuya dalıyordu.

Perry yıllardır bu örüntünün içine sıkışıp kalmıştı. Sabahları kalkamadığını ve yardımıma ihtiyacı olduğunu söyledi. Ona yardım etmekten mutlu olacağımı söyledim ama tam olarak nasıl bir yardım beklediğini sordum. Yardımıma ihtiyaç duyduğu problem tam olarak neydi? Bunu açıklamış olduğunu söyledi. Sabahları yataktan kalkmakta yardıma ihtiyaç duyuyordu.

Yataktan kalkmasına yardım etmekten memnun olacağımı söyledim ve yapılması gerekeni küçük adımlara bölmeyi teklif ettim. Böylelikle hangi adımda yardıma ihtiyaç duyduğunu bulabileceğimizi söyledim. İlk olarak ne yapması gerekiyordu? İkinci olarak ne yapmalıydı? Bunlar için altı adım belirledik.

1. Gözlerimi açmak
2. Sağ ayağımı yatağın kenarına götürmek
3. Sol ayağımı yatağın kenarından aşağı sarkıtmak
4. Yatağın kenarına oturmak
5. Yatağın yanında ayağa kalkmak
6. Banyoya doğru yürümek

Daha sonra Perry'e ilk adımda ihtiyacı olup olmadığını sordum. Örneğin, uyandığı zaman göz kapakları ağırlaşmış ya da yapışmış gibi mi hissettiriyordu? Göz kapaklarını zorla açmaya çalışırken onların adeta kilitlenmiş olduğunu mu fark ediyordu?

Perry kafası karışmış göründü ve gözlerini açmakta hiçbir zaman sorun yaşamadığını söyledi. Ben de "Tamam, belki de ikinci ya da üçüncü adımda, sol ayağınızı yatağın kenarına götürmede ya da sol ayağınızı yatağın kenarından aşağı sarkıtmada zorluk yaşıyorsunuzdur. Sabahları, ayaklarınız katılaşmış ve ağır mı hissettiriyor? Belki de bunlardan bir kısmını burada deneyebiliriz. Sol ayağınızı aşağı sarkıtmayı deneyin, böylelikle ben de seyredip ne olduğunu görmüş olurum" dedim.

Perry bu kez sinirlenmiş göründü ve tabii ki ayaklarını yatağın kenarından aşağı sarkıtmada hiçbir zorluk yaşamadığını söyledi. Daha sonra ben, "Perry, sorularım aptalca geliyorsa özür dilerim. Sana gerçekten yardım etmek istiyorum, fakat yardımımı istediğin şeyin ne olduğu benim için hâlâ açık değil. Bunu benim için açığa kavuşturabilir misin?" dedim.

Perry, "Tamam, yardıma ihtiyaç duyduğum şey her sabah çalar saatlerin hepsini kapatmam. Her defasında kalkıp giyinmek yerine yuvarlanıp uykuya devam ediyorum. Bununla ilgili bana yardımcı olabilir misiniz?" dedi. Perry'nin terapisti olduğunuzu varsayın. Her sabah yataktan kalkmasına ve giyinmesine yardım etmek amacıyla Büyük İşler için Küçük Adımlar tekniğini nasıl kullanırsınız? Okumaya devam etmeden önce düşüncelerinizi yazın.

..................................................................................................

..................................................................................................

..................................................................................................

..................................................................................................

..................................................................................................

## Yanıt

Yapılması gerekeni bir kez daha küçük adımlara bölmeliyiz. Çalar saati kapatıp uykuya devam etmek yerine kalkıp giyinmesi için Perry'nin ilk olarak yapması gereken nedir? Sağ ayağını yatağın kenarına götürmek, sonra sol ayağını yatağın kenarından aşağı sarkıtmak ve dahası. Bu liste az önce tamamlamış olduğumuz liste gibi uzayıp gidecek gibi görünüyor!

Perry'nin hayal ettiği, elimde her sabah yataktan kalkmasını istemesini sağlayacak sihirli bir teknik olduğuydu. Böylelikle erteleme sorununun çözümü tıpkı nefes almak gibi kolay ve doğal olacaktı. Fakat bir taşı su üstünde yüzdürmek ya da piyango vuran bileti vermek nasıl yapabileceğim bir şey değilse bu da yapabileceğim bir şey değil. Perry muhtemelen hiçbir zaman kendini yorgun hissettiği sabahlarda yataktan kalkmak istemeyecek. İstediği şey tekrar uykuya dalmak olacak.

Erteleyen birçok insan niçin ertelediğinin analizini yapmak ister. "Niye işleri erteliyorum? Motivasyonum niye böyle düşük? Sabahları niye yataktan kalkamıyorum? Çocukluğumda ne yaşadım da bu kadar tembel oldum? Ebeveynim mi bana çok baskı yaptı?" diye kendilerine sorarlar. Niçin ertelediğinizin yanıtını bulsanız bile, bu içgörü hayatınızı gerçekten değiştirecek mi? Aksine, her defasında yapılması gerekenin küçük bir parçasıyla uğraşırsanız, kendinizi çoğunlukla daha motive hissedeceksiniz ve ne olup da ertelediğinizi umursamamaya başlayacaksınız.

Erteleyenlerin yaptığı en büyük hatalardan biri ilham gelmesini beklemektir. Kendinize "Bunu içimden geldiği zaman yapacağım. Şu an öyle hissetmiyorum" diyebilirsiniz. Fakat hangisi önce gelir? Motivasyon mu eylem mi?

Erteleyen birçok insan önce motivasyonun geldiğini, eylemin onu izlediğini düşünür. Son derece başarılı insanlar tam tersinin gerçek olduğunu bilirler. Eylem önce gelir, motivasyon onu izler. Bu insanlar yapmak "içlerinden gelene kadar" beklemezler. İçlerinden gelse de gelmese de yapmaya devam ederler.

Hoş olmayan bir işi yapmak için "içinizden gelmesini" bekleyecek olursanız, sonsuza kadar beklemeniz gerekecektir. Ertelediğim bir işi yapmaya başlamadan önce kendimi kaygılı hissettiğimi bilirim. İşin içine girene dek genellikle kendimi motive hissetmem. Asıl soru "Yapabilecek miyim?" değil, "Yapmak istiyor muyum? Yapılmasının benim için ne değeri var"dır.

## ERTELEME KARŞITI SAYFASI

Bu teknik Büyük İşler için Küçük Adımlar tekniğine benzemektedir ama bu biraz daha çok yönlüdür. Karmaşık ve bunaltıcı bir işi küçük ve kolay adımlara bölün ve 326. sayfadaki Erteleme Karşıtı Sayfası'nın ilk sütununa yazın. Bir sonraki sütuna, her bir adımın ne kadar zor olacağına dair tahmininizi % 0(hiç zor değil) ile % 100 (bunaltıcı derecede zor) arasında bir puan vererek değerlendirin. Sonra, her bir adımın ne kadar tatmin edici olduğuna dair tahmininizi % 0(hiç tatmin edici değil) ile % 100 (son derece tatmin edici) arasında bir puan vererek değerlendirin. Bir defada bir adımı tamamlayacak şekilde çalışmaya başlayın. Her bir adımı tamamladıktan sonra gerçekte ne kadar zor ve tatmin edici olduğunu, aynı % 0 – % 100 ölçeğini kullanarak değerlendirin.

Çoğu kez yapılması gerekenin tahmin ettiğinizden daha kolay ve daha ödüllendirici olduğunu keşfedeceksiniz. Bu da "Çok zor olacak" ya da " Bunu yapmaya dayanamıyorum" şeklindeki düşüncelerinizin doğru olmadığını göstermeye yardımcı olacaktır. Ruh halinizdeki değişim sizi daha da motive edecektir.

Pennsylvania Üniversitesi öğrencisi Yolanda adlı bir genç bana gelip iki yıldır, tamamlayamadığı felsefe dersinin dönem ödevini bitirmeye çalıştığını söyledi. Bir türlü ödevi bitiremiyordu. Yolanda ödevi vermediği sürece mezun olamayacağını biliyordu, ama ödevi her düşündüğünde kendine, hiçbir yaratıcı düşüncesi olmadığını ve ödev üzerinde çalışmanın çok sinir bozucu olduğunu söylüyordu. Bu yüzden, ödev üzerinde çalışmak yerine, saatlerini internette dolaşmak, bilgisayar oyunu oynamak ve televizyon izlemekle geçiriyordu.

Yolanda'dan başarılı bir terapi seansının sonuçlarını tarif etmesini istedim. Eğer terapi odasından "Aman tanrım, şahane bir terapi seansı geçirdik" diye düşünse ne olurdu?

## Erteleme Karşıtı Sayfası

| **Yapılacak İş**<br>Yapılacak işi birkaç dakikada tamamlanabilecek parçalara bölün. | **Tahmin Edilen Zorluk Düzeyi** (%0-%100) | **Tahmin Edilen Tatmin Düzeyi** (%0-%100) | **Gerçekteki Zorluk Düzeyi** (%0-%100) | **Gerçekteki Tatmin Düzeyi** (%0-%100) |
|---|---|---|---|---|
| 1. | | | | |
| | | | | |
| | | | | |
| | | | | |
| | | | | |
| | | | | |
| | | | | |
| | | | | |

Yolanda "Buradan ödevimi yapma hevesiyle dolu bir şekilde çıkardım" dedi. Yolanda'nın seans için belirlediği amaç hakkında ne düşünüyorsunuz? Makul duruyor mu? Okumaya devam etmeden önce düşüncelerinizi yazın.

..........................................................................................

..........................................................................................

..........................................................................................

..........................................................................................

..........................................................................................

## Yanıt

Benim fikrime göre, Yolanda'nın felsefe ödevini yapma konusunda çalışmaya başlayıp belirli bir yol alana kadar hevesli olması şart değildir. Hatta ödevi bitirmesi, teslim etmesi, mezun olması ve ödevle ilgili hiçbir zaman heyecanlı hissetmemesi de mümkündür.

Erteleyenler çoğunlukla zor veya hoş olmayan işlerden keyif almaları gerektiğini düşünürler. Bu bireylere hayat daima kolay, heyecanlı ve engellenmelerden tamamen uzak olması gerekiyormuş gibi gelir. Hadi ama! İşler öyle yürümüyor ki. Hayatın her zaman ödüllendirici olması gerektiği şeklinde bir kural bulunmuyor. Belgeleri düzenlemek ya da masanızın üzerinde üç yıldır yığın halinde duran kağıtları dosyalamak gibi bazı işler hiçbir zaman keyifli olmayabilir.

Eğer Yolanda ödevini tamamlamak istiyorsa, bu işi en küçük parçalarına bölebilir ve her bir adımın ne kadar zor ve tatmin edici olduğunu % 0 (hiç değil) – % 100 (tamamen öyle) ölçeğinde değerlendirerek tahmin edebilir. Daha sonra, kendisini kaygılı ve sinirli hissetse bile ilk adımları tamamlayabilir. Her bir adımı tamamladıktan sonra, her bir adımın ne kadar zor ve tatmin edici olduğunu not edebilir. Başlangıçta muhtemelen, suçluluk, kaygı ve hüsran yaşayacaktır. Fakat puanlamaları onu şaşırtabilir. Zaman geçtikçe, büyük ihtimalle olumsuz duygular azalacak, tatmin düzeyi yükselecektir.

## Sorun-Çözüm Tekniği

Ertelediğiniz bir işi yapmaya başlamak istediğinizi hayal edin. Bu iş masanızı düzenlemek, garajınızı temizlemek, dosyalarınızı düzenlemek, çimleri biçmek ya da egzersiz yapmak olabilir. Yapılacak işi kısaca tarif edin.

..................................................................................................

Şimdi de nereden başlamak istediğinizi yazın. Günü de belirtin.

..................................................................................................

"Yarın" ya da "önümüzdeki hafta" yazdıysanız korkarım size yardımcı olamam. O işi yalnızca bugün yapmanıza yardımcı olabilirim. Yarına kadar ertelemek zaten sorunun özüdür. Yapılacak iş üzerinde bugün çalışmak ister misiniz? Yanıtınız evet ise, ne zaman başlamak istediğinizi söyleyin. Aşağıdaki boşluğa kesin bir zaman belirtin.

..................................................................................................

Diyelim ki saat 15'te masanızı toplamaya karar verdiniz. Kendinize bu iş üzerinde saat 15'te, beş dakika gibi çok kısa bir zaman çalışmaya istekli olup olmadığınızı sorun. Nasıl hissettiğinizi göstermek için aşağıdaki kutucuklardan birine artı koyun.

| Hayır | Belki | Evet |
|---|---|---|
| | | |

Beş dakikanın, kovanın içindeki bir damla suya denk geldiğini düşünüyorsanız, size en uzun yolculukların bir adımla başladığını söyleyen Çin atasözünü hatırlatmak isterim. Bir defada çok fazla yapmaya çalışırsanız, bunalmış hissedeceksiniz ve muhtemelen işten kaçınacaksınız. Sonra da hiçbir şey yapmamış olacaksınız. Fakat nefret uyandırıcı bir işi beş dakikalığına yapmak idare edilebilir bir şeydir.

| Sorunlar | Çözümler |
|---|---|
| 1. | 1. |
| 2. | 2. |
| 3. | 3. |
| 4. | 4. |
| 5. | 5. |
| 6. | 6. |
| 7. | 7. |
| 8. | 8. |

Ve bir defa başlayınca, daha fazlasını yapma hevesinizin gelmesi ve kendinizi daha fazlasını yapmış bulmanız muhtemeldir. Beş dakikayı tamamladığınızda, görevin % 100'ünü tamamladınız demektir ve hiçbir suçluluk hissetmeden bırakabilirsiniz. Daha fazlasını yapmaya karar vermeniz ise beklenmedik bir şans olacaktır.

15'te beş dakikalığına çalışmaya karar verdiyseniz, başlamanıza engel olan bütün makul sorunları Sorun-Çözüm Listesinde solda bulunan sütuna yazın. Örneğin, kendinize sizi arayan bir arkadaşınızla telefonda konuşmanız gerektiğini ya da o an içinizden gelmediğini ve yarının bu iş için daha uygun bir gün olduğunu söyleyebilirsiniz. Başlamanızın önündeki bütün engelleri yazdıktan sonra, listede sağda bulunan sütuna her sorun için bir çözüm belirleyin. Bu adımda benim yardımıma ihtiyacınız olmayacak çünkü çözümler gayet açık olacak. Şimdi deneyin. 331. sayfada tamamlanmış bir Sorun-Çözüm Listesi bulunmaktadır.

Danışanlarım yazdıkları bütün sorunları birer çözüm bulduklarında onlara son bir görev veririm. Ertelediği bir işi 15'te tamamlamaya karar verirlerse, telefonuma 15.05'te iki mesajdan birini yollamalarını isterim: "Görev tamamlandı." Veya "İnatla reddettim."

Çalıştığım insanların birçoğu mesaj yollamayı kabul ederken pek azı bunu reddetti. Reddedenler mesaj yollamanın aptalca veya gereksiz olduğunu söylediler. Yıllar boyu, mesaj yollamayı kabul eden bütün danışanlarım, görevlerini tamamlayıp "Görev tamamlandı" mesajını yolladılar. Bunun yanısıra, mesaj yollamayı kabul etmeyen bütün danışanlarım da görevi tamamlayamadılar. Mesaj yollamayı, motivasyon düzeyinin son testi olarak görürüm. Mesaj yollamaya karar veren danışanlarım bana gerçekten de hazır, istekli ve görevi tamamlamaya yeterli olduğunu söylerler.

Bu tekniğin arkasındaki felsefe gayet basittir. Sizi engelleyen görünmez bariyerler bulunmamaktadır ve sorunu çözmek için havalı hareketlere ihtiyacınız olmayacaktır. Bu yüzden asıl soru şudur: Mesaj yollamaya istekli misiniz?

| Sorunlar | Çözümler |
|---|---|
| 1. Biri arayabilir ve onunla konuşmam gerektiğini düşünebilirim. | 1. Arayan kişiye o an için meşgul olduğumu, fakat onu daha sonra aramaktan mutlu olacağımı söyleyebilirim. |
| 2. Kendime önemli bir şey olmadığını görmek için haberleri izlemem gerektiğini söyleyebilirim. | 2. Kendime BBC'nin günde 24 saat yayın yaptığını hatırlatabilirim. İşim bittikten sonra haberleri izleyebilirim. |
| 3. Çocuklardan birinin yardımıma ihtiyacı olabilir. | 3. Çocuklar beş dakika bekleyebilir. Ben onların kölesi değilim! |
| 4. İçimden gelmediğine ve yarının daha uygun bir gün olduğuna karar verebilirim. | 4. Yarın daha iyi bir gün olmayacak ve başlayıncaya kadar içimden gelmeyecek. |
| 5. Acıkabilirim ve yeterince enerjimin olması için atıştırmaya ihtiyacım olduğuna karar verebilirim. | 5. Masamı düzeltmek için beş dakika çalışmadan önce yemek yememe gerek yok. Bu Avrasya Maratonu değil ve açlıktan bayılmayacağım. |
| 6. Çalışırken yorulmamam için uzanıp dinlenmem gerektiğine karar verebilirim. | 6. Ertelemeye devam edersem yorgun hissedeceğim ve moralim bozulacak. Başlayınca muhtemelen enerjik hissedeceğim. |
| 7. Kendime öncelikle dışarı çıkıp egzersiz yapmamın daha iyi olacağını söyleyebilirim. | 7. Egzersiz güzeldir ve masamı düzenlemekle beş dakika harcadıktan sonra egzersiz yapabilirim. |
| 8. Düşündüğüm kadar önemli olmadığına karar verebilirim. | 8. Masamı toparlamak dünyadaki en önemli iş değil ama başlamak çok güzel olabilir. |

III

# Maruz Bırakma Modeli

# 18 Klasik Maruz Bırakma

*'Tibet Ölüler Kitabı'ndan bir sayfa alarak*

1950'lerde, Davranış Terapisi adı altında yeni bir terapi yöntemi, psikanalizle rekabet etmeye başladı. Davranış Terapisi insanların, psikanalistin koltuğunda uzanıp serbest çağrışım yapmaktansa ya da geçmişi incelemektense sorunlu duygu ve davranışları değiştirmeyi çabuk ve doğrudan öğrenebileceği fikrine dayanır. Davranış terapistleri, sorunların kökeni hakkında içgörü edinmenin genellikle pek de yardımcı olmadığının farkındaydılar. Onlar, anksiyeteli insanların sahip oldukları korkularını, korktukları şeylere basit maruz bırakmalar yoluyla genellikle altedebildiklerini fark ettiler. Örneğin, yılan korkunuz varsa, terapistiniz zararsız bir bahçe yılanını tutmanız konusunda sizi teşvik edebilir. Başlangıçta yoğun bir anksiyete yaşayabilirsiniz, ama yılanı yeterince uzun süre tutarsanız, korkunuz eninde sonunda azalıp kaybolacaktır.

Danışanı korktuğu şeye maruz bırakmak genellikle iyileştiriciydi. Davranış terapistleri, bugün bütün anksiyete bozukluklarında kullanılan tedavilerde yaşamsal öneme sahip olan çeşitli Maruz Bırakma Teknikleri geliştirdiler. Fakat ben "Davranış Terapisi" ifadesini fazla beğenmiyorum çünkü bu ifade çok belirsiz duruyor. Neredeyse her şey, davranış olarak kabul edilebilir. Ben daha açıklayıcı bir terim olan "Maruz Bırakma Terapisi"ni kullanmayı tercih ediyorum.

Maruz Bırakma Terapisi, '*Tibet Ölüler Kitabı*'ndaki* bir efsaneye dayanmaktadır. Bu efsaneye göre, öldükten sonra, karanlık bir yerde uyanacaksınız. Karanlığın içinden korkunç bir canavar birdenbire ortaya çıkacak. Canavar, sahip olduğunuz bütün korkuları temsil edecek. Her birimizin farklı korkuları ve hassasiyetleri olmasından ötürü her bireyin canavarı da farklı olacak.

Canavar ortaya çıktığında iki seçeneğiniz olacak: Kaçmayı deneyebilirsiniz ya da kendinizi bırakabilirsiniz. Kaçmayı denerseniz zor da olsa kurtulacaksınız ve kısa bir süre sonra kendinizi yeniden karanlığın ortasında bulacaksınız. Her kaçtığınızda bir başka korkunç canavar ortaya çıkacak. Her bir canavar, bir öncekine göre bir parça daha az korkutucu olacak ve koşarsanız her defasında zar zor kaçmayı başarabileceksiniz.

Efsaneye göre, karşılaşmak zorunda kalacağınız canavarların sayısı, öldüğünüz ayda bulunan günlerin sayısına bağlı olacak. Ocak ayında ölürseniz, Ocak ayında otuz bir gün olduğu için toplamda otuz bir canavar olacak. Bütün canavarlardan kaçabilirseniz, daha düşük bir yaşam formunun bedeninde hayata döneceksiniz. Bu canavarlardan birine kendinizi bırakırsanız, daha yüksek bir yaşam formunun bedeninde hayata döneceksiniz. Kendinizi bıraktığınız canavar ne kadar korkunçsa, yeni hayatınızın statüsü de daha yüksek olacak.

İlk ve en korkunç canavara kendinizi bırakmanız halinde, iki şey gerçekleşebilir: Birincisi, canavarın gerçek olmadığını fark edebilirsiniz. Onun yalnızca bir kuruntu olduğunu ve başından beri korkulacak hiçbir şey olmadığını fark edebilirsiniz. Canavarın dişlerinin ol-

* **Ed. notu: Tibet Ölüler Kitabı** – Tibet inancına göre, insanın ölüm olayından yeniden doğmasına dek içinde bulunacağı koşulları ve bilinç hallerini ayrıntılı olarak açıklayan bir Tibet kitabına Batı'da verilen ad. Tibetçe adı **'Bardo Thödol'**dur. Tibet Ölüler Kitabı'nın, insanın niyet, duygu ve düşüncelerini daha dünyadayken denetlemesini öğrettiğine ve kendisine ölümden sonraki yaşamında son derece yardımcı olduğuna inanılır.

madığını görebilirsiniz. Bu, inanılmaz bir zafer olabilir. Keşfiniz inanılmaz derecede eğlenceli olabilir ve korkunuzun daha önceki bütün hayatlarınız boyunca süregelmiş koskocaman kozmik bir şakanın sonucu olduğunu fark ettiğiniz için gülmeye başlayabilirsiniz.

İkincisi, yaşam-ölüm döngüsünü tekrar tekrar yaşamak zorunda kalmayabilirsiniz. Tekrar hayata dönmek yerine, Nirvana gibi daha yüksek bir varoluş düzeyine ulaştırılabilirsiniz. Her ne kadar bu bir efsane olsa da içinde büyük gerçekler barındırmaktadır. Korkularınızdan tamamen kurtulmak istiyorsanız, en çok korktuğunuz canavarla yüzleşmek zorunda kalacaksınız. Bu da Maruz Bırakma Terapisi'nin özüdür. Kaçınma, anksiyetenizi canlı tutacaktır ve maruz bırakma iyileşmeyi sağlayacaktır.

Fakat anksiyeteli insanların çoğu korktukları şeylerden kaçarlar, bu yüzden de aydınlanma ya da rahatlamayı hiçbir zaman yaşayamazlar. Eğer yükseklik korkunuz varsa, yüksek yerlerden kaçınırsınız çünkü böyle yerler baş dönmesi ve anksiyete hissetmenize neden olur. Utangaçsanız insanlardan uzak durursunuz çünkü kendinizi güvensiz ve yetersiz hissedersiniz. Kaçınma, korkularınızı ve anksiyete mantarlarınızı daha da körükler. İyileşmek istiyorsanız, en çok korktuğunuz şeyle yüzleşmeniz gerekecek. Bu kuralın istisnası yoktur.

Üç temel maruz bırakma türü bulunmaktadır: Klasik Maruz Bırakma, Bilişsel Maruz Bırakma ve Kişilerarası Maruz Bırakma. Kullanacağınız teknik, 338. sayfadaki tabloda gördüğünüz gibi korkularınızın doğasına bağlıdır. Klasik Maruz Bırakma, korkularınızla gerçekte yüzleşmeyi içerir. Bu teknikle özellikle yükseklik, kan, asansör, hayvan ya da kapalı alan gibi fobilerde etkilidir. Bunun dışında Klasik Maruz Bırakma Teknikleri, obsesif-kompülsif bozukluk ve diğer birçok anksiyetenin tedavisinde hayati rol oynamaktadır.

### Maruz Bırakma Tekniklerini Seçme

| | Klasik Maruz Bırakma | Bilişsel Maruz Bırakma | Kişilerarası Maruz Bırakma |
|---|---|---|---|
| Kronik Endişelenme | | ✓ | |
| Panik Ataklar | | ✓ | |
| Agorafobi | ✓ | ✓ | |
| Korku ve Fobiler | ✓ | ✓ | |
| Utangaçlık | ✓ | ✓ | ✓ |
| Utangaç Mesane Sendromu | ✓ | ✓ | |
| Sınav Anksiyetesi | ✓ | ✓ | |
| Kalabalık Önünde Konuşma Anksiyetesi | ✓ | ✓ | ✓ |
| Performans Anksiyetesi | ✓ | ✓ | |
| Obsesyonlar ve Kompülsiyonlar | ✓ | ✓ | |
| Travma Sonrası Stres Bozukluğu | | ✓ | |
| Sağlık Kaygıları (Hipokondriya) | ✓ | ✓ | |
| Görünüş Üzerine Kaygılar (Beden Dismorfik Bozukluğu) | ✓ | ✓ | ✓ |

Bilişsel Maruz Bırakma en büyük korkunuzla zihninizde yüzleşmeyi içerir. Bilişsel Maruz Bırakma Tekniği kronik kaygılanma, panik ataklar, travma sonrası stres bozukluğu, obsesif-kompülsif bozukluk, fobiler, agorafobi, utangaçlık, kalabalık önünde konuşma anksiyetesi ve beden dismorfik bozukluğu gibi her tür anksiyetenin tedavisinde hayati rol oynayabilir.

Kişilerarası Maruz Bırakma, utangaçlık, kalabalık önünde konuşma anksiyetesi hatta iş görüşmesine gitme gibi sosyal anksiyetelerin üstesinden gelebilmeniz adına diğer insanlarla ilgili korkularınızla yüzleşmeyi içerir. 23. Bölüm'de, Kişilerarası Maruz Bırakma Tekniklerinin beden dismorfik bozukluğunun tedavisinde de yararlı olduğunu görebilirsiniz.

Maruz bırakmanın bütün türleri son derece büyük cesaret gerektirmektedir ama sonuçlar, dayanmak zorunda kaldığınız rahatsızlığa değecektir. Bu bölümde, dört Klasik Maruz Bırakma Tekniği'ne odaklanacağız: Aşamalı Maruz Bırakma, Taşırma, Tepki Önleme ve Dikkat Dağıtma.

## Aşamalı Maruz Bırakma

Psikiyatri öğrencilerimden olan Dr. Anthony Mascola yakın bir zamana kadar Magdalena adlı, kan ve iğne fobisi olan otuz bir yaşında bir kadını tedavi ediyordu. Magdalena'nın sorunu, eşine karaciğer nakli yapılması gerektiğinde doruk noktasına ulaşmıştı. Hastanede, hemşireler eşinin elbiselerini değiştirip, kan örnekleri alırken ve damardan birtakım sıvılar enjekte ederken Magdalena'nın onun başucunda saatler geçirmesi gerekmişti. Magdalena süregelen panik duygularıyla boğuşmuş ve birkaç defa bayılmıştı.

Kan fobisi olan insanlar, iğne ya da kana maruz kaldığı zaman sıklıkla bayılırlar. Bu sorunu önlemenin basit bir yolu vardır. Bayılmak üzere olduğunuzu fark ettiğiniz zaman kollarınızı, ayaklarınızı ve yüzünüzdeki kasları, spor salonunda ağır yükleri kaldırırken olduğu gibi sıkabilirsiniz. Daha sonra kaslarınızı rahat bırakır ve onları tekrar sıkarsınız. Bunu birçok kez yapmak, beyninize giden kan miktarını arttırır ve bayılmanızı engeller. Bazı araştırmacılar Valsalva manevrasının da işe yaradığını söylemişlerdir. Valsalva manevrası, ağız ve burnunuzu tıkayıp kendinizi, nefes vermeye zorlamaktır. Bunu yapmak kan basıncınızın kısa süreliğine artmasına neden olur ve kalbiniz daha fazla kan pompalar.

Magdalena kan ve iğne fobisinin üstesinden gelmekte çok kararlıydı çünkü eşini hastanede ziyaret ettiği her defasında paniklemek ve bayılmak istemiyordu. O ve Dr. Mascola, Aşamalı Maruz Bırakma'yı denemeye karar verdiler. Birlikte, aşağıdaki gibi bir Korku Hiyerarşisi geliştirdiler.

### Magdalena'nın Korku Hiyerarşisi

**Korkunuzu tanımlayın:** Kan ve iğne fobisi
En az korkutucu olan maddeyi 1. seviyeye, en korkutucu olan maddeyi de 10. düzeye yazacak şekilde listeyi doldurun.

| Düzey | Korktuklarım |
|---|---|
| 1 | Kan alma işlemi için bekliyor olduğumu hayal etmek. Odayı ve hemşireyi gözünde canlandır. Koluna sürülen alkolün kokusunu hayal et. Hemşirenin turnikeyi bağladığını ve şırıngayı batırdığını gözünün önüne getir. Şırıngaya bağlı olan tüpün kanla dolmasını seyret. Of! |
| 2 | Kanının alındığı ve bayıldığın tam o an'ı tarif et. |
| 3 | Terapi seansında kan alma işlemi için kullanılan plastik turnike, tüp, alkollü bez ve şırınga gibi araç-gereçlere bak. |
| 4 | Araç-gereçlere, şırınga de dâhil olmak üzere, ellerinle dokun. |
| 5 | Şırıngayı, üzerindeki plastik kabı çıkarmadan koluna değdir. |
| 6 | Plastik kabı çıkarıp iğneyi koluna dokundur. |
| 7 | Kan alma işleminin yapıldığı laboratuvara gidip başka birinin kanı alınırken seyret. |
| 8 | Koluna bakmadan kan aldırma işlemi yaptır. |
| 9 | Kanın alınırken izle. |
| 10 | Kan bankasına bir ünite kan bağışla. |

Gördüğünüz gibi, Magdalena ve Dr. Mascola, kan ve iğne içeren birçok durum belirleyip listeye koydular ve her birini 1'den (en alt seviyede korkutucu) 10'a (en üst seviyede korkutucu) kadar puanladılar. Magdalena'nın Korku Hiyerarşisi'ndeki ilk madde, kendisine uygulanacak kan alma işlemini bekliyor olduğunu hayal etmekti. Buna "Bilişsel Taşırma" adı verilmektedir. Bilişsel Taşırma, korktuğunuz şeyi olabildiğince canlı olarak hayal etmeyi ve kendinizi anksiyeteyle, onunla savaşmaya ya da onu kontrol etmeye çalışmadan, taşırmayı içerir. Bilişsel Taşırma aslında bir Bilişsel Maruz Bırakma Tekniği'dir ve bir sonraki bölümde bununla ilgili daha geniş bilgi sahibi olacaksınız.

Dr. Mascola Magdalena'ya, gözlerini kapatmasını, rahatlamasını ve şu sahneyi gözünün önüne getirmesini söyledi:

Klinik laboratuvarda olduğunu ve kan alma işlemini beklediğini hayal et. Odayı görebiliyor musun? Kan alma uzmanı, elinde araç-gereçlerle birlikte odaya girdi. Turnikeyi, kullanılacak alkolü, tüpleri ve şırıngayı görebiliyorsun. Kan alma uzmanı tedirgin görünüyor ve sana asistan doktor olduğunu söylüyor.

Şimdi plastik turnikeyi koluna bağlıyor ve atardamarlarının belli olması için yumruğunu sıkmanı istiyor. Kolunu alkollü bir bezle temizliyor. Alkolün kokusunu alabiliyor musun? Şimdi atardamar arıyor. Şırıngayı paketinden çıkarıyor. İğnenin ucunu görebiliyorsun. Onu koluna doğru yaklaştırıyor. Koluna batırmak üzere.

Şimdi kolunu tutuyor ama atardamar bulamıyor. Özür dileyip bu işi daha önce yalnızca bir ya da iki kez yapmış olduğunu ekliyor ve tekrar denemek zorunda olduğunu söylüyor.

Magdalena'nın anksiyetesi % 100'e fırladı. Dr. Mascola seans boyunca bu tekniğe devam etti. Seansın sonuna geldiklerinde Magdalena, bu kurguyu hâlâ son derece korku uyandırıcı bulduğunu söylüyordu.

Dr. Mascola Magdalena'ya, bu sahneyi evde on beş dakikalığına gözünde canlandırmasını söyledi. Kendi kendine birkaç kez denedikten sonra Magdalena, anksiyetesinin daha az şiddetli olduğunu fark etti. Uzun bir süre geçmeden, bu sahneyi canlandırdığında anksiyetesi yükselmemeye başladı.

Bir sonraki adımda Magdalena, Korku Hiyerarşisinde 2. düzeyde bulunan maddeye geçti. Kanının alındığı ve bayıldığı bir anın ayrıntılı bir tarifini yazdı. Bunu daha önce düşünme iznini kendine vermemişti çünkü bu son derece korku uyandırıcıydı. Yazmaya başladıkça anksiyetesi yükseldi ama yazmayı bitirdikten yirmi dakika sonra anksiyetesi tamamen kayboldu.

Magdalena Korku Hiyerarşisi'ndeki 3. düzeye geçti. Dr. Mascola terapi seansına birtakım kan alma araç-gereçleri getirmişti ve Magdalena bu araç-gereçlere, dokunmadan, sadece baktı. Anksiyetesi % 100'e tırmandı ama birkaç dakika içinde araç-gereçlere anksiyetesi azalmış bir vaziyette bakabiliyordu.

Daha sonra Magdalena, birkaç dakikalığına araç-gereçleri eline aldı (4. düzey) ve Dr. Mascola'nın, üzerinde plastik kap bulunan iğneyi koluna dokundurmasına izin verdi (5. düzey). Anksiyetesi bir kez daha % 100'e tırmandı ama beş dakika içinde tekrar neredeyse % 0'lık düzeye indi. Sonra, şırınganın kabını çıkardı ve Dr. Mascola'nın, iğneyi kolunun iç tarafına dokundurmasına izin verdi (6. düzey). Anksiyetesi % 100'e fırladı ama çabucak tekrar % 0'a döndü.

Magdalena hiyerarşisindeki 7. düzeyi kendi kendine tamamladı. Yakında bulunan bir hastanenin klinik laboratuvarına gidip kanı alınan insanları seyretti. Laboratuvara girerken hissettiği şiddetli anksiyete yirmi dakika içinde kayboldu ve artık kan alma işlemlerini hiçbir anksiyete duymadan izleyebiliyordu.

Bir sonraki seansta, Dr. Mascola ve Magdalena klinik laboratuvarına birlikte gittiler ve Magdalena'ya kan alma işlemi uygulandı

(8. düzey). Hayatında ilk defa bayılmamıştı. Hatta kan alma işlemini seyretmeye karar verdi (9. düzey) ve bu süre boyunca kendini gayet rahat hissetti. Dr. Mascola öyle heyecanlıydı ki, beni arayıp iyi haberi verdi. Çok mutluydu. Ruh sağlığı uzmanı olarak çalışmanın gerçek mutluluklarından biri de insanların, kendilerini yıllardır tutsak eden sorunlarının üstesinden gelmelerine tanık olmaktır. Bunun depresyon veya anksiyeteden muzdarip olan bütün kişiler için mümkün olduğuna inanıyorum.

Magdalena, Korku Hiyerarşisi'ndeki 10. düzeye geçmeye hazır olduğunu söyledi: Sacramento'da evine yakın bir kliniğe kan bağışında bulunmak. Bu işlem, bir yatak üzerinde atardamarınızda iğne bulunurken yarım saat beklemeyi içeriyor. Magdalena kendini, iğneye bakmaya ve bütün süre boyunca kanının damarlarından akmasını seyretmeye zorladı. Başı hiç dönmedi ve hiç anksiyete hissetmedi.

Magdalena son derece mutluydu. Kan bankasından ayrılırken, başka bir kan bankasının gönüllüler arandığını bildiren bir tabela dikkatini çekti. "Niye olmasın?" diye düşündü ve adını sıraya yazdırdı. Şiddetli kan ve iğne fobisini düşününce bu kulağa şaşırtıcı gelebilir ama bir korkunuzu yendiğiniz zaman, önceden size korku veren şeyin artık bir keyif kaynağı haline geldiğini görmek büyük bir mutluluk kaynağıdır.

344. sayfadaki tabloyu kullanarak kendi Korku Hiyerarşinizi oluşturabilirsiniz. Sizi en az korkutan etkinliği 1. düzeye, en çok korkutan etkinliği de 10. düzeye koyun. Kendini bırakma ve kabullenmenin genellikle başarının anahtarı olduğunu hatırlayın. Korku Hiyerarşinizdeki her adımda anksiyetenizi olabildiğince uzun süre, olabildiğince yüksek düzeye çekmeye çalışın. Çoğu kez, anksiyete azalıp kaybolacaktır. Bu noktada birdenbire, canavarı mağlup ettiğinizi fark edeceksiniz.

## Korku Hiyerarşim

**Korkunuzu tanımlayın:** ..........................................................................

En az korkutucu olan maddeyi 1. düzeye, en korkutucu olan maddeyi de 10. düzeye yazacak şekilde listeyi doldurun.

| Düzey | Korktuklarım |
|---|---|
| 1 | |
| 2 | |
| 3 | |
| 4 | |
| 5 | |
| 6 | |
| 7 | |
| 8 | |
| 9 | |
| 10 | |

## Taşırma

Aşamalı Maruz Bırakma'yı kullanırken, kendinizi korktuğunuz şeylere küçük adımlarla maruz bırakırsınız, böylelikle maruz bırakma işlemi çok korkutucu olmamış olur. Öte yandan, Taşırmayı kullanırken, kendinizi korktuğunuz şeye birden maruz bırakır ve anksiyeteye kaybolana kadar kendinizi bırakırsınız.

Lise ikinci sınıftayken, *'Brigadoon'* adlı oyunun sahne ekibinde yer almak istiyordum. Drama öğretmeni Bay Craston bana, sahne ekibindeki insanların merdivenlerle tavan arasına çıkıp orada ışıkları ayarlamak için emeklediklerini söyledi. Ona bunun benim için sorun olabileceğini çünkü yükseklikten korktuğumu söyledim.

O da bana korkumun üstesinden gelmeye istekli değilsem sahne ekibinin bir üyesi olamayacağımı söyledi. Ona bunu nasıl yapabileceğimi sordum.

Bunun gayet kolay olduğunu söyledi. Yaklaşık 5,5 metrelik bir merdiveni sahnenin ortasına koydu ve merdivene çıkıp en üstünde durmamı söyledi. Ona güveniyordum, bu yüzden merdivene en üste varıncaya kadar adım adım çıktım. En yukarıda tutunacak hiçbir şey olmadığını fark ettim ve çok korktum! Sırada yapmam gereken ne olduğunu sordum. Bay Cranston da bana orada durup iyileşinceye kadar başka bir şey yapmama gerek olmadığını söyledi. Merdivenin altında bekledi ve beni dayanmaya teşvik etti.

Yaklaşık 15 dakika boyunca kaskatı kesilmiştim. Daha sonra korkum ansızın azalmaya başladı. Bir iki dakika sonra da tamamen kayboldu. Gururla "Bay Cranston, sanırım iyileştim. Artık yükseklikten korkmuyorum" dedim.

O da "Bu harika, David! Artık aşağı inebilirsin. Seni, '*Brigadoon*'un sahne ekibinde görmek çok güzel olacak" dedi.

Sahne ekibinde olmaktan gururluydum ve tavanda emekleyerek ışığı ve perdeyi ayarlamayı sevmiştim. O kadar korktuğum bir şeyin birdenbire heyecan verici olmasına çok şaşırmıştım.

Merdivenin en üstündeyken anksiyetem niye ansızın kaybolmuştu? Uzmanlar Maruz Bırakma'nın niçin ve nasıl etki ettiğini anlayabilmiş değiller, fakat şunu biliyoruz ki kendinizi, korktuğunuz şeye yeterince uzun süre maruz bırakırsanız, anksiyeteniz kendi kendini söndürecektir. Basitçe, anksiyeteniz sonsuza dek süremez. Bir süre sonra, baş dönmesi ve karnınızda uçuşan kelebekler gibi fiziksel semptomlar azalacaktır.

Tehlike algısı bütün anksiyetelerin kilit noktasıdır. Merdivenin üzerinde bir süre durduktan sonra, düşmeyeceğimi ve tehlikede olmadığımı sezdim. O anda, anksiyetem birdenbire kayboldu ve bu deneyim keyifli ve heyecan verici bir durum aldı. Maruz bırakma her zaman, nasıl düşündüğünüzü değiştirerek işe yarar.

Eğer Taşırma size çok korkunç geliyorsa, Aşamalı Maruz Bırakma müthiş bir alternatiftir. Örneğin, yükseklik korkunuz varsa, merdivenin bir iki basamağına çıkıp, aşağı inmeden önce birkaç dakika bekleyebilirsiniz. Rahat hissetmeye başlayınca, birkaç basamak daha çıkıp anksiyeteniz azalıncaya kadar bekleyebilirsiniz. Her denemenizde, biraz daha yükseğe çıkabilirsiniz. Sonunda çok korkmadan en yukarı çıkabileceksiniz. Bu yaklaşım, ilk denemenizde en tepeye çıkmaya kıyasla daha az sarsıcı olabilir.

Taşırma ve Aşamalı Maruz Bırakma üzerine yapılmış ve her ikisinin de etkili olduğunu gösteren çok sayıda araştırma bulunmaktadır. Aşamalı Maruz Bırakma, Taşırma'ya göre daha uzun sürer ama daha az korkutucudur. Ben Taşırmayı tercih ediyorum çünkü sorunu hemen çözebiliyorsunuz.

Anksiyeteli birçok insan Aşamalı Maruz Bırakma veya Taşırmaya başlangıçta direnç göstermektedirler. Bu bireyler, korktukları şeye tekrar tekrar maruz kalmış olmaktan ötürü travmaya uğradıklarını ve hâlâ her zamanki gibi kaygılı hissettiklerini belirtmektedirler. Fakat, korkulan şeye kazara maruz kalmak ile isteyerek maruz kalmak arasında küçük bir fark bulunmaktadır. Maruz Bırakma Tekniklerini kullanırken, kendinizi korktuğunuz şeye isteyerek maruz bırakırsınız ve anksiyeteniz ne kadar yükselirse yükselsin sürdürmeye devam edersiniz. Anksiyeteden kaçmak ya da onu kontrol etmek yerine, kendinizi ona bırakırsınız. Onu olabildiğince uzun süre olabildiğince dayanılmaz duruma getirmeye çalışırsınız.

Bu, çoğu anksiyeteli bireyin yaptığının tam tersidir. Korktukları şeyle kazara yüzleştiklerinde, olabildiğince hızlı kaçarlar. Birçok terapist de aynı tuzağa düşmektedir. Anksiyeteli insanlara nasıl rahatlayacaklarını ve anksiyeteyi nasıl kontrol edeceklerini öğretirler. Bu gibi stratejiler, anksiyetenin tehlikeli ve kontrol edilmesi gereken bir şey olduğu düşüncesinin güçlenmesine neden olur. Anksiyeteye kendinizi bırakmak genellikle daha etkili bir yoldur. Bu, kabadayılık eden birine "Elinden gelenin en iyisini yap. Artık senden kaçmıyorum" demeye benzer.

Cassandra adında bir kadın, eşiyle birlikte '*İyi Hissetmek*' adlı kitabımı okuduktan sonra Philadelphia'daki kliniğime geldi. Cassandra, üniversitedeyken katıldığı birçok güzellik yarışmasında ödül kazanmış son derece güzel bir kadındı. Ayrıca sohbeti eğlenceli ve çekici bir insandı. Eşi Texas Rangers beyzbol kulübünde profesyonel sporcuydu ve profesyonel spor hayatını noktaladıktan sonra bir sigorta şirketinde müdür yardımcısı olarak çalışmaya başlamıştı. Cassandra'nın her şeyi var gibi görünüyordu ama yıllardır anksiyete ve depresyondan çekiyordu ve şiddetli bir asansör fobisi vardı. Bu onun için bir sorundu çünkü eşinin ofisi bir gökdelenin en üst katında bulunuyordu. Cassandra onu bir kez ziyaret etmişti, altmış kat merdiven çıkarak!

O zaman, kliniğimizde yoğun bir terapi programımız vardı. Bütün ülkeden insanlar birkaç haftalığına gelip, grup halinde çalışan bir grup terapistin günlük seanslarına katılıyorlardı. Çoğu zaman insanlara, uzun zamandır var olan sorunlarının bu yoğun yaklaşımı kullanarak üstesinden gelmelerine yardımcı oluyorduk.

Cassandra, asansör fobisi için yıllarca psikanalize gitmişti. Psikanalisti fobinin, geçmişte saklı bir şeyden ötürü tetiklendiğini ve çocukluğunu inceleyecekleri yoğun ve uzun süreli bir çalışma yapmaları gerektiğini açıklamıştı. Fakat on beş yıl boyunca koltukta uzanarak geçmişini incelemesine rağmen, tıpkı psikanalize ilk başladığı günkü gibi asansörlerden hâlâ çok korkuyordu. Ayrıca bütün ilaç çeşitlerini denemişti fakat bunlar da ona yararlı olmamıştı.

İlk ziyaretinde, Cassandra endişeliydi ve onunki gibi derin ve şiddetli bir sorunun çözümü için bir umut olup olmadığını sordu. Ona, iyileşme şansının son derece ümit verici olduğunu, fakat bu etkili tedavinin her anksiyete bozukluğu için büyük cesaret gerektirdiğini açıkladım. Ona iyileşmesinin ne tür bir önem taşıdığını sordum. Cassandra, korkularının üstesinden gelmek adına hiçbir şey yapamadığını; gerektiği süre boyunca Philadelphia'da kalmaya hazır olduğunu söyledi. Ne kadar uzun süreceğini sordu. Aylar mı alacaktı? Yıllar mı?

Ona herkesin farklı olduğunu, ama asansör fobisinin üstesinden gelmenin yaklaşık yirmi dakika aldığını söyledim. En hafif deyimiyle, şaşırmış göründü ve tedavinin nasıl işe yaradığını sordu. Aslında bunun oldukça basit olduğunu söyledim. Tüm yapması gereken asansöre binip iyileşinceye kadar orada kalmasıydı. Koridorun sonunda bir asansör olduğunu söyledim ve isterse oraya gidip denemesini belirttim. Onu ofisimde beklemekten mutlu olacağımı çünkü halletmem gereken birtakım işlerim olduğunu söyledim.

Cassandra üzülmüş göründü ve ta Teksas'tan buraya kadar geldiğini ve tedavi için epey para ödediğini söyleyerek buna karşı çıktı. Ben burada oturup işlerimle uğraşırken gidip de kendi kendini tedavi edemeyeceğini söyledi. Asansöre benim de onunla binmem gerektiğini, böylelikle korkmayacağını söyledi.

Böylesinin bütün amacı mahvedeceğini söyledim çünkü korkmuyor olsaydı tedavi de işe yaramayacaktı. O da "En azından asansörün dışında durup beni beklemeniz gerekir" dedi.

"Tamam, anlaştık" dedim.

Koridorun sonuna doğru yürürken Cassandra, asansöre binmekten çok korktuğunu söyledi. Ona korktuğu şeyin ne olduğunu sordum. Ne tür düşünceler aklına geliyordu? Duvarların kapanıp onu ezebileceğini ya da asansördeki bütün oksijeni tüketip boğulabileceğini söyledi. Ona, asansöre bindiği takdirde deneyip görmek adına bazı deneyler yapma fırsatı olabileceğini söyledim. Kapanıp kapanmadığını görmek adına duvarlara dokunabilir ve yeterince oksijen olup olmadığını görmek adına birkaç kez derin nefes alabilirdi.

Bu noktada, Cassandra paniklemiş göründü ve "Bu kadar zor bir şeyi denemeden önce korkularımın kökenleri hakkında biraz konuşmamız gerektiğini düşünmüyor musunuz?" diye sordu. Ben de "Cassandra, bunu söylediğini duymak beni gerçekten rahatlattı! Ben de bunu demeni bekliyordum. Dilersen korkularının kökenleri hakkında yıllarca konuşabiliriz. Bence sen şahane bir insansın ve devamlı gelmek isteyen bir danışansın. Bu yüzden böyle olması kliniğimi dengede tutmamda bana yardımcı olur. Aman tanrım, senin için hoş bir psikanaliz koltuğu bile alabilirim" dedim.

Böyle konuşmam işe yaramış gibi göründü. Cassandra titriyordu ama bana, yapması gerekeni yapabileceğini göstereceğini ve çocukluğu hakkında konuşarak bir dakika bile harcamayacağını söyledi. Hissettiği bütün bu anksiyete ve panik ile ilgili ne yapması gerektiğini sordu. Ona hiçbir şey yapmasına gerek olmadığını açıkladım. Asansördeyken durumu olabildiğince korkunç duruma getirmesini ve çıldırmaya çalışmasını söyledim. Ona, iyileşmek için ödemesi gereken bedelin bu olduğunu söyledim ama savaşmaya ya da kontrol etmeye çalışmaması için anksiyetenin sonsuza dek sürmeyeceğine dair güvence verdim.

Cassandra, "Ya insanlar benim asansörde oyalandığımı, bir aşağı bir yukarı gittiğimi görürlerse? Ya benim tuhaf olduğumu düşünürlerse?" dedi.

Ben de "Onlara asansör fobisi için tedavi gördüğünü ve terapistinin seni üçüncü katta beklediğini söyleyebilirsin. Bu sana söyleyecek bir şeyinin olması fırsatı verir" dedim.

Cassandra yutkundu ve asansöre adımını attı. Kapılar ardından kapandı. Koridorda oturup, neler olacağını merak ederek bekledim. Işığın aşağı ve yukarı hareket etmesini, arada sırada bazı katlarda durmasını seyrettim. Her nedense ikinci ve dördüncü katta duruyordu.

Yaklaşık yirmi dakika sonra, asansörün kapıları açıldı ve Cassandra asansörden, yüzünde sanki bir başka güzellik yarışmasında ödül kazanmış gibi bir ifadeyle indi. Birkaç dakika boyunca panik halinde olduğunu, fakat daha sonra duvarların kapanmadığını ve gayet rahat nefes alabileceğini anladığını söyledi. Sonrasında, ikinci kattan dördüncü kata kutular taşıyan iki genç adamla sohbet etmeye başladığını söyledi. Bu adamlar Cassandra'ya niye her defasında onu asansörde gördüklerini sormuşlardı. O da kendi kendini tedavi ederken, bir yandan da çekici Teksas aksanıyla, son derece nevrotik biri olduğunu, asansör fobisi için tedavi gördüğünü ve terapistinin onu üçüncü katta beklediğini söylemişti.

Adamlar gerçekten etkilenmişlerdi. Dostça şakalaşmalar Cassandra'nın kendisini daha iyi hissetmesini sağlamıştı ve çok geçmeden anksiyetesi tamamen kaybolmuştu. O adamlarla sohbet etmekten keyif aldığı için asansörde bir süre daha kaldığını söyledi. Asansörden inerken asansörlerde oyalanmanın, genç ve hoş adamlarla sohbet etmenin aslında ne kadar eğlenceli olabileceğini daha önce hiç tahmin etmediğini söyledi!

Cassandra, Taşırma yöntemiyle asansör fobisinin kısa sürede üstesinden geldi. Aşamalı Maruz Bırakma da uygun bir seçim olabilirdi, ama daha uzun süre alırdı. Aşamalı Maruz Bırakma'yı kullanmış olsaydık, Cassandra'ya aşağıdaki gibi, en az anksiyete uyandırıcı olanı birinci düzeyden ve en çok anksiyete uyandırıcı olanı da onuncu seviyeye yazacak şekilde, bir Korku Hiyerarşisi hazırlamasını söylerdim. Daha sonra Cassandra, bir önceki bölümde gördüğünüz gibi, hiyerarşinin en alt seviyesinden en üst seviyesine doğru, sırasıyla bunların üzerinde çalışırdı.

### Cassandra'nın Korku Hiyerarşisi

**Korkunuzu tanımlayın:** Asansör fobisi
En az korkutucu olan maddeyi 1. düzeye, en korkutucu olan maddeyi de 10. düzeye yazacak şekilde listeyi doldurun.

| Düzey | Korktuklarım |
| --- | --- |
| 1 | Bir asansörün yanında dur ve düğmeye bas. |
| 2 | Yukarı ya da aşağı gitmeden, asansör kabinin içine gir ve kabinden çık. |
| 3 | Asansörle bir kat yukarı çık ve durup asansörden in. Tekrar merdivenle aşağı in. |
| 4 | Asansörle iki kat yukarı çık ve durup asansörden in. Tekrar merdivenle aşağı in. |
| 5 | Asansörle bir kat yukarı çık ve durup asansörden in. Asansörün gelmesini bekle ve asansörle, başladığın kata geri dön. |
| 6 | Asansörle iki kat yukarı çık ve durup asansörden in. Asansörün gelmesini bekle ve asansörle, başladığın kata geri dön. |
| 7 | Asansörle birkaç kat yukarı çık ve durup asansörden in. Asansörün gelmesini bekle ve asansörle, başladığın kata geri dön. |
| 8 | Asansörle bir dakika boyunca aşağı ve yukarı hareket et. |
| 9 | Asansörle birkaç dakika boyunca aşağı ve yukarı hareket et. |
| 10 | Uzun bir binanın asansöründe birkaç dakika boyunca aşağı ve yukarı hareket et. Anksiyeten tamamen kayboluncaya kadar asansörde dur. |

Böylesi daha çok zaman alırdı çünkü bazı düzeylerde anksiyetenin tamamen ortadan kalkması için aynı çalışmanın tekrar tekrar yapması gerekirdi. İşte bu yüzden ben Taşırma'yı kullanmayı tercih ediyorum. Denemeye istekliyseniz, çok daha çabuk iyileşebilirsiniz.

## TEPKİ ÖNLEME

"Çatlak bir yere basarsan, annenin belkemiğini kırarsın" diye bir söz vardır. Eğer bu sözü çocukluğunuzda duyduysanız, bunun saçma bir batıl inanç olduğundan kuşku duymuş olsanız bile yine de herkesin güvende olması adına çatlak yerlere basmamaya dikkat etmiş olabilirsiniz. Sonra bir gün çatlak bir yere basıp da annenize hiçbir şey olmadığını görünce, çatlak yerlere kafa yormaktan vazgeçmiş olabilirsiniz.

Çatlak yerlerden kaçındığınızda, zorlanımlı bir ritüel ya da kompülsiyona girmiş olursunuz. Kompülsiyon, insanların tehlikeden uzak durmak adına sergiledikleri tekrarlayan, batıl davranışlardır. "Annem ölebilir" düşüncesi bir tür obsesyon; çatlak yerlerden kaçınmak ise bir kompülsiyondur. Obsesif-kompülsif bozukluğun adı buradan gelmektedir.

Zaman zaman birçoğumuzun hafif obsesyonları ya da kompülsif dürtüleri olabilir ama bunlar zararsızdır. Örneğin, göndermek üzere posta kutusuna attığınız bir mektubu, kutunun ağzında sıkışmadığından emin olmak için kontrol etme dürtüsü hissedebilirsiniz. Bunun yanısıra mektupların hiçbir zaman kutunun ağzında sıkışmadığını, kontrol etmenin gereksiz olduğunu fark etmiş de olabilirsiniz. Küçük kompülsiyonların genellikle hayat kalitenize etkisi olmaz, bu yüzden de tedaviye gitmenize gerek yoktur.

Fakat kompülsiyonlar bazen utandırıcı olabilir. Howard adlı bir sigorta satıcısının aklına, arabasını garaja her park ettiğinde "Hayatım tehlikede olabilir" şeklinde mantıkdışı bir düşünce geliyordu. Sonra da "Karanlık! Karanlık! Karanlık!" diye bağırma dürtüsü hissediyordu. Mantıksal olarak, bunun saçma olduğunu biliyordu ama bağırmayacak olursa başına çok kötü bir şey geleceğine inanıyordu. Bunun dışında, Howard gayet arkadaş canlısı bir insandı, mutlu bir evliliği vardı ve oldukça başarılıydı. Bağırma ritüeli de acayip ama zararsız bir durumdu.

Howard, yaptıkları bir işi tamamladıkları bir gün, iş arkadaşlarından birini akşam yemeğine davet etti. Howard arkadaşına arabasıyla gitmelerini teklif etti, böylelikle yeni proje hakkında konuşup fikir alışverişinde bulunabileceklerdi. Arabasını garaja park ettiği anda Howard "Karanlık! Karanlık! Karanlık!" diye bağırma dürtüsü hissetti. Fakat arkadaşının önünde çılgın gibi görünmemek için bu dürtüyü bastırdı.

Howard eşiyle iş arkadaşını tanıştırdı ve bir şeyler içmek üzere hep birlikte oturma odasına geçtiler. Howard arabaya park ederken "Karanlık! Karanlık! Karanlık!" diye bağırdığı için kendini giderek tedirgin hissetmeye başladı. Her ne kadar bağırma ritüelinin anlamsız olduğunu bilse de, tekrar garaja gidip bağırmaya başlamazsa yaptıkları iş anlaşmasının bozulacağı fikrinden kendini alıkoyamadı. O kadar rahatsızdı ve dikkati dağılmıştı ki kendini konuşmaya veremiyordu. En sonunda ajandasını arabada unuttuğunu, gidip alması gerektiğini söyledi. Garaja gittiğinde bağırma ritüelini gerçekleştirdi ve son derece rahatladı. Sonra da eşi ve iş arkadaşının yanına döndü.

Howard evdekilerin kendisini bağırırken duyabileceklerini fark etmedi. Eşi bir kenara çekip onun bağırdığını duyduklarını ve konuklarının çok şaşırdığını söyledi. Howard çok ama çok utanmıştı ve garajda fareler olduğunu, her akşam onları korkutmak için bağırdığını söyleyerek özür diledi.

Tepki Önleme, her tür kompülsif ritüeli için uygulanan tedavi tercihidir. Kompülsif ritüele teslim olmayı reddedersiniz. Bu tıpkı, bağımlılığı olan bireylerin, kullandıkları maddeyi yavaş yavaş bırakmak yerine birdenbire bırakmasına benzer. Anksiyete düzeyiniz azalabilir, fakat kompülsiyona teslim olmayı reddederseniz, dürtüler eninde sonunda kaybolacaktır. Herhangi bir hazırlığa gerek yoktur. Sadece yaparsınız. Ne psikanalize ne de başka havalı çalışmalara gerek vardır.

Arabayı her park edişinde "Karanlık! Karanlık! Karanlık!" diye bağırmasına karşı Howard, Tepki Önlemeyi nasıl kullanabilirdi? Fikirlerinizi yazınız.

.................................................................................................

.................................................................................................

.................................................................................................

.................................................................................................

.................................................................................................

Bu sorun kolay görünüyor olabilir, ama devam etmeden önce birkaç şey yazdığınızdan emin olun.

## Yanıt

Basitçe, Howard arabasını her park ettiğinde bağırma dürtüsünü reddetmelidir. Yapılması gereken tek şey budur. Birkaç gün boyunca anksiyete düzeyi yükselecektir, fakat daha sonra dürtü de kaybolacaktır. Tepki Önleme kesinlikle bütün sorunları çözmeyecektir. Ancak kompülsiyonların üstesinden gelmenin en etkili yolu budur.

En iyi etki için Maruz Bırakma ile Tepki Önlemeyi birlikte kullanmayı sıklıkla tercih ederim. Öncelikle kendinizi sizi en çok korkutan şeye isteyerek maruz bırakırsınız. Daha sonra da kompülsif ritüelinizi gerçekleştirme dürtünüze direnirsiniz.

Maruz Bırakma ve Tepki Önleme başlangıçta son derece zor olabilir. Tüm bu yöntem sizi rahatsız hissediyorsa, bu iyiye işarettir. Bu, doğru yolda olduğunuz anlamına gelir.

Birçok insanın niçin Maruz Bırakma'ya direnmeyip korktukları şeyden kaçındığını anlamak kolaydır, ama kaçınma her zaman semptomları daha da kötüleştirir. Bunun aksine, korktuğunuz şeye kendinizi bırakırsanız, iyileşme birkaç dakika uzağınızda olacaktır.

Maruz Bırakma ve Tepki Önleme, sağduyuya dayanan, kolay tekniklerdir. Ne geniş bir eğitime ne de bu eğitimi nasıl kullanılacağını kavramak için entelektüelliğe ihtiyaç vardır. Peki bu teknikleri kendi kendinize uygulamak güvenli midir yoksa ilk denemenizi öncelikle iyi bir terapistin rehberliğinde mi yapmanız gerekir?

Araştırmalar, Maruz Bırakma Tekniklerini kendi kendine uygulayan bireylerin, bu teknikleri psikoterapist rehberliğinde kullanan bireyler kadar çabuk iyileştiğini göstermektedir. Bu yüzden, eğer korkularınızla yüzleşmek için cesaretliyseniz, bu teknikler yardımcı olabilir. Fakat kafanızın karıştığını, korktuğunuzu ya da çaresiz hissettiğinizi fark ediyorsanız, terapistle çalışmanızda yarar olabilir. Kimi zaman iyi bir terapist, destek olup korkunuzu yenmek için ihtiyaç duyduğunuz cesareti bulmanıza yardımcı olarak iyileşme sürecinizi hızlandırabilir.

Lisedeki ikinci yılımda, merdivenin en üst noktasına çıktığımda, Bay Cranston'ın yanımda olup beni yüreklendirmesi ve moralimi yükseltmesi kendime güvenimi biraz daha arttırmıştı. Cassandra da asansöre bindiğinde, benim onu üçüncü katta bekliyor olduğum ve paniklediğinde ya da herhangi bir şey ters gittiğinde yardım edeceğim fikrinin onu rahatlattığını söylemişti.

Terapist ya da bir arkadaş yardım ediyorken bile, korkularınızla elbette kendi kendinize yüzleşmeniz gerekecek. Merdivenin üstünde dururken Bay Cranston hemen yanımdaydı, ama korkularımla aslında kendi kendime yüzleşiyordum.

## DİKKAT DAĞITMA

Bazı terapistler, danışanlarının anksiyetelerini azaltmak için Dikkat Dağıtma'yı önermektedirler. Örneğin, uçuş sırasında paniğe kapılırsanız, bulmaca çözmeye ya da başka bir yolcuyla sohbet etmeye odaklanabilirsiniz. Yükseklikten korkuyorsanız ve merdiven çıkıyorsanız, dikkatinizi yaptığınız işe odaklayabilirsiniz. Ayağınızı kaldırıp bir sonraki basamağa koymaya odaklanın. Gözlerinizi karşıya odaklayın. Gereği yokken aşağı bakarak ya da düşmeyi düşünerek kendinizi telaşa düşürmeyin.

Dikkat Dağıtma'nın güzel bir örneğini 9. Bölüm'de gördünüz (*bkz. s. 173*). Agorafobisi olan Kristin, parkta bankın üzerinde otururken dikkatini oradaki polis memuruna verdi. Çok istese de eve koşmak yerine, Rubik Küpü'ne odaklandı. Dikkat Dağıtma, anksiyete ve paniği kontrol etme olanağı verdi.

Ben Dikkat Dağıtma'yı pek sık kullanmıyorum çünkü o da, anksiyetenin tehlikeli olduğunu ima eden başka bir kaçınma stratejisidir. Bunun yerine, danışanlarımı anksiyeteyi olabildiği kadar arttırıp kendilerini bu anksiyeteye bırakmaları yönünde teşvik ediyorum. Çelişkili görünen bu yaklaşım, genellikle daha etkilidir.

# 19 Bilişsel Maruz Bırakma

*Zihninizdeki canavar*

Önceki bölümdeki Klasik Maruz Bırakma Teknikleri, yıllar boyunca kullanılan en iyi yöntemi temsil ediyordu. Ancak bu teknikler, korkulan şeyin gerçekte var olduğu durumlarda işe yaramaktadır. Peki ya uçağın kaza yapacağını düşündüğünüz için uçma korkunuz varsa? Korkunuzu yenmek için uçak kazası yaptıramazsınız. Ya da şimşek korkunuz varsa, psikoterapinizle aynı an'a denk gelecek bir şimşek çarpması ayarlayamazsınız.

Benzer şekilde, Klasik Maruz Bırakma'yı Travma Sonrası Stres Bozukluğunu (TSSB) tedavi etmek için kullanamazsınız. TSSB'den muzdarip olan bireyler, başlarından tecavüz ya da cinayet gibi akıllarından çıkmak bilmeyen, korkunç ve şiddetli olaylar geçmiş olan insanlardır. Örneğin:

- Jamie adlı bir polis, her zamanki trafik çevirmelerinden birinde kendisine ateş açan genç bir erkek çocuğunu vurmuştu. Çocuk dakikalar içinde ölmüştü. Aylar sonra bile Jamie hâlâ suçluluk duyguları boğuşuyor, kendinden kuşku duyuyor ve olayın gerçekleştiği korkunç anıları tekrar tekrar hatırlıyordu.
- David adlı bir itfaiyeci, bir apartmanda çıkan yangında feci şekilde yanan genç bir kızın bedenini taşımak durumunda kalmıştı. Olayın ardından yıllar geçmiş olmasına rağmen zihnindeki o korkunç anıdan kurtulamıyordu.

Korktuğunuz şey, canlı bir anı ya da korkutucu bir kurgu olarak yalnızca zihninizde bulunuyorsa, daha yaratıcı maruz bırakma yolları kullanmanız gerekecektir. Bilişsel Maruz Bırakma'nın ön plana çıktığı nokta da tam burasıdır. Bu teknikler arasında Bilişsel Taşırma [Cognitive Flooding], İmge Değiştirme [Image Substitution], Anıları Tekrar Yazma [Memory Rescripting] ve Korkulan Kurgu Tekniği [Feared Fantasy Technique] bulunmaktadır. Bu teknikler, TSSB, fobiler, utangaçlık, topluluk önünde konuşma anksiyetesi, obsesif-kompülsif bozukluk ve beden dismorfik bozukluğu gibi farklı anksiyete türlerinin tedavisinde hayati rol oynamaktadır.

## Bilişsel Taşırma

Bilişsel Taşırmayı kullanırken, en büyük korkunuzu gözünüzün önüne getirirsiniz. Diyelim ki kapalı alan fobiniz var ve en büyük korkunuz da canlıyken gömülmek. Hayalinizde canlıyken gömüldüğünüzü, bağırdığınızı ve boğulduğunuzu canlandırırsınız. Anksiyetenizi olabildiğince uzun süre boyunca, olabildiğince yükseltmeye çalışın. Ya da uçma korkunuz varsa kendinizi, alev topu halinde yeryüzüne düşen bir uçakta hayal edersiniz. Korktuğunuz şeyi hayalinizde, olabildiğince canlı duruma getirmeye çalışın. Paniğe kapılacak olursanız, onunla savaşmayın! Bunun yerine, anksiyetenizi daha da yükseltmeye çalışın. Eninde sonunda, anksiyeteniz kendi kendini söndürecektir.

Bilişsel Taşırma, ilk çocuğunu doğurduğunda obsesif-kompülsif bozukluk semptomları göstermeye başlayan Theresa adlı bir kadın için çok yararlı olmuştu. Doğumdan sonra hastanede bebeklerin karıştığı ve başkasının bebeğini kendi bebeği olarak aldığı düşüncesi aklına takılmıştı. Mantıksal olarak bunun küçük bir olasılık olduğunun farkındaydı, ama duygusal olarak bu obsesyonu aklından çıkaramıyordu.

Theresa'nın oğlu, sezaryen yöntemiyle dünyaya gelmişti. Doğumun ardından Theresa uyanma odasına alındığında, doktor her şeyin yolunda gittiğini ve Theresa'nın sağlıklı bir erkek çocuk dünyaya getirdiğini açıklamıştı. Fakat doktor yanlışlıkla bebeğin sağ ayağını neşterle çizdiğini söylemiş ve yaranın ciddi olmadığı, kısa sürede iyileşeceği konusunda güvence vermişti.

Theresa oğlunun ayağının altındaki küçük yarayı görünce rahatlamıştı, ama kısa süre sonra yaranın yanlış yerde olabileceği düşüncesi aklına takılmıştı. Eğer böyleyse bu, yanlış bebeği aldığını gösterecekti.

Doktor bu çocuğun kendi çocuğu olduğuna dair güvence vermiş ve yaranın doğru yerde olduğunu söylemişti. Yine de Theresa'nın aklında şu düşünce dolaşmaya devam ediyordu: "Ya bebeğim yanlışlıkla başka bir bebekle karıştıysa? Bu, bebeğimin başka birinde olduğu anlamına gelir."

Kendi kendine güvence vermek adına Theresa, gün boyu çocuğunun ayağını kontrol ediyordu. Endişelenmekten ve çocuğunun ayağını kontrol etmekten tamamen tükenmişti.

Theresa'nın "Yanlış bebeği almış olabilirim" şeklindeki olumsuz düşüncesini sorgulamasına yardımcı olmak adına birçok teknik kullandım, fakat yine de bundan kurtulamadı. Ben de Ya Olursa Tekniği'ni kullanmaya karar verdim. 9. Bölüm'den hatırlayacağınız gibi bu bir Açığa Çıkarma Tekniği'dir. Theresa'nın yanlış çocuğu almış olmaktan neden bu kadar endişeli olduğunu bulmaya çalıştım.

Ona, "Theresa, mantıksal olarak biliyorsun ki bu senin bebeğin. Peki ya bu bebek bir başkasınınsa? Bu niçin senin için üzücü olur? Bu konuda en çok neden korkuyorsun?" dedim.

Theresa "Bu, başka birinin benim bebeğimi almış olduğu anlamına gelir" şeklinde karşılık verdi.

"Peki gerçek buysa ne olur? Bu niye senin için üzücü olur? Bu konuda en çok neden korkuyorsun?" diye sordum.

O da "Belki de benim bebeğimi alanlar haydutur. Belki de çocuk kaçakçısı ya da çocukları istismar eden kötü insanlardır" dedi.

Bu noktada alarma geçtim çünkü kurgularının şiddetli duruma gelmesinden endişelendim, ama korkularının kökenine inmek istedim. Bu yüzden "Bir anlığına bunun doğru olduğunu düşünelim. En çok korktuğun şey nedir? Olabilecek en kötü şey ne olur?" dedim.

Theresa isteksizce, sadist çocuk kaçakçılarının bebeğini Meksika'nın güneyindeki sınır bölgesine götürdükleri korkunç bir senaryo tarif etmeye başladı. Ondan ayrıntıları da tanımlamasını istedim. Kurgusunda, o adamlar bebeğini ayaklarından tutmuş havada döndürüyorlar ve kafasını duvara vuruyorlardı. Sonra da merdivenden aşağı basketbol topu fırlatır gibi fırlatıyorlar ve kan revan içindeki bedenini karanlık bir dolaba kilitliyorlardı.

Theresa konuşurken hüngür hüngür ağlamaya başladı. Ondan, ne kadar üzgün olduğunu % 0 ile % 100 arasında değerlendirmesini istedim. Anksiyetesinin % 100'e çıktığını söyledi, olabilecek en kötüsüydü. Kurgu onu dehşete düşürmüştü.

Kurgudan ben de rahatsız olmuştum ve acaba geri mi çekilmem gerekir diye düşündüm. Fakat kendime, Maruz Bırakma prensiplerini hatırlattım: En büyük korkunuzla yüzleşin ve kayboluncaya kadar anksiyeteye dayanın. Canavardan kaçmaya çalışırsanız, korkularınız daha da büyüyecektir. Bu yüzden Theresa'yı, kurguyu olabildiğince uzun süre sürdürmesi için yüreklendirdim. İşte Bilişsel Taşırma etkisini böyle gösterir. Bu korkunç kurguya seans sonuna kadar devam ettik ama Theresa'nın anksiyetesi azalmadı, hâlâ % 100'dü.

Genellikle bir teknik etki göstermiyorsa onu rafa kaldırıp başka bir teknikle devam edebilirsiniz. Fakat Maruz Bırakma Teknikleri bu kurala bir istisnadır. Maruz Bırakma yalnızca başlangıçta zor olduğunda etkili olur. Bu yüzden, Bilişsel Taşırma aşırı derecede acı verici olsa da Theresa'nın yoğun anksiyetesi iyiye işaretti.

Seans son derece korkutucu geçince kendimi iyimser hissettim çünkü sonunda başarı gösteriyorduk. Theresa'ya Bilişsel Taşırmanın zaman aldığı konusunda güvence verdim ve dayanmak zor olsa da devam etmeye istekli olup olmadığını sordum. Daha fazlasını yapmak için istekli olduğunu söyledi. Ona, sonraki seansımıza kadar her gün kendi kendine on beş dakika pratik yapmasını söyledim. Bunun, onun için zor olacağını, çok fazla şey istediğimi biliyordum. Ama güçlü ilaçlara rağmen sıkıntısı aylardır devam ediyordu.

Bir sonraki hafta Theresa, Bilişsel Taşırma'yı denemediğini söyledi. Kurguların çok korkutucu göründüğünü ve onları zihninden uzak tutmaya çalıştığını açıkladı. Fakat seans sırasında benim yardımımla tekrar denemeye istekli olduğunu söyledi. Bütün seansı aynı korkunç kurguyu tekrarlamakla geçirdik ama anksiyetesi % 100'den hiç inmedi.

Seansın sonunda, evde pratik yapmasının önemine vurgu yaptım. Theresa da, ne kadar zor olursa olsun her gün on beş dakika Bilişsel Taşırma alıştırması yapacağına dair kesin karar verdi.

Theresa ile bir sonraki randevumuz iki hafta sonraydı. Bana alıştırmaları her gün yaptığını ve ilk iki denemenin son derece zorlayıcı olduğunu söyledi. Fakat üçüncü kez, kurgular inandırıcılığını kaybetmeye başlamıştı ve anksiyete düzeyini % 50'nin üzerine çekemiyordu. Dördüncü ve beşinci günler, kurgular saçma gelmeye başladı ve anksiyetesi kayboldu.

Bu noktada, Theresa'nın çocuğuyla ilgili bütün kuşkuları, ayağını kontrol etme dürtüsüyle birlikte kayboldu. Yanlış çocuğu almış olmakla ilgili korkularının mantıksız olduğunu, anne olmanın tadını çıkardığını ve terapiyi sonlandırmaya hazır olduğunu söyledi.

Bilişsel Taşırma, Theresa'ya ilkten korkunç görünmüştü. Ben bile kendime, bunun daha kolay bir yolu olabileceğini söyledim ve geri çekilmeyi düşündüm. Bu yöntemi ilk denediğinizde siz de aynı şekilde hissedebilirsiniz. Bu çok korkutucu görünebilir. Eğer öyleyse bu, doğru yolda olduğunuzu gösterir. Anksiyetenizin üstesinden gelmek istiyorsanız, sizi en çok korkutan canavarla yüzleşmeniz gerekecektir. Bazen etkili bir tedavi, büyük bir azap gibi gelebilir. Ama sonuç, hemen her zaman çektiğiniz sıkıntıya değer.

## İmge Değiştirme

Kendinizi kaygılı hissettiğiniz zaman, zihninizde birtakım korkunç olaylar canlandırabilirsiniz. Örneğin, kalabalık önünde konuşma anksiyeteniz varsa kendinizi, beceriksiz konumuna düşmüş, gergin ve insanların önünde aptal gibi görünen biri olarak hayal edebilirsiniz. Konuşmaya başladığınız anda da böyle bir panik hali üzerinde o kadar durmuş olursunuz ki korkularınız gerçekleşir.

Psikiyatri asistanı olduğum yıllarda, serotonin ile ilgili yaptığım araştırmayı sunmak üzere İngiltere'deki Oxford Üniversitesi'nde, NATO'nun beyin çalışmalarını yürüten ileri bir araştırma enstitüsünün düzenlediği prestijli bir konferansa davet edilmiştim. Bu ilk akademik sunumumdu ve oraya davet edilmiş olmak benim için gurur vericiydi. Fakat gözüm korkmuştu çünkü dünyanın en önde gelen seksen sinirbilim araştırmacısı en son araştırmalarını sunuyorlardı.

Özellikle de araştırmamda elde ettiğim sonuçların, Ulusal Ruh Sağlığı Enstitüsü'nün laboratuvarlarından birindeki çalışmaların sonuçlarıyla epey farklı olmasından ötürü endişeliydim. Orada yapılan çalışmada, beyindeki serotonin mekanizmasının ciddi ölçüde bozulmuş olduğunu keşfetmiştim. Fakat bu laboratuvardaki yöneticinin bazen agresif olabildiğini ve sempozyumlarda onunla aynı fikirde olmayan bilim insanlarını küçümsediğini duymuştum. Özellikle onun da dinleyiciler arasında olacağını bildiğim için kaygılıydım.

Ben kaygıyla sonuçlarımı mırıldanırken onun bana ön sıralardan onaylamayan gözlerle baktığını hayal ettim. Konuşmam bittikten sonra soru-yanıt bölümünde onun ayağa kalkıp bağırmaya başladığını ve alaycı bir tavırla araştırmamdaki kusurlara dikkat çektiğini gözümde canlandırdım. Sonra da ben kuyruğunu bacaklarının arasına sıkıştırmış bir köpek gibi sahneden uzaklaşırken salonda var olan korkunç sessizliği gözümün önüne getirdim. Daha da kötüsü, benim konuşmam konferansın dördüncü gününün sonlarına ayarlanmıştı. Bu yüzden dört koca gün boyunca kendime dair kuşkularımla boğuşmaya ve o büyük ustaların sunumlarını dinlerken burada ne işim olduğunu sorgulamaya mahkum oldum.

Konuşmamdan önceki gece panik halindeydim. Oxford'un yerleşkesi etrafında, gecenin üçünde kaygılı bir halde oradan oraya yürüyüp, zihnimdeki o utanç verici olayı "izlediğimi" hatırlıyorum. Ağacın üzerinde bir baykuş fark ettim. Sanki o bile alaycı bir tavırla beni yuhalıyordu. Bütün gece gözüme uyku girmedi. Sabah olduğunda bitkin düşmüştüm. Konuşma sırası bana geldiğinde kaskatı kesilmiş bir halde kürsüye doğru yürüdüm ve korktuğum kişinin de en ön sırada, tıpkı gözümde canlandırdığım gibi oturduğunu fark ettim.

O kadar gergindim ki, bütün konuşmamı planladığım gibi notlara bakarak içimden geldiği gibi yapmak yerine mırıldanır bir ses tonuyla notları okuyarak yaptım. Konuşmam bitince kısık bir sesle herhangi bir soru var mı diye sordum. Odadan çıt çıkmıyordu. Sonra da hasmım olan kişi öne fırladı ve beni, tıpkı önceki gece hayal ettiğim gibi payladı.

Sözünü bitirince odayı başka bir ölüm sessizliği bürüdü ve hiçbir el kalkmadı. Uzun ve utanç verici kısa bir aradan sonra moderatör başka bir sorunun olmadığını, akşam yemeğine geçilebileceğini söyledi. Herkes ayağa kalktı ve yürüyerek birbiriyle konuşmaya başladı, ama hiç kimse benim yanıma gelip de konuşmadı. Kendimi küçük düşürülmüş hissetmiştim.

Hasmım tarafından saldırıya uğramış gibi hissetsem de olumsuz beklentilerim ve kurgularım, pis işi halletmişti. Dinleyiciler kendime dair kuşkularımı sezmişlerdi ve ben de sunumumu gergin ve savunmacı bir tarzda yapmıştım. Bu da korktuğum sonun gerçekleşmesini tetikledi.

Londra'dan Philadalphia'ya dönerken o bilim adamının söylediklerini düşünme fırsatım oldu. Onun aşırı ölçüde sinirli olduğunu ve nihayetinde benim araştırmamın da geçerli olduğunu kavradım. Eleştirileri bir anlam ifade etmiyordu.

Philadelphia'ya döndüğümde başımdan geçen olayı çalışma arkadaşlarıma anlattım. Hasmımın eleştirileriyle ilgili yaptığım değerlendirmeye onlar da katıldılar. Onun eleştirilerini gözönünde bulundurarak birçok yeni analiz yaptık ama İngiltere'de sunduğum sonuçların aynısını elde ettik. Bulgularımızı araştırma dergisine göndermemiz gerektiğine karar verdim.

İki ay sonra derginin editörü beni aradı. Bu alışılmadık bir durumdu çünkü dergi editörleri nerdeyse her zaman değerlendirme yazılarını posta aracılığıyla yollarlar. Sıradışı bir şey olduğunu sezdim ve yeni bir saldırıya kendimi hazırladım.

Beklediğimin aksine editör, makalemi inceleyen bilim insanlarının makalemin yayınlanmasını oybirliğiyle onayladıklarını ve başka incelemeye gerek görmediklerini söyledi. Ayrıca çalışmamdan çok etkilendiklerini ve makalemi, yılda bir kez, dünya çapında beyin araştırması yapan otuz beş yaşın altındaki araştırmacılara verilen A.E. Bennett ödülü başvurusu için yollamak istediklerini söyledi. Şaşkına dönmüştüm. Yine de beklentilerimi çok yüksek tutmamamı önerdi çünkü Ulusal Ruh Sağlığı Enstitüsü'nde meydan okuduğum araştırmacılar da dahil olmak üzere dünyanın en parlak genç sinirbilim uzmanları bu ödül için mücadele ediyorlardı.

İki hafta sonra dergi editöründen, oybirliğiyle ödülün bana verildiğini bildiren bir telefon aldım. Ödülü alacağım New York'taki Biyolojik Psikiyatri Topluluğu'nun yıllık toplantısına katılıp bulgularımı sunmak isteyip istemediğimi sordu. Ben de bulgularımı orada sunmaktan gurur duyacağımı söyledim.

Ödül töreninden önceki gece, sahneyi gözümde farklı bir şekilde canlandırmaya karar verdim. Bulgularımı dostane, resmî olmayan ve coşkulu bir tavırla sunduğumu ve yüzlerce insan dinlerken kendimi, çalışmamızdaki beklenmedik bütün eksikliklerden içimden geldiği gibi bahsettiğimi hayal ettim. Konuşmamın sonunda alkış yağmuruna tutulduğumu, birçok insanın beni tebrik etmek için aceleyle yanıma gelmeye çalıştığını gözümün önüne getirdim. Bu sahnelere pek de inanmıyordum ama bana zarar da vermeyeceklerini biliyordum.

Beklediğimin çok aksine, tam da hayalini kurduğum gibi olmuştu! Notlar olmadan konuşmuştum ve dinleyiciler her bir kelimemi pür dikkat dinliyor gibi görünüyorlardı. Sonunda büyük bir alkış koptu ve insanlar benimle konuşmak için aceleyle sahneye yöneldiler. Şaşırtıcı bir şekilde, hasmım onlar arasında değildi! Peki sonuç niye bu kadar farklı olmuştu? İmge Değiştirmeyi kullanarak İngiltere'de özgüvenimi yerle bir eden kurgunun yerini olumlu ve esin verici bir kurguyla değiştirmiştim.

İmge Değiştirme'yi kullanmak istiyorsanız, kendinizi kaygılı hissettiğiniz zaman aklınıza gelen olumsuz imgeleri ve kurguları anlamaya çalışın. Diyelim ki uçma korkunuz var ve alev topuna dönmüş halde bir uçak görüntüsü tekrar tekrar gözünüzün önüne geliyor. Bu kurgunun aklınıza geldiğini fark ettiğiniz her an, bu kurgunun yerini huzurlu ve rahatlatıcı bir kurguyla değiştirin. Örneğin, varış noktanıza güvenle indiğinizi ya da ailenizle birlikte sahilde uzanıp dinlendiğinizi hayal edin. Ayrıca lise mezuniyetiniz ya da ilk bebeğinizin doğduğu gün gibi mutlu anılara da odaklanabilirsiniz. Size hoş geldiği takdirde bütün imgeler işe yarayacaktır.

## Anıları Tekrar Yazmak

Cinsel ya da fiziksel istismar gibi korkunç bir olayın kurbanı olduysanız, bu olaya dair sarsıcı ve canlı sahneler, yani "flash-back"ler gözünüzde canlanabilir. Bu zihinsel resimler, olumsuz düşüncelerle birlikte kafanızın içinde oynayan bir film gibidir ve panik, utanç ile öfke gibi yoğun duyguları tetikleyebilirler. Bu imgeleri, olumsuz düşünceleri değiştirdiğiniz gibi düzeltebilirsiniz.

Anıları Tekrar Yazmak, Bilişsel Taşırma ve İmge Değiştirme'nin birleşimini içerir. Bilişsel Taşırma, travmatik yaşantının üzerinizdeki etkisinin ortadan kalkması için acı verici anılara karşı duyarsızlaşmanızı sağlar. İmge Değiştirmek de kurban gibi hissetmekten kurtulmanız için çaresizlik duygusunun üstesinden gelmenize yardımcı olan beceri hissi geliştirmenizi sağlar.

Bir zamanlar toplu taşıma fobisi olan Betty adlı genç bir kadını tedavi etmiştim. Yalnız başına uçak, tren ya da otobüs gibi topluma araçlarını kullanmaktan korkuyordu. Betty ile Los Angeles'ta bulunan Kaliforniya Üniversitesi'ndeki eğitiminin birinci yılını tamamladığı yaz boyunca çalıştım. Canayakın biriydi, dersleri gayet iyiydi ve toplu taşıma korkusu dışında başka bir şikayeti var gibi görünmüyordu.

Betty her gün, psikoterapi ödevlerinin bir parçası olarak Günlük Duygudurum Çizelgesi'ni doldurdu. Fakat korkmasına neden olan her türlü Maruz Bırakmaya karşı direnç gösteriyordu. Otobüse binip yalnızca bir sonraki durağa kadar yolculuk etmesi yönünde onu teşvik ettim ama bunun bile dayanılmaz ölçüde anksiyete uyandırıcı olduğunu söyledi. Otobüste sıkışmaktan, paniklemekten ve kontrolünü kaybetmekten korkuyordu.

Altıncı terapi seansımız sırasında Betty, bana anlatmaktan çok utandığı bir şeyden bahsetti. Küçük bir kız çocuğuyken, annesinin dışarıda olduğu bir gün hemen yanlarındaki evde yaşayan daha büyük bir erkek çocuğun gelip ona gözkulak olmuştu. Betty'i yatağa yatırdıktan on beş dakika sonra bu çocuk, uyuduğunu düşünerek gizlice odasına girmişti. Sonra da elini Betty'nin geceliğinin altından sokup okşamaya başlamıştı.

Betty çok korkmuştu ve ne yapacağını bilememişti. Bu yüzden de uyur numarası yapmıştı. Kendisini o kadar aşağılanmış ve utanmış hissetmişti ki bu olayı annesine hiç anlatmamıştı. Daha da kötüsü bu çocuk hâlâ yanlarındaki evde yaşıyordu. Bu da Betty'nin yaz tatillerinde ya da annesini ziyaret amacıyla eve her gidişinde onunla yüz yüze geleceği anlamına geliyordu. Kızgın olmasına rağmen Betty onunla hiç yüzleşmemişti.

Ona Anıları Tekrar Yazma'nın nasıl işe yaradığını ve bunun üzüntü verici olabileceğini açıkladım. Betty denemeye istekliydi. Ona "Gözlerini kapat. Rahatla. Gözünde kendini yataktaki küçük kız olarak canlandır. Geceliğinle yatağına uzanmış olduğunu görebiliyor musun?" dedim.

Başını evet anlamında salladı.

"Az önce yatağa girdiğini ve henüz uyumadığını hayal et. Kapının sessizce açıldığını duyuyorsun. Bakıcı çocuk, ses çıkarmadan içeri sızıyor. Kendini kaygılı hissediyorsun çünkü birazdan ne olacağını biliyorsun. Onu görebiliyor musun?" dedim.

Betty tekrar başını salladı.

Ondan bakıcının ne giydiğini ve odanın nasıl göründüğünü tarif etmesini istedim. Odanın karanlık olduğunu ama o kişinin kot, spor ayakkabı ve Hawaii tişörtünü giydiğini ve yatağın yanında parmaklarının ucunda durduğunu görebildiğini söyledi. Betty'e anksiyete seviyesinin %0 (hiç anksiyete yok) ile % 100 (anksiyete aşırı düzeyde) arasında nereye denk geldiğini sordum. Anksiyetesinin % 90 olduğunu söyledi. Anıları Tekrar Yazma sırasında kendinize çok üzgün hissetme izni vermeniz önemlidir. Aksi takdirde yardımcı olmayacaktır.

Betty'e daha sonra ne olduğunu sordum. O da geceliğinin altından onu okşamaya başladığını söyledi. Anksiyetesinin şimdi nerede olduğunu sordum. O da % 100'e fırladığını söyledi.

Daha sonra Betty'e sahneyi değiştirmek isteyip istemediğini sordum. Örneğin, bir polis memuru gelip o kişiyi tutuklayabilir, annesi birden ortaya çıkıp onu kurtarabilir ya da ona yardımcı olmak adına kurgusuna beni de dahil edebilirdi.

Betty sahneye büyük ve güçlü bir kadın olarak kendisinin gelmek istediğini söyledi. Yeni kurguyu bana canlı ayrıntılarla anlattı. Önce o kişiyi bir eliyle boğazından tutup dehşete düşmüş küçük kızın yanından çekti. Diğer eliyle de ucunda "Sapık"ı temsilen S harfi şeklindeki sığırları damgalamaya yarayan demirden bir nesne tutuyordu. Daha sonra o kişi acılar içinde bağırırken alnına S harfini bastı. Hatta yanık et kokusunu nerdeyse burnunda hissettiğini söyledi.

Kurguyu çok üzüntü uyandırıcı buldum, ama Betty'nin hoşuna gitmiş gibi duruyordu. Dahası da olduğunu söyledi. Yandaki evde onun verdiği bir Noel partisi vardı. Betty onu oturma odasının ortasına taşıdı, ailesinin ve komşuların gözü önünde onu "Ben cinsel sapığım. Küçük kızları istismar ediyorum. Cezaya ihtiyacım var" şeklinde bağırmaya zorladı.

Kurgunun son sahnesinde Betty, evinin önündeki caddede açık cezaevi inşa etti. Cezaevinin duvarları yoktu, yalnızca parmaklıklar ve bir tabure vardı. Parmaklıkların üzerinde "Cinsel Sapık" yazısı asılıydı, böylelikle oradan geçen herkes bakıp onun hakkındaki gerçeği öğreniyordu.

Betty rahatladığını ve yaptığımız çalışmadan mutlu olduğunu söyledi. Kurgusu çok yoğun olmuştu.

Fakat daha sonra Betty onu üzen başka bir sorunu anlattı ve Anıları Tekrar Yazma'yı yine kullanıp kullanamayacağımızı sordu. Los Angeles'tayken bir dernekten bir grup erkeğin oda arkadaşına tecavüz ettiğini açıkladı. Her ne kadar Betty olaya tanık olmasa da oda arkadaşı olup biteni bütün görsel ayrıntılarıyla anlatmıştı. Betty çok öfkelenmişti ve olaya dair kurguları onu sık sık rahatsız etmişti.

Bir kez daha gözlerini kapatmasını, rahatlamasını ve zihninde gördüklerini bana anlatmasını istedim. Bu defa bir grup sarhoş erkeğin kahkahalarla ve gürültü patırtıyla oda arkadaşını sürükleyip ona tecavüz ettikleri yurt odasına götürmelerini gözünde canlandırdı. Kurgu, Betty'i son derece tedirgin ve sinirli duruma getirmişti. Onu, kurguyu istediği bir şekilde değiştirmeye teşvik ettim. Bir defa daha sahneye büyük ve güçlü bir kadın olarak girdi. Fakat bu defa elinde kasaplarınkine benzer bir satır vardı. Oda arkadaşına tecavüz eden çocuğu yakaladığı gibi hadım etti ve kanlar içinde yavaş yavaş ölmesini seyretti.

Bu kurguyu daha da rahatsız edici buldum ve tedavinin Betty için olumsuz bir etkiye neden olmasından endişelendim. Fakat saldırgan kurgularla ilgili sorunlar konusunu, Milwaukee'den Anıları

Tekrar Yazma alanında birçok çalışma yapmış psikolog Merv Smucker'a danıştım. Dr. Smucker, kendi danışanlarının da birçok saldırgan kurgularla geldiğini söyledi. Kurgulara sansür getirmemeyi tavsiye etti çünkü sansürün yasaklayıcı ve bu yüzden daha da çekici bir yanı olduğunu belirtti. Buna karşın, kendi akışına bıraktığınız zaman bu kurgular, sizi kötü etkileme özelliğini kendiliğinden kaybedecektir.

Yine de kendimi biraz rahatsız hissediyordum, bu yüzden Betty'e onu üzen bu kurguyu sisteminden atmasının iyi olduğunu söyledim ve devam etme zamanının gelip gelmediğini sordum. Betty "Bir dakika. Henüz bitirmedim. Yedi çocuk daha var" dedi. Her bir çocuğu hadım edişini korkunç ayrıntılarıyla anlatıyordu. Seansın sonunda tamamen tükenmiştim ve güçlü ve iyileştirici bir müdahale mi yoksa yanlış bir psikiyatrik tedavi mi uyguladığımı bilmiyordum.

Seansların sonunda bütün danışanlarım, bekleme odasında bulunan ve benim ne kadar sıcak ve anlayışlı olduğumu, seansın ne kadar yardımcı olduğunu değerlendikleri Terapi Seansı Değerlendirme formunu doldururlar. Betty'nin o seans için her bir ölçekteki en yüksek puanları verdiğini gördüğümde rahatlatmıştım. Ama yine de müdahalenin semptomları üzerinde etkisi olup olmadığını bilmiyordum.

Ertesi hafta tekrar geldiğinde, Betty önceki seansın ne kadar yararlı olduğunu vurguladı. Sonra da "Dr. Burns, korkularımla yüzleşme ve toplu taşımayı kullanmayla ilgili önerilerinize nasıl direnç gösterdiğimi fark etmiş miydiniz? Sanırım bu ilginizi çekecektir."

Bana bir paket bilet uzattı. Bunların otobüs bileti olduğunu düşünmüştüm çünkü onu bir duraklık otobüs yolculuğu yapma konusunda ikna etmeye çalışıyordum. Fakat bunların uçak bileti olduğunu gördüm. "Bu harika. San José'den Sacramento'ya günlük uçak yolculuğu mu yapmayı planlıyorsun?" diye sordum.

Betty bunun günlük uçuş bileti olmadığını, daha dikkatli bakmamı söyledi. Bilet San Francisco'dan Bangkok'a gidiş-dönüş uçak biletiydi. Şaşkına dönmüştüm.

Betty, annesinin iş için birkaç haftalığına Bangkok'a gideceğini açıkladı. Annesine, benim ondan toplutaşıma ile ilgili korkularıyla yüzleşmesini istediğimi, bu yüzden de onunla birlikte Bangkok'a gitmeye karar verdiğini söylemişti. Orada bir hafta kalmak yerine sadece gidip gelecekti, böylelikle uçakta on beş saat boyunca yalnız kalacaktı. Betty "Sizce bu yeterince uzun mu Dr. Burns?" diye sordu.

"Hem de fazlasıyla!" diye bağırdım. "Bu harika!"

Birlikte hazırlanmamız gereken herhangi bir korkusu olup olmadığını sordum. Betty Singapur'da aktarma yapmaktan korktuğunu ve Singapur mafyası tarafından bagajların toplandığı alana sürüklenip tecavüz edilme gibi rahatsız edici bir kurgusu olduğunu söyledi. Bu korkusunu yenebilmek için Anıları Tekrar Yazma'yı deneyip deneyemeyeceğimizi sordu.

Anıları Tekrar Yazma'yı aslında gerçekleşmemiş olan korkutucu kurguları değiştirmek için kullandığımızı, denemekte yarar olduğunu söyledim. Bir kez daha gözlerini kapattı ve onu korkutan kurguyu tarif etmeye başladı. Sonra kurguya büyük ve güçlü bir kadın olarak girdi, bu kez de Singapur mafyasını hadım etti!

Betty'i iki hafta sonra tekrar gördüm. Yolculuğunu tamamlamıştı ve yolculuk sırasında hiçbir anksiyete yaşamadığı için şaşkındı. Aslında uçaktayken anksiyetesini yükseltmeye de çalışmıştı ama bu gerçekleşmemişti. Eve döndüğünden bu yana, hiçbir sıkıntı yaşamadan tren ve otobüs yolculukları yapabiliyordu.

Anıları Tekrar Yazmayı kullanmamız niçin bu kadar etkili olmuştu? Bence bunu kullanmamız Betty'nin özgüven duygusunu arttırmıştı çünkü artık o rahatsız edici kurgu ve anılarındaki çaresiz bir kurban gibi hissetmiyordu. Bu da toplutaşıma korkusuyla yüzleşmek için ona cesaret vermişti.

Anıları Tekrar Yazma, diğer yöntemler yetersiz kaldığında etkili olan hem yaratıcı hem de güçlü bir araçtır. Araştırmacılar, Bilişsel Taşırma'nın mı yoksa Anıları Tekrar Yazma'nın bir parçası olarak İmge Değiştirme'nin mi daha önemli olduğunu henüz belirleyemediler. Çoğunlukla, travmatik anıları görselleştirilme ve acı verici anılara teslim olma yeterli olmaktadır. Ama Betty'nin durumunda kurgusunu tekrar oluşturma, güçlü hissetmesini sağlamıştı.

Eğer Anıları Tekrar Yazma ilginizi çektiyse, birtakım önlemleri gözönünde bulundurmak gerekir. Birincisi, bu yöntem güçlü olabilir ve gücün her şeklinde olduğu gibi bu güç yararlı da olabilir zararlı da. Şiddet veya cinsel istismar gibi anılar sizi rahatsız ediyorsa, bu tekniği bir ruh sağlığının rehberliğinde kullanmanız gerekir.

İkincisi, kurgu ile gerçeği birbirinden ayırabilmeniz gerekmektedir. Eğer intihar ya da şiddet içerikli kurgularla boğuşuyorsanız ve kendiniz de dahil olmak üzere birine zarar verme gibi dürtüleriniz varsa, bu tekniğin kullanılması büyük olasılıkla uygun değildir. Bunun yerine, hemen profesyonel yardım alın. Sorunu kendi kendinize çözmeyi denemeyin. Hayatınız çok değerlidir. Şefkatli ve becerikli bir terapist, hayatınızı tamamen değiştirebilir.

## Korkulan Kurgu

Korkulan Kurgu Tekniği'ni kullanırken, en büyük korkularınızın gerçekleştiği kabuslar dünyasına girmiş olursunuz. Bu dünyada alışılmışın dışında iki kural vardır. Birincisi, başkalarının sizi yargıladığından ya da sizi küçük gördüğünden her korktuğunuz her defasında gerçek de hakikaten odur. Aslında, sizinle ilgili olumsuz düşünceleri hayal ettiğinizden bile daha kötüdür. İkincisi, diğer insanlar ne düşündüğünüzü tam olarak anlamaktadırlar. Nazik değildirler ve içlerinden nasıl geliyorsa öyle davranırlar.

Bu kabus dünyasında, sizi olabilecek en kötü şekilde eleştiren, açıklarınızı ve zayıf yönlerinizi size saldırabileceği bir fırsat olarak gören düşsel bir eleştirmenle karşılaşacaksınız. Ona Kendini Koruma veya Kabullenme Çelişkisi ile karşılık verebilirsiniz. Kendini Korumayı kullanırsanız, eleştirmenle tartışıp onun söylediklerinin doğru olmadığını göstermeye çalışırsınız. Kabullenme Çelişkisini kullanırsanız, eleştirilerindeki doğru yanları bularak eleştirmeni mağlup edersiniz. Bu da eleştirmenin hevesini kursağında bırakır.

Korkulan Kurgu'nun amacı diğer Maruz Bırakma Tekniklerinin amacıyla aynıdır. En büyük korkunuzla yüzleşirseniz, özgürleşirsiniz ve başından beri korkulacak bir şey olmadığını keşfedersiniz.

Korkulan Kurgu'nun atılganlık eğitiminden kökten bir biçimde farklı olduğunu gözönünde bulundurun. Saldırgan eleştirmen aslında gerçek değil, yalnızca kendi korkularınızın bir yansımasıdır. Aslında kendinizle savaşıyorsunuz. Gerçekteki insanlar neredeyse hiçbir zaman beyninizdeki eleştirmen kadar zalim ve eleştirel değillerdir.

Rol Yapma Tekniği olarak Korkulan Kurgu'yu, terapist ya da bir arkadaş eşliğinde gerçekleştirebilir, ya da bir Korkulan Kurgu diyalogu yazabilirsiniz. Rol yaparken sıkışıp kaldığınız zaman rolleri değiştirdiğinizden emin olun. Böylelikle saldırgan eleştirmeni alt etmenin daha etkili yollarını öğrenirsiniz.

Monica adlı bir kadın, kendini eleştiren düşünceleriyle ilgili bir soru sormak için bana e-posta yollamıştı. Şunları yazılıydı:

*Sayın Dr. Burns,*

*Yirmi yıldır depresyon, sosyal fobi ve panik bozukluktan dolayı acı çekiyorum. Ayrıca araba kullanmaktan korkuyorum. Terapiyle birlikte bütün kitaplarınızdan yararlanıyorum ve sonunda iyi sonuçlar almaya başladım.*

*Öte yandan, bu teknikleri daha önce öğrenip uygulamaya başlamış olsaydım hayatım nasıl daha farklı olurdu diye merak ediyorum. Önceki olayları tekrar tekrar yaşıyorum ve devamlı "Keşke şöyle şöyle yapsaydım, şimdi hayatım bambaşka olurdu" diye düşünüyorum.*

*Bazen yirmi yıllık depresyon ve anksiyete yüzünden hayatımı boşa harcadığımı ve hiçbir şey başaramadığımı düşünerek kendimi depresif hissediyorum. Şu an artık çok geç gibi görünüyor. Kariyer tercihleri, eğitim alma, arkadaş bulma gibi normal ergenlerin yüzleştiği en basit meselelerle boğuşuyorum. Ama ben kırkıma yaklaşıyorum ve yaş ile deneyimsizliğin karışımı yüzünden bunalmış durumdayım.*

*Yaşlanmanın her işareti beni korkutuyor ve hayatın çok gerisinde kalmaktan utanıyorum. Bu düşüncelere karşı koymama yarayacak herhangi bir fikriniz var mı? Değişim için olumlu şeyler yaparken bile bu düşünceler aklıma düşüyor.*

*Çok teşekkürler,*

*Monica*

Monica aşağıdaki olumsuz düşüncelerle boğuşuyor gibi görünüyor:

- Yirmi yıllık depresyon ve anksiyete yüzünden hayatımı boşa harcadım ve hiçbir şey başaramadım.
- Keşke bu teknikleri yıllar önce öğrenmiş olsaydım, şimdi hayatım bambaşka olurdu.

Monica, kitaplarımda okuduğu yöntemlerin onlarcasını deneyeceğini ama Korkulan Kurgu'yu deneyip denemediğini sorduğumda ayrı bir heyecanlandığını söyledi ve şunları yazdı:

> *Korkulan Kurgu Tekniği'ni uzun süre gözardı ettim çünkü etrafımda rol yapmada bana eşlik edecek kimse yoktu, ama kitaplarınızdaki örnekleri okumaktan hep keyif aldım. Hatta bazen kahkahalarla güldüğüm oldu. Her iki sesin de bulunacağı şekilde bunu kağıt üzerinde deneyeceğim. Denediğim bütün tekniklere göre daha makul geldi ve şu an kendimi çok daha iyi hissetmeye başladım. İlerlemenin devam edip etmeyeceğini görmek için bekliyorum. Başka önerileriniz varsa duymayı çok isterim. Bana gerçekten esin verdiniz!*

Monica'nın "Hayatımı boşa harcadım, hiçbir şey başaramadım ve artık değiştirebilecek bir şey yok" düşüncesine karşı Korkulan Kurgu diyalogu şöyle olabilirdi:

**Olumsuz Adam:** Monica, yaşadığın tuhaf hayata gerçekten şaşıyorum. En değerli yıllarını boşa harcadın. Hayatının altın çağının hiçbir şey yapmadan avucunun içinden kayıp gitmesine izin verdin. Buna nasıl göz yumdun?

**Monica:** Evet, genç yetişkin yıllarımda arzu ettiğim şeyleri başaramadığım doğru. Bunun yüzünden sık sık depresif hissediyorum. Hâlâ yapmam gereken bir sürü şey var. Fakat bütün olanları gözönünde bulundurunca, şu an o kadar da kötü durumda olduğumu düşünmüyorum. Terapiye gidiyorum. Hayatım boyunca var olan alışkanlıklarım üzerinde çalışıyorum. Biraz zaman alacak ama hayatımda bir şeyler değiştirebileceğim, yeni bir şeyler yapabileceğime ilişkin gayet iyimserim.

**Olumsuz Adam:** Pekâlâ Monica, canını yakmaktan nefret ediyorum ama ben hiç de umut görmüyorum. Otuz dokuz yaşına geldin ve şimdiye kadar hiçbir şey başaramadıysan bundan sonra da yapabileceğini hiç zannetmiyorum. Kaderine razı olmak zorundasın. Seninki gibi bir hayat yaşayıp da bir şeyleri değiştirebilmiş birini görmedim. Gerçekçi olmuyorsun. Başında kavak yelleri esiyor.

**Monica:** Benim gibi hiç kimseyi tanımıyor olabilirsin. Ben kendine özgü bir insanım. Ama hayatımdaki meselelerle ilgilendiğin için teşekkür ederim. Sanırım ne kadar denerlerse denesinler insanların asla değişemeyeceğine inanıyorsun. Doğru mu?

**Olumsuz Adam:** Tabii ki! Senin sorunlardından bir ya da ikisi olan bir insan belki değişebilirdi. Ama kendine bir baksana! Mahvolmuşsun. Kariyerin yok, ailenin dışında kurduğun bir ilişki yok, eğitimin yok, kendine ait bir yerin yok, kaygılanmadan insanlarla konuşamıyorsun bile, araba sürme fobin var, kolayca yoruluyorsun, duygusal ve fiziksel yönden kırılgansın. Hayat zor! Hiçbir zaman yapamayacaksın tatlım. Sadece hayal görüyorsun.

**Monica:** Kariyerimin, ilişkilerimin ve paramın olmadığı doğru. Bunlar tam da çözmek için çok çaba gösterdiğim sorunlar. Duyarlı biriyim ve hayatta zorlukların olduğu kesinlikle doğru. Fakat tam olarak ne söylemeye çalıştığını anlayamıyorum. Yalnızca bazı sorunların çözülebileceğini, bazılarınınsa asla çözülemeyeceğini mi söylüyorsun? Yoksa toplam değişimin, kaç sorunun olduğuna göre belirlendiğini mi söylüyorsun. Sana göre hangi sorunların çözülebilir olduğunu ve çizgiyi nereye çektiğini bilmek isterdim. Üç sorun mu? Dört mü? On iki mi?

**Olumsuz Adam:** Söylemek istediğimi anlayamıyorsun. Sayılardan ya da istatistiklerden bahsetmiyorum. Senden bahsediyorum. Hayatında hiçbir şey yapmadın ve hiçbir zaman da yapamayacaksın. Nokta!

**Monica:** Evet, konuşmanın anafikrini kesinlikle anladım. Fakat niye asla değişmeyeceğimi düşündüğünü hâlâ merak ediyorum. Daha önce sorunlarımdan bir ya da iki tanesinin çözülebilir olduğunu söylemiştin. Bunların hangileri olduğunu hâlâ bilmek istiyorum. Belki önce bunlardan başlayabilirim.

**Olumsuz Adam:** Tamam, sadece biraz şaka yapıyordum. Bence senin sorunların birbirini daha da zorlaştıran sorunlar. İş bulabilirsin ama çok utangaçsın. Kendine ait bir yer edinebilirsin ama paran yok. Utangaçlığı halledebilirsin ama bunun için çıkıp pratik yapman lazım, bu kez de tembelliğin ve enerjinin olmaması devreye giriyor. Sonra araba sürme fobin ve panik atakların var. Liste uzuyor da uzuyor. Kısırdöngüye sıkışıp kalmışsın. Yüzleş artık – kaderine mahkûmsun.

**Monica:** Yoğun hayatından çıkıp bana tavsiye vermeye zaman ayırdığın için gerçekten teşekkür ederim. Fakat hâlâ niçin bu sorunların çözülemez olduğunu bilmek istiyorum. Bahsettiğin sorunların hepsi BDT teknikleri kullanan terapistlerin tedavi edebildikleri sorunlar. Birçok uzman bu sorunların nasıl çözülebildiğine dair kitaplar yazdı. Hepsi yanılıyor olamaz!

**Olumsuz Adam:** Sanırım bu hepsinin karışımı. Senin sorunların o kadar kötü bir karışım haline gelmiş ki asla çözülemeyecek.

**Monica:** Bu çok ilginç. Asla Çözülmeyecek Sorunları nereden duyduğunu söyleyebilir misin? Psikiyatri dergisinde mi okudun ya da psikoloji veya istatistik alanında uzman birinden mi duydun? Yoksa bu kendi keşfettiğin bir tür Mutlak Metafiziksel Kural mı?

**Olumsuz Adam:** Bir psikiyatristten duydum. Ona senden bahsettim ve kırk yıllık meslek hayatında senin gibi biriyle hiç karşılaşmadığını söyledi. İlaç olmadan asla düzelemeyeceğini, ilaç alsan bile seni kadar güç bir vakanın iyileşmesinin olanaksız değilse bile çok zor olacağını söyledi.

**Monica:** Psikiyatristler her zaman Bilişsel Terapi tekniklerinden haberdar olamayabiliyor. Onlar genelde ilaç yazma eğitimi alıyorlar ve terapi yaklaşımları da genellikle bundan ibaret oluyor. Ben de ilaç almadan iyileşemeyeceğimi söyleyen iki psikiyatristle görüştüm ama ilacı başladığımda daha da kötü hissettim. BDT ile devam edip ne olacağına bakmaya karar verdim. Fakat hâlâ, Olumsuz Adam, niçin benim tedavi edilemez olduğumu düşündüğünü merak ediyorum. Niçin sorunların çözülemez olduğuna bu kadar yürekten inanıyorsun?

**Olumsuz Adam:** Tamam sorunların kendisi olmasa bile sen öylesin. Olması gerekene sahip değilsin. Başkaları kendi sorunlarını çözebilirler sanırım, ama sen yapamazsın. Yapabilseydin şimdiye kadar çoktan yapardın.

**Monica:** İlginç. Yani beni, benim sorunlarıma benzer sorunları olan insanlardan ayıran son derece çaresiz bir vaka haline getiren özel şeyler olduğunu mu söylüyorsun? Bu özel şeylerin neler olduğunu tarif edebilir misin? Nedir bunlar tam olarak?

**Olumsuz Adam:** Tarif edemem Yalnızca biliyorum.

**Monica:** Tarif edilemeyecek bir özellik.

**Olumsuz Adam:** Doğru.

**Monica:** Yani niye değişemeyeceğimi açıklayan şey, açıklanamayan ya da tarif edilemeyen bir özellik öyle mi?

**Olumsuz Adam:** Evet.

**Monica:** Bu kadarı yeterli sanırım. Bence neden bahsettiğini bile bilmiyorsun!

İnanılmaz! Monica'nın Korkulan Kurgusundan gerçekten etkilendim. Ben olsam daha iyisini yapamazdım! Oldukça etkiliydi çünkü aklına gelen en kötü eleştirileri yazdı. Geri adım atmadı. Her birini tek tek inceleyince içi boş laflar olduğunu fark etti.

Korkulan Kurgunun 15. Bölüm'deki Seslerin Dışsallaştırılmasına epey benzer olduğunu fark etmiş olabilirsiniz. İkisi de rol yapmayı ve Kendini Koruma ve Kabullenme Çelişkisini içeriyor. Aradaki temel fark, Seslerin Dışsallaştırmasını kullanırken partnerinizin size Günlük Duygudurum Çizelgesi'nde bulunan olumsuz düşüncelerle saldırması ve ikinci kişinin kendinizin olmasıdır. O, gerçek bir kişi değil, yalnızca zihninizdeki kendinizi eleştiren düşüncelerdir. Bu nedenle aslında kendinizle savaşmaktasınızdır.

Buna karşın, Korkulan Kurgu'yu kullanırken partneriniz gerçek bir insanı temsil eder. Fakat buradaki her zaman korktuğunuz düşsel yabancı, başkalarının size karşı sahip olduğunu düşündüğünüz bütün düşünceleri bilen biridir. Fakat eleştirmen, gerçek insanların olabileceğinden elbette ki çok daha kötüdür çünkü size tüm bu kötü şeyleri söylemektedir. Fakat bu iki tekniğin sonuçları aynıdır. Bu eleştirilerdeki gerçeği bulursanız, eleştirmenin hevesini kursağında bırakırsınız ve aslında başından beri korkulacak hiçbir şey olmadığını fark edersiniz.

# 20 Kişilerarası Maruz Bırakma

*İnsan korkusu*

Neredeyse herkes zaman zaman utanır ya da kendisini sakarmış gibi hisseder. Birçok insan için bu hisler büyük sorun oluşturmaz. Fakat utangaçlık sizi özgüvenden yoksun bırakabilir, kariyeriniz önünde engel oluşturabilir ve sevgi dolu, yakın ilişkiler kurmanızı engelleyebilir.

Bilişsel Terapi, hem olumlu hem de olumsuz bütün duygularınızın düşüncelerinizin tarafından ortaya çıktığı fikri üzerine kurulmuştur. Eğer utangaçsanız, sosyal ortamlarda aşağıdaki gibi düşüncelerinizin ortaya çıkması olasıdır:

- Söyleyeceğim hiçbir ilginç şey yok.
- Ben bu insanlarla aynı kulvarda değilim.
- Benden hoşlanmayacaklar. Sıkıcı olduğumu düşünecekler.
- Şu anda içine kapanık tek insan benim.
- Eğer nasıl hissettiğimi bilselerdi, ezik olduğumu düşünürlerdi.
- Herkes ne kadar gergin olduğumu anlayabilir.
- Bu kadar gergin hissetmemeliyim. Daha rahat olmalıyım.
- Benim sorunum ne? Tuhaf biriyim galiba.

Eğer bunlara inanıyorsanız, insanlarlayken kendinizi utangaç hissedip içinize kapanırsınız. Bu düşünceler içine kapanıklık ve utangaçlık hissetmenize neden olur. Her ne kadar kendinizi üzgün hissederken bu düşünceler kesin doğru gibi gelse de, öğrendiğiniz bilişsel çarpıtmalardan birçoğunu barındırır. Bu düşüncelerde kaç çarpıtma bulabilirsiniz? Aşağıdaki tablodan bakarak bulmaya çalışın. Eğer yardıma ihtiyacınız olursa, 548. sayfadaki Bilişsel Çarpıtmalar Listesi'ne göz atın.

| Çarpıtma | ✓ | Çarpıtma | ✓ |
|---|---|---|---|
| 1. Ya hep ya hiç şeklinde düşünme | | 6. Aşırı büyütme ya da küçültme | |
| 2. Aşırı genelleme | | 7. Duygusal mantık yürütme | |
| 3. Zihinsel filtre | | 8. Zorunluluk ifadeleri | |
| 4. Olumluyu görmezden gelme | | 9. Etiketleme | |
| 5. Keyfî çıkarsama<br>• Zihin okuma<br>• Falcılık | | 10. Suçlama<br>• Kendini suçlama<br>• Başkasını suçlama | |

Bitirince analizimi okuyun.

## Yanıt

383. sayfada görebildiğiniz gibi bu düşünceler bilişsel çarpıtmaların onunu da içeriyor.

Utangaçlık zihinsel bir hileden ortaya çıkıyor. Kendinizi utangaç hissederken, kendinize doğru olmayan şeyler söylersiniz ve bunu fark etmezsiniz. Peki, bu niçin oluyor? Utangaç insanlar aptal insanlar değiller. Niye bu gibi çarpıtılmış mesajlara inanıyorlar? Nedeni, bu olumsuz düşüncelerin kendini gerçekleştiren kehanete neden olmasıdır, böylelikle doğru değilken bile bu mesajlar doğruymuş gibi görünür.

## UTANGAÇLIK ÇARPITMASI

| Çarpıtma | | Açıklama |
|---|---|---|
| 1. Ya hep ya hiç şeklinde düşünme | ✓ | İki tip insan var diye düşünürsünüz: "Utangaç" olanlar ve "girişken" olanlar. Fakat aslında, çoğu insan kendini zaman zaman utangaç ya da kaygılı hisseder. |
| 2. Aşırı Genelleme | ✓ | Utangaçlığınızı benliğinize de genellersiniz. Utangaçlığınızı üzerinde çalışabileceğiniz bir sorun olarak görmek yerine "Bende yanlış bir şeyler olmalı" diye düşünürsünüz. Aşırı genelleme, kusurluymuşsunuz gibi hissetmenize neden olur. |
| 3. Zihinsel Filtre | ✓ | Yalnızca utangaçlığınıza ve hatalarınıza odaklanırsınız ve karşınızdaki insanın söylediklerinden filtrelemeler yaparsınız. Bu da karşınızdaki kişiye ilginç bir şeyler söylemenizi olanaksız duruma getirir. |
| 4. Olumluyu Görmezden Gelme | ✓ | İyi özelliklerinizi görmezden gelirsiniz ve kendinize sizinle ilgili hiçbir özel ya da ilginç bir şey olmadığını söylersiniz. |
| 5. Keyfî Çıkarsama<br>• Zihin Okuma<br>• Falcılık | ✓ | Başka hiç kimsenin kaygılı hissetmediğini ve hiç kimsenin sizin söyleyeceklerinizle ilgilenmeyeceğini zannedersiniz (Zihin okuma).<br>Herkesin ne kadar tuhaf hissettiğinizi anladığına ve sosyal ortamlarda bulunmanın berbat ve aşağılayıcı bir deneyim olacağına inanırsınız (Falcılık). Bu inançlar elbette kendini doğrulayan kehanete neden olur. Bu yüzden olumsuz düşüncelerinizin doğru olduğu fikrine tamamen ikna olmuş olursunuz. |
| 6. Aşırı Büyütme ya da Küçültme | ✓ | Çok fazla kusurunuzun olduğuna inanırsınız ve kendinize utangaçlığın yüz kızartıcı ve ayıp bir anormallik olduğunu söylersiniz (Aşırı büyütme). Ayrıca güçlü yönlerinizin ve sizi özel yapan yanların önemini gözünüzde küçültürsünüz (Aşırı küçültme). |
| 7. Duygusal Mantık Yürütme | ✓ | Kendinizi tuhaf biri gibi hissettiğinize göre tuhaf birisiniz demektir. Diğer insanlar sizi küçümsüyor gibi hissettiğinize göre demek ki durum gerçekten de böyledir. |
| 8. -meli, -malı İfadeleri | ✓ | Kendinize yüklenip utangaç ve içine kapanık hissetmemeniz gerektiği konusunda ısrar edersiniz. Bu da utanç duymanıza neden olur. |
| 9. Etiketleme | ✓ | Kendinizi "tuhaf" ya da "ezik" diye etiketlendirirsiniz. Bu etiketler kendinizi anormal, aşağı, tek başına kalmış hissetmenize neden olur. |
| 10. Suçlama<br>• Kendini Suçlama<br>• Başkasını Suçlama | ✓ | Utangaç olduğunuz için kendinizi suçlar ve kendinize çok yüklenirsiniz. İçten içe diğer insanları da, çok eleştirel ve reddedici olduklarını ve sizi hiçbir zaman kabul etmeyeceklerini hayal ettiğiniz için suçlayabilirsiniz. |

Diyelim ki diğer insanların sizden hoşlanmayacağına ya da sizinle ilgilenmeyeceğine inanıyorsunuz. Böyle düşünmek kendinizi kaygılı hissetmenize, içinize kapanmanıza ve kendinizi engellemenize neden olacaktır. Diğer insanların eleştirel ya da reddedici gibi görünmesi gücenmenize ve kendinizi aşağı görmenize de neden olabilir. Sonuç olarak, sosyal bir ortamda biriyle konuşurken kendinizi rahatsız hissedeceksiniz ve devamlı duygularınızla davranışlarınızı izleyeceksiniz. Kendinize şöyle diyeceksiniz: "Eminim çok gergin görünüyorum. Kesin ne kadar gergin ve kaygılı olduğumu görüyordur. Normal görünmeye çalışsam iyi olacak. Az önce aptalca bir şey mi söyledim? Hemen ilgi çekici bir şey söylemezsem karşımdaki sıkılacak ve yanımdan ayrılacak. Ne söylesem ki? İlginç hiçbir şey aklıma gelmiyor. Belki akvaryumumdan bahsedebilirim. Sanırım balıklardan hoşlanıp hoşlanmadığımı söyleyeceğim..."

Böyle bir iç diyalog dikkatinizi dağıtır ve karşınızdaki kişiyle canlı, doğal ve kendiliğinden bir etkileşime girmenizi engeller. Kendiniz ve anksiyetenizle o kadar meşgul olursunuz ki diğer kişinin söylediklerini kavrayamaz ve ilginizi gösteremezsiniz. Bu da garip, dalgın ve sıkıcı görünmenize neden olur. Ayrıca konuştuğunuz insanla duygusal yönden temas halinde olamadığınız için gergin ve mutsuz görünebilirsiniz. Kısa bir süre sonra da diğer kişi kendisini rahatsız hisseder ve odanın öbür tarafındaki başka bir kişiyle konuşması gerektiğini söyler.

Tabii ki bu, başından beri olacağını düşündüğünüz ve kendi kendinize tekrarladığınız şeydir. En sonunda gerçekten sıkıcı bir insan olduğunuz ve diğerlerinin gerçekten sizinle ilgilenmediği sonucuna varırsınız. Kendinizi kurban gibi hissedersiniz ve bütün senaryonun kendi çarpıtılmış düşünceleriniz nedeniyle oluştuğunu fark etmezsiniz. Diğer kişiyi, kendinize korktuğunuz şekilde davranmaya zorlamış olursunuz.

Aynı durum kalabalık önünde konuşma anksiyetesi için de geçerlidir. Kötü bir iş çıkaracağınızı hayal ederseniz ve dinleyicilerin sıkılacağını ya da karşıt bir tavır takınacağını düşündüğünüz için kaygılı hissederseniz, gerçekleşecek şey tam olarak da bu olur. Elbette bu denklemin olumlu bir yanı da bulunmaktadır. Diğer insanlarla sıcak ve dinamik bir şekilde ilişki kurmayı öğrenirsiniz ve düşündüğünüzden daha fazla gücünüz olduğunu öğrenebilirsiniz.

Bu bölümde, sosyal hayatınızı sıfırdan zenginleştirmenize yardımcı olacak beş Kişilerarası Maruz Bırakma tekniği öğreneceksiniz: Gülümseme ve Merhaba Alıştırması, Kur Yapma Eğitimi, Reddedilme Alıştırması, Kendini Açma ve David Letterman Tekniği. 14. Bölüm'de gördüğünüz Utanmaya Hücum Alıştırmaları da Kişilerarası Maruz Bırakma Teknikleri arasına konulabilir.

## Gülümseme ve Merhaba Alıştırması

Küçük bir çocukken babam beni *'Dünyalar Savaşı'* * filmine götürmüştü. Arabaya dönerken film hakkında konuştuğumuz sırada babamın, yanımızdan geçen neredeyse herkese merhaba dediğini ve çoğu insanın da karşılık olarak merhaba dediğini fark ettim.

Şaşırmıştım ve babama bu kadar insanı nereden tanıdığını sordum. Bana hiçbirini tanımadığını söyledi ve tanımadığımız insanlara da merhaba demenin uygun olduğunu açıkladı. Beni de bunu yapmaya teşvik etti ve ben de yanımızdan geçen insanlara gülümsemeye ve merhaba demeye başladım. Babama güvendim ve doğal olanın bu olduğunu düşündüm.

Tabii ki neredeyse herkes gülümseyip merhaba diyerek karşılık verdi. Sonuçta babasıyla yürüyen küçük bir çocuktum. Dahası şaşıydım ve kalın gözlükler takmak zorunda kaldığım için budala gibi

* **Ed. notu: 'Dünyalar Savaşı' (War of the Worlds)** - Yönetmen: Byron Haskin, oyuncular: Gene Barry, Ann Robinson, 1952, Birleşik Devletler.

görünüyordum. Muhtemelen hoşlarına gitmişti ve tatlı olduğumu düşünmüşlerdi. Her halükârda gayet güzel bir utangaçlık karşıtı eğitimiydi.

Eğer utangaçlıktan ötürü sıkıntı yaşıyorsanız, aynı şeyi yapabilirsiniz. Kendinizi her gün on yabancıya gülümsemeye ve merhaba demeye zorlayabilirsiniz. Genellikle, insanların beklediğinizden daha canayakın olduğunu keşfedeceksiniz.

Bu ödevin üstesinden gelmek için kendinizi fazla güvensiz hissediyorsanız, daha kolay bir şeyle başlayabilirsiniz. Öncelikle size karşılık veremeyecek lamba ya da bitki gibi varlıklara selam vermekle başlayabilirsiniz. Sonra da yürürken karşılaştığınız kedi ve köpeklerle alıştırma yapabilirsiniz. Hayvanlara rahatlıkla gülümsemeye ve merhaba demeye başladığınız zaman insanlara da geçebilirsiniz.

Korkutucu olmayan yabancılarla başlayın. Örneğin, otobüs durağında bekleyen yaşlı bir adama gülümseyip merhaba diyebilirsiniz. Büyük olasılıkla hoşuna gidecektir ve belki de günü daha da güzel olacaktır. İnsanlara gülümseyip samimi ve neşeli bir şekilde merhaba dediğinizde enerjiniz onları da canlandıracak ve olumlu enerjiyi size geri yansıtacaklardır. Çok geçmeden herkese merhaba diyebildiğinizi fark edeceksiniz.

Fakat eğer çok utangaçsanız, bu teknik başlangıçta aşırı korkutucu görünebilir. Bir defasında Roger adlı sevimli ama son derece utangaç bir adamı tedavi etmiştim. Roger Hintliydi ve Philadelphia'da bir biyoteknoloji firmasında çalışıyordu. Aşırı derecede içine kapanıktı ve herkesin ne kadar utangaç olduğunu ve tuhaf hissettiğini anlayabildiğine inanıyordu. Marketler onun için tam bir eziyetti. Kasa sırasında beklerken yere bakıyor ve kendini görünmez duruma getirmeye çalışıyordu çünkü kendini çok tuhaf ve yakışıksız hissediyordu.

Roger sık sık gece geç saatlerde yayınlanan talk-show programlarını seyrediyordu. Çoğu Amerikalının tıpkı program sunucuları David Letterman veya Jay Leno gibi dışa dönük ve hoşsohbet insanlar olduğunu düşünüyordu. Markette sırada bekleyen, birbirine tamamen yabancı insanların bile muhabbet etmeye ve şakalaşmaya başladıklarına inanıyordu. Buna dair hiçbir kanıtı yoktu çünkü devamlı yere bakıyordu ama doğru olduğuna gayet emindi. Tabii ki, sırada beklerken Roger'ın aklına esprili hiçbir şey gelmiyordu. Sıra ona geldiğinde ise parayı çabucak ödeyip oradaki her insanın onu eleştirdiğini ve kendini ne kadar utangaç ve tuhaf hissettiğini anladığını düşünerek çıkıyordu.

Roger ayrıca yolda yürürken de rahatsız hissediyordu. Koyu cildi ve uzun saçları nedeniyle insanların onu küçümsediğine inanıyordu. Bazen bu durumun ne kadar adaletsiz olduğunu düşünerek o kadar sinirleniyordu ki birine "Aha! Beni küçümserken yakaladım seni!" dercesine pis bir bakış atıyordu. Yüzündeki kızgın ifade elbette baktığı insanı telaşlandırıyordu ve bu kişi şaşırmış görünüyordu. Böyle olması Roger'ı, insanların gerçekten onu küçümsediğine ve kendisinin de onları suçüstü yakaladığına inandırıyordu.

Roger'ın olumsuz düşüncelerini teste sokmasına yardımcı olacak bir deney önerdim. Market sırasında beklerken bakışlarını yerden kaldırıp etrafta neler olup bittiğine bakması yönünde bir öneride bulundum. Sonra, birbirine yabancı kaç kişinin sohbet ettiğini ve kaç kişinin kendi işine baktığını sayabilirdi. Roger istemeyerek de olsa bir dahaki markete gidişinde bu deneyi yapmayı kabul etti.

Sonraki hafta, yere bakmaktan vazgeçmenin son derece zor olduğunu söyledi çünkü kendini çok mahcup hissetmişti ve hiç dikkat çekmek istememişti. Ama kendini etrafa bakmaya zorlayınca hiç kimsenin bir başkasıyla sohbet etmediğini ya da kimsenin kimseyle şakalaşmadığını gördüğüne şaşırmıştı. Bunun yerine, çoğu insan boşluğa bakıyor ya da az önce aldıkları dergileri karıştırıyordu. Kasiyer hakkında zekice yorumlar da yapmıyorlardı. Yalnızca "Ne kadar?" diye soruyor ya da "Teşekkür ederim" deyip oradan ayrılıyorlardı.

Güzel bir başlangıç yapmıştık ama henüz varacağımız yerde değildik çünkü Roger insanlarla iletişim kurmakta hâlâ güçlük yaşıyordu. Daha sonra ona Gülümseme ve Merhaba Alıştırmasını denemesini önerdim. Ona, hafta boyunca en az yirmi yabancıya gülümsemesini ve merhaba demesini söyledim. Ofisimden çıktıktan sonra yolda yürüyen yabancılardan ya da alışveriş merkezindeki insanlardan istediğini seçebileceğini söyledim. Ayrıca kaç kişinin ona olumsuz, nötr ya da olumlu dönüş yaptığına dikkat etmesini önerdim. Böylelikle, insanların onu yargıladığı ya da küçümsediği inancını sınayabilecekti.

Bu ödevi yapmaya çok istekli değildi ve niçin yapamayacağı ve niçin yapmaması gerektiği ile ilgili bir sürü neden bularak direnç gösterdi. Ödevin oldukça anksiyete uyandırıcı olduğunu söyledi ve insanların yine de onu tuhaf biri olarak göreceğine inanmakta ısrar etti. Ofisimden çıkarken yarım ağızla "bir deneyeceğinin" sözünü verdi ama buna hiç niyeti olmadığı belli oluyordu.

Ertesi hafta Roger, Gülümseme ve Merhaba Alıştırması'nı yapmadığını itiraf etti. Çok gergin olduğu için insanlara gülümseyemediğini açıkladı. Gülümsemesinin yapmacık görüneceğine ısrar etti. Ona bunun dünyanın sonu olmadığını söyledim ve '*Emir Üzerine Gülümseme*' adlı bir oyun türettim. Roger'a, birbirimize sırayla "Gülümse!" emri vereceğimizi söyledim. Diğer kişi bu sözü söylediğinde, ne kadar kaygılı ya da yapmacık hissetsek de, yüzümüze bir gülümseme takınıp "Merhaba" diyeceğimizi söyledim.

Bu alıştırma benim içinde oldukça zordu. Birinin emri üzerine gülümsemeye karşı her zaman isteksizlik gösterdim çünkü küçükken yapmacık gibi görünen bir gülümsemem vardı ve benimle bu yüzden dalga geçerlerdi. Fakat oyun çok keyifliydi. Her "Gülümse!" diye bağırdığımda Roger gülünç ve yapmacık görünen bir gülümseme takınıp "Merhaba" diyordu. Böyle yapınca sersem gibi görünüyordu ve kıkırdamaya başlıyordum. Sonra Roger da gülüyordu ve "yapmacık" gülümsemesi birdenbire tamamen samimi bir gülümsemeye dönüşüyordu. Bu alıştırmayı bir arkadaşınız ya da ailenizden biriyle deneyecek olursanız, eminim çok eğleneceksiniz.

Oyundaki başarısına rağmen Roger, Gülümseme ve Merhaba Alıştırması'na birkaç hafta daha direnç göstermişti. Niye yapamayacağı veya niye yapmaması gerektiğiyle ilgili nedenler üretmeye devam ediyordu. İnsanlarla etkileşim kurması konusunda gevşeklik gösterirsem, kabuğundan çıkmasının çok uzun zaman alacağını biliyordum. Aslında gayet sevimli ve çekiciydi ama kendine hiç fırsat tanımıyordu.

O sıralar eşim de klinik psikoloji eğitiminin bir parçası olarak kliniğimde çalışıyordu. Ayrıca ayrı seanslarda Roger'ı da tedavi ediyordu. Roger'la ikimiz birlikte, bir takım olarak görüşmeye karar verdik. Roger'a da, ona tavsiye ettiğimiz tedavinin bu olduğunu ve bunu yapması gerektiğini söyledik. Sıkı bir duruş sergiledik ve 'hayır'ı yanıt olarak kabul etmedik. Belki de 'tatlı sert' davranan ebeveynler gibi görünmüştük. Roger bunun son derece utandırıcı ve anksiyete uyandırıcı olacağından emin olmasına rağmen gönülsüzce kabul etti.

Ertesi hafta seansına geldiğinde sevinçten havalara uçuyordu. Birçok insana gülümseyip merhaba dediğini ve hiç kimsenin ona pis pis bakmadığı için şaşkın olduğunu söyledi. Aslında insanların çoğu dostça gülümseyerek karşılık vermişti. Hatta pek çok insanla keyifli sohbetler etmişti. Bu, aklını başından almış, onu çok mutlu etmişti. Artık insanlarla konuşurken utangaçlık hissetmek şöyle dursun günboyu birileriyle sohbet etmeye başladığını söyledi. Roger kendini çok iyi hissediyordu ve birkaç hafta içinde tedavisini bitirme kararı aldı.

Sonuçların devam edip etmeyeceğini çok merak etmiştim. Birkaç yıl sonra Roger arayıp bir seans gelmek istediğini söyledi. Kariyer kararıyla ilgili kaygılıydı ve alternatiflerini değerlendirirken yardıma ihtiyacı vardı.

Onu tekrar görmekten çok mutluydum ve nasıl olduğunu sordum. O da utangaçlığının çok geride kaldığını, artık hiç de çekingen olmadığını ve insanlarla her yerde sohbet ettiğini söyledi. Hatta dansa gitmeye başlamıştı ve çok sosyal biri olmuştu. Birçok şahane kadınla çıkmıştı ve şimdi de delicesine sevdiği biriyle düzenli bir ilişkisi vardı.

Roger'ın durumunu profesyonel atölye çalışmalarında sunduğum zaman terapistler sıklıkla "Roger tuhaf ve sevimsiz biri olsaydı yine de Gülümseme ve Merhaba Alıştırması'nı kullanır mıydınız? Ya insanlar onu gerçekten reddederse?" diye soruyorlar. Ben her tedavinin, her bireyin benzersiz koşullarına bağlı olarak tasarlanması gerektiğine inanıyorum. Roger tatlı biriydi, bu yüzden Gülümseme ve Merhaba Alıştırması işe yarayacak gibi göründü. Başka biriyle çalışıyor olsaydım, farklı teknikler kullanırdım. Hiç kimseye isteye isteye utanç ve başarısızlığa götürecek çalışmalar asla yaptırmam.

Gülümseme ve Merhaba Alıştırması, ülkenin değişik bölgelerinde değişik sonuçlara neden olabilir. Kaliforniya'da yabancılara hep merhaba derim ve genelde olumlu karşılıklar alırım. Ama New York'ta durum değişir. Bir meslektaşımla birlikte Rockefeller Plaza'nın önünde yürürken on beş dakikada kırk yabancıya merhaba dedik ve bir kişi bile karşılık vermedi! Böylesi bir durumu da gözönünde bulundurursanız, Gülümseme ve Merhaba Alıştırması genellikle çok keyifli olabilir.

## Kur Yapma Eğitimi

Tedavi ettiğim utangaç ve yalnız birçok danışanım hiçbir zaman nasıl kur yapılacağını öğrenemedi. Bu bireyler ilgi duydukları birilerini tanımaya çalışırken genellikle çok ciddi görünürler. Buna karşın, bazı insanların da ağızları çok iyi laf yapar. Neredeyse herkesle şen şakrak sohbet ederler ve karşılarındakini de rahat hissettirirler. Araştırmacılar bazı insanların bu beceriyle mi doğduklarını yoksa bu beceriyi büyüdükleri sırada mı edindiklerini tam olarak bilmemektedirler. Benzer şekilde, bazı insanların utangaç olma eğilimiyle mi doğduğu yoksa eziyetli yaşam deneyimlerinin ardından mı utangaç oldukları belirsizdir.

Hayvan modelleri üzerinde yapılan çalışmalar her iki olasılığı da desteklemektedir. Araştırmacılar, pointer cinsi bazı köpeklerin doğdukları andan itibaren, insanlardan korkmalarına neden olan "utangaçlık" geninin olduğunu keşfetmişlerdir. Utangaçlık geni olan köpekler, ilk kez bir insanla karşılaştıklarında kaçıp saklanır ve korkudan titrer. Utangaçlık geni olmayan köpekler ise doğuştan arkadaş canlısı ve canayakındır. İlk kez bir insanla karşılaşınca canlılıkla bu kişiye yaklaşır, heyecanla kuyruğunu sallar ve sevilmeyi bekler. İnsanlar için de durum böyleyse, utangaçlığın kalıtımsal olduğu savunulabilir.

Öte yandan doğada, insanla etkileşime geçmeden yetişen yaban kedileriyle ilgili soruna aşina olabilirsiniz. Bu kediler henüz yavruyken evcilleştirilmezse, insanlara karşı derin bir güvensizlik geliştirir. Yetişkinken evcilleştirilirse de, insanlara olan korkusu tamamen ortadan kalkmaz ya da yavruyken evcilleştirilmiş kediler kadar sevecen olmaz, onlar kadar insanlara güven duymaz. Tecrübeyle biliyorum çünkü bizim de biri doğduğu günden beri evcil, ikisi de altı aylıkken evcilleştirilmiş yaban kedilerimiz vardı ve aradaki fark çok çarpıcıydı. Bu yüzden utangaçlığın öğrenilen bir şey olmadığını savunabilirsiniz.

İnsanlarda utangaçlığa neyin neden olduğunu dikkate almaksızın, iyi kişiler arası becerilerin öğrenilebileceğine inanıyorum. Utangaçlıkla boğuşursanız, bu sorunun üstesinden gelebilmek ve sosyal hayatınızı yoluna koyabilmek adına yapabileceğiniz birçok şey vardır.

Etkili kur nasıl yapılır? Kesin bir tanım yapmak zordur ama şunları önerebiliriz:

- İnsanlara, özel ve takdir edilesi olduklarını hissettirin. Yaptıklarından ve bu yaptıklarının ne kadar mükemmel olduğundan dolayı onlara övgülerde bulunun, fakat bunu neşeli bir şekilde yapın. Dikkati üzerinize çekmeye çalışmadan kendileri hakkında konuşmalarını sağlayın. Sonunda, kendiniz hakkında çok fazla bir şey söylememiş bile olsanız onlar sizin özel olduğunuzu düşüneceklerdir.
- Tıpkı büyük kardeşin gurur duyduğu bir özelliğinden ötürü küçük kardeşe takılması gibi, karşınızdaki kişiye dostça bir tavırla takılın. Bu davranış genellikle diğer kişinin ilgisinin çekilmesine olanak veren eğlence ortamının doğmasına neden olur.
- Olumlu bir beden dili kullanın, karşınızdaki kişinin gözlerine bakın ya da koluna endişe uyandırıcı olmayacak, dostça bir şekilde dokunun.

Bu teknikler elbette beceriyle ve dikkatlice kullanılmalıdır. Bazı durumlarda, karşınızdakine dokunmak uygunsuz kaçabilir ve beceriksizce ya da saldırgan bir tavırla dokunmak hoş olmayabilir.

Bir defasında, yoğunlaştırılmış tedavi programımız için birkaç haftalığına Philadelphia'ya gelen Annemarie adlı bir ilkokul öğretmenini tedavi etmiştim. Annemarie, kronik olarak mutsuzluk ve yalnızlık duygularıyla boğuşuyordu. Az sayıda arkadaşı olduğunu ve boş zamanının neredeyse tamamını dersleri için hazırlık yaparak geçiriyordu. Kendini mesleğine adamış bir öğretmendi ama hayat ona heyecanlı ya da ödüllendirici gelmiyordu. Tatlı ve çekici bir kadındı ama biraz sert görünüyordu.

Annemarie'ye terapiyle birlikte neleri başarmayı umduğunu sordum. Sihirli bir asamız olsaydı ne olurdu? Hayatı nasıl değişirdi? Annemarie, hayattan daha fazla keyif almak istediğini söyledi.

Aklında tam olarak ne olduğunu öğrenmek istedim, bu yüzden "Hangi gün keyif almaya başlamak isterdin?" diye sordum.

O da "Bugün nasıl olur?" dedi.

"Güzel olur" dedim. "Seans sırasında mı yoksa seanstan sonra mı daha çok keyif almak isterdin?" diye sordum.

"Seanstan sonra" diye yanıt verince rahatladım.

Seanstan sonra ne yapmayı planladığını sordum. Cuma öğleden sonraydı ve haftasonu için Philadelphia'dan New York'a, bir arkadaşını ziyaret etmeye gideceğini söyledi.

"New York gezisi inanılmaz eğlenceli olmuş olsa, ne olmuş olurdu? Aklındaki nedir?" diye sordum.

Utanmış göründü ve aklındaki gerçek olursa birçok yakışıklı erkeğin trende ona kur yapacağını açıkladı. Utangaç ve yalnız olduğunu, yıllardır hiç kimseyle çıkmadığın söyledi.

Kendi kişisel deneyimimden, New York'a giden trenlerin genç ve hırslı beyaz yakalı çalışanlarla dolu olduğunu biliyorum. Annemarie tatlı ve çekici biriydi, bu yüzden kabuğundan çıkmak için onu ikna etmenin kolay olacağını düşündüm. Ona "Tahminimce trende birçok yakışıklı erkek olacaktır. Benim uzmanlık alanlarımdan biri de yalnız kadınlara erkekleri nasıl parmağında oynatacaklarını öğretmektir. Ama bir püf noktası var" dedim.

"Bu püf nokta nedir Dr. Burns?" diye sordu.

"Başlangıçta aşırı derecede kaygılı hissettirse de söyleyeceğim şeyi yapman gerekecek. Herhangi bir kuşkun varsa, bunun yerine başka bir şey yapabiliriz" dedim.

Annemarie bana, hayatının bu kadar ciddi ve sıkıcı olmasından yorulduğunu ve yasadışı ya da ahlaksızca bir şey olmadığı sürece ne gerekirse yapacağını söyledi.

Kur yapmanın ilk sırrının, onun bir oyundan ibaret olduğunu hatırlamak olduğunu açıkladım. Kur yapmak, eğlenmek içindir. Eğer çok ciddiye alırsanız, hata yaparsınız çünkü bütün sihir ortadan kaybolur. Birçok insan hayatından sıkılır ve keyif alabileceği bir şeyler ister. Eğer onları sevecen bir tavırla oyuna davet ettiğinizi ve aşırı derecede ciddi olmadığınızı anlarlarsa sizden daha da hoşlanırlar. Fakat ilgiye muhtaç olduğunuzu ya da onları kovaladığınızı hissedecek olurlarsa, sizi reddederler. Nedeni, 'Burns kuralı'dır: *"İnsanlar yalnızca elde edemediklerini isterler. Elde edebilecekleri bir şeyi asla istemezler."*

Kur yapmanın bir yolu, konuştuğunuz insana iltifat etmektir. Fakat iltifatların tamamına yakını, eğer hevesli, iyi niyetli, sevecen bir tavırla yapıldığı ve fazla ciddi görünmediği takdirde işe yarar. Aslına bakarsanız iltifat bazen, bir parça samimiyetsiz olduğunda daha da çok işe yarar. Bu tavsiyenin yaygın olarak doğru kabul edilene zıt düştüğünün farkındayım, ama bana güvenin.

Annemarie'ye biraz fazla ciddi olduğunu ve daha haylaz ve sevecen olması gerektiğini söyledim. Şöyle açıkladım:

Diyelim ki yolculuk ettiğin trende yakışıklı bir adamla sohbet etmeye başladın ve onun tamamen boş bir adam olduğunu fark ettin. Ne kadar yakışıklı biri olduğu çok defa söylenmiş ve o da artık bunu duymaktan sıkılmış. Bu yüzden, ilgi çekici bir adam olduğunu ve düşünme şeklini sevdiğini söyleyebilirsin. Hatta muhtemelen herkesin ona aynı şeyi söylediğini de ekleyebilirsin.

Artık bunu ona herkesin söylemediğini biliyoruz. Aslında daha önce hiç kimse ona böyle bir iltifatta bulunmamış. İlgisi çekilecek ve kısa bir süre içinde başının etini yemeğe başlayacak. Fakat kendini kaptırma. Onun peşinden koşmadığını fark etmesi gerekiyor. Kelebek gibi ol ve gidip başkasıyla sohbet et. 'Burns kuralı'nı hatırla: "*İnsanlar yalnızca elde edemediklerini isterler. Elde edebilecekleri bir şeyi asla istemezler.*"

Diyelim ki karşında oturan adam da tam bir entelektüel. Tıknaz biri ama New York Bilim Akademisi'ne, araştırmasını sunmaya gidiyor. Onunla muhabbet açabilir ve görünüşüyle ilgili bir iltifatta bulunabilirsin. Örneğin, son derece samimi ve beğeni dolu bir ses tonuyla "Gözlerinde çok benzersiz bir şey var, ama eminim bunu bütün kadınlardan her zaman duyuyorsundur."

Şimdi, sen ve ben biliyoruz ki bunu her zaman duymuyor. Aslında bunu, muhtemelen belki de daha önce annesinden bile duymadı. Muhtemelen kızaracak, heyecanlanacak ve seni uzun bir süre kesinlikle unutmayacak.

O yakışıklı ve boş adam şimdi muhtemelen "Benim mavi gözlerimin nesi eksik? Bu adam tam bir inek. Kadının tekrar benimle konuşmasını istiyorum."

Hatırlanması gereken en önemli şey yetişkinlerin, büyümüş ve ciddileşmiş ama hâlâ oyun oynayıp eğlenmek isteyen çocuklar olduğudur. Hepimiz hayatlarımıza biraz kurgu eklensin istiyoruz. Kur yapma oynayacağınız oyunlardan bir tanesidir. Belli etmek istersiniz ama anlaşılmasın da istersiniz.

Kur yapma pratiği kazanması adına Annemarie ve ben ofisimde biraz rol yapma egzersizi yaptık. Gayet doğaldı. İhtiyacı olan tek şey, biraz daha işveli ve dışa dönük olmaktı. Onda Güneyli çekiciliği vardı ve ben onun çok iyi bir iş çıkaracağını biliyordum.

O öğleden sonra trende, en az üç erkeğe kur yapmayı kabul etmişti. Sonra birden kaygılandı ve "Ya biri beni kur yaparken görüp beni küçümserse? Ya bir hata yaparsam da insanlar benim utanmaz bir kadın olduğumu düşünürlerse?" diye sordu.

Korkularının üstesinden gelmesine yardımcı olmak için Korkulan Kurgu'yu denememizi önerdim. Bu, önceki bölümde okuduğunuz Bilişsel Maruz Bırakma Tekniklerinden bir tanesidir. Ona, en kötü korkularının gerçek olduğu Alice Harikalar Diyarı'nda tadında bir kabus dünyasına gireceğimizi açıkladım. Bu dünyada, trendeki yolcular onu, yakışıklı erkeklere utanmadan kur yaptığı için gerçekten küçümsüyorlar. Üstüne bir de her yolcu lafını esirgemeyip aklından geçeni aynen söylüyor.

Ona Annemarie'nin rolünü benim üstleneceğimi ve onun da trendeki muhalif yolcuyu canlandıracağını açıkladım. Muhalif yolcunun aklından geçenleri söyleyip beni küçümsemeye çalışmasını söyledim. İstediği kadar kaba olabileceğini ve iki insanın birbirine asla söylemeyeceği şeyleri bile söyleyebileceğini açıkladım. Muhalif yolcunun aslında kendi en büyük korkularını ve katı standartlarını temsil ettiğini söyledim.

**Muhalif Yolcu** (Annemarie canlandırıyor): Seni üç farklı erkekle flört ederken gördüm. Umutsuz vaka gibi bir şey misin yoksa hafifmeşrep misin nesin?

**Annemarie** (David canlandırıyor): Aslında her ikisi de. Uzun zamandır yalnızım ve işlerden bunalmış durumdayım. Bu yüzden kabuğumdan çıkıp biraz açılmaya karar verdim. Ayrıca Philadelphia'daki terapistimden de daha iyi hafifmeşrep olmanın yollarını öğreniyorum.

**Muhalif Yolcu**: Senin yerinde olsam kabul etmeye utanırdım. Utanmazın tekisin! Kendini rezil ediyorsun.

**Annemarie**: Tamamen haklısınız. Hatta bugün daha bir utanmazım. Epey güzel zaman geçiriyorum.

**Muhalif Yolcu**: İstediğini yapabilirsin ama herkesin seni izlediğini ve ahlaksızlığından, çirkin davranışlarından dolayı seni küçümsediğini unutma!

**Annemarie**: Esasen benim için bir sakıncası yok çünkü ilgimi buradaki sevimli adamlar çekiyor. Ve hiç de beni eleştiriyor gibi durmuyorlar. Kimbilir belki biriyle yemeğe çıkarım.

**Muhalif Yolcu**: Hiçbiri seninle çıkmaz çünkü beceriksizsin. Kur yapma becerilerin berbat.

**Annemarie**: Evet, hayli yol almam gerekiyor biliyorum çünkü daha yeni yeni başladım. Bana ne gibi yaklaşımlar önerirdiniz acaba? Neler sizin işinize yaramıştı? Sizin tekniklerinizden bir iki tane deneyebilirim belki.

Annemarie oralı olmayacağımı anlamıştı. Trendeki yolcuların büyük olasılıkla kur yapmasını umursamayacağını söyledi. Ama birisi çıkıp onu eleştirse bile bununla yaşayabilirdi.

Annemarie'yi Pazartesi günü gördüğümde yüzü sevinçle parlıyordu. Yolculuk yaptığı trenin çekici erkeklerle dolu olduğunu söyledi. Kendisini gergin ve maharetsiz hissetmişti, ama yine de yanında oturan ortalama görünüşlü bir adamla sohbet etmek için kendini zorlamıştı. Adam sigorta uzmanıydı. Dayanılmayacak kadar sıkıcıydı, ama Annemarie adamın yaptığı işin çok önemli ve heyecan verici göründüğünü söylemişti.

Adam çok heyecanlanmıştı ve hayat hikayesini ortaya dökmüştü. Birkaç dakika sonra genç ve çekici bir erkeğe kur yapmaya başlamıştı ama o da kısa bir süre içinde başının etini yemeye başlamıştı. Annemarie'nin numarasını istemiş ve onu, kendisinin de küçük bir rol aldığı Broadway gösterisinin açılışına davet etmişti. New York'tayken görüşebileceklerini söylemişti. Annemarie çok şaşırmıştı ve bana elinde sanki gizli bir silah varmış gibi hissettiğini söyledi.

Kur Yapma Eğitimi'ne başladığınız zaman, korkutucu görünmeyen kişileri seçebilirsiniz. Aslında öncelikle hayvanlarla bile başlayabilirsiniz, tıpkı Gülümseme ve Merhaba Alıştırması'nda olduğu gibi. Ben bunu her zaman yapıyorum ve o kadar işe yarıyor ki. Örneğin, kaldırımda yürürken bir köpeğe rastladığım zaman onu okşuyorum ve olabilecek en acayip şeyleri söylüyorum: "Aman tanrım sen ne kadar da yakışıklısın. Daha önce hiç seninki kadar zeki ve arkadaş canlısı bir yüzü olan köpeğe hiç rastlamamıştım!" Köpekler ilgiye bayılıyor ve eleştiriden son derece uzaklar. Sahipleri de genelde bundan hoşnut görünüyorlar. Tabii hırlayan bir rottweiler ile karşılaşırsanız, es geçmek isteyebilirsiniz!

Ardından, romantik bir ilginizin olmadığı insanlara kur yapmayı deneyebilirsiniz. Çoğu insan, günlerini güzelleştirecek güzel yollar arar. Otellerdeki belboylar, yolda yürüyen polis memurları, uçaklardaki hostesler, AVM'de alışveriş yapan insanlar ya da spor salonlarında spor yapan insanlar gibi, dostça ve beğeni dolu yorumlar yaptığınızda olumlu tepkiler vermesinin neredeyse garanti olduğu insanlarla alıştırma yapabilirsiniz.

Alıştıktan sonra, ilginizi çeken insanlara kur yapmaya başlayabilirsiniz. Fakat bu tekniğin amacı birileriyle çıkmak değil, insanlarla dostça ve neşeli sohbetler etmek ve kendilerini iyi hissetmelerini sağlamaktır. Bu düşünce yapısı, üzerinizdeki baskıyı azaltacaktır. Çelişkili bir biçimde, amacınız bambaşka olsa bile biriyle randevulaşmanız da mümkündür.

## Reddedilme Alıştırması

Eğer reddedilmekten korkuyorsanız, dünyanın sonunun gelmediğini görmek için olabildiğince çok defa reddedilmeye çalışın. Örneğin, New Yorklu tanınmış psikolog Dr. Ellis gençliğinde, iki hafta içinde 200 kadına çıkma teklif etmiş. Biri dışında hepsi reddetmiş, kabul eden de buluşmaya gelmemiş!

Hiç kimseyle randevulaşamasa bile, reddedilme korkusunu yenmiş ve sonunda da sağlıklı bir sosyal hayat edinmiş olmuş. Aslına bakarsanız, romantik ilişkiler üzerinde ün yapmış bir uzman olmuş ve popüler bir erkek dergisinde yıllarca cinsellik önerileri verdiği yazılar yazmış.

Üniversitedeyken Dr. Ellis'i hiç duymamama rağmen, ben ve arkadaşım Spyder benzer bir teknik bulmuştuk. Spyder, arkadaşlarımla yaşadığım evin arkasındaki garajda yaşıyordu. Birlikte müzik yapabilecekleri bir grup arayan yakışıklı bir bateristti. Ayrıca inanılmaz derecede utangaçtı, tıpkı benim gibi.

Bizim deneyimimiz de Dr. Ellis'inki gibi olmuştu. Her defasında reddediliyorduk. Sanırım ikimizde aşırı ölçüde ciddi ve samimiydik, bir de hâlâ umutsuz, inek tiplerdendik. Ama reddedilme korkumuzun üstesinden geldik ve bu, çok daha heyecan verici hayatlara ulaşmamızın ilk adımı olmuştu.

## KENDİNİ AÇMA

Sosyal ortamlardaki utangaçlık ve gerginlik gibi duygularınızı saklamak yerine onları açarsınız. Bu tekniğin etkili olabilmesi için yeterli bir özgüven gerekmektedir.

Philadelphia'daki muayenehanemi açtıktan kısa bir süre sonra, eşim ve ben Gladwyne kasabasında bir ev aldık. Gladwyne'deki evlerin çoğu büyük ve pahalıdır. Bizim çok paramız yoktu, bu yüzden mahalledeki en az pahalı evi aldık.

Kızımız Signe genelde, bize yakın bir evde yaşayan Penelope adlı küçük bir kızla oynuyordu. Bir gün eşim Signe'yi Penelope'nin evinden almamı söyledi. Üzerimde eski bir tişört ve kirli bir kot pantolon vardı. Küflenmeye başlamış Fiat marka arabamıza bindim ve Penelope'nin evine doğru yola çıktım. Evin bahçesinin girişi ile evin arası o kadar uzundu ki ev görünmüyordu bile. Arabayı sürmeye devam ettikçe Penelope'nin bir malikânede yaşadığını fark ettim. Büyük kapıya doğru gözü korkmuş bir şekilde yürüdüm.

Zili çaldım ve bekledim. Birden kapı açıldı ve olağanüstü güzellikte bir kadın göründü. *Vogue* dergisinin kapağına çıkan mankenlere benziyordu. İnceydi ve bronzlaşmış bir teni vardı. Giyimi ve mücevherleri çok güzel görünüyordu. Penelope'nin annesi olduğunu söyledi. Kaygılandım ve gergin bir ifadeyle "Kızım Signe'yi almaya geldim" dedim.

"Lütfen içeri girin" dedi. Beni, bizim oturma odamız kadar büyük olan giriş salonuna aldı. Tavanlar yüksekti ve duvarlarda, ancak Louvre Müzesi'nde rastlayabileceğiniz türden gösterişli altın çerçeveler içinde kocaman tablolar vardı. Kendimi huzursuz hissettiğimi fark etti ve "Bir terslik mi var?" diye sordu.

"Aslına bakarsanız, daha önce hiç bu kadar etkileyici bir evde bulunmamıştım, kendimi biraz aşağı hissettim" dedim.

O da "Bu biraz nevrotik değil mi? Terapist olduğunuzu duymuştum" dedi.

"A, evet." diye cevapladım, "Ben oldukça nevrotiğim! Beni tanısanız, bu görünenin buzdağının ucu olduğunu anlardınız!"

Kadın güldü ve ben biraz daha rahatlamış hissettim. Eşim ve ben, kısa bir süre sonra onunla arkadaş olduk. Her şey tıkırında gidiyor gibi görünse de, hayatının göründüğü kadar göz kamaştırıcı olmadığını ve onun da zaman zaman her birimizin yaşadığı çatışmalar ve zorluklarla boğuştuğunu öğrendim.

Kendini Açma'yı kullanmıştım. Utangaçlığınızı saklayıp "normal" görünmek yerine onu açıkça ortaya koyarsınız. Anksiyetemi yalnızca fark ettim ve çelişkili bir biçimde ortadan kayboldu, fakat utangaçlığımı saklamaya çalışsaydım onu daha da arttırmış olurdum.

Fakat Kendini Açma, düşünüldüğü kadar kolay olmayabilir. Bir defasında Joseph adında, on dört yaşında Harvard Üniversitesi'ne kabul edilen genç ve zeki bir adamı tedavi etmiştim. Dört yıl sonra da dereceyle mezun olmuştu, ama son derece utangaçtı ve kendi yaşıtlarıyla sosyal beceriler geliştirme şansı hiç olmamıştı. Özellikle de çekici kadınların yanında olduğunda utangaçtı ve ne kadar utangaç olduğunu bilse her kadının onu reddedeceğine emindi.

Joseph çekici ve yakışıklı bir adamdı ve böylesine yalnız olmasına ve birilerine çıkma teklif etmekten bu kadar korkmasına yazık gözüyle bakıyordum. Kadınlarla konuşurken utangaçlığını saklamak yerine bu utangaçlığı fark etmesi yönünde onu teşvik ettim. Fakat bunu reddetti. Delirmiş olduğumu düşünmüştü ve bunu yaparsa kusurlu gibi görünüp reddedileceğinde ısrar ediyordu.

Joseph'in Kendini Açma'ya direnmesi klasik bir şeydi. En çok korktuğunuz canavarla yüzleşme zamanı geldiğinde, birçok insan panikler ve ters yöne doğru olabildiğince hızla kaçar. Utangaçlığını saklamaya çalıştıkça, Joseph'in hissettiği tuhaf duyguların daha da artacağını biliyordum ama o bana canla başla direndi ve ne söylediğimin farkında olmadığımda ısrar etti.

Birkaç hafta direndikten sonra Joseph, söylediğim şeyi bir deneyle test etmeyi kabul etti. Philadelphia'da bir sigorta şirketinde danışmanlık yapıyordu ve sarışın, çekici bir sekreterin onu süzdüğünü fark etmişti. Fakat kendisini gergin hissettiği için hiçbir zaman konuşmaya cesaret edememişti.

Ona çıkma teklif etmeyi kabul etmişti ama daha önce hiç randevuya çıkmamıştı ve kadın evet diyecek olursa ne yapacağını bilemeyecekti. Ona Chinatown'daki Riverside adlı restoranda yemek yiyebileceklerini söyledim. Ailem ve ben oraya neredeyse her hafta gideriz çünkü yemekleri harikadır. Daha sonra birlikte film izlemeye gidebilirlerdi. Ama ona, buluşma sırasında utangaçlığını açması gerekeceğini söyledim. Böylelikle korkularının doğru olup olmadığını anlayabilecekti. Joseph bunun son derece zor olduğunu söyledi ama ne kadar yanıldığımı göstermek adına bir defaya mahsus denemeye kendini zorlayacaktı.

Çıkma teklifi geldiğinde genç kadın istekli görünmüş, Joseph'in yemek ve film izleme davetini kabul etmişti. Yemek yerlerken Joseph kendisini içine kapanık hissetti ve ne kadar rahatsız hissettiği fark edilmesin diye "normal" davranmaya çalışmaya devam etti, ama aklına konuşacak hiçbir şey gelmiyordu. Birçok defa uzun ve garip sessizlik anları olmuştu. Genç kadın yolunda gitmeyen bir şeyler olup olmadığını sordu.

Joseph gerginliğe daha fazla dayanamayıp bir şey itiraf etmek istediğini söylemişti. Kadın meraklanmış ve sorunun ne olduğunu sormuştu. Joseph bazen, özellikle de etrafında gerçekten güzel bir kadın varken, kendini utangaç hissettiğini ve dilinin tutulduğunu, böyle hissettiği için de özür dilemesi gerektiğini söyledi.

Bu noktada kadının onu reddedeceğinden emindi. Fakat kadın ona "Çok uzun zamandan beri senin gibi duyarlı bir adam arıyorum! Devamlı asılan maço erkeklerden yoruldum" dedi.

Joseph duyduklarına inanamamıştı!

Yemekten sonra kadın Joseph'e, filme gitmek yerine evine gidip "biraz sohbet edip bir iki kadeh şarap içmek" isteyip istemediğini sordu. Sonunda beraber oldular ve geceyi birlikte geçirdiler. Bir sonraki seansa geldiğinde Joseph "Artık inanıyorum! Artık inanıyorum!" diye bağırdı.

Kendini Açma, utangaçlığınızın değil utancınızın asıl düşman olduğu fikrine dayanır. Utanç olmayınca, utangaçlık sizi daha savunmasız ve daha çekici gösterebilecek değerli bir nitelik olabilir. Fakat utangaçsanız, buna muhtemelen inanmazsınız çünkü utangaçlık ve utanç kavramları zihninizde birbirine çok yakındır.

Elbette işin içinde bir parça sanat da vardır. Utangaçlığınızı açarken kendinizi çok geri planda tutarsanız, bu yöntem istenilenin tersi sonuçlar da verebilir çünkü diğer kişi bu durumdan rahatsız olabilir. Size acıyabilir ya da sizi rahatlatmaları gerektiğini düşünebilirler. Örneğin, "O kadar utangacım ki insanların yanlarında durmaya bile dayanamıyorum. Dürüst olmam gerekirse, herkesin dışladığı bir insanım. Tabii köpeğim dışında, o bana katlanıyor çünkü onu besliyorum. O kadar yalnızım ki artık dayanamayacağım. Benim arkadaşım olur muydun?" demek istemezsiniz.

Tabii ki bu şaka yollu bir ifade, ama kulağa ilgiye muhtaç, gizliden de düşmanca bir ifade gibi geliyor ve diğer kişinin keyfini kaçırmaya yeterli olabilir. Kendini Açma güçlü bir araçtır çünkü duygularınızı saklamak zorunda kalmazsınız. Kendinizi rahat bir biçimde ifade ederseniz ve kendinizi olduğunuz gibi kabul ederseniz, en iyi verimi elde edersiniz.

## David Letterman Tekniği

Eğer utangaçsanız, başınız muhtemelen Spot Işıkları Yanılgısından beladadır. Sosyal ortamlardayken sanki sahne üzerinde, parlak spot ışıklarının altında hissedebilir ve insanların sizi sevmesi için onları etkilemek zorunda olduğunuzu düşünebilirsiniz. Bu çok stres vericidir çünkü ilginç bir şey söylemek için kendinizi baskı altında hissetmenize neden olur. Ne kadar uğraşırsanız, o kadar tuhaf ve kendiniz olmaktan uzaklaşmış hissedersiniz.

İnsanların çoğu, kendileri hakkında konuşmayı daha ilgi çekici bulur. Çelişkili olarak, birilerini etkilemenin yolu onları spot ışıkları altına koymaktır. Siz merakla dinlerken onları kendileri hakkında konuşturun. Bu sizi, oyuncudan çok dinleyicilerden biri yapar – ki diğerine göre çok daha kolay bir roldür.

Ben buna David Letterman* Tekniği diyorum çünkü bu teknik, talk-show sunucularının konuklarını ağırlarken kullandığı tekniklerin bir benzeridir. Bu sunucular spot ışıklarını daima diğer kişilere doğrulturlar ve nadiren kendileri hakkında konuşurlar. Böylelikle konuklar kendilerinden bahsederken daha çok rahatlar ve konuşma da daha dinamik ve rahat bir hal alır.

Bunu nasıl yaparsınız? İlginç bir şey söyleyerek ya da kendinizden bahsederek diğer kişileri etkilemeye çalışmak yerine, Etkili İletişimin Beş Sırrı'nı kullanabilirsiniz. Her ne kadar ilk olarak kişiler arası çatışmayla başetmek için geliştirmiş olsam da, bu tekniği sosyal ortamlarda şahane sohbetler kurmak için de kullanabilirsiniz. İşte şu şekilde işe yarar:

---

* **Çev. notu:** David Letterman, Amerikalı, tanınmış bir talk-show sunucusudur.

1. **Ateşkes Tekniği.** Ne kadar saçma ya da anlamsız olursa olsun karşıdaki kişinin söylediğinde doğruluk payı bulun. İnsanlar, onlarla aynı fikirde olmanıza bayılırlar.

2. **Düşünce Empatisi ve Duygu Empatisi.** Dünyaya diğer kişinin gözleriyle bakmaya çalışın. Düşünce Empatisi'ni kullanırken, karşıdaki kişinin söylediklerini kendi cümlelerinizle tekrar edersiniz, böylelikle o da dinlediğinizi ve mesajı aldığınızı hisseder. Örneğin, "Hmm, az önce X, Y ve Z'yi söyledin değil mi? Bu gerçekten ilgimi çekti" diyebilirsiniz.

   Karşınızdaki kişi heyecanlanacak ve dikkatli bir dinleyici gibi göründüğünüz için bu konu üzerinde daha çok konuşacaktır.

   Duygu empatisini kullanırken, kullandığı kelimelere dayanarak karşınızdaki kişinin neler hissediyor olabileceğine dair yorum yaparsınız. Örneğin eğer karşınızdaki kişi, çalıştığı şirketin yeni yönetmeliğinin ne kadar adaletsiz olduğuna dair güçlü ifadeler kullanıyorsa, "Hmm, çok haklısın ve bu durumun ne kadar sinir bozucu olduğunu anlayabiliyorum" diyebilirsiniz. Bu ifade aynı zamanda Ateşkes Tekniği'ne de bir örnektir çünkü karşınızdaki kişinin söylediklerinde haklılık payı olduğunda hemfikir olursunuz. Düşünce ve Duygu Empatisi, Ateşkes Tekniği ile birleştirdiğiniz zaman genellikle daha etkili olur.

3. **Merak.** Karşınızdaki kişiyi konuşturmak için basit bir soru sorun. Örneğin "Söylediğin şey gerçekten ilgimi çekti. Bunun hakkında daha fazla bilgi verebilir misin?" diye sorabilirsiniz.

4. **"Hissediyorum" Cümleleri.** Kendi düşünce ve duygularınızı ifade edersiniz. Buna gerek kalmayabilir çünkü insanların çoğu kendileri hakkında konuşmaya isteklidir.

5. **Gururunu Okşamak.** Diğer kişiye iltifatta bulunursunuz. Saygınızı ve hayranlığınızı ifade edin. Karşınızdaki kişi hakkında söyleyecek gerçekten olumlu bir şey bulun.

EAS kısaltması sayesinde bu teknikleri daha kolay hatırlayabilirsiniz. Aşağıdaki çizelgede gördüğünüz gibi EAS; Empati, Atılganlık ve Saygıyı temsil eder. Bu teknikleri beceriyle kullanırsanız, çoğu konuşmayı karşınızdaki kişinin yapmasını sağlarsınız. Çelişkili olarak, başkalarına ilginizi belli ederseniz, sizden daha çok etkileneceklerdir.

### Etkili İletişimin Beş Sırrı (EAS)

| E - Empati |
|---|
| 1. **Ateşkes Tekniği (AT).** Karşınızdaki kişinin söylediklerinde, tamamen anlamsız veya haksız görünse bile, doğruluk payı bulun.<br>2. **Empati.** Kendinizi karşınızdaki kişinin yerine koyun ve dünyaya onun gözlerinden bakmaya çalışın.<br>• **Düşünce Empatisi (DşE).** Karşınızdaki kişinin söylediklerini, kendi cümlelerinizle tekrar edin.<br>• **Duygu Empatisi (DuE).** Karşınızdaki kişinin nasıl hissettiğini söylediklerine dayanarak anlamaya çalışın.<br>3. **Merak (M).** Karşınızdaki kişinin düşündüklerini ve hissettiklerini öğrenmek için nazikçe sorular sorun. |
| **A - Atılganlık** |
| 4. **"Hissediyorum" Cümleleri (HC).** Kendi düşünce ve duygularınızı doğrudan ve nazik bir tavırla ifade edin. "Sen haksızsın!" ya da "Beni kızdırıyorsun!" gibi "sen" cümleleri yerine "Üzgün hissediyorum" gibi "Hissediyorum" Cümleleri kullanın. |
| **S - Saygı** |
| 5. **Gururunu Okşamak (GO).** Karşınızdaki kişiye kızgın olsanız bile saygınızı gösteren mesajlar verin. Hararetli bir tartışmanın ortasında bile olsanız karşınızdaki kişiye söyleyecek içten ve olumlu şeyler bulun. |

Tıp öğrencisi olduğum yıllarda, Tıp Fakültesi'nin bölüm başkanının sekreteri olan Clarisse adlı kadından çok korkuyorduk. Biraz iğneleyici bir kadındı ve geniş yetkileri vardı. Eğer kötü tarafına denk gelirseniz hayatınızı darmaduman edebilirdi. Bir gün Clarisse'e, bana yönlendirilen hastalardan biriyle ilgili bir şey sormam gerekti. Sinirli gibi görünüyordu ve ben de şöyle bir şey söyleyiverdim: "Biliyor musun Clarisse, bölümü böyle güzel yönetmene bayılıyorum doğrusu. Çok düzenli ve verimli birisin. Seni bu yüzden her zaman takdir etmişimdir, keşke benim de bu yeteneklerim olsa."

Yelkenleri suya indirmişti ve o günden sonra bana bir prens gibi davrandı. Muhtemelen hayatında onu rahatsız eden bir şeyler vardı ve böylesi bir ifadeyi uzunca bir zamandır duymamıştı. Bu tekniklerden yalnızca bir tanesini, Gururunu Okşama'yı, kullanmış olmama rağmen Clarisse ile olan ilişkim tamamen değişmişti.

Etkili İletişimin Beş Sırrı'nı günlük hayatınızda kullanmayı öğrenmek istiyorsanız, pratik yapmanız gerekir. Yalnızca okumak yeterli değildir. Bazı yazılı alıştırmaların yanısıra rol yapma çalışmaları da yapmanız gerekecektir.

Kendinizi utangaç hissettiğinizi ve karşınızdaki kişiye söyleyecek bir şey bulmakta zorluk yaşadığınızı hayal edin. Karşınızdaki kişinin söyleyip de sizin karşılık vermekte zorlanacağınız bir şeyi not edin. Sonra da Etkili İletişimin Beş Sırrı'ndan yararlanarak verebileceğiniz iki ya da üç karşılık yazın. Örneğin, diyelim ki bir partidesiniz ve Jarvis adında akıl almaz derecede sıkıcı bir arkadaşa denk geldiniz. Söyleyecek bir şeyler bulmaya çabalıyorsunuz ve kendinizi gergin hissediyorsunuz. Jarvis'e ne iş yaptığını sorduğunuzda "Toz üzerine çalışmalar yapıyorum" diye karşılık veriyor.

Jarvis'e nasıl karşılık verirdiniz? Ne söyleyeceğinizi aşağıya yazın. Her cümlenin ardından, hangi tekniği kullandığınızı listedeki kısaltmaları kullanarak parantez içinde belirtin. Örneğin,

Ateşkes Tekniği'ni kullandıysanız, cümlenin sonuna "(AT)" koyun. Yanıtınızı yazmadan okumaya devam etmeyin.

................................................................................................

................................................................................................

................................................................................................

................................................................................................

................................................................................................

## Yanıt

Jarvis'e verilebilecek birçok karşılık bulunur. Örneğin bir tanesi şöyle olabilir:

> Demek toz üzerine çalışmalar yapıyorsun (DşE; M). Bu çok ilgi çekici (GO). Daha önce toz üzerine çalışmalar yapan hiç kimseyle karşılaşmamıştım, ama eminim ki toz müthiş bir konudur (GO). Geçenlerde Discovery Channel'da bir belgesel seyretmiştim. O belgeselde, evrenin bazı bölgelerinde yalnızca elmastan oluşan toz yağmurları olduğundan bahsediliyordu (HC). Ne tür tozlar üzerinde çalışıyorsun (M)?

Gördüğünüz gibi ben kendi karşılığımda, Etkili İletişimin Beş Sırrı'ndan dördünü kullanmış oldum ve her bir cümlenin ardında kullandığım tekniği parantez içinde yazdım. Karşıdaki insan ne söylerse söylesin, bu teknikleri kullanıp spot ışıklarını karşınızdaki kişiye yöneltirseniz her konuşmayı ilginç duruma getirebilirsiniz.

Şimdi bir kez daha deneyin. Bir partidesiniz, biriyle sohbet ediyorsunuz ve kendinizi utangaç hissediyorsunuz. Partideki insanlardan birinin size söyleyebileceği bir cümle yazın. Normalde karşılık vermede zorluk yaşayacağınız bir cümle seçtiğinizden emin olun.

....................................................................................................

....................................................................................................

....................................................................................................

....................................................................................................

....................................................................................................

Şimdi de sizin neler söylemek istediğinizi yazın. Etkili İletişimin Beş Sırrı'ndan yararlanmayı unutmayın. Her bir cümlenin ardından kullandığınız tekniğin kısaltmasını parantez içerisinde not edin.

....................................................................................................

....................................................................................................

....................................................................................................

....................................................................................................

....................................................................................................

Bu alıştırmayı yazılı olarak birkaç kez yaptıktan sonra, karşınızdaki insanların, kendilerini rahat hissetmesini sağlamanın ve herkesle, her zaman ve her ortamda, canlı bir diyalog başlatmanın ne kadar kolay olduğunu görmeye başlayacaksınız. Daha sonra bir arkadaşınızla ya da ailenizden bir kişiyle rol yapma alıştırmaları yapabilirsiniz. Rol yapma alıştırmalarında arkadaşınızdan, konuşacağınız kişinin rolünde olmasını isteyin ve siz de kendinizi oynayın. Arkadaşınız kısa bir cümle kurduktan sonra, Beş Sırrı kullanarak karşılık verin. Sonunda karşınızdaki kişiden, sizi değerlendirmesini isteyin. A mı aldınız, B mi, C mi D mi? Karşılığınızla ilgili arkadaşınızın hoşlandığı ve hoşlanmadığı şeyleri sorun.

Eğer A almadıysanız, rolleri değiştirin ve arkadaşınızın size söylediğini siz ona söyleyin. Arkadaşınız karşılık verdikten sonra siz onu değerlendirin. Bu rol değişimlerini birkaç kez yaparsanız, çoğu zaman son derece iyi karşılıklar verebildiğinizi fark edeceksiniz.

Rol yapma alıştırmaları sırasında hatırlamanızda yarar olan birkaç ipucu vereyim. Rol yapma alıştırmaları, bir defada yalnızca bir ifade kullandığınız zaman en iyi sonucu verir. Bir başka ifadeyle, arkadaşınızdan bir yorum yapmasını isteyin, sonra da siz karşılık verin. Böyle yapmak arkadaşınıza, neleri doğru yapıp neleri yanlış yaptığınızı daha iyi belirleme fırsatı verir. Sonra rolleri değiştirin ve arkadaşınızın daha etkili bir karşılık verip veremeyeceğinize bakın. Etkili bir karşılık bulana kadar rol değişimlerini yapmaya devam edin.

Hem sizin hem de arkadaşınızın elinde birer örnek olması adına, 406. sayfadaki Etkili İletişimin Beş Sırrı'nın fotokopisini çekebilirsiniz. Böyle yapmanız, hem diyalog kurmada size yardımcı olacaktır hem de birbirinize daha net ve daha yararlı geri-bildirimler vermenizi sağlayacaktır. Bunu birkaç kez yaptığınızda, Beş Sırrı hayatınızda da kullanmaya hazır olacaksınız. Öncelikle çocuklar gibi korkutucu olmayan insanlarla başlamayı; daha zorlayıcı durumlar üzerinde belli bir zaman geçtikten sonra çalışmayı unutmayın. Spot ışıklarını karşınızdakilere doğrultmayı deneyince, insanlarla ilişki kurmanın ne kadar kolay olduğunu fark ettiğinizde bence çok şaşıracaksınız.

Etkili İletişimin Beş Sırrı, kalabalık önünde konuşmak gibi anksiyete uyandırıcı durumlarda çok işinize yarayabilir. Kalabalık önünde konuşma anksiyetesi olan birçok insan, izleyicilerden bazılarının zor ya da kötü niyetli sorular soracağından korkar. Eğer Etkili İletişimin Beş Sırrı'nı kullanırsanız, en kötü niyetli eleştirileri bile kendi avantajınıza çevirebilirsiniz ve karşıdaki kişi ne kadar saldırgan görünürse görünsün hiçbir sorudan korkmazsınız.

Geçmişte Houston'daki Baylor College Tıp Fakültesi'nde, beyindeki serotonin maddesi üzerine bir konuşma yapmıştım. Dinleyiciler yaklaşık beş yüz psikiyatristten oluşuyordu. Konuşmam izleyiciler tarafından gayet iyi anlaşılmıştı ama soru-yanıt bölümüne geçildiğinde arka sıralardan bir psikiyatrist beni paylamaya başladı. Kendi yaptığı çığır açan bir çalışmanın, belirli bir tür vitaminin depresyonu tedavi edebildiğini bulguladığını söylüyor, benim de kendi buluşunun yayılmaması için çaba harcayan bazı ilaç şirketlerinin oyununa dahil olduğumu iddia ediyordu. Buna daha fazla sabredemediğini de bağıra çağıra söylüyordu.

Kendimi gerçekten zor bir durumda gibi hissettim. Gerginlik dinleyiciler arasında yayılmaya başlamıştı ve beş yüz kişinin de gözü benim üzerimdeydi. Kendimi savunma dürtüsüne engel oldum. Bunun yerine o kişiye, müthiş bir noktaya değindiğini ve yaptığı mesleki eleştirinin kesinlikle doğru olduğunu söyledim. Bazı araştırmacıların kendi doğrularına fazlasıyla bağlı olduğunu ve yeni fikirlere çoğunlukla açık olmadığını vurguladım. Tıp tarihi boyunca önemli birçok buluşun, tıpkı kendisi gibi kendi küçük laboratuvarlarında kendi ilgi alanlarında çalışan ve sonunda da zafere ulaşan araştırmacılar tarafından ortaya çıktığına dikkat çektim. Konuşmam bittikten sonra yanıma gelip araştırması hakkında daha fazla bilgi vermesini rica ettim.

Son derece memnun göründü ve hemen susup soru-yanıt bölümü boyunca hiç sesini çıkarmadı. Diğer dinleyiciler de ifadeleriyle herkesi rahatsız eden o kişiye verdiğim nazikçe karşılığı takdir etmiş gibi görünüyorlardı. yanıt verme zamanımın yetmediği birçok soru kalmıştı. Konuşmamın yarattığı etki son derece iyiydi.

Konuşmanın ardından, geniş ve coşkulu bir kalabalık, sorularını ve yorumlarını iletmek üzere sahneye doğru yöneldi. Az önceki kişinin de bana doğru yaklaştığını fark ettim. Fakat yanıma geldiğinde elimi sıktı ve beni kutladı. Konuşmamın, beyin kimyası üzerine şimdiye kadar dinlediği en iyi konuşma olduğunu söyledi ve kendi konuşmalarında kullanmak üzere sunumumun bir kopyasını rica etti!

Karşılığım etkili miydi? Aslında yalnızca Etkili İletişimin Beş Sırrı'ndan ikisini, Ateşkes Tekniği'ni ve Gururunu Okşama'yı kullanmıştım. Araştırma işinin bilimsellikten çok politik bir iş olduğuna hemfikir olarak ve belirli görüşlere bağlı olmayan insanların bazen hiç hak etmedikleri şekillerde dışlandığını söyleyerek karşımdaki kişiyle ateşkes yapmıştım. Kendisini cesur ve idealist bir araştırmacı olarak tanımladığımda da yumuşamıştı çünkü birden kabul gördüğünü hissetmiş, beni de düşman değil müttefik olarak görmüştü.

Etkili İletişimin Beş Sırrı, kalabalık önünde konuşma anksiyetesine karşı iki farklı yolla etkili olur. Birincisi, anksiyeteniz azalır çünkü sunumlarınız sırasında söylenmesi olası her şeyle başedebileceğiniz harika bir yolunuz olduğunu fark edersiniz. İkincisi, biri gerçekten kötü niyetli ve zor bir soru sorarsa, Ateşkes Tekniği ve Gururunu Okşama'yı beceriyle kullanırsınız ve bu dinleyiciler üzerinde olumlu bir etki bırakır çünkü size soru sormanın gayet güvenli olduğunu görürler. Böylece bütün grubun morali yükselmiş olur.

IV

# Gizli Kalmış Duygular Modeli

# 21 Gizli Kalmış Duygu Tekniği

*Sorunlarınızı halının altına süpürmek*

Bir defasında, işyerinde panik ataklar geçiren Alicia adında genç bir kadını tedavi etmiştim. Alicia liseden mezun olduktan hemen sonra evlenmiş ve meşrubat toptancısı bir adamın yanında çalışmaya başlamıştı.

Alicia'nın panik atakları, patronu masasının yanından geçerken ortaya çıkıyor gibi görünüyordu. Midesi bulanmaya başlıyor ve kusacak gibi oluyordu. Sıklıkla bekleme odasına gidip bir süre uzanmak zorunda kalıyordu. Bazen o kadar hasta oluyordu ki, eve dönmek zorunda kalıyordu. Yolunda gitmeyenin ne olduğunu öğrenmek için birçok doktora gitmişti ama her şey normal görünüyordu. Semptomlarının tıbbi bir açıklaması bulunmuyordu.

Alicia evdeyken, özellikle eşi iş gezisi nedeniyle evde olmadığı zamanlarda da panik ataklar geçiriyordu. Kendini paniğe kapılmış hissediyor ve dehşet içinde eşini arıyordu. Bazen sesi o kadar çaresiz geliyordu ki eşi, gezisini yarıda kesip eve dönüyor ve onunla ilgileniyordu. Alicia eşini seviyordu ve onun hayatında birçok soruna neden olduğu için kendisini suçlu hissediyordu.

Panik ataklarının dışında Alicia mutlu ve uyumlu bir insandı. Bana hayatında geri kalan her şeyin gayet yolunda olduğunu söyledi. İşini seviyordu ve patronuna hayrandı. Patronu ona sık sık övgüler yağdırıyor, kendisinin şirketin çok değerli bir parçası olduğunu söylüyordu.

Alicia'nın panik atakları, anlam veremediğim bir biçimde, durup dururken geliyor gibi görünüyordu. Niçin böyle oluyordu? Alicia ile çeşitli BDT Teknikleri kullanarak çalıştım. Bu yöntemler işe yarıyordu ama tam bir rahatlama sağlamıyordu. Alicia'nın anksiyetesi azalmıştı ama kaybolmamıştı.

Yedinci terapi seansımız sırasında Alicia bana, Ya Hep Ya Hiç şeklinde düşünme gibi bilişsel çarpıtmaların ailesel sorunlar içinde etkili olup olmayacağını sordu. Ne demek istediğini sordum. Bana, ailesinin onu küçükken "iyi evlat" olarak etiketlediğini açıkladı. Her zaman ailesini de öğretmenlerini de memnun etmeye çalıştığından, hep en iyi notları aldığından, iyi bir sporcu olduğundan, herkesle iyi geçinmeye çalıştığından ve ilkokul yıllarında sınıf başkanı seçildiğinden bahsetti. İşleri doğru dürüst yapacağına emin olduğunuz, bağımsız ve sorumluluk sahibi biri olduğunu söyledi.

Buna karşın ailesi, kız kardeşi Joanie'yi de "kötü evlat" olarak etiketlemişlerdi. Joanie hoyrat ve asiydi. Çoğu kez eve geç saate kadar gelmez, başını da belaya sokardı. Alicia bunlar üzerine biraz düşününce, bu etiketlerin gerçekçi olmadığını söyledi. Joanie'nin tam anlamıyla "kötü" biri olmadığını söyledi. O da hep çok iyi notlar alıyordu ve birçok arkadaşı vardı. Şimdi de evliydi ve iki güzel çocuğun annesiydi.

Bunun yanısıra Alicia kendini, herkesin kendisini gördüğü kadar "iyi" olarak görmediğini söyledi. Bazen asi hissediyordu ve Joanie gibi hoyrat olmak istiyordu. Fakat iyi evlat rolünü oynamak zorunda olduğu için asi olmaya hakkı yokmuş gibi hissediyordu. Bu etiketlerin yanıltıcı olduğunu söyledi çünkü kendisi ve kardeşi birçok yönden birbirlerine çok benziyordu.

Alicia'ya, iyi ve kötü evlat etiketlerinin panik ataklarıyla bir ilişkisi olduğunu düşünüp düşünmediğini sordum. Bir an duraksadı. Sonra da aslında işinden nefret ettiğini, ama herkesin ondan iyi bir evlat olup sorumluluk sahibi biri gibi davranmasını beklediği için böyle hissetmeye hakkı yokmuş gibi hissettiğini itiraf etti. Hayatını meşrubat satarak geçirmek istemediğini ve işinden gerçekten ayrılmak istediğini fakat eşini, patronunu ve ebeveynini hayal kırıklığına uğratmaktan çok korktuğunu söyledi.

Ona, "Alicia, elinde sihirli bir değnek olsaydı ve bütün hayallerini gerçekleştirebilseydin ne yapıyor olurdun?" diye sordum. Alicia küçüklüğünden beri kadın elbiseleri tasarlamanın hayalini kurduğunu fakat hiçbir zaman hayallerinin peşinden gitme cesaretini kendinde bulamadığını söyledi. Bunun gerçekçi olup olmadığını bile bilmiyordu ama bir kez denemeye can atıyordu.

Alicia ayrıca, keyif almaya ayıracağı, kendine ait bir zamanının olmadığını söyledi. Lisedeyken bile bütün yaz tatillerinde çalışmak zorundaydı ve yalnızca keyif almaya hiç zaman ayıramamıştı çünkü yapılması gerekenin bu olmadığını düşünüyordu.

Alicia kendisini nasıl hissettiğini eşine ve patronuna söylemeye karar verdi. Bunu söylediğinde de ne eşi ne de patronu sinirlenmişti. Hatta ikisi de ona destek olmuştu. Alicia işinden istifa etti ve birkaç ayı dinlenmeye ayırdı. Sonra da hep hayalini kurduğu kariyerin peşinden gitmeye karar verdi.

Panik atakları da birden kayboldu ve terapiyi sonlandırdı. Altı ay sonra, yardımım için teşekkür ettiği ve bir daha hiç panik atak yaşamadığını bildirdiği bir e-posta yolladı. İlk gerçek tatiline çıkmış ve bundan gerçekten keyif almıştı. Sonra da işe başlayacağı için çok heyecanlanmıştı. Birkaç kişiyle temasa geçtikten sonra, kadınlar için spor giysileri tasarlayan birinin yanında yardımcı olarak işe başlamıştı. Hayatı boyunca kurduğu hayalinin nihayet gerçekleştiğini, işine bayıldığını söyledi.

Alicia'nın paniğinin, atılganlık eksikliğine bağlı olarak ortaya çıktığına dikkat edin. Panik onun için "Hayatımda yolunda gitmeyen bir şeyler var. Benim istediğim iş bu değil" deme şekliydi. Fakat aslında kendini nasıl hissetmekte olduğunu kabul etmeye korkuyordu. Bu yüzden de istediğini dolaylı yoldan, hasta rolünü oynayarak elde ediyordu. Panik belirtileri ve mide bulantısı, çalışmaktan uzaklaşıp eve gitme fırsatı veriyordu. Fakat hiç kimsenin ona kızmaya hakkı da olmuyordu çünkü gerçekten hasta görünüyordu.

Alicia'nın dramatik bir şekilde iyileşmiş olmasının önce bir istisna olduğunu düşünmüştüm ama aynı örüntüyü birçok hastamda daha gördüm. Bu durum panik atakları olan bireyler için sınırlı değil; kronik endişelenme, fobiler, obsesif-kompülsif bozukluk, hipokondriyazis ve performans anksiyetesi gibi çeşitli anksiyete türleri için de geçerliydi. Sonunda, kaygılı hastalarımın yüzde 75'inin bazı sorunlarını halının altına süpürdüklerinin farkına vardım. Sorunları günyüzüne çıkardığımızda da anksiyetenin neredeyse her zaman kaybolduğunu gördüm.

Buna Gizli Kalmış Duygu Tekniği demeye karar verdim. Bu teknik, kaygılı olduğunuz zaman başkalarını üzmemek ya da kalbini kırmamak amacıyla kaçınma gösterdiğiniz fikrine dayanır. Bir arkadaşınıza kızmış olabilirsiniz ya da istememeniz gerektiği bir şeyi istediğinizi düşünebilirsiniz. Kısa bir süre içinde kendinizi kaygılı hissedersiniz ve anksiyeteye neden olan sorunun farkına bile varmazsınız. Genellikle, sizi o anda rahatsız eden ve görmezden geldiğiniz sorun, açık ve net bir biçimde gözünüzün önünde durur. Hatta bu sorun sizin için, hemen yanınızda duran bir fil kadar net bir şekilde göze çarpacak cinstendir ama orada olduğunu fark etmezsiniz.

Gizli Kalmış Duygu Tekniği yanıltıcı olabilecek kadar basit görünür, fakat hiç de kolay değildir. Çünkü, kendinizi kaygılı hissettiğiniz zaman sizi rahatsız eden sorunun farkında olmazsınız.

Tedavi ettiğim kaygılı insanların neredeyse tamamı başlangıçta, o berbat anksiyetenin dışında her şeyin yolunda olduğuna ısrar eder. Sorunun su yüzüne çıkması biraz zaman alır ve iyi bir detektiflik çalışması yapmayı gerektirir.

Niçin anksiyete eğilimli bireyler sorunlarını reddederler ya da "unuturlar"? Bana kalırsa bunun nedeni, anksiyeteden muzdarip olan insanların gereğinden fazla iyi niyetli olmalarıdır. Ben iyi niyetli olmanın neredeyse bütün anksiyetelerin nedeni olduğuna inanıyorum. Hatta eğer anksiyete ile boğuşuyorsanız bahse varım ki son derece iyi niyetli bir insansınızdır. "İyi niyetliliğiniz" aşağıdaki gibi kendinize zarar veren inançlardan kaynaklanmaktadır:

- **Diğer İnsanları Memnun Etmek.** Kendi ihtiyaçlarınıza ve duygularınıza yüz çevirmeniz bile gerekse, diğer bütün insanları memnun etmek zorundaymış gibi hissedersiniz.
- **Öfkelenme Korkusu.** Sizin öfkelenmeye hakkınız olmadığını hissedersiniz ya da öfkenin tehlikeli olduğuna ve ne olursa olsun ondan uzak durmak gerektiğine inanırsınız. Biri sinirlerinizi bozsa, siz yine de nazik davranırsınız, duygularınızı bastırırsınız, ve kendinize bu şekilde hissetmemeniz gerektiğini söyleyip durursunuz.
- **Anlaşmazlık Yaşama Korkusu.** Herkesle ve her zaman iyi geçinmeniz gerekiyormuş gibi hissettiğiniz için anlaşmazlıktan kaçınırsınız.
- **Duygusal Mükemmeliyetçilik.** Her zaman mutlu ve neşeli hissetmeniz; hayatınızla, işinizle ve diğer insanlarla ilgili her zaman iyimser olmanız gerektiğini düşünürsünüz.
- **Duygu Fobisi.** Bu da Duygusal Mükemmeliyetçiliğin karşıtıdır. Duygu fobisi, olumsuz duygulardan korkmak anlamını içeren kendi bulduğum bir terimdir. Nasıl hissettiğinizle ilgili daima

kontrol sahibi olmanız gerektiğine inanırsınız ve kendinize hiçbir zaman kaygılı, savunmasız, yalnız, kıskanç, sinirli ya da yetersiz hissetme hakkı tanımazsınız.

Kendinize zarar veren inançların hepsi, aslında aynı şeyi küçük farklılıklarla ifade etmenin yollarıdır: gereğinden fazla iyi niyetli olmaya çalışırsınız ve aslında nasıl hissetmekte olduğunuzu gözönünde bulundurmazsınız. Kendinizi üzgün hissettiğiniz zaman, sorunu zihninizden otomatikman uzaklaştırırsınız. Kısa bir süre sonra da anksiyete sizi öyle bir tüketir ki sizi rahatsız eden asıl sorunla ilgili her şeyi unutursunuz.

Araştırmacılar, kaygılı bireylerin niçin sorunlarını görmezden gelme eğiliminde olduklarını bilmemektedirler. Bu, yalnızca psikolojik naiflik ile ilgili bir mesele değildir. Ben kendimi, farkındalığı epey yüksek bir insan olarak görürüm. Yine de bazen, rahatsızlık hissettiğim, apaçık ortada duran anlaşmazlıkların ya da sorunların farkına varmam. Anksiyete eğilimli bireyler genellikle atılgan olmayan bireylerdir, fakat asıl mesele bu değildir ve atılganlık eğitimi sorunu çözmez. Asıl sorun, nasıl hissettiklerini bilmiyor olmalarıdır.

Kaygılı bireylere, kendilerini rahatsız eden bir şey olup olmadığını sorduğumda genellikle hayır derler. Eşlerini sevdiklerini, hem iş hayatlarında hem de özel hayatlarında arkadaşlarıyla iyi geçindiklerini, işlerinden zevk aldıklarını söylerler – fakat devamlı endişeli olmaları veya panik atakları nedeniyle yardıma ihtiyaç duyarlar. Gerçeği gizlemeye çalışmazlar. Yalnızca sorunun farkında değillerdir. Sorunu saptayamazlar.

Haftalar sonra, asıl sorun su yüzüne çıktığında ise, "Hah, işte bu! Evet, kesinlikle başından beri beni rahatsız eden tam olarak buydu" derler.

Sorunun nedeni beynimizin yapısından kaynaklanmaktadır. Beynimizin bir kısmı sorunun ne olduğunu kesin olarak bilmektedir, fakat beynimizin bilinçli kısmı bu bilgiye erişemez.

Eğer kendinizi kaygılı hissediyorsanız, Gizli Kalmış Duygu Tekniği gerçekten denemeye değer. Bunun iki adımı bulunur:

1. **Dedektiflik Çalışması.** Burası en zor kısmıdır. Sizi rahatsız edenin aslında ne olduğunu bulmak için kafa yormanız gerekir. Sorunu bilincinize taşımak son derece zor olabilir. Kendinize, anksiyetenin kendisi dışında hiçbir sorununuzun olmadığını söyleyebilirsiniz. Ama er ya da geç, sorun su yüzüne çıkacaktır. Sorunun olasılıkla, geçmişinizden beri saklı olan bir şey değil de sizi şimdi ve burada rahatsız eden bir şey olduğu ortaya çıkacaktır. Ayrıca ortaya çıkan bu sorun, işinizden nefret ediyor olmanız, bir arkadaşınıza darılmanız ya da hayatınızda bir şeyleri değiştirmek istemeniz gibi oldukça net bir şey olacaktır. Oedipus kompleksi gibi derin ve karmaşık bir sorun olmayacaktır.
2. **Çözüm.** Sizi rahatsız eden sorunu tanımladığınız zaman, duygunuzu ifade etmeniz ve bununla ilgili bir şeyler yapmanız gerekir. Sorunu çözünce, anksiyeteniz giderek azalacak ve kaybolacaktır.

Zamanla kendinizi nasıl hissettiğinizi anlamak sizin için daha kolay duruma gelecektir, fakat üzgün hissettiğiniz zaman duygularınızı halının altına süpürme eğilimi gösterebilirsiniz. Sonra da tekrar kaygılı hissedersiniz. Ama neler olduğunu fark etmeye başladığınızda, anksiyete sizin için bir engel olmaktan çıkacak, kendinizi anlamanıza yararlı olan kıymetli bir varlık haline gelecektir. Anksiyete bedeninizin size "Hey, bir şeylere üzüldün haberin olsun. Ne olduğunu kontrol etmende yarar var" deme yolu olacaktır.

Şimdi de sizin psikolog olup anksiyeteden muzdarip olan üç

danışana yardım etmek için Gizli Kalmış Duygu Tekniği'ni kullanmanızı istiyorum. Her ne kadar siz buradaki danışanların her birinden farklı olsanız da bu alıştırmalar, bu güçlü tekniği kullanarak hayatınızı zorlaştıran korkuların üstesinden gelmenizi daha kolay duruma getirecektir.

Gizli Kalmış Duygu Tekniğinin iki aşaması olduğunu hatırlayın:

1. Sizi rahatsız eden sorunu ya da duyguyu belirleyin.
2. Duygularınızı ifade edin ve sorunu çözecek adımlar atın.

## Ölmek Üzere Olduğunu Düşünen Kadın

Daha önce tanıştığınız biri ile başlayacağız. Ofisimde panik atak geçirirken zıplama egzersizi yapınca yıllardır süren panik ataklarından ve depresyonundan kurtulan Terri'yi hatırlıyorsunuzdur *(bkz. s. 205)*. Her ne kadar tamamen iyileşmiş olsa da bu sorunun neden ortaya çıktığını merak ettim ve on yıl önce geçirdiği ilk panik atağıyla ilgili sorular sordum. O an ne olmuştu?

Terri, eşiyle birlikte uzunca bir süre ihtiyacını hissettikleri tatil için Jamaika'ya gittiklerini söyledi. Tatili epey bir süre iple çekmişlerdi ve bir yıl boyunca bunun için para biriktirmişlerdi. Terri'nin anne-babası, çocuklraa bakmayı kabul etmişlerdi. Böylelikle Terri ve eşi, çocuklar olmadan rahatça tatil yapabileceklerdi.

Terri ve eşi tatil için o kadar heyecanlılardı ki başka bir çifte de kendilerine katılmalarını teklif etmişlerdi. Jamaika'ya iniş yaptıktan sonra taksiye atlayıp otele doğru yol almışlardı. Yol boyunca Terri ve diğer kadın, yapmayı planladıkları heyecan verici şeylerden bahsediyorlardı. Konuştukları sırada diğer kadın, Terri ve kocasının uçak biletleri, yiyecekler, otel masrafları, taksi ve diğer bahşişler de dahil olmak üzere bütün tatilin masraflarını karşılamayı kabul ettikleri için hem eşinin hem de kendisinin minnettar olduklarını söylemişti. Terri ve eşi bu sözler karşısında şoka uğramışlardı çünkü zengin değillerdi ve diğer çiftin masraflarını karşılamayı önermemişlerdi.

Terri elbette son derece "nazik" davranmıştı ve kimseyi üzmek istememişti. Bu yüzden hiçbir şey söylememişti. Bunun yerine derin derin nefes almaya başlamıştı. Kısa süre sonra başı dönmeye başlamış, nefesi kesilmiş ve göğsünde bir ağrı hissetmişti. Paniğe kapılmıştı ve "Sanırım ölmek üzereyim" deyivermişti.

Taksi şoförü onları doğrudan bir kliniğe götürmüştü ve Terri'ye oksijen tüpü bağlanmıştı. Tabii bu, yapılabilecek en kötü şeydi çünkü hızlı nefes alıp vermesine bağlı olarak Terri'nin kanında zaten çok fazla oksijen vardı. Semptomları giderek kötüleşti ve doktor Terri'ye, ilk uçakla Amerika'ya geri dönmesini önermişti. Böylelikle, kapsamlı bir hastanede tedavi görme şansı olabilirdi.

Taksi şoförü onları hemen havaalanına götürmüştü ve hepsi birden Amerika'ya geri dönmüşlerdi. Acil servise vardıklarında Terri'nin panik atağı çoktan geçmişti, fakat tatilleri berbat olmuştu. Sonra, hemen hemen her hafta panik atak geçirmeye başlamış, doktor doktor gezip tedavi aramıştı. Bir süre sonra umudu kırılmış ve depresyona girmişti çünkü korku dolu ataklar daha da sıklaşmıştı ve ona yardımcı edecek kimse yok gibi görünmüştü.

Şimdi, Gizli Kalmış Duygu Tekniği'ni kullanmak istiyorum. Terri ilk panik atağını yaşarken takside neler olduğunu düşünün. Terri'nin semptomları diğer kadına ne gibi mesajlar veriyordu? Sizce Terri kendini nasıl hissediyordu? Aklınıza hiçbir şey gelmese bile tahminde bulunmanızı istiyorum. Siz bitirince ben de düşüncelerimi paylaşacağım.

..........................................................................................................

..........................................................................................................

..........................................................................................................

..........................................................................................................

..........................................................................................................

### Yanıt

Diğer çiftin, kendisi ve eşinden bütün tatil masraflarını karşılamasını beklediklerini öğrendiği zaman Terri aşırı derecede üzülmüştü. Fakat bu duyguları sözelleştirmemişti, hatta fazlasıyla "nazik" olduğu için sinirinin ne kadar bozulduğunu bile fark etmemişti. Bu yüzden semptomları onun yerine konuşmuştu. Terri dolaylı olarak "Hiçbir şey ödemiyorum!" diyordu. Ayrıca "Beni hasta ediyorsunuz" ve "Siz benim tatilimi mahvettiniz ya ben de sizinkini mahvedeceğim!" diyordu. Fakat hasta rolünü üstlenerek, masum kalabilirdi ve hiç kimse ona öfkelenemezdi. Nihayetinde ölümün kıyısındaymış gibi görünüyordu.

Anksiyetenin ne kadar zeki olabildiğini görüyorsunuz değil mi! Terri'nin semptomları, kızdığı insanlara doğrudan etki etmişti. Peki bu pasif-agresif davranıp herkesi manipüle ettiği anlamına gelir mi? Hayır, hiç de bile. Eğer anksiyete eğiliminiz varsa, genellikle kendinizi nasıl hissettiğinizi fark etmezsiniz. Bu yüzden görmezden geldiğiniz duygular, anksiyetenin arkasına sığınarak ortaya çıkar. Bazı insanlar üzüldüğü zamanlarda endişelenmeye başlarlar. Diğer bazı insanlar fobi geliştirirler. Terri gibi bazıları da panik atak geçirirler. Kimileri ise obsesif-kompülsif semptomlar geliştirirler. Bilim insanları, insan beyninin niçin bazı anksiyete türlerini tercih ettiklerini bilmemektedirler. Anksiyeteniz yükseldiği zaman, tuhaf ve korkutucu semptomlara o kadar odaklanırsınız ki sizi rahatsız eden sorunun izini tamamen kaybedersiniz.

Terri bu yorumun aklına yattığını söyledi. Geriye dönüp baktığında o anki olumsuz duygularının, on yıl boyunca peşini bırakmayan panik ataklarını tetiklediğini görebiliyordu. Atakları genellikle birileriyle, örneğin çocuklarıyla bir anlaşmazlık yaşadığı zaman ortaya çıkıyordu. Çocuklarını çok seviyordu ama bazen çok yaramazlık yapıyorlar, başlarını derde sokuyorlardı.

Terri onlara hemen yasak koymak yerine mantıklı açıklamalar yapıyordu. Daha sonra çocuklar tekrar yaramazlığa başlayınca, Terri derin derin nefes alıyordu ve bu da panik atağı tetikliyordu. Böyle olunca çocuklara şu mesajı vermiş oluyordu: "Zavallı annenizi yaramazlıklarınızla öldürüyorsunuz. Hemen dursanız iyi edersiniz!"

Her ne kadar tam tersiymiş gibi düşünülse de anksiyete, neredeyse hiçbir zaman beklenmedik bir anda ortaya çıkmaz. Genellikle kaçındığınız bir sorun ya da anlaşmazlık vardır, fakat olumsuz duygularınızı bilincinizden otomatikman uzaklaştırdığınız için bunun farkına varmazsınız.

## Endişelenmeyi Durduramayan Kadın

Marci, Florida'da yaşayan, elli yıldır kronik endişeyle boğuşan 71 yaşında bir kadındı. Gördüğü hiçbir tedavi ona yardımcı olmamıştı. O ve eşi birkaç haftalığına Philadelphia'daki kliniğime gelip yoğunlaştırılmış terapi programımıza katılmışlardı.

Marci'nin endişelerinin odağı zaman zaman değişiklik gösterse de kompülsif endişelenme örüntüsü hep aynıydı ve bir kez endişelenmeye başladı mı kendini durduramıyordu. Son zamanlarda Tim ve Freddy adlarında iki oğlu için endişeleniyordu. Her iki oğlu da boşanmıştı ve kısa bir süre önce yeniden evlenip Kaliforniya'ya taşınmışlardı. Dağ yürüyüşleri yapmayı seviyorlardı ve Marci ne zaman televizyonda Kaliforniya'daki depremler ya da heyelanlarla ilgili bir haber görse endişelenmeye başlıyordu. Bazen dağda yürüyüşe çıktıklarında oğullarının korkunç bir kaza yaptığını ya da deprem sırasında orada bulunduklarını gözünün önüne getiriyordu. Zihninde, oğullarının büyük bir kayanın altında kaldıklarını, bacaklarının ezildiğini, acıyla feryat ederek kan revan içinde yavaş ve acılı bir biçimde öldüklerini görüyordu.

Marci ayrıca 78 yaşındaki eşi Ralph için de endişeleniyordu. Ralph her gün tenis oynuyordu ve yakın bir zamanda doktoru, sağlığının gayet iyi durumda olduğunu söylemişti. Yine de Marci, nedenini bilmese bile eşi için endişeleniyordu. Örneğin, bir gün akşam yemeğini hazırlarken eşinin şiddetli bir kalp krizi geçirip yere yığıldığını gözünün önüne gelmişti. Bu korkunç kurguda, Marci ambulansı arıyor, Ralph'in yanında dizlerini çökmüş bir biçimde oturarak kalp masajı yapıyordu, fakat Ralph önce bilincini kaybediyor, sonra da ölüyordu. Bu kurgular gün boyunca beklenmedik zamanlarda birden aklına geliyordu.

Niye böyle oluyordu? Gizli Kalmış Duygu Tekniği'ni kullandığınız zaman, halının altına süpürdüğünüz bazı duygu veya çatışmaları belirlemeye çalışırsınız. Marci'nin endişelenmesiyle ilgili herhangi bir teoriniz var mı? Niye devamlı eşinin ya da çocuklarının ölmeleri aklına geliyor? Bu korkuları neler tetikliyor? Sahne arkasında neler oluyor?

"Nazik" insanların genellikle anksiyete ile ilgili sorunlar yaşayan insanlar olduğunu hatırlayın. Marci'nin semptomları, içinde ne gibi duygular olduğuna dair bize neler anlatıyor? Dedektif şapkanızı takın ve ipuçlarını aramaya başlayın. İşte size bazı fikirler:

- Gizli kalmış sorun ya da duygu, şimdi ve burada olan bir şeydir. Geçmişinizde gizlenmiş bir çatışma değildir.
- Gizli kalmış sorun son derece belirgindir. Yanıbaşınızda oturan

bir fil kadar gözönünde olan bir şeydir – yalnızca siz fark etmezsiniz.

- Sorun, Oedipus kompleksi ya da hayatın anlamına dair varoluşçu bir mücadele gibi gizemli bir şey değildir. Her birimizin belirleyebileceği yaygın bir sorundur.
- Anksiyete genellikle sizi rahatsız eden bir sorunun ya da çatışmanın sembolik bir temsilidir. Beyninizin, bastırdığınız duyguları dolaylı yoldan ifade etme yoludur.

Aslında, anksiyete uyanıkken rüya görmek gibidir. Kaygılı insanlar, duygularını dolaylı yollardan, imgelerden ve metaforlardan yararlanarak ifade eden sanatçılar ya da şairler gibidir. Patronu masasının yanından geçerken paniğe kapılan ve midesi bulanan Alicia'yı hatırlıyor musunuz? Onun semptomları "Artık burada durmak istemiyorum" deme şekliydi. Fakat o da istifa etmek istediğini kabul edemeyecek kadar "nazik" bir insandı ve patronunun kalbini kırmak istemiyordu. Bu yüzden kendisini nasıl hissettiğini semptomları aracılığıyla "gösteriyordu".

Marci'nin korkuları bize ne anlatmaktadır? Onu rahatsız eden nedir? Fikirlerinizi aşağıya yazın. Aklınıza bir şey gelmezse de yalnızca tahminde bulunun. Lütfen en azından bir olasılık yazmadan okumaya devam etmeyin.

..........................................................................................

..........................................................................................

..........................................................................................

..........................................................................................

..........................................................................................

## Yanıt

Kurgularında eşinin ve çocuklarının ölmesini gözönünde bulundurarak Marci'nin yalnız kalmaktan veya terk edilmekten korktuğunu tahmin etmiş olabilirsiniz. Bu şahane bir tahmindir ancak tam isabet değildir. Gizli Kalmış Duygular Tekniği'ni kullanırken başlangıçta bazı yanlış tahminler yapabilirsiniz, bu gayet doğaldır. Danışanlarımla çalışırken onlara "Acaba şöyle olabilir mi?" gibi tahminlerde bulunarak sorular sorarım. Tahminlerim genelde doğru çıkmaz, fakat er ya da geç danışan birdenbire onu neyin rahatsız ettiğini "hatırlar" ve sonra da anksiyeteye tamamen farklı bir açıdan bakmaya başlarız. Kendi anksiyetenizi neyin tetiklediğini düşündüğünüz zaman, ilk atışta turnayı gözünden vurmanız da pek mümkün değildir. Fakat zihninizi açık tutarsanız, gizli kalmış sorun ya da duygu birden gözünüze çarpacaktır.

Marci'yi neyin rahatsız ettiğiyle ilgili hâlâ kararsızlık yaşıyorsanız işte size birkaç öneri. Kendinize şu soruları sorun:

- Kurgularında Marci'nin eşine ve çocuklarına neler oluyor?
- Bu kurguları kim oluşturuyor?
- Bu kurgular Marci'nin nasıl hissetmekte olduğuyla ilgili bize ne anlatıyor? Ne tür duygular buna benzer kurguları tetikleyebilir?

Marci'nin kurgularında, eşinin ve çocuklarının yavaş yavaş ve korkunç bir biçimde olduğunu fark edin. Yani bir açıdan bakınca, Marci onları tekrar tekrar öldürüyor. Marci ne hissediyor olabilir? Eğer tahmininiz, Marci'nin çocuklarına karşı dışa vuramadığı bir öfkesi olduğu ise Sigmund Freud Ödülü'nü kazandınız demektir!

Marci ile ilk olarak, eşiyle birlikte Philadelphia'ya geldiklerinde tanışmıştım. Eşi ve çocuklarıyla ilgili endişelerini tarif ettiği zaman, onlara karşı ifade edemediği herhangi olumsuz bir duygusu olup olmadığını sordum. Onları kurgularında her gün öldürdüğüne dikkat çektim ve onlara kızgın olup olmadığını merak ettim.

Marci her iki oğlunu da çok sevdiğini söyledi, fakat evlendikleri kadınları pek de onaylamadığını itiraf etti. Fakat kötü kalpli bir kaynana konumuna düşmemek için duygularını yalnızca öteleyip her şey yolundaymış gibi davranmayı tercih ettiğini söyledi. Ancak asıl hissettikleri adeta içini kemiriyordu.

Kurgularında eşini de tekrar tekrar öldürdüğü için Marci'ye, eşine karşı öfke hissedip hissetmediğini de sordum. Son zamanlarda tartışıyorlar ya da kavga ediyorlar mıydı? Marci, eşiyle hiçbir zaman tartışmadıklarını ya da kavga etmediklerini söyledi. Hatta elli yıldan da fazla süren evlilik hayatlarında bir kez bile birbirlerine karşı öfkeli ifadeler kullanmadıklarını söyledi.

Duyduklarıma inanamadım. "Yani eşinize bir kez olsun sinirlenmediğinizi mi söylüyorsunuz?" dedim.

"Hayır, doktor öyle bir şey söylemiyorum. Hiç tartışmadığımızı ya da birbirimize karşı öfkeli ifadeler kullanmadığımızı söylüyorum. Ona hiçbir zaman kızmadığımı söylemedim!" diye karşılık verdi. Daha sonra bana, yetiştiği yıllarda anne-babasının hiçbir zaman tartışmadığından ve birbirini gerçekten seven insanların hiçbir zaman tartışmaması ya da kavga etmemesi gerektiğini anlattığından bahsetti. Marci zaman zaman kocasına kızdığını itiraf etti ama bu duyguları ifade etmemesi gerektiğine inandığı için sadece ötelemeye çalıştığını söyledi.

Fakat öfke, her zaman bir şekilde ifade edilen bir duygudur. Onu görmezden gelmeye çalışabilirsiniz ama o dolaylı yollarla da olsa ortaya çıkacaktır. Marci'nin öfkesi de eşi ve çocuklarının ölmek üzere olduklarına dair devamlı endişelenme kılığına girmişti. Marci'nin kurgularında onların ölümleri, kontrol edemeyecekleri deprem ya da kalp krizi gibi nedenlerden kaynaklanıyordu. Bu yolla Marci, masum, sevgi dolu bir eş ve anne rolünü koruyarak onları bir anlamda öldürüyordu. Her ne kadar bu kurguları yaratanın, onları öldürenin kendisi olduğunu fark etmese de!

Anksiyetenin gizli kalmış nedenini tam olarak belirlemek çok önemlidir, fakat genellikle buna dair içgörü edinmek otomatik olarak iyileşmeye götürmez. Daha iyi hissedebilmek için, sizi rahatsız eden duyguları ifade etmeniz, sorunları çözmeniz gerekir. Marci ve ben, kendisinin çocuklarına ve eşine karşı düşmanca bir tutum takınmadan, onları eleştirmeden ve kendinden uzaklaştırmadan, sahip olduğu duygularını kibar, sevgi dolu bir yolla nasıl ifade edebileceği üzerinde konuştuk. Bu becerileri rol yapma çalışmalarıyla tekrarladık ve Marci bunda gayet iyiydi.

Seans bittikten sonra, Marci otel odasına gitti ve her iki oğlunu da arayıp nasıl hissettiğini söylemeye karar verdi. Söylediğine göre bu konuşmaları şimdiye kadarki en iyi konuşmalarıydı ve Marci'nin çocuklarına dair endişeleri ortadan kalktı.

Ertesi sabah Marci ofisime eşiyle birlikte geldi ve eşinin de görüşmemize katılmasını rica etti. Biraz iletişim becerisi eğitimi almanın işlerine yarayacağını söyledi. Onlarla Bir Dakikalığına Yakınma adı verilen bir evlilik terapisi yöntemi kullanmaya karar verdim. Bu alıştırma, çiftlerin birbirlerine olan olumsuz duygularını ifade etme ve birbirlerini, savunmaya geçmeden, şefkatli bir tutumla dinlemelerine yardımcı olmaktadır. Marci ve eşi bu alıştırmayı çok sevdiler. Çok geçmeden daha önce birbirleriyle hiç paylaşmadıkları samimi duygularını ifade etmeye başladılar. Ağlayıp birbirlerine sarıldılar ve daha önce hiç olmadığı kadar kendilerini birbirlerine yakın hissettiklerini söylediler. Seansın sonu geldiğinde Marci, bütün endişelerinin ortadan kalktığını ve elli yıl sonra nihayet kendini anksiyeteden tamamen uzaklaşmış hissettiğini söyledi.

Ben de Marci'ye kronik endişelenme sorununu sonunda atlattığına dair iyi haberi verdim. Daha da iyi haberi, yani anksiyetenin hayatı boyunca tekrar tekrar gelebileceğini de söyledim. İyi de bunun nesi iyi haber? Marci tekrar kaygılandığında bu ne anlama geliyor olacak? Okumaya devam etmeden önce aşağıya görüşlerinizi yazın.

..............................................................................................

..............................................................................................

..............................................................................................

..............................................................................................

..............................................................................................

## Yanıt

Çoğu insan anksiyetenin iyi bir şey değil, kötü bir şey olduğunu düşünür. Fakat benim görüşüm bunun tam tersi yönde. Hiç kimse daima mutlu olamaz. Zaman zaman her birimiz hayal kırıklıkları ve hüsranlar yaşıyoruz. Er ya da geç Marci de tekrar üzülecek ya da sinirlenecek ve böyle olunca da duygularını tekrardan halının altına süpürmeye çalışacak, sonra da endişeleri tekrar başgösterecek. Her ne kadar öfke gibi olumsuz duyguları tanıyıp ifade etmede artık daha iyi olsa da bunu, günlük hayatında sürdürmekte zorlandığı anlar gelecek. Bazı insanlar için duyguları halının altına süpürme eğilimi neredeyse otomatik duruma gelmiştir. Bu bireyler, ne olduğunu bile fark etmeden kendilerini olumsuz duygularla boğuşurken bulurlar.

Ama Marci'nin bunları dert etmesine gerek kalmayacak. Niye mi? Çünkü ne zaman endişelenmeye başlasa bu, bedeninin ona birine kızdığını ifade etme yolu olacak. Sorunu tam olarak belirleyip duygularını ifade ettiğinde de endişeleri tekrar ortadan kalkacak. Bu açıdan bakacak olursak, endişelenmenin Marci için kıymetli bir şey olduğunu görürüz çünkü onun için anksiyete, çözülmesi gereken bir sorun olduğunun işareti haline gelmiştir.

Gizli Kalmış Duygu Tekniği basit görünse de epey zor olabilir. Sizi rahatsız eden soruna ya da duyguya duyarlı olmak her zaman kolay olmaz. Genellikle, üstünü örttüğünüz soruna dair bilinçli bir farkındalığa ulaşmadan önce devamlılık göstermeniz gerekir. O sırada bu tekniklerin sizin için uygun olmadığını düşünebilirsiniz. Zihninizi açık tutmaya devam edin ve etrafınızdaki insanları ve birlikte yaptığınız etkinlikleri düşünün. "Görmezden geldiğim ve beni rahatsız eden bir şey mi var? Birine mi kızdım? Bir şeye mi üzüldüm?" diye kendinize sorular sorun.

Eninde sonunda gizli kalmış duygu ya da sorun günyüzüne çıkacaktır. Sonra da anksiyetenize farklı bir açıdan bakacaksınız ve elinizde onu yenmek için güçlü bir silahınız olacak.

## Kadavradan Korkan Doktor

Birkaç Gizli Kalmış Duygu alıştırması yaptığımıza göre, size biraz daha zorlayıcı bir vakadan bahsedeyim. Bir defasında, çocukluğundan beri obsesif-kompülsif bozukluğu olan ve bunun için tedavi gören Corey adında bir patoloji asistanını tedavi etmiştim. Son zamanlarda semptomları daha da artmış, kariyerini tehdit edecek düzeye gelmişti. Birkaç hafta önce otopsi yaparken, kadavranın bel kemiğinden küçük bir parça kopup Corey'nin gözüne gelmişti. Hemen o parçayı gözünden aldı. Gözü yaralanmamıştı ama Creutzfeldt-Jakob hastalığı adlı, bulaşıcı ve berbat bir demans türüne yakalanmış olabileceğine dair endişelenmeye başladı. Bu hastalık, deli dana hastalığının insanlardaki formuydu ve yakalanan hastaları altı ay içinde ölüme götürebiliyordu.

Corey, otopsi yaptığı adamın kalp krizinden öldüğünü ve Creutzfeldt-Jakob hastalığı olmadığını rasyonel olarak biliyordu.

Yine de anksiyetesi aşırı ölçüde yükselmişti ve kompülsif yavaşlamanın yanına bir de hastalık bulaşması fobisi eklenmişti. Otopsiye her girişinde iki tane eldiven takmaya başladı ve vücudunda herhangi bir yerin açıkta kalıp kalmadığını titizlikle kontrol ediyordu. Hatta yüzünü korumak için NASA kaskı bile takmaya başladı! Otopsiye girmeden önce giyinmesi bir saatten fazla sürüyordu.

Bunun yanısıra Corey, "her şeyin doğru yapıldığına emin olmak için" çok zaman harcamaya başladı. Çok geçmeden kaplumbağa hızında çalışmaya başladı ve saatler süren emeklerinin ardından bile hiçbir otopsiyi sonlandıramıyordu. Kısmen tamamlanmış kadavralar morgda yığılmaya başladı ve diğer patoloji asistanları da boş oda bulamamaktan şikayet ediyorlardı.

Corey'e onu rahatsız eden herhangi bir şey olup olmadığını sorduğum zaman her şeyin yolunda olduğuna ısrar ediyordu. Mutlu bir evliliği olduğunu ve programdaki diğer asistanlarla çok iyi geçindiğini söyledi. Hatta çocukluğundan beri patoloji uzmanı olmak istediğini söyledi. Semptomları dışında hayatındaki her şeyin gayet iyi olduğundan, fakat bu durumu çözüme kavuşturamazsa programı terk etmek zorunda kalabileceğinden bahsetti.

Corey'nin semptomları tuhaf görünebilir, fakat bu tipik bir OKB vakasıdır. Şimdi sıra detektiflik çalışmasına geldi. Corey'nin bize anlatmadığı başka sorunları mı var? Hayatında hiçbir sorunu olmadığını söylediğinde ona inandınız mı? Yoksa bize bir şeyler mi anlatmaya çalışıyor? Corey'nin gizliden gizliye boğuştuğu ne gibi bir sorun ya da duygu olabilir? Tahminlerinizi aşağı not edin.

.................................................................................................

.................................................................................................

.................................................................................................

.................................................................................................

## Yanıt

Neler döndüğünü bize söyleyecek olan elbette ki Corey'nin kendisidir. Biz yalnızca bilgiye dayalı bir tahminde bulunabiliriz. Fakat fikriniz netleşmediyse kendinize şu soruları sorun:

- Corey işinden memnun gibi mi görünüyor?
- Programdaki diğer asistanlara gerçekten de olumlu duygular mı besliyor? Bu duyguların obsesif-kompülsif belirtileri üzerindeki etkisi nedir?

Corey ve ben birtakım BDT yöntemi kullandık ve yalnızca kısmen olumlu sonuçlar alabildik. Beş ya da altı seans sonra, anksiyetesinde yaklaşık yüzde 50'lik bir azalma vardı ama hâlâ büyük sıkıntı yaşıyordu. Her görüştüğümüzde bana anlatmadığı herhangi bir sorunu olup olmadığını sordum. Onu rahatsız eden bir şey mi vardı? Corey de bana her defasında OKB dışında her şeyin yolunda olduğunu söyledi.

Sekizinci seansın başında işler biraz değişmeye başladı. Corey, yerel bir tıp dergisinde gördüğü ilanı getirmişti. İlanda, yakındaki bir hastanede görev yapan öğretim üyesinin, acil servis bölümü için asistan aradığı yazıyordu. Corey çok heyecanlı görünüyordu.

"Corey, niye bu kadar heyecanlısın? Bana, hep patoloji uzmanı olmak istediğini söylemiştin" dedim.

"Hayır, babam patoloji uzmanı olmamı istemişti. Doğrusu ben patolojiden nefret ediyorum. Ben hep acil serviste çalışan bir doktor olmak istemiştim" diye yanıt verdi.

Sonra da başka bir şey itiraf etti. Kendisi Yahudi idi, ama köktenci bir Hıristiyan hastanesinde çalışıyordu. Çalışanlar arasında anti-Semitizm olduğunu hissettiğini söyledi. Örneğin, bazen en uygunsuz vardiya nöbetlerine onun adının yazıldığını düşünüyordu, fakat iş arkadaşlarının ya da süpervizörlerinin onu devamlı yakınan biri olarak etiketlememesi için kibar davranmaya çalışıyordu.

Birdenbire Corey'nin semptomları aklıma yatmıştı. Hastalık bulaşması fobisi ve obsesif yavaşlama, Corey'nin "Ölü bedenleri kesmeye dayanamıyorum. Hayatımı bu şekilde geçirmek istemiyorum!" deme şekliydi. Corey aynı zamanda, masum OKB kurbanı rolüyle dolaylı olarak programdaki diğer asistanlara da hayatı dar ediyordu.

Elbette, Corey'nin saklandığı duyguları ifade etmesi ve kendisini rahatsız eden sorunla ilgili bir şey yapması gerekecekti. Seansın sonunda doğrudan ilanda yazılı olan adrese gidip iş başvurusunda bulundu. Özgeçmişi bu iş için gayet uygundu ve programın koordinatörü başvurusunu anında kabul etti. Daha sonra Corey, çalıştığı hastaneye gidip asistanlık programındaki koordinatörle görüştü. Haziran ayı sonunda işinden istifa edeceğini çünkü patolojinin kendisine uygun bir iş olmadığını açıkladı. Ayrıca, hastanede karşılaştığı dini önyargılardan bahsetti. Koordinatör ve Corey dostça bir sohbet ettiler ve Corey rahatlamış bir şekilde oradan ayrıldı.

Corey'i ertesi hafta tekrar gördüğümde çok sevinçliydi. Hastalık bulaşma korkusunun kaybolduğunu ve eksik kalan bütün otopsilerini tamamladığını söyledi. Hatta programdaki diğer bütün asistanlara göre daha hızlı otopsi yaptığından bahsetti. Yeni kariyer planı için çok heyecanlıydı ve terapiyi bitirmek için de hazırdı.

Hem güçlü bir tedavi aracı olduğu için hem de anksiyeteyi anlaşılır duruma getirip tuhaf, anlaşılmaz ve gizemli olmaktan uzaklaştırdığı için Gizli Kalmış Duygu Tekniği'ni çok seviyorum. Anksiyete hiçbir neden yokken birden ortaya çıkan bir şey değildir, belirli bir süreç içerisinde yavaş yavaş şekillenir. Birçok anksiyetenin altında, gerçek duygularınıza dair korkularınız yatar. Bu tekniği etkili bir biçimde kullandığınız takdirde, anksiyetenizi alt etmenizin yanısıra, kim olduğunuza ve insan olmanın ne demek olduğuna dair derin bir algınızın oluştuğunu da fark edersiniz.

# V

# Size En Uygun Teknikleri Seçmek

# 22 İyileşme Dairesi

*Olabildiğince çabuk başarısızlığa uğramak*

Şimdiye kadar Bilişsel Tekniklerin, Maruz Bırakma Tekniklerinin ve Gizli Kalmış Duygu Tekniklerinin birkaç türünü öğrendiniz. Bu teknikler, anksiyete ve depresyonu tetikleyen olumsuz düşünceleri bir kenara bırakmanıza yardımcı olacaktır. Bu araçların tüm listesi için 440. sayfadaki "Korkularınızı Yenmenin 40 Yolu" listesine bakın. Depresyon ve anksiyete üzerinde bu kadar çok gücünüz olduğunu bilmek rahatlatıcı olacaktır, fakat belli ölçüde bunaltıcı ve kafa karıştırıcı da olabilir. Bu tekniklerin sizin işinize de yarayıp yaramayacağını nasıl anlayacaksınız?

Bu sorunun doğrudan bir yanıtı yoktur. Bazı teknikler kronik kaygı için işe yarayabilecekken bazı teknikler aşağılık hisleri, fobiler, utangaçlık, panik atak veya obsesif-kompülsif bozukluk üzerinde etkili olabilir. Her ne kadar bu fikrin doğruluk payı olsa da hangi tekniğin işe yarayacağını bulmak o kadar kolay değildir. Doğru teknik neredeyse her zaman beklenmedik bir biçimde ortaya çıkar.

Örneğin, 11. Bölüm'de June adlı bir kadının, otuz beş yıldır var olan panik ataklarının ve agorafobisinin Deneysel Tekniği kullanarak nasıl üstesinden geldiğini gördünüz *(bkz. s. 215)*. Ne kadar uğraşırsa uğraşsın kendi kendini çıldırtamayacağını keşfettiğinde, panik hisleri nihayetinde sona ermişti. Bunun öncesinde, işe yaramayan ondan fazla teknik kullanmıştım.

## Korkularınızı Yenmenin 40 Yolu

| Bilişsel Model | Motivasyonel Teknikler |
|---|---|
| **Açığa Çıkarma Teknikleri**<br>1. Aşağı Ok Tekniği<br>2. Ya olursa Tekniği<br>**Şefkat Temelli Teknik**<br>3. Çifte Standart Tekniği<br>**Gerçeklik Temelli Teknik**<br>4. Kanıt Değerlendirme<br>5. Deneysel Teknik<br>6. Anket Tekniği<br>7. Yeniden Atfetme<br>**Semantik Teknikler**<br>8. Semantik (Anlamsal) Yöntem<br>9. İfadeleri Tanımlayalım<br>10. Netleştirin<br>**Mantık Temelli Teknikler**<br>11. Grinin Tonlarıyla Düşünmek<br>12. Süreç-Sonuç<br>**Nicel Teknikler**<br>13. Kendini İzleme<br>14. Kaygı Molaları<br>**Mizah Temelli Teknikler**<br>15. Utanca Hücum Alıştırmaları[a]<br>16. Paradoksal Büyütme<br>17. Mizahî İmgeleme<br>**Rol Yapma Tekniği[b]**<br>18. Seslerin Dışsallaştırılması<br>**Manevi Teknik**<br>19. Kabullenme Paradoksu | 20. Kâr-Zarar Analizi (KZA)<br>21. Paradoksal KZA<br>22. Şeytanın Avukatı<br>**Erteleme Karşıtı Teknikler**<br>23. Keyif Tahmini Tekniği<br>24. Büyük İşler için Küçük Adımlar<br>25. Erteleme Karşıtı Sayfası<br>26. Sorun Çözme Listesi<br>**Maruz Bırakma Modeli**<br>**Klasik Maruz Bırakma**<br>27. Aşamalı Maruz Bırakma<br>28. Taşırma<br>29. Tepki Önleme<br>30. Dikkat Dağıtma<br>**Bilişsel Maruz Bırakma**<br>31. Bilişsel Taşırma<br>32. İmge Değiştirme<br>33. Anıları tekrar yazma<br>34. Korkulan Kurgu Tekniği<br>**Kişilerarası Maruz Bırakma**<br>35. Gülümseme ve Merhaba Alıştırması<br>36. Kur Yapma Eğitimi<br>37. Reddedilme Alıştırması<br>38. Kendini Açma<br>39. David Letterman Tekniği<br>**Gizli Kalmış Duygu Modeli**<br>40. Gizli Kalmış Duygu Tekniği |



a Bu teknik Kişilerarası Maruz Bırakma Tekniği olarak da kabul edilebilir.

b Çifte Standart Tekniği, Kabullenme Paradoksu, Şeytanın Avukatı, Korkulan Kurgu, Kur Yapma Eğitimi ve David Letterman Tekniği de rol yapma alıştırmalarında işe yarayacak diğer tekniklerdendir.

Deneysel Tekniğin June için bu kadar etkili olacağını bilmiş olsaydım, en başta onu denerdim. Fakat bu tür tahminleri yapmak çok zordur çünkü aynı tür anksiyetesi olan iki kişi bazen farklı tekniklere yanıt verebilir. Bu bölümde, sizin işinize yarayacak teknikleri nasıl seçeceğinizi göstereceğim. Her zaman Günlük Duygudurum Çizelgesi'ni doldurmakla başlayın. Bunun beş adımını hatırlıyor musunuz? Yanıtlara bakmadan önce listeyi doldurmaya çalışın.

1. Adım ..........................................................................
2. Adım ..........................................................................
3. Adım ..........................................................................
4. Adım ..........................................................................
5. Adım ..........................................................................

## Yanıt

Beş adım şunlardır:

**1. Adım.** Sizi üzen olayı tarif edin. Kendinizi üzgün hissetmenize neden olan herhangi bir an'ı yazabilirsiniz.

**2. Adım.** Olumsuz duygularınızı yuvarlak içine alın ve bu duyguyu % 0 (hiç üzücü değil) ile % 100 (olabilecek en üzücü) arasında puan vererek değerlendirin.

**3. Adım.** Olumsuz düşüncelerinizi kaydedin ve bu düşüncelere ne kadar inandığınızı % 0 ile % 100 arasında bir puan vererek değerlendirin.

**4. Adım.** Her bir düşüncede için var olan çarpıtmaları belirleyin.

**5. Adım.** Bu düşünceleri, daha olumlu ve daha gerçekçi olanlarıyla değiştirin. Bunlara ne kadar inandığınızı % 0 ile % 100 arasında bir puan vererek değerlendirin. Şimdi de her bir olumsuz düşünceye ne kadar inandığınızı tekrar değerlendirin.

Beşinci adım en önemli olanıdır çünkü korkularınızı altettiğiniz yer tam olarak burasıdır. Fakat bu adım ayrıca en zor kısımdır çünkü olumsuz düşüncelerinizin kesinlikle doğru olduğuna ikna olmuşsunuzdur. Başkalarının olumsuz düşüncelerini bir kenara koymak genellikle daha kolaydır, ama kendi kendinizi nasıl kandır-dığınızı fark etmek çok daha zordur.

İlk dört adımı tamamladıktan sonra üzerinde öncelikli olarak çalışmak istediğiniz olumsuz düşünceyi belirleyin ve onu, tıpkı 447. sayfada olduğu gibi, İyileşme Dairesi'nin ortasına koyun. Bu daire, içine düşmüş olduğunuz bir tuzak gibidir. Ortadaki düşünceye inandığınız sürece kendinizi kaygılı ve hissedersiniz. Bu dairede oklarla gösterilen 16 kutu bulunuyor. Her bir ok, tuzaktan kurtulmanızı ve sizi üzen düşünceyi kenara koymanızı sağlayacak farklı yolları temsil ediyor.

Korkularınızı Yenmenizin 40 Yolu Listesi'nden birkaç teknik seçin ve İyileşme Dairesi'nin etrafındaki her kutuya seçtiğiniz tekniklerden bir tanesini yazın. Hangi tekniğin sizin işinize yarayacağını bilemediğimiz için en azından 15 teknik seçip listeye koymak çok uygun olacaktır. Listeye ne kadar çok teknik koyarsanız, dairenin ortasındaki olumsuz duyguyu bir kenara atmanızı sağlayacak enerjinin arttığını fark edeceksiniz.

Hangi teknikleri kutuya koymanız gerektiğini nereden bileceksiniz? Bu işin kolay kısmı. 465–474. sayfalardaki Korkularınızı Yenmenizin 40 Yolu Listesi'ni dikkatlice inceleyin. Bu listede, her bir tekniğin nasıl çalıştığını ve size nasıl yardımcı olacağını belirten açıklamalar bulunmaktadır. Eğer bir teknik size umut vaat edici görünüyorsa, bu tekniği kutulardan birine yazın. Bunun üzerinde daha sonra tekrar konuşacağız.

Şu anda hangi tekniği seçmekle ya da hangi tekniğin sizin işinize yarayacağıyla ilgili endişelenmenize gerek yok. Sadece birçok teknik seçtiğinizden emin olun. Eğer İyileşme Dairenizdeki olumsuz düşünce kendinizi kaygılı hissetmenize neden oluyorsa, listenize şu üç kategoriden teknikler yazdığınızdan emin olun: Bilişsel Teknikler, Maruz Bırakma Teknikleri ve Gizli Kalmış Duygu Tekniği. İşte size güzel bir karışım: Listenize Bilişsel Tekniklerden on iki, on beş tanesini, Maruz Bırakma Tekniklerinden iki ya da üç tanesini ve Gizli Kalmış Duygu Tekniğini koyun.

İyileşme Daireniz için en az 15 teknik belirleyince, her birini teker teker, tekniklerden biri işe yarayıncaya kadar deneyin. Eğer bir teknik işe yaramadıysa, İyileşme Dairenizdeki bir diğerine geçin. Amacınız, olabildiğince çabuk başarısızlığa uğrayıp işinize yarayacak tekniği en kısa sürede bulmaktır.

Peki, bu kadar çok tekniği denemek niçin gereklidir? Bunun nedeni, denediğiniz tekniklerin çoğu işe yaramayacak olmasıdır, fakat başka uygun teknikler olduğu için bu büyük bir sorun değildir. Bunu olumsuz düşünce üzerinde çalışmadan önce anlarsanız, bir teknik işe yaramadığında hayal kırıklığına uğramanıza gerek kalmaz. Olumsuz düşüncenizi bir kenara atmak için ortalama on – on beş teknik denemeniz gerekecektir. İyileşme Dairesi işte bu yüzden bu denli önemlidir. Böylelikle, depresyon, anksiyete, öfke gibi her olumsuz duyguyu altetmek için ihtiyacınız olan bütün araçlara sahip olmuş olursunuz.

Sizlere herkes için, her türlü duygu için uygun olan inanılmaz bir teknik olduğunu söylemeyi isterdim. Bu gerçekten de hayatı çok kolay duruma getirirdi. Girişimciler her zaman, iyileşmemizi sağlayacak basit bir teknik olduğuna bizi inandırmaya çalışıyor. Geçtiğimiz yıllarda hafif tempo koşu gibi aerobik egzersizlerinin çözüm olduğu söylenmişti. Bir başka yıl farkındalık meditasyonunun strese karşı kesin çözüm olduğunu duyduk. Uzun yıllar boyunca çözüm psikanaliz olarak görülmüştü, daha sonra da kantaron otu.

Fakat her şeye uygun bir çözüm yoktur, hiçbir zaman da olmayacaktır. İyileşme Dairesi ise son derece farklı bir yaklaşım sunmaktadır. Kendi sorunlarınıza uygun tasarlanmış güçlü bir tedavi prog-ramını yine kendiniz hazırlarsınız.

İsterseniz bunun nasıl işe yarayacağına bir bakalım. Süpermarkette sırada beklerken, kasadaki genç ve güzel kadını görünce utangaç hisseden Jason'ı hatırlıyorsunuzdur *(bkz. s.225)*. Her ne kadar o kadın Jason'a gülümsemişse de, o gülümseyerek karşılık veremeyecek, hatta kadının yüzüne bile bakamayacak kadar utanıyordu. Jason'ın olumsuz düşüncelerinden biri "Benim bir kişiliğim yok" idi.

Bu düşünce Jason'ın kendisini kaygılı ve güvensiz hissetmesine, muhtemelen de başlangıç çizgisine bile geçmeden yarışı kaybetmesine neden olacaktır. Eğer gerçekten de "kişiliği olmadığına" inanırsa, tuhaf ve güvensiz hissedip hoşuna giden o kadınla konuşmayı denemeyecektir. Böyle olunca da kadın ilgisini kaybedecek, Jason da sahiden hiçbir kişiliği olmadığı sonucuna varacaktır.

Jason'ın olumsuz düşüncesi aslında hiç de gerçekçi değildir. Kendisi hoş, çekici, enerjik ve yaratıcı bir erkektir. Ayrıca mizahi yönü de güçlüdür. "Benim bir kişiliğim yok" düşüncesindeki çarpıtmalar nelerdir? Aşağıdaki tabloya bakarak bu düşüncedeki çarpıtmaları bulmaya çalışın. Gözden geçirmek isterseniz bu çarpıtmaları, 548. sayfada görebilirsiniz.

| Çarpıtma | ✓ | Çarpıtma | ✓ |
|---|---|---|---|
| 1. Ya hep ya hiç şeklinde düşünme | | 6. Aşırı büyütme ya da küçültme | |
| 2. Aşırı genelleme | | 7. Duygusal mantık yürütme | |
| 3. Zihinsel filtre | | 8. Zorunluluk ifadeleri | |
| 4. Olumluyu görmezden gelme | | 9. Etiketleme | |
| 5. Keyfî çıkarsama<br>• Zihin okuma<br>• Falcılık | | 10. Suçlama<br>• Kendini suçlama<br>• Başkasını suçlama | |

## Yanıt

Jason ve ben "Benim kişiliğim yok" düşüncesindeki on çarpıtmanın hepsini buldukk.

| Çarpıtma | | Açıklama |
|---|---|---|
| 1. Ya hep ya hiç şeklinde düşünme | ✓ | Jason ya çok kötü bir kişiliği olduğunu ya da hiçbir kişiliği olmadığını düşünmektedir. Bu pek de gerçekçi değildir çünkü hiç kimse bu iki kategoriye de giremez. Her birimiz bazen rahat ve cana yakın davranırız. Bazı zamanlarda da gergin ve tuhaf hissederiz. Çoğunlukla da bu iki ucun arasında bir yerdeyizdir. |
| 2. Aşırı Genelleme | ✓ | Jason bir durumu, bütün bir kişiliğine genellemektedir. Bu yüzden, süpermarket sırasında beklerken tuhaf ve içine kapanık hissettiği zaman bu durum, Jason için kişiliği olmadığı anlamına gelmektedir. |
| 3. Zihinsel Filtre | ✓ | Jason sosyal ortamlarda kaygılı ve içine kapanık hissettiği durumlara odaklanmakta, rahat ve cana yakın davrandığı zamanları filtrelemektedir. |
| 4. Olumluyu Görmezden Gelme | ✓ | Jason var olan iyi yönlerini görmezden gelmektedir. Aslında kendisi gayet çekici ve zeki bir adamdır ve hoşlandığı birine kur yaptığı zaman aptal gibi görüneceğini düşündürecek hiçbir sebep bulunmamaktadır. Jason ayrıca kasiyerin kendisine gülümsediğini de görmezden gelmektedir. |
| 5. Keyfî Çıkarsama<br>• Zihin Okuma<br>• Falcılık | ✓ | Jason, kasiyerin de onun kişiliği olmadığını düşüneceğine inanmaktadır ama bunun doğruluğunu gösteren hiçbir kanıt bulunmamaktadır (Zihin Okuma ve Falcılık). |
| 6. Aşırı Büyütme ya da Küçültme | ✓ | Jason, kendini rahat hissettiğinde oldukça çekici ve tatlı biri olduğu gerçeğini gözünde küçültmektedir. |
| 7. Duygusal Mantık Yürütme | ✓ | Kişiliği yokmuş gibi hissettiği için gerçekten de sıkıcı ve beceriksiz biri olduğu sonucunu çıkarmaktadır. |
| 8. -meli, -malı İfadeleri | ✓ | Jason, şen şakrak, dışa dönük biri olması gerektiğini düşünmektedir. Kendini devamlı başka insanlarla ve idealleştirdiği benlikle kıyaslamakta ve kendisinin de böyle olması gerektiğine inanmaktadır. |
| 9. Etiketleme | ✓ | Utangaç ve tuhaf hissettiğini kabul etmek yerine - ki böyle olması çok da normaldir - Jason kişiliği olmadığını düşünmektedir. Kendini, kendine zarar veren bir şekilde etiketlemektedir. |
| 10. Suçlama<br>• Kendini Suçlama<br>• Başkasını Suçlama | ✓ | Jason utangaç ve kaygılı hissettiği için kendini eleştirmektedir. |

Jason'a, kendisine vereceği daha olumlu ve daha gerçekçi bir mesaj olup olmadığını sordum. Jason da kendine "Şahane bir kişiliğim var" diyebileceğini söyledi. Ona, bu düşüncesini Günlük Duygudurum Çizelgesi'ndeki Olumlu Düşünceler sütununa yazmasını ve buna ne kadar inandığını belirtmesini söyledim. "% İnanç" sütununda görmüş olduğunuz gibi bu düşünceye yalnızca % 20 oranında inanıyordu çünkü kızların etrafındayken rahatsız hissedeceğini ve kızlarla konuşma tecrübesi bulunmadığını biliyordu. Olumlu düşüncesi, duygusal bir değişimin gerçekleşmesi için yetersizdi çünkü % 100 doğru değildi. "% Sonra" sütununda gördüğünüz gibi olumsuz düşüncesine hâlâ % 100 inanıyordu.

| Olumsuz Düşünceler | % Önce | % Sonra | Çarpıtmalar | Olumlu Düşünceler | % İnanç |
|---|---|---|---|---|---|
| 7. Benim kişiliğim yok. | 100 | 100 | S-B, AG, ZF, OGG, ZO, F, AK, DMY, -Mİ, E, KS | 7. Şahane bir kişiliğim var. | 20 |

İyileşme Dairesi işte burada devreye gitmektedir. Jason olumsuz düşüncesini kendi başına kenara atamamaktadır. Bu yüzden de tekniklerden bazılarını kullanmamız gerekmektedir. Jason'ın olumsuz düşüncesini 447. sayfadaki İyileşme Dairesi'nin ortasına yazın. Ona, olumsuz düşüncesini kenara atmasına yardımcı olacak en az on beş teknik bulmaya çalışın. Bunun için 440. sayfadaki Korkularınızı Yenmenin 40 Yolu'na ya da 465–474. sayfalar arasında bulunan her bir teknik için kısa tanımlamalar içeren ifadelere göz atmak isteyebilirsiniz. Dairenin etrafındaki her kutuya birer teknik yazın. Bitirdiğiniz zaman, 447'den 450'ye kadar olan sayfalara dönün. Size, Jason ve benim birlikte seçtiğimiz teknikleri söyleyeceğim.

## Yanıt

449. sayfada Jason için hazırladığımız İyileşme Dairesi'ni görebilirsiniz. Eğer sizin listeniz daha farklıysa lütfen endişelenmeyin. En az on beş teknik seçtiyseniz, iyi iş çıkarmışsınız demektir.

İYİLEŞME DAİRESİ

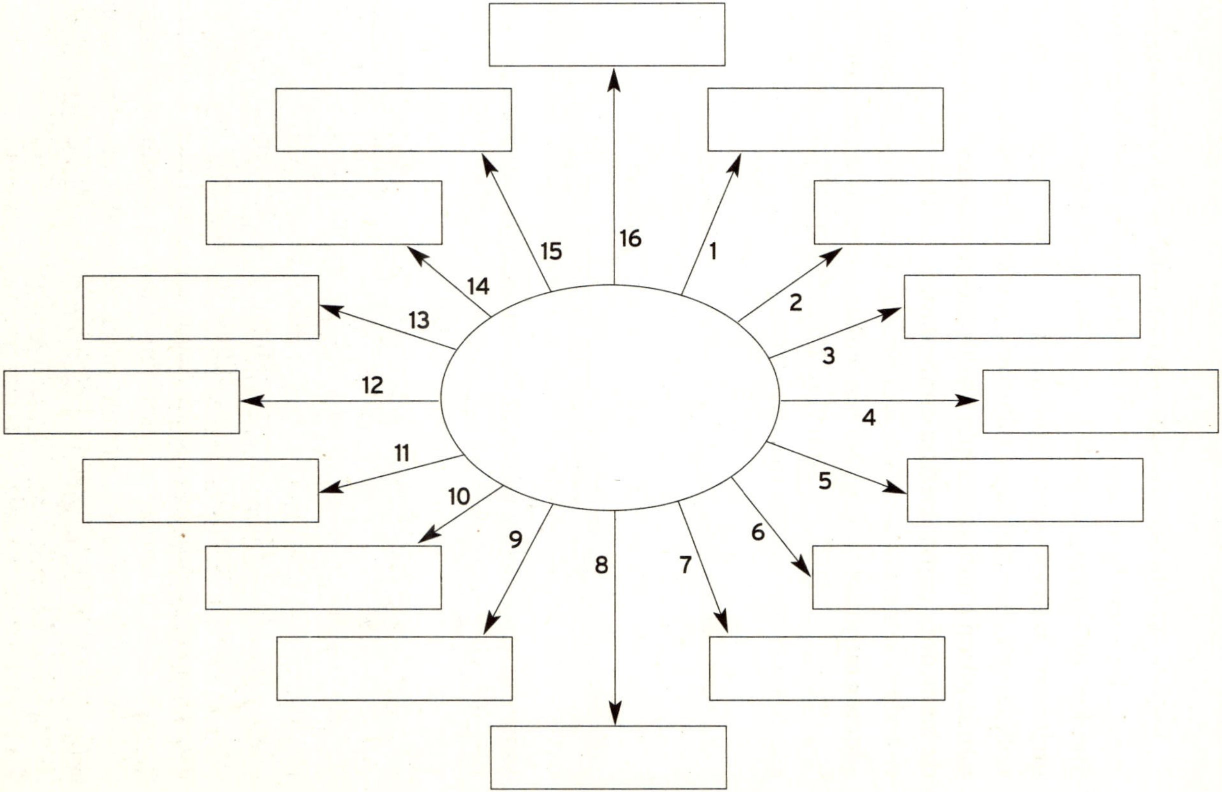

Kanıt Değerlendirme, bizim denediğimiz ilk teknikti. Jason'a, iyi bir kişiliği olduğunu gösteren herhangi bir kanıt bulunup bulunmadığını sordum. O da "Evde ailemle birlikteyken gayet rahat ve eğlenceli biri olabiliyorum" dedi. Ona ifade etmiş olduğu düşünceyi, Günlük Duygudurum Çizelgesi'ndeki Olumlu Düşünce sütununa yazmasını söyledim. "% İnanç" sütununda gördüğünüz gibi, bu düşüncenin doğruluğuna % 100 inanıyordu.

| Olumsuz Düşünceler | % Önce | % Sonra | Çarpıtmalar | Olumlu Düşünceler | % İnanç |
|---|---|---|---|---|---|
| 7. Benim kişiliğim yok. | 100 | 100 | S-B, AG, ZF, OGG, ZO, F, AK, DMY, -Mİ, E, KS | 7. Şahane bir kişiliğim var. | 20 |
| | 95 | | | Evde ailemle birlikteyken gayet rahat ve eğlenceli biri olabiliyorum. | 100 |

Olumlu düşünce, Jason'ın fikrini değiştirmesi için gerekli koşulları içermiyordu çünkü bu düşünceye yalnızca % 20 inanıyordu.

Bu olumlu düşünce değişim için % 100 doğru olsa da, olumsuz düşüncenin kenara atılmasını sağlamıyordu.

Fakat "% Sonra" sütununa bakarsanız, Jason'ın olumsuz düşünceye inanma oranı sadece % 95'e inmişti. Bu ufak azalma bize, Jason'ın olumsuz düşünceye hâlâ inandığını göstermektedir. Bunun nedeni, olumlu düşüncenin geçici bir gurur hissettiren bir tür ayıplama şeklinde olmasıydı. Jason, annesi ve kardeşiyle geçirdiği zamanların sayılmayacağını çünkü kendi yaş grubundan kadınların yanında olduğu zamanlarda kendini tuhaf ve gergin hissettiğini söylemişti. Bu durumda, olumlu düşünce gerekli koşulları sağlıyordu çünkü % 100 doğruydu. Fakat yeterli koşulları sağlamıyordu çünkü Jason'ın düşüncesine etkisi çok azdı.

## Jason'ın İyileşme Dairesi

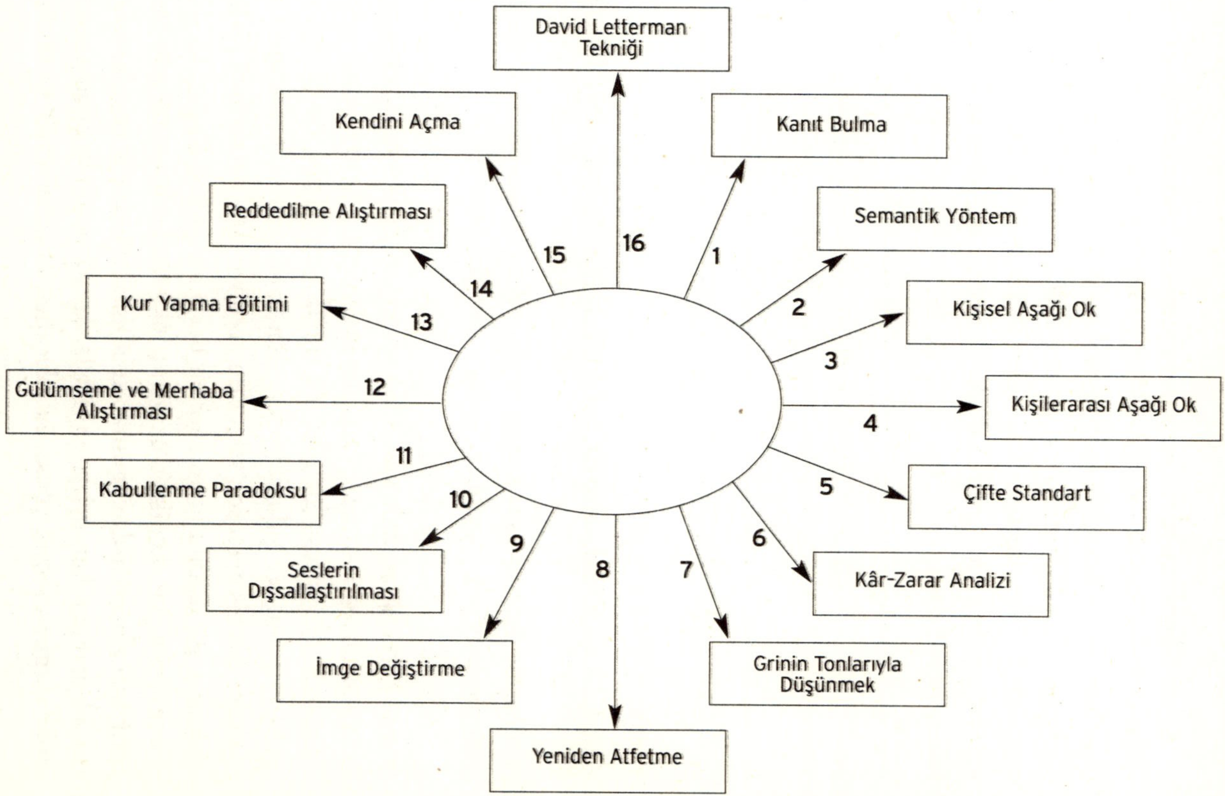

Bu da demek oluyor ki bir sorunumuz var. Jason'a olumsuz düşüncesine meydan okumasını söylediğimde, pek etkili olmayan bir olumlu düşünce ortaya koymuştu. Daha sonra Kanıt Değerlendirme tekniğini denedik ama Jason olumsuz düşünceyi hâlâ bir kenara atamıyordu. Hâlâ kişiliği olmadığına inanıyordu. Şu durumda yapmamız gereken şey nedir? Okumaya devam etmeden önce lütfen fikirlerinizi yazın.

..................................................................................................

..................................................................................................

..................................................................................................

..................................................................................................

..................................................................................................

## Yanıt

Bir teknik işe yaramadığında, hemen İyileşme Dairesi'ndeki bir başka tekniğe geçin. Zaten olumsuz düşünceleri bir kenara atmak kolay olsaydı, depresyon ve anksiyeteyle boğuşan insan olmazdı. Fakat deneyecek birçok tekniğimiz olduğu için şanslıyız.

Olumsuz düşüncenizdeki çarpıtmalar, hangi teknikleri kullanmanız gerektiğine dair size fikir verecektir çünkü bazı teknikler özellikle bazı çarpıtmalar üzerinde etkilidir. Jason'ın "Benim kişiliğim yok" düşüncesi, gizli kalmış –meli, –malı ifadesidir çünkü bu ifade, Jason'ın şen şakrak ve dışa dönük biri olması gerektiğini ve kasiyere müthiş derecede zekice bir şey söylemesi gerektiğini söylemektedir. Bu da onu inanılmaz bir baskı altına almaktadır. Bu düşünce ayrıca gerçekçilikten uzaktır çünkü randevulaşmaya yeni başladığımız zamanlarda çoğumuz kendimizi tuhaf ve gergin hissederiz. En azından ben öyleydim! Başlarda çok neşeli ve spontane tavırlar sergileyemeyiz çünkü ne olacağını öngöremeyiz. Durumun böyle olması, sizin kusurlu olduğunuzu ya da kişiliğinizin olmadığını göstermez; gösterdiği şey yalnızca deneyimsiz olduğunuzdur.

Semantik Yöntem, İyileşme Dairesi'ndeki diğer tekniktir. Bu yöntem, genellikle zorunluluk ifadeleri üzerinde etkilidir. Jason'a, gergin hissettiği zamanlarda kendisine daha az aşağılayıcı bir mesaj verip veremeyeceğini sordum. Bahsettiği tuhaf duygularını daha nazik bir şekilde değerlendirebilir miydi? Jason olumlu bir düşüncesi şöyleydi: "Kendimi rahat hissettiğim zamanlarda gayet iyi bir kişiliğim var. Benim asıl sorunum utangaçlık; kişiliğimin olmaması değil."

Jason'a, bu düşüncesini Günlük Duygudurum Çizelgesi'ndeki Olumlu Düşünce sütununa koymasını ve bu düşünceye ne kadar inandığını belirtmesini söyledim *(bkz. s. 452)*. "% İnanç" sütununda gördüğünüz gibi buna % 100 inanıyordu. Ayrıca bu düşünce, "% Sonra" sütununda görüldüğü gibi, olumsuz düşüncesine olan inancını % 25'e indirmesini sağlamıştı. Bu da olumlu düşüncenin, duygusal bir değişim için gerekli ve yeterli koşulları sağlandığı anlamına geliyordu.

Olumsuz bir düşünceye olan inancınızı azaltmak için ne kadar uğraşmanız gerekiyor? Bu, üzerinde çalıştığınız olumsuz düşünceye göre değişiklik gösterir. Bazen olumsuz düşüncenize olan inancınızı % 0'a kadar bile indirebilirsiniz. Jason'ın durumunda, inancın % 25'e kadar inmesinin yeterli olduğunu düşündüm çünkü sosyal ortamlarda kendisini tuhaf hissediyordu. Yani olumsuz düşüncenin içinde gerçeklik payı vardı. Bu durum ilerleyen zamanlarda değişebilir, fakat Jason şu durumda bile büyük bir ilerleme kaydetmiş oldu.

Olumsuz düşüncesini bir kenara attıktan sonra Jason'ın ruh hali iyileşmeye başlamıştı ve zamanla bütün olumsuz düşüncelerini bir kenara atabilmişti. Duygudurum Çizelgesi'nin tamamlanmış halini

| Olumsuz Düşünceler | % Önce | % Sonra | Çarpıtmalar | Olumlu Düşünceler | % İnanç |
|---|---|---|---|---|---|
| 7. Benim kişiliğim yok. | 100 | 100 | S-B, AG, ZF, OGG, ZO, F, AK, DMY, -Mİ, E, KS | 7. Şahane bir kişiliğim var. | 20 |
| | | 95 | | Evde ailemle birlikteyken gayet rahat ve eğlenceli biri olabiliyorum. | 100 |
| | | 25 | | Kendimi rahat hissettiğim zamanlarda gayet iyi bir kişiliğim var. Benim asıl sorunum utangaçlık; kişiliğimin olmaması değil. | |

Kanıt Değerlendirmeyi kullandığımızda Jason böyle bir olumlu düşünce ile gelmişti. Bu düşünceye inanmasına rağmen etkili olmamıştı çünkü olumsuz düşünceye olan inancı azalmamıştı.

Jason bu düşünceyle gelmişti. Bu düşünce etkili olmuştu çünkü bu düşünceye % 100 inanıyordu ve olumsuz düşünceye inancı % 25'e inmişti.

görmek için 454. ve 455. sayfalara bakabilirsiniz. Gördüğünüz gibi, olumsuz düşüncelerinin şiddeti, anksiyetesinin sadece % 50'ye indiği bir istisna dışında, % 20'ye, hatta daha da aşağılara inmişti.

Jason'ın anksiyetesi niçin yalnızca % 50'ye indi? % 50'lik bir azalma aslında gayet iyi olmasına rağmen biz biraz daha fazlasını sağlamaya çalışıyoruz. Biz, Jason'ın utangaçlık ve anksiyete duygularının % 0'a inmesini istiyoruz. Farklı bir şey yapıncaya kadar bu mümkün olmayacak gibi görünüyor. Peki, sonraki adım ne olmalıdır? Okumaya devam etmeden önce lütfen düşüncelerinizi yazın.

..........................................................................................

..........................................................................................

..........................................................................................

..........................................................................................

..........................................................................................

## Yanıt

Bu tür alıştırmalar size anksiyetenin üstesinden gelmeye çalışıncaya kadar yardımcı olur. Bir sonraki aşamada Jason, İyileşme Dairesi'ndeki Gülümseme ve Merhaba Alıştırması, Kur Yapma Eğitimi, Reddedilme Alıştırması, Kendini Açma ve David Letterman Tekniği gibi Kişilerarası Tekniklere ihtiyaç duyacaktır. Elbette herkes gibi hem reddedilmelerden hem de başarılardan payına düşeni alacaktır. Ama korkularıyla yüzleştiği zaman, sancılı utangaçlığı yalnızca bir anı olarak kalacaktır.

Şimdi deneme sırası sizde. 456. ve 457. sayfalardaki boş Günlük Duygudurum Çizelgesi'ni doldurmakla başlayın. En üste, kendinizi üzgün hissettiğiniz bir anın kısa bir tanımlamasını yapın. Kendinizi nasıl hissettiğinizi yansıtan duyguları yuvarlak içine alın ve her bir duygunun ne kadar yoğun olduğunu % 0 (hiç yoğun değil) ile % 100 (aşırı yoğun) arasında bir puan vererek değerlendirin. Şimdi de olumsuz düşüncelerinizi yazın ve her birine ne kadar inandığınızı da % 0 ile % 100 arasında bir puan vererek değerlendirin. Düşüncenizdeki çarpıtmaları, Günlük Duygudurum Çizelgesi'nin en altında bulunan listeyi kullanarak belirlediğiniz zaman, İyileşme Dairesi için hazır olacaksınız.

Üzerinde öncelikli olarak çalışmak istediğiniz bir düşünceyi seçin ve bunu, 459. sayfadaki boş İyileşme Dairesi'nin ortasına yazın. Bu düşünceyi bir kenara atmanıza yardımcı olacak en az on beş

## JASON'IN GÜNLÜK DUYGUDURUM ÇİZELGESİ

**Durum:** Süpermarkette beklemek

| Duygular | % Önce | % Sonra | Duygular | % Önce | % Sonra |
|---|---|---|---|---|---|
| Üzgün, hüzünlü, depresif, morali bozuk, mutsuz | 80 | 0 | Utanmış, budala, aşağılanmış, içine kapanmış | 100 | 20 |
| Kaygılı, endişeli, paniklemiş, gergin, korkmuş | 100 | 50 | Umutsuz, hevesi kırılmış, karamsar, çaresiz | 90 | 10 |
| Suçlu, vicdan azabı içinde, kötü niyetli, mahcup | 95 | 0 | Hayal kırıklığına uğramış, engellenmiş, yenik | 90 | 15 |
| Aşağı, değersiz, yetersiz, kusurlu, beceriksiz | 95 | 15 | Kızgın, öfkeli, incinmiş, sinirli, hiddetli | 90 | 15 |
| Yalnız, sevilmeyen, istenmeyen, reddedilmiş, terk edilmiş | 75 | 20 | Diğer (tanımlayın) | | |

| Olumsuz Düşünceler | % Önce | % Sonra | Çarpıtmalar | Olumlu Düşünceler | % İnanç |
|---|---|---|---|---|---|
| 1. Söyleyeceğim ilginç hiçbir şey yok | 100 | 25 | S-B, AG, ZF, OGG, ZO, AK, DMY, -Mİ, KS | 1. Akıl almaz derecede zekice ya da ilginç bir şey söylemek zorunda değilim. Merhaba deyip gülümsemekle başlayabilirim, bu süper bir başlangıç olur. | 100 |
| 2. Çekici kızlarla olmayı hiç başaramadım | 100 | 35 | S-B, AG, DMY, -Mİ | 2. Çünkü kendime hiç şans tanımadım! | 100 |
| 3. Güzel bir sohbet etsek bile, şu an bir ilişkiyle uğraşacak vaktim yok | 100 | 0 | OGG, -Mİ | 3. Saçma! Gerçekten hoşlandığım biriyle ilişki yaşamak isterim. | 100 |
| 4. En iyisi çenemi kapalı tutmak çünkü budalaca bir şey söyleyip canını sıkabilirim | 100 | 20 | ZO, DMY, -Mİ | 4. Bunun doğruluğunu gösteren hiçbir kanıt yok. Ama hayatım boyunca bir sürü budalaca şey söyledim ve benim için dünyanın sonu olmadı. | 100 |

| | | | | | |
|---|---|---|---|---|---|
| 5. Ona kur yaptığım için diğer insanlar benim bencil bir pislik olduğumu düşünecekler | 100 | 25 | S-B, ZO, F, AB, DMY, -Mİ, E, KS | 5. Bu pek olası değil. Marketteki insanların çoğu ne yaptığımla ilgilenmeyecek. Kur yapıyor olmamı onaylamasalar bile ne yaparlar ki? Taş mı atarlar? Aşağılarlar mı? Beni polise mi şikayet ederler? | 100 |
| 6. O kadar kaba ve iğrenç olmamalıyım. Sessiz ve mütevazı olursam, insanlar beni daha da sever | 100 | 10 | ZO, F, DMY, -Mİ, E, KS | 6. Kaba ve iğrenç olmadan da kur yapabilirim. Ama ağzımın payını alırsam ya da kendimi aptal yerine koyarsam, bu dünyanın sonu mu olur? | 100 |
| 7. Benim bir kişiliğim yok | 100 | 25 | S-B, AG, ZF, OGG, ZO, F, AK, -Mİ, DMY, E, KS | 7. Rahat hissettiğim zamanlarda gayet iyi bir kişiliğim var. Benim asıl sorunum utangaçlık; kişiliğimin olmaması değil. | 100 |
| 8. İyi görünmek, başarı gibi sığ konulara bu kadar kafa yorduğum için berbat bir insan olmalıyım | 100 | 10 | S-B, AG, -Mİ, E, KS | 8. Erkeklerin çoğu seksi, güzel kadınlardan hoşlanıyorlar. Nihayetinde, ben de Budist rahip olmaya çalışmıyorum. | 100 |
| 9. Onunla kur yapmaya kalkarsam, ağzımın payını alırım | 100 | 25 | OGG, ZO, F, DMY, -Mİ, KS | 9. Dostça bir tavırla gülümseyip merhaba dediğimde muhtemelen ağzımın payını almam. Öyle bile olsa yine de başedebilirim. Aslında birkaç defa ağzımın payını alırsam bu iyi bile olur çünkü bu, korkularımla yüzleştiğimi gösterir. Sonsuza kadar böyle gitmeyecek, er ya da geç biriyle randevulaşacağım. | 100 |
| 10. Bu durum benim ezik olduğumu gösterir | 100 | 0 | S-B, AG, ZF, OGG, AB, DMY, -Mİ, E, KS | 10. Bir kıza kur yapmaya çalıştığımda reddedilirsem, bunun pek çok nedeni olabilir. Örneğin deneyimsizliğim neden olabilir, o kadının erkek arkadaşının olması neden olabilir ya da benle çıkmak istememesi de sebep olabilir. Bunların hiçbiri benim "ezik" olduğumu göstermez. | 100 |

## Günlük Duygudurum Çizelgesi

Durum: ..............................................................................................................................

| Duygular | % Önce | % Sonra | Duygular | % Önce | % Sonra |
|---|---|---|---|---|---|
| **Üzgün**, hüzünlü, depresif, morali bozuk, mutsuz | | | **Utanmış**, budala, aşağılanmış, içine kapanmış | | |
| **Kaygılı**, endişeli, paniklemiş, gergin, korkmuş | | | **Umutsuz**, hevesi kırılmış, karamsar, çaresiz | | |
| **Suçlu**, vicdan azabı içinde, kötü niyetli, mahcup | | | **Hayal kırıklığına uğramış**, engellenmiş, yenik | | |
| **Aşağı**, değersiz, yetersiz, kusurlu, beceriksiz | | | **Kızgın**, öfkeli, incinmiş, sinirli, hiddetli | | |
| **Yalnız**, sevilmeyen, istenmeyen, reddedilmiş, terk edilmiş | | | **Diğer** (tanımlayın) | | |

| Olumsuz Düşünceler | % Önce | % Sonra | Çarpıtmalar | Olumlu Düşünceler | % İnanç |
|---|---|---|---|---|---|
| 1. | | | | 1. | |
| 2. | | | | 2. | |
| 3. | | | | 3. | |
| 4. | | | | 4. | |
| 5. | | | | 5. | |
| | | | | | |

| | | | | | |
|---|---|---|---|---|---|
| 6. | | | | 6. | |
| 7. | | | | 7. | |
| 8. | | | | 8. | |

## Bilişsel Çarpıtmalar Listesi

| | |
|---|---|
| 1. **Ya hep ya hiç şeklinde düşünme.** Olup biten her şeyi mutlak, siyah-beyaz şeklinde görürsünüz. | 6. **Aşırı büyütme ya da küçültme.** Olup biten her şeyi ya gözünüzde büyütür ya da azımsarsınız. |
| 2. **Aşırı genelleme.** Olumsuz bir olayı asla bitmeyecek bir yenilgi olarak görürsünüz: "Bu her zaman oluyor!" | 7. **Duygusal mantık yürütme.** Duygularınıza dayanarak mantık yürütürsünüz. "Aptal gibi hissediyorum, demek ki öyleyim." |
| 3. **Zihinsel filtre.** Olumsuz şeyler üzerinde odaklanır, olumlu şeyleri yok sayarsınız. | 8. **-meli -malı ifadeleri.** Olmalı, olmamalı, olmak zorunda gibi ifadeler kullanırsınız. |
| 4. **Olumluyu görmezden gelme.** Olumsuz şeylerin sayılmaya değer olmadığında ısrar edersiniz. | 9. **Etiketleme.** "Hata yaptım." demek yerine "Ben bir pisliğim" ya da "Ben bir eziğim" dersiniz. |
| 5. **Sonuca atlama.** Doğrulara dayanmayan sonuçlara atlarsınız.<br>• **Zihin okuma.** İnsanların size kötü bir şekilde davranacağını varsayarsınız.<br>• **Falcılık.** Olayların kötü sonuçlanacağını öngörürsünüz. | 10. **Suçlama.** Sorunu çözmek yerine kusur bulursunuz.<br>• **Kendini suçlama.** Bütün sorumlunun siz olmadığınız durumlar için kendinizi suçlarsınız.<br>• **Başkasını suçlama.** Sorunun oluşmasındaki kendi etkinizi görmezden gelip başkalarını suçlarsınız. |

teknik belirleyin. Teknikleri seçerken, 440. sayfadaki 1 sayfalık Korkularınızı Yenmenin 40 Yolu listesinden ya da 465. sayfadaki daha geniş listeden yararlanabilirsiniz. Seçtiğiniz teknikleri, dairenin etrafındaki kutulara yazın. Eğer on altıdan fazla teknik belirlerseniz 460. sayfadaki İyileşme Dairesi'ni kullanın.

Bu teknikleri seçerken kullanabileceğiniz herhangi bir rehber var mıdır? Sizi bu düşünceden mümkün olduğunca uzak tutmaya çalışıyorum.

Formüller yanıltıcı olabiliyor ve her bir kişi ya da her bir problem için hangi tekniğin işe yarayacağını öngörmek her zaman çok zordur. Fakat 461. ve 462. sayfalardaki tablolar başlangıç yapmanıza yardımcı olacaktır. Şunlara dayanarak en etkili teknikleri seçmeniz için size ipuçları sağlayacaktır:

- **Olumsuz düşüncenizdeki çarpıtmalar** (sayfa 461). Farklı çarpıtmalar, farklı tekniklere yanıt verir. Örneğin, bazı teknikler ya hep ya hiç şeklinde düşünmeyi içeren düşüncelerde etkili olurken diğer bazı teknikler de Falcılık, Zihin Okuma, –meli, –malı İfadeleri veya Kendini Suçlama gibi çarpıtmaları içeren düşüncelerde etkili olur.
- **Üzerinde çalıştığınız sorunun türü** (sayfa 462). Utangaçlık, panik ataklar, travma sonrası stres bozukluğu veya obsesif-kompülsif bozukluk gibi farklı anksiyete türleri farklı tekniklere yanıt verir. Ayrıca anksiyete üzerinde etkili olan teknikler, depresyonda, ilişki sorunlarında veya bağımlılıkta etkili olan tekniklerden farklıdır.

Tabloda, uygun kategorinin bulunduğu sütunlara işaret koymak işe yarayabilir. Gri renkli olan kutular, özellikle bu kategorideki tekniklerin özellikle iyi bir seçim olacağını göstermektedir. Örneğin,

## İyileşme Dairesi

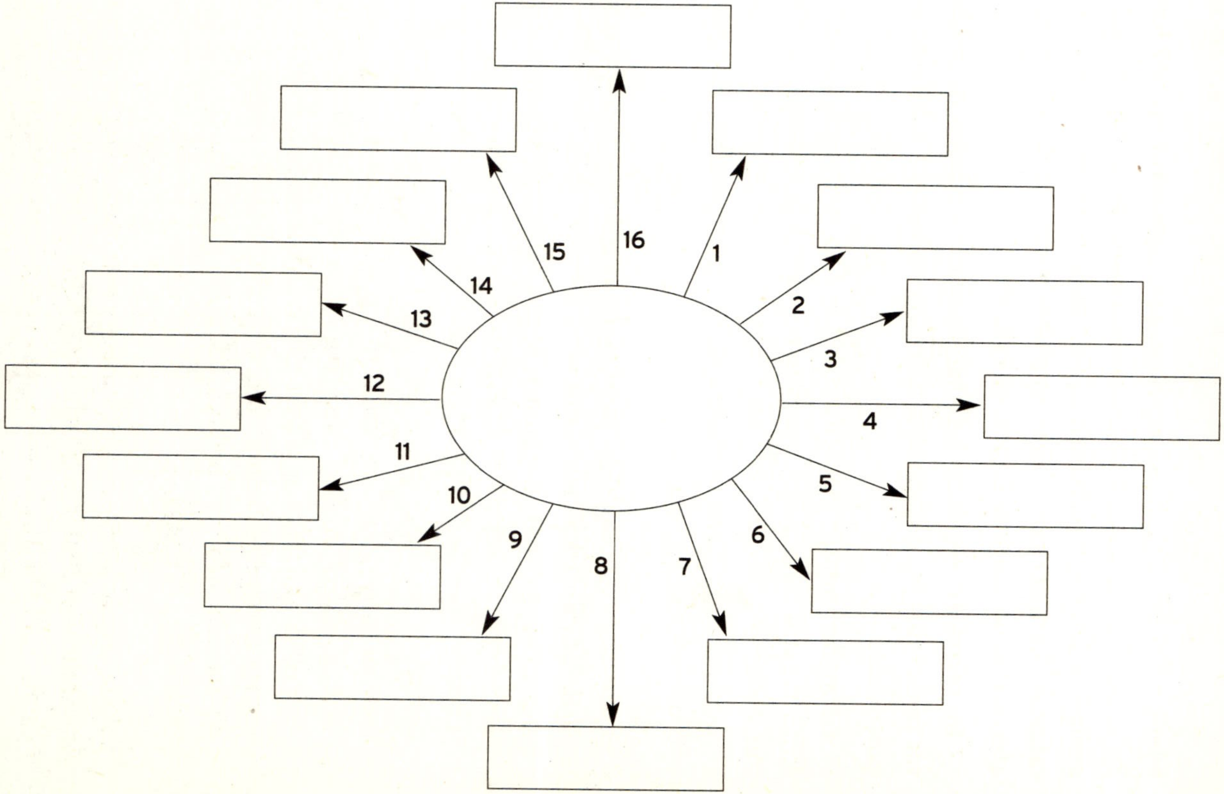

## İYİLEŞME DAİRESİ

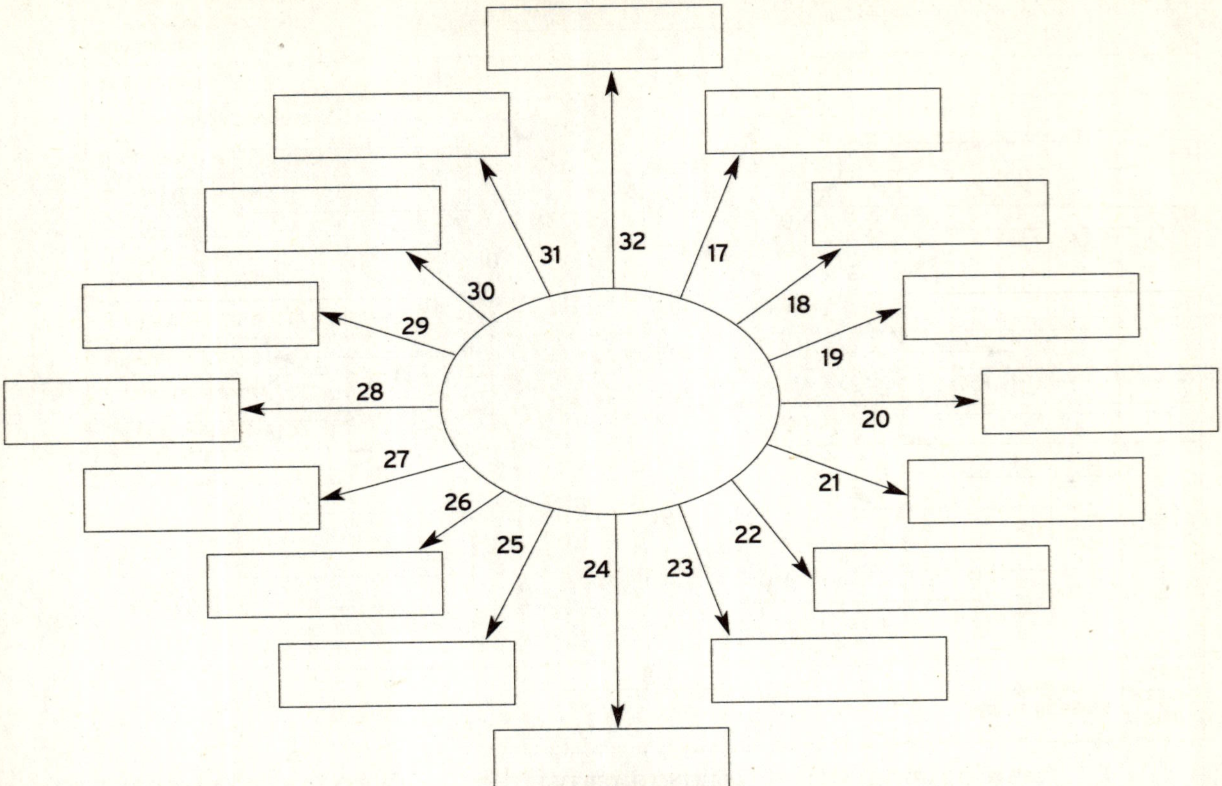

| Çatışmalar | Bilişsel Teknikler | | | | | | | | | | | Maruz Bırakma Teknikleri | | | Gizli Kalmış Duygu |
|---|---|---|---|---|---|---|---|---|---|---|---|---|---|---|---|
| | Açığa Çıkarma | Şefkat Temelli | Gerçeklik Temelli | Semantik (Anlamsal) | Mantık Temelli | Nicel | Mizah Temelli | Rol Yapma | Manevi | Motivasyonel | Erteleme Karşıtı | Klasik Maruz Bırakma | Bilişsel Maruz Bırakma | Kişilerarası Maruz Bırakma | Gizli Kalmış Duygu |
| 1. Ya hep ya hiç şeklinde düşünme | ✓ | ✓ | ✓ | ✓ | ✓ | | | ✓ | ✓ | ✓ | | | | | |
| 2. Aşırı Genelleme | ✓ | ✓ | ✓ | ✓ | | | | ✓ | ✓ | ✓ | | | | | |
| 3. Zihinsel Filtre | ✓ | ✓ | ✓ | ✓ | ✓ | ✓ | | ✓ | ✓ | ✓ | | | | | |
| 4. Olumluyu Görmezden Gelme | ✓ | ✓ | ✓ | ✓ | ✓ | ✓ | | ✓ | ✓ | ✓ | | | | | |
| 5. Keyfî Çıkarsama | | | | | | | | | | | | | | | |
| • Zihin Okuma | ✓ | ✓ | ✓ | ✓ | | ✓ | ✓ | ✓ | ✓ | ✓ | ✓ | ✓ | ✓ | ✓ | ✓ |
| • Falcılık | ✓ | ✓ | ✓ | ✓ | | ✓ | ✓ | ✓ | ✓ | ✓ | ✓ | ✓ | ✓ | ✓ | ✓ |
| 6. Aşırı Büyütme ya da Küçültme | ✓ | ✓ | ✓ | ✓ | ✓ | ✓ | ✓ | ✓ | ✓ | ✓ | ✓ | ✓ | ✓ | | |
| 7. Duygusal Mantık Yürütme | ✓ | ✓ | ✓ | ✓ | | | ✓ | ✓ | ✓ | ✓ | ✓ | ✓ | | | |
| 8. -meli, -malı İfadeleri | ✓ | ✓ | ✓ | ✓ | ✓ | | ✓ | ✓ | ✓ | ✓ | ✓ | | | | |
| 9. Etiketleme | ✓ | ✓ | ✓ | ✓ | ✓ | ✓ | ✓ | ✓ | ✓ | ✓ | | | | | |
| 10. Suçlama | | | | | | | | | | | | | | | |
| • Kendini Suçlama | ✓ | ✓ | ✓ | ✓ | ✓ | ✓ | ✓ | ✓ | ✓ | ✓ | | | | | |
| • Başkasını Suçlama | ✓ | | ✓ | | | | ✓ | ✓ | ✓ | ✓ | | | | | |

| | | Bilişsel Teknikler | | | | | | | | | | Maruz Bırakma Teknikleri | | | Gizli Kalmış Duygu |
|---|---|---|---|---|---|---|---|---|---|---|---|---|---|---|---|
| | | Açığa Çıkarma | Şefkat Temelli | Gerçeklik Temelli | Semantik (Anlamsal) | Mantık Temelli | Nicel | Mizah Temelli | Rol Yapma | Manevi | Motivasyonel | Erteleme Karşıtı | Klasik Maruz Bırakma | Bilişsel Maruz Bırakma | Kişilerarası Maruz Bırakma | Gizli Kalmış Duygu |
| Sorununuz | Kronik Endişelenme | ✓ | ✓ | ✓ | | | ✓ | | ✓ | | ✓ | | ✓ | ✓ | | ✓ |
| | Panik Ataklar | ✓ | ✓ | ✓ | | | | | ✓ | ✓ | ✓ | | ✓ | ✓ | | ✓ |
| | Agorafobi | ✓ | ✓ | ✓ | | | | | ✓ | | ✓ | | ✓ | ✓ | | ✓ |
| | Korkular ve Fobiler | ✓ | ✓ | ✓ | | | | | ✓ | ✓ | ✓ | | ✓ | ✓ | | ✓ |
| | Utangaçlık | ✓ | ✓ | ✓ | ✓ | ✓ | | ✓ | ✓ | ✓ | ✓ | | ✓ | ✓ | ✓ | ✓ |
| | Performans ve Kalabalık Önünde Konuşma Anksiyetesi | ✓ | ✓ | | ✓ | ✓ | ✓ | ✓ | ✓ | ✓ | ✓ | | ✓ | ✓ | | ✓ |
| | Obsesyonlar ve Kompülsiyonlar | ✓ | ✓ | ✓ | | | ✓ | | ✓ | | ✓ | | ✓ | ✓ | | ✓ |
| | Travma Sonrası Stres Bozukluğu | ✓ | ✓ | | | | | | ✓ | ✓ | ✓ | | | ✓ | | ✓ |
| | Hipokondriya | ✓ | ✓ | ✓ | | | | | ✓ | | ✓ | | ✓ | ✓ | | ✓ |
| | Beden Dismorfik Bozukluğu | ✓ | ✓ | ✓ | ✓ | ✓ | ✓ | ✓ | ✓ | ✓ | ✓ | | ✓ | ✓ | | ✓ |
| | Depresyon ve Mahcubiyet Duygusu | ✓ | ✓ | ✓ | ✓ | ✓ | ✓ | ✓ | ✓ | ✓ | ✓ | ✓ | | ✓ | | ✓ |
| | Alışkanlıklar ve Bağımlılıklar | ✓ | | | ✓ | | | | ✓ | | ✓ | ✓ | | | | ✓ |

461. sayfadaki tabloya göre Semantik Yöntem'in, –meli, –malı İfadeleri üzerinde son derece iyi çalışacağını ifade etmektedir. 462. sayfadaki liste, utangaçlığınız bulunuyorsa, Kişilerarası Tekniklerin iyi bir tercih olduğunu göstermektedir. Ayrıca, Olsa Ne Olur ya da Aşağı Ok Tekniği gibi bir Açığa Çıkarma Tekniği, Kâr-Zarar Analizi gibi bir Motivasyonel Teknik, Kabullenme Paradoksu gibi bir Manevi Teknik veya Korkulan Kurgu Tekniği gibi bir Bilişsel Maruz Bırakma Tekniği de deneyebilirsiniz.

Fakat uygun tekniği seçeceğiniz zaman bu önerileri harfiyen takip etmeyin çünkü sizin için neyin işe yarayacağını tahmin edemeyiz. Bu yaklaşımı etkili, esnek ve çekici yapan da zaten budur.

Bir noktanın altını çizmek gerekiyor. İyileşme Dairesi'nin ortasına yalnızca, kendinizi "utanmış" ya da "depresif" gibi hissettiğiniz duyguyu yazmak işinize yaramayacaktır. Utangaçlık, panik ve depresyon gibi duyguları yenmek için kullanacağınız teknik yoktur. Bunun yerine, kendinizi kötü hissettiğiniz bir durumu ele alın ve o anki duygularınızla ilgili bir Günlük Duygudurum Çizelgesi doldurun. Olumsuz düşüncelerinizi not ettikten sonra, bunlardan bir tanesini İyileşme Dairesi'nin ortasına yazın.

Pek çok insan, Günlük Duygudurum Çizelgesi ile İyileşme Dairesi arasındaki ilişkiyi anlayamadığını söylüyor. Aslında İyileşme Döngüsü, Günlük Duygudurum Çizelgesi'ni çalıştıran bir motor gibidir. İyileşme Dairesi'ne koyduğunuz teknikler, olumlu düşünceler geliştirmenize yardımcı olacaktır. Unutmayın, duygusal bir değişim için gerekli ve yeterli koşulları sağlayan olumlu bir düşünce bulana kadar daha iyi hissetmeyeceksiniz:

- **Gerekli Koşul.** Olumlu düşünce % 100 doğru olmalı.
- **Yeterli Koşul.** Olumlu düşünce aracılığıyla olumsuz düşünce bir kenara atılabilmeli.

Değişim genellikle iki örüntüyle gerçekleşir. Birinci örüntüde, az ya da çok size yardımcı olan birçok teknik kullanırsınız, fakat özel olarak hiçbir teknik, olumsuz düşünceniz ya da duygunuz üzerinde olağanüstü bir etki yaratmaz. Bunun yerine, teker teker bütün teknikleri denersiniz ve her biri olumsuz düşüncenize olan inancınızı azaltır.

İkinci örüntüde ise arka arkaya teknikler denersiniz, fakat hiç biri işe yaramaz. Olumsuz düşünceye hala inanıyor olursunuz ve her zamanki kadar kendinizi kaygılı, endişeli, paniklemiş veya depresif hissedersiniz. Ve aniden başka bir tekniği denediğiniz zaman olumsuz düşüncenize olan inancınız % o'a kadar iner ve hemen hemen iyileşirsiniz. Bu örüntüleri, çalıştığım birçok danışanda görürüm. Çıldırmanın eşiğinde olduğuna inanan June ile Deneysel Tekniği kullandığımızda da olan buydu. Ne kadar uğraşırsa uğraşsın çıldırmayacağını keşfettiğinde, yıllarca çektiği sıkıntılar aniden ve neredeyse sihirli bir şekilde ortadan kaybolmuştu.

İyileşme Dairesi'ndeki bütün teknikleri kullanıp hâlâ kendinizi sıkışmış hissettiğiniz zaman ne yapmanız gerekir? Bu o kadar da sıradışı değildir ve bu durumda olmanız, umutsuz vaka olduğunuz anlamına gelmez! Yalnızca gidip başka bir İyileşme Dairesi alın ve diğer tekniklerden birkaç tane daha seçin. Size uygun olan tekniği buluncaya kadar yeni seçtiğiniz teknikleri teker teker deneyin. Sabırlı ve ısrarcı olmak burada kilit noktadır çünkü her birimizin aydınlanmaya giden yolları farklıdır.

## BİLİŞSEL TEKNİKLER

| | |
|---|---|
| **Açığa Çıkarma Teknikleri** | |
| **1. Aşağı Ok Tekniği** *(sayfa 141)* | Aşağı Ok Tekniği, sizi depresyon ve anksiyeteye iterek olumsuz etkileyen inançları belirlemenize yardımcı olacaktır. Olumsuz düşüncenizin altına aşağı doğru bir ok çizin ve kendinize "Bu düşüncenin doğru olduğunu kabul edelim, neden bu düşünce beni olumsuz etkiliyor? Bunun benim için anlamı ne?" diye sorun. Bu durumda aklınıza bir başka olumsuz düşünce gelecektir. Bunu okun altına yazın ve onun da altına başka bir ok çizin. Bunu birkaç kez tekrar edin.<br>Olumsuz düşüncelerinize bakın ve 34. sayfada bulunan listeyi gözden geçirip altta yatan inançlarınızı belirleyin. |
| **2. Ya olursa Tekniği** *(sayfa 173)* | Bu teknik, korkularınızın kökenindeki kurguları belirlemenize yardım olacaktır. Olumsuz bir düşüncenin altına aşağı doğru bir ok çizin ve kendinize "Bu düşünce doğruysa, olabilecek en kötü şey nedir?" diye sorun. Böylelikle aklınıza yeni bir düşünce veya kurgu gelecektir. Yeni düşünceyi veya kurguyu okun altına yazın ve bunu birkaç defa tekrar edin. Sonra da kendinize şunu sorun: "Bunun gerçekleşme olasılığı nedir? Ve gerçekleşirse, buna dayanabilir miyim? |
| **Şefkat Temelli Teknikler** | |
| **3. Çifte Standart Tekniği** *(sayfa 181)* | Kendinizi aşağılamak yerine, üzgün bir arkadaşınızla konuşurken olduğu gibi kendinizle de şefkatli bir şekilde konuşun. Kendinize "Eğer sevdiğim bir arkadaşımın benzer bir sorunu olsa ona da böyle katı mı davranırdım? Ona ne söylerdim?" diye sorun. |
| **Gerçeklik Temelli Teknikler** | |
| **4. Kanıt İnceleme** *(sayfa 196)* | Olumsuz düşünceyi doğru kabul etmek yerine, kendinize şunu sorun: "Bu düşüncemin doğruluğunu gösteren ne gibi kanıtlar var? |

➤

| Gerçeklik Temelli Teknikler *(devamı)* | |
|---|---|
| **5. Deneysel Teknik** *(sayfa 198)* | Kendinize "Bu düşüncenin doğru olup olmadığını nasıl anlarım?" diye sorun. Örneğin, çıldırmanın eşiğinde olduğunuzu düşündüğünüz için panik ataklarınız varsa, avaz avaz bağırarak, yerde sürünerek, çıldırmış gibi davranarak kendinizi çıldırtmaya çalışabilirsiniz. Bu sayede, endişelerinizin gerçekçi olup olmadığını görebilirsiniz. |
| **6. Araştırma Yöntemi** *(sayfa 220)* | Olumsuz düşüncenizi test etmek için bir anket yapın. Örneğin, utangaçlığınızın garip olduğunu düşünüyorsanız, başka arkadaşlarınıza kendilerini utangaç hissettikleri durumlar olup olmadığını sorabilirsiniz. Muhtemelen, çoğu insanın zaman zaman kendisini utangaç hissettiğini keşfetmiş olacaksınız. |
| **7. Yeniden Atıfta Bulunma** *(sayfa 225)* | Kaygılı ya da depresifseniz devamlı kendinize yüklenip ters giden şeyler için kendinizi suçluyor olabilirsiniz. Yeniden Atfetmeyi kullandığınızda, olup bitenler için kendinizi suçlamak yerine, soruna katkısı olan bütün faktörleri düşünüp bunları çözmeye ve bunlardan dersler çıkarmaya çalışırsınız. |
| **Semantik (Anlamsal) Teknikler** | |
| **8. Semantik Yöntem** *(sayfa 240)* | Semantik Yöntem, özellikle -meli, -malı İfadelerinde ve Etiketlemede etkilidir. Bu yöntemle kullandığınız ifadeleri, daha az aşağılayıcı ve daha az duygu yüklü olanlarla değiştirin. |
| **9. İfadeleri Tanımlayalım** *(sayfa 244)* | Kendinizi "aptal" ya da "nevrotik" olarak etiketlediğiniz zamanlarda kendinize bu etiketlerin ne anlama geldiğini sorun. "Aptal" ya da "nevrotik" diye bir şey olmadığını fark edeceksiniz. Aptalca ve nevrotik davranışlar vardır ama aptallar ya da nevrotikler yoktur. |
| **10. Spesifik Olun** *(sayfa 248)* | Netleştirin tekniğini kullanırken gerçekliğe bağlı kalırsınız ve gerçeklikle ilgili genel yargılardan uzak durursunuz. Kendinizi "başarısız" olarak görmek yerine, güçlü ve zayıf yönlerinizi belirleme olanağınız olur. |

| Mantık-Temelli Teknikler | |
|---|---|
| **11. Grinin Tonlarıyla Düşünmek** (sayfa 229) | Sorunlarınızı siyah ve beyaz uçlarda görmek yerine, bu sorunları gerçekçi bir şekilde, grinin tonlarıyla değerlendirin. |
| **12. Sonuca Karşı Süreç** *(sayfa 236)* | Performansınızı sonuç yerine sürece (ortaya koyduğunuz çabaya) bağlı olarak değerlendirin. Hazırlanmanız ve çalışmanız daima sizin kontrolünüzdedir, fakat ortaya çıkan sonuç genellikle sizin kontrolünüzde değildir. |
| **Nicel Teknikler** | |
| **13. Kendini Gözlem** *(sayfa 255)* | Olumsuz düşüncelerinizin ve kurgularınızın kaydını, 3x5'lik kartlar ya da bileğe takılan sayaçlar aracılığıyla tutabilirsiniz. Günün sonunda, toplam düşünce sayınızı kaydedip sayacı sıfırlayın. Bunu birkaç hafta boyunca sürdürürseniz, olumsuz düşünceler giderek azalacak ve zamanla kaybolacaktır. |
| **14. Endişe Paydosları** *(sayfa 264)* | Bu paradoksal bir tekniktir. Kendinize depresif, kaygılı ya da suçlu hissedeceğiniz zamanlar belirlersiniz. Örneğin, sürekli devam eden kaygılarınız, sınavlarınız için etkili bir şekilde çalışmanıza engel oluyorsa, kendinize her saat başı ikişer dakikalık kaygı molaları vermeyi deneyebilirsiniz. Her Endişe Paydosu'nda, kendinize kesinlikle başarısız olacağınızı söyleyin. Kendinize yüklenin ve anksiyetenizi olabildiğince yükseltmeye çalışın. Duygularla savaşmaya çalışmayın. Saatin geri kalanını çalışıp hazırlanarak geçirebilirsiniz. Gergin hissetmeye başladığınızda, kendinize bu duyguları Endişe Paydosu'na kadar erteleyeceğinizi hatırlatın. |

| Mizaha Dayalı Teknikler | |
|---|---|
| 15. Utanca Hücum Alıştırmaları *(sayfa 271)* | Bu teknik, utangaçlığı olan insanlar için çok iyi bir tekniktir. "Normal" görünmeye çalışmak yerine topluluk önünde, istemli olarak, kalabalık bir mağazada çok yüksek sesle saati söylemek ya da şehir içi otobüsüne binip her durakta durağın adını bağırarak söylemek gibi aptalca şeyler yapın. Bu gibi şeyler olduktan sonra dünyanın sonu gelmediğini fark edeceksiniz. Bu teknik büyük cesaret gerektirir ama özgürleşme ve aydınlanma sağlar. Utanmaya Hücum Alıştırmaları ayrıca Kişilerarası maruz Bırakma Tekniklerinden biridir. |
| 16. Paradoksal Büyütme *(sayfa 275)* | Olumsuz düşüncelerle boğuşmak yerine onları abartırsınız. Bunlar, paradoksal olarak absürd görünmeye başlayacaktır. |
| 17. Mizaha Dayalı İmgeleme *(sayfa 277)* | Anksiyeteden ya da öfkeden bunaldığınız zamanlarda gözünüzün önüne mizahi bir şey getirmek yararlı olabilir. Bana danışan depresif bir kadın, eşinden boşanma sürecindeyken hayatının zorlaşmasını takıntı haline getirmişti. İstediklerini gerçekleştiremiyordu ve ne zaman eski eşinin, çok çekici yeni eşiyle tekne gezintisi yaptığını ya da lüks içinde hayatına devam ettiğini kurgulasa çok öfkeleniyordu. Süregelen öfkesi ve kırgınlığı hayatını berbat ediyordu. Eski eşini, pantolonunu giymeyi unutmuş haldeyken yönetim kuruluna konuşma yaparken hayal etmenin onu güldürdüğünü fark etmişti. Bu, onu yiyip bitiren öfke ve kırgınlığına karşı ilaç gibi gelmişti. |
| **Rol Yapma Tekniği** | |
| 18. Seslerin Dışsallaştırılması *(sayfa 281)* | Başka bir insanla birlikte, olumlu ve olumsuz düşüncelerinizin rolünü üstlenip karşılıklı diyalog kurun. Olumsuz düşünceler rolündeki kişi "Sen" ile başlayan cümlelerle saldırı yapsın ve olumlu düşünceler rolündeki kişi de "Ben" ile başlayan cümlelerle kendini savunsun. Tıkandığınız yerlerde rolleri değiştirin. Rol yapma formatındaki Çifte Standart Tekniği, Kabullenme Paradoksu, Şeytanın Avukatı, Korkulan Kurgu, Kur Yapma Eğitimi ve David Letterman Tekniği gibi çeşitli diğer teknikler de işe yarayabilir. |

| Manevi Teknik | |
|---|---|
| **19. Kabullenme Paradoksu** *(sayfa 288)* | Eksikliklerinizi sükûnetle ve mizah duygusuyla kabul edin. Kabullenme Paradoksu, kendinizi savunduğunuz zaman içinizde bir tür savaş ortamı oluşturduğunuzun savunulduğu bir Budist öğretisine dayanır. Eleştirilerinize karşı kendinizi savunursanız, kendinizle savaşmak zorunda kalırsınız. Bunun aksine, eleştirideki doğruluk payını bulursanız, eleştirmenin hevesini kursağında bırakırsınız. Buradaki eleştirmen elbette kendinizsiniz ve böylelikle kendinizle barışırsınız.<br>Bu teknik, burada bahsedilenlerden en önemli ve en güçlü olanıdır, fakat başlarda alışmak zor olabilir. Seslerin Dışsallaştırılması veya Korkulan Kurgu Tekniği gibi bir Rol Yapma Tekniği ile kullandığınız zaman bu yöntemi hayata geçirebilirsiniz. |
| **Motivasyonel Teknikler** | |
| **20. Kâr-Zarar Analizi (KZA)** *(sayfa 297)* | Olumsuz bir düşüncenin ("Ben tam bir eziğim"), kendinizi engelleyen bir inancın ("Her zaman kusursuz olmaya çalışmalıyım"), duygunun (öfke, suçluluk veya anksiyete) ya da alışkanlığın (alkol, uyuşturucu, aşırı yeme veya erteleme) bütün avantajlarını ve dezavantajlarını listeleyin. Ayrıca, ilişkinizdeki sorunlardan ötürü başkalarını suçlamanın avantajlarını ve dezavantajlarını da listeleyebilirsiniz.<br>Kendinize şunu sorun: "Bu düşüncenin, inancın, duygunun ya da alışkanlığın benim için avantajları ve dezavantajları neler? Bana nasıl yardımcı oluyor, nasıl zarar veriyor?" Aklınıza gelen bütün avantajları ve dezavantajları yazdıktan sonra, her birinin etkisini 0'dan 100'e kadar değerlendirin. Sonra kendinize avantajların mı yoksa dezavantajların mı daha büyük olduğunu sorun. |
| **21. Paradoksal Kâr-Zarar Analizi** *(sayfa 303)* | Her bir olumsuz düşüncenin ya da duygunun yalnızca avantajlarını listeleyin. Bu, tıkanmanıza ya da kaygılı hissetmenize neden olan gücü fark etmenizi sağlayacaktır. Sonra kendinize "Bu tutumun ve duygunun avantajlarını gözönünde bulunduracak olursam, niye değişmek isteyeyim?" diye sorun. Bütün gizli ödülleri fark ettiğinizde, bunların sizi altetme gücü de kaybolacaktır. |

| Motivasyonel Teknikler *(devamı)* | |
|---|---|
| **22. Şeytanın Avukatı Tekniği** *(sayfa 308)* | Alkol kullanmadan, aşırı yemeden, ertelemeden ya da yanlış bir insanla ilişki kurmadan hemen önce, davetkâr düşünceleri listeleyin. Bu listeyi bir arkadaşınıza verin ve ondan, sizi ayartmaya çalışan şeytan rolünü oynamasını isteyin. Arkadaşınız olabildiğince cezbedici olmalıdır ve bu şekilde konuşmalıdır: "Niye şu çikolatayı yemiyorsun? Tadı kimbilir ne kadar da muhteşemdir!" Sizin yapacağınız da bu ayartıcı düşüncelerle konuşup şeytanı altetmektir. |
| **Erteleme Karşıtı Teknikler** | |
| **23. Keyif Tahmini Tekniği** *(sayfa 317)* | Keyif alma, bir şeyler öğrenme ve kişisel gelişim adına etkinlikler planlayın. Her etkinliğin ne kadar keyifli ve tatmin edici olacağına dair tahmininizi % 0'dan (hiç keyifli değil) % 100'e (son derece keyifli) kadar puanlayarak değerlendirin. Her bir etkinliği tamamladıktan sonra ne kadar tatmin edici olduğunu, aynı ölçeği kullanarak değerlendirin. Genellikle, birçok aktivitenin tahmin ettiğinizden daha keyifli olduğunu fark edeceksiniz. Bu tekniği, "Mutlu ve değerli hissetmek için sevgiye ihtiyacım var. Eğer yalnız kalırsam devamlı mutsuz olurum" gibi kendinizi engelleyen inançları sınamak için kullanabilirsiniz. |
| **24. Büyük İşler için Küçük Adımlar** *(sayfa 320)* | Büyük bir işi yapmadan önce bunalmak yerine, onu küçük parçalara bölün. Böylelikle bir defada bir tanesini yapmaya uğraşırsınız. |
| **25. Erteleme-Karşıtı Sayfası** *(sayfa 326)* | Büyük bir işi küçük parçalara bölün ve her birinin ne kadar zor ve ne kadar tatmin edici olacağına dair % 0'dan %100'e kadar bir puan vererek tahminde bulunun. Her bir adımı tamamladıktan sonra ne kadar zor ve ne kadar tatmin edici olduğunu, aynı ölçeğe kullanarak not edin. Genellikle her bir adımın tahmin ettiğinizden daha kolay ve daha tatmin edici olduğunu fark edersiniz. |
| **26. Sorun Çözme Listesi** *(sayfa 329)* | Ertelemekte olduğunuz bir işe başlamak istediğiniz zamanı belirleyin. Sayfayı ikiye bölecek bir çizgi çekin ve iki sütuna "Sorunlar" ve "Çözümler" adını verin. Başlamanıza engel olabilecek her şeyi Sorunlar sütununa yazın. Sonra da bu sorunların her birini nasıl çözeceğinizi Çözüm sütununa yazın. |

## MARUZ BIRAKMA TEKNİKLERİ

| Klasik Maruz Bırakma | |
|---|---|
| **27. Aşamalı Maruz Bırakma** *(sayfa 339)* | Aşamalı Maruz Bırakmayı kullanırken, korktuğunuz şeyleri küçük parçalara ayırarak bunlara kendinizi maruz bırakın. Örneğin, asansör fobiniz varsa asansöre binip bir kat çıkın ve asansörden inin. Bununla ilgili bir sıkıntınız kalmayınca, asansörle iki kat çıkın ve asansörde geçirdiğiniz zamanı aşamalı olarak arttırın. Aşamalı Maruz Bırakmayı her tür fobi için, örneğin köpek, yükseklik veya iğne fobileri için kullanabileceğiniz gibi utangaçlık veya obsesif-kompülsif bozukluk gibi anksiyete türleri için de kullanabilirsiniz.<br><br>Ayrıca Korku Hiyerarşisi hazırlayıp en az korktuğunuz şeyi listede 1. sıraya, en çok korktuğunuz şeyi ise listede 10. sıraya yazın. Her maruz bırakmanın tipini ve süresini, aynı zamanda da bunun sonucunda ne kadar kaygılı hissettiğinizi kaydedebilirsiniz (%0'dan %100'e kadar). |
| **28. Taşırma** *(sayfa 344)* | Taşırmayı kullanırken, kendinizi korktuğunuz şeyin tamamına maruz bırakın. Örneğin, asansör fobiniz varsa, ne kadar kaygılı hissederseniz hissedin, korkunuz ortadan kayboluncaya kadar asansöre binip aşağı yukarı hareket edebilirsiniz. Taşırma, Aşamalı Maruz Bırakmaya göre daha korkutucudur ama daha çabuk işe yarar. Her iki yaklaşım da anksiyetenin tedavisinde başarıyla kullanılmaktadır, bu yüzden size daha uygun görünen yöntemi kullanabilirsiniz. |
| **29. Tepki Önleme** *(sayfa 352)* | Bu yöntemde, kompülsif ritüellerinize kendinizi kaptırmayı reddedersiniz. Örneğin, posta kutusuna mektup attığınızda mektubun düşüp düşmediğini tekrar tekrar kontrol etme yönünde güçlü bir dürtü hissederseniz, kontrol etmeden yolunuza devam etmeye kendinizi zorlarsınız. Anksiyeteniz geçici bir süre artacaktır, fakat kendinizi dürtüye kaptırmayı reddederseniz anksiyeteniz eninde sonunda ortadan kaybolacaktır. Bu, tıpkı bağımlılıktan kendini birdenbire ve tamamen çekmek gibi bir yöntemdir. |

| Bilişsel Maruz Bırakma *(devamı)* | |
|---|---|
| **30. Dikkat Dağıtma** *(sayfa 356)* | Kendinizi kaygılı hissediyorsanız, olumsuz düşünceler karşı dikkatinizi dağıtabilirsiniz. Örneğin, uçuş korkunuz varsa, bir uçak yolculuğu sırasında bulmaca çözmeye ya da yanınızdaki insanla sohbet etmeye odaklanabilirsiniz. Bu teknik, Taşırma gibi bir Maruz Bırakma Tekniği ile birlikte kullanıldığı zaman en iyi sonucu verir. |
| **Bilişsel Maruz Bırakma** | |
| **31. Bilişsel Taşırma** *(sayfa 358)* | Bazen kendinizi korktuğunuz şeye gerçekte maruz bırakamazsınız. Örneğin, uçuş korkunuz varsa, korkunuzu yenmek için uçak çarpıştıracak değilsiniz! Fakat bu korkuyla, Bilişsel Maruz Bırakmayı kullanarak zihninizde yüzleşebilirsiniz. Kendinizi bir uçakta hayal edin. Anksiyetenizi olabildiğince yükseltmeye çalışın ve olabildiğince uzun süre boyunca anksiyeteyle kalın. Anksiyete ile savaşmayın. Bunun yerine, anksiyetenizi dayanılmaz hale getirmeye çalışın. Ona teslim olun. Nihayetinde, anksiyete kendi kendini söndürecektir. |
| **32. İmge Değiştirme** *(sayfa 362)* | Korkutucu bir imgeyi daha pozitif ve daha huzurlu bir imge ile değiştirin. Eğer uçmaktan korkuyorsanız, alevler içinde yanan bir uçak hayal edebilirsiniz. Bu imge, inanılmaz yoğun bir anksiyete hissetmenize neden olacaktır. Bunun yerine, hiçbir sorun yaşamadan indiğiniz ve ailenizle birlikte güzel bir tatilin keyfini çıkardığınızı hayal edebilirsiniz. |
| **33. Anıları Tekrar Yazmak** *(sayfa 366)* | Eğer korkunç bir travmanın kurbanı olduysanız, o an'ı aynı canlılıkla tekrar yaşayabilir, yani flash-back'lere maruz kalıyor olabilirsiniz. Bu imgeleri, tıpkı bir yönetmenin filmindeki sahneleri düzelttiği gibi düzeltebilirsiniz. Örneğin, cinsel istismara ya da tecavüze dair aşağılayıcı anılarınız varsa, kendinizi son derece kaygılı hissedinceye kadar bu olayı zihninizde yaşayabilirsiniz. Sonra da sahneye güçlü bir yetişkin olarak girip sizi istismar eden kişiyi cezalandırabilirsiniz. Ayrıca istismar edilen çocukla konuşup onu sakinleştirebilirsiniz. Elbette, böyle bir durumda, sevgi dolu yetişkin benliğiniz, içinizdeki zarar görmüş, aldatılmış veya sevgisiz bırakılmış benliğinizle diyalog girmiş olur. |

| Klasik Maruz Bırakma *(devamı)* | |
|---|---|
| **34. Korkulan Kurgu** *(sayfa 372)* | Alice Harikalar Diyarında misali, bütün korkularınızın gerçekleştiği bir kabus dünyasına girersiniz. Orada size en kötü şekilde davranan, bütün zayıflıklarınız ve kusurlarınıza saldıran hayali bir Saldırgan Eleştirmen ile karşılaşırsınız. Kendinizi korumaya çalışıp eleştirmenle tartışabilir ya da Kabullenme Paradoksu'nda olduğu gibi eleştirmenin hevesini kursağında bırakabilirsiniz. Bunun yanısıra, kendini koruma yöntemiyle Kabullenme Paradoksu'nu birleştirebilirsiniz. Saldırgan Eleştirmen her ne kadar başka bir insanmış gibi görünse de o aslında, sizin kendinize yönelik eleştirilerinizin bir yansımasıdır. Korkulan Kurguyu bir Rol Yapma Tekniği olarak terapistinizle ya da bir arkadaşınızla yapabilir veya kendi Korkulan Kurgu diyalogunuzu yazabilirsiniz. |
| **Kişilerarası maruz Bırakma (Utanma Karşıtı Teknikler)** | |
| **35. Gülümseme ve Merhaba Alıştırması** *(sayfa 385)* | Kendinizi, her gün en az on yabancı kişiye gülümseyip merhaba demeye zorlayın. Genellikle, insanların sandığından daha dost canlısı olduğunu fark edeceksiniz. |
| **36. Kur Yapma Eğitimi** *(sayfa 391)* | Fazla ciddi ya da fazla içten olmak yerine, diğer insanlarla endişesiz ve sevecen bir şekilde kur yapmayı öğrenirsiniz. Bu da sizi daha neşeli, gizemli ve heyecanlı duruma getirir. |
| **37. Reddedilme Alıştırması** *(sayfa 399)* | Eğer reddedilmekten korkuyorsanız, olabildiğince çok kez reddedilmeye çalışabilirsiniz ki böylelikle dünyanın sonunun gelmediğini fark edersiniz. Örneğin, biriyle gerçekten randevulaşmaya çalışmak yerine, her hafta en az on kez reddedilmeyi kendinize hedef olarak belirlersiniz. Tıp fakültesindeyken bir arkadaşımla birlikte Palo Alto'da bunu denedik. Başta korkutucuydu fakat sonunda özgürleştirici bir deneyim olmuştu. Bunu yaparken biri teklifinizi kabul edebilir, fakat sizin hedefiniz olabildiğince çok kez reddedilmektir. |

| Kişilerarası maruz Bırakma (Utanma Karşıtı Teknikler) *(devamı)* | |
|---|---|
| **38. Kendini Açma** *(sayfa 400)* | Utangaçlık, gerginlik gibi duygularınızı utana sıkıla gizlemek yerine, onları rahat ve açık bir şekilde ifade edersiniz. Bu tekniğin arkasındaki ana fikir, asıl sorunun utangaçlık duygusu değil utanç hissetmeniz olduğudur. Utanç olmayınca, utangaçlık değerli bir özellik haline bile gelebilir çünkü bu sizi daha hassas ve çekici gösterir. |
| **39. David Letterman Tekniği** *(sayfa 404)* | David Letterman ya da Jay Leno gibi ünlü talk-show sunucuları gibi herkesle ve her yerde rahat ve samimi diyaloglar kurmayı öğrenirsiniz. Ateşkes Tekniği, Düşünce ve Duygu Empatisi, Merak ve Gururunu Okşamayı kullanarak diğer insana odaklanmayı öğrenirsiniz. Karşınızdaki kişiyi etkilemeye çalışmak yerine spot ışıklarını ona yöneltirsiniz. Bunu hayranlığınızı ifade ederek ve dost canlısı bir tavırla yaparsanız, karşınızdaki kişi sizinle ilgili olumlu duygular hissetmeye başlar. |
| **Gizli Kalmış Duygu Tekniği** | |
| **40. Gizli Kalmış Duygu Tekniği** *(sayfa 415)* | Bu teknik, yalnızca nazik insanların anksiyete geliştirdiği fikrine dayanır. Aslına bakarsanız nazik olmak, anksiyetenin nedenlerindendir. Sonuç olarak, üzgün veya kızgın hissettiğiniz zamanlarda, duygularınızı halının altına öyle çabuk süpürürsünüz ki sorunun ne olduğunu fark etmezsiniz bile. Sorunu bilincinizden uzak tutarsınız. Bir süre sonra da kendinizi, nedenini bile anlayamadığınız endişe, anksiyete, panik gibi duygularla boğuşurken bulursunuz.<br><br>Kendinizi kaygılı hissederken kendinize şunları sorun: "Üzücü bir şeyden kaçındığım için mi anksiyeteye odaklanıyorum? Beni rahatsız eden asıl sorun nedir? Eşime, dostlarımdan birine ya da bir iş arkadaşıma içten içe kırgın mıyım? İşimden, kariyerimden ya da hayatımın gidişatından mı mutsuzum? Hayatımda olup bitenlerle ilgili aslında kendimi nasıl hissediyorum?" Sorunu bilincinize getirdiğiniz zaman da duygularınızı ifadenin ya da sizi rahatsız eden problemi çözmenin bir yolunu bulun. Böyle yapmak genellikle anksiyetenin azalmasına ya da tamamen ortadan kaybolmasına neden olur.<br><br>Gizli Kalmış Duygu Tekniği, hipokondriyazis, kronik ağrı, baş dönmesi, yorgunluk ya da organik bir temeli olmayan diğer tıbbi şikayetleri olan kişiler için çok değerli bir yöntemdir. |

# 23 Hepsini biraraya getirecek olursak

*Burnunda yara olan kadın*

Daha önce hiç Beden Dismorfik Bozukluğu'nu (BDB) duydunuz mu? BDB'si olan insanlar, kendileriyle ilgili bir şeyin onları inanılmaz derecede çirkin veya acayip duruma getirdiğine inanırlar. Devamlı olarak nasıl göründüklerinden endişelenirler ve sorunlarını çözmek için aşırı çaba harcarlar. Aileleri veya arkadaşları da dahil olmak üzere diğer insanlar hiçbir kusur göremediklerini, gayet iyi göründüklerini söylerler. Fakat BDB'si olan insanlar buna inanmazlar ve diğer insanlar çileden çıkarlar. Bu durum, tedavisi son derece zor olan şiddetli bir tür anksiyetedir.

Elbette içinde bulunduğumuz kültür, güzellik ve fiziksel mükemmellikle takıntılı durumdadır ve *Cosmopolitan* ya da *GQ* gibi dergilerde görülen olanaksız standartlara ulaşmak son derece zordur. Hepimiz görünüşümüzdeki kusurların farkındayızdır ama bazılarımız kusurlarımızı kabul edip hayatlarımıza devam ederiz. Fakat beden dismorfik bozukluğu olan insanların görünüşleriyle ilgili endişeleri uçlardadır.

Bu bölümde, birdenbire BDB geliştiren Helen adlı bir kadınla tanışacaksınız. Kendisi dünyada bir insanın sahip olabileceği her şeye sahip olan ve çoğumuzun onu "güzel insanlardan" biri olarak değerlendireceği türden bir kadın olduğu için bu durum epey şaşırtıcıydı. Helen, sevgi dolu bir eşi ve iki muhteşem çocuğu olan çekici ve canayakın bir kadındı. Üst düzey bir kariyeri vardı ve Beverly Hills'te şahane bir evde yaşıyordu.

Helen, MIT'nin [Massachusetts Teknoloji Enstitüsü] elektrik mühendisliği bölümünden doktora derecesi almıştı. Mezun olduktan hemen sonra büyük bir elektrik şirketi için bilgisayar çipleri tasarlanan bir firmada işe girmişti. Popüler bir bilgisayar çipinin geliştirilmesinde büyük rol oynamıştı ve bu başarısının karşılığında son derece iyi bir şekilde ödüllendirilmişti. Helen tam bu sıralarda, bir üniversitede biyoloji dersleri veren Don adında bir adamla karşılaşmıştı. İkisi birbirlerine âşık olup kısa süre içinde evlenmişlerdi. Birkaç ay sonra, Helen hamile kalmıştı. Doğumdan hemen önce, bebeğiyle ilgilenmek için işten uzunca bir izin almıştı.

Helen ve Don altı yıl sonra, üç ve altı yaşlarında iki çocuğa sahipti. Bir gün, akşam yemeğinin ardından sohbet ederlerken Don Helen'a kariyerine devam etmek isteyip istemediğini sormuştu. Eve tadilat yaptırmayı düşünüyorlardı ama yalnızca Don'un maaşıyla bunu yapmaları pek mümkün görünmüyordu. İşe dönmeyi düşününce Helen epey heyecanlanmıştı.

Bu sohbetin ardından aynı akşam, Helen mutfakta bulaşıkları yıkarken küçük bir deprem olmuş ve mutfağın tavanından bir parça alçı düşüp Helen'ın burnunu kesmişti. Kesikten çok kan geldiği için Don, Helen'ı hemen hastaneye götürmüştü. Neyse ki kesik derin değildi ve birkaç hafta içinde tamamen iyileşmişti ve hiçbir yara izi kalmamıştı. Fakat burnunda çirkin bir yara izi olduğu fikri, Helen için takıntı haline gelmişti. Don'a bunu sorduğunda burnunda hiçbir yara görünmediği yanıtını almıştı. Fakat Helen eşine inanmamıştı ve bu kez annesine ve babasına aynı şeyi sormuştu. Onlar da aynı şeyi söylemişti.

Herkes aksini söylese de Helen'ın takıntıları giderek artmıştı. İğrenç göründüğü fikrini uzaklaştıramıyor ve bu durumla ilgili yoğun kaygı hissediyordu. Her gün, ayna karşısında kendine bakıp burnundaki hayali yaranın üstünü kapatacak şekilde makyaj yap-

## Helen'in Günlük Duygudurum Çizelgesi

**Durum:** Bu sabah aynaya bakmak.

| Duygular | % Önce | % Sonra | Duygular | % Önce | % Sonra |
|---|---|---|---|---|---|
| Üzgün, hüzünlü, depresif, morali bozuk, mutsuz | 75 | | Utanmış, budala, aşağılanmış, içine kapanmış | 100 | |
| Kaygılı, endişeli, paniklemiş, gergin, korkmuş | 100 | | Umutsuz, hevesi kırılmış, karamsar, çaresiz | 100 | |
| Suçlu, vicdan azabı içinde, kötü niyetli, mahcup | 100 | | Hayal kırıklığına uğramış, engellenmiş, yenik | 85 | |
| Aşağı, değersiz, yetersiz, kusurlu, beceriksiz | 100 | | Kızgın, öfkeli, incinmiş, sinirli, hiddetli | 60 | |
| Yalnız, sevilmeyen, istenmeyen, reddedilmiş, terk edilmiş | 80 | | Diğer (tanımlayın) | | |

| Olumsuz Düşünceler | % Önce | % Sonra | Çarpıtmalar | Olumlu Düşünceler | % İnanç |
|---|---|---|---|---|---|
| 1. Bu yara yüzümü mahvediyor. | 100 | | | | |
| 2. Hiçbir işe alınmayacağım. | 100 | | | | |
| 3. İnsanlar bana dik dik bakacak. | 100 | | | | |

mak için çok uzun zaman harcamaya başlamıştı. İnsanlar kendisine iğrenerek bakar diye hava aydınlıkken dışarı çıkmaya korkuyordu. Markete bile gitmeye cesaret edemiyordu. Don işlerin hiç de yolunda gitmediğini fark edip Helen'ı Standford Psikiyatri Kliniği'ne götürmüştü. Buradaki doktorlar da Helen'a BDB tanısı koymuşlardı.

Şimdiye kadar öğrendiklerinizi gözönünde bulundurarak Helen'a yardım edip edemeyeceğimize bir bakalım. Helen'ın Günlük Duygudurum Çizelgesi'ne bakın (s. 477). Helen durum kısmına sabahları aynaya bakıp yarasını kapatacak şekilde makyaj yapmak yazdı.

Helen, kendisini üzgün, depresif, kaygılı, mahcup, aşağı, kusurlu, yalnız, utanmış, aşağılanmış, umutsuz, hayal kırıklığına uğramış ve kızgın hissetmişti. "% Önce" sütununda bulunan büyük sayılar, bu duyguların ne kadar bunaltıcı olduğunu göstermektedir.

Helen'ın doğruluğuna % 100 inandığı üç olumsuz düşünce belirlediğini görüyorsunuz. Alttaki tabloyu kullanarak, Helen'ın "Bu yara yüzümü mahvediyor" şeklindeki birinci olumsuz düşüncesindeki çarpıtmaları bulun. Dilerseniz çarpıtmaların tanımları için 548. sayfaya tekrar göz atabilirsiniz. Lütfen bunu tamamlamadan okumaya devam etmeyin.

| Çarpıtma | ✓ | Çarpıtma | ✓ |
|---|---|---|---|
| 1. Ya hep ya hiç şeklinde düşünme | | 6. Aşırı büyütme ya da küçültme | |
| 2. Aşırı genelleme | | 7. Duygusal mantık yürütme | |
| 3. Zihinsel filtre | | 8. Zorunluluk ifadeleri | |
| 4. Olumluyu görmezden gelme | | 9. Etiketleme | |
| 5. Keyfî çıkarsama<br>• Zihin okuma<br>• Falcılık | | 10. Suçlama<br>• Kendini suçlama<br>• Başkasını suçlama | |

## Yanıt

Helen ve ben, "Bu yara yüzümü mahvediyor" düşüncesinde on tane çarpıtma bulduk.

Helen'ın birinci olumsuz düşüncesini 481. sayfadaki İyileşme Dairesi'nin ortasına yazdım. Bu düşünceyi, Helen'ın içine düştüğü bir tuzak olarak düşünebilirsiniz. Burnunda çirkin bir yara olduğuna inandığı sürece yoğun bir anksiyete yaşaması kaçınılmazdır. Bu düşüncelere inanmamaya başladığında ise rahatlama yaşayacaktır.

Fakat Helen zeki bir kadındır ve burnunda hiçbir yara olmadığını zaten birçok insan söylemiş bulunuyor. Bütün bu çabalar başarısız olmuştu. Helen'a yardımcı olabilmek için güçlü ve yaratıcı teknikler kullanmamız gerekecek.

Olumsuz düşünceleri bir kenara atmasında Helen'a yardımı dokunabilecek en az on beş teknik seçin ve her bir tekniği Helen'ın İyileşme Dairesi'nin etrafındaki kutulara yerleştirin. Korkularınızı Yenmenin 40 Yolu'nun tek sayfalık örneği için 440. sayfaya, daha ayrıntılı anlatımı için ise 465–474. sayfalara bakabilirsiniz. İyileşme Dairesi'ne 12 ila 15 tane Bilişsel Teknik, 2 ya da 3 tane Maruz Bırakma Tekniği ve Gizli Kalmış Duygu Tekniği eklediğinizden emin olun çünkü üç kategori de Helen'ın iyileşmesine katkıda bulunacaktır. Sizi kaygılandıran herhangi bir düşüncenin üstesinden gelmek için İyileşme Dairesi'ni kullandığınızda da aynı şeyi yapabilirsiniz.

Helen için hangi tekniklerin seçilmesi gerektiğini nasıl bileceksiniz? Teknikleri, çarpıtmalara ya da üstesinden gelmek istediğiniz soruna göre seçebileceğinizi hatırlayın. Bunun için 461 ve 462. sayfalardaki listelere göz atmak isteyebilirsiniz. Helen'ın olumsuz düşüncesinin on çarpıtmadan hepsini içerdiğini ve BDB'si olduğunu biliyoruz, bu yüzden teknikleri seçerken epey serbest olacaksınız.

| Çarpıtma | | Açıklama |
|---|---|---|
| 1. Ya hep ya hiç şeklinde düşünme | ✓ | Helen görünüşüyle ilgili siyah ve beyaz uçlar şeklinde düşünüyor. Burnunda yara olsa bile, bu onun görünüşünü mahveder mi? |
| 2. Aşırı Genelleme | ✓ | Helen hayali kusurunu bütün görünüşüne genelliyor. |
| 3. Zihinsel Filtre | ✓ | Helen yalnızca burnuna odaklanıyor ve görünüşüyle ilgili olumlu olan her şeyi filtreliyor. Aslında kendisi gayet çekici bir kadın. |
| 4. Olumluyu Görmezden Gelme | ✓ | Birçok insanın Helen'ın son derece çekici olduğunu ve burnunda hiçbir yara görmediklerini söylemesine rağmen o bu kanıtı görmezden geliyor ve herkesin yalnızca iyi hissettirmek için böyle söylediğine ısrar ediyor. |
| 5. Keyfî Çıkarsama<br>• Zihin Okuma<br>• Falcılık | ✓ | Helen diğer insanların, görünüşüyle ilgili şaşkınlığa uğrayacağını düşünüyor ama bunu gösteren hiçbir kanıtı yok (Zihin Okuma).<br>Ayrıca insanların ona dik dik bakacağını ve iğreneceğini öngörüyor (Falcılık). |
| 6. Aşırı Büyütme ya da Küçültme | ✓ | Helen yaranın önemini abartıyor. Aslında bu yara, birçok insan tarafından fark edilmiyor. |
| 7. Duygusal Mantık Yürütme | ✓ | Helen, insanlar yarasını görünce ondan iğrenecekmiş gibi hissettiği için gerçekten de öyle olacak diye düşünüyor. |
| 8. -meli, -malı İfadeleri | ✓ | Helen her zaman mükemmel olması, hiçbir kusuru olmaması gerektiğine inanıyor. Bu, bir tür "gizli zorunluluk" gibidir. |
| 9. Etiketleme | ✓ | Helen yüzünün "mahvolduğunu" düşünüyor. |
| 10. Suçlama<br>• Kendini Suçlama<br>• Başkasını Suçlama | ✓ | Helen hayal kırıklığına uğramış, kızgın ve üzgün hissediyor ve bütün sorunları için yarasını suçluyor gibi görünüyor. |

Daha önce bahsettiğim gibi, Gizli Kalmış Duygu Tekniği'ni mutlaka dahil edin çünkü Helen'ın halının altına süpürdüğü bir sorunu olabilir. Burnuyla ilgili takıntıları aniden ve durup dururken mi ortaya çıktı? Yoksa bize söylemediği fakat kendisini rahatsız eden başka bir şey mi var?

Şimdi Helen'ın İyileşme Dairesini tamamlayın. "Doğru" tekniği seçebilmekle ilgili endişelenmeyin. Eğer bir tekniğin denemeye

## İyileşme Dairesi

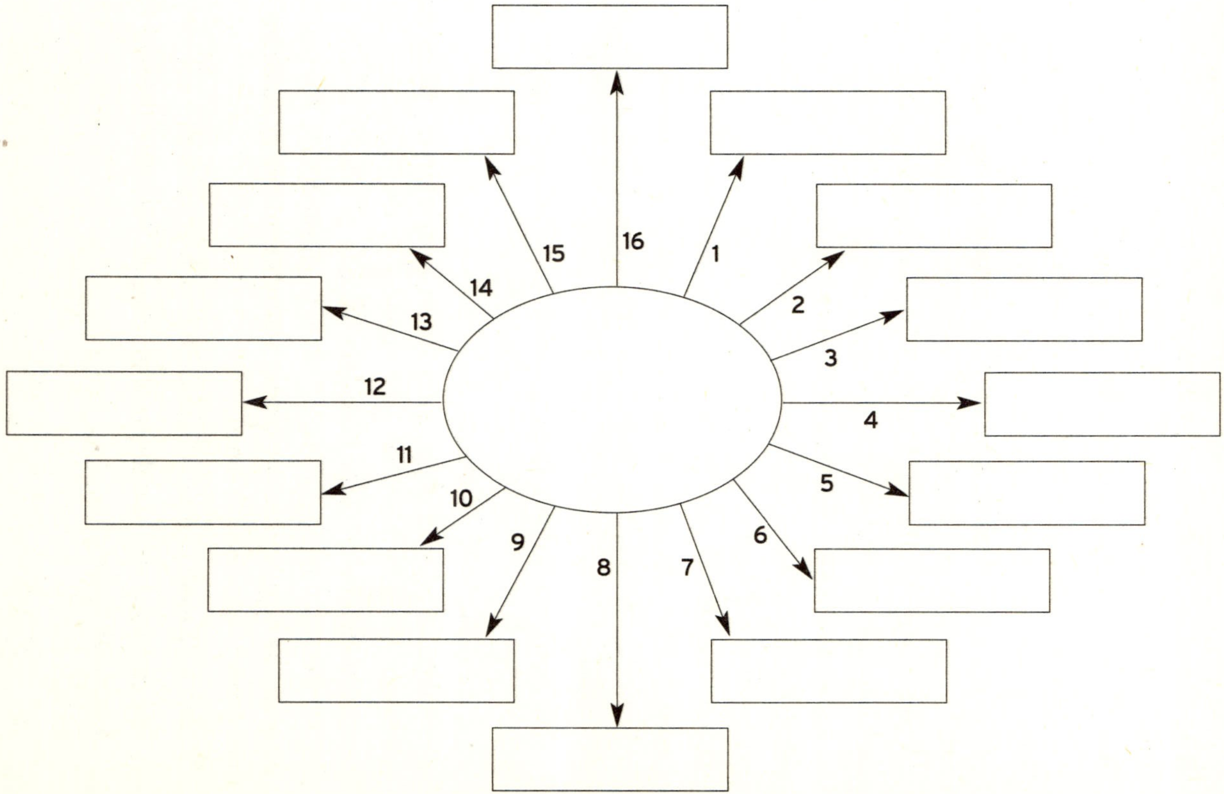

değer olduğunu düşünüyorsanız kutulardan birine yazın. Eğer kendinizi kaptırıp on altıdan fazla teknik bulduysanız bu şahane olur. Elinizdeki güç ne kadar fazla olursa işiniz de o kadar kolay olur.

Helen'ın İyileşme Dairesi'ni 483. sayfada görebilirsiniz. Sizin listeniz benimkinden farklı olabilir, fakat birçok teknik seçtiğiniz sürece bu sorun değildir. Eğer etkili olmayan bir teknik seçtiyseniz, onu bırakıp İyileşme Dairesi'ndeki bir diğer tekniğe geçin. Olabildiğince çabuk başarısızlığa uğrarsanız, işe yarayan tekniği daha hızlı bulacağınızı hatırlayın.

Helen'ın olumsuz düşüncesi büyük bir duygusal acıya neden olmaktadır, fakat Helen, çarpıtmaları belirlediği için bu düşüncenin çarpıtılmış olduğunu bilmektedir. Ben de burnuyla ilgili daha olumlu ve gerçekçi şekilde düşünüp düşünemeyeceğini sormakla başladım. "Bu yara yüzümü mahvediyor" yerine kendine ne diyebilirdi? Kendisine vereceği ve daha az üzücü olacak başka bir mesaj var mıydı?

Danışanlar, olumsuz düşüncelerine karşı konuşma yapmakta başlangıçta hep zorlanırlar. Olumsuz düşüncelerine meydan okumaya çalıştıklarında da olumlu düşünceler genellikle önceleri pek etkili olmaz. Helen'ın olumlu düşüncesi şu şekildeydi: "Kendime yüzümün çürümüş bir ceset gibi olmadığını söyleyebilirim, ama hemen hemen öyle." 484. sayfadaki tabloda gördüğünüz gibi bu düşünce etkili olmamıştır! Her ne kadar bu düşünceye % 100 inansa da olumsuz düşüncesini bir kenara atamamıştır. Duygusal değişim için gerekli olan iki şartı hatırlayın:

- **Gerekli Koşul.** Olumlu düşünce % 100 doğru olmalı.
- **Yeterli Koşul.** Olumlu düşünce aracılığıyla olumsuz düşünce bir kenara atılabilmeli.

## Helen'in İyileşme Dairesi

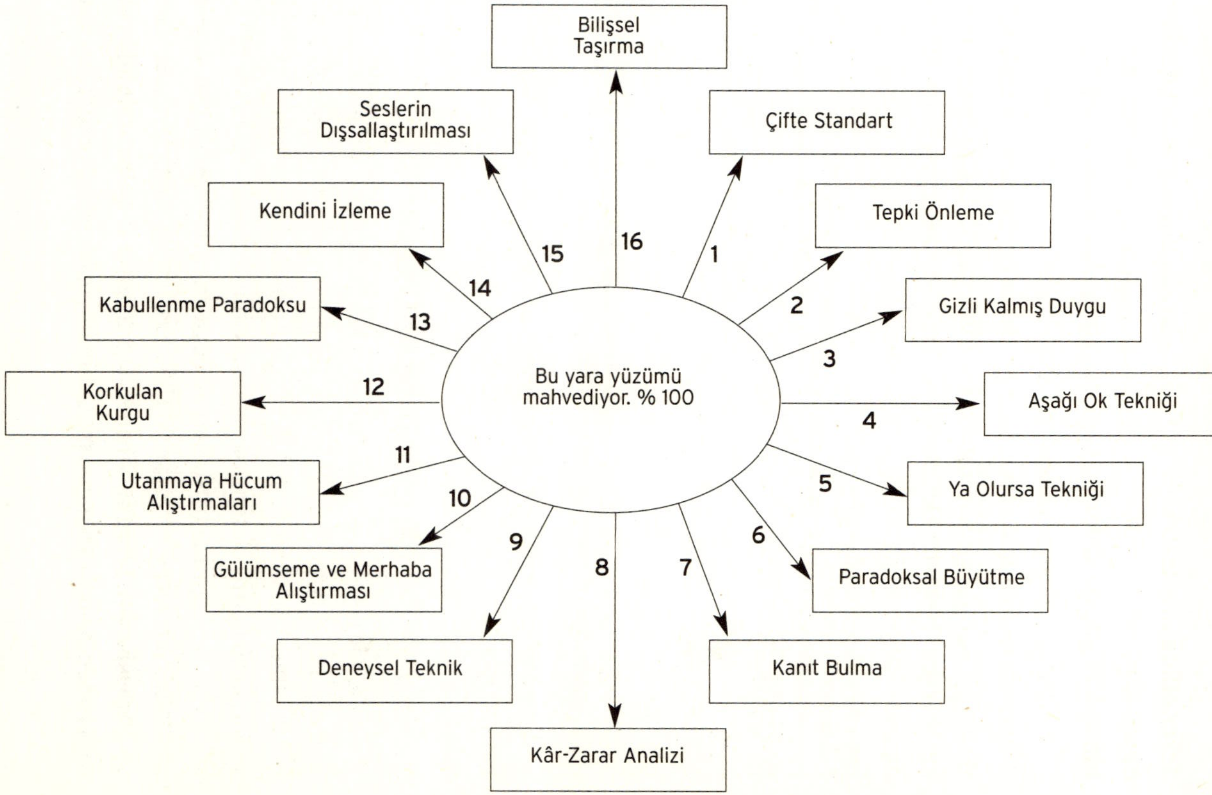

Helen'ın olumlu düşüncesi duygusal değişim için gerekli koşulu sağlıyordu, fakat yeterli koşulu sağlamıyordu. Şimdi size Helen'ın İyileşme Dairesindeki tekniklerin nasıl işe yaradığını göstereceğim.

Helen'ın acı çekmesine neden olan düşünce budur. "% Önce" sütunundaki sayı, bu düşünceye tamamen inandığını göstermektedir.

Bu, Helen'ın ilk olumlu düşünce denemesiydi. "% İnanç" sütunundaki sayı bu düşünceye tamamen inandığınıgöstermektedir.

| Olumsuz Düşünceler | % Önce | % Sonra | Çarpıtmalar | Olumlu Düşünceler | % İnanç |
|---|---|---|---|---|---|
| 1. Bu yara yüzümü mahvediyor. | 100 | 100 | S-B, AG, ZF, OGG, ZO, F, AK, DMY, -Mİ, E, KS | 1. Yüzüm, çürüyen bir ceset kadar da kötü değil. | 100 |

Helen her ne kadar olumlu düşünceye %100 inansa da olumsuz düşünceye olan inancı azalmadı. Bunun nedeni olumlu düşüncenin olumsuz düşünceyi kenara atamamasıydı. Sonuç olarak, anksiyetesi iyileşmedi.

## Çifte Standart Tekniği

Helen'a, bir deprem sırasında burnu kesilmiş yakın bir arkadaşı olduğunu hayal etmesini söyledim. Bu arkadaşına ne söylemek isterdi? Burnundaki yaranın çirkin ve iğrenç olduğunu, yüzünü mahvettiğini mi söylerdi? Helen çok şaşırdı ve hiç kimseye asla böyle bir şey söyleyemeyeceğini belirtti. Ben de böyle bir arkadaşı olsaydı, ona ne söylemek isteyeceğini sordum. Helen bu arkadaşına plastik cerrahiye gitmesini önereceğini söyledi! Görünen o ki Çifte Standart Tekniği Helen'da işe yaramamıştı. Onun böyle bir çifte standardı yoktu.

## Tepki Önleme

Helen her gün ayna önünde makyajla burnunu kapatmaya çalışarak saatlerini harcıyordu. Bu, sorunu daha da zorlaştırıyordu çünkü bütün zamanını ve enerjisini makyaj yapmaya harcamak, burnunun inanılmaz derecede çirkin olduğuna dair inancını güçlendiriyordu. Bazı uzmanlar BDB'nin bir tür obsesif-kompülsif bozukluk olduğunu düşünüyorlar. Helen'ın burnuyla ilgili takıntısı bir tür obsesyondur. Ayna önünde makyaj yapmak ise bir tür kompülsiyondur.

Tepki Önleme, her tür kompülsiyon için öncelikle tedavi tercihidir. Helen'a evdeki bütün aynaları, yüzü duvara dönük olacak şekilde garaja kaldırmasını söyledim. Banyodaki aynayı kaldıramıyordu çünkü duvara monte edilmişti fakat ayna kullanımını, yalnızca saçını taramak için, her sabah bir dakikaya indirmeyi kabul etti. Gün boyunca, anksiyetesi ne kadar yükselirse yükselsin, nasıl göründüğünü kontrol etmek amacıyla aynaya ya da camlara bakmasını birlikte karar vererek yasaklamıştık. Tepki Önleme başlangıçta kendisini kaygılı hissetmesine neden olmuştu, ama birkaç gün sonra aynaya bakıp makyaj yapma dürtüsü azalmıştı.

Tepki Önleme, kompülsiyonları olan bireyler için zorunlu olsa da, genellikle tedavi edici değildir. Helen'ın aynadan görünüşünü kontrol etme dürtüsü azalmıştı, ama obsesif düşünceleri ve anksiyetesi kaybolmamıştı. Bunun nedeni de burnunda, yüzünü mahveden bir yara olduğuna hâlâ inanıyor olmasıydı.

## Gizli Kalmış Duygu Tekniği

Helen müthiş bir ailesi ve etkileyici bir kariyeri olan çekici ve yetenekli bir kadındı. Durup dururken, burnunun çok çirkin göründüğüne dair garip bir inanç geliştirmişti. Bu niçin oluyordu? Helen'ın kendisini rahatsız eden ve bize söylemediği bir şey mi vardı? Sizce asıl sorun nedir? Bir süre düşünün. "Doğru" yanıtı bulmakla ilgili endişelenmeyin. Aşağıya fikirlerinizden birkaçını yazın.

1. ..........................................................................................

..........................................................................................

2. ..........................................................................................

..........................................................................................

3. ..........................................................................................

..........................................................................................

## Yanıt

Gizli kalmış bir sorun olup olmadığını, varsa da sorunun ne olduğunu bize söyleyebilecek tek bir kişi vardır, o da Helen'dır. Fakat onu rahatsız edeni bulmak için birkaç soru sorabiliriz.

Helen tekrar işe dönmekten ötürü kaygılı mı? İleri teknoloji dünyası ışık hızıyla değişiyor ve Helen da tam on altı yıl sektörden uzak kaldı? Belki de içten içe, mesleki anlamda biraz paslanmış olduğunu düşündüğü için endişelenmektedir ve endişelerinin önünü alamamaktadır. Fakat burnunda gerçekten de kimsenin bakmaya tahammül edemeyeceği çirkin bir yara varsa, işe dönmek ve geride kaldığını görmek zorunda kalmaz.

Eğer hissettiği buysa, niye bunu eşine söylemek yerine burnuyla ilgili sanrılar geliştirmiş olsun ki? Belki de neden, Helen'ın hayatı boyunca özgüvenli ve başarılı bir insan olmuş olmasıdır. Yetiştiği yıllarda her zaman popüler ve başarılı bir öğrenci olmuştu. Kendini böyle kaygılı ve güvensiz hissetmeye alışık olmayabilir ve böyle hissettiğini bilse eşinin onu hafife alacağından korkuyor olabilir.

Helen, Don'a kızgın olabilir mi? Eve tadilat yaptırabilmeleri için Helen'ın işe dönmesi fikrini ortaya atan oydu. Helen kendini baskı altında hissedip eşine gücenmiş olabilir, ama çok "nazik" bir insan olduğu için bu duygularını dile getirmiyor olabilir. Belki de anksiyete, onun evde kalma bahanesidir. Böylelikle "Don, ben gerçekten işe dönmek istiyorum, fakat gördüğün gibi, bunu yapamıyorum çünkü korkularım beni mahvediyor" diyebilme fırsatı olur.

Helen aslında evde çocuklarıyla mı kalmak istiyor? Belki de çocuklarını büyütmeyi gerçekten seviyor ve birkaç yıl daha tüm zamanını çocuklarına ayıran bir anne olmak istiyordur. Fakat bu fikri kabul etmekte güçlük çekmektedir çünkü onun her zaman çok başarılı, ileri teknoloji sektöründe etkileyici bir kariyeri ve ailesi olan bir kadın olması gerekmektedir.

Bu olasılıkların hiçbirinin Helen'a uymamasına şaşırmıştım. Helen işe gerçekten dönmek istediğini ve çocuklarının büyüdüğünü de gözönünde bulundurunca zamanlamanın da çok uygun olduğunu söyledi. Ayrıca kendisini, eşinin baskısı altında hissetmediğini, ona kırgın da olmadığını, mesleki anlamda paslanmış da hissetmediğini söyledi.

Gizli Kalmış Duygu Tekniği, birçok birey için aydınlatıcı olan ve hızlı bir ilerlemeye götüren bir tekniktir. Fakat Helen'da işe yaramamıştı, bu yüzden bir sonraki tekniğe geçmemiz gerekiyordu.

## Aşağı Ok Tekniği

Aşağı Ok Tekniği'ni kullanırken olumsuz düşüncenizin altından aşağı doğru bir ok çekersiniz ve kendinize "Eğer bu doğruysa, bunun benim için anlamı nedir? Bu durum niçin benim için üzücü?" diye sorun. Aklınıza yeni bir düşünce gelecektir. Bu düşünceyi okla gösterdiğiniz yere yazın ve onun da altından bir ok çekin. Bunu birkaç kez yaparsanız, korkularınıza neden olan, sizi olumsuz etkileyen inançları belirleyebilirsiniz.

Kendinizi Helen'ın yerine koyun ve aşağıda bulunan Aşağı Ok Tekniği'ni doldurun. Her bir oktan sonra kullanabileceğiniz soruları yazdım, fakat aklınıza gelen düşünceye bağlı olarak soruları değiştirebilirsiniz. Aklınıza 6'dan daha fazla düşünce gelirse, bu da uygundur.

## Helen'in Aşağı Ok Tekniği

Olumsuz Düşünceler

1. Bu yara yüzümü mahvediyor.

↓ "Eğer bu doğruysa, bunun benim için anlamı nedir? Bu durum niye benim için üzücü?"

2. ..............................................................................................

..............................................................................................

↓ "Eğer bu doğruysa, bunun benim için anlamı nedir? Bu durum niye benim için üzücü?"

3. ..............................................................................................

..............................................................................................

↓ "Eğer bu doğruysa, bunun benim için anlamı nedir? Bu durum niye benim için üzücü?"

4. ..............................................................................................

..............................................................................................

↓ "Eğer bu doğruysa, bunun benim için anlamı nedir? Bu durum niye benim için üzücü?"

5. ..............................................................................................

..............................................................................................

↓ "Eğer bu doğruysa, bunun benim için anlamı nedir? Bu durum niye benim için üzücü?"

6. ..............................................................................................

..............................................................................................

Helen'ın olumsuz düşünceler zincirini, her aşamada sorduğum sorularla birlikte aşağıda görebilirsiniz. Helen'ın olumsuz düşüncelerini gözden geçirin ve Özyıkıcı İnançlardan (ÖYİ) birkaçını belirleyip belirleyemeyeceğinize bakın. Bu alıştırma için en yaygın 34. sayfadaki ÖYİ'lere bakabilirsiniz.

1. ..........
2. ..........
3. ..........
4. ..........
5. ..........

## Helen'ın Aşağı Ok Tekniği

### Olumsuz Düşünceler

1. Bu yara yüzümü mahvediyor.

↓ "Eğer bu doğruysa, bunun benim için anlamı nedir? Bu durum niye benim için üzücü?"

2. İnsanlar burnumdaki yarayı görüp benden tiksinebilirler.

↓ "Diyelim ki böyle oldu. Bunun senin için anlamı ne olur? Bu durum niye senin için üzücü?"

3. İnsanlar beni küçümser.

↓ "Sonra ne olur? Bu niye üzücü olsun?"

4. Beni reddederler. Benim etrafımda olmak istemezler.

↓ "Eğer etrafında olmak istemezlerse, bunun senin için ne tür bir anlamı olur? Bu niye üzücü?"

5. Yalnız kalırım.

↓ "Eğer yalnız kalırsan bunun senin için ne gibi bir anlamı olur? En çok ne seni korkutuyor?"

6. Bu, değersiz bir insan olduğum anlamına gelir.

## Yanıt

Helen ile birlikte belirlediğimiz Özyıkıcı İnançlar şöyleydi:

- **Mükemmeliyetçilik:** Helen mükemmel görünmesi gerektiğine ve küçük de olsa herhangi bir kusurun bütün görünüşünü mahvedeceğine inanıyor.
- **Algılanan Mükemmeliyetçilik:** Helen diğer insanların aşırı derecede eleştirel olduğuna ve mükemmel görünmediği zaman diğerlerinin onu reddedeceğine inanıyor.
- **Onay Bağımlılığı:** Değerli olmak için herkesin onu onaylaması gerektiğine inanıyor.
- **Reddedilme Korkusu:** Herhangi biri onu reddederse kendisini değersiz ve zavallı hissetmeye mecbur kalacağına inanıyor.
- **Spot Işıkları Yanılgısı:** Helen sanki bir sahnedeymiş, herkesin gözü onun üzerindeymiş gibi, herkes onu eleştirecekmiş gibi hissediyor.
- **Çalı Yangını Yanılgısı:** Bir kişi onu aşağı görse, bütün dünyanın bundan haberi olacağına ve kısa süre sonrada herkesin onun hakkında dedikodu yapacağına inanıyor.

ÖYİ'lerin, Helen'ın korkularını nasıl harekete geçirdiğini görmek gayet kolaydır. Helen eleştirel, sığ ve reddedici insanlarla dolu bir dünyada yaşadığını hayal etmektedir. Ayrıca, bir insanın onu reddetmesi durumunda herkesin onu reddedeceğine inanmaktadır. Anksiyetesi görünüşüyle ilgili gerçek ya da hayali bir kusurdan değil kendisi ve dünya ile ilgili düşünme şeklinden kaynaklanmaktadır. Helen'ın, olumsuz düşüncelerini şimdi ve burada bir kenara atmasına yardımcı olmanın yanısıra, korkularına neden olan ÖYİ'lerini değiştirmeye de yardımcı olacağız. Bu sayede Helen, acı veren ruh hali değişimleri karşısında savunmasız kalmayacak.

7. ve 8. Bölümlerde Özyıkıcı İnançları nasıl değiştirebileceğinizi gördünüz. Bu bölümde de size, Helen'ın ÖYİ'lerine meydan okumak için Korkulan Kurgu ve Kabullenme Paradoksu yöntemlerini kullanmayı göstereceğim.

## YA OLURSA TEKNİĞİ / PARADOKSAL BÜYÜTME

Ya olursa Tekniğinin Aşağı Ok Tekniği'ne benzer olduğunu anımsıyorsunuzdur, fakat bu teknikte kendinize şu tür sorular sorarsınız: "Bu gerçekleşirse ne olur? En çok ne olmasından korkuyorum? Olabilecek en kötü şey nedir?" Ya olursa Tekniği, korkularınızı harekete geçiren kurgularınızın ortaya çıkmasına olanak verir. Eğer bir kurguyu olabilecek en kötü duruma getirirseniz, zamanla tuhaf görünmeye başlayacaktır. Helen ile ben bu iki tekniği şöyle kullandık:

**David**: Helen, bir gün hiç makyaj yapmadan Stanford'daki bir alışveriş merkezine gittiğini ve insanların yaranı görüp ondan iğrendiğini varsayalım. Bu senaryo seni korkutuyor mu?

**Helen**: Ah, tabii ki. Bu dehşet verici bir durum!

**David**: Tamam, bu kurguya biraz odaklanmanı istiyorum. Sence kaç kişi burnundaki yaradan iğrenir?

**Helen**: Emin değilim. Yüz kişi olabilir.

**David** : Bu seni korkutuyor mu?

**Helen** : Bu korkunç bir şey!

**David** : Niçin korkunç olsun? Diyelim ki yüz kişi senin burnundaki yarayı gördü ve fena halde iğrendiler. Sonra ne olur? En çok korktuğun şey nedir?

**Helen** : Onlar da arkadaşlarına söylerler.

**David** : Pekâlâ, diyelim ki burnundaki yarayı gören her bir insan, on arkadaşına yarandan bahsetti. Bu halde bin kişi yaranı biliyor olur. Peki, böyle olursa ne olur? Bu durum seni üzüyor mu?

**Helen** : Bunu düşünmeye bile dayanamam!

**David** : Bu senaryonun seni kaygılandırdığını biliyorum, fakat bir süre daha bununla kalmanı istiyorum. Eğer bin kişi senin burnunun, bugüne kadar gördükleri en kötü burun olduğunu düşünse, bunda kötü olan ne olur? En çok ne olmasından korkuyorsun?

**Helen** : Herkes bunu daha da fazla insana anlatır, burnumla ilgili konuşulanlar giderek yayılmaya başlar.

**David** : Peki, diyelim ki bu bin kişinin bini de bunu on arkadaşına anlattı. Bu durumda Los Angeles'ta, senin burnundan bahseden tam on bin kişi olmuş olur. Bu senin için üzücü olur mu? Daha sonra ne olur?

**Helen** : Daha fazla insana anlatırlar!

**David** : Olabilecek en kötü senaryoya bir bakalım. Diyelim ki on bin kişinin her biri on arkadaşına senin burnundan bahsetti. Ve onlar da on kişiye daha anlattı, bu böyle devam etti. Burnunla ilgili haberler, Bay Area'daki bir orman yangını gibi hızla yayıldı ve bir milyondan fazla insan burnun hakkında iğrene iğrene dedikodu yaptılar. Hatta burnunla ilgili Los Angeles Times dergisinde haber yapıldı ve yanına da burnunun bir paparazzinin gizlice çektiği fotoğraf koyuldu. Başlığı görebiliyorum: "Burnunda yara olan kadın bir alışveriş merkezinde görüntülendi. Binlerce insan dehşete kapıldı. Ebeveynler çocuklarına hava aydınlıkken dışarı çıkmamalarını tembih etti!..."

Diyalogun son kısmı, Paradoksal Büyütme'nin bir örneğidir. Buradaki amaç elbette ki Helen ile dalga geçmek değil, olup biteni ne kadar abarttığını göstermektir. İnsanlar Helen'ın burnundaki küçük kusuru görünce gerçekten de o kadar eleştirel ve endişeli mi davranacaklar?

En büyük korkunuz ortaya çıkınca kendinize, "Bunun gerçekleşmesi ne kadar olası? Korkularım ne kadar gerçekçi?" diye sorun. Ayrıca kendinize, "Eğer bu gerçekleşirse, bununla yaşayabilir miyim? Bu gerçekten de dünyanın sonu mu olur?" diye sorun. Helen'ın burnunun o kadar çok insanı şoka uğratması gerçekten de tatsız olur. Fakat böyle bir durumdaki çılgın kimdir?

Ya olursa Tekniği, maalesef Helen'a hiçbir rahatlama sağlamadı. Korkularının son derece olasılık dışı olduğunu görse de, hâlâ insanların keyfini kaçıran çirkin bir yarası olduğuna inanıyordu.

## KANIT DEĞERLENDİRME

Kanıt Değerlendirme'yi kullanırken kendinize şöyle sorular sorarsınız: "Olumsuz düşüncelerimi destekleyen somut kanıtlar var mı? Bu sonuca nasıl ulaştım?" Bazen olumsuz düşüncelerinizin, olup bitenlerin gerçekçi bir değerlendirmesine değil, Duygusal Mantık Yürütme'ye dayalı olduğunu görürsünüz. Helen'a bu soruları sorduğumda aramızda geçenler şöyleydi:

**David** : Helen, insanların burnundaki çirkin yarayı görünce keyiflerinin kaçacağı sonucuna nasıl vardığını merak ediyorum. Bu inancının doğruluğunu gösteren somut kanıt var mı?

**Helen** : Ne zaman aynaya baksam yüzüm bana çok çirkin geliyor ve kaygılanıyorum. Ana neden bu.

**David** : Aynaya baktığın zamanlarda çok üzüldüğünü ve kendine karşı eleştirel olduğun anlıyorum. Fakat merak ettiğim şey, sana bakan insanların keyiflerinin kaçtığına dair herhangi bir kanıtın var mı? Daha önce burnundaki yara ile ilgili bir şeyler soran ya da görünüşünde bir değişiklik olduğunu fark eden biri oldu mu?

**Helen** : Hayır, hiç kimse böyle bir şey söylemedi, ama ne zaman insan içine çıksam, sanki herkes burnuma dik dik bakacak ve tiksinecekmiş gibi hissediyorum.

**David** : Eminim ki bu çok stresli bir durumdur. Ben de insanların bana dik dik bakıp tiksinmelerini istemezdim. Fakat insanların burnundan gerçekten tiksindiğine dair herhangi bir kanıtın olup olmadığını merak ediyorum. İnsan içine çıktığın zaman insanlar sana dehşet içinde mi baktı? Çocukların yanından geçerken anneleri seni görüp çocuklarının gözlerini mi kapattı?

**Helen** : Pek değil. Çoğunlukla dışarı çıkmıyorum çünkü burnumun bir palyaço burnu gibi olduğunu düşünüyorum.

**David** : Bazen çok güçlü bir şeyler hissedebilir, fakat duygularının geçerli olmadığını fark edebilirsin. Burnunun palyaço burnuna benzediği sonucuna nasıl ulaştın? Son zamanlarda buna benzer bir deneyimin mi oldu? Etrafında insanlar varken neler gözlemledin?

**Helen**: İnsanlar daima nazik davranıyorlar. Sanki burnumu fark etmemiş gibi davranıyorlar ama ben onların fark ettiklerini hissediyorum.

Helen, kendisini kaygılı hissetmesi ve evden dışarı çıkmaktan kaçınması dışında burnunda çirkin bir yara olduğunu destekleyen somut bir kanıt bulamadı. Fakat hiç kimsenin, burnundan tiksinmediğini gözardı etti çünkü burnunun gerçekten tiksindirici olduğuna dair şiddetli bir duygu hissediyordu. Kanıt Değerlendirme de işe yaramadı ve ben de diğer tekniklere geçtim.

## Kâr-Zarar Analizi

Elimizde kanıt olmayan şeylere genellikle inanmayız. Peki, Helen niçin burnunda çirkin bir yara olduğu inancına bu kadar tutunmuştu? Acaba anksiyetesini harekete geçiren herhangi gizli bir kazanç ya da ödül mü var diye merak ettim. Eğer öyleyse, niye bu kadar tıkanmış olduğu ortaya çıkardı. Eğer bunları ortaya çıkarabilirsek, baskının bir kısmı ortadan kalkabilirdi ve görünüşüyle ilgili daha gerçekçi şekilde düşünmesine yardımcı olabilirdik.

Bunu bulmak adına, Kâr-Zarar Analizi'ni kullanmaya karar verdim. Helen'a, burnunda yüzünü mahveden çirkin bir yara olduğuna inanmasının bütün avantajlarını ve dezavantajlarını listelemesini söyledim. Bu inanç ona nasıl yardımcı oluyor ve ona nasıl zarar veriyordu? Helen'ın Kâr-Zarar Analizi (KZA) aşağıdaki gibiydi. Düşüncesinin avantajlarından birkaç tanesini ve dezavantajlarının birçoğunu listelemişti. Bunları kıyasladığında ise dezavantajların avantajlara göre çok daha fazla olduğuna karar vermişti. KZA maalesef ona pek de yardımcı olamamıştı çünkü olumsuz düşüncenin avantajlı olmadığını görebilmesine rağmen hâlâ doğru olduğuna inanıyordu. Daha güçlü bir teknik kullanmanın kesinlikle zamanı gelmişti.

## HELEN'IN KÂR ZARAR ANALİZİ

**Değiştirmek istediğiniz tutum, duygu veya alışkanlıkları tanımlayın:**

Bu yara yüzümü mahvediyor.

| Avantajlar | Dezavantajlar |
|---|---|
| 1. İş mülakatlarına gitmek zorunda kalmayacağım. | 1. İşe dönemeyeceğim. |
| 2. Evde çocuklarla birlikte kalabiliyorum. | 2. Kaygılı ve utanmış hissediyorum. |
| 3. Market alışverişi yapmak gibi beni geren işleri yapmak zorunda kalmıyorum. | 3. Burnumda yara olmadığını söyledikleri için her defasında eşimle ve ebeveynimle tartışıyorum. |
| 4. Kendime acıyabiliyorum. | 4. Kusurlu hissediyorum. |
| 5. Eşimden ve ebeveynimden epey ilgi görüyorum. | 5. İnsanlarla etkileşim kurmaktan korkuyorum. |
| 6. Burnumda çirkin bir yara varmış gibi geldiği için dürüst davrandığımı hissediyorum. | 6. Yalnız ve soyutlanmış hissediyorum. |
| | 7. Kendi evimde mahkum gibiyim. |
| 30 | 70 |

## Deneysel Teknik / Gülümseme ve Merhaba Alıştırması

Deneysel Teknik, olumsuz bir düşüncenin ya da Özyıkıcı İnancın geçerliliğini test etmeyi içerir. Helen'ın burnunda hiçbir yara olmadığını biliyoruz. Hatta burnunda hiçbir kusur olmadığını da biliyoruz. Ayrıca, burnunda kusur olsa bile insanların bununla çok da ilgilenmeyeceğini de biliyoruz. İnsanlar Helen'ın kendilerine karşı olan davranışlarıyla ve kurduğu iletişimle ilgileneceklerdir. Fakat Helen bunu fark edemiyor.

Helen'a, olumsuz düşüncesini test edebileceğimiz bir deney yapmaya istekli olup olmadığını sordum. Bir gündüz vakti, Beverly Hills'teki şık alışveriş merkezlerinden birine gitmesini ve yirmi yabancıya gülümseyip merhaba demesini önerdim. Yanında, birine gülümseyip merhaba dediğinde karşısındaki kişinin olumlu, olumsuz ya da nötr bir tepki verdiğini not edebileceği küçük bir de kağıt taşımasını söyledim. Böylelikle, insanların burnundan tiksindiği inancını test edebilirdi.

Helen bunu denemeye son derece gönülsüzdü. Haftalardır, insanların görünüşünden şoka uğrayacağını düşünerek evde saklanıyordu. Fakat iyileşmeye kararlıydı ve korkularına rağmen deneyi yapmayı kabul etti. Bunu tamamladıktan sonra onunla görüşüp sonuçları konuşmayı önerdim.

Ertesi sabah Helen alışveriş merkezine gidip Gülümseme ve Merhaba Alıştırması'nı denemişti. Selam verdiği yirmi kişiden on beşinin gayet hoş ve dostça bir karşılık verdiğini görünce çok şaşırmıştı. Beş kişi ise Helen'ın kendilerine selam verdiğini fark etmedikleri için onu görmezden gelmişlerdi. Helen bu kişileri nötr olarak nitelendirmişti. Görünüşünden şoka uğrayan ya da tiksinen hiç kimse olmamış gibiydi.

Bu sonuçlar Helen'ın, burnunda herkesin keyfini kaçıran çirkin bir yara olduğu düşüncesiyle uyuşmuyordu, bu yüzden bu düşünceye olan inancı % 70'e düştü. Burnuyla ilgili inancını ilk kez sarsabilmiştik. Fakat bu sonuçları yine de görmezden gelmişti çünkü epey makyaj yapmıştı. İnsanların tiksinmediğini, fakat makyaj yapmamış olsaydı kesinlikle tiksinecekleri sonucuna vardı. Helen'ın terapisti siz olsaydınız ne önerirdiniz? Okumaya devam etmeden önce fikirlerinizi yazın.

....................................................................................................

....................................................................................................

....................................................................................................

....................................................................................................

....................................................................................................

## Yanıt

Helen'den ertesi gün yine alışveriş merkezine gitmesini, fakat bu kez hiç makyaj yapmamasını istedim. Bu fikir onu dehşete düşürmüştü çünkü insanların şoka uğramış bir şekilde burnuna dik dik bakacağından emindi. Bir kez daha bunu tamamladıktan sonra görüşüp sonuçlar üzerinde tartışmayı önerdim.

Deneyin sonuçları Helen'ı şoka uğratmıştı. Hemen hemen herkes kendisine dostça yaklaşmıştı ve hiç kimse burnundan tiksinmiş gibi görünmemişti. Hatta çocuklarıyla alışverişe çıkan birçok kadınla sohbet etmişti. Bu deneyin ardından burnuyla ilgili inancına daha fazla tutunmadı. Bu aşamada olumsuz düşünceye olan inancı % 10'a kadar indi ve derin bir rahatlama hissetti.

## UTANMAYA HÜCUM ALIŞTIRMALARI

Helen diğer insanların burnundan tiksinmediğini keşfettiğinde çok daha iyi hissetti. Fakat aptalca bir şey yaparsa veya insanlar onu küçümserse ne olacaktı? Bu dünyanın sonu mu demek olacaktı? Bu sorunun yanıtını bulmak adına Helen tekrar alışveriş merkezine gidip daha da zorlu bir deney yapmayı kabul etti: Utanmaya Hücum Alıştırmaları. Utanmaya Hücum Alıştırmaları'nı kullandığınızda, dünyanın sonunun gelmediğini görmek adına, kendinizi kalabalık içerisinde kasıtlı olarak aptalmış gibi göstermeye çalıştığınızı hatırlıyorsunuzdur. Utanmaya Hücum Alıştırmaları bu yüzden büyük cesaret gerektirir.

Helen tuhaf görünmek için frapan giysiler giymişti: Yıllar önce New Orleans'taki Mardi Gras töreninde taktığı kocaman, tüylü, mor bir şapka, boynundan parlak renkte Mardi Gras boncukları sarkan çok gösterişli, kırmızı bir elbise ve pullarla süslenmiş yüksek topuklu ayakkabılar. Bu defa gülümseyip merhaba diyeceği insanların ona dik dik bakacağından emindi.

Fakat Helen'ın beklentisinin aksine, insanlar olumsuz tepkiler vermemişlerdi. Hatta Helen, insanların daha neşeli ve daha dostça göründüklerinden ve alışveriş merkezinde kendisinden daha frapan giysiler giymiş insanlar olduğundan bahsetti. Nihayetinde Kaliforniya'dan söz ediyoruz!

Helen alışveriş merkezinde, önceden çip geliştirme ekibinde birlikte çalıştıkları bir arkadaşıyla karşılaşmıştı. Bu arkadaşı Helen'a birkaç gün önce ondan bahsettiklerini ve onu çok özlediklerini söylemişti. Ayrıca rekabetin kızıştığını, yeni ve çok iyi bir çip geliştirmeleri gerektiğinden bahsetmişti. Bir de Helen'ın tekrar ekibe dahil olmak isteyip istemediğini sormuştu. Helen çok sevinmiş ve kendisinin de çok yüksek hızla çalışan bir çip tasarlamayı düşündüğünü söylemişti. İş arkadaşı Helen'ı, bu konuyu konuşmak üzere en kısa zamanda ofise davet etmişti.

Ertesi hafta Helen'ı tekrar gördüğümde çok sevinçliydi ve tedaviyi sonlandırmaya hazır olduğunu söyledi. Burnuyla ilgili korkuları tamamen ortadan kaybolmuştu ve önceki patronundan gelen güzel bir teklifi kabul etmişti bile.

## Korkulan Kurgu / Kabullenme Paradoksu

Olumlu düşüncelerinin yanlış olduğunu fark ettiğinde Helen kendini daha iyi hissetmişti. Bütün anksiyeteleri kaybolmuştu. Fakat iyi hissetmek ile iyileşmek arasında çok önemli bir fark bulunuyor.

Kendisini serbest bırakmadan önce, ileride aynı sorunla tekrar tekrar boğuşmasına engel olmak adına biraz Nüks Önleme Çalışması yapmamız gerekiyordu. Nihayetinde, sonsuza kadar genç ve göz kamaştırıcı kalmayacak. Yüzünde kırışıklık ya da birkaç beyaz saç fark ettiği zaman ruh hali tekrardan dibe mi vuracak?

Duruma daha farklı bir şekilde yaklaşacak olursak, Helen en büyük korkusuyla yüzleşmiş değildi. Alışveriş merkezinde deney yaptığı sırada insanların düşmanca ve reddedici bir tutum sergilemediklerini keşfetmişti. Peki ya öyle olsalardı? Buna dayanabilir miydi?

Bu korkuyla gerçekte yüzleşemez, fakat kurguda gayet iyi yüzleşebilir. Korkulan Kurgu Tekniği'nde, en büyük korkularınızın gerçekleştiği bir kabus dünyasına girdiğinizi hatırlıyorsunuzdur. Bu hayali dünyada, insanların sizi küçümsediğini düşünüyorsanız, bu düşüncenizde tamamen haklısınızdır. Buna bir de, ne kadar kaba olursa olsun, herkesin düşündüğünü olduğu gibi söylemesini ekleyin.

Aşağıdaki Korkulan Kurgu diyalogunda Helen, Cehennemden gelen Anne rolünü, ben de Helen'ın rolünü oynuyorum. Cehennemden gelen Anne, iki çocuğuyla birlikte alışveriş merkezinde dolaşıyor. Helen'a cehennemden gelen Anne rolündeyken yapması gerekenin, burnumla ilgili, gerçek bir insanın asla söyleyemeyeceği cinsten, olabilecek en kötü şeyleri söyleyerek beni yerin dibine sokmaya çalışması olduğunu söyledim. Diyalogumuz şöyle gelişti:

**Cehennemden gelen Anne** (Helen canlandırıyor): Yüce Tanrım. Burnuna bir şey mi oldu senin?

**Helen** (David canlandırıyor): Evet, son depremde burnuma tavandan bir parça sıva düştü. Hâlâ küçük bir yara bulunuyor.

**Cehennemden gelen Anne** : Sen buna küçük bir yara mı diyorsun? Büyük Kanyon ne kadar küçükse bu yarada ancak o kadar küçük. İnsan içine çıktığın zamanlarda yüzüne bir maske takmayı düşündün mü?

**Helen** : Vay canına, bu hiç aklıma gelmemişti. Şu an yanımda maske de yok ki. Bu yara senin canını mı sıktı?

**Cehennemden gelen Anne** : Canımı mı sıktı? Bence tamamen iğrenç. Yüzüne bakmaya bile dayanamıyorum.

**Helen** : Burnumun insanlar üzerinde bu kadar etkisi olduğunu bilmiyordum. Fazladan alışveriş torban var mı? Seni daha rahat hissettirecekse bir torbaya gözlerim ve ağzım için delikler açayım da kafama geçireyim.

**Cehennemden gelen Anne** : Aslına bakarsan, yüzünü insanlara göstermektense evine gitmen gerektiğini düşünüyorum. Burnun korkunç görünüyor! Alışveriş merkezinde küçük çocuklar olduğunu fark etmedin mi? Burnunu görseler neler olabileceğini düşündün mü hiç? Çocuklar arkanızı dönün bakayım! Hanımefendinin korkunç burnuna bakmayın!

**Helen** : Aman Tanrım! Bunu da hiç düşünmemiştim. Sence burnumu görmeleri çocuklar için sıkıntı yaratır mı? Çok mu kırılganlar? Daha önce hiç yara ya da fiziksel bir kusur görmediler mi?

**Cehennemden gelen Anne :** Elimden geldiğince onları korumaya çalışacağım. Benim çocuklarım yalnızca en iyi okullara gidip en iyi insanlarla muhatap oluyorlar. Eğer senin berbat burnunu görürlerse travmaya girerler, kabus görmeye başlarlar.

**Helen :** Bu çok ciddi bir durum. Acaba biz konuşurken çocukların gözlerini mi kapatsan?

**Cehennemden gelen Anne :** Küstahlık etme! Bence çok saygısızca davranıyorsun. İnsan arasına karışıp burnunu göstererek buradaki insanlara hakaret ediyorsun. Seni şikayet edeceğim.

**Helen:** Lütfen şikayet et. Bence gayet iyi bir fikir. Böylelikle insanlar çarşamba günleri alışveriş merkezine gelmemiş olurlar çünkü ben genellikle çarşambaları alışveriş yapıyorum. Aslında ne iyi olurdu, bütün bir alışveriş merkezi bana kalırdı. Kuyruk bekleme derdi de olmazdı!

Şimdi, buradaki kaçık kim: Helen mı, Cehennemden Gelen Anne mi? Helen, sorunu olan kişinin Cehennemden Gelen Anne olduğunu anlamıştı. Bu onun için tam bir esin kaynağıydı çünkü korktuğu canavardan hep kaçmıştı. Kendine her zaman "Böyle düşünmeye dayanamam. Bu korkunç bir şey!" demişti. Fakat Kabullenme Paradoksu'nu kullanarak karşısındakini ne kadar kolay altettiğini gördüğünde, başından beri korkulacak hiçbir şey olmadığını anlamıştı.

Korkulan Kurgunun atılganlık eğitimi olmadığını unutmayın. Diğer insanlar asla böyle davranmaz. Korkulan Kurgu dünyasına girdiğiniz zaman yüzleştiğiniz canavar, kendinize yönelik eleştirilerinizin bir yansımasından ibarettir. Aslında kendinizle savaşırsınız.

Helen'ın ilk zaferi, burnunu gördüklerinde insanların kendisine yüz çevirmediğini fark etmekti. İkinci zaferi de, biri onu reddetse bile bu, kendisinin değil, o insanların çılgın olduğunu göstereceğiydi. Bu da Mükemmeliyetçilik ve Onay Bağımlılığı gibi Özyıkıcı İnançlar tarafından tetiklenen korkularında bir değişime neden olmuştu. Bu noktada, terapiyi sonlandırmaya hazırdı. Günlük Duygudurum Çizelgesinin tamamlanmış hali 503. sayfada bulunmaktadır.

Helen'ın tedavisi yalnızca altı seans sürmüştü ve İyileşme Dairesi'ndeki tekniklerin tamamını kullanmamıştık bile. BDB'nin iyileşmesinin bu denli parlak olması umut vaat edici bir durum çünkü önceleri BDB'ye tedavi edilemez gözüyle bakılıyordu. Helen'ın durumunda, iki tür sihir devredeydi. Birincisi, Helen'ın gerekli motivasyonu ve kararlılığı vardı. Cesurdu ve kendisini korkutan teknikleri denemeye istekliydi. İkincisi, onda işe yarayan tekniği buluncaya kadar, olabildiğince çabuk başarısızlığa uğramıştık.

Helen'ın durumundan haberdar olan insanlar bazen, "Peki ya burnunda gerçekten tuhaf ve insanları gerçekten dehşete düşüren bir yara olsaydı?" diye soruyorlar. Helen çekici ve iletişim becerileri iyi olan bir kadındı, yaptığımız deneyler ona uygundu. Eğer sorunları farklı olsaydı ya da hayat şartları farklı olsaydı, tamamen farklı bir yaklaşım kullanırdım. Bu kitapta vermek istediğim en önemli mesajlardan bir tanesi budur. Farklı sorunların ya da anksiyete türlerinin tamamında kullanabileceğiniz formüller ya da numaralar yoktur. Bunun yerine, sizi rahatsız eden sorun da dahil olmak üzere her tür duygudurum sorunu için kullanılabilecek esnek, güçlü ve kişiselleştirilmiş yaklaşımı sunuyorum.

# Helen'ın Günlük Duygudurum Çizelgesi

**Durum:** Bu sabah aynada yüzüme bakmak.

| Duygular | % Önce | % Sonra | Duygular | % Önce | % Sonra |
|---|---|---|---|---|---|
| Üzgün, hüzünlü, depresif, morali bozuk, mutsuz | 75 | 0 | Utanmış, budala, aşağılanmış, içine kapanmış | 100 | 0 |
| Kaygılı, endişeli, paniklemiş, gergin, korkmuş | 100 | 0 | Umutsuz, hevesi kırılmış, karamsar, çaresiz | 100 | 0 |
| Suçlu, vicdan azabı içinde, kötü niyetli, mahcup | 100 | 0 | Hayal kırıklığına uğramış, engellenmiş, yenik | 85 | 0 |
| Aşağı, değersiz, yetersiz, kusurlu, beceriksiz | 100 | 0 | Kızgın, öfkeli, incinmiş, sinirli, hiddetli | 60 | 0 |
| Yalnız, sevilmeyen, istenmeyen, reddedilmiş, terk edilmiş | 80 | 0 | Diğer (tanımlayın) | | 0 |

| Olumsuz Düşünceler | % Önce | % Sonra | Çarpıtmalar | Olumlu Düşünceler | % İnanç |
|---|---|---|---|---|---|
| 1. Bu yara yüzümü mahvediyor. | 100 | 0 | S-B, AG, ZF, OGG, ZO, F, AK, -Mİ, DMY, E, KS | 1. Burnumda çirkin bir yara varmış gibi hissediyor olabilirim, fakat hiç kimse bana dik dik bakmadı ya da şoka uğramış gibi görünmedi. Hatta makyaj yapmamama rağmen neredeyse herkes sıcak ve dostça davrandı. Eğer biri burnuma bakıp da şoka uğrasaydı, buna dayanabilirdim. Herkesin kusurları var ve insanların çoğu burnumdaki kusurla değil onlara nasıl davrandığımla ilgilenecektir. | 100 |
| 2. Hiçbir işe alınmayacağım. | 100 | 0 | S-B, OGG, ZO, F, AK, DMY | 2. Sahip olduğum beceriler aranan cinsten ve iş arkadaşlarım muhtemelen burnumla ilgilenmeyeceklerdir. | 100 |
| 3. İnsanlar bana dik dik bakacak. | 100 | 0 | OGG, ZO, F, DMY | 3. Bu doğru değil. Hiç kimse bana dik dik bakmadı. | 100 |

# 24 İyi hissetmek ve iyileşmek

*Nüks önleme çalışması*

Günlük Duygudurum Çizelgesi ve İyileşme Dairesi ile çalışıp size uygun teknikler bulduğunuzu varsayalım. Olumsuz düşüncelerinizi bir kenara attınız ve artık daha iyi hissediyorsunuz. Önceden panik ataklarınız varsa şimdi kayboldu. Daha önceleri utangaçsanız, artık sosyal ortamlarda diğer insanlarla kendinizi tuhaf hissetmeden ya da içinize kapanmadan iletişime geçebiliyorsunuz. Kendinizi aşağı ya da depresif hissediyorsanız artık özgüveniniz var. Üretken ve yaratıcı hissediyorsunuz ve insanlarla olan ilişkilerinizin keyfini çıkarıyorsunuz. Sabahları kalktığınızda önünüzdeki günü nasıl değerlendirmek isteyeceğinizi düşünüyorsunuz ve kendinize yaşamanın ne kadar güzel olduğunu söylüyorsunuz.

İyi hissetmek büyük bir başarıdır. Öte yandan, iyi hissetmekle iyileşmek arasında kritik bir fark vardır. İyi hissetmek, anksiyete ve depresyonun kaybolduğu, kendinizi mutlu ve güven dolu hissetmeniz anlamına gelir. İyileşmek ise anksiyete ve depresyon duygularıyla başedecek araçlara sahip olduğunuz anlamına gelir, hem de geri kalan hayatınız boyunca.

Kendinizi iyi hissetmeye başladığınız ilk zamanlar kendinizi o kadar iyi hissedersiniz ki kötü hissetmenin nasıl bir şey olduğunu hayal etmekte zorlanırsınız. Bütün sorunlarınızın sonsuza kadar ortadan kaybolduğunu, neşe ve özgüven duygularının hayatınız boyunca size eşlik edeceğini düşünüyor olabilirsiniz. Fakat sizi rahatsız edenin gelecekte nüksetme olasılığı nedir? İşte size bir ipucu: Ben "nüks" kavramını, bir anlığına ya da daha uzun bir süreliğine kötü –kaygılı, hevesi kırılmış, yetersiz, hayal kırıklığına uğramış veya sinirlenmiş– hissetmek olarak tanımlıyorum. Bunu aklınızda bulundurarak, nüks olasılığının ne olduğunu düşünürsünüz? En doğru olduğunu düşündüğünüz yanıtı işaretleyin.

| | ✓ | | ✓ | | ✓ |
|---|---|---|---|---|---|
| % 0 | | % 25 | | % 75 | |
| % 10 | | % 50 | | % 100 | |

## Yanıt

Nüks ile ilgili yapılan tahminler değişse de bence doğru yanıt % 100'dür. Anksiyete veya depresyonla mücadele ettiyseniz, er ya da geç ama kesinlikle kendinizi tekrar kaygılı veya depresif hissedeceksiniz demektir. Aslına bakarsanız, bütün insanlar sonsuza kadar nüks yaşayacaktır! Buda, "acı çekmenin insanların doğasında var olduğunu" söylemiştir. Bu kaçınılmazdır. Hiç kimse her zaman kendini mutlu hissedemez. Her zaman mutlu hissedebilseydik bile bu pek de güzel bir şey olmazdı. Eğer her zaman mutlu olsaydık hiçbir zıtlık ya da zorluk olmazdı ve hayat çok sıkıcı duruma gelirdi çünkü daima aynı şekilde hissederdik. Eski bir Latin özdeyişine göre, "açlık en tatlı sostur."

Kötü şeyler gerçekleşir ve biz de kendi benzersiz şekillerimizle acı çekeriz. Kimi insanlar mızmız ve sinirli olur. Kimileri kaygılı hisseder ve panikler. Bazıları ise değersizlik duyguları ve depresyona boyun eğer. Zaman zaman kötü hissetmek, sabahları güneşin doğması kadar kesindir. Depresyon ve anksiyeteden mustarip olan insanlar ile bu sıkıntıları yaşamayan insanlar arasındaki temel farklılık, depresyon ve anksiyete yaşayan insanların, kötü ruh hallerinden çıkamamalarıdır. Bir anlık bunalma hissi saatlere, saatler günlere, günler haftalara, aylara, hatta yıllar süren ıstıraba dönüşür. Depresyon ve anksiyete yaşamayan insanların bu bunalma hislerini yaşama sıklıkları daha az değildir, bu insanlar olumsuz ruh hallerinden nasıl kurtulacaklarını bilirler. Ve bu, sizin de öğrenebileceğiniz bir şeydir.

Bir saatlik, bir günlük, hatta bir iki haftalık keyifsizlik hisleri son derece makuldür. Fakat aylar ve yıllar boyunca umutsuzluk ve yetersizlik hislerine boğulmuş halde kalmak – buna pek gerek yoktur. Nüks Önleme Çalışması da bununla ilgilidir. Nasıl ki her zaman mutlu olacağınızı gösteremem, fakat olumsuz ruh hallerine batıp kalmamak adına onlarla nasıl başedebileceğinizi gösterebilirim.

Şiddetli depresyon veya anksiyete dönemlerinin ardından kendinizi şahane hissetmeye başladıktan sonra sizce bu deneyimin ilk nüksü ne zaman olacaktır? Elbette herkes farklıdır ama en iyi tahmininizi yapın. Tabloda, nüksün ortaya çıkma olasılığının en yüksek olduğunu düşündüğünüz zamanı işaretleyin.

| | ✓ | | ✓ |
|---|---|---|---|
| 1. Birkaç saat içerisinde | | 1. Birkaç ay içerisinde | |
| 2. Birkaç gün içerisinde | | 2. Birkaç yıl içerisinde | |
| 3. Birkaç hafta içerisinde | | 3. Hiçbir zaman | |

## Yanıt

Kendi klinik deneyimlerime dayanarak, şiddetli depresyon veya anksiyete dönemlerini atlatan insanların sıkıntılarının, ilk iyileşmelerinin ardından birkaç hafta içinde nüksettiğini söyleyebilirim. Nüks bazen birkaç gün içinde, bazen bir iki ay içinde ortaya çıkar. Fakat nüks mutlaka ortaya çıkar.

Sıkıntınız nüks ettiği zaman, kendinizi öncekine göre daha bile fazla depresif ya da kaygılı hissedebilirsiniz. Peki niçin? İyileşmeden önce depresyon ve anksiyete ile o kadar uzun süre boğuşmuş olabilirsiniz ki kusurlu olduğunuz ve kendinizi sonsuza kadar mutsuz hissetmekle lanetlendiğiniz "gerçeğini" kabul etmiş olabilirsiniz. Daha sonra, iyileştiğiniz zaman kendinizi ne kadar iyi hissettiğinize inanamayıp, kendinize "Vay canına, sorunlarım tamamen ortadan kayboldu! Artık sonsuza kadar kendimi mutlu hissedeceğim. Bu olağanüstü!" diyebilirsiniz.

Elbette ki bu, Ya Hep Ya Hiç şeklinde düşünmenin "beyaz" kısmıdır ve siyah kısmın neden olduğu umutsuzluk kadar mantığa aykırıdır çünkü bu durum sizi büyük bir hayal kırıklığına doğru sürükler. Birkaç hafta sonra nüks ortaya çıktığında, inanılmaz derecede güzel duygular sizin için dayanılmaz duruma gelmeye başlar. Umutlarınızın, tekrar yerle bir olmak üzere yükseldiğini hissedebilirsiniz. Bu durum, suratınıza tokat yemek ya da altınızdaki halının çekilmesi gibi bir duyguya neden olabilir. Çektiğiniz acı çok yoğun duruma gelebilir.

İyileştikten sonra sıkıntılarınızın nüksedeceğini bilmenizi istiyorum. Bu, yerçekimi yasası kadar nettir. Çoğu insan nüksün, olabilecek en kötü şey olduğunu düşünür, fakat aslında olabilecek en iyi şey nükstür. Niye biliyor musunuz? Çünkü onu nasıl yenebileceğinizi ve kısa süre içinde tekrar iyimser ve özgüvenli hissedebileceğinizi öğrenme fırsatına erişirsiniz. Böylelikle iyileşmenizin, şans eseri değil, kullanmayı öğrendiğiniz araçların sonucu olduğunu fark edersiniz. Bu sayede de hayatınız boyunca depresyon ve anksiyeteden korkmak zorunda kalmazsınız çünkü değişen ruh halleriyle nasıl başedeceğinizi biliyor olursunuz. İyi hissetmek değil de iyileşmekten kastettiğim tam olarak budur. Hayatınızdaki en heyecan verici keşiflerden birisi olabilir.

1. Bölüm'de, anksiyete ve depresyonun üstesinden gelmenize yardımcı olacak üç model gördünüz: Bilişsel Model, Maruz Bırakma Modeli ve Gizli Kalmış Duygu Modeli. Bu üç model, Nüks Önleme aşamasında size yardımcı olacaktır.

## Bilişsel Model

Birkaç hafta boyunca depresyon ve anksiyeteden tamamen uzak olduğunuzu hayal edin. Bir sabah kalkıyorsunuz ve tekrar depresif ve kaygılı olduğunuzu fark ediyorsunuz. Kendinizi nasıl hissederdiniz? Ne düşünürdünüz? Yıllarca tedavi ettiğim danışanlarım gibiyseniz muhtemelen üzgün, endişeli, umutsuz, değersiz, siniri bozulmuş, öfkeli ve hayal kırıklığına uğramış hissedersiniz ve kendinize şunları söylersiniz:

- Asla iyileşemeyeceğim. Umutsuz vakayım.
- Bu nüks, terapinin işe yaramadığını gösteriyor.
- Bendeki ilerleme şans eseriydi.
- Aslında iyileşmedim, iyileştiğimi sandım. Aslında ben hep depresiftim.
- Terapi bende işe yarayamaz. Benim sorunlarım fazlasıyla derin.
- Değersizin biriyim işte.
- Birkaç haftalık iyileşme neye yarar ki? Şimdi on sene daha kaygılı ve depresif olacağım.
- Bu haksızlık. Diğer insanlar mutlu olmak için bu kadar çabalamıyor.
- Bende çok büyük bir sorun olmalı.

Nüks sırasında bu düşünceler size tamamen geçerli gelecektir ve bunlar gerçekten kahredici olabilir. Yapılan araştırmalar birçok insanın nüks sırasında intihar ettiğini çünkü bu düşüncelerin son derece inandırıcı geldiğini ve acının dayanılmaz olduğunu göstermektedir. Fakat bu düşünceler geçerli değildir. Bunlar fena halde çarpıtılmış ve mantıksız düşüncelerdir. Kendinizi bu düşüncelere bırakmanız halinde bir başka anksiyete ya da depresyon dönemine girersiniz. Ama bu düşünceleri bir kenara atmayı bilirseniz, kendinizi tekrar toparlayabilirsiniz.

Olumsuz duygularınızın geçici olduğunu ve kısa bir süre sonra tekrar kendinizi iyi hissedeceğinizi bilseniz, sizin için her şey değişebilir. Böylelikle, olumsuz duygunun geçmesini beklersiniz ve sizi kötü etkileyen sorunla başetmek için başetme planı hazırlarsınız. Fakat pek çok depresif insan, ne yaparsa yapsın iyileşemeyeceklerine tamamen ikna olmuş haldedir. Elbette, bu inanç kendini gerçekleştiren kehanet görevi görür. Kendinizi bırakırsanız, hiçbir şey değişmez. Böyle olunca da her şeyin gerçekten umutsuz olduğu sonucuna varırsınız.

Çözüm nedir? Kendinizi iyi hissettiğiniz zamanlarda, nükse karşı kendinizi önceden hazırlayabilirsiniz. Olumsuz düşüncelerinize nüksten önce karşı konuşma yaparsanız, zamanı geldiğinde onlarla mücadele etmek daha kolay olacaktır.

Size bunun nasıl çalıştığını göstereyim. Depresyon veya anksiyete döneminden çıktığınızı ve şahane hissettiğinizi hayal edin. Gelecekte, kendinizi depresif ya da kaygılı hissedeceğiniz bir dönem geleceğini biliyorsunuz. Bu yüzden nükse şimdi hazırlık yaparsanız. Elinize Günlük Duygudurum Çizelgesi alın ve yukarıda bulunan durum kısmına "Sıkıntılarımın nüksetmesi" yazın. Henüz herhangi bir nüks olmadığını aklınızda bulundurun. Şu an yalnızca, sıkıntılarınızın nüksetmesinin nasıl bir şey olacağını hayal ediyorsunuz.

## NÜKS GÜNLÜK DUYGUDURUM ÇİZELGESİ

**Durum:** Depresyonun nüksetmesi.

| Duygular | % Önce | % Sonra | Duygular | % Önce | % Sonra |
|---|---|---|---|---|---|
| Üzgün, hüzünlü, depresif, morali bozuk, mutsuz | 100 | 0 | Utanmış, budala, aşağılanmış, içine kapanmış | 100 | 0 |
| Kaygılı, endişeli, paniklemiş, gergin, korkmuş | 100 | 0 | Umutsuz, hevesi kırılmış, karamsar, çaresiz | 100 | 0 |
| Suçlu, vicdan azabı içinde, kötü niyetli, mahcup | 100 | 0 | Hayal kırıklığına uğramış, engellenmiş, yenik | 100 | 0 |
| Aşağı, değersiz, yetersiz, kusurlu, beceriksiz | 100 | 0 | Kızgın, öfkeli, incinmiş, sinirli, hiddetli | 100 | 0 |
| Yalnız, sevilmeyen, istenmeyen, reddedilmiş, terk edilmiş | 100 | 0 | Diğer (tanımlayın) | 100 | 0 |

| Olumsuz Düşünceler | % Önce | % Sonra | Çarpıtmalar | Olumlu Düşünceler | % İnanç |
|---|---|---|---|---|---|
| 1. Asla iyileşemeyeceğim. Ben umutsuz vakayım. | 100 | | | | |
| 2. Nüks, terapinin işe yaramadığını gösteriyor. | 100 | | | | |
| 3. Bendeki ilerleme şans eseriydi. | 100 | | | | |
| 4. Aslında iyileşmedim, iyileştiğimi sandım. Aslında hep depresiftim. | 100 | | | | |
| 5. Terapi bende işe yarayamaz. Benim sorunlarım fazlasıyla derin. | 100 | | | | |
| 6. Değersizin biriyim işte. | 100 | | | | |
| 7. Birkaç haftalık iyileşme neye yarar ki? Şimdi on sene daha kaygılı ve depresif olacağım. | 100 | | | | |
| 8. Bu haksızlık. Diğer insanlar mutlu olmak için bu kadar çabalamıyor. | 100 | | | | |
| 9. Bende çok büyük bir sorun olmalı. | 100 | | | | |

511. sayfada, Nüks Günlük Duygudurum Çizelgesi'nin bir örneği bulunmaktadır. Nüks sırasında hissedeceğinizi düşündüğünüz bütün olumsuz duyguları işaretleyin ve her birine puan vererek değerlendirme yapın, aklınıza gelebilecek olumsuz düşünceleri yazın ve onlara ne kadar inandığınızı belirtin. Günlük Duygudurum Çizelgesi'ndeki ilk olumsuz düşünce, "Asla iyileşemeyeceğim. Ben umutsuz vakayım" şeklindedir. Onun yanına % 100 yazdım çünkü şu an için pek gerçekçi görünmese de nüks sırasında bu düşünce tamamen geçerli gibi gelir.

Bu düşüncedeki çarpıtmalar nelerdir? 514. sayfadaki çarpıtma tanımlarına göz atın ve 542. sayfaya yanıtlarınızı yazın.

| Çarpıtma | ✓ | Çarpıtma |
|---|---|---|
| 1. Ya hep ya hiç şeklinde düşünme | | 6. Aşırı büyütme ya da küçültme |
| 2. Aşırı genelleme | | 7. Duygusal mantık yürütme |
| 3. Zihinsel filtre | | 8. Zorunluluk ifadeleri |
| 4. Olumluyu görmezden gelme | | 9. Etiketleme |
| 5. Keyfî çıkarsama<br>• Zihin okuma<br>• Falcılık | | 10. Suçlama<br>• Kendini suçlama<br>• Başkasını suçlama |

## Yanıt

513. sayfada gördüğünüz gibi, "Asla iyileşemeyeceğim. Ben umutsuz vakayım" düşüncesinde on çarpıtma buldum.

On çarpıtmanın tamamını barındıran bir düşüncenin geçerli olması epey zordur. Bu düşünceye nasıl karşı konuşma yaparsınız? "Asla iyileşemeyeceğim. Ben umutsuz vakayım" yerine kendinize ne diyebilirsiniz? Kendinize şuna benzer sorular sormak çok yardımcı olabilir: "Şu an kendimi üzgün hissediyor olmam terapinin işe yara-

| Çarpıtma | | Açıklama |
|---|---|---|
| 1. Ya Hep Ya Hiç şeklinde düşünme | ✓ | Bu, tipik bir siyah-beyaz şeklinde düşünme örneğidir. Kendinize, terapinin müthiş bir etki göstereceğini ya da hiçbir işe yaramayacağını söylüyorsunuz. İfadenizde grinin tonları bulunmuyor. |
| 2. Aşırı Genelleme | ✓ | Nüksü aşırı genelleyip asla iyileşemeyeceğiniz sonucuna varıyorsunuz. Şu an hissettiğiniz duyguların, sonu olmayan yenilgiler ve ıstıraplara dönüşeceğini düşünüyorsunuz. |
| 3. Zihinsel Filtre | ✓ | Şu an kendinizi ne kadar kötü hissettiğinize odaklanıp, üç hafta önce, çok daha iyi hissettiğiniz zamanı gözardı ediyorsunuz |
| 4. Olumluyu Görmezden Gelme | ✓ | Terapinin size yardımcı olduğunu ve daha iyi hissettiğinizi görmezden geliyorsunuz. |
| 5. Sonuca Atlama<br>• Zihin Okuma<br>• Falcılık | ✓ | Sonsuza kadar depresif hissedeceğinizi öngörüyorsunuz (Falcılık). |
| 6. Aşırı Büyütme ya da Küçültme | ✓ | Nüks pek de keyifli bir şey değil, ama gözünüzde biraz fazla büyütüyorsunuz. |
| 7. Duygusal Mantık Yürütme | ✓ | Kendinizi nasıl hissettiğinize dayanarak mantık yürütüyorsunuz. Umutsuz hissettiğiniz için umutsuz olduğunuzu düşünüyorsunuz. |
| 8. -meli, -malı İfadeleri | ✓ | Burada gizli bir -meli, -malı ifadesi bulunuyor. Kendinize asla mutsuz hissetmemeniz, sıkıntılarınızın nüks etmemesi gerektiğini söylüyorsunuz. |
| 9. Etiketleme | ✓ | Kendinizi "umutsuz vaka" olarak etiketliyorsunuz. |
| 10. Suçlama<br>• Kendini Suçlama<br>• Başkasını Suçlama | ✓ | Nüksten dolayı başkasını suçlamıyorsunuz. Fakat kendinizi suçluyor, nüksün kendi hatanız olduğunu düşünüyorsunuz. |

madığını mı gösterir? Evet, şu anda kötü hissediyorum ama asla iyileşmeyeceğim gerçekten doğru mu?"

Aşağıdaki Günlük Duygudurum Çizelgesi'nde gördüğünüz gibi, olumsuz düşünceyi ve bütün çarpıtmaları yazdım. Sizin yapmanız gereken, bunlara karşılık olumlu düşünceler bulmak olacaktır. Bunları Olumlu Düşünceler sütununa yazın ve her birine ne kadar inandığınızı "% İnanç" sütununda belirtin. Duygusal değişim için gerekli ve yeterli koşulları hatırlayın: Olumlu düşünce % 100 doğru olmalı ve olumsuz düşünceye olan inancınızı azaltmalı.

Şimdi olumsuz düşünceyi tekrar düşünün. Buna olan inancınız, % 0 ile % 100 arasında kaça denk gelir? Değerlendirmenizi "% Sonra" sütununa yazın. Bu kısmı bitirdiğinizde, size kendi olumlu düşüncemi de göstereceğim. Ama ondan önce, lütfen kendi olumlu düşüncenizi yazın.

GÜNLÜK DUYGUDURUM ÇİZELGESİ

| Olumsuz Düşünceler | % Önce | % Sonra | Çarpıtmalar | Olumlu Düşünceler | % İnanç |
|---|---|---|---|---|---|
| 1. Asla iyileşemeyeceğim. Ben umutsuz vakayım. | 100 | | S-B, AG, ZF, OGG, F, AK, DMY, -Mİ, E, KS | | |

## Yanıt

Olumlu bir düşünce yazdınız mı yoksa yalnızca düşündünüz mü? Okumaya devam etmeden önce olumlu düşünceyi yazmanızı tavsiye ederim. Nüks Önleme Çalışması'nın en önemli kısımlarından biri budur. Kalem alıp gelmeniz ve olumlu bir düşünce yazmanız yalnızca bir dakikanızı alacak.

Aşağıda gördüğünüz gibi, kendi olumlu düşünceme olan inancımı % 100; olumsuz düşünceye olan inancımı da % 25 olarak değerlendirdim. Ayrıca "% Sonra" sütununa olumsuz düşünceye olan inancımın % 100'den % 25'e indiğini belirttim.

| Olumsuz Düşünceler | % Önce | % Sonra | Çarpıtmalar | Olumlu Düşünceler | % İnanç |
|---|---|---|---|---|---|
| 1. Asla iyileşemeyeceğim. Ben umutsuz vakayım. | 100 | 25 | S-B, AG, ZF, OGG, F, AK, DMY, -Mİ, E, KS | 1. Asla iyileşemeyeceğim doğru değil çünkü birkaç hafta önce iyiydim. Aslında kendimi kaygılı ya da depresif hissettiğim her zaman, er ya da geç daha iyi oldum. | 100 |

Bu müthiş bir azalmadır, fakat olumsuz düşüncenize olan inancınızı daha da azaltmak isterseniz, birkaç olumlu düşünce daha üretmeye çalışın. 461. sayfadaki Olumsuz Düşüncenizdeki Çarpıtmalara Uygun Teknikleri Seçmek tablosuna bakmak, denemek isteyebileceğiniz tekniklerle ilgili fikir verecektir. Örneğin, bu olumsuz düşünce tipik bir Ya Hep Ya Hiç şeklinde düşünme örneğidir ve birkaç tanesini saymak gerekirse Çifte Standart gibi bir Şefkat Temelli Teknik, Grinin Tonlarıyla Düşünmek gibi bir Mantık Temelli Teknik, Kâr-Zarar Analizi gibi bir Motivasyonel Teknik kullanabilirsiniz. Ayrıca bu düşüncede Etiketleme de bulunduğu için Semantik Yöntemi denemek kesinlikle işinize yarayabilir.

Şimdi de 511. sayfada bulunan Nüks Günlük Duygudurum Çizelgesi'nde bulunan olumsuz düşüncelerdeki çarpıtmaları bulun. Bu yaklaşık beş on dakikanızı alacaktır. Daha sonra, olumsuz düşüncelerin yerine olumlu düşünceler bulun. Olumlu düşüncelerinizi sağdaki sütuna yazın ve bu düşüncelere ne kadar inandığınızı % 0 ile % 100 arasında değerlendirerek belirtin. Sonra da olumsuz düşünceye olan inancınızı tekrar değerlendirin ve bu değerlendirmeleri "% Sonra" sütununa yazın.

Şu anda nüks yaşamadığınız için olumlu düşünceler bulmak pek de zor olmayacaktır. Fakat sıkıntılarınız nüksettiği zaman, olumsuz düşünceler tamamen doğru gibi görüneceği için etki gösterecek olumlu düşünceler bulmak son derece zor olacaktır. Eğer bunu anlayıp nükse şimdi hazırlık yaparsanız, nüks sırasındaki olumsuz düşünceleri bir kenara atmak çok daha kolay hale gelecektir.

Bu kısmı bitirdiğinizde, 518. ve 519. sayfalarda bulunan Nüks Günlük Duygudurum Çizelgesi'nin tamamlanmış halindeki olumlu düşüncelere göz atabilirsiniz. Kendi bulduğunuz olumlu düşünceler epey farklılık gösterebilir, bu da büyük bir sorun değildir. Esas mesele, sizin işinize yarayacak olumlu düşünceler bulabilmektir. Bazı olumsuz düşüncelere olan inancınızda, diğerlerine göre daha büyük bir azalma olduğunu fark edebilirsiniz. Bana göre en zor olanı 8 numarada bulunan "Bu haksızlık, diğer insanlar mutlu olmak için bu kadar çabalamıyor" düşünceydi. Başkalarını suçlama içeren düşünceler en zor olanlardandır çünkü öfke, aşağılık ve kendine acıma duygularının ortaya çıkmasına neden olabilir. Bu duygular alışkanlık da yaratabilir. Bu düşünceye olan inancınızı % 50'den aşağıya çekebilmeniz için 461. sayfada bulunan teknik seçme tablosuna bakıp uygun tekniklerle ilgili tavsiye alabilirsiniz. Örneğin, Kâr-Zarar Analizi gibi bir Motivasyonel Teknik, denemeye uygun bir teknik olacaktır. Bu tekniği, "Bu haksızlık, diğer insanlar mutlu olmak için bu kadar çabalamıyor" şeklindeki düşünceye meydan okumak için nasıl kullanabilirsiniz? Bu tekniğin nasıl çalıştığıyla ilgili aklınız net değilse, 469. sayfadaki Kâr-Zarar Analizi ile ilgili bölüme göz atabilirsiniz. Lütfen düşüncelerinizi aşağı yazın.

........................................................................................

........................................................................................

........................................................................................

........................................................................................

........................................................................................

## Yanıt

Kendinize, nüksün "haksız" olduğunu söylemenin avantajlarını ve dezavantajlarını belirleyebilirsiniz. Kendinize şunu sorun: "Bu düşünce yapısı bana nasıl yardımcı olacak ve bana nasıl zarar verecek?" Böyle düşünmenin muhtemelen birkaç avantajı vardır.

- Kendinizi kurban gibi hissedip kendinize acıyabilirsiniz.
- Ahlaki yönden üstün olduğunuzu hissedebilirsiniz.
- Kaderiniz için Tanrı'yı suçlayabilirsiniz böylelikle nüksün kendi hatanız olduğunu düşünmek zorunda kalmazsınız.
- Öfke hissedebilirsiniz.
- Öfkenizle enerji dolabilirsiniz.

Daha fazlasını da bulabilirsiniz. Kendinize, nüksün haksız olduğunu söylemenin bütün avantajlarını ve dezavantajlarını listeledikten sonra bu listeleri kıyaslayabilirsiniz. Kendinize hangi düşünce yapısının, kendinizi daha iyi hissetmenizi sağladığını sorun. Listenizin altına iki tane daire çizin ve değerlendirmenizi temsil eden, toplamı 100 edecek iki sayı yazın.

## NÜKS GÜNLÜK DUYGUDURUM ÇİZELGESİ

**Durum:** Depresyonun nüks etmesi

| Duygular | % Önce | % Sonra | Duygular | % Önce | % Sonra |
|---|---|---|---|---|---|
| Üzgün, hüzünlü, depresif, morali bozuk, mutsuz | 100 | 50 | Utanmış, budala, aşağılanmış, içine kapanmış | 100 | 10 |
| Kaygılı, endişeli, paniklemiş, gergin, korkmuş | 100 | 20 | Umutsuz, hevesi kırılmış, karamsar, çaresiz | 100 | 25 |
| Suçlu, vicdan azabı içinde, kötü niyetli, mahcup | 100 | 10 | Hayal kırıklığına uğramış, engellenmiş, yenik | 100 | 35 |
| Aşağı, değersiz, yetersiz, kusurlu, beceriksiz | 100 | 15 | Kızgın, öfkeli, incinmiş, sinirli, hiddetli | 100 | 35 |
| Yalnız, sevilmeyen, istenmeyen, reddedilmiş, terk edilmiş | 100 | 10 | Diğer (tanımlayın) | | |

| Olumsuz Düşünceler | % Önce | % Sonra | Çarpıtmalar | Olumlu Düşünceler | % İnanç |
|---|---|---|---|---|---|
| 1. Asla iyileşemeyeceğim. Ben umutsuz vakayım. | 100 | 100 | S-B, AG, ZF, OGG, F, AK, DMY, -Mİ, E, KS | 1. Asla iyileşemeyeceğim doğru değil çünkü birkaç hafta önce iyiydim. Aslında kendimi kaygılı ya da depresif hissettiğim her zaman, er ya da geç daha iyi oldum. | 100 |
| 2. Nüks, terapinin işe yaramadığını gösteriyor. | 100 | 100 | S-B, AG, ZF, OGG, AB, DMY, -Mİ, BS | 2. Mükemmel şekilde olmasa da terapi işe yaradı. Hiç kimse her zaman mutlu olamaz. Kolları sıvayıp ilk defasında işe yarayan teknikleri kullanmalıyım. | 100 |
| 3. Bendeki ilerleme şans eseriydi. | 100 | 100 | OGG, DMY | 3. Bu çılgınca bir ifade. Bendeki ilerleme çalışmamın eseriydi, "şans eseri" değil. | 100 |
| | | | | | |

| | | | | | |
|---|---|---|---|---|---|
| 4. Aslında iyileşmedim, iyileştiğimi sandım. Aslında hep depresiftim. | 100 | 10 | OGG, DMY | 4. Bu da çılgınca. Daha iyi hissettim. Fakat şimdi yeniden kaygılı ve depresifim, bu yüzden tekrar çalışmaya koyulup çarpıtılmış düşüncelerime meydan okumalıyım. | 100 |
| 5. Terapi bende işe yarayamaz. Benim sorunlarım fazlasıyla derin. | 100 | 20 | S-B, AG,OGG, F, AB, DMY | 5. Terapi bana çok yardımcı oldu. Nüks yaygın bir şey - herkes yaşıyor. | 100 |
| 6. Değersizin biriyim işte. | 100 | 35 | S-B, AG, ZF, OGG, AB, DMY, -Mİ, E, KS | 6. Depresifim, değersiz değil! Belki de bu duyguları tetikleyen sorun üzerinde düşünmeliyim. | 100 |
| 7. Birkaç haftalık iyileşme neye yarar ki? Şimdi on sene daha kaygılı ve depresif olacağım. | 100 | 25 | OGG, F, DMY, -Mİ | 7. Üç haftalık ilerleme şahaneydi! Müthiş bir dönüm noktasıydı ve büyük bir rahatlamaydı. Şimdi tekrar çalışmaya koyulmalıyım. Bir sonraki ilerlemem daha da uzun sürebilir. En iyisi adım adım ilerlemek. | 100 |
| 8. Bu haksızlık. Diğer insanlar mutlu olmak için bu kadar çabalamıyor. | 100 | 50 | ZO, -Mİ, DMY, E, BS | 8. Şimdi tekrar kendime acıyorum. Buna hakkım var, fakat bunu gerçekten istiyor muyum? Depresyona eğilimli olmam şanssız bir durum, fakat "haksızlık" değil. | 100 |
| 9. Bende çok büyük bir sorun olmalı. | 100 | 25 | S-B, AG, ZF, OGG, AB, DMY, -Mİ, E, KS | 9. Benim birçok kusurum var ama diğer insanların da epey kusuru var gibi görünüyor, bu yüzden kendimi bütün kusurlarım ve eksikliklerimle kabul etmeye karar verdim. Benim asıl sorunum, kendimi olumsuz düşüncelerin bombardımana uğratmak ve bu bir "kusur" değil. | 100 |

Eğer olumsuz düşüncenin avantajlarının daha fazla olduğu ortaya çıkarsa, bu düşünceye muhtemelen meydan okuma ihtiyacı hissetmezsiniz. Bu, kendinize nüksün haksız olduğunu söylemek sizin için işe yarıyor demektir. Eğer dezavantajlar daha fazla ise, Günlük Duygudurum Çizelgesi'ndeki düşünceye tekrar meydan okumaya çalışın.

Günlük Duygudurum Çizelgenizdeki nüks ile ilgili bütün olumsuz düşüncelere etkili karşılıklar bulduğunuzda, bu düşüncelere Seslerin Dışsallaştırılması ile meydan okuyabilirsiniz. Bu tekniğin Rol Yapma Tekniklerinden bir tanesi olduğunu hatırlıyorsunuzdur, dolayısıyla bu alıştırmada bir arkadaşınızın yardımına ihtiyacınız olacak. Arkadaşınız, Günlük Duygudurum Çizelgenizde yazmış olduklarınıza bakarak olumsuz düşünceler rolünü oynayabilir. Örneğin arkadaşınız şöyle diyebilir:

**Olumsuz Düşünceler (arkadaşınızın canlandırdığı):** "Asla iyileşemeyeceksin. Sen umutsuz vakasın" diyebilir. Siz de olumlu düşünceler rolünü oynayıp olumsuz düşüncelerle mücadele edebilirsiniz. Örneğin:

**Olumlu Düşünceler (sizin canlandırdığınız):** Bu çok saçma. Yalnızca nüks yaşıyorum ve bugün mutsuzum. Bu herkese olur. Beni rahatsız edenin ne olduğunu bulmam ve olumsuz düşüncelere karşı konuşma yapmam gerek.

Kulağa öyle bile gelse, olumsuz düşünceler rolündeki arkadaşınızın size saldıran başka bir insan olmadığını unutmayın. Arkadaşınız yalnızca zihninizdeki olumsuz sesi temsil ediyor. Aslında kendinizle mücadele içindesiniz. Eğer verdiğiniz karşılık yeterli olmuyorsa rolleri değiştirin. Eğer rolleri sık sık değiştirseniz, etkili ve olumlu düşünceleri çabucak bulursunuz.

Rol yapma sırasında kafa karışıklığı yaşamamak adına iki küçük kağıda: "Ben olumsuz düşüncelerim. İkinci kişi diliyle, yani 'Sen' ile konuşacağım" ve "Ben olumlu düşüncelerim. Birinci kişi diliyle, yani 'Ben' ile konuşacağım" yazabilirsiniz. Alıştırma sırasında önünüzde bu kağıtların olması şu noktaların netleşmesini sağlar:

- Biriniz olumsuz düşünceler, diğeriniz olumlu düşünceler rolündesiniz.
- Zihninizde iki bölüm var ve kendinizle mücadele halindesiniz, başkasıyla değil.
- Olumsuz düşünceler rolündeki kişi daima "Sen" diliyle konuşmalıdır.
- Olumlu düşünceler rolündeki kişi daima "Ben" diliyle konuşmalıdır.

Bu ayrıntılar, alıştırmanızın başarılı olması için çok önemli olacaktır. İşte Seslerin Dışsallaştırılması alıştırmasına bir örnek:

**Olumsuz Düşünceler (ikinci kişi diliyle, "Sen" ile konuşarak):** Yüzleş bununla. Bu nüks buradaki yöntemlerin hiçbirinin sende işe yaramayacağını gösteriyor. Belli ki terapi işe yaramadı çünkü şu an aşırı derecede kaygılı ve depresifsin.

**Olumlu Düşünceler (birinci kişi diliyle, "Ben" ile konuşarak):** Aslında bu yöntemler bende hayli işe yaradı. Bendeki depresyon ve anksiyete şu anda nüks yaşadığımı ve bu yöntemlerle tekrar çalışmaya başlamam gerektiğini gösteriyor. Fakat senin bitmeyen eleştirilerini dinleyecek olursam muhtemelen hevesim kırılacak ve vazgeçmek isteyeceğim. Bu yüzden seni görmezden gelmeyi tercih ediyorum.

**Olumsuz Düşünceler:** Beni görmezden gelmeyi deneyebilirsin, fakat umutsuz vaka olduğun ve değersiz bir insan olduğun gerçeğinden kaçamazsın. Dahası, terapi sana hiç yardımcı olmadı. Sadece kendini kandırdın. Daha iyi hissettiğini sanıyordun ama durum hiç de öyle değildi!

**Olumlu Düşünceler:** Aslında kendimi gayet iyi hissediyordum ve bu nüksten kurtulmak için hemen çalışmaya koyulmak ve tekrar kendimi iyi hissetmek istiyorum. "Umutsuz" ya da "değersiz" değilim, ama şu an depresif ve kaygılı hissediyorum. Belli ki bir şeyler beni rahatsız ediyor, bunların neler olduğunu bulmam gerekiyor.

Diyalogu, Olumsuz Düşünceler rolündeki kişi pes edene kadar devam ettirin. Gerektiği zaman rolleri değiştirin. Olumsuz düşünceler yenilgiye uğrayıncaya kadar devam edin.

Bu alıştırma son derece etkili, aynı zamanda bir o kadar da zorlayıcı olabilir. Başka bir insan size olumsuz düşüncelerle saldırırken bu düşüncelere karşı konuşma yapmak pek de kolay değildir. O halde böyle bir işe kalkışma nedeni nedir? Çünkü nüks sırasında olacak şey tam olarak budur. Nüks başgösterene kadar beklerseniz olumsuz düşünceler size bunaltıcı derecede gerçekçi görünür, motivasyonunuz dibe vurur ve bu düşüncelere meydan okumak çok daha zor duruma gelir. Buna karşın, olumsuz düşüncelerle mücadele etmeyi, nüksten önce, iyi bir ruh halindeyken öğrenirseniz, nüks sırasında bu düşünceleri bir kenara atmak çok daha kolay olacaktır. Bu alıştırma aptalca, karmaşık veya lüzumsuz gibi görünebilir, fakat asıl mücadele geldiğinde rakibinizi altetmek için ihtiyacınız olan gücü buradan alacaksınız.

Kendinizi iyi hissetmeye başladıktan sonra depresyon ve anksiyete dönemleriyle boğuşacağınız zamanlar kesinlikle gelecektir. Bunu önlemenin bir yolu yoktur. Fakat mücadele etmek için gerekli araçlarınız olursa, nüksün daha en başında önünü kesip kendinizi hemen toparlayabilirsiniz.

İyileşme Dairesi de çok önemli bir Nüks Önleme aracıdır. En az on-on beş teknik kullanmanızın ve size uygun olan tekniği bulana kadar tekrar tekrar başarısızlığa uğramanızın önemini vurgulamıştım. Bu noktada sabır, devamlılık ve çok çalışma gerekecektir. Fakat işte size iyi bir haber: İşinize yarayan bir teknik bulursanız, bu teknik olasılıkla her zaman işinize yarayacaktır.

Seanslarımızdan biri sırasında kelimenin tam anlamıyla gözlerimin önünde iyileşen Terri'yi hatırlıyorsunuzdur (bkz. s. 205). Zıplama egzersizlerine başladığında, sandığı gibi boğularak ölmek üzere olmadığını gördüğünde panik ortadan kaybolmuştu. Deneysel Teknik, Terri'nin on yıllık sıkıntısını sona erdirmişti. İleride tekrar panik atak geçirecek olursa zıplama egzersizlerini tekrar yapacaktır. Terri'nin İyileşme Dairesi hazırlamasına olasılıkla gerek yoktur çünkü hangi tekniğin onda işe yarayacağını bilmektedir.

Nüks sırasında olumsuz düşüncelerinize karşı konuşma yapmanın yanısıra, ilk iyileştiğinizde size yardımcı olan tekniği ya da teknikleri kullanabilirsiniz. Bu teknikler elbette kişiden kişiye farklılık gösterir. Aşağı Ok, Çifte Standart, Gizli Kalmış Duygu, Bilişsel Taşırma, Korkulan Kurgu, Kabullenme Paradoksu ya da bu tekniklerin çeşitli kombinasyonları işe yarayabilir.

Duruma farklı bir açıdan bakacak olursak, her insan, kendiniz de dahil olmak üzere, mutlu olma, iç huzuruna ulaşma ve özgüven potansiyeline sahiptir. Fakat bazen bir kafesin içinde kapalı kalmak daha güvenli göründüğü için bu potansiyellere ulaşmak güçleşir. Sonuç olarak da acı çekersiniz.

Kafesin kapısını açmak için birlikte çalışacağız. Kombinasyonlardan birini deneyeceğiz, fakat muhtemelen işe yaramayacak.

Sonra başka bir tanesini deneyeceğiz, ama o da muhtemelen işe yaramayacak. Tekrar tekrar başarısızlığa uğrayacağız. Fakat bunu sürdürürsek, eninde sonunda uygun bir kombinasyon bulacağız. Sonra da ansızın kafesin kapısı açılacak ve kendinizi tekrar mutlu, özgüvenli hissedeceksiniz.

Fakat kombinasyonu hatırlamanız gerekecek. Unutmamak için bunu not edin çünkü kafesin kapısı tekrar kapanacak. Kombinasyonu bildiğiniz sürece kapının kapanması sizin için sorun olmayacak.

## MARUZ BIRAKMA MODELİ

Herhangi bir anksiyete türünün üstesinden gelmek istiyorsanız, er ya da geç en çok korktuğunuz şeyle yüzleşmek durumunda kalacaksınız. Canavarı bir kez mağlup ettiğinizde ve korkunuz ortadan kaybolduğunda kendinizi müthiş hissedeceksiniz, fakat çok da kanaatkâr olmamalısınız. Zaman zaman aynı alıştırmaları tekrar yapın ki korkunuzu yendiğinize dair kendinize olan güveniniz artsın. Eğer korktuğunuz şeyden tekrar kaçınmaya başlarsanız, canavarı yeniden hayata döndürürsünüz ve anksiyeteniz de geri döner.

Size kendi yükseklik korkumu, aşağıda drama öğretmenim beni yüreklendiririrken yüksek bir merdivenin üzerine çıkıp bekleyerek yendiğimden bahsetmiştim. O günden sonra merdivenleri çıkmayı hep sevdim ve hatta Arizona'da çölün ortasında bulunan dik yamaçlara bile tırmandım. Devamlı bir koşuşturma halindeydim ve yükseklik korkum tamamen ortadan kaybolmuş oldu.

Tıp fakültesine gittiğimde kendimi yüksekliğe maruz bırakmamaya başladım. Bu isteyerek yaptığım bir şey değildi – yalnızca hayatımda yeni bir perde açılmıştı ve yükseklikle ilgili hiçbir şey yapmamıştım. Yirmi yıl sonra, çocuklarımla Arizona'daki Havasupai Kanyonu'na tatile gittiğimde korkumun intikam almak üzere geri döndüğünü keşfettim. Elbette ki eğer motive olduysanız Maruz Bırakma Tekniklerini kullanarak korkuyu altedebilirsiniz, fakat oyunun dışında durmak her zaman çok daha kolaydır.

Size ayrıca kalabalık önünde konuşma anksiyetemin, Oxford Üniversitesi'ndeki ilk akademik konuşmamı nasıl bir felakete dönüştürdüğünden ve anksiyetemi yenmek için İmge Değiştirmeyi kullandığımı anlatmıştım. Müthiş bir şekilde işe yaramıştı. Şimdi sık sık konuşmalar ve sunumlar yapıyorum. Stanford'da her hafta psikoterapi seminerleri veriyorum ve her yıl ülke genelinde ruh sağlığı çalışanlarına yönelik, her biri iki günlük yirmiden fazla atölye düzenliyorum. Her defasında notlar olmadan, spontane bir şekilde konuşuyorum ve her sunumum bir balo gibi geçiyor. Genellikle başlamadan önce anksiyete bile hissetmiyorum. Hatta çoğu kez bir an önce başlamaya can atıyorum.

Diyelim ki utangaçlığınızı, Gülümseme ve Merhaba Alıştırması ve David Letterman Tekniği gibi Kişilerarası Teknikler kullanarak altetmeye başladınız. İnsanlarla iken kendinizi rahat hissetmeye ve daha doğal, daha etkili diyaloglar kurmaya başlıyorsunuz. Eğer tekrar kabuğunuza çekilirseniz, olumsuz düşünceleriniz ve duygularınız tekrar baş gösterir ve siz de sosyal ortamlarda tekrar anksiyete ile dolup taşarsınız. Fakat kendinize tekrar tekrar meydan okuyup sınırlarınızı zorlarsanız, sosyal becerileriniz ve güven duygularınız gelişmeye devam edecektir ve kısa bir süre sonra yeni becerileriniz sizde alışkanlık haline gelecektir.

## Gizli Kalmış Duygu Tekniği

Anksiyetenin, bedeninizin sizi rahatsız eden bir şey olduğunu ifade etme şekli olduğunu hatırlayın. Endişe, panik veya baş dönmesi gibi anksiyete semptomlarının üzerinde tekrar tekrar düşünmek yerine, kendinize, birine kızgın olup olmadığınızı ya da yakın bir zamanda sizi rahatsız eden bir şey olup olmadığını sorun. Sorunun ne olduğunu bulmaya çalışın. Duygularınızı ifade edip sorunu çözdüğünüzde, anksiyeteniz genellikle kaybolacaktır. Duruma bu açıdan bakınca, anksiyete ve panik duygularının hiç de kötü şeyler olmadığını, yalnızca dikkatinizi çekmeniz gereken önemli bir durum olduğunu gösteren sinyaller olduğunu fark edeceksiniz.

Bir defasında Wilson adında, kronik anksiyete ve panik atak sıkıntısı yaşayan, depresif ve kaygılı bir New York'lu borsacıyı tedavi etmiştim. Panik atakları sırasında kalbinin hızlı hızlı attığını fark ediyor, kendine ölmek üzere olduğunu söylüyordu. Sonra da hiç zaman kaybetmeden en yakındaki acil servise gidiyordu. Her defasında da kısa bir fiziksel muayenin ardından doktor, her şeyin yolunda olduğunu söyleyerek Wilson'ı evine yolluyordu. Wilson'ın durumu biraz daha karmaşıktı çünkü kardiyak ritm anormalliği tedavisi görüyordu, fakat hayati bir durum değildi ve panik ataklarıyla ilgili değildi.

Wilson ayrıca depresyondan ötürü acı çekiyordu ve yeterince iyi olmadığı düşüncesini saplantı haline getirmişti. Her ne kadar gayet iyi durumda olsa, iyi bir semtte güzel bir evde yaşasa da pek çok arkadaşının milyon dolarlık hisse senetleri vardı ve Wilson devamlı kendini onlarla kıyaslıyordu. Kendini aşağı hissediyordu ve yalnızca çok parası olan "güzel" insanların deneyimleyebileceği yoğun ve mükemmel bir duygu olduğuna inanıyordu. Bu inanç kültürümüzde de epey yaygındır. Pek çok insan, mutluluk ve özgüvenin otoyolda Lexus kullanmakla mümkün olduğuna ikna olmuş durumdadır.

Wilson kendilik değerinin başarısına bağlı olduğunu görmüştü. Bu, Özyıkıcı İnançlardan bir tanesi olan Başarı Bağımlılığıdır. Wilson ayrıca, kendine yüklenip durduğu için bu inancının kendisi için avantajlı olmadığını biliyordu, fakat gerçekten mutlu ve değerli olan insanların, yalnızca inanılmaz derecede başarılı ve çok parası olan insanlar olduğuna ikna olmuş durumdaydı. Elbette bunun doğruluğunu gösteren "kanıtları" vardı. Ses getirecek bir başarıya asla ulaşamayacağına inanıyordu ve hiçbir zaman gerçekten mutlu veya değerli olmayacağını biliyordu, bu yüzden başarıyla mutluluğun birbirini izlediğine emindi.

Wilson geçmişi üzerinde düşünüp durmayı seviyordu ve düşük özgüveninin kökenini, babasıyla olan ilişkisinde bulmuştu. Babasının sevgisini kazanması için her zaman en iyi notları alması gerektiğini hissetmişti ve hiçbir zaman koşulsuz sevgi görmemişti. Bu durumun başarı takıntısını açıkladığına inanıyordu. Bu içgörülerin eninde sonunda özgüvenini arttıracağını umuyordu, fakat öyle olmamıştı. Wilson'ın haftalık Kısa Duygudurum Anketi'ndeki puanları, depresyon ve anksiyete duygularını azaltmıyordu.

Wilson'ın, "Çok daha fazlasını başarmış diğer bütün insanlara göre aşağıyım" düşüncesine meydan okumasına yardımcı olmak için birçok Bilişsel Davranışçı Terapi tekniği kullandım. Birkaçını saymamız gerekirse, Aşağı Ok Tekniği, Kanıt Değerlendirme, Kâr-Zarar Analizi, Seslerin Dışsallaştırılması, Korkulan Kurgu ve Kabullenme Paradoksu tekniklerini kullandık. Wilson bu teknikleri çok sevmişti ve seanslar son derece ilginç ve verimli geçiyordu. Fakat hayatını perişan hale getiren olumsuz düşüncelerini kenara atamıyor, anksiyete ve depresyonla boğuşmaya devam ediyordu.

Bir gün, Wilson patronuyla gizli bir toplantı yapmıştı ve firmanın piyasadaki durgunluk nedeniyle finansal bir krizle karşı karşıya olduğunu öğrenmişti. Patronu Wilson'a, firmayı kurtaracağından kuşkusu olmadığını, fakat bir süreliğine herkesin beklentilerini düşürmesi gerektiğini söylemişti. Bu yüzden firma kendini toparlayana kadar, Wilson ve çalışma arkadaşlarından maaşlarında % 20'lik bir azalmaya gitmelerini isteyeceğini söylemişti. İşler tekrar yoluna girdiğinde Wilson'ın maaşını arttıracağına dair söz vermişti. Wilson patronuna hayrandı ve firmaya yardımcı olmak istediği için kabul etmişti.

Altı hafta sonra Wilson, çalışma arkadaşlarından Dean ile iş çıkışında bir şeyler içmeye gitmişti. Wilson Dean'a maaşlardaki azalmayla ilgili kendini nasıl hissettiğini sormuştu. Dean de maaş kesintisini reddettiğini söylemişti. Ayrıca bildiği kadarıyla bütün borsacıların bu teklifi reddettiğini söylemişti. Wilson birdenbire, maaş kesintisini kabul eden tek çalışanın kendisi olduğunu kavrayıp kendini kurban gibi hissetmişti. Birden kendisini paniklemiş hissetmeye başlamıştı ve kalbiyle ilgili takıntıları başgöstermişti. Dean'e kendini iyi hissetmediğini söylemişti ve hemen arabasına binip en yakın acil servise gitmiş ve kalbini kontrol ettirmişti. Elbette, Wilson'ın sağlığı yerindeydi, ama kendini kaygılı ve depresif hissetmeye devam etmişti.

Bu öykü, Wilson'ın sorunlarına dair bize farklı bir bakış açısı sağlamıştı. Semptomlarının biriyle –eşi, arkadaşı ya da patronu– tartışma yaşadığında şiddetlendiğini kavramıştım. Fakat o, her zaman nazik davranıyor ve duygularını halının altına süpürüyordu. Sonra da anksiyete ve yetersizlik duyguları ortaya çıkıp onun içini kemiriyordu.

Wilson'a maaş kesintisiyle ilgili duygularının anksiyete ve depresyon semptomlarındaki ani artışla ilişkisinin olduğunu düşünüp düşünmediğini sordum. O da ikisi arasında bağlantı olabileceğini hiç düşünmediğini söyledi! Ona ayrıca, patronuyla bu sorunla ilgili konuşmak isteyip istemediğini sordum, böylelikle kendini suiistimal edilmiş gibi hissettiğini söyleyebilirdi. Bu, Wilson'ın anksiyetesinde ani bir yükselişe neden oldu ve bunun niçin yararsız olacağına ve uygun olmayacağına ilişkin bir sürü bahane buldu. Kazan kaldırmak istemediğini, patronuna hayran olduğunu ve firma için elinden gelenin en iyisini yapmak istediğini söyledi. Çalışma arkadaşları kadar kıdemli olmadığından ve zaten krizin de kısa bir süre sonra geçeceğinden bahsetti. Patronunun kısa bir süre sonra maaşında artış yapacağından emin olduğunu söyledi.

Wilson'a zırvaladığını söyledim ve o bahanelerini anlatırken benim de alttan klasik müzik vermemi isteyip istemediğini sordum. Bu durumda sorumluluğun kendisinde olduğunu açıkladım ve doğru olduğunu düşündüğü şeyi yapma hakkı olduğunu söyledim. Ancak anlaşmazlık-fobisi olduğu çok belliydi. Kendi hakkını savunup insanlara nasıl hissettiğini söyleyene kadar kronik anksiyete ve yetersizlik duygularının üstesinden gelemeyeceğinden endişeliydim. Ona bunun korkutucu göründüğünü bildiğimi, nihayet korktuğu canavarla yüzleşme zamanı geldiğini söyledim. Wilson ne kadar korkarsa korksun olanlar üzerinde patronuyla konuşması gerektiğini söyledi ve istemeyerek de olsa bunu yapmayı kabul etti.

Bir sonraki seansımızda Wilson, toplantının beklediğinden daha iyi geçtiğini söylemekten sevinçliydi. Patronu utanmıştı ve maaşındaki kesintiyi kaldırmayı kabul etti. Wilson'a katkısının firma için ne kadar değerli olduğunu söylediğini ve onunla çalışmaya devam etmeyi umduğunu söyledi. Wilson ansızın özgüven patlaması yaşadı ve depresyon ve anksiyete puanları ilk defa o'a indi. Wilson ve benim altı aydır üzerinde çalışıp ufak bir yol katettiğimiz duygusal sorunlar aniden kaybolmuştu. Wilson yıllardır ilk kez kendisini daha iyi hissettiğini söyledi.

Wilson sonunda iyileşmiş olduğu için çok mutluydu, fakat sorunlarının çözümünün bu kadar basit olduğunu gördüğü için bir parça hayal kırıklığı yaşıyordu. Seanslarımızda çocukluğundan bahsetmeyi ve derin, felsefi konulardan konuşmayı seviyordu. Wilson'ı gerçekten sevmiştim, fakat bunlar iyileşmeye de herhangi bir ilerlemeye de yol açmamıştı. Buna karşı, Gizli Kalmış Duygu Tekniğini kullandığımızda, semptomları yirmi dört saat içinde kaybolmuştu.

Şimdi size sormak istediğim birkaç soru var. Lütfen bir kalem alın ve aşağıdaki boşlukları doldurun.

1. Wilson sonunda kendini iyi hissediyordu. Bütün anksiyete, panik ve aşağılık hisleri ortadan kaybolmuştu. Size göre gelecekte nüks yaşama olasılığı nedir? Tahmininizi aşağı yazın. % 0 (nüks hiç olası değil) ile % 100 (kesinlikle nüks yaşayacak) arasında bir puan verin.

   Bana göre Wilson'ın nüks yaşama olasılığı: % ......

2. Eğer gelecekte Wilson'ın sıkıntıları nüks ederse ve Wilson anksiyete ve depresyon dönemi yaşarsa bunun nedeni ne olacak?

..............................................................................................

..............................................................................................

..............................................................................................

..............................................................................................

3. Eğer gelecekte Wilson'ın sıkıntıları nüksederse, iyileşmesine ne neden olacak?

..............................................................................................

..............................................................................................

..............................................................................................

..............................................................................................

## Yanıtlar

1. Yanıt % 100'dür. Er ya da geç, Wilson kendini tekrar kaygılı ve depresif hissedecektir. Asıl soru nüks yaşayıp yaşamayacağı değil, ne zaman nüks yaşayacağı ve bununla başedip edemeyeceğidir.
2. Wilson'ın anksiyete ve depresyon duyguları, başkalarıyla tartışma yaşadığında ve anlaşmazlıktan kaçınmak isteyip duygularını halının altına süpürmeye başladığında ortaya çıkacaktır. Wilson'ın zihni elbette olumsuz düşüncelerle dolup taşacaktır ve

anksiyete ve depresyonu düşüncelerinden kaynaklanacaktır. Fakat asıl soru şudur: Olumsuz düşünceleri ve duygularındaki artışa ne neden olacaktır? Wilson için böyle bir artışa neden olan, kaçındığı tartışmalar olacaktır.

3. Gizli Kalmış Duygu Tekniği Wilson'ın sorunlarına çözüm oldu ve bu teknik, hayatı boyunca depresyon ve anksiyeteyle başetmesine yardımcı olacak tek teknik olacaktır. Ne zaman kaygılanmaya başlasa bu, birine gücenip duygularını ifade etmediği anlamına gelecektir. Sorunu bulduğu zaman ise olumsuz duyguları tekrar kaybolacaktır.

İşte size son bir ödev! Sizden, kendiniz için "Benim İyileşme Taslağım" adlı kısa bir not hazırlamanızı istiyorum. Bu nota şu noktaları dahil edebilirsiniz:

- Sizin depresyon ve anksiyete duygularınızı tetikleyen türde olaylar. Örneğin, başarısızlık, eleştiri veya reddedilmeye karşı hassas olabilirsiniz.
- Moraliniz bozuk olduğunda kendinizi nasıl hissedersiniz? Örneğin, aşağı, kaygılı, paniklemiş, incinmiş, yetersiz, öfkeli, değersiz veya umutsuz hissediyor olabilirsiniz.
- Tipik olumsuz düşünceleriniz. Örneğin, kendinize yeterince iyi olmadığınızı ve herkesin sizi küçümseyeceğini söylüyor olabilirsiniz.
- Olumsuz düşüncelerinizi kenara atmanıza yardımcı olan teknik veya teknikler. İleride tekrar moraliniz bozulduğunda kullanmak isteyeceğiniz teknikler nelerdir? Bu teknik Aşağı Ok, Deneysel Teknik, Çifte Standart Tekniği, Kâr-Zarar Analizi, Korkulan Kurgu, Kabullenme Paradoksu, Kendini Açma veya Korkularınızı Yenmenin 40 Yolu'ndan herhangi biri olabilir.

Bu notu, nüks yaşadığınız zaman kolayca bulabileceğiniz bir yere kaldırın. Kendinize, 518. sayfadakine benzer Nüks Günlük Duygudurum Çizelgesi hazırladığınızdan emin olun. Sizi rahatsız etmesi muhtemel olumsuz düşünceleri, ayrıca bu düşüncelerle mücadele etmenize yardımcı olabilecek olumlu düşüncelerin listesini buraya dahil edin. Karadeliğe düştüğünüz zaman bu nota tekrar göz gezdirin. Bu, tıpkı merdiveni kolay bir yere koymak gibidir; gerek duyduğunuzda hemen çıkabilirsiniz!

# EK Anksiyeteniz için alet çantası

Bu bölüm gereksinim duyabileceğiniz formların bazılarının boş kopyalarını içermektedir. Eğer üzerine yazmadıysanız, bu kitaptaki yöntemleri çalışırken kişisel kullanımınız için ayrıca fotokopi alabilirsiniz. Bu materyalleri ve diğer birçok tedavi ve değerlendirme aracını çoğaltma izni isteyen ruh sağlığı profesyonelleri ayrıntılı bilgi ve sipariş için Toolkit@FeelingGood.com adresine elektronik posta gönderebilirler.

## Kısa Duygudurum Anketi

| **Yönergeler**. Sağ taraftaki sütunlardan birine bugünün tarihini yazın. Tarihin hemen altındaki kutulara, kendinizi son zamanlarda nasıl hissettiğinizi temel alarak, her madde için puanınızı yazın. En alttaki kutuya toplam puanınızı yazın. **Lütfen bütün maddeleri doldurun.** | **Bugünün tarihini yazın** | | | | | | | |
|---|---|---|---|---|---|---|---|---|
| | | | | | | | | |
| Her bir maddeyi şöyle puanlayın: 0= Hiç, 1= Biraz, 2= Orta, 3= Çok, 4= Aşırı | | | | | | | | |

**KAYGILI DUYGULAR**

| | | | | | | | | |
|---|---|---|---|---|---|---|---|---|
| 1. Kaygılı | | | | | | | | |
| 2. Sinirli | | | | | | | | |
| 3. Endişeli | | | | | | | | |
| 4. Korkmuş ya da evhamlı | | | | | | | | |
| 5. Gergin ya da sinirli | | | | | | | | |
| **Bugünün toplamı** ⟶ | | | | | | | | |

**KAYGILI FİZİKSEL BELİRTİLER**

| | | | | | | | | |
|---|---|---|---|---|---|---|---|---|
| 1. Kalbin teklemesi, hızlanması ya da çarpıntı yapması | | | | | | | | |
| 2. Terleme, ürperme ya da kızarma | | | | | | | | |
| 3. Titreme ya da sarsılma | | | | | | | | |
| 4. Nefes daralması, nefes almakta zorlanma | | | | | | | | |
| 5. Boğulacakmış gibi hissetme | | | | | | | | |
| 6. Göğüste ağrı ya da daralma | | | | | | | | |
| 7. Karında kelebekler, mide bulantısı ya da huzursuz bir mide | | | | | | | | |
| 8. Baş dönmesi, sersemlik hali, denge yitimi | | | | | | | | |
| 9. Kendini ya da dünyayı gerçek değilmiş gibi hissetmek | | | | | | | | |
| 10. Uyuşma ve karıncalanma | | | | | | | | |
| **Bugünün toplamı** ⟶ | | | | | | | | |

DEPRESYON

| | | | | | | | | |
|---|---|---|---|---|---|---|---|---|
| 1. Mutsuz ya da morali bozuk | | | | | | | | |
| 2. Cesareti kırılmış ya da umutsuz | | | | | | | | |
| 3. Düşük özsaygı | | | | | | | | |
| 4. Değersiz ya da yetersiz | | | | | | | | |
| 5. Yaşamda keyif ya da tatmin kaybı | | | | | | | | |
| **Bugünün toplamı** ⟶ | | | | | | | | |

İNTİHAR İSTEĞİ

| | | | | | | | | |
|---|---|---|---|---|---|---|---|---|
| 1. Herhangi bir intihar düşünceniz var mı? | | | | | | | | |
| 2. Hayatınızı sona erdirmek ister miydiniz? | | | | | | | | |
| **Bugünün toplamı** ⟶ | | | | | | | | |



## Duygu Durum Günlüğü Nasıl Kullanılır?

Duygu Durum Günlüğü (DDG) en temel ve en önemli tekniktir. Beş aşamadan oluşur.

**Aşama 1. Tetikleyici Olay.** Anksiyetenizle çalışmak istiyorsanız, kendinizi kaygılı hissettiğiniz belirli bir an'ı tarif edin. Depresyonla çalışmak istiyorsanız, depresif hissettiğiniz belirli bir an'a odaklanın. İlişki sorunları için, o kişiyle gerildiğiniz, anlaşamadığınız bir an'ı tanımlayın.

DDG'nin en üstüne durumun kısa bir açıklamasını yazın. Sorunlarınızın belirsiz, genel tanımlamaları işe yaramayacaktır. Sorunun kişi, yer ve zaman anlamında belirgin olması gerektiğini hatırlayın. Kendinize sorun: "Günün hangi bölümünde olay gerçekleşti? Neredeydim? Kimle etkileşim içindeydim? Ne oldu?"

**Aşama 2. Duygular.** Kendinizi nasıl hissettiğinizi tanımlayan kelimeleri daire içine alın ve her bir duyguyu % 0 (Hiç) ile % 100 (en kötüsü) arasında derecelendirin. Puanlarınızı yüzde'nin önündeki sütuna yazın.

**Aşama 3. Olumsuz Düşünceler.** Olumsuz düşüncelerinize karşı uyanık olmaya çalışın. Sıkıntı hissettiğinizde kendinize ne söylüyorsunuz? Her tür olumsuz duygunun belirli bir tür olumsuz düşünce ile ilişkili olduğunu unutmayın. Örneğin:

- **Anksiyete, gerginlik ya da endişe.** Kendinize tehlikede olduğunuzu veya korkunç bir şeyin olmak üzere olduğunu söylersiniz.
- **Panik.** Kendinize ölmek, boğulmak, bayılmak, kontrolü kaybetmek veya çıldırmak üzere olduğunuzu söylersiniz.
- **Utanma.** Kendinize insanlar önünde bir aptal gibi göründüğünüzü söylersiniz.
- **Çekingenlik.** Kendinize diğer insanların sizin ne kadar gergin ve güvensiz hissettiğinizi anlayacaklarını ve size tepeden bakacaklarını söylersiniz.
- **Yalnızlık.** Kendinize ne kadar sevilemez biri olduğunuzu ve ölene kadar yalnızlığa mahkum olduğunuzu söylersiniz.
- **Depresyon.** Kendinize özgüven için gerekli olan bir şeyin sizde eksik olduğunu söylersiniz.
- **Umutsuzluk.** Kendinize sorunlarınızın asla çözülemeyeceğini ve acınızın hep süreceğini söylersiniz.
- **Suçluluk.** Kendinize kötü bir insan olduğunuzu ve kendi değer sisteminizi çiğnediğinizi söylersiniz.
- **Aşağılık.** Kendinize diğer insanlar kadar iyi olmadığınızı ya da olmanız gerektiği kadar iyi olmadığınızı söylersiniz.

- **Değersizlik.** Kendinize doğuştan bozuk ya da kusurlu olduğunuzu söylersiniz.
- **Hayal kırıklığı.** Kendinize dünyanın sizin olmasını beklediğiniz gibi olması gerektiğini söylersiniz.
- **Öfke.** Kendinize diğer insanların size adaletsiz davranan ve sizden yararlanan benmerkezci pislikler olduğunu söylersiniz.
- **Kapana kısılmış.** Kendinize eşinizin, sevgilinizin, arkadaşınızın ya da bir aile üyesinin taleplerini yerine getirmek zorunda olduğunuzu söylersiniz.

Olumsuz düşüncelerinizi kaydedin ve her birine ne kadar inandığınızla ilgili % 0 (hiç) ve % 100 (tamamen) arasında bir tahminde bulunun. Tahmininizi %'nin önündeki sütuna yazın.

**Aşama 4. Çarpıtmalar.** DDG'nin 2. sayfasının en altında yer alan Bilişsel Çarpıtmalar Listesi'ni gözden geçirerek her olumsuz düşüncenizin içindeki çarpıtmayı bulun. Ya hep ya hiç düşünce çarpıtması için YHYH ya da Aşırı Genelleme için AG gibi kısaltmalar kullanın.

**Aşama 5. Olumlu Düşünceler.** Her olumsuz düşünceye daha olumlu ve gerçekçi bir düşünce ile meydan okuyun. Her bir olumlu düşünceye ne kadar kuvvetli inandığınızı % 0 (hiç) ila % 100 (tamamen) arasında bir değer verin. Bunları inanç sütununa yazın. Hatırlayın! Olumlu düşünce duygusal değişim için gerekli ve yeterli koşulları karşılamadığı sürece işe yaramaz.

- **Gerekli koşullar.** Olumlu düşünce % 100 doğru olmalı!
- **Yeterli koşullar.** Olumlu düşünce olumsuz düşünceyi çürütmeli!

Şimdi olumsuz düşünceye inancınızı % olarak tekrar kontrol edin. Eğer olumlu düşünceniz etkili değilse, tekrar deneyin. Genellikle, bir olumsuz düşünceyi nasıl çürüteceğinizi bulmak için, onunla birçok farklı açıdan mücadele etmeniz gerekir. Bu Bilişsel Davranışçı Terapi'nin temelinde yatan fikirlerin en önemlisi – ve en az anlaşılanıdır.

## İYİLEŞME DAİRESİ

İyileşme Dairesi DDG'nin 5 aşamasında size yardım edecek. Önce üzerinde çalışmak istediğiniz olumsuz düşünceyi seçin. İyileşme dairesinin ortasına bu düşünceyi yazın. Bu düşünceyle mücadelenizde kullanmak üzere en az 15 teknik seçin. Her bir kutunun içine tekniğin adını yazın. 12–15 Bilişsel Tekniği, 2 ya da 3 Maruz Bırakma Tekniği ve Gizli kalmış Duygu Tekniği eklediğinizden emin olun.

Korkularınızı Altetmenin 40 Yolu adlı bir sayfalık listeyi sayfa 545'te bulabilirsiniz. Aynı zamanda sayfa 465'ten başlayarak tanımları da içeren daha uzun bir listeye ulaşabilirsiniz.

Zaman ilerledikçe etkili olacak teknikleri seçmede gittikçe daha iyi olacaksınız. Sayfa 546'daki tablo ya hep ya hiç tarzı düşünme, falcılık, –meli –malı cümleleri gibi farklı çarpıtmalar için hangi tekniklerin en etkili olduğunu listelemektedir. 547. Sayfadaki tablo ise utangaçlık, obsesif kompülsif bozukluk veya depresyon gibi farklı sorunlar için en etkili teknikleri sıralamaktadır. Ancak bu tabloları çok motomot ele almamak en doğrusu olur, çünkü kim için hangi tekniğin işe yarayacağı hiçbir zaman öngörülemez. Yine de, işinize yarayan tekniği bulduğunuzda, bilin ki bu teknikler sizin için çoğunlukla her zaman çalışır!

# GÜNLÜK DUYGUDURUM ÇİZELGESİ

Durum: ..........................................................................................

| Duygular | % Önce | % Sonra | Duygular | % Önce | % Sonra |
|---|---|---|---|---|---|
| **Üzgün**, hüzünlü, depresif, morali bozuk, mutsuz | | | **Utanmış**, budala, aşağılanmış, içine kapanmış | | |
| **Kaygılı**, endişeli, paniklemiş, gergin, korkmuş | | | **Umutsuz**, hevesi kırılmış, karamsar, çaresiz | | |
| **Suçlu**, vicdan azabı içinde, kötü niyetli, mahcup | | | **Hayal kırıklığına uğramış**, engellenmiş, yenik | | |
| **Aşağı**, değersiz, yetersiz, kusurlu, beceriksiz | | | **Kızgın**, öfkeli, incinmiş, sinirli, hiddetli | | |
| **Yalnız**, sevilmeyen, istenmeyen, reddedilmiş, terk edilmiş | | | **Diğer** (tanımlayın) | | |

| Olumsuz Düşünceler | % Önce | % Sonra | Çarpıtmalar | Olumlu Düşünceler | % İnanç |
|---|---|---|---|---|---|
| 1. | | | | 1. | |
| 2. | | | | 2. | |
| 3. | | | | 3. | |
| 4. | | | | 4. | |
| 5. | | | | 5. | |
| | | | | | |

| | | | | | |
|---|---|---|---|---|---|
| 6. | | | | 6. | |
| 7. | | | | 7. | |
| 8. | | | | 8. | |

## Bilişsel Çarpitmalar Listesi

| | |
|---|---|
| 1. **Ya hep ya hiç şeklinde düşünme.** Olup biten her şeyi mutlak, siyah-beyaz şeklinde görürsünüz. | 6. **Aşırı büyütme ya da küçültme.** Olup biten her şeyi ya gözünüzde büyütür ya da azımsarsınız. |
| 2. **Aşırı genelleme.** Olumsuz bir olayı asla bitmeyecek bir yenilgi olarak görürsünüz: "Bu her zaman oluyor!" | 7. **Duygusal mantık yürütme.** Duygularınıza dayanarak mantık yürütürsünüz. "Aptal gibi hissediyorum, demek ki öyleyim." |
| 3. Zihinsel filtre. Olumsuz şeyler üzerinde odaklanır, olumlu şeyleri yok sayarsınız. | 8. **Zorunluluk ifadeleri.** Olmalı, olmamalı, olmak zorunda gibi ifadeler kullanırsınız. |
| 4. **Olumluyu görmezden gelme.** Olumsuz şeylerin sayılmaya değer olmadığında ısrar edersiniz. | 9. **Etiketleme.** "Hata yaptım." demek yerine "Ben bir pisliğim" ya da "Ben bir eziğim" dersiniz. |
| 5. **Sonuca atlama.** Doğrulara dayanmayan sonuçlara atlarsınız.<br>• **Zihin okuma.** İnsanların size kötü bir şekilde davranacağını varsayarsınız.<br>• **Falcılık.** Olayların kötü sonuçlanacağını öngörürsünüz. | 10. **Suçlama.** Sorunu çözmek yerine kusur bulursunuz.<br>• **Kendini suçlama.** Bütün sorumlunun siz olmadığınız durumlar için kendinizi suçlarsınız.<br>• **Başkasını suçlama.** Sorunun oluşmasındaki kendi etkinizi görmezden gelip başkalarını suçlarsınız. |

## GÜNLÜK DUYGUDURUM ÇİZELGESİ DEVAM SAYFASI

| Olumsuz Düşünceler | % Önce | % Sonra | Çarpıtmalar | Olumlu Düşünceler | % İnanç |
|---|---|---|---|---|---|
| | | | | | |
| | | | | | |
| | | | | | |
| | | | | | |
| | | | | | |
| | | | | | |
| | | | | | |
| | | | | | |
| | | | | | |

## İyileşme Dairesi

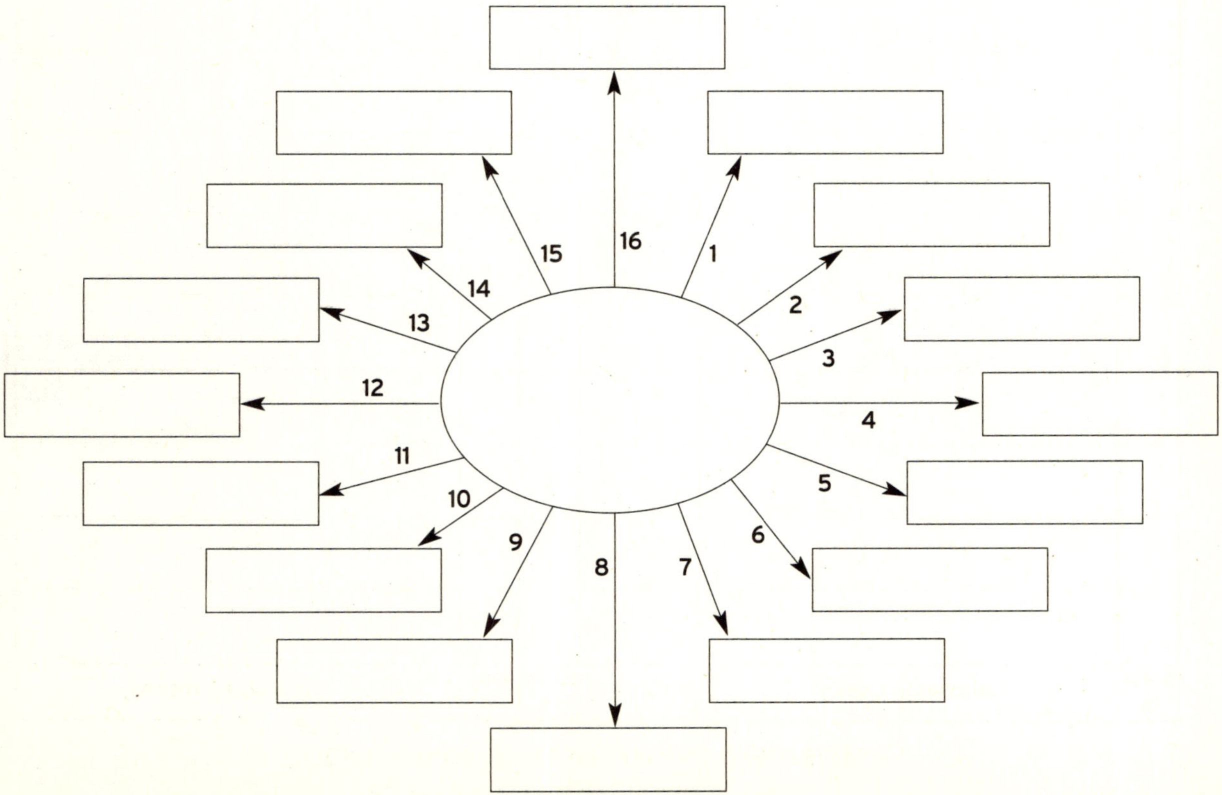

İyileşme Dairesi devam sayfası

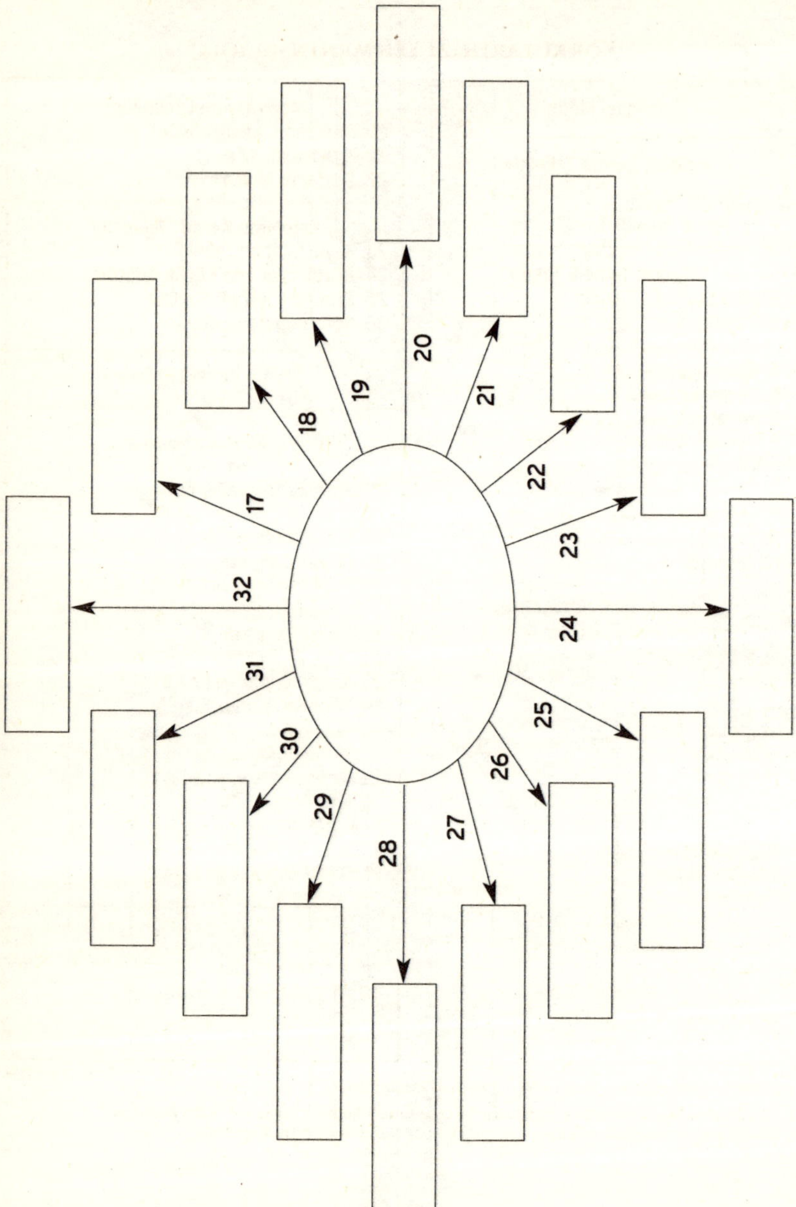

## Korkularınızı Yenmenin 40 Yolu

### Bilişsel Model

**Açığa Çıkarma Teknikleri**

1. Aşağı Ok Tekniği
2. Ya olursa Tekniği

**Şefkat Temelli Teknik**

3. Çifte Standart Tekniği

**Gerçeklik Temelli Teknik**

4. Kanıt Değerlendirme
5. Deneysel Teknik
6. Anket Tekniği
7. Yeniden Atfetme

**Semantik Teknikler**

8. Semantik (Anlamsal) Yöntem
9. İfadeleri Tanımlayalım
10. Netleştirin

**Mantık Temelli Teknikler**

11. Grinin Tonlarıyla Düşünmek
12. Süreç-Sonuç

**Nicel Teknikler**

13. Kendini İzleme
14. Kaygı Molaları

**Mizah Temelli Teknikler**

15. Utanca Hücum Alıştırmaları[a]
16. Paradoksal Büyütme
17. Mizahî İmgeleme

**Rol Yapma Tekniği[b]**

18. Seslerin Dışsallaştırılması

**Manevi Teknik**

19. Kabullenme Paradoksu

**Motivasyonel Teknikler**

20. Kâr-Zarar Analizi (KZA)
21. Paradoksal KZA
22. Şeytanın Avukatı

**Erteleme Karşıtı Teknikler**

23. Keyif Tahmini Tekniği
24. Büyük İşler için Küçük Adımlar
25. Erteleme Karşıtı Sayfası
26. Sorun Çözme Listesi

### Maruz Bırakma Modeli

**Klasik Maruz Bırakma**

27. Aşamalı Maruz Bırakma
28. Taşırma
29. Tepki Önleme
30. Dikkat Dağıtma

**Bilişsel Maruz Bırakma**

31. Bilişsel Taşırma
32. İmge Değiştirme
33. Anıları tekrar yazma
34. Korkulan Kurgu Tekniği

**Kişilerarası Maruz Bırakma**

35. Gülümseme ve Merhaba Alıştırması
36. Kur Yapma Eğitimi
37. Reddedilme Alıştırması
38. Kendini Açma
39. David Letterman Tekniği

### Gizli Kalmış Duygu Modeli

40. Gizli Kalmış Duygu Tekniği



a Bu teknik Kişilerarası Maruz Bırakma Tekniği olarak da kabul edilebilir.

b Çifte Standart Tekniği, Kabullenme Paradoksu, Şeytanın Avukatı, Korkulan Kurgu, Kur Yapma Eğitimi ve David Letterman Tekniği de rol yapma alıştırmalarında işe yarayacak diğer tekniklerdendir.

## Olumsuz Düşüncenizdeki Çatışmalara Uygun Teknikleri Seçmek

| Çatışmalar | Bilişsel Teknikler: Açığa Çıkarma | Bilişsel Teknikler: Şefkat Temelli | Bilişsel Teknikler: Gerçeklik Temelli | Bilişsel Teknikler: Semantik (Anlamsal) | Bilişsel Teknikler: Mantık Temelli | Bilişsel Teknikler: Nicel | Bilişsel Teknikler: Mizah Temelli | Bilişsel Teknikler: Rol Yapma | Bilişsel Teknikler: Manevi | Bilişsel Teknikler: Motivasyonel | Bilişsel Teknikler: Erteleme Karşıtı | Maruz Bırakma Teknikleri: Klasik Maruz Bırakma | Maruz Bırakma Teknikleri: Bilişsel Maruz Bırakma | Maruz Bırakma Teknikleri: Kişilerarası Maruz Bırakma | Gizli Kalmış Duygu: Gizli Kalmış Duygu |
|---|---|---|---|---|---|---|---|---|---|---|---|---|---|---|---|
| 1. Ya hep ya hiç şeklinde düşünme | ✓ | ✓ | ✓ | ✓ | ✓ | | | ✓ | ✓ | ✓ | | | | | |
| 2. Aşırı Genelleme | ✓ | ✓ | ✓ | ✓ | | | | ✓ | ✓ | ✓ | | | | | |
| 3. Zihinsel Filtre | ✓ | ✓ | ✓ | ✓ | ✓ | ✓ | | ✓ | ✓ | ✓ | | | | | |
| 4. Olumluyu Görmezden Gelme | ✓ | ✓ | ✓ | ✓ | ✓ | ✓ | | ✓ | ✓ | ✓ | | | | | |
| 5. Keyfî Çıkarsama | | | | | | | | | | | | | | | |
| • Zihin Okuma | ✓ | ✓ | ✓ | ✓ | | ✓ | ✓ | ✓ | ✓ | ✓ | ✓ | ✓ | ✓ | ✓ | ✓ |
| • Falcılık | ✓ | ✓ | ✓ | ✓ | | ✓ | ✓ | ✓ | ✓ | ✓ | ✓ | ✓ | ✓ | ✓ | ✓ |
| 6. Aşırı Büyütme ya da Küçültme | ✓ | ✓ | ✓ | ✓ | ✓ | ✓ | ✓ | ✓ | ✓ | ✓ | ✓ | ✓ | ✓ | | |
| 7. Duygusal Mantık Yürütme | ✓ | ✓ | ✓ | ✓ | | | ✓ | ✓ | ✓ | ✓ | ✓ | ✓ | | | |
| 8. -meli, -malı İfadeleri | ✓ | ✓ | ✓ | ✓ | ✓ | | ✓ | ✓ | ✓ | ✓ | ✓ | | | | |
| 9. Etiketleme | ✓ | ✓ | ✓ | ✓ | ✓ | ✓ | ✓ | ✓ | ✓ | ✓ | | | | | |
| 10. Suçlama | | | | | | | | | | | | | | | |
| • Kendini Suçlama | ✓ | ✓ | ✓ | ✓ | ✓ | ✓ | ✓ | ✓ | ✓ | ✓ | | | | | |
| • Başkasını Suçlama | ✓ | | ✓ | | | | ✓ | ✓ | ✓ | ✓ | | | | | |

| | Bilişsel Teknikler | | | | | | | | | | | Maruz Bırakma Teknikleri | | | Gizli Kalmış Duygu |
|---|---|---|---|---|---|---|---|---|---|---|---|---|---|---|---|
| Sorununuz | Açığa Çıkarma | Şefkat Temelli | Gerçeklik Temelli | Semantik (Anlamsal) | Mantık Temelli | Nicel | Mizah Temelli | Rol Yapma | Manevi | Motivasyonel | Erteleme Karşıtı | Klasik Maruz Bırakma | Bilişsel Maruz Bırakma | Kişilerarası Maruz Bırakma | Gizli Kalmış Duygu |
| Kronik Endişelenme | ✓ | ✓ | ✓ | | | ✓ | | ✓ | | ✓ | | ✓ | ✓ | | ✓ |
| Panik Ataklar | ✓ | ✓ | ✓ | | | | | ✓ | ✓ | ✓ | | ✓ | ✓ | | ✓ |
| Agorafobi | ✓ | ✓ | ✓ | | | | | ✓ | | ✓ | | ✓ | ✓ | | ✓ |
| Korkular ve Fobiler | ✓ | ✓ | ✓ | | | | | ✓ | ✓ | ✓ | | ✓ | ✓ | | ✓ |
| Utangaçlık | ✓ | ✓ | ✓ | ✓ | ✓ | | ✓ | ✓ | ✓ | ✓ | | ✓ | ✓ | ✓ | ✓ |
| Performans ve Kalabalık Önünde Konuşma Anksiyetesi | ✓ | ✓ | | ✓ | ✓ | ✓ | ✓ | ✓ | ✓ | ✓ | | ✓ | ✓ | | ✓ |
| Obsesyonlar ve Kompülsiyonlar | ✓ | ✓ | ✓ | | | ✓ | | ✓ | | ✓ | | ✓ | ✓ | | ✓ |
| Travma Sonrası Stres Bozukluğu | ✓ | ✓ | | | | | | ✓ | ✓ | ✓ | | | ✓ | | ✓ |
| Hipokondriya | ✓ | ✓ | ✓ | | | | | ✓ | | ✓ | | ✓ | ✓ | | ✓ |
| Beden Dismorfik Bozukluğu | ✓ | ✓ | ✓ | ✓ | ✓ | ✓ | ✓ | ✓ | ✓ | ✓ | | ✓ | ✓ | | ✓ |
| Depresyon ve Mahcubiyet Duygusu | ✓ | ✓ | ✓ | ✓ | ✓ | ✓ | ✓ | ✓ | ✓ | ✓ | ✓ | | ✓ | | ✓ |
| Alışkanlıklar ve Bağımlılıklar | ✓ | | | ✓ | | | | ✓ | | ✓ | ✓ | | | | ✓ |

## Bilişsel Çarpıtmalar Listesi

1. **Ya hep ya hiç tarzı düşünme.** Olaylara, keskin ve siyah beyaz kategorilere ayırarak bakarsınız. Eğer tam bir başarı öyküsü değilse sizinki, işe yaramazsınızdır.
2. **Aşırı genelleme.** Tek bir olumsuz olayı asla sonu gelmeyecek bir yenilgi örüntüsü olarak görürsünüz, "Her zaman aynı şey oluyor", "Asla düzeltemeyeceğim".
3. **Zihinsel filtreleme.** Bu suya damlayan ve suya rengini veren bir damla mürekkebe benzer. Yaptığınız bir hata gibi olumsuz bir ayrıntı üzerinde durur, yaptığınız tüm diğer şeyleri görmezden gelirsiniz.
4. **Olumluyu yok saymak.** Başarılarınız ve olumlu niteliklerinizi hesaba katmamakta ısrar edersiniz.
5. **Keyfî çıkarsama.** Gerçekler tarafından desteklenmeyen sonuçlar çıkarırsınız. Bu çarpıtmanın iki türü vardır:
    - **Zihin Okuma:** İnsanların korkunç şekilde yargılayıcı olduğu ve size tepeden baktığını düşünürsünüz.
    - **Falcılık.** Kendinize yakında korkunç bir şey olacağını söylersiniz: "Haftaya sınavda kesin başarısız olacağım."
6. **Büyütme ve küçültme.** Olayları abartır ya da önemlerini küçümsersiniz. Bu aynı zamanda "dürbün etkisi" olarak tanımlanır. Dürbünün bir tarafından baktığınız zaman, bütün eksiklikleriniz Everest Dağı kadar büyükmüş gibi görünür. Diğer tarafından baktığınızda ise, tüm güçlü yanlarınız olumlu nitelikleriniz neredeyse bir hiçe indirgenir.
7. **Duygusal çıkarsama.** Kendinizi nasıl hissettiğinizden hareketle durumları açıklarsınız. Örneğin "Kaygılı hissediyorum, öyleyse gerçekten tehlikede olmalıyım." Ya da "Umutsuz hissediyorum, öyleyse gerçekten durumum umutsuz."
8. **-meli -malı cümleleri.** Kendinizi ve diğer insanları "-meli, -malı, zorunda, gerekli" gibi ifadeler kullanarak eleştirirsiniz. Örneğin, "Böyle utanmamalı ve gergin hissetmemeliyim. Bende yanlış olan ne?"
9. **Etiketleme.** Tek bir hata ya da eksikliğinizi tüm kimliğinize genellersiniz. "Hata yaptım" demek yerine, kendinizi "umutsuz vaka" olarak etiketlersiniz. Bu aşırı genellemenin uç bir görüntüsüdür.
10. **Suçlama.** Sorunun nedenini saptamak yerine, suçlamayı seçersiniz. Suçlamanın iki temel örüntüsü vardır:
    - **Kendini suçlama.** Kendinizi sorumlu olmadığınız bir şey için suçlarsınız, ya da hata yaptığınızda kendinizi acımasızca cezalandırırsınız.
    - **Başkasını suçlama.** Diğerlerini suçlar ve sorundaki kendi rolünüzü inkâr edersiniz.

## Yaygın Özyıkıcı İnançlar (YÖİ)

### Başarı

1. **Performans Mükemmeliyetçiliği.** Asla başarısız olmamalı ya da hata yapmamalıyım.
2. **Algılanan Mükemmeliyetçilik.** Eğer kusurlu ya da zayıf olursam insanlar beni sevmez ya da kabul etmez.
3. **Başarı Bağımlılığı.** Benim insan olarak değerim başarılarıma, zekâma, yeteneğime, statüme, gelirime ya da görünüşüme bağlıdır.

### Sevgi

4. **Onay Bağımlılığı.** Değerli olmak için herkesin beni onaylaması gerekir.
5. **Sevgi Bağımlılığı.** Sevilmeden mutlu ya da tatmin olmuş olamam. Eğer sevilmezsem, hayat yaşamaya değer olmaz.
6. **Reddedilme Korkusu.** Eğer beni reddersen, bu bende yanlış bir şeyler olduğunu kanıtlar. Eğer yalnız kalırsam, sefil ve değersiz olmaya mahkum olurum.

### Boyun Eğme

7. **Diğer İnsanları Mutlu Etme.** Bunu yaparken kendi hayatımı mahvetsem bile her zaman seni mutlu etmeye çalışmalıyım.
8. **Çatışma Fobisi.** Birbirini seven insanlar asla kavga etmemeli ya da tartışmaya girmemelidir.
9. **Kendini Suçlama.** İlişkimizdeki sorunlar tamamen benim kabahatim.

### Talepkârlık

10. **Başkasını Suçlama.** İlişkideki sorunlar tamamen karşıdaki insanların kabahati.
11. **Hak Görme.** Bana her zaman senden beklediğim gibi davranmalısın.
12. **Doğruluk.** Ben doğruyum sen yanlışsın.

### Depresyon

13. **Umutsuzluk.** Benim sorunlarım çözülecek cinsten değil. Asla gerçekten mutlu ve tatmin olmuş olamayacağım.
14. **Değersizlik/Aşağılık.** Ben değersiz, kusurlu ve diğer insanlara göre aşağıyım.

### Anksiyete

15. **Duygusal Mükemmeliyetçilik.** Her zaman mutlu, özgüvenli ve kontrollü olmalıyım.
16. **Öfke Fobisi.** Öfke tehlikelidir ve ne olursa olsun kaçınılması gereken bir şeydir.
17. **Duygu Fobisi.** Asla mutsuz, kaygılı, yetersiz, kıskanç veya zayıf hissetmemeliyim. Duygularımı halının altına süpürmeliyim ki kimseyi üzmeyeyim.
18. **Algılanan Narsisizm.** Değer verdiğim insanlar talepkâr, çıkarcı ve güçlü.
19. **Çalı Yangını Yanılgısı.** İnsanlar tamamen benzer şekilde düşünen palyaçolardır. Eğer bir insan beni küçümserse bunu kısa sürede herkes öğrenir ve herkes beni küçümsemeye başlar.
20. **Spot Işığı Yanılgısı.** İnsanlarla konuşmak, parlak bir spot ışığının altında konuşmak gibidir. Eğer onları etkileyip zeki, esprili veya ilginç biri olduğumu düşündüremezsem beni sevmezler.
21. **Sihirli Düşünme.** Eğer yeterince endişelenirsem sonunda her şey iyi olacaktır.

### Diğer

22. **Engellenmeye Düşük Tahammül.** Hiçbir zaman engellenmemeliyim. Hayat her zaman kolay olmalı.
23. **Süperadam/Süperkadın.** Her zaman güçlü olmalı, asla güçsüz olmamalıyım.

## KÂR-ZARAR ANALİZİ

**Değiştirmek istediğiniz tutum, duygu veya alışkanlıkları listeleyin:** ..............................
..............................................................................................

| Avantajlar | Dezavantajlar |
|---|---|
| | |

## KORKU HİYERARŞİM

**Korkunuzu tanımlayın:** ........................................................................................

En az korkutucu olan maddeyi 1. düzeye, en korkutucu olan maddeyi de 10. düzeye yazacak şekilde listeyi doldurun.

| Düzey | Korktuklarım |
|---|---|
| 1 | |
| 2 | |
| 3 | |
| 4 | |
| 5 | |
| 6 | |
| 7 | |
| 8 | |
| 9 | |
| 10 | |

# Maruz Bırakma Günlüğü

**Yönerge:** Tarihi ve Korku Hiyerarşisi'nde üzerinde çalıştığınız düzeyi kaydedin. Her 1 ya da 2 dakikada, zamanı ve ne kadar kaygılı olduğunuzu % 0 (neredeyse hiç kaygı yok) ile % 100 (çok yoğun kaygı) arasında değerlendirin. Korkutucu düşünce ve fantezilerinizi yazın. Örneğin, eğer asansöre bindiyseniz, "duvarların üzerinize doğru kapandığını", "asansörün bozulacağını ve sizin içeride mahsur kalacağınızı" veya "havasız kalacağınızı" düşünüyor olabilirsiniz.

**Tarih:** ........................................ **Korku hiyerarşisindeki düzey:** ............

| Zaman | Kaygı (0-%100) | Korkutucu düşünce ve fanteziler |
|---|---|---|
| | | |
| | | |
| | | |
| | | |
| | | |
| | | |
| | | |
| | | |
| | | |

## Fobi Günlüğü

**Yönerge:** Her bir maruz bırakma deneyiminin başında ve sonunda % 0 (neredeyse hiç) ve % 100 (olabilecek en yüksek kaygı) arasında kaygı düzeyinizi ölçün. Sahip olduğunuz korkutucu düşünce ve fantezilerinizi not alın.

**Maruz Bırakma türü:** ..........................................................................................................

| Tarih | Harcanan zaman | Başlangıçtaki kaygı düzeyi (0-%100) | Sondaki kaygı düzeyi (0-%100) | Korkutucu düşünce ve fanteziler |
|---|---|---|---|---|
| | | | | |
| | | | | |
| | | | | |
| | | | | |
| | | | | |
| | | | | |

## Etkili İletişimin Beş Sırrı (EAS)

| E - Empati |
|---|
| 1. **Ateşkes Tekniği (AT).** Karşınızdaki kişinin söylediklerinde, tamamen anlamsız veya haksız görünse bile, doğruluk payı bulun.<br>2. **Empati.** Kendinizi karşınızdaki kişinin yerine koyun ve dünyaya onun gözlerinden bakmaya çalışın.<br>• **Düşünce Empatisi (DşE).** Karşınızdaki kişinin söylediklerini, kendi cümlelerinizle tekrar edin.<br>• **Duygu Empatisi (DuE).** Karşınızdaki kişinin nasıl hissettiğini söylediklerine dayanarak anlamaya çalışın.<br>3. **Merak (M).** Karşınızdaki kişinin düşündüklerini ve hissettiklerini öğrenmek için nazikçe sorular sorun. |
| **A - Atılganlık** |
| 4. **"Hissediyorum" Cümleleri (HC).** Kendi düşünce ve duygularınızı doğrudan ve nazik bir tavırla ifade edin. "Sen haksızsın!" ya da "Beni kızdırıyorsun!" gibi "sen" cümleleri yerine "Üzgün hissediyorum" gibi "Hissediyorum" Cümleleri kullanın. |
| **S - Saygı** |
| 5. **Gururunu Okşamak (GO).** Karşınızdaki kişiye kızgın olsanız bile saygınızı gösteren mesajlar verin. Hararetli bir tartışmanın ortasında bile olsanız karşınızdaki kişiye söyleyecek içten ve olumlu şeyler bulun. |

## KEYİF TAHMİNİ SAYFASI

İnanç: ..........................................................................................

| **Etkinlik**<br>Keyif, öğrenme veya kişisel gelişim potansiyeli olan aktivitelerin programını yapın. | **Eşlik eden**<br>Yalnız yaptığınız etkinlikler için "kendim" ifadesini kullanın. | **Tahmin EdilenTatmin Düzeyi (% 0-% 100)**<br>Her etkinlikten **önce** kaydedin. | **Gerçek Tatmin Düzeyi (% 0-% 100)**<br>Her etkinlikten **sonra** kaydedin. |
|---|---|---|---|
| | | | |
| | | | |
| | | | |
| | | | |
| | | | |
| | | | |
| | | | |

## Erteleme Karşıtı Sayfası

| **Yapılacak İş** Yapılacak işi birkaç dakikada tamamlanabilecek parçalara bölün. | **Tahmin Edilen Zorluk Düzeyi** (%0-%100) | **Tahmin Edilen Tatmin Düzeyi** (%0-%100) | **Gerçekteki Zorluk Düzeyi** (%0-%100) | **Gerçekteki Tatmin Düzeyi** (%0-%100) |
|---|---|---|---|---|
| 1. | | | | |
| 2. | | | | |
| 3. | | | | |
| 4. | | | | |
| 5. | | | | |
| 6. | | | | |
| 7. | | | | |
| 8. | | | | |
| 9. | | | | |
| 10. | | | | |

# KAYNAKÇA

## Giriş


I. F. Scogin, D., Hamblin, ve L. Beutler, "Bibliotherapy for Depressed Older Adults: A Self-Help Alternative", *The Gerontologist* 27 (1987): 383-387.

F. Scogin, C. Jamison, ve K. Gochneaut, "The Comperative Efficacy of Cognitive ve Behavioral Bibliotherapy for Mildly and Moderately Depressed Older Adults", *Journal of Consulting and Clinical Psychology* 57 (1989): 403-407.

F. Scogin, C. Jamison, ve N. Davis, "A Two-Year Follow-up of the Effects of Bibliotherapy for Depressed Older Adults", *Journal of Consulting and Clinical Psychology* 58 (1990): 665-667

F. Scogin, C. Jamison,M. Floyd, ve W. Chaplin, "Measuring Learning in Depression Treatment: A Cognitive Bibliotherapy Test", *Cognitive Therapy and Research* 22 (1998): 475-482.

N. M. Smith, M. R. Floyd, C. Jamison, ve F. Scogin, "Three-Year-Follow-up of Bibliotherapy for Depression", *Journal of Consulting and Clinical Psychology* 65 (1997): 324-327.

2. R. J. DeRubeis, S. D. Hollon, J. D. Amsterdam, R. C. Shelton, P. R. Young, R. M. Salomon, J. P. O'Reardon, M. L. Lovett, M. M. Gladis, L. L. Brown, ve R. Gallop, "Cognitive Therapy vs. Medications in the Treatment of Moderate to Severe Depression", *Archives of General Psychiatry* 62 (2005): 409-416. Web özet: http://archpsych.ama-assn.org/cgi/content/abstract/62/4/409.

S. D. Hollon, R. J. DeRubeis, R. C. Shelton, J. D. Amsterdam, R.M. Salomon, J. P. O'Reardon, M. L. Lovett, P. R. Young, K. L. Haman, B. B. Freeman, ve R. Gallop, "Prevention of Relapse Following Cognitive Therapy vs. Medications in Moderate in Moderate to Severe Depression", *Archives of General Psychiatry* 62 (2005): 417-422. Web özet: http://archpsych.ama-assn.org/cgi/content/abstract/62/4/417.

3. İçinde: *Medical News Today*, 8 Temmuz 2005, "Cognitive Therapy as Good as Antidepressants, Effects Last Longer." Web link: http://medicalnewstoday.com/medicalnews.php?newsid=22319#

4. H. A. Westra ve S. H. Stewart, "Cognitive Behavioral Therapy and Pharmacotherapy: Complementary or Contradictory Approaches to the Treatment of Anxiety?" *Clinical Psychology Review* 18, no. 3 (1998): 307-340.

**Kısım 1**

1. H. A. Westra ve S. H. Stewart, "Cognitive Behavioral Therapy and Pharmacotherapy: Complementary or Contradictory Approaches to the Treatment of Anxiety?" *Clinical Psychology Review* 18, no. 3 (1998): 307-340.

**Kısım 4**

1. J. Mendels, J. L. Stinnett, D. D. Burns, ve A. Frazer, "Amine precursors and Depression", *Archives of General Psychiatry* 32 (1975): 22-30.
2. Hypericum Depression Trial Study Group, "Effect of Hypericum perforatum (St. John's Wort), içinde: Major Depressive Disorder: A Randomized, Controlled Trial", *Journal of the American Medical Association* 287 (2002): 1807-1814. Online özet: http://www.nih.gov/news/pr/apr2002/nccam-09.htm.
3. I. Kirsch ve G. Sapirstein, "Listening to Prozac but Hearing Placebo: A Meta-Analysis of Antdepressant Medication", *Prevention and Treatment* 1 (1998), article 0002a. Oniline makale: http://journals.apa.org/prevention/volume1/pre0010002a.html.

I. Kirsch, T. J. Moore, A. Scoboria, ve S. S. Nicholls, "The Emperor's New Drugs: An Analysis of Antidepressant Medication Data Submitted to the US Food and Drug Administration", *Prevention and Treatment* 5 (2002), article 23. Online makale: http://journals.apa.org/prevention/volume5/pre0050023a.html.

4. S. H. Preskorn, "Clinically Relevant Pharmacology of Selective Serotonin Reuptake Inhibitors: An Overview with Emphasis on Pharmacokinetics and Effects on Oxidative Drug Metabolism", *Clinical Pharmacokinetics* 32 suppl. 1 (1997): 1-21.

I. Kirsch ve G. Sapirstein, "Listening to Prozac but Hearing Placebo: A Meta-Analysis of Antidepressant Medication", *Prevention and Treatment* 1 (1998), makale 0002. Online makale: http://journals.apa.org/prevention/volume1/pre0010002a.html.

I. Kirsch, T. J. Moore, A. Scoboria, ve S. S. Nicholls, "The Emperor's New Drugs: An Analysis of Antidepressant Medication Data Submitted to the US Food and Drug Administration", *Prevention and Treatment* 5 (2002), article 23. Online makale: http://journals.apa.org/prevention/volume5/pre0050023a.html.

5. D. O. Antonuccio, W. G. Danton, ve G. Y. DeNelsky, "Psychotherapy versus Medication for Depression: Challenging the Conventional Wisdom with Data", *Professional Psychology: Research and Practice* 26 (1995): 574-585.

D.O. Antonuccio, W. G. Danton, G.Y. DeNelsky, R. Greenberg, ve J.S. Gordon, "Raising Questions about Antidepressants", *Psychoterapy and Psychosomatics* 68 (1999): 3-14.

D.O. Antonuccio, D. Burns, ve W.G. Danton, "Antidepressants: A Truimph of Marketing over Science?" *Prevention and Treatment* 5 (2002), makale 25. Online makale: http://journals.apa.org/prevention/volume5/toc-jull15-02.htm.

6. E. J. Garland, "Facing the Evidence: Antidepressant Treatment in Children and Adolescents", *Canadian Medical Associaton Journal* 170 (2004): 489-491.

N. Jureidini, C. J. Doecke, P. R. Mansfield, M. M. Haby, D. B. Menkes, ve A. L. Tonkin, "Efficacy and Safety of Antidepressants in Children and Adolescents", *British Medical Journal* 328(2004): 1341-1345.

C.J. Whittington, T.Kendall, P. Fonagy, D. Cottrell, A. Colgrove, ve E. Boddington, "Selective Serotonin Reuptake Inhibitors in Childhood Depression: Systematic Review of Published versus Unpublished Data", *Lancet* 363 (2004): 1341-1345.

7. D. Healy, "Lines of Evidence on the Risk of Suicide with Selective Serotonin Reuptake Inhibitors", *Psychotherapy and Psychosomatics* 72 (2003): 71-79.

8. H. A. Westra ve S. H. Stewart, "Cognitive Behavioral Therapy and Pharmacotherapy: Complementary or Contradictory Approaches to the Treatment of Anxiety?" *Clinical Psychology Review* 18, no. 3 (1998): 307-340.

9. D. O. Antonuccio, W. G. Danton, ve G. Y. DeNelsky, "Psychotherapy versus Medication for Depression: Challenging the Conventional Wisdom with Data", *Professional Psychology: Research and Practice* 26 (1995): 574-585.

10. R. J. DeRubeis, S. D. Hollon, J. D. Amsterdam, R. C. Shelton, P. R. Young, R. M. Salomon, J. P. O'Reardon, M. L. Lovett, M. M. Gladis, L. L. Brown, ve R. Gallop, "Cognitive Therapy vs. Medications in the Treatment of Moderateto Severe Depression", *Archives of General Psychiatry* 62 (2005): 409-416. Web özet: http://archpsych.ama-assn.org/cgi/content/abstract/62/4/409.

S.D. Hollon, R.J. DeRubeis, R.C. Shelton, J. D. Amsterdam, R. M. Salomon, J. P. O'Reardon, M. L. Lovett, P. R. Young, K. L. Haman, B. B. Freeman, ve R. Gallop, "Prevention of Relapse Following Cognitive Therapy vs. Medications in Moderate to Severe Depression", *Archives of General Psychiatry* 62 (2005): 417-422. Web özet: http://archpsych.ama-assn.org/cgi/content/abstract/62/4/417.

11. F. Scogin, D. Hamblin, ve L. Beutler, "Bibliotherapy for Depressed Older Adults: A Self-Help Alternative", *The Gerontologist* 27 (1987): 383-387.

F. Scogin, C. Jamison, ve K. Gochneaut, "The Comperative Efficacy of Cognitive and Behavioral Bibliotherapy for Mildly and Moderately Depressed Older Adults", *Journal of Consulting and Clinical Psychology* 57 (1989): 403-407.

F. Scogin, C. Jamison, ve N. Davis, "A Two-Year Follow-up of the Effects of Bibliotherapy for Depressed Older Adults", *Journal of Consulting and Clinical Psychology* 58 (1990): 665-667.

F. Scogin, C. Jamison, M. Floyd, ve W. Chaplin, "Measuring Learning in Depression Treatment: A Cognitive Bibliotherapy Test", *Cognitive Therapy and Research* 22 (1998): 475-482.

N. M. Smith, M. R. Floyd, C. Jamison, ve F. Scogin, "Three-Year Follow-up of Bibliotherapy for Depression", *Journal of Consulting and Clinical Psychology* 65 (1997): 324-327.